文化和旅游发展统计分析报告 2019

2019 Statistical Analysis Report on Cultural and Tourism Development

中华人民共和国文化和旅游部财务司 编

中国统计出版社
China Statistics Press

图书在版编目（CIP）数据

2019 文化和旅游发展统计分析报告 / 中华人民共和国文化和旅游部财务司编 . -- 北京 : 中国统计出版社 , 2019.12
ISBN 978-7-5037-8965-6

Ⅰ . ① 2… Ⅱ . ①中 … Ⅲ . ①文化发展－统计分析－研究报告－中国－ 2019 ②旅游业发展－统计分析－研究报告－中国－ 2019 Ⅳ . ① G12 ② F592

中国版本图书馆 CIP 数据核字 (2019) 第 188922 号

2019 文化和旅游发展统计分析报告

作　　者 / 中华人民共和国文化和旅游部财务司
责任编辑 / 李　冲
版式设计 / 黄　晨
出版发行 / 中国统计出版社
通信地址 / 北京市丰台区西三环南路甲 6 号 邮政编码 /100073
电　　话 / 邮购（010）63376909　书店（010）68783171
网　　址 / http://www.zgtjcbs.com
印　　刷 / 北京富泰印刷有限责任公司
经　　销 / 新华书店
开　　本 / 880mm×1230mm 1/16
字　　数 / 700 千字
印　　张 / 27.25
版　　别 / 2019 年 12 月第 1 版
版　　次 / 2019 年 12 月第 1 次印刷
定　　价 / 160.00 元

如有印装差错，由本社发行部调换。

2019文化和旅游发展统计分析报告

编 委 会

撰稿人员

（按姓氏笔画排序）

马依莎　马高飞　王晓龙　甘　伟　冯忠禄　宁　天
乔少辉　刘　函　刘　斌　刘继龙　孙晶玮　李　玫
李昌林　杨世英　肖金梅　邱　剑　邹彦斌　张良宝
张春景　张婧文　陈　虹　陈　剑　陈　歆　陈文科
陈德乾　明　珍　罗　恒　周子渊　周绍伟　周燕娣
孟晓颖　赵晓云　施融宁　姚仲明　袁大俊　夏慧岩
徐　旻　郭　燕　郭　懿　郭蔚婷　唐　迪　唐寸晖
曹　靓　龚跃萍　崔一凡　韩笑梅　程　青　曾　珍
蒲怀民　解秀海　魏　锋　魏小军

理论支持： 中央财经大学国家文化创新研究中心

前　言

党的十八大以来，面对错综复杂的国内外形势，以习近平同志为核心的党中央带领全国各族人民，总揽战略全局，把握发展大势，开启了波澜壮阔的伟大奋斗，进行了新的伟大斗争实践，开创了中国特色社会主义伟大事业全新局面。党的十九大确立了习近平新时代中国特色社会主义思想的历史地位，制定了决胜全面建成小康社会、夺取新时代中国特色社会主义伟大胜利的宏伟蓝图和行动纲领，具有重大的现实意义和深远的历史影响。

2018 年是贯彻落实党的十九大精神的开局之年，是改革开放 40 周年，是决胜全面建成小康社会、实施“十三五”规划承上启下的关键一年。面对机构改革的繁重任务、文旅融合的重大机遇以及任务交织叠加的诸多挑战，全国文化和旅游系统坚持以习近平新时代中国特色社会主义思想为统领，全面贯彻落实党的十九大和十九届二中、三中全会精神，紧紧围绕统筹推进“五位一体”总体布局和协调推进“四个全面”战略布局，增强“四个意识”，坚定“四个自信”，做到“两个维护”，坚持稳中求进的工作总基调，坚持以人民为中心的发展思想，坚持高质量的发展要求，大力推动文化事业、文化产业和旅游业融合发展，艺术创作持续繁荣，公共服务体系不断健全，市场管理规范有序，全域旅游不断深化，产业发展势头良好，社会主义核心价值观和中华优秀传统文化广泛弘扬，国家文化软实力和中华文化影响力大幅提升，为建设社会主义文化强国、全面建成小康社会、实现中华民族伟大复兴的中国梦奠定了坚实基础。

随着文化和旅游行业的快速发展，社会各界对文化和旅游统计信息提出了更高要求。为进一步加强数据分析运用，我们连续九年组织开展统计分析研究工作，取得了较好的社会反响。这些报告运用翔实的统计数据，科学的统计方法，美观的统计图表，直观展现了我国文化和旅游发展改革现状和趋势，深入剖析了文化和旅游发展中存在的问题并提出了相应建议，为现阶段文化建设和旅游发展提供了重要的决策参考。

本书的编辑出版得到了文化和旅游部各级领导、各地文化和旅游部门以及国家发展改革委、财政部、国家统计局和中央财经大学等单位相关同志的大力支持，在此表示衷心的感谢。由于时间仓促，水平有限，错误和不足之处希望得到大家的谅解，并请给予批评指正。

编 者

2019 年 12 月

目 录

CONTENTS

综合篇

专题篇

地区篇

背景篇

附 录

2019 Statistical Analysis Report
on Cultural and Tourism Development

2019文化和旅游发展统计分析报告

综合篇

2018年全国文化和旅游发展基本情况

2018年，是决胜全面建成小康社会、实施“十三五”规划承上启下的关键一年。全国文化和旅游系统坚持以习近平新时代中国特色社会主义思想为指导，全面贯彻落实党的十九大和十九届二中、三中全会精神，紧紧围绕统筹推进“五位一体”总体布局和协调推进“四个全面”战略布局，增强“四个意识”，坚定“四个自信”，做到“两个维护”，坚持稳中求进的工作总基调，坚持以人民为中心的工作导向，坚持高质量的发展要求，大力推动文化事业、文化产业和旅游业融合发展，为建设社会主义文化强国、全面建成小康社会、实现中华民族伟大复兴的中国梦奠定了坚实基础。

一、文化和旅游发展保障能力进一步增强

（一）建设方向更加明确，发展路径越发清晰

党的十八大以来，以习近平同志为核心的党中央高度重视文化和旅游工作，围绕培育践行社会主义核心价值观、增强国家文化软实力、繁荣文艺创作、传承弘扬中华优秀传统文化、推进全域旅游、开展厕所革命等作出一系列决策部署，出台多项推动文化和旅游改革发展的政策文件，进一步指明了文化建设和旅游发展的方向，为各级文化和旅游部门开展工作提供了根本遵循。地方各级党委政府对文化和旅游建设的重要性认识不断深化，大部分省区市均提出了加快文化建设和旅游发展的战略目标，文化和旅游建设被纳入当地经济社会发展的重要议事日程。

（二）法制体系不断完善，治理能力有力提升

多年来，文化和旅游系统坚持立“新法”与改“旧法”并重，推动了一大批文化法律、法规、规章和规范性文件的出台，在国家层面初步建立起了覆盖文化遗产保护、公共文化服务、文化和旅游市场管理等领域的法律法规体系。2018年，加快推动《文化产业促进法（草案稿）》《文化市场综合执法管理条例（草案稿）》《旅行社条例（修订草案送审稿）》《边境旅游管理办法（征求意见稿）》《在线旅游经营服务管理暂行规定（征求意见稿）》等重点立法项目，颁布实施《国家级文化生态保护区管理办法》《旅游行政许可办法》，推进民宿、旅游公共服务立法研究工作。

（三）经费投入持续增长，保障水平稳步提高

2018年，中央财政通过继续实施“三馆一站”免费开放、非物质文化遗产保护、公共数字文化建设等文化项目，共落实中央补助地方文化专项资金50.51亿元，比上年增长0.6%。

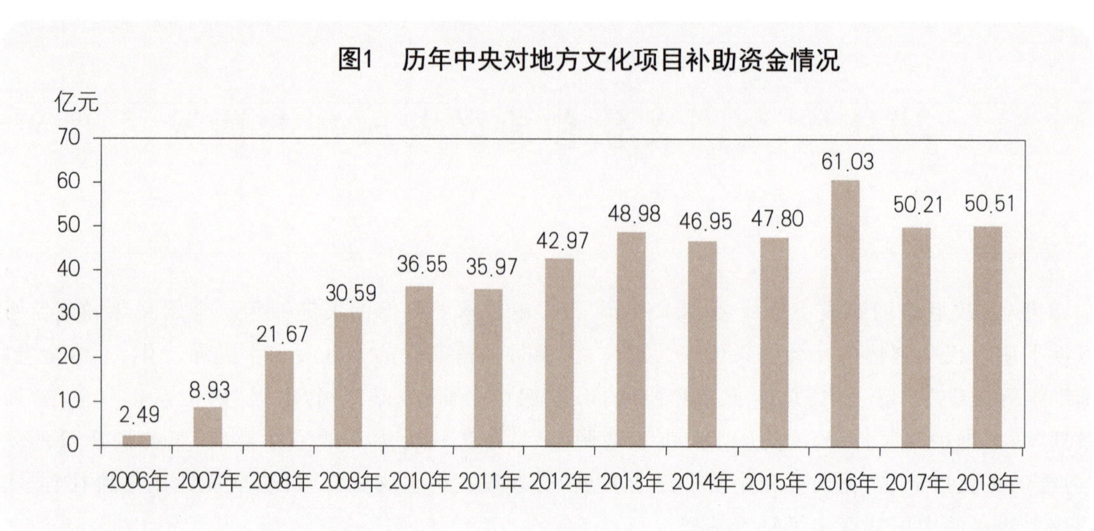

图1 历年中央对地方文化项目补助资金情况

另外,中央财政安排旅游发展基金 14.85 亿元,对地方旅游厕所建设、全域旅游示范区创建及旅游公共服务体系和旅游业转型升级融合发展项目进行了重点支持。

在中央资金的带动和引导下,各级党委政府纷纷加大对文化事业的经费投放力度,全国文化事业费明显增加。全年全国文化事业费 928.33 亿元,比上年增加 72.53 亿元,增长 8.5%;全国人均文化事业费 66.53 元,比上年增加 4.96 元,增长 8.1%。

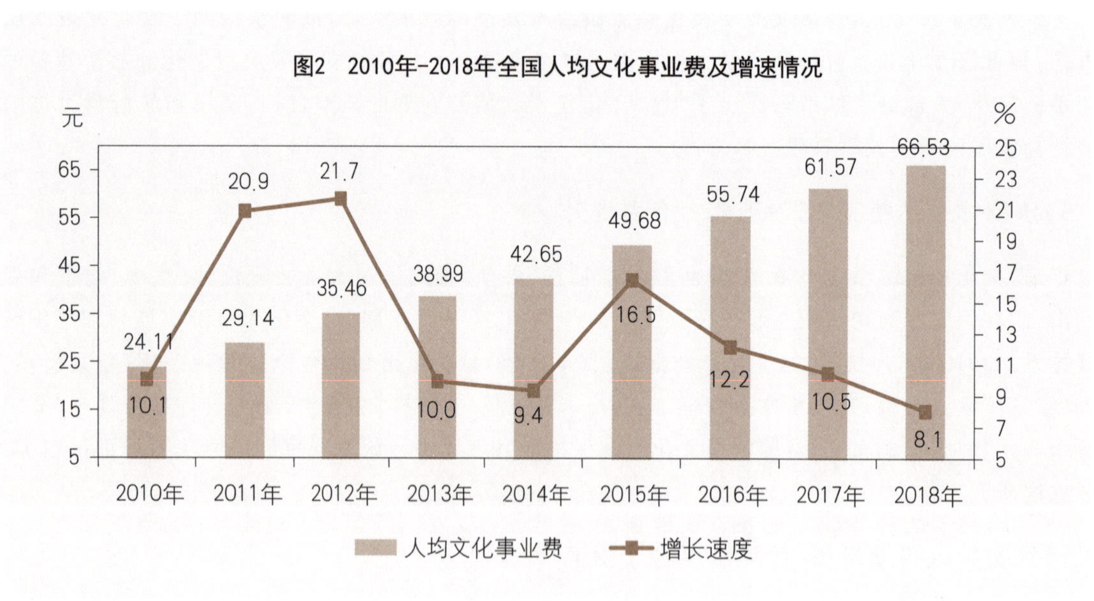

图2 2010年-2018年全国人均文化事业费及增速情况

全国文化事业费持续向基层、向贫困地区倾斜。据统计,2018 年全国文化事业费中,县以上文化单位 424.96 亿元,占 45.8%,比重比上年降低了 0.7 个百分点;县及县以下文化单位 503.37 亿元,占 54.2%,比重比上年提高了 0.7 个百分点。东部地区文化单位文化事业费 416.24 亿元,占 44.8%,比重提高了 0.2 个百分点;中部地区文化单位 232.71 亿元,占 25.1%,比重提高了 0.2 个百分点;西部地区文化单位 242.93 亿元,占 26.2%,比重下降了 0.8 个百分点。

表 1　全国文化事业费按城乡和区域分布情况

		1995 年	2000 年	2005 年	2010 年	2015 年	2017 年	2018 年
总量（亿元）	全国	33.39	63.16	133.82	323.06	682.97	855.80	928.33
	# 县以上	24.44	46.33	98.12	206.65	352.84	398.35	424.96
	县及县以下	8.95	16.87	35.70	116.41	330.13	457.45	503.37
	# 东部地区	13.43	28.85	64.37	143.35	287.87	381.71	416.24
	中部地区	9.54	15.05	30.58	78.65	164.27	213.30	232.71
	西部地区	8.30	13.70	27.56	85.78	193.87	230.70	242.93
所占比重（%）	全国	100.0	100.0	100.0	100.0	100.0	100.0	100.0
	# 县以上	73.2	73.4	73.3	64.0	51.7	46.5	45.8
	县及县以下	26.8	26.7	26.7	36.0	48.3	53.5	54.2
	# 东部地区	40.2	45.7	48.1	44.4	42.1	44.6	44.8
	中部地区	28.6	23.8	22.9	24.3	24.1	24.9	25.1
	西部地区	24.9	21.7	20.6	26.6	28.4	27.0	26.2

（四）人才建设持续加强，人员结构不断优化

文化和旅游部通过规划统筹、制度建设和教育培训等措施，大力加强文化和旅游系统各级干部人才队伍建设，为文化和旅游发展提供坚强的人才保障。全年举办全国省市县文化和旅游部门负责人、文艺业务骨干、旅游管理人才等培训班 74 期，培训 7000 余人次，组织 40 余万在线注册导游通过“云课堂”远程在线研修。指导中央文化和旅游管理干部学院积极开展各级各类干部教育培训，完成培训项目 298 个，培训学员 18877 人次。开展海外高层次人才引进工作，继续实施“三区计划”文化工作者专项、研究型和实践服务型人才培养、“双师型”教师培养、“金牌导游”培养等文化和旅游人才培养项目，组织开展“订单式”人才援藏工作。加强对文化和旅游职业教育及专业人才培养的行业指导，组织举办第三届全国“梨花杯”戏曲教育成果展示活动，进一步规范社会艺术水平考级管理。

2018 年末，纳入统计范围的全国各类文化和旅游单位 31.82 万个，从业人员 375.07 万人。其中，各级文化和旅游部门所属单位 66835 个，增加 91 个；从业人员 67.06 万人，增加 0.34 万人。从人员结构看，人员素质得到一定程度提高。2018 年全国公共图书馆从业人员 57602 人，其中具有中高级职称的人员占 43.8%，比重比上年提高了 0.02 个百分点；全国文化馆从业人员 54557 人，其中具有中高级职称的人员占 43.3%，比重比上年提高了 1.01 个百分点。

（五）科技融合更加紧密，助推作用发挥显著

组织实施文化和旅游创新工程项目，继续开展文化和旅游部重点实验室资助项目评审工作。开展 2018 年度全国艺术科学规划项目评审立项工作，坚持以文化和旅游建设重大理论和现实问题为主攻方向，进一步发挥项目示范引导作用。着力推动文化和旅游智库体系建设，以《文化和旅游智库要报》为主渠道，加强研究成果转化应用，发挥研究成果的决策咨询作用。围绕文化和旅游重点领域，完成 16 项国家标准制订修订工作，经国家标准委批准发布实施。

二、文化和旅游建设成果丰硕

2018年，我国各项文化和旅游工作取得了显著成绩。艺术创作持续繁荣，公共服务体系不断健全，市场管理规范有序，全域旅游不断深化，产业发展势头良好，社会主义核心价值观和中华优秀传统文化广泛弘扬，国家文化软实力和中华文化影响力大幅提升。

（一）艺术创作持续繁荣

1. 扶持政策更加完善。文化和旅游部开展国家舞台艺术精品创作扶持工程，组织专家对入选的25部名录剧目进行打磨提升。实施西部及少数民族地区艺术创作提升计划和中国民族歌剧传承发展工程，扎实推进戏曲振兴、中国京剧像音像和剧本扶持工程以及戏曲剧本孵化计划，启动"时代交响一中国交响音乐作品创作扶持计划"，开展"主题歌曲＋"创作采风活动。实施国家美术发展收藏工程和国家主题性美术创作项目。国家艺术基金立项一般资助项目944项，滚动资助项目16项，资助总额约为7.6亿元，有效发挥了推动优秀作品创作和优秀人才成长的孵化器作用。

2. 优秀作品不断涌现。2018年，全国艺术院团继续开展"深入生活、扎根人民"工作，坚持以人民为中心的创作导向，树立精品意识，攀登艺术高峰。根据对全国400家重点统计艺术院团统计，2018年共创排艺术作品1150部，其中新创802部，复排260部，移植改编88部。实施推进现实题材舞台艺术创作工作机制，推动创排59部重点现实题材舞台艺术作品。国家直属院团精心创作推出了京剧《红军故事》、交响音乐会《浦东交响》等优秀作品。各地艺术院团还创作了话剧《柳青》、昆剧《顾炎武》、豫剧《重渡沟》、民族歌剧《沂蒙山》、舞剧《永不消逝的电波》等优秀作品，取得了较好的社会反响。

3. 演出市场繁荣发展。年末全国共有艺术表演团体17123个，比上年末增加1381个，从业人员41.64万人，增加1.34万人。其中各级文化和旅游部门所属的艺术表演团体2078个，占12.1%，从业人员11.44万人，占27.5%。

全年全国艺术表演团体共演出312.46万场，比上年增长6.4%，其中赴农村演出178.82万场，赴农村演出场次占总演出场次的57.2%；国内观众11.76亿人次，比上年降低了5.7%，其中农村观众7.79亿人次；总收入366.73亿元，比上年增长7.2%，其中演出收入152.27亿元，增长3.1%。

表2　2010年—2018年全国艺术表演团体基本情况

年份	机构数（个）	从业人员数（人）	演出场次（万场）	国内演出观众人次（万人次）	总收入（万元）	#演出收入
2010年	6864	185413	137.15	88455.80	1239255	342696
2011年	7055	226599	154.72	74585.05	1540263	526745
2012年	7321	242047	135.02	82805.09	1968802	641480
2013年	8180	260865	165.11	90064.26	2800266	820738
2014年	8769	262887	173.91	91019.68	2264046	757028
2015年	10787	301840	210.78	95798.99	2576483	939313
2016年	12301	332920	230.60	118137.67	3112276	1308591
2017年	15742	402969	293.57	124739.06	3419618	1476786
2018年	17123	416374	312.46	117569.42	3667258	1522685

4. 社会效益有力彰显。2018 年，全国各级艺术表演团体通过公益性演出、“文化下乡”、低票价演出等方式，坚持把社会效益放在首位、社会效益与经济效益相统一，受到了广大人民群众的热烈欢迎和社会的广泛赞誉。据统计，全年全国文化和旅游部门所属艺术表演团体共组织政府采购公益演出 16.16 万场，观众 1.28 亿人次，分别比上年增长 2.7%和 0.3%。利用流动舞台车演出 11.80 万场次，观众 0.95 亿人次，分别比上年增长 1.6%和 0.2%。

5. 重大活动异彩纷呈。隆重举办“我们的四十年一庆祝改革开放 40 周年文艺晚会”，整台演出出新出彩、精益求精，较好地服务了中央的工作大局。精心组织开展 2018 年全国舞台艺术优秀剧目展演和全国优秀民族歌剧展演、全国优秀现实题材舞台艺术作品展（巡）演、全国基层院团戏曲会演、戏曲百戏（昆山）盛典、国家艺术院团演出季、全国美术馆馆藏精品展出季等系列艺术活动，为优秀作品搭建了展示平台，为艺术评论提供了鲜活素材，为人民群众献上了视觉盛宴。

（二）公共服务体系更加健全

1. 公共文化服务条件有效改善。2018 年末全国共有公共图书馆 3176 个，比上年末增加 10 个。年末全国公共图书馆从业人员 57602 人，比上年末增加 35 人。年末全国公共图书馆实际使用房屋建筑面积 1595.98 万平方米，比上年末增长 5.3%；图书总藏量 103716 万册，增长 7.0%；阅览室座席数 111.68 万个，增长 4.9%；计算机 22.35 万台，其中供读者使用的电子阅览终端 14.63 万台，均与上年基本持平。年末全国平均每万人公共图书馆建筑面积 114.4 平方米，比上年末增加 5.4 平方米；全国人均图书藏量 0.74 册，增加 0.04 册；全年全国人均购书费 1.77 元，增加 0.07 元。

图3 2010年-2018年全国公共图书馆人均资源情况

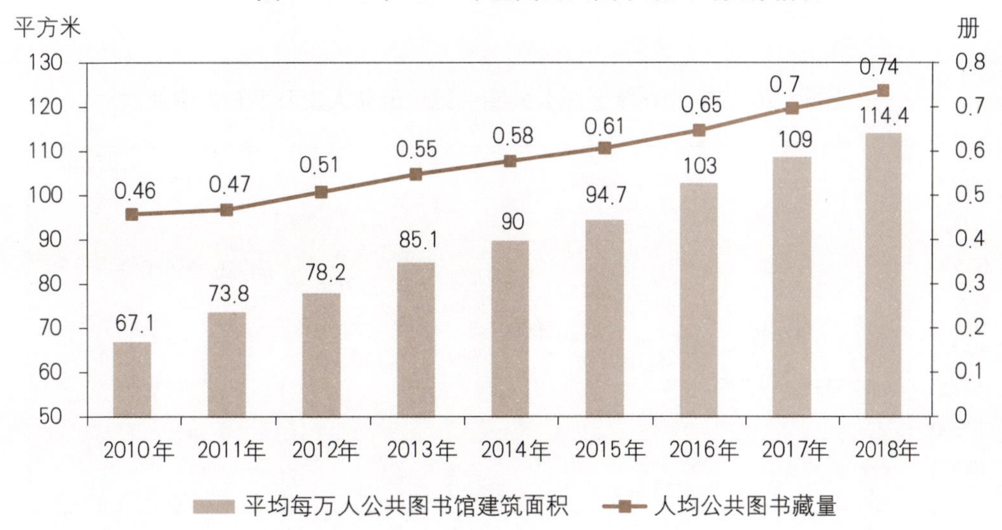

2018 年末全国共有群众文化机构 44464 个，比上年末减少 57 个。其中乡镇综合文化站 33858 个，比上年末减少 139 个。年末全国群众文化机构从业人员 185637 人，比上年末增加 4726 人。年末全国群众文化机构实际使用房屋建筑面积 4283.09 万平方米，比上年末增长 4.3%；业务用房面积 3146.17 万平方米，增长 5.7%。年末全国平均每万人群众文化设施建筑面积 306.95 平方米，比上年末提高 11.51 平方米。

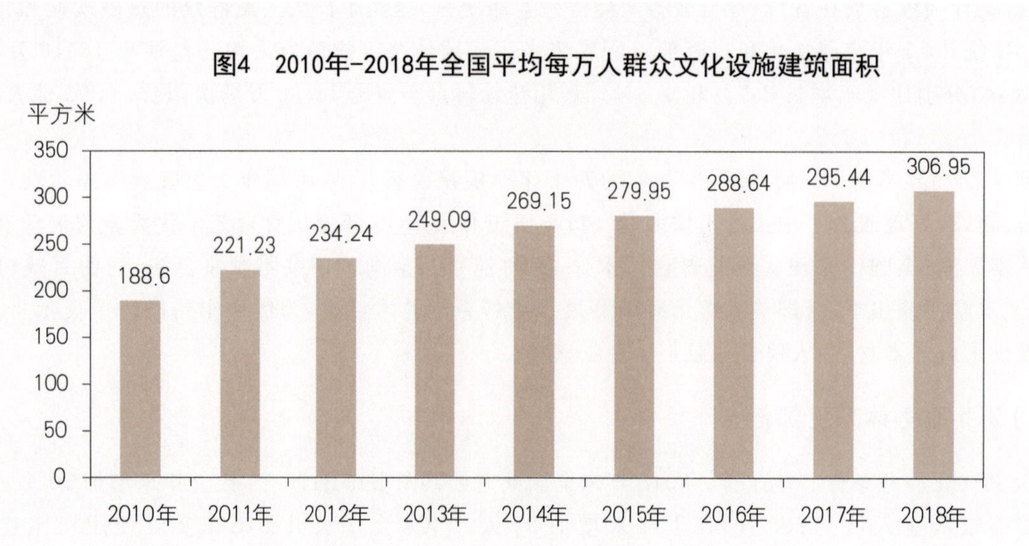

2. 公共文化服务水平显著提升。随着我国公共文化服务条件的有效改善，财政对公共文化经费投入的进一步加大，我国公共文化服务水平也得到了显著提升。全年全国公共图书馆发放借书证 7263 万个，比上年增长 7.8%；总流通人次 82032 万，增长 10.2%。书刊文献外借册次 58010 万，增长 5.3%；外借人次 25814 万，增长 1.2%。全年共为读者举办各种活动 179043 次，增长 15.1%；参加人次 10648 万，增长 20.2%。

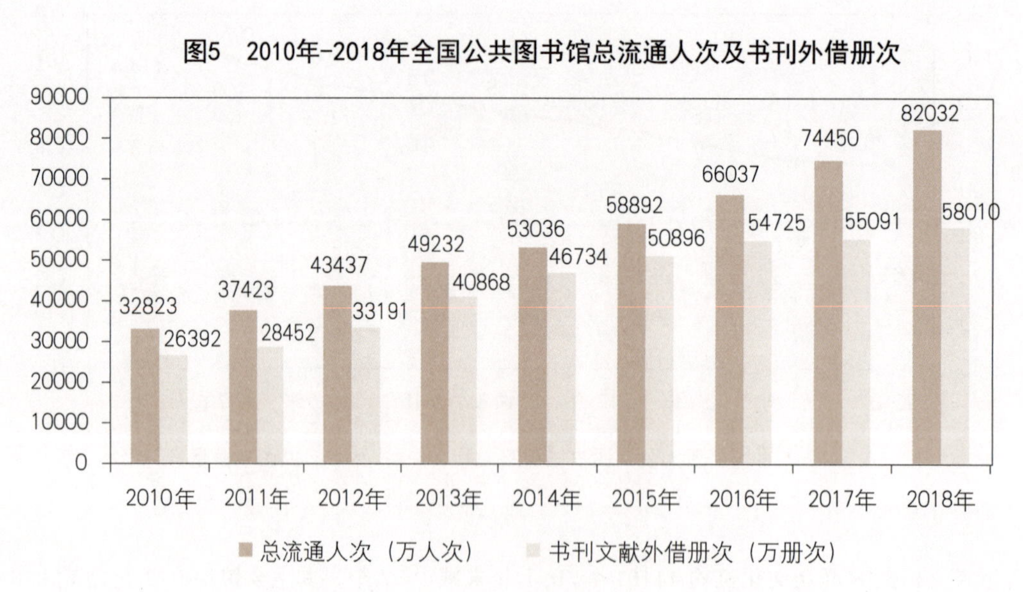

全年全国群众文化机构共组织开展各类文化活动 219.48 万场次，比上年增长 10.9%；服务人次 70553 万，增长 10.3%。

表 3　2018 年全国群众文化机构开展活动情况

	总　量		比上年增长(%)	
	活动次数(万次)	服务人数(万人次)	活动次数	服务人次
各项活动总计	219.48	70553	10.9	10.3
其中:展览	15.87	11037	3.0	3.0
文艺活动	123.12	53938	10.5	11.9
公益性讲座	3.58	618	4.1	9.8
训练班	76.90	4961	13.8	10.4

3. 群众文化活动亮点频频。深入开展戏曲进乡村工作,按照贫困地区每年每乡镇 6 场的标准,支持开展戏曲进乡村活动 77800 场。组织全国广场舞展演活动,共举办广场舞展演活动 6225 场,参演团队 64564 支,参演群众达 209.4 万人,吸引超过 4206 万人次观看。举办第七届中国农民歌会,充分展示农民精神风采。举办第九届中国少年儿童合唱节,共有 40 支合唱队伍 1766 名少年儿童参加,通过网络端口观看直播的人次达 147 万。开展"歌声伴着我成长"第五批全国新创少儿歌曲征集推广活动,推选出 30 首歌曲进行宣传推广。举办"文化暖心"慰问特殊群体示范性专场演出活动,引导带动各地加大对老年人、未成年人、农民工、残疾人等特殊群体文化权益的保障力度。

4. 贫困地区公共文化服务体系建设稳步推进。继续实施"阳光工程"——中西部农村文化志愿服务行动计划,全年共招募 1471 名文化志愿者为中西部 600 个贫困村和 871 个乡村学校少年宫提供文化志愿服务。会同中央文明办组织实施"圆梦工程"——农村未成年人文化志愿服务计划项目,从中西部文化机构招募 610 名文化志愿者对乡镇小学进行帮扶。继续实施"春雨工程"——全国文化志愿者边疆行活动,共实施 148 个项目,组织招募近 5000 名文化志愿者,深入 13 个边疆民族省(区),举办"大舞台""大讲台"和"大展台"近 300 场,服务群众超百万人次。公布 2017 年文化志愿服务典型名单,共选出 106 个典型案例,53 个典型团队,67 名典型个人,进一步发挥典型示范作用。开展边疆万里数字文化长廊建设,对 11 个边疆省份的原有 1050 个文化共享工程乡镇服务点进行终端升级,建设 9086 个数字文化驿站。通过"中西部贫困地区公共数字文化服务提档升级"项目,为 22 个中西部有国家级贫困县的省份的 7866 个基层公共文化服务点提升了设备设施配置水平。

5. 旅游公共服务建设取得新成果。务实推进厕所革命工作,在厕所建设、技术应用、体制创新和文明提升等方面发力施力。2018 全年建成 29577 座旅游厕所,完成预定计划的 123%。改造提升"全国旅游厕所信息管理系统",加强对建设项目的管理维护。先后印发《关于进一步提倡实用避免奢华务实推进厕所革命有关问题的通知》《关于进一步做好厕所革命推进工作的通知》,进一步指导各地推进厕所革命工作。

(三)文化旅游市场管理和综合执法能力有效提高

1. 市场规模有所下降。年末全国文化市场经营单位 23.71 万家,比上年末减少 2.03 万家;从业人员 166.73 万人,减少 6.59 万人。其中全国共有娱乐场所 70584 个,从业人员 52.82 万人,全年营业收入 520.97 亿元,营业利润 112.33 亿元;互联网上网服务营业场所 124266 个,从业人员 34.67 万人,全年营业收入 294.63 亿元,营业利润 76.76 亿元。

2."放管服"改革和行业转型升级成效显著。2018 年,进一步实施源头治理,支持引导文化市场经营单位改进服务、转变形象,印发《旅游市场黑名单管理办法(试行)》《关于对文化市场领域严重违法失信主体及有关人员开展联合惩戒的合作备忘录》《关于对旅游领域严重失信相关责任主体实施联合惩戒的合作备忘录》，修订《全国文化市场黑名单管理办法》，形成了“黑名单＋备忘录”的信用监管机制。出台《文化和旅游部关于实施自由贸易试验区文化市场管理政策的通知》，支持自由贸易试验区和海南等地扩大文化和旅游市场开放。国务院批复设立广西防城港、内蒙古满洲里边境旅游试验区。全面启用全国旅游监管服务平台，智能化监管水平进一步提升。推动出台《互联网上网服务营业场所服务等级评定》，开展“健康娱乐全民赛”“卡拉 OK 夕阳红”等活动，不断深化文化娱乐和上网服务行业转型升级，推进行业高质量发展。

3. 旅游安全和假日工作稳步推进。围绕“五一”“十一”和暑期、汛期等重点时段，加大对旅行社、A 级旅游景区安全检查和安全隐患排查力度。开展旅游“安全生产月”活动，妥善处置我国游客境外旅游安全事件。举办中泰旅游市场监管合作协调小组会议，旅游市场监管国际合作不断深入。

4. 综合执法业务能力不断提升。举办第二届全国文化市场综合执法岗位练兵技能竞赛，加大各类线上线下培训力度，举办各类培训 13 期，在线培训人员近 3 万人次，举办线上考试 600 余场。全国文化市场技术监管与服务平台投入运行，全国 97％以上的省市县执法机构正式应用，全年通过平台出动检查 570.83 万人次，办结案件 3.64 万件。进一步扩大移动执法系统应用范围，全国已有 143 个地市上线应用，通过移动执法系统检查 4.2 万人次，检查经营单位 6880 次。加大市场执法检查和整治力度，持续开展各类专项整治行动，对营业性演出、网络表演、网络音乐、网络动漫等领域进行重点整治。加大旅游市场重点案件督办力度，督促处理涉旅投诉案件 2000 多起。全国共检查旅行社及其分支机构 6.76 万次，立案 3282 件，罚款及没收违法所得 3481 万元，吊销旅行社业务经营许可证 108 家。积极引导和推动“1＋3”旅游市场综合监管机制建设，目前各地已设立旅游警察机构 437 家，工商旅游分局 344 家，旅游巡回法庭 554 家。

(四)旅游资源利用水平进一步提升

1. 旅游市场持续平稳增长。全年国内旅游人数 55.39 亿人次，比上年同期增长 10.8％；入境旅游人数 14120 万人次，比上年同期增长 1.2％；出境旅游人数 14972 万人次，比上年同期增长 14.7％；全年实现旅游总收入 5.97 万亿元，同比增长 10.5％。

表 4　2010 年—2018 年旅游业主要发展指标

年　份	国内旅游人次（亿人次）	国内旅游收入（亿元）	入境旅游人次（万人次）	入境旅游收入（亿美元）	出境旅游人次（万人次）	旅游总收入（万亿元）
2010 年	21.03	12580	13376	458.14	5739	1.57
2011 年	26.41	19305	13542	484.64	7025	2.25
2012 年	29.57	22706	13241	500.28	8318	2.59
2013 年	32.62	26276	12908	516.64	9819	2.95
2014 年	36.11	30312	12850	1053.80	10728	3.73
2015 年	39.90	34195	13382	1136.50	11689	4.13
2016 年	44.35	39390	13844	1200.00	12203	4.69
2017 年	50.01	45661	13948	1234.17	13051	5.40
2018 年	55.39	51278	14120	1271.03	14972	5.97

2. 全域旅游向纵深发展。深入贯彻落实党中央、国务院关于发展全域旅游的部署安排，加强顶层设计，坚持创新推动，以创建国家全域旅游示范区建设为抓手，全面推进全域旅游向纵深发展。印发《国务院办公厅关于促进全域旅游发展的指导意见》。在深入研究和广泛征求意见的基础上，研究制定《国家全域旅游示范区验收、认定和管理实施办法（试行）》《国家全域旅游示范区验收标准（试行）》等一系列文件，规范创建工

作，细化工作职责，明确工作程序，加强动态管理，为各地深入开展国家全域旅游示范区创建提供依据。通过旅游发展基金补助国家全域旅游示范区项目资金支持各示范区创建单位提升旅游公共服务体系建设水平。

3. 景区服务有效提升。召开新晋5A级景区授牌会，推出9家新一批5A级旅游景区，进一步对精品旅游景区体系建设进行部署。通报了各地对辖区内A级旅游景区开展集中检查的工作情况，全国50多家管理和服务水平下降的旅游景区受到取消等级和警告等处理，并集中公布了受到摘牌处理的11家4A级旅游景区。坚持景区惠民导向，推动国有重点景区门票降价。截至2018年末，各地已出台实施或公布了981个景区免费开放或降价措施（免费开放74个，降价907个），其中5A级景区159个，4A级景区534个。截至2018年末，全国共有A级景区11924个，全年接待总人数60.24亿人次，增长10.5%，实现旅游收入4707.54亿元，增长7.8%。

4. 乡村旅游建设取得新进展。坚决贯彻落实党中央、国务院关于乡村振兴和脱贫攻坚的相关决策部署，加强政策指导，突出精准帮扶，扎实推进旅游扶贫工作，促进乡村旅游健康发展。会同国家发展改革委等部委联合印发《关于促进乡村旅游可持续发展的指导意见》和《促进乡村旅游提质升级行动方案（2018－2020年）》，着力解决乡村旅游发展的瓶颈制约问题，推进乡村旅游健康持续发展。会同国务院扶贫办印发《关于支持深度贫困地区旅游扶贫行动方案》，切实加大深度贫困地区的旅游扶贫支持力度。完善乡村旅游监测体系，确定了210个乡村旅游发展（旅游扶贫）监测点，及时了解掌握各地乡村旅游发展情况。加大项目和金融支持力度。会同国家发展改革委、财政部、交通运输部印发了《“三区三州”等深度贫困地区旅游基础设施改造升级行动计划（2018－2020年）》，会同国家发展改革委在“十三五”文化旅游提升工程中增补一批旅游基建投资项目，专项用于支持“三区三州”等深度贫困地区旅游项目建设。加强贫困地区旅游人才培训，全年共举办9期旅游扶贫培训班，培训2000人次，努力提高乡村旅游重点村干部、旅游带头人的知识水平和专业技能。

5. 红色旅游科学健康发展。组织修订了《习近平关于红色精神红色传统与红色旅游论述摘编》。对全国贯彻落实《2016—2020年全国红色旅游发展规划纲要》情况展开了专项调研，形成了华东片区、西南片区红色旅游发展现状及对策研究调研报告，指导山东临沂举办了2018中俄红色旅游合作交流系列活动。召开全国红色旅游五好讲解员建设行动推进会，在部分省市开展试点工作。与中宣部联合举办全国红色故事讲解员大赛，共评出20名金牌讲解员，40名优秀讲解员。开展6期红色旅游示范性培训，培训红色旅游行政人员、景区和旅行社负责人、骨干讲解员、导游员1300余人。

6. 度假休闲旅游稳步推进。为适应我国居民休闲度假旅游需求快速发展需要，积极打造有效的休闲度假产品，组织开展国家级旅游度假区评定工作。持续推进中医药健康旅游发展，联合国家中医药管理局公布了第一批72家国家中医药健康旅游示范基地创建单位。大力发展自驾车旅居车旅游，加快推进自驾车游相关行业标准编制工作。加快发展温泉旅游、冰雪旅游等旅游新业态。

（五）文化产业和旅游产业快速发展

1. 产业发展环境进一步优化。2018年，研究编制推动文化产业和旅游产业融合发展的指导意见，进一步推动文旅深度融合发展。起草《关于完善促进消费体制机制进一步激发居民消费潜力的若干意见》和《完善促进消费体制机制实施方案（2018—2020年）》，实施国家文化消费试点城市奖励计划，统筹推进文化和旅游消费工作。实施“文化产业双创扶持计划”，遴选扶持40家文化产业众创空间、双创服务平台，为民营文化企业、中小文化企业发展构建双创服务体系。印发《国家级文化产业示范园区创建验收标准（试行）》，明确创建验收工作的指标和具体内容，进一步加强创建工作的规范性。组织实施“国家级文化产业园区服务能力提升计划”，支持15个国家级文化产业园区的服务能力提升项目。

2. 投融资体系进一步健全。引导社会资本积极投资文化和旅游领域，联合财政部先后印发在文化、旅游领域推广政府和社会资本合作的政策文件，会同财政部评选的文化和旅游 PPP（政府和社会资本合作）示范项目累计达到 66 个，获得“以奖代补”支持 3.64 亿元。举办 4 期精品项目对接交流会，累计服务项目 549 个，项目签约总额达 1805.05 亿元。会同国务院扶贫办、中国农业发展银行联合发布《关于印发全国金融支持旅游扶贫重点项目推荐名单的通知》，加大对旅游扶贫项目的优惠贷款支持力度。联合国务院扶贫办、中国农业发展银行将 57 个项目列入全国金融支持旅游扶贫重点项目，项目总投资 735 亿元，总融资贷款需求 410 亿元。

3. 数字文化产业蓬勃发展。组织中国文化艺术政府奖第三届动漫奖评奖，评选出 20 个奖项，引领动漫创作导向，激励原创动漫发展。组织制订“数字化艺术品图像显示系统的应用场景、框架和元数据”“文物/艺术品 AR 需求及应用框架”等两项数字艺术标准，成功在国际电信联盟立项，为我国数字艺术产业走出去开辟道路。年末经文化和旅游部、财政部、国家税务总局三部门联合认定的动漫企业共有 809 个，重点动漫企业 43 个。

4. 文化产业和旅游产业国际合作进一步深化。开展 2018 年“一带一路”文化贸易与投资重点项目征集与扶持工作，首批支持 40 个重点项目，已陆续在沿线近 10 国落地实施。举办中加、中越、中日韩文化产业论坛和政策对话。支持文化企业“抱团出海”，全年共组织 200 余家文化企业以“中国展区”形式参加美国国际授权博览会等 9 个重点国际文化展会。协调组织首届中国国际进口博览会文化和旅游领域招商招展、旅行保障等系列工作，支持举办“合生共振”文化＋科技高峰论坛配套活动，搭建企业对外交流合作新平台。加强文化产业国际人才培养与交往，通过举办中国文化产品国际营销年会系列论坛，培训涉外文化经营管理人员近 2000 人次。

表 5　2006 年—2018 年文化及相关产业增加值

年　份	增加值（亿元）	占 GDP 比重（%）
2006 年	5123	2.37
2007 年	6455	2.43
2008 年	7630	2.43
2009 年	8594	2.52
2010 年	11052	2.75
2011 年（旧口径）	13479	2.85
2011 年（新口径）	15516	3.28
2012 年	18071	3.48
2013 年	21870	3.67
2014 年	24538	3.81
2015 年	27235	3.95
2016 年	30785	4.14
2017 年	34722	4.29
2018 年	38737	4.30

注：1. 2006 年—2011 年（旧口径）数据根据《文化及相关产业分类》标准进行测算；2012 年和 2013 年数据根据《文化及相关产业分类（2012）》标准进行测算；2011 年（新口径）数据根据《文化及相关产业分类（2012）》标准进行了相同口径调整。

2. 根据现行统计制度，2009 年以后的文化产业数据只统计到法人单位，不包括非文化法人单位所属文化产业活动单位和个体经营户。

5. 文化产业总量规模稳步提升。根据国家统计局《文化及相关产业分类(2012)》范围初步测算，2018年我国文化产业实现增加值38737亿元，按同口径和现价计算，比上年增长11.6%，增速比同期GDP现价增速高1.9个百分点。文化产业增加值占GDP的比重为4.30%，按同口径计算，比上年提高0.07个百分点。大多数地方文化产业的增长速度高于经济的整体增长速度，成为促进经济增长和就业创业的重要产业、推动产业结构优化的朝阳产业。

根据国家统计局统计，2018年全国6.0万家规模以上文化及相关产业企业实现营业收入89257亿元，比上年增长8.2%，持续保持较快增长。

(六)文化遗产保护利用和传承发展水平全面加强

1. 文物保护重点工作顺利推进。2018年，认真贯彻习近平总书记关于文物工作的重要指示精神，深入落实《关于进一步加强文物工作的指导意见》《关于加强文物保护利用改革的若干意见》，扎实推进文物保护各项重点工作。完成《长城保护总体规划》《长征文化线路保护总体规划》和《大运河文化带建设总体规划纲要》。启动第八批全国重点文物保护单位申报遴选，开展全国重点文物保护本体构成核定、省级文物保护单位名录整理工作。开展县级国家历史文化名城文物保护评估，推进馆藏文物预防性保护和数字化保护。经远舰、“上海长江口二号”沉船遗址水下考古项目取得重要进展，西藏旧石器遗址、陕西石峁、芦山峁遗址、新疆石城子遗址获重大发现。开展互联网+中华文明行动计划，推动与腾讯、百度、网易、中国移动等战略合作深度拓展。对全国博物馆和文物建筑消防安全进行督促检查，共检查博物馆和文物建筑3.1万家，整改火灾隐患6.1万余处。持续推进文物法人违法案件专项整治行动，查处673起文物法人违法案件，行政处罚349起，责令改正408起，行政追责314人次，刑事追责74人次，督办一批涉及革命文物、世界文化遗产等违法案件。

2. 机构人员持续增加。年末全国共有各类文物机构10160个，比上年末增加229个。其中，文物保护管理机构3550个，占34.9%，博物馆4918个，占48.4%。年末全国文物机构从业人员16.26万人，比上年末增加0.11万人。其中高级职称9683人，占6.0%，中级职称20685人，占12.7%。

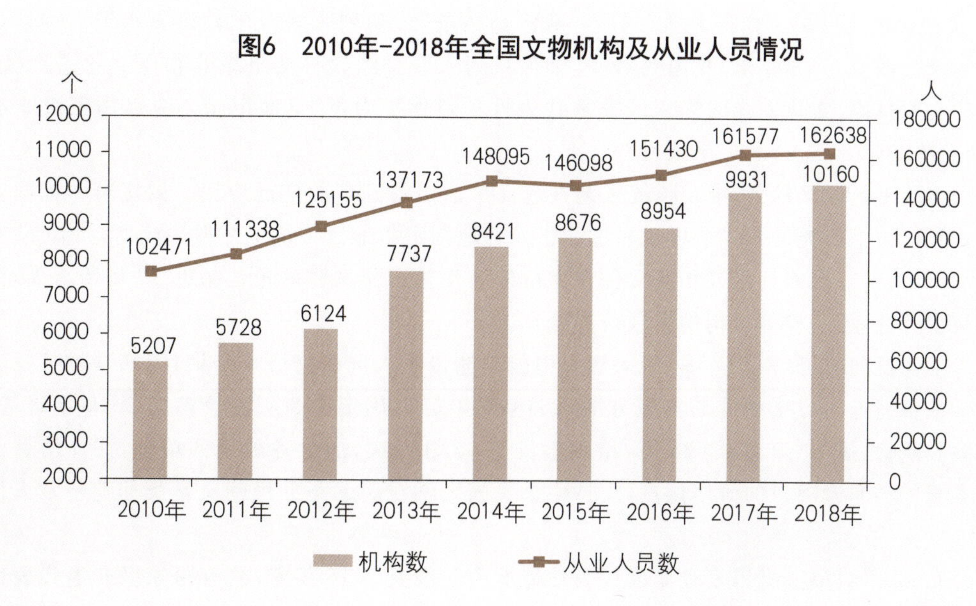

3. 文物利用效能稳步提高。加强博物馆行业管理与服务，公布全国5136家博物馆备案和开放信息，建立首期覆盖3500家博物馆的数字地图。会同教育部将93家文博单位列入第二批全国中小学研学实践教育基地名单。开展互联网＋中华文明行动计划，推动与腾讯、百度、网易、中国移动等战略合作深度拓展。

截至2018年末，全国共有可移动文物1.08亿件/套，不可移动文物76.7万处。年末全国文物机构拥有文物藏品4960.44万件，比上年末增加109.78万件/套，增长2.3%。

2018年全国各类文物机构共举办陈列展览27925个，比上年增加1880个。其中，基本陈列13678个，比上年增加653个；临时展览14247个，比上年增加1227个。接待观众122352万人次，比上年增长6.6%，其中未成年人29654万人次，增长2.6%，占参观总人数的24.2%。博物馆接待观众104401万人次，增长7.5%，占文物机构接待观众总数的85.3%。

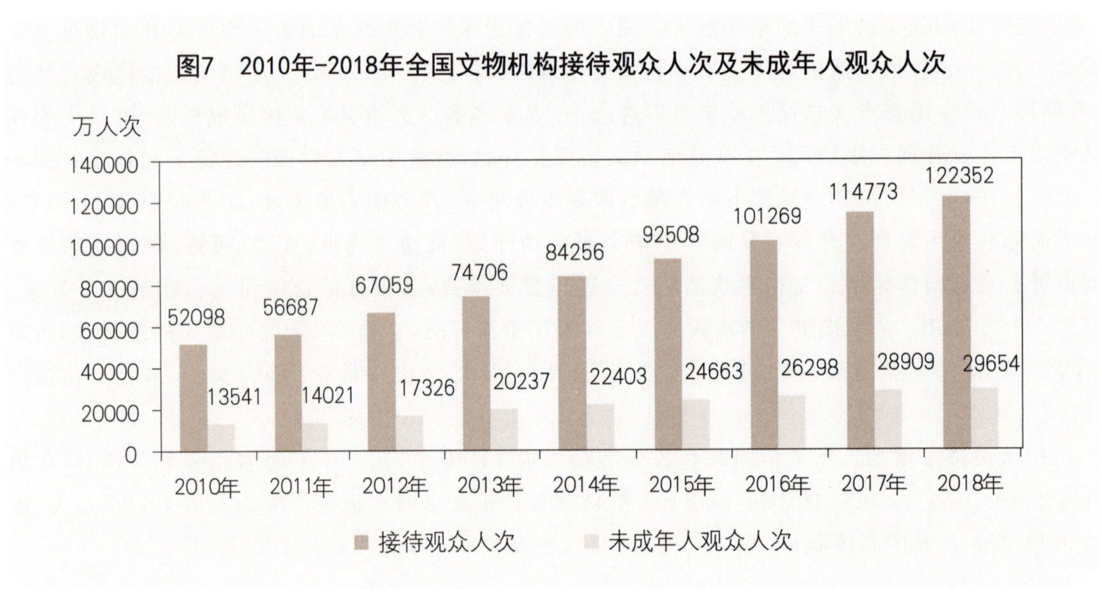

4. 非物质文化遗产保护工作再上新台阶。"藏医药浴法"成功列入联合国教科文组织人类非物质文化遗产代表作名录。截至2018年末，我国共有40个项目列入联合国教科文组织非物质文化遗产名录(册)。加大涉及中华文明发源、文化发祥的国家级非遗代表性项目保护力度，全面记录103名国家级非遗代表性传承人，评估验收2016年支持的记录项目。

贯彻落实传统工艺振兴计划，推动传统工艺在现代生活中得到新的广泛应用。制定第一批国家传统工艺振兴目录，共有14个门类的383个项目入选。指导各地制定本地区传统工艺振兴计划，共有24个省(区、市)出台本地区传统工艺振兴计划或相关文件。支持传统工艺工作站驻站单位举办12场传承人对话活动，促成传承人与设计企业、高校等机构的多项跨界合作。

完善研培工作机制，拓展覆盖范围，深入实施中国非遗传承人群研修研习培训计划。印发《中国非物质文化遗产传承人群研修研习培训计划实施方案(2018－2020)》，确定112所院校参与2018年研培计划，全国累计举办各类研修、研习、培训班628期，培训学员2.65万人次，加上各地延伸培训，共计培训9.5万人次。继续探索新门类非遗项目的研培试点，支持中央民族大学在湖北举办民间文学类非遗传承人群研修交流活动。

认定并公布1082名第五批国家级非遗代表性传承人。截至2018年末，共有国家级非遗代表性传承人3068人，国家级非遗代表性项目1372项。进一步加强国家级非物质文化遗产保护利用设施建设，安排中央预算内投资2.01亿元支持建设26个国家级非遗保护利用设施，有效推动了非物质文化遗产保护传承与经

济社会发展的有机结合。

创新传播方式，提升非遗传播专业水平，推动形成全社会传承发展优秀传统文化的良好局面。组织开展2018年“文化和自然遗产日”活动，全国共举办大中型非遗宣传展示活动3700多项。举办全国曲艺周，第一次在全国范围内将127个曲艺类国家级非遗代表性项目进行集中展演。制作播出《非遗公开课》，宣传非遗保护理念，普及非遗知识，社会反响热烈。开展非遗影像展、非遗服饰秀、非遗讲座月等品牌传播活动，线上线下共2.6亿人次参与。以“活态传承、活力再现”为主题，举办第五届中国非遗博览会，展示近年来全国非遗保护工作取得的进展，82万人次到场参观，近6000万人次通过网络观看。支持和指导各地做好非遗活动进校园、非遗项目进课堂、非遗知识进教材，发挥非遗在青少年健康成长中的积极作用。

截至2018年末，全国共有非物质文化遗产保护机构2467个，从业人员17308人。全年全国各类非物质文化遗产保护机构举办演出65495场，增长20.6%，观众4960万人次，增长16.6%；举办民俗活动16844次，增长24.0%，观众4850万人次，增长0.7%。

（七）对外和对港澳台交流合作成效显著

1. 合作机制运行平稳。2018年，以文化和旅游双多边交流机制及高级别人文交流机制为抓手，与冈比亚、巴拿马、西班牙、尼日利亚等18国签署文化协定或执行计划，推动深化与世界各国的文化和旅游交流与合作。举办上海合作组织、中日韩、中美、中国—东盟等有关活动，参加中加、中意、中俄蒙和亚欧、亚太以及金砖国家等相关会议。

2.“一带一路”文旅先行成效显著。建立“一带一路”文化和旅游交流机制，成立丝绸之路国际博物馆联盟、国际图书馆联盟、美术馆联盟。举办第五届丝绸之路国际艺术节、第三届丝绸之路（敦煌）国际文化博览会、丝绸之路国家美术馆作品展。在“一带一路”沿线国家和地区打造“丝绸之路文化之旅”和“丝绸之路文化使者”等重点交流品牌，助力“一带一路”沿线国家民心相通，稳步推进和周边国家共同建设跨境旅游合作区建设工作。

3. 品牌文化活动提质增效。以讲好中国故事为主线，提升“欢乐春节”文化交流品牌形象，2018年“欢乐春节”在全球130个国家和地区的400多座城市举办近2000场活动。加强“超乎想象的中国”旅游推广，打造“美丽中国”旅游品牌。在阿维尼翁戏剧节、爱丁堡艺穗节等节展框架下举办“聚焦中国”系列活动。在美国、加拿大、俄罗斯、尼泊尔等国举办文化年（节）活动，进一步塑造“中国年节”形象品牌。

4. 海外文化阵地建设不断加强。制定《文化和旅游部与地方合作共建海外中国文化中心工作指南》，加强驻外文化和旅游机构相关制度建设，在拉脱维亚、摩洛哥开设中国文化中心，使全球中国文化中心总数达到37个。与约旦、乌拉圭、阿联酋、科特迪瓦、阿尔及利亚、西班牙等6国签署设立文化中心的政府文件。继续开展部省共建中心工作，与广西壮族自治区、江西省签署合作共建河内中国文化中心、里斯本中国文化中心的协议。指导海外中国文化中心联动举办“中国文化周”统一品牌活动和“天涯共此时”中秋品牌活动。

5. 对港澳台文化工作更加精准。积极开展对港澳台文化和旅游工作，推动粤港澳大湾区文化和旅游工作协调机制建设。举办第九届海峡两岸文化创意产业展、第14届海峡旅游博览会和第11届海峡两岸文博会。创新春节、中秋等节庆交流平台，提升“香江明月夜”“海峡两岸民俗庙会”等主题文化活动影响力。持续打造“艺海流金”、情系钱塘——两岸文化联谊行等文化交流品牌，组织“如意甘肃行”等旅游推广活动，举办台北夏季旅展等。持续开展港澳台青少年文化旅游实习研学等活动，培育港澳台青少年中华文化认同。

全年经文化系统审批的对外文化交流项目3383起，66734人次参加；对港澳文化交流项目490项，11411人次参加；对台文化交流项目311项，3642人次参加。

三、2019年文化和旅游建设工作基本思路

2019年是新中国成立70周年，也是全面建成小康社会的关键之年。面对新形势与新任务，全国文化和旅游系统将坚持以习近平新时代中国特色社会主义思想为指导，全面贯彻落实党的十九大和十九届二中、三中全会精神，坚持以人民为中心的工作导向，以高质量发展为目标，以融合发展为主线，以改革创新为动力，着力推进文化事业、文化产业和旅游业发展再上新台阶，为实现“两个一百年”奋斗目标、实现中华民族伟大复兴中国梦贡献力量。

（一）繁荣艺术创作生产

坚持“二为”方向、“双百”方针，坚持创造性转化、创新性发展，坚持以人民为中心的创作导向，把创作生产优秀作品作为文艺工作的中心环节，把提高质量作为文艺作品的生命线，努力创作生产更多传播当代中国价值观念、体现中华文化精神、反映中国人审美追求，思想精深、艺术精湛、制作精良的文艺作品。一是加强艺术创作规划和引导，围绕新中国成立70周年等重大时间节点，持续加强现实题材创作，举办全国优秀现实题材舞台艺术作品展演，推出一批新创文艺作品。实施戏曲振兴工程、中国京剧像音像工程、中国民族歌剧传承发展工程、剧本扶持工程、戏曲剧本孵化计划等。持续实施国家美术发展和收藏工程，推进国家主题性美术创作项目，继续做好国家收藏和捐赠奖励项目，持续推进全国美术馆藏品普查的数据审核和总结工作。二是完成重大文艺演出及各类艺术活动。组织完成庆祝新中国成立70周年文艺晚会等中央交办的重大文艺演出任务，办好第十二届中国艺术节。举办全国舞台艺术优秀剧目展演、第十六届文华大奖获奖剧目展演、全国优秀民族歌剧展演、全国基层院团戏曲会演、全国武戏丑戏净行戏展演、戏曲百戏（昆山）盛典、国家艺术院团演出季、全国美术馆馆藏精品展出季、“一带一路”国际美术工程展览等一批重要的展演展览活动。三是加强艺术人才培养和艺术评论工作。继续实施戏曲艺术人才培养项目和名家传戏工程、名家传曲工程。举办全国文艺院团长培训班、民族歌剧创作人才研修班、中国交响音乐创作高级研修班等。实施西部及少数民族地区艺术创作提升计划，做好原创剧目支持和西部地区艺术人才驻团跟组实践工作。实施全国美术馆青年策展人扶持计划，开展全国美术馆专业人员培训，实施全国画院创作人才培养和扶持计划。

（二）加快推进公共服务体系建设

坚持政府主导、社会参与、重心下移、共建共享，以基本公共文化服务标准化均等化为突破口，立足人民群众基本文化需求，构建体现时代发展趋势、符合现实发展规律、具有中国特色的现代公共服务体系。一是全面推进重点改革任务和惠民项目。推进旅游厕所革命，加强建设和管理，加快完成百度地图上线工作。深入开展乡镇综合文化站专项治理，着力解决文化站“沉睡”问题。深入推进基层综合性文化服务中心和县级文化馆图书馆总分馆制建设，结合新时代文明实践中心建设推进基层综合性文化中心建设，指导公共文化机构加快建立法人治理结构。联合中央文明办、共青团中央，实施示范性文化志愿服务活动。引导各地积极培育基层文化和旅游志愿服务项目。继续深入开展全国广场舞展演活动。二是提升公共服务效能，推进公共数字文化工程融合创新发展，统一服务品牌、服务平台、基层服务界面，依托国家公共文化云，整合文化和旅游公共服务数字资源，实现工程融合发展，推动公共数字文化工程提档升级、提质增效。通过总分馆制建设，推动公共图书馆、文化馆服务嵌入各类公共空间，扩大服务覆盖面。搭建社会力量参与平台，优化公共服务资源配置，进一步推进供给侧改革。促进文化和旅游在基层融合发展，推动乡镇文化站成为乡村旅游咨询中心。扎实推进国家公共文化服务体系示范区建设，进一步发挥示范引领作用。出台《国家公共文化服务体系示范区管理办法》。开展公共服务领域融合发展专题研究。组织开展第十八届群星奖评奖和

“中国民间文化艺术之乡”后续建设管理。

(三)加强文化遗产保护利用和传承发展

围绕国家经济社会发展大局,全面加强文化遗产保护和利用,传承弘扬中华优秀传统文化,努力推动中华优秀传统文化创造性转化和创新性发展,加快构建中华优秀传统文化传承体系。一是推进中央加强文物保护利用重要政策的落实。深入贯彻落实中办国办《关于加强文物保护利用改革的若干意见》等重要文件,公布全国革命文物名录,推进革命文物集中连片保护利用,加大革命文物保护利用宣传力度。加强长征文化线路整体保护展示,启动长征保护示范段建设。做好修订《文物保护法》前期工作,深化文物保护工程改革,健全文物保护资质资格管理制度。认真开展民间文物登寻试点工作。公布第八批全国重点文物保护单位,推进长城、长征、大运河、大遗址、传统村落等重点保护项目实施。推动不可移动文物预防性保护体系建设,组织实施出土文物移交行动。二是多措并举让文物“活”起来。印发《关于推进博物馆改革发展的实施意见》。研究制定博物馆研学实践标准。推进文物流通领域登记交易试点工作,探索完善民间收藏文物流通交易体制机制。启动文物鉴定职业资格管理,加强流失文物追索返还工作。建设文物资源大数据库,深入推进“互联网+中华文明”行动计划。三是加大国家级非遗代表性项目、代表性传承人和国家级文化生态保护区支持力度。开展第五批国家级非遗代表性项目申报工作,推动项目保护单位动态管理。举办国家级非遗代表性传承人培训班,开展国家级非遗代表性传承人传习活动评估试点工作,研究制定国家级非遗代表性传承人管理工作办法。对已设立的国家级生态文化保护区进行评估验收,支持设立新的国家级生态文化保护区。四是加强非遗传承实践能力建设。实施中国传统工艺振兴计划。加强传统工艺工作站建设与管理,支持开展传统工艺品牌活动。实施中国非遗传承人群研培计划,加强研培工作日常管理和绩效考核。制订并实施《曲艺传承发展计划》,进一步完善非遗传承保护政策体系。推动中国传统节日振兴。举办“文化和自然遗产日”、全国非遗曲艺周等活动。

(四)推动产业环境和态势持续向好发展

落实供给侧结构性改革战略部署,完善现代文化产业和旅游产业体系,着力发展骨干文化企业和创意文化产业,增强旅游资源的有效供给,全面提升文化产业和旅游产业发展的质量效益。一是完善政策法规和规划体系。加快推进产业促进法立法进程。推动发布《旅游规划设计单位等级划分与评定条件》行业标准。抓好《长江国际黄金旅游带规划纲要》实施,编制《雄安新区旅游业发展规划(2019—2035年)》,启动编制《东北地区全域旅游发展规划》。修订《旅游度假区等级划分》和《国家生态旅游示范区建设与运营规范》国家标准。编制文化和旅游休闲街区等行业标准。二是促进消费和培育新型业态。探索开展文化和旅游消费试点示范工作,通过设立数据监测点,发布文化和旅游消费报告等。研究制定鼓励有条件的地区对文化消费进行补贴的政策。加快培育新型业态,推动建设数字文化产业创新中心。推进手机动漫国际标准推广应用,做好数字艺术展示两项标准国际电信联盟立项的后续工作。研究制定培育和扶持文化和旅游企业发展的政策措施。规范引导国家级文化产业园区健康发展。三是强化投融资体系和平台建设。研究制定深化文化、旅游与金融合作的政策性文件。实施产业项目投融资促进计划,促进重点项目与金融机构、投资机构对接。建设完善产业公共服务平台,启动产业大数据平台建设。四是组织开展资源普查。继续实施中华文化资源普查工程。开展旅游资源普查试点工作,探索建立旅游资源数据库。对已登记的红色资源利用现状进行全面摸底,开展红色资源的旅游利用评估评价工作。完善全国文化和旅游资源开发项目库信息管理系统,定期发布项目发展报告。五是增加有效供给。稳步推进A级景区、国家级旅游度假区评定。健全A级景区、旅游度假区动态管理和退出机制。大力推进乡村旅游高质量发展,发布全国乡村旅游重点村名录。举办乡村旅游提质升级、乡村旅游扶贫培训班。实施红色资源文化内涵提升计划。开展“创意下乡行动”和“文化创意进景区行动”。实施“文创人才培养计划”等培训工作。组织红色旅游进校园活动。开展旅游休闲城市、工业旅游示范基地、国家温泉旅游名镇认定工作。开展首批国家全域旅游示范区认定工作。

(五)提升市场管理和综合执法水平

以完善政策体系为抓手,加快构建文化和旅游市场信用体系,深入推动行业转型升级。深入推进文化市场综合执法改革,完善执法制度规范框架,统一整合机构队伍,建立运行顺畅的工作机制体系,加强对地方文化和旅游市场法制建设和综合执法工作的指导和规范。一是完善政策体系。修订出台《游戏游艺设备内容审核管理办法》。制定《艺术品内容审核工作指引》。监督实施《文化和旅游部关于实施旅游服务质量提升计划的指导意见》。深化旅游市场监管国际合作。推动旅行社管理改革创新,完善出境游旅行社退出机制,推动条件成熟的地区探索开展边境旅游项目创新试点工作。创新A级旅游景区监管方式,组织开展A级景区服务质量提升月、旅游景区宗教场所商业化整治等活动。深入推进全国旅游监管服务平台建设和应用。加强文化和旅游市场动态监测。二是推进综合执法改革。贯彻落实《关于进一步深化文化市场综合执法改革的意见》《关于深化文化市场综合行政执法改革的指导意见》,统筹推进改革任务落实。建立文化和旅游市场执法改革制度框架,印发《关于做好机构改革后文化市场综合执法工作有关意见的通知》。制定文化和旅游、出版、广播电视、电影、文物等相关行政部门与文化市场综合执法机构运行机制。三是加强标准制定实施。制定游戏游艺设备分类标准,研究制定娱乐场所服务等级评定标准和上网服务等级评定实施细则。推动出台《旅游饭店星级的划分与评定》和《旅游民宿设施与服务规范》国家标准,实施《绿色旅游饭店》等行业标准。四是加强市场执法监管。建立市场问题发现机制,完善问题报告制度。选择营业性演出票务、低价游等重点难点问题作为突破口,实施源头治理。加强对各类经营场所的现场巡查,加大大案要案查处力度。加强对散客的文明旅游、安全旅游宣传引导。研究制定文明旅游行动计划,开展“文明旅游一为中国加分”品牌活动。五是推进执法能力和执法队伍建设。推广全国文化市场技术监管与服务平台和移动执法系统应用。探索利用人工智能、大数据等技术手段,主动查找违法违规线索。推进综合执法数据交换,促进跨部门数据对接和共享。加大执法队伍培训力度,开展线上线下培训。部署执法队伍规范化建设示范点建设、案卷评查。

(六)加强对外和对港澳台交流合作

坚持政府统筹、社会参与、官民并举、市场运作,统筹对外交流、传播和贸易,创新方式方法,有效传播当代中国价值观念,讲好中国故事,传播好中国声音,全面展示中华文化独特魅力和旅游资源,提升国际话语权,全面提高国家文化软实力。一是积极服务国家外交战略。配合“一带一路”倡议、人类命运共同体建设,参与第二届“一带一路”国际合作高峰论坛,认真谋划配合高峰论坛开展的各项文化交流活动。结合亚洲文明对话大会和智利APEC峰会、金砖国家巴西峰会等,积极举办配套文化和旅游活动。办好葡萄牙“中国文化节”“俄罗斯文化节”、中国—克罗地亚文化和旅游年、中国—新西兰旅游年、中国—太平洋岛国旅游年、中国—老挝旅游年等活动。二是提升对外交流水平。推动出台《关于进一步加强演出“走出去”管理的通知》及规范全国涉外展览等各类文化交流活动的管理办法。推动更多城市、企业成为对外文化和旅游交流与合作的主体,提升“欢乐春节”“美丽中国”等品牌项目市场化水平。培育“青年汉学家研修计划”“跨越太平洋——中国艺术节”“艺术中国汇”“东亚文化之都”“中俄文化大集”“意会中国”等文化和旅游交流合作重点品牌。三是积极开展对外交流活动。持续支持办好丝绸之路(敦煌)国际文化博览会、丝绸之路国际艺术节、海上丝绸之路国际艺术节,打造“丝路之旅”品牌项目。推动驻外文化和旅游机构实现资源共享,重点做好在罗马尼亚、马来西亚、葡萄牙、卢森堡、塞尔维亚、智利等国设立海外中国文化中心相关工作,推动部省合作共建海外中国文化中心,做好2019年“中国旅游文化周”活动。配合做好庆祝澳门回归祖国20周年有

关工作。打造“艺海流金”、情系中华—两岸文化联谊行等品牌，开展粤港澳大湾区文化和旅游合作论坛、情系青春—两岸青年中华行等活动。四是积极推进产业国际合作。实施“一带一路”文化和旅游产业国际合作促进计划。落实中南（非）和中越文化产业合作备忘录，组织企业参与双、多边交流活动和重要国际展会。做好第二届中国国际进口博览会展示推介活动，举办第12届中日韩文化产业论坛，协调筹办第四届中国—中东欧文化创意产业论坛、中南（非）文化产业论坛。发布《国际文化市场报告》。五是积极开展对港澳台文化和旅游交流与合作工作，与相关部门配合做好2019年庆祝澳门回归祖国20周年有关工作，继续面向港澳台青少年群体举办“根与魂——非物质文化遗产展演活动”“情系青春——两岸青年中华行”等活动，增进文化认同。

（文化和旅游部财务司）

2019 Statistical Analysis Report on Cultural and Tourism Development

2019文化和旅游发展统计分析报告

专题篇

基层公共文化领域 PPP 模式应用研究

通过多年不断的努力，我国现代公共文化服务体系基本建成，设施网络初步形成。但从整体上看，我国公共文化服务水平仍然较低，特别是基层公共文化服务体系存在较多短板，还存在着运营效率不高、产品和服务供给数量不多、种类较少、质量偏低的现实问题，亟待加以解决。

目前，国内外公共文化领域主要是对大型公共文化综合体建设或运营采用 PPP 模式，在基层公共文化设施建设或运营方面，国内外尚无先例。我国公共文化服务体系建设的重点、难点和痛点均在基层，东中西部、城乡之间基层公共文化设施建设水平差别很大，服务效能也参差不齐。如何加快基层公共文化设施的标准化建设、提高设施运营和服务效能，是目前急需解决的重大课题，研究意义重大。

一、PPP 模式基本理论及应用模式

(一)PPP 模式定义

PPP(Public-Private Partnerships)是指政府和社会资本合作，在基础设施和公共服务领域，政府采取竞争性方式选择具有投资、运营管理能力的社会资本，双方按照平等协商原则订立合同，以特许经营的方式，明确责权利关系，由社会资本负责设施建设和提供公共服务，政府依据公共服务绩效评价结果向社会资本支付对价，保证社会资本获得合理收益。通过 PPP 模式，政府与社会资本结合利益共同体，赢亏共担。

PPP 模式实质上是在公共基础设施和公共服务领域，由社会资本提供与政府合作的项目融资、建设和运营管理。

(二)在公共文化领域应用范围

根据《关于在公共服务领域推广政府和社会资本合作模式的指导意见(国办发〔2015〕42 号)》《财政部、发展改革委、人民银行关于在公共服务领域推广政府和社会资本合作模式的指导意见(国办发[〔2015〕]42 号)》《文化和旅游部、财政部关于在文化领域推广政府和社会资本合作模式的指导意见(文旅产业发[2018] 96 号)》规定，鼓励社会需求稳定、具有可经营性、能够实现按效付费、公共属性较强的文化项目采用 PPP 模式，重点包括但不限于具有一定收益性的文化产业集聚发展、特色文化传承创新、公共文化服务、非物质文化遗产保护传承以及促进文化和旅游、农业、科技、体育、健康等领域深度融合发展的文化项目。文化领域可分为三类，一是公益性公共文化设施，二是准公益性公共文化设施，三是文化产业设施。

公益性公共文化设施包括：图书馆、博物馆、文化馆(群众艺术馆)、档案馆、文史馆、城市规划馆、烈士陵园、廉政教育馆、反腐教育馆、全民健身中心、城市公园，乡镇/街道/和行政村/社区基层综合性文化服务中心(站)/室、文化广场、农家书屋、城乡阅报栏(屏)、文化宣传墙等，广播电视播出传输覆盖设施、公共数字文化服务点以及其他建筑物、场地和设备。

准公益性公共文化设施包括：科技馆、美术馆、安全教育体验馆、影剧院、体育场(馆)、工人文化宫、青少年宫、妇女儿童活动中心、名人故居、历史文化街区等。

文化产业领域设施包括:新闻出版、影视制作、书店、文化产业园区(基地)、休闲旅游景区、双创平台、交易平台、旅游集散中心、文化主题小镇、旅游综合体、乡村旅游等泛旅游产业项目中道路、交通、服务中心等基础设施和服务设施。

(三)PPP 模式的主要参与方

政府:财政部门、文化行政管理部门、政府指定单位。

社会资本:从所有制形式看,有国有企业、民营企业和外商投资企业等;从参与方式看,包括单独投资人和联合体投资人。

金融机构主要包括:银行、产业基金、信托、保险等。

其他机构包括:咨询机构、设计单位、承包商和分包商、监理公司、材料供应商、专业运营商、产品和服务购买方、产品和服务提供方、保险公司以及专业机构(绩效评估)等多个主体等。

(四)PPP 模式的运作方式

根据财政部文件规定,PPP 模式包括以下几种:委托运营(O&M)、管理合同(MC)、建设—运营—移交(BOT)、建设—拥有—运营(BOO)、转让—运营—移交(TOT)、改建—运营—移交(ROT)。其中,运营(Operate)是关键环节。

(五)PPP 模式在基层公共文化领域的应用步骤

根据基层公共文化站(中心、室)点多、面散、体量小的特点,基层公共文化领域采用 PPP 模式应以地市级(至少为县级)行政单位为单元,既可以仅针对区域内的全部基层公共文化设施打包建设,也可以将地市级、县区级图书馆、博物馆、文化馆(群艺馆)、美术馆等公共文化设施与基层公共文化设施打包建设。

以某地级市为例,截止到 2018 年 6 月底,全市共辖 2 区、9 县,有 185 个乡镇、14 个街道办事处、327 个社区居民委员会、3448 个村民委员会。目前,3 个县级图书馆、5 个县级文化馆、6 个县级博物馆未达标准,103 个乡镇/街道文化站(中心)未达省标或未建有、3105 个社区/行政村文化中心(室)未达省标或未建有。经测算,全部基层公共文化设施在 2022 年通过新建、购买、改扩建、租赁或共建共享等方式达到省级标准,需新增面积约 26 万平方米,投入约 22 亿元(含设备用品,不含划拨土地)。

如采用 PPP 模式打包建设,则可充分发挥社会资本的力量,极大地减少各级政府的一次性投入或同样的投入规模建设更多的公共文化设施,在较短时间内实现全覆盖和达省标目标,同时通过社会化专业机构的管理服务,能够极大地推动基层公共文化服务体系建设。

二、基层公共文化服务体系界定及要素构成

2015 年 1 月,中共中央办公厅、国务院办公厅印发了《关于加快构建现代公共文化服务体系的意见》及《国家基本公共文化服务指导标准》。2015 年 10 月,国务院办公厅出台了《关于推进基层综合性文化服务中心建设的指导意见》(国办发〔2015〕74 号),之后各省市区相继出台了与之配套的文件政策。2017 年 3 月,《中华人民共和国公共文化服务保障法》正式实施,标志着全国基层公共文化建设进入新的历史阶段。

基层公共文化是指乡镇/街道、行政村/社区向辖区内常住人口提供的基本公共文化服务。基层公共文化服务体系的要素构成主要有:

(一)基层公共文化设施

乡镇/街道综合文化服务中心主要包括多功能活动厅、图书室(数字阅览室和信息厅)、展览室、辅导培

训室、排练室、电影厅、健身室、无障碍设施及户外文化广场等，应为老年人、未成年人提供活动区域。

行政村/社区综合文化服务室主要包括多功能活动厅、图书室(数字阅览室和信息厅)、辅导培训室、村史馆、无障碍设施及户外文化广场等，应为老年人、未成年人提供活动区域。

基层公共文化设施设计时应动静相宜，互不干扰。

(二)公共文化设备用品

包括文化活动设备和用品(演艺、科普、讲座、体验等)、广电设施(广播、电影、电视)、体育设施(健身等)、流动设施(演出、放映、科普、体验等)及辅助设施(无障碍及安检等)等。

(三)公共文化服务内容

基本服务内容有读书看报、收听广播、观看电视、观赏电影、送地方戏、设施开放及开展文体活动等。推动群众文化活动广泛开展，鼓励打造具有地方特色的“全民阅读”“全民运动”“全民广场舞”“全民科普”等各类群众性文化服务品牌，打通公共文化服务“最后一公里”。

(四)公共文化人才队伍

包括基层公共文化管理服务专职人员、群众文化团体、志愿者队伍、社会参与公共文化服务人才队伍、文化能人等。根据国家和地方的相关要求，应加大对基层公共文化人才队伍的培训，不断提高其综合能力和业务能力。

(五)公共文化体制机制

科学高效的基层公共文化体制机制能够保障基层公共文化服务体系建设的顺利进行。应建立基层公共文化服务体系建设协调机构，完善法人治理结构，完成图书馆、文化馆总分馆制改革，深化基层公共文化服务体制机制改革，鼓励社会资本参与基层公共文化设施建设和运营，引导社会力量和城乡居民积极参与公共文化服务项目规划、建设、管理、服务和监督。

(六)服务绩效评估体系

建立基层公共文化服务绩效考核机制，重点加强对基层公共文化服务项目资金使用、实施效果、服务效能、千人指标、达标情况、创新举措、队伍建设等方面的监督和评估，并引入社会专业机构进行第三方评价，不断增强基层公共文化服务评价的客观性和科学性，以满足人民群众日益增长的美好生活需要。

(七)相关政策法规体系

2017年3月1日正式实施的《中华人民共和国公共文化服务保障法》是文化建设领域具有全局性意义和基础性地位的重要法律，规定了近20项制度安排，要细化、实化涉及基层公共文化服务的制度，建立起多方位、多层次的配套制度体系，包括建立健全基层公共文化资金保障制度、服务基本化标准化社会化数字化制度、行政主体监管制度、公共文化设施管理单位运行制度、人才队伍建设制度等，使其成为有机融合的制度体系。

三、基层公共文化领域实施 PPP 模式的作用

近年来，国家大力推进 PPP 模式在基础设施建设和公共服务领域的应用，取得非常显著的成效。在基层公共文化领域实施 PPP 模式，对推进基层公共文化服务体系建设，同样具有十分明显的作用。

(一)利于转变公共文化部门职能

近年来,我国不断推进政府职能转变,进一步推动“放管服”改革,与新时代相匹配的服务型政府正加速形成。基层公共文化领域实施 PPP 模式,促使公共文化行政部门由过去的“办文化”向“管文化”转变,公共文化行政部门负责制定政策、规划和标准,落实绩效监督考评机制,公共文化设施的运营管理服务则由社会机构承担,这些措施将对公共文化部门深化职能改革进到极大的促进作用。

(二)提高基层公共文化治理能力

实施 PPP 模式,使公共文化部门从过去的基础设施建设、公共文化服务的提供者转化为监管者,可以充分发挥社会机构在公共文化设施建设、运营和服务方面的优势,提高公共文化资源的使用效能,推动参与运营的社会机构在保证服务质量的前提下降低成本。公共文化部门作为监管者,充分行使职能部门职权,根据社会机构提供公共文化服务的数量、水平及群众的满意程度付费,能够激发社会机构的积极性和主动性,为群众提供更多、更好的文化产品和服务,达到提高基层公共文化治理水平和治理能力的目的。

(三)解决基层建设经费不足难题

多年来,我国基层公共文化设施建设欠账较多,特别是中西部地区基础差、底子薄,大量基层公共文化设施尚未达到国家和省级建设标准,不能满足人民群众日益增长的对美好生活的需求。通过 PPP 模式,可以充分发挥民间资本的作用,弥补政府在基层公共文化的资金瓶颈,在较短时间内大幅度提高公共文化供给和服务水平,推动现代公共文化服务体系建设。

(四)提升基层公共文化服务效能

多年来,我国多数基层公共文化机构由于缺少专职、专业的文化人才队伍,导致管理服务水平较低,没有发挥出应有的效能。采用 PPP 模式,通过投资机构与公共文化专业运营机构组成联合体的方式,建立科学、公平、公正的绩效考核体系,在一定程度上能够有效解决基层高素质人才不足且身兼多职的问题,充分发挥社会化运营的优势,提高基层公共文化服务效能,满意群众基本文化需求。

四、对策建议

目前,我国基层公共文化领域 PPP 模式尚属空白。但国家 PPP 主管部门和文化主管部门对在基层公共文化领域采用 PPP 模式的态度非常明确,大力支持、优先安排。地方文化部门对此也非常感兴趣,部分地市希望能够先行先试。

(一)充分体现“文化例外”原则

习近平总书记在十九大报告中指出:“我国社会主要矛盾已经转化为人民日益增长的美好生活需要和不平衡不充分的发展之间的矛盾”,“完善公共文化服务体系,深入实施文化惠民工程,丰富群众性文化活动”。基层公共文化是我国现代公共文化服务体系建设的重点、难点和关键点,关系到我国全面建成小康社会战略的成败。因此,基层公共文化领域 PPP 模式应采用“文化例外”的原则,在 PPP 模式现有规定的基础上,适当放宽建设标准,一是投资额度可低于亿元的最低标准;二是不纳入“财政承受能力论证”中占一般公共预算支出比例不超过 10%的范围;三是在项目筛选阶段,国家 PPP 基金可先期介入,达到通过项目增信而降低融资成本等目的。

（二）加强顶层设计和充分论证

基层公共文化 PPP 模式现阶段应遵循“顶层设计和摸石头过河相结合”的基本原则，通过试点构建符合基层公共文化服务体系实际的制度体系，特别新时代的基层公共文化服务标准、绩效监督评估和创新服务。建立基层公共文化 PPP 协调管理机构，制订制度框架、采购流程、标准合同，健全利益共享和风险分担等相关机制，加强项目运作的规范性，降低社会资本的参与风险。建议文化和旅游部联合财政部出台鼓励社会资本参与基层公共文化建设的专项政策，并组织专家对基层公共文化 PPP 项目进行充分论证后，特别是物有所值评估，选取代表性强、可提供经验借鉴的项目共同向社会资本推荐，以期切实推进项目落地。

（三）成立高水平专业研究机构

基层公共文化领域 PPP 模式不同于基础设施和一般公共服务领域 PPP 模式，也不同于大型公共文化设施 PPP 模式，具有小而散、点多面广、情况各异的特点，如城区和农村有较大的差异性，而且不同地区之间的经济社会发展水平、基层公共文化政策等也有区别。因此，国家文化和旅游主管部门、PPP 主管部门应与相关单位合作，成立专业研究机构，或开展理论性研究，推动实施基层公共文化领域 PPP 模式，促进基层现代公共文化服务体系建设。

（四）培育高水平专业运营主体

2015 年，国务院办公厅转发的文化部等部门《关于做好政府向社会力量购买公共文化服务工作意见的通知》（国办发〔2015〕37 号）要求，承接政府向社会力量购买公共文化服务的主体主要为具备提供公共文化服务能力，且依法在登记管理部门登记或经国务院批准免予登记的社会组织和符合条件的事业单位，以及依法在工商管理或行业主管部门登记成立的企业、机构等社会力量。因此，应优化发展环境，加大税收、财政资金支持，加强金融服务，促进服务于基层公共文化的市场主体快速发展。

（五）东中西部各选择试点城市

由于基层公共文化领域 PPP 模式属于新生事物，尚无可以借鉴的成功经验和失败教训，因此在东中西部地区各选择一个具有代表性的城市进行试点非常必要。试点城市统筹合理使用中央和地方的公共文化建设资金和运营资金，在设施建设、设备用品购买、文体活动开展、人才队伍建设等方面勇于创新，大胆探索和试验，不同城市因地制宜。文化设施基本达标的东部地区，可采用 TOT 模式；文化设施欠账比较多的中西部地区，可采用“BOT”模式。对实施效果好、社会评价高的基层公共文化领域 PPP 项目进行经验总结和案例推广。

（六）健全全生命周期管理体系

PPP 模式实施周期较长，一般不低于 10 年，最长可达 30 年。由于基层公共文化服务的特殊性和重要性，需要建立健全全生命周期的管理体系，实施动态的行政监督管理。政府在遴选社会资本方时，一定要把对方的运营能力作为重要考察标准。同时，政府自身要提高对合同的管理能力和绩效监督评估水平。

（七）明确政府和市场责任边界

基层公共文化领域 PPP 项目的复杂性远高于其他 PPP 项目。因此，要深化文化部门、财政部门和社会资本方对基层公共文化领域 PPP 模式的理解认识，防止一刀切，简单套用 PPP 模式，把公共文化服务效能作为界定 PPP 模式的核心。厘清政府责任与市场机制的边界，政府的主体责任不能放松，更不能推给社会资本方，要把社会资本方提供公共文化产品和服务的数量、质量、创新程度和群众满意度、参与人数作为政府付费的重要依据，强化绩效评价和项目监管，确保项目顺利实施、规范运作。政府和社会资本方均要明确各自的责任、权利关系和风险分担机制，诚实守信，严格履约。

（八）与旅游公共服务融合建设

在基层公共文化领域 PPP 建设规划中，应通盘考虑基层公共文化与全域旅游公共服务的融合问题，一是充分利用公共文化资源，如乡村记忆、非物质文化遗产、群众文化团队等，推进全域旅游的发展；二是采用 PPP 打包模式，推进景区厕所革命；三是采用 PPP 打包模式，推进旅游服务平台（集散中心、接待中心等）的建设和管理服务，将其纳入基层公共文化服务领域。

（文化和旅游部财务司　清华大学文化创意发展研究院）

中国文化产业与旅游产业发展耦合研究

一、背景意义

近年来，文化产业和旅游产业发展十分迅速，在产业转型升级、国内优化资源配置中有着十分重要的地位。截止到2017年末，我国文化产业增加值34722亿元人民币，占GDP的4.2%；旅游产业综合贡献8.77万亿元，对国民经济贡献11.04%。

但从国内目前的理论研究领域看，现有的研究大多关注旅游产业和文化产业互动发展的结果，而对产业融合的前期阶段产业耦合关注较少，且尚未形成系统的结构体系。本研究借助产业关联理论、系统理论和耦合理论，对文化产业与旅游产业的相关性、耦合机理、耦合协调度进行探究，以此来丰富和完善旅游产业发展的理论基础，一定程度上丰富了产业融合理论研究的范围。

从实践方面看，近年来，提倡旅游与文化产业的互动发展已经成为一大社会热点问题，但对两大产业之间是否存在耦合关系及它们之间的互动发展是否存在协调性等缺乏定量的分析。因此，研究其耦合的过程对于进一步做好文化和旅游融合发展具有重要意义。

二、研究过程

（一）构建文化与旅游产业综合发展水平评价指标体系

1. 文化产业综合发展水平评价指标体系。本报告从文化产业发展规模、文化产业资源禀赋和文化产业发展潜力等方面构建文化产业综合发展水平评价指标体系。

表1　文化产业综合发展水平评价指标体系

一级指标	二级指标	三级指标	单位
文化产业发展规模	营业收入	规模以上文化制造业营业收入	亿元
		重点文化服务业企业营业收入	亿元
		文化批发零售企业营业收入	亿元
		出版印刷生产销售产值	亿元
		艺术表演团体演出收入	亿元
	机构个数	公共图书馆	个
		博物馆数	个
		艺术表演场所	个
		文化及相关产业法人单位数	个
	从业人员	公共图书馆从业人员	人
		博物馆从业人员	人
		艺术表演团体从业人员	人
		文化制造业从业人员	人
		文化批发和零售业从业人员	人
		文化服务业从业人员	人

续表

一级指标	二级指标	三级指标	单位
文化产业资源禀赋	非物质文化遗产	国家级非物质文化遗产代表性项目	
		国家级非物质文化遗产扩展性项目	
		省级非物质文化遗产数量	
	文物保护单位	国家级文物保护单位数量	
		省级文物保护单位数量	
文化产业发展潜力	文化产业基础保障	人均文化事业费	万元
		文物藏品数	件/套
		人均拥有公共图书馆藏量	册
		博物馆参观人次	万人次

2. 旅游产业综合发展水平评价指标体系。与文化产业综合发展水平水指标体系相同，本报告从旅游产业发展水平、旅游市场发育状况以及服务质量三方面设计指标体系。

表 2　旅游产业综合发展水平评价指标体系

一级指标	二级指标	三级指标	单位
旅游产业发展水平	产业规模	国内旅游收入	亿元
		旅游外汇收入	万美元
		旅游收入总值	亿元
		旅游收入占 GDP 比重	%
	产业效益	人均星级饭店营业收入总额	亿元
		人均旅行社营业收入	亿元
		人均旅游景区营业收入	亿元
		人均住宿业企业营业额	亿元
		人均餐饮业企业营业额	亿元
旅游产业市场发育状况	资源禀赋	旅游景区总数	个
		5A 级景区	个
		4A 级景区	个
		3A 级景区	个
	市场培育	国内旅游人数	万人次
		入境旅游人数	万人次
旅游产业服务质量	服务基础设施	星级饭店数	个/万 km^2
		旅行社总数	个/万 km^2
		住宿业法人企业数	个/万 km^2
		餐饮业法人企业数	个/万 km^2
	服务接待人员	旅游产业从业人员比重	%
		旅行社从业人员比重	%
		星级饭店从业人员比重	%
		旅游景区从业人员比重	%
		住宿餐饮业从业人员比重	%
		住宿从业人员	名
		餐饮从业人员	名

注：旅游产业从业人员比重是指旅行社、饭店及景区的总体旅游产业从业人员的占比；住宿餐饮业从业人员比重是指住宿服务从业人员和餐饮服务人员加总之后的人员总数占比。

(二)熵值法测算文化与旅游产业综合发展水平

熵值法是一种用来计算指标权重的客观赋权法。熵值在信息论中主要是度量系统不确定,而系统不确定程度主要看系统中包含的信息量。一个系统中包含的信息量与熵值成反比关系,系统中包含的信息量越多,则不确定性程度越低,对应的熵值就越小;反之,系统中包含的信息量越少,不确定程度越高,熵值也就越大。因此,根据信息量与熵值的关系,可根据熵值的大小来判断系统的无序程度或者某个指标的离散程度,如果某指标的熵值越小,则该指标离散程度就越大,该指标对综合评价作用就越大,影响程度越深。

因此,通过信息熵值法,确定整个评价体系中的各项指标的权重,判断各个指标的离散和差异程度,为最后的综合评价指标的结果提供依据。

(三)构建文化与旅游产业耦合测度模型

1. 耦合度模型。耦合是指通过不同的运动形式两个或多个系统产生相互作用和相互影响的现象。不同系统之间或者系统内部不同要素之间表现出相互提升和配合协调的趋势时,称为良性耦合;否则,则被定义成不良耦合。耦合度就是描述这种耦合趋势的,量化出不同系统之间或系统内部不同要素之间相互作用的程度。协调是形容不同系统之间或者系统内部不同要素之间的互相关联性,系统之间能够互相配合的程度,并保证系统间实现良性循环。耦合协调度是描述系统之间或系统内部不同要素之间的协调一致的,量化出发展过程中协调的程度,依据计算得出的值变化来量化显示出系统从无序走向有序的过程。本研究基于耦合理论,将文化与旅游产业定义为两个相互影响和作用的不同系统,

采用三个模型量化研究和分析文化与旅游产业之间的相互程度及协调度,三个模型分别为耦合度、协调度和同步性。基于之前学者的研究成果,本论文将变异系数作为研究和推导文化与旅游产业耦合度模型的基础。变异系数 CV,又被称为离散系数,反映两组不同数据的离散程度,对不同单位数值进行比较,不用考虑单位的因素,计算出其变异程度。因此,非常适用于比较不同系统的离散程度。文化与旅游产是两个不同的系统,彼此指标体系的单位数值不同,两者之间的耦合度模型可以用变异系数进行构建。计算公式如下:

$$CV=\frac{S}{X}\sqrt{2\left[\frac{(X+Y)^2-4XY}{(X+Y)^2}\right]^2}=\sqrt{2\left[1-\frac{4XY}{(X+Y)^2}\right]^2}$$

CV 表示变异系数,S 表示标准差,X 表示平均值,CV 的值越小,表示离散程度越低,X 和 Y 表示两个总体的单位,通过公式的演变与推导,当 $\frac{4XY}{(X+Y)^2}$ 的值最小时,CV 值就会最大。

耦合度的定义如下:

$$C=\left\{\frac{4f(X)\times g(X)}{[f(X)+g(X)]^2}\right\}^{\theta}$$

其中 C 表示耦合度,θ 表示调节系数,f(x)表示文化产业无量纲化后的综合发展水平得分,g(x)表示旅游产业无量纲化后综合发展水平得分,且由于 $1-\frac{4XY}{(X+Y)^2}\geq 0$ 恒成立,因此 $\frac{4XY}{(X+Y)^2}\leq 1$ 恒成立,即 C 的值范围在[0,1]。C 值表示耦合度,其值越大,系统的耦合度就越高,反之,系统耦合度越低,此处 $\theta=0.5$,则公式为:

$$C=2\sqrt{\frac{f(X)\times g(X)}{[f(X)+g(X)]^2}}$$

表 3　耦合等级指数区间

耦合度	[0,0.3]	(0.3,0.5]	(0.5,0.8]	(0.8,1]
耦合等级	低度	较低	较高	高度

2. 耦合协调度模型。耦合度仅仅反映出两个系统的耦合程度以及具备协同关系，但是对于两个系统之间的相关作用程度很难判别。如文化业和旅游产业的综合发展水平的分值都比较低，但是其耦合度也能很高。因此，从数值上不能准确的知道系统间的耦合协调机制情况。需要进一步构建耦合协调模型来计算和分析文化产业和旅游产业发展的协调程度，表达式为：

$$D = (C \times T)^{\gamma}$$

$$T = \alpha f(X) + \beta g(X)$$

其中，D 代表含义是耦合协调度，C 代表含义是耦合度，T 代表含义是文化和旅游产业的调和指数，反映它们的协同效应，$\alpha+\beta=1$，α 和 β 分别表示文化产业和旅游产业的权重，即贡献系数。本文假设两个产业的重要性是相同的，则令 $\alpha=\beta=0.5$，γ 表示调节系数，取值为 0.5。耦合协调度相比较耦合度，能够反映出文化和旅游产业之间相对水平，而且实用性和稳定性都更好，便于区域在不同时期内的文化和旅游产业进行比较，反映出该区域的产业发展的时间规律。根据公式，耦合协调度与两者协同发展效果成正比，其分值越高，则协同发展的效应越好，反之，协调发展效应越差。

表 4　文化产业与旅游产业耦合协调等级划分标准

序号	取值区间	协调等级	耦合协调水平
1	0.00—0.09	极度失调	低水平耦合
2	0.10—0.19	严重失调	
3	0.20—0.29	中度失调	
4	0.30—0.39	轻度失调	
5	0.40—0.49	濒临失调	中等水平耦合
6	0.50—0.59	勉强协调	
7	0.60—0.69	初级协调	
8	0.70—0.79	中级协调	高水平耦合
9	0.80—0.89	良好协调	
10	0.90—1.00	优质协调	

3. 同步性模型。虽然耦合度和耦合协调度对文化与旅游产业的关系紧密程度以及协同程度进行了很系统的衡量，但是对两者的相对关系没有说明。因此，通过以下公式求出两者在不同年份的相对关系。用同步性 P 来表示，以便于针对今后产业的具体发展提出相应对策和建议。

$$P = \frac{Y}{X}$$

其中，P 是同步性，X 是文化产业综合发展的指数，Y 是旅游产业综合发展的指数。根据 P 值的大小，对两者的同步类型进行分类。

表 5　文化与旅游产业同步类型评价

同步性 P(Y/X)	P＜0.9	0.9≤P≤1.1	P＞1.1
同步类型	旅游滞后型	同步发展型	文化滞后型

4. 文化与旅游产业耦合类型的划分。根据上述对文化与旅游产业耦合协调度与同步性的分析，设定了耦合协调度等级划分标准以及文化与旅游产业同步性的判定标准。在此基础上，将耦合协调度和同步性结合分析，进一步深入的研究文化与旅游产业的耦合情况，确定了文化与旅游产业的类型评判标准。

表 6　文化产业与旅游产业耦合类型

序号	耦合协调度 D	同步性 P	耦合类型
1	D∈[0.7,1]	P＜0.9	高水平耦合协调文化滞后型
2		0.9≤P≤1.1	高水平耦合协调同步发展型
3		P＞1.1	高水平耦合协调旅游滞后型
4	D∈[0.4,0.7)	P＜0.9	中等水平耦合协调文化滞后型
5		0.9≤P≤1.1	中等水平耦合协调同步发展型
6		P＞1.1	中等水平耦合协调旅游滞后型
7	D∈[0,0.4)	P＜0.9	低等水平耦合协调文化滞后型
8		0.9≤P≤1.1	低等水平耦合协调同步发展型
9		P＞1.1	低等水平耦合协调旅游滞后型

三、研究结果、产生原因及结论

(一)测算结果

1. 高度耦合且耦合度波动上升。根据前文耦合模型及测算过程，得出 2013 年至 2017 年文化产业和旅游产业耦合度情况。

表 7　2013—2017 年文化产业与旅游产业耦合度

	2013	2014	2015	2016	2017
东部地区	0.992	0.988	0.989	0.991	0.992
耦合等级	高度耦合	高度耦合	高度耦合	高度耦合	高度耦合
中部地区	0.994	0.993	0.994	0.995	0.995
耦合等级	高度耦合	高度耦合	高度耦合	高度耦合	高度耦合
西部地区	0.975	0.968	0.976	0.973	0.981
耦合等级	高度耦合	高度耦合	高度耦合	高度耦合	高度耦合
全国总体情况	0.986	0.981	0.985	0.985	0.989
耦合等级	高度耦合	高度耦合	高度耦合	高度耦合	高度耦合

可以看出，在 2013 年至 2017 年期间，文化产业、旅游产业的耦合度均是高度耦合，且耦合度波动上升。

具体到各省份，相较于 2013 年，18 个省份的文化产业、旅游产业耦合度有不同程度的上升，13 个省份的文化产业、旅游产业耦合度有略微的下降。从地域角度来看，东地区有四个省份文化产业、旅游产业耦合度下降（天津、浙江、福建、海南），中部地区的河南省和湖南省以及西部地区的广西壮族自治区、贵州省、云南省、西藏自治区、陕西省和新疆维吾尔自治区等五个省份的文化产业、旅游产业耦合度下降，东西部耦合度下降省份多于中部地区。

2. 文化产业和旅游产业耦合协调度总体不高。基于前文耦合协调模型及其测算方法，得出如下测算结果：

表 8　2013—2017 年文化产业、旅游产业耦合协调度情况

	2013	2014	2015	2016	2017
东部地区	0.62	0.60	0.60	0.60	0.59
中部地区	0.51	0.50	0.51	0.50	0.50
西部地区	0.41	0.40	0.41	0.41	0.41
全国总体情况	0.51	0.50	0.50	0.50	0.50

可以看出，2013 年至 2017 年，全国文化产业、旅游产业耦合协调情况基本保持稳定，总体情况不甚理想。具体到各省份，相较于 2013 年，除中部地区的山西省、江西省、湖南省，西部地区的广西壮族自治区贵州省、陕西省、甘肃省、青海省和宁夏回族自治区 9 个省份之外，其余 22 个省份的文化产业、旅游产业耦合协调度均呈现不同程度的下降。

3. 文化产业和旅游产业总体属于“同步发展型”。根据前文同步性模型及其等级划分，测算结果如下：

表 9　2013—2017 年文化产业、旅游产业同步性情况

	2013	2014	2015	2016	2017
东部地区平均水平	1.163	1.254	1.175	1.170	1.135
同步性等级	文化滞后型	文化滞后型	文化滞后型	文化滞后型	同步发展型
中部地区平均水平	0.932	0.965	0.980	1.012	0.974
同步性等级	同步发展型	同步发展型	同步发展型	同步发展型	同步发展型
西部地区平均水平	0.896	0.887	0.933	1.0577	0.999
同步性等级	旅游滞后型	旅游滞后型	同步发展型	同步发展型	同步发展型
全国平均水平	1.000	1.037	1.030	1.086	1.041
同步性等级	同步发展型	同步发展型	同步发展型	同步发展型	同步发展型

可以看出，全国文化产业与旅游产业总体同步性自 2013 年至 2017 年基本维持在 1 左右，属于“同步发展”范围。从地区来看，东部地区同步性水平在 2013 年至 2015 年出现倒“V”型波动，之后在 2015 年至 2016 年同步性水平稳中略降，2016 年至 2017 年，东部地区的同步性水平呈现下降趋势。但是经过 5 年的波动，东部地区的同步性水平值一直保持在 1.1，属于同步发展型，换言之，东部地区的旅游产业的发展情况自 2013 年至 2016 年一直领先于文化产业。中部地区文化产业、旅游产业同步性水平在 2013 年至 2017 年一直处于上升阶段，2016 年至 2017 年有略微回落，但 5 年来一直保持在[0.9，1.1]的值域范围内，属于同步发展型。西部地区的同步性发展情况与中部地区同步性发展情况类似，但与中部地区不同的是，西部地区在 2013 年至 2014 年，旅游产业发展程度滞后于文化产业，直到 2015 年，旅游产业才与文化产业保持同步发展状态。

(二)研究结论

基于前文的测算结果以及原因分析,得到如下研究结论:

1. 文化产业与旅游产业高度耦合且耦合度仍在上升。根据测算结果,全国各省的文化产业与旅游产业的耦合度测算数值始终处在(0.8,1]的值域内,属于高度耦合。相比于2013年,2017年各省的耦合度值大体呈现上升趋势。各省的文化产业与旅游产业均属于“高度耦合”状态。换言之,自2013年至2017年,文化产业与旅游产业的都属于高度匹配状态。

2. 文化产业、旅游产业耦合协调度整体处于“勉强协调”状态,协调状态有待提高。根据测算结果,2017年文化产业、旅游产业的耦合协调度的全国水平属于“勉强耦合”,这说明,全国的文化产业、旅游产业的耦合协调水平属于一个相对较低的层次,耦合协调需要加强。截止到2017年,能够达到协调标准的(勉强协调到优质协调)省份有北京市、河北省、上海市、江苏省、浙江省、福建省、山东省、广东省、山西省、安徽省、河南省、湖北省、湖南省、四川省、和陕西省等15个省份,其中,初级协调以上的省份仅有北京市、上海市、江苏省、浙江省、山东省、广东省、河南省、四川省等8个省份。这说明,虽然文化产业与旅游产业表面上看耦合程度很高,但是两产业的发展并不协调,两产业的协调程度有待提高。

3. 文化产业、旅游两产业的发展同步性有待提高。根据测算结果,截止到2017年,就全国总体情况来看,文化产业与旅游产业两产业的发展属于“同步发展”。自2013年至2017年,文化产业、旅游产业同步发展型的省份从7个上升到13个,与之相对应的是文化滞后型省份的数量从2016年的14个下降到8个。

四、政策建议

(一)各省应从现实情况出发,充分认识文化产业、旅游产业的协调发展程度不均衡问题

文化产业、旅游产业的低协调主要是由于长期的两产业独立发展。在过去的建设中,文化产业与旅游产业分属于不同的权责部门,其规划建设是各自独立的,因此,长时间的分立发展使得文化产业与旅游产业体系之间的子系统耦合协调并不理想。在2018年党和国家机构调整,文化和旅游部成立,实现了文化产业和旅游产业的同部门管理,为两者真正实现协调发展打下了坚实基础。

(二)发挥市场主导作用,培育多元市场主体实现文化产业和旅游产业均衡发展

坚定不移地实施大项目带动战略,坚持“高品位规划、高档次建设、高水平经营管理”,打造文化旅游融合新亮点。推动文化旅游企业做多、做大、做强,破除行业壁垒,推动文化旅游要素向各类资本全面开放,自由流动,一方面着力培育大型文化旅游企业集团,另一方面促进小微企业发展,形成“既有高峰、又有群山”的文化旅游企业发展新局面。

(三)进行文化产业和旅游产业的供给侧改革

加强现有文化旅游资源的整合、包装、提升,向存量资源要效益,打造文化旅游新天地。要牢固树立全域旅游观念,全面提高城区人文、历史、自然以及商业、康体、娱乐等各类资源的开发利用水平。凡由政府投资建设的休闲设施和旅游资源都应逐步对外开放,重点推动城市公园、体育场馆、科普基地、公共博物馆、纪念馆、美术馆、文化馆、图书馆、科技馆、群艺馆、青少年宫以及基层文化活动中心等免费开放。从景区端,提升文化内涵,建设高质量新景区。通过跨界整合实现文化与旅游融合发展。加强旧景区维护,提升旧景区基础服务设施建设。在新景区评定标准纳入更多的文化内涵考量。

（四）以科技创新带动文化产业和旅游产业融合发展

积极贯彻《国务院关于推进文化创意和设计服务与相关产业融合发展的若干意见》，采取切实有效措施，推动更多文化创意和设计服务与旅游产业更好融合，发挥各省旅游资源富集优势，促进文化与旅游深度融合发展。推动数字传媒、数字娱乐、动漫游戏、数字音乐、互联网服务等相关产业与旅游产业相结合。通过虚拟旅游、场景再现等数字化体验服务、互动服务，提升旅游参与感。通过文化创意改造转型升级现有的各类文化旅游项目，加快智慧旅游发展，延伸文化旅游产业链，增强文化旅游产品供给和营销能力。

2019 Statistical Analysis Report
on Cultural and Tourism Development

2019文化和旅游发展统计分析报告

地区篇

北京市2018年文化和旅游发展情况分析

2018年，北京市文化和旅游局全面贯彻落实党的十九大精神，站在新的更高起点上谋划和推动首都文化建设和旅游发展，为首都经济社会发展做出了积极贡献。

一、主要指标保持平稳

(一)机构和人员数量保持平稳态势

截至2018年底，纳入统计的全市文化行业共有机构3787个，从业人员162906人。

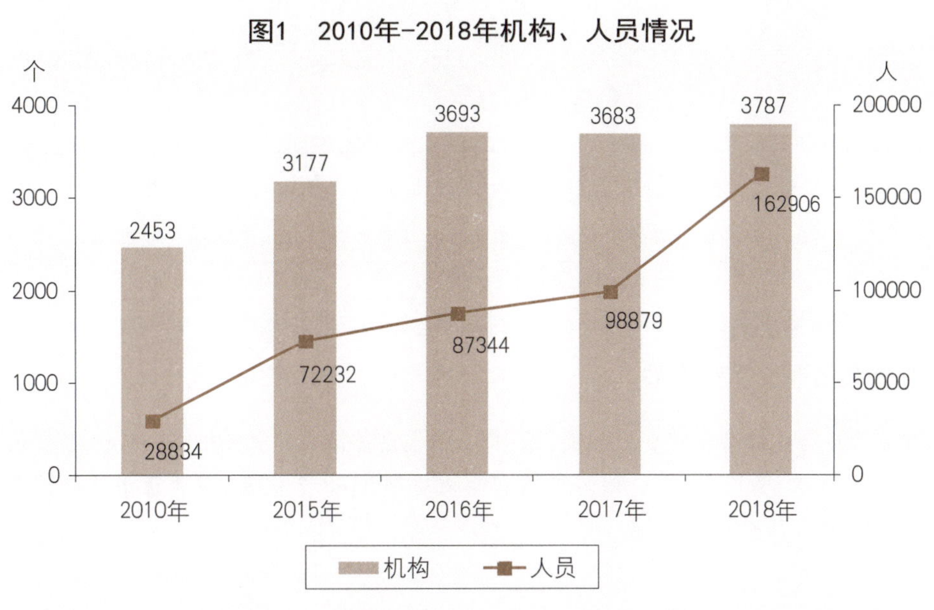

(二)人均文化事业费略有下降

2018年，全市文化部门所属机构总收入(扣除基建拨款)为49.06亿元，其中财政拨款(不含基建拨款)34.84亿元，同比下降3.7%，财政拨款占文化部门总收入的71%，反映出文化事业的发展，仍然离不开各级政府的支持与推动。

从人均数据看，2018年，北京市人均文化事业费达到161.75元，排名全国第3位，与2017年相比，人均费用减少5.0元，下降3.0%，增长速度有所下降，全国排名持平。

表 1　2016—2018 年文化经费投入及人均情况

年　份	总收入（亿元）	文化事业费	文化事业费占财政支出比重（%）	全国排位	人均文化事业费（元）	全国排位
2016 年	44.48	35.28	0.55	5	162.36	3
2017 年	47.86	36.20	0.53	—	166.75	3
2018 年	49.06	34.84	—	—	161.75	3

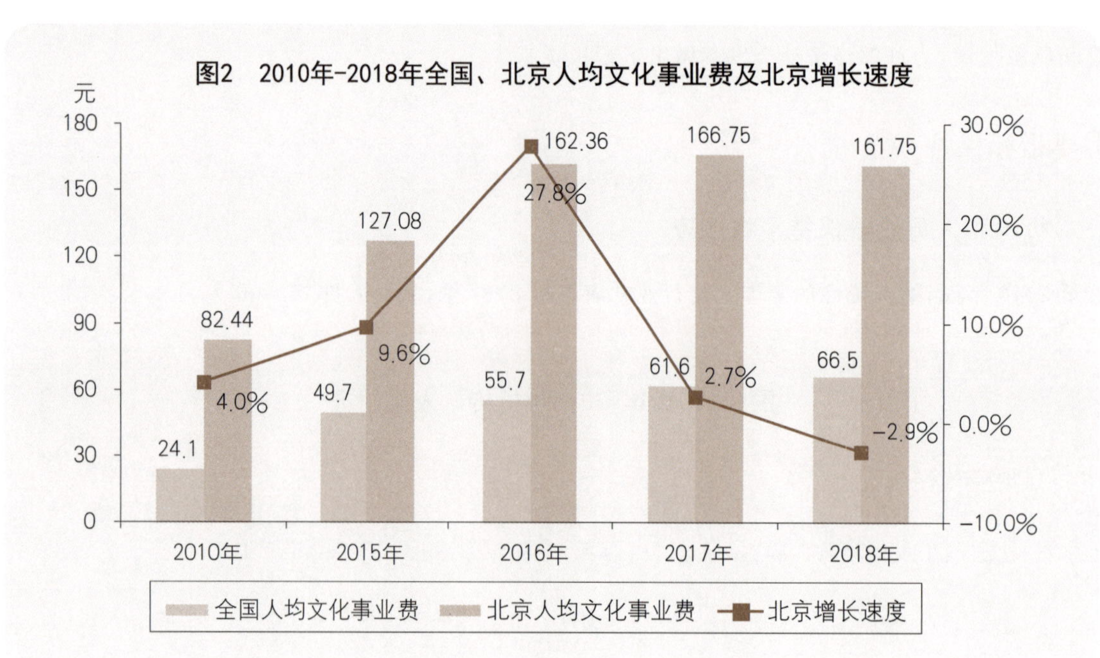

（三）旅游业继续保持平稳发展

2018 年，北京市旅游业继续保持平稳发展，稳中向好，实现旅游总收入 5921.2 亿元，增长 8.3%；接待游客总人数 31093.6 万人次，增长 4.5%。旅游餐饮和购物总额 3168.3 亿元，占北京市社会消费品零售额的比重为 27%，比去年增长 1.8 个百分点。

二、文艺院团聚焦精品创作

（一）总体情况

截至 2018 年底，全市累计审批艺术表演团体 792 家。全年专业院团共演出 14300 场，国内观众 571 万人，演出收入 4.6 亿元。

（二）市属院团情况

13 家市属专业院团在弘扬优秀传统文化中发挥主力军作用，全年共演出 6464 场，比上年增长 3%，国内观众 252 万人，演出收入 2.0 亿元，比上年下降 7%。

表 2　市属艺术表演团体 2018 年、2017 年主要指标对比情况

指标名称	单位	2018 年	2017 年	同比增减
机构数	个	13	13	—
演出场次	场次	6464	6298	↑ 3%
国内演出观众	万人次	252	275	↓ 8%
演出收入	万元	20378	21960	↓ 7%

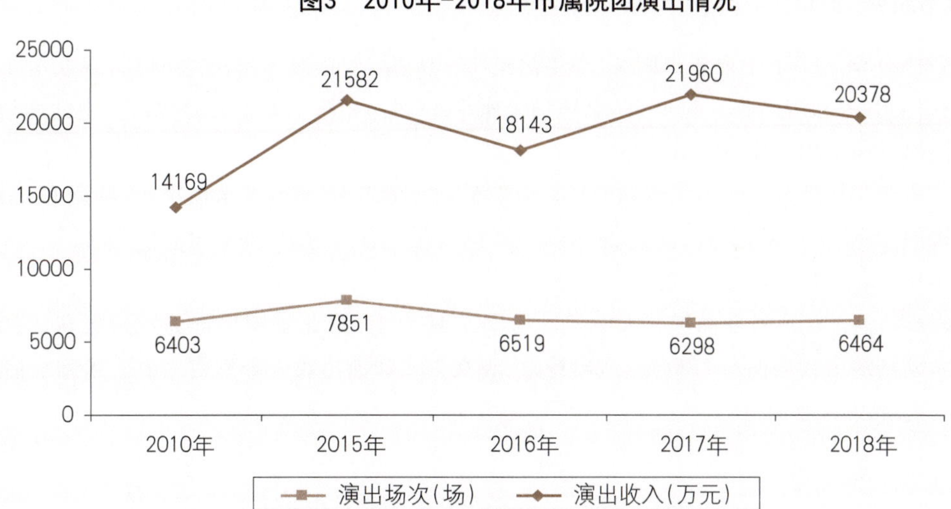

(三)精品力作不断涌现

2018 年市属院团新创剧目 21 台。京剧《大宅门》入围文化和旅游部“2018 年度国家舞台艺术精品创作扶持工程重点扶持剧目”。小剧场剧目京剧《好汉武松》、昆曲《昙花证》《流光歌阕》《墙头马上》,大戏昆曲《赵氏孤儿》、现实题材剧目曲剧《花落花又开》、舞剧《天路》、交响音乐《京杭大运河》等成功首演。话剧《涮羊肉》《人间烟火》、曲剧《太平年》、河北梆子《花雅运河》剧本获得文化和旅游部扶持。

(四)展演活动精彩纷呈

成功举办 2018 中国戏曲文化周,共汇聚全国 22 家院团近 300 个演出剧(曲)目演出 726 场,接待游客 20 余万人次,成为首都弘扬中华优秀传统文化的亮丽名片和百姓体验戏曲文化的盛大节日。第七届“圆梦中国·春苗行动”北京优秀少儿题材剧目展演,汇集全国 24 个院团的优秀儿童剧作品。“北京故事”优秀小剧场剧目展演演出 20 部优秀剧目 40 场,并成功赴外地进行巡演。举办大运河文化带精品剧目展演,共演出 21 台 40 场。精选剧目参加中国昆剧艺术节、中国评剧艺术节、第十二届全国舞蹈展演等活动。

三、演出市场稳定发展

(一)总体情况

2018 年,全市 139 家营业性演出场所全年演出达到 24684 场,吸引观众 1120 万人次,演出收入 17.76 亿元,三项指标分别与上年相比,均实现小幅增长,市场规模保持平稳。

表 3　营业性演出场所 2018 年、2017 年主要指标对比情况

指标名称	单位	2018 年	2017 年	同比增减(%)
演出场所	个	139	140	—
演出场次	场次	24684	24557	↑0.5%
观众人次	万人次	1120	1076	↑ 4%
演出收入	亿元	17.76	17.17	↑ 3%

(二)艺术剧场情况

上座率平稳上升。47 个主要艺术剧场,全年演出 15031 场,占总演出场次的 61%,观众 734 万人次,演出收入 10.36 亿元,占总演出收入的 58%,总平均上座率 61%。扣除 9 家以旅游演出为主的剧场,一批设施完备的艺术演出场所平均上座率达到 72%。

演出形式多样。从涵盖艺术形式看,47 个主要艺术剧场在 2018 年的演出场次中,话剧和儿童剧类分别占总演出场次的 25%和 17%,杂技、曲艺、音乐分列其后,占总演出场次的比例分别为 15%、13%和 10%。艺术形式的多样化,丰富了首都群众的文化生活。

大中型剧场的演出已成行业品牌。大中型场馆(600 座以上)对北京演出市场贡献最高,三项指标均占到了主要艺术剧场演出数据的 50%以上,演出场次、观众人次和演出收入分别占主要艺术剧场演出的 53%、81%和 83%。已成为行业品牌。

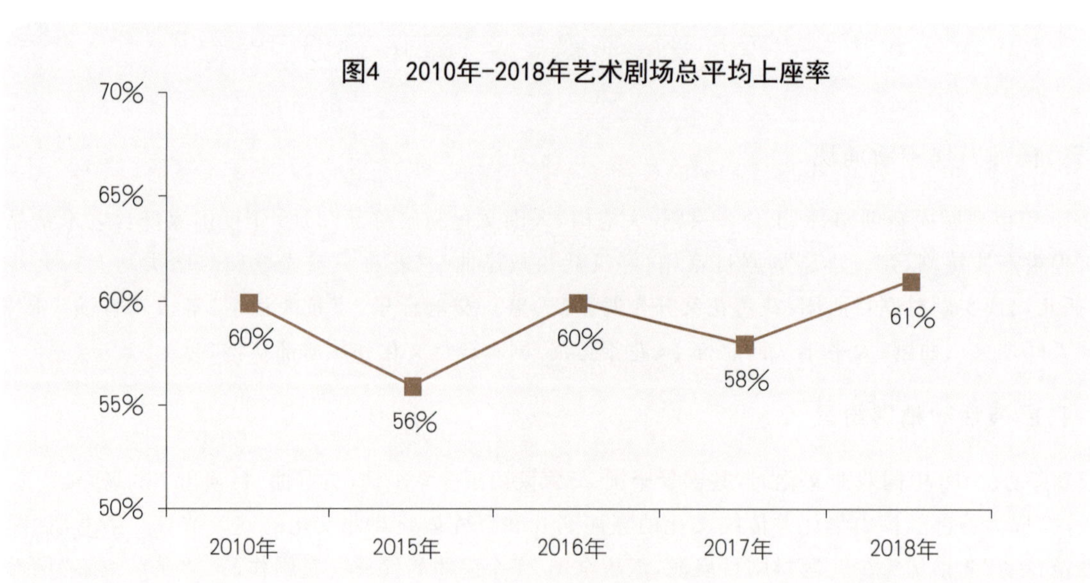

图4　2010年-2018年艺术剧场总平均上座率

四、公共文化服务效能不断提升

(一)公共图书馆总体情况

截至 2018 年底,北京地区 24 个公共图书馆(含国家图书馆)总藏量 6777 万册,全年总流通人次 2449 万人。其中北京市 23 个公共图书馆总藏量 2876 万册,全年总流通人次 1903 万人,为读者举办各种活动 4708 次,外借书刊 1203 万册,各项主要指标均保持增长。

表 4 北京市属公共图书馆 2018 年、2017 年主要指标对比情况

指标名称	单位	2017 年	2016 年	同比增减(%)
机构数	个	23	23	—
总藏量	万册	2876	2759	↑ 4%
总流通人次	万人次	1903	1555	↑ 22%
阅览室面积	万平方米	7.6	7.6	
阅览室坐席	个	16433	17637	↓ 7%
人均拥有藏书	册	1.34	1.27	↑ 5%
人均购书经费	元	5.06	3.39	↑ 49%

(二)公共图书馆人均指标

从人均数据看,2018 年,北京市人均拥有藏书 1.34 册,比上年增加了 0.07 册,增长 5%,全国排名第三位,与上年持平。人均购书经费 5.06 元,比上年增加了 1.67 元,增长 49%,全国排名第四位,与上年持平。全市(不含国家图书馆)平均每万人拥有公共图书馆设施面积达到 138.57 平方米,排名全国第九位,超出 114.4 平方米的全国平均水平。

图5 2010年-2018年北京市人均藏量及增长速度

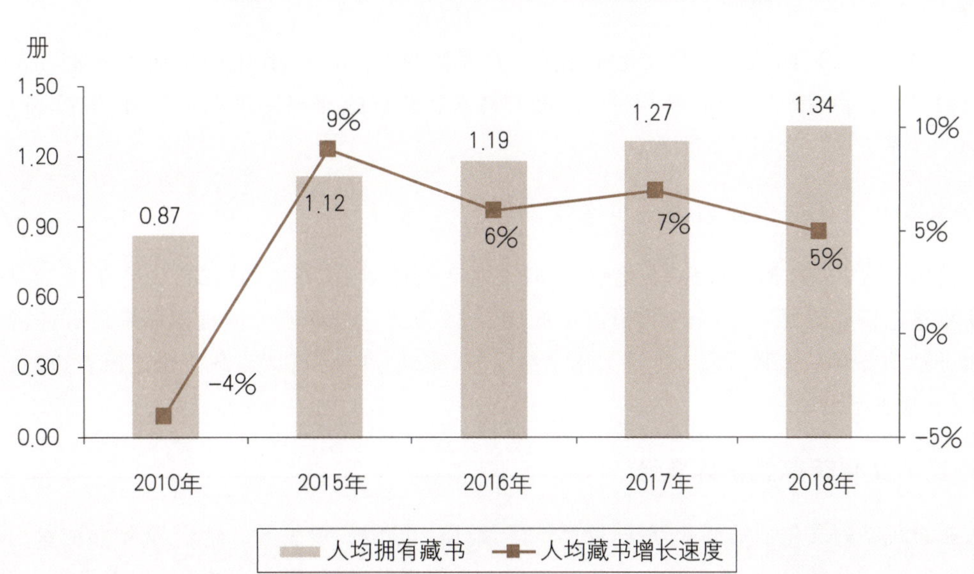

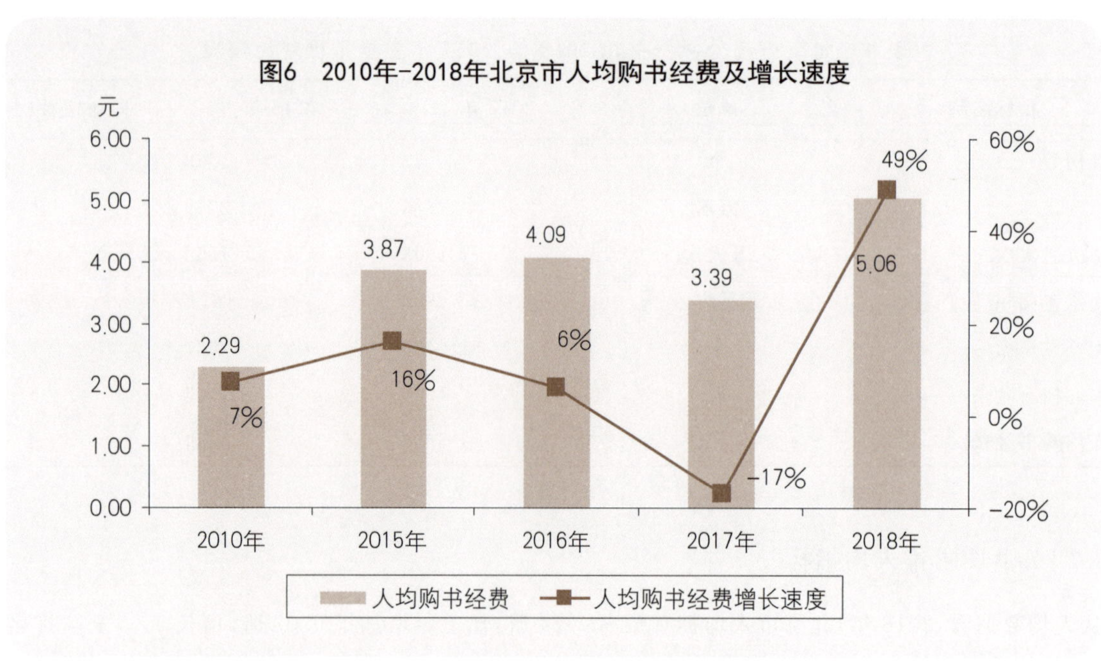

(三)群众文化总体情况

截至2018年底,全市群众艺术馆1个,文化馆19个,文化站330个。提供文化服务次数95692次,惠及1371万人,其中组织文艺活动44864次,参加人次977万人,举办训练班48353次,培训229万人次,举办展览1875个。

(四)群众文化人均指标

从人均数据看,2018年,人均群众文化业务活动专项经费17.32元,比上年增加了3.82元,增长28%,全国排名第四位,与上年持平。全市平均每万人拥有群众文化设施面积达到429.35平方米,排名全国第七位,超出306.95平方米的全国平均水平。

(五)公共文化惠民服务能力进一步增强

在回天地区多次开展"回天有我"文化服务,向该地区赠送图书,开展"首都市民音乐厅"专场音乐会等活动。扎实推进惠民低价票工作,全年推出惠民低价票24万张。开展服务演出团体资质认证,推动建立基层公益演出补贴动态调整机制。大力推进文化志愿服务,完成"春雨工程"北京文化志愿者边疆行、"文化感动生活"等文化志愿者活动。

(六)市民的文化获得感日益增强

完成首都市民系列文化活动2.6万场,较2017年增加2000场,增长8.33%。全年共配送图书89.2万册,配送文化活动、文化辅导1.93万场。全年共完成1.2万场公益演出,包括"百姓周末大舞台""周末场演出计划""农村文艺演出星火工程"等公益惠民演出活动。开展传统节日文化活动共838项,吸引97.5万人参与。

五、文化产业实现高质量发展 文化市场健康发展

2018年1—11月，全市规模以上文化产业收入合计9250.1亿元，同比增长13.1%。动漫游戏产业企业总产值达710亿元，保持两位数增长。

累计审批登记的演出经纪机构1968家，互联网文化经营单位3469家，娱乐场所1719家。

举办首届“中国(北京)演艺博览会”，20多个国家和地区的上千家演艺机构参加，展示推介了近万个演艺项目，成为国内最高规格、最大规模演艺行业盛会。支持举办“2018艺术北京”活动，20个国家和地区的160余家艺术机构参展，观展人数近12万人次。举办第七届“动漫北京”活动，700余家动漫游戏机构参加，超过10万动漫爱好者观展，场内衍生产品销售超5000万元。

六、非遗保护传承工作成效明显

近年来，北京是非遗保护体制机制进一步完善。非遗立法取得实质性进展，《北京市非物质文化遗产条例(草案)》已经通过市人大常委会会议三审。北京国家级非遗代表性传承人已达102人。深入挖掘“一城三带”文化内涵，系统梳理长城文化带、运河文化带非遗资源，开展老城街区文化研究。

七、服务大局大国首都文化自信有力彰显

配合国家重大外交活动和领导人出访，组织平昌冬奥会及残奥会闭幕式北京接旗仪式文艺表演，“北京8分钟”惊艳世界。高质量完成中非合作论坛北京峰会配偶活动的文化服务保障。配合高层出访，赴希腊、爱尔兰、俄罗斯、巴西、巴拿马等地举办“北京之夜”文艺演出，充分展示中国文化魅力。

2018年度，我局共受理对外文化交流项目179批3859人次，同比交流项目下降7%，交流人次上升1%，其中出访141批2439人次，引进38批1420人次。

表5　2016—2018年对外文化交流活动情况

单位：批次、人次

年　份	总计		出访		引进	
	批次	人次	批次	人次	批次	人次
2016年	251	5320	206	3956	45	1364
2017年	193	3811	145	2716	48	1050
2018年	179	3859	141	2439	38	1420

八、国内旅游市场持续稳步增长

国内旅游总人数30693.2万人次，增长4.6%；国内旅游总收入5556.2亿元，增长8.5%。外省来京游和市民在京游两个市场均保持了稳定增长态势。

(一)外省来京旅游情况

1. 总体核心指标

外省市来京旅游人数18976.2万人次，增长5.9%；旅游收入5077.9亿元，增长8.6%；人均消费2676元/，增长2.6%。

2. 花费构成

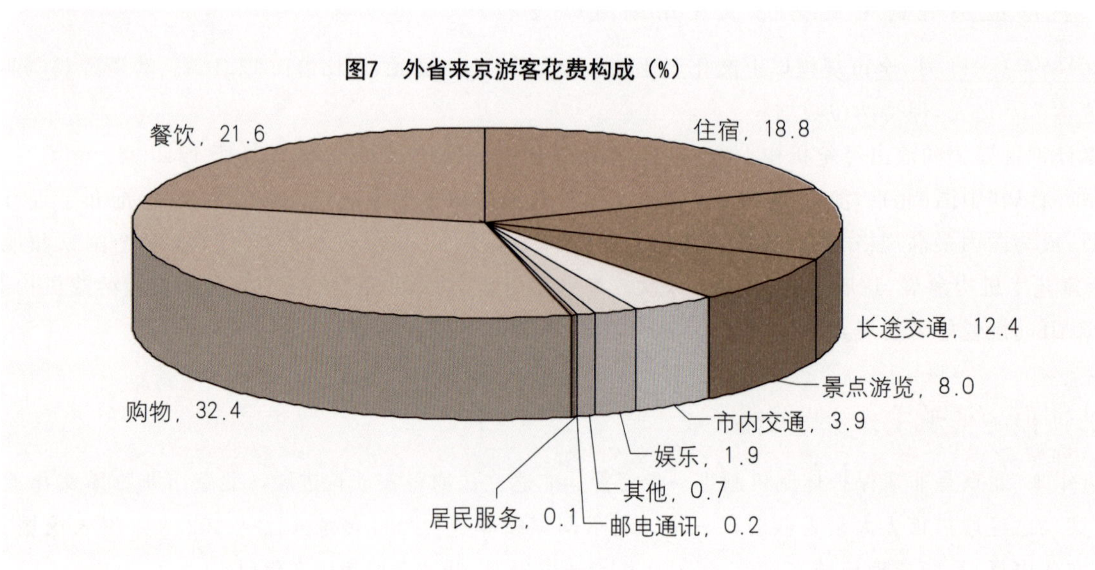

(二)市民在京旅游情况

1. 总体核心指标

北京市民在京游人数11717万人次，增长2.5%；旅游收入478.2亿元，增长6.6%；人均消费408元，增长4.0%。

2. 花费构成

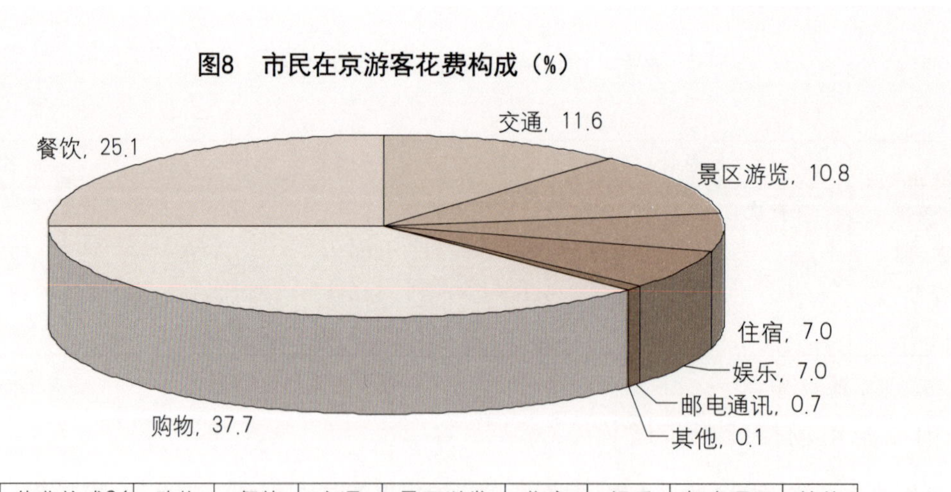

花费构成%	购物	餐饮	交通	景区游览	住宿	娱乐	邮电通讯	其他
全市	37.7	25.1	11.6	10.8	7.0	7.0	0.7	0.1
郊区游	25.1	28.7	15.2	12.4	11.0	7.2	0.3	0.2
都市游	54.8	20.2	6.7	8.7	1.7	6.8	1.1	0.1

九、入境旅游人数“回正”，外汇收入增长近一成

（一）总体核心指标

2018年，北京市累计接待入境游客400.4万人次，比2017年增加7.9万人次，增长2.0%，是自2012年以来，北京入境游人数首次“回正”，美国游客增加4.7万人次是入境游客人数上升的主要原因。其中，接待外国人339.8万人次，增长2.3%，占接待入境游客总数的84.9%；接待港澳台游客60.6万人次，增长0.1%。

从主要客源国来看，2018年，北京市累计接待美国游客72.0万人次，增长7.0%；接待日本游客24.9万人次，增长2.7%；接待韩国游客24.8万人次，增长5.2%；接待德国游客19.4万人次，增长0.3%。

从洲际客源市场情况看，2018年，北京市累计接待亚洲游客（含港澳台地区）174.9万人次，增长1.4%；接待欧洲游客101.2万人次，增长0.3%；接待美洲游客97.0万人次，增长5.5%；接待大洋洲游客17.4万人次，增长2.4%；接待非洲游客8.4万人次，下降6.1%。

旅游外汇收入55.2亿美元，增长7.5%（折合人民币365.0亿元，增长5.5%）。人均消费1378美元/人次，增长5.4%。

表6　2018年北京市入境旅游者情况

客源国（地区）	来京人数（人次）	增长（%）	客源国（地区）	来京人数（人次）	增长（%）
合计	4004078	2.0	法国	126598	3.2
台湾	241953	−1.5	德国	194299	0.3
澳门	16235	4.3	美洲小计	969696	5.5
香港	348219	1.1	#美国	719898	7.0
外国人	3397671	2.3	加拿大	151553	−1.0
亚洲小计	1142967	2.1	大洋洲小计	173824	2.4
#日本	248569	2.7	#澳大利亚	150014	3.9
韩国	247528	5.2	新西兰	19800	−7.1
新加坡	122864	10.2	非洲小计	84328	−6.1
欧洲小计	1011983	0.3	其他小计	14871	25.2
#英国	159341	−3.3			

（二）花费构成

入境游客花费构成中，长途交通占比最高，达27.2%，其次是购物和住宿，占比分别为26%和19%，餐饮占比8.2%，景点游览占比3.9%，市内交通和娱乐占比分别为3%和2.2%，邮电通讯占比最低，为0.7%。

十、出境旅游市场微降，总体人数与去年基本持平

2018年全年，经北京市旅行社组织出境的旅游人数为510.9万人次，微降0.1%。其中，出境游排名前五的国家分别是：前往日本82.2万人次，下降21.1%；泰国73.9万人次，下降3.1%；俄罗斯28.1万人次，增长43.9%；越南22.5万，增长36%；韩国20.3万人次，下降20.1%。

前往港澳台地区旅游人数呈现下降趋势，前往香港旅游12.0万人次，下降18.6%；前往澳门旅游10.6万人次，下降30.8%；前往台湾4.6万人次，下降26.6%。

表 7　2018 年北京市旅行社组织出境旅游情况

目的地	出境游客（人次）	增长（%）	目的地	出境游客（人次）	增长（%）
出境旅游总人数	5109328	−0.1	法国	167567	−37.5
香港	120469	−18.6	意大利	158961	−28.7
澳门	106378	−30.8	瑞士	135178	−27.8
台湾	45585	−26.6	德国	133784	−38.2
亚洲	3537699	6.0	俄罗斯联邦	280679	43.9
# 泰国	739352	−3.1	拉丁美洲	32547	54.7
日本	822163	−21.1	北美洲	179266	−37.9
韩国	203108	−20.1	# 美国	158081	−26.3
印度尼西亚	166854	−5.6	大洋洲	198709	−13.3
越南	225490	36.0	# 澳大利亚	89301	−20.3
菲律宾	171003	208.1	新西兰	49476	−21.6
柬埔寨	198621	45.4	非洲	144916	−10.7
欧洲	1670293	−8.3	# 埃及	45323	−38.5
# 英国	60984	−46.2	其他	3296	−87.7

十一、持续推进文物修缮及名城保护工作

以“一轴一城三带”为核心，加快推进中轴线申遗保护和老城整体保护。组建中轴线申遗保护工作专班，完成了中轴线申遗综合整治四大类 27 项重点任务，太庙、天坛、景山、北海等重点文物保护腾退取得新进展。完成 107 处文物保护单位保护范围与建设控制地带修订，开展老城内胡同、会馆、名人故居等文物及历史建筑保护利用，保护效果显著。制定了《北京市关于革命文物保护利用的实施意见（2018－2022 年）》。地下文物保护成果显著，完成北京城市副中心、世园会、冬奥会以及新机场等重点建设工程项目段勘探和发掘工作，发掘面积 63000 平方米，勘探总面积超过 1990 万平方米，出土文物 4320 余件套。

十二、不断提升博物馆建设和公共文化服务水平

截至 2018 年底，北京地区注册博物馆数量为 179 座，其中：中央属博物馆 60 座，市属博物馆 43 座，区县属博物馆 44 座，民办博物馆 32 座。注册博物馆数量与 2017 年相比持平，截至 2018 年末，北京市文博系统内博物馆共计 43 家。大部分博物馆分别隶属于各中央在京部委、大专院校、部队、科研院所、行业企业集团及市园林、宗教、民政、科委等部门以及社会公民个人。

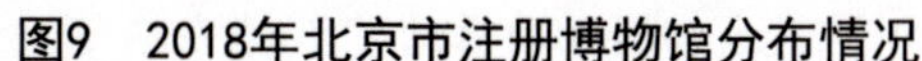
图9 2018年北京市注册博物馆分布情况

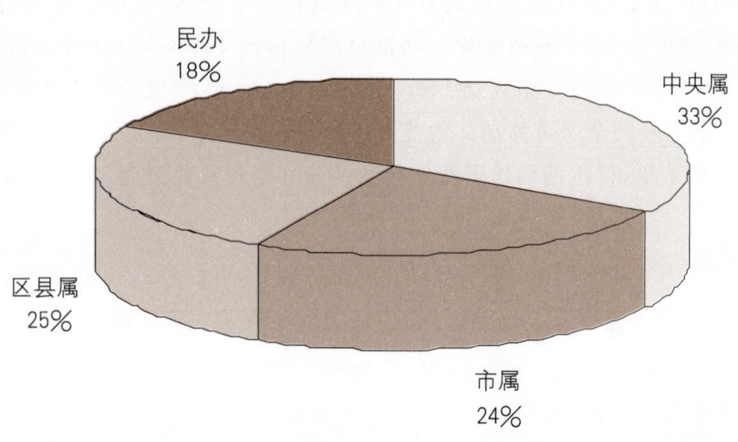

表 8 2018 年北京市注册博物馆分布情况

单位：座

博物馆隶属关系	数量	博物馆隶属关系	数量
中央属博物馆	60	区县属博物馆	44
市属博物馆	43	民办博物馆	32

图10 2015-2018年北京地区注册博物馆数量

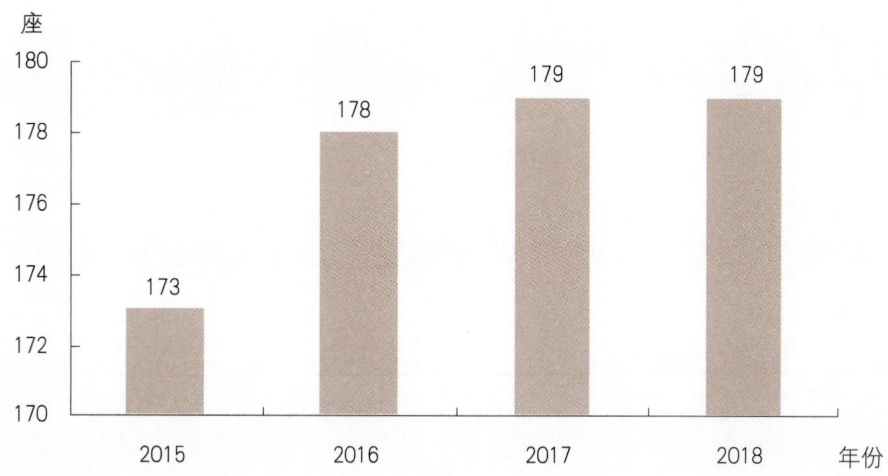

2018 年，北京市积极搭建展览展示平台，整合资源推出《天路文化——西藏历史文化展》《大辽五京展》《都市·生活——18 世纪的东京与北京》《来自盛京——清代宫廷生活用品展》一系列展览精品。六家文物

局所属博物馆联手举办《撷彩京华——北京市文物局博物馆联展》，在安徽蚌埠及内蒙古满洲里等地引起观展热潮。指导全市博物馆围绕重要节日推出专题展览和文化活动，在春节、清明、端午、中秋、重阳等传统节日期间，策划推出"博物馆里过大年""走进故居互动活动""五塔寺端午文化嘉年华""中华优秀传统文化展览进社区进校园巡展项目"等活动，既满足观众节日期间文化需求，又传承传统文化、增强文化自信。据不完全统计，2018 年"博物馆里过大年"系列文化活动推出展览活动 130 余项，接待入馆观众 106 万人次。国庆假期新推出展览活动 138 项，接待入馆观众 163.82 万人次。制定了《北京市关于推动非国有博物馆发展的实施意见》推动北京市第一次全国可移动文物普查成果的公开利用，开发建设博物馆大数据平台，提升对全市博物馆行业宏观管理水平，促进博物馆资源向社会公开共享和行业交流，实现集群效应。

十三、推动文物市场发展和文博创意产品开发

2018 年北京举办文物艺术品拍卖会共 561 场，上拍文物件数 109,373 件(套)，成交总额达 113.73 亿元人民币，与 2017 年同类数据相比，拍卖会场次、拍卖标的数和成交金额分别下降 38.41%，44.21%，44.99%，文物拍卖行业市场开始降温。

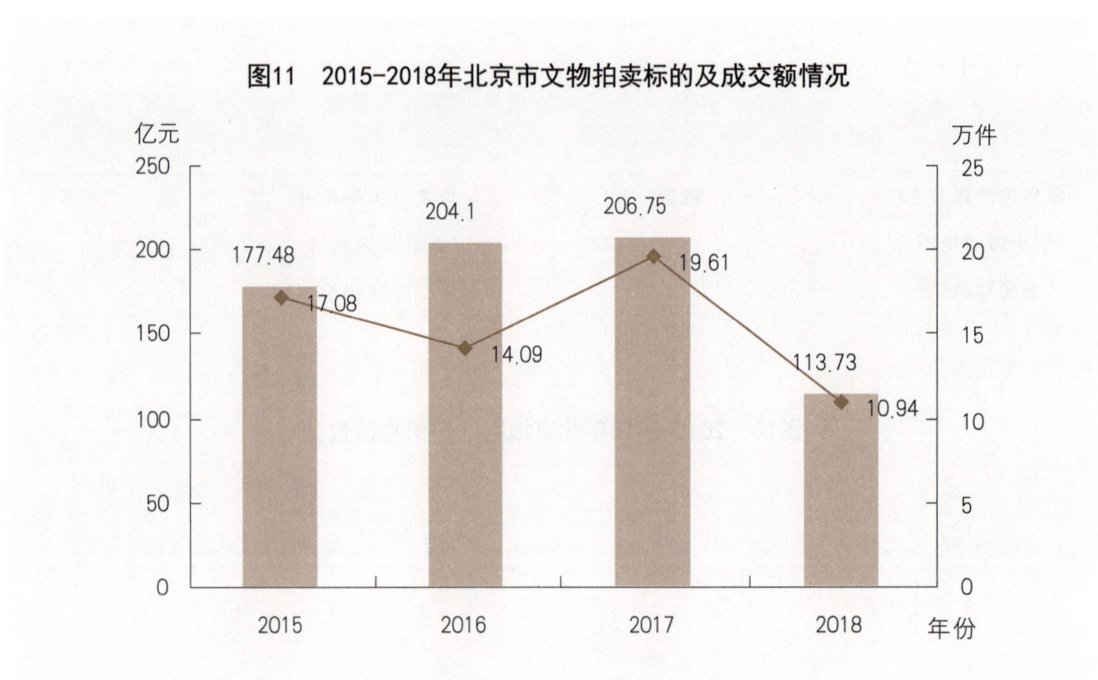

表 9 2015—2018 北京市文物拍卖标的及成交额情况

单位：场万件 亿元

年　份	拍卖场次	拍卖标的	拍卖成交额
2015	243	17.08	177.48
2016	437	14.09	204.1
2017	911	19.61	206.75
2018	561	10.94	113.73

（北京市文化和旅游局　北京市文物局）

北京:城市公共服务品质进一步提升

一、首都文化示范引领作用进一步增强。成功举办首届“中国(北京)演艺博览会”、中国戏曲文化周、第二十一届北京国际音乐节、“动漫北京”等活动,承办全国广场舞比赛、现实题材舞台艺术作品展演等活动。举办北京·运河国际艺术周、大运河文化带精品剧目展演、第二十届北京国际旅游节、北京国际青年旅游季、北京国际旅游商品及旅游装备博览会等品牌活动。联合大运河沿线共8省市文化厅(局),举办“流动的文化 大运河文化带非遗大展暨第四届京津冀非遗联展”。

二、城市公共服务品质进一步提升。海淀区成功创建第三批国家公共文化服务体系示范区,石景山区获得第四批创建资格,完成首都公共文化服务示范区验收。推进昌平、平谷、延庆、门头沟、怀柔全域旅游示范区创建工作。提升公共服务水平与行业服务能力,执法检查量和行政处罚量同比分别增长204.17%、246.34%,非法“一日游”投诉同比下降65%。举办首都市民系列文化活动2万余场。免费发放30万张春节庙会门票。市属14家文艺院团新创剧目26台,复排加工25台。举办北京优秀少儿题材剧目等精品剧目展演活动。

三、城市文化和旅游发展活力进一步彰显。推进文化馆图书馆总分馆制实施和公共文化机构法人治理结构改革试点,出台推动文化文物单位文化创意产品开发试点工作意见。推进旅游供给侧结构性改革,京郊旅游“十种新业态”升级换代,“北京礼物”品牌影响力增强,离境退税商品销售额累计达4.4亿元。北京旅游产业引导基金带动社会投资约150亿元。北京文化艺术基金资助项目132个、金额1.256亿元。剧目排练中心接待108家文艺团体、183个排练剧目。剧院运营服务平台推出127台剧目、215场演出。建立大兴区瀛海镇主题实践活动创作采风基地。非遗条例已经过市人大常委会会议三审,研究街区更新当中的文化发展,实施非遗传承人群研修研习培训。

四、展示首都文化自信窗口功能进一步发挥。平昌冬奥会冬残奥会北京交接文艺演出亮彩纷呈。完成中非合作论坛北京峰会非遗展示任务。精心举办“北京之夜”、生肖设计大赛等活动。深入开展戏剧演出、艺术品展览、公共文化等交流。实施城市形象和旅游资源“双推介战略”,开展“长城好汉”等海外营销活动。举办世界旅游城市联合会青岛香山旅游峰会,发布《世界旅游城市品牌建设行动计划(2018—2027)》。全年实现入境旅游人数406万人次,同比增长3.3%。

天津市 2018 年文化和旅游发展情况分析

2018 年，在天津市委市政府的坚强领导下，全市文化和旅游（广播电视、文物）系统以习近平新时代中国特色社会主义思想为指引，全面贯彻落实党的十九大和十九届二中、三中全会精神，以习近平总书记对天津提出的“三个着力”重要指示为元为纲，紧紧围绕“一基地三区”城市定位和“五个现代化天津”建设目标，牢固树立“四个意识”，坚定“四个自信”，践行“两个维护”，坚持以人民为中心的工作导向，以高度的政治责任感和使命感，推动文化旅游融合发展，艺术创作持续推进，公共服务水平不断提高，文旅产业健康发展，文化遗产保护利用水平不断提升，文化强市建设迈出了新步伐。

一、文化文物机构和人员

2018 年末，纳入统计范围的天津市各类文化（文物）单位 2535 个，比上年末增加 247 个；从业人员 23636 人，增加 1653 人。其中，各级文化文物部门所属单位 522 个，比上年末增加 9 个；从业人员 8555 人，增加 249 人。

表 1　天津市文化文物机构和从业人员情况对比表

指标名称	机构数（个）			从业人员数（人）		
	2018 年	2017 年	增减（%）	2018 年	2017 年	增减（%）
一、文化合计	2451	2207	11.06	22024	20392	8.00
艺术表演团体	121	103	17.48	3270	3213	1.77
其中：公有制艺术表演团体	16	15	6.67	1995	1915	4.18
艺术表演场馆	68	57	19.30	902	708	27.40
其中：公有制艺术表演场馆	28	28	0.00	343	341	0.59
公共图书馆	29	32	−9.38	1047	986	6.19
文化馆	17	19	−10.53	531	552	−3.80
文化站	244	239	2.09	924	849	8.83
其中：乡镇综合文化站	131	132	−0.76	447	362	23.48
艺术展览创作机构	6	6	0.00	54	57	−5.26
其中：美术馆	5	5	0.00	52	54	−3.70
艺术教育业	3	3	0.00	354	341	3.81
文化科研机构	1	1	0.00	21	23	−8.70
文化市场经营机构（不包括非公有制院团和场馆）	1855	1645	12.77	13167	11876	10.87
文化行政主管部门	17	17	0.00	459	462	−0.65
其他文化机构	90	85	5.88	1295	1325	−2.26
其中：文化市场执法机构	13	12	8.33	73	70	4.29
二、文物合计	84	81	3.70	1612	1591	1.32
博物馆	65	62	4.84	1473	1406	4.77
文物保护管理机构	8	8	0.00	65	111	−41.44
文物商店	1	1	0.00	71	71	0.00
其他文物机构	10	10	0.00	3	3	0.00

二、艺术创作演出

(一)天津市艺术表演团体和场馆基本情况

2018 年末天津市共有艺术表演团体 121 个,比上年末增加 18 个,从业人员 3270 人,增加 57 人。全年天津市艺术表演团体共演出 1.11 万场,比上年增长 21.33%;国内观众 364.34 万人次,降低 21.7%;总收入 54058 万元,比上年增长 7.42%,其中演出收入 10943.1 万元,增长 86.71%。主要原因是天津市青年京剧团、天津京剧院两单位分别收到 2013—2017 年像音像录制费近 800 万元和 420 万元,天津歌舞剧院接受捐款、承揽金星奖活动项目等原因,故演出收入增幅较大。

表 2　2010—2018 年天津市艺术表演团体基本情况

年　份	机构数(个)	从业人员数(人)	演出场次(万场)	国内演出观众人次(万人次)	总收入(万元)	
						#演出收入
2010 年	36	2123	0.46	318.3	-	2657
2011 年	53	2180	0.43	286.64	-	2590
2012 年	48	2328	0.52	231.46	-	2467
2013 年	58	2564	0.69	284.94	39707	1822
2014 年	66	2761	1.1	418.38	45609	3541
2015 年	86	2909	1.76	672.63	52217	5636
2016 年	84	3019	0.79	397.52	50939	5913
2017 年	103	3213	0.91	465.08	50325	5861
2018 年	121	3270	1.11	364.34	54058	10943

2018 年末天津市共有艺术表演场馆 68 个,比上年增加 11 个,观众坐席数 35000 个,比上年增加 5961 个。全年共举行艺术演出 0.55 万场次,比上年增长 48.65%,艺术演出观众人次 220.1 万人次,增加 108.04%。

年末天津市共有美术馆 5 个,与上年持平,从业人员 52 人,比上年减少 2 人。全年共举办展览 152 次,比上年增长 35.71%,参观人次 240.48 万人次,比上年降低 14.29%。

(二)坚守以人民为中心的创作导向,2018 年艺术创作演出取得新进展

艺术创作引导持续强化。深入实施《天津市舞台艺术创作生产规划(2018—2020 年)》。组织开展 2018 年天津市"剧本扶持"工程,精心举办戏剧(戏曲)编剧导演培训班,继续实施天津市"名家传戏"工程,组织 9 对艺术家与专业院团青年演员结成传戏对子,传授技艺。

艺术创作生产持续推进。创作提高了京剧《战马萧萧》《壮丽航程》、话剧《不忘初心》等一批剧目。舞剧《春天的故事》、交响乐作品《海与城市的交响》、话剧《海河人家》、儿童剧《指尖上的童年》、评剧《非常妈妈》5 部作品入围"全国优秀现实题材舞台艺术作品展演"剧目。话剧《天下粮田》入选 2018 年度全国舞台艺术重点创作剧目名录。

文艺演出丰富多彩。成功举办 2018 年天津市名家经典惠民演出季,推出 191 台优秀剧目、354 场精彩演出,惠及观众 32 万人次。举办 2018 年天津市梨园金秋戏曲展演,在津上演 23 台、30 场戏曲演出,丰富了

群众文化生活。举办“重温‘乐’经典 唱响新时代——2019年市民新年免费音乐会”,来自社会各界的500多名音乐爱好者观看了演出。

三、现代公共服务体系建设扎实推进

(一)公共服务标准化均等化水平进一步提升

建成区级公共图书馆分馆100个,基层服务点900个,在全市范围内基本建立了公共图书馆总分馆体系。组织开展第二轮全市公共文化服务体系建设考核验收和街镇和村居综合性文化服务中心达标创建工作,编制印发天津旅游咨询中心管理办法和服务规范,不断提升服务效能。

(二)公共图书馆情况

年末天津市共有公共图书馆29个,比上年减少4个,其中少儿图书馆9个,比上年减少2个。年末天津市公共图书馆从业人员1047人,比上年末增加61人。年末天津市公共图书馆实际使用房屋建筑面积40.52万平方米,比上年末增长24.46%;图书总藏量1867.29万册,增长12.34%,电子图书2039.57万册,增长24.53%;阅览室座席数19038个,增长10.42%;计算机4341台,降低1.05%;供读者使用的电子阅览终端2824台,增长0.35%。

年末天津市平均每万人拥有公共图书馆建筑面积259.73平方米,比上年末增加50.64平方米;天津市人均拥有公共图书藏量1.20册,比上年增加0.13册;全年天津市人均购书费6.04元,比上年减少1.92元。

表3 2010—2018年天津市公共图书馆基本情况表

单位:万人次、万册次、平方米

年份	图书总藏量	总流通人次	书刊文献外借册次	本年新购藏量	每万人拥有公共图书馆建筑面积
2010年	1258	606	572	74	103.1
2011年	1354	572	601	81	121.4
2012年	1469	630	562	109	181.7
2013年	1595	714	658	121	168.1
2014年	1830	681	779	122	169.4
2015年	2085	789	859	102	167.43
2016年	2717	851	876	110	168.82
2017年	3300	1403	1057	166	209.09
2018年	3907	1226	1137	223	259.73

注:以上年度的图书总藏量中均包括电子图书,2013年包括电子图书的数量为121万册,2014年为232万册,2015年为388万册,2016年为911万册,2017年为1638万册,2018年为2039万册。

全年天津市公共图书馆发放借书证903501个,比上年增长16.32%;总流通人次1226.49万人次,降低12.59%。书刊文献外借册次1136.61万册次,增长7.44%;外借人次388.50万人次,降低7.7%。全年共为读者举办各种活动3089次,增长27.07%;参加人次220.19万人次,增长122.50%。

(三)群众文化和旅游活动全面开展

2018年圆满完成天津市十四届运动会开幕式暖场任务。举办、指导第三届市民文化艺术节、“匠心之

旅、宜游天津”天津旅游嘉年华活动、“津武荣耀—2018 天津霍元甲国际武术旅游节”等 200 余项文化旅游活动，丰富群众精神文化需求，提升区域文化旅游感染力。开展全国“群星奖”选拔工作，促进天津市群众文艺创作水平提升。

年末天津市共有群众文化机构 261 个，比上年末增加 3 个，其中街道文化站 113 个，比上年末增加 6 个，乡镇综合文化站 131 个，比上年末减少 1 个。年末天津市群众文化机构从业人员 1455 人，比上年末增加 54 人。

年末全市群众文化机构实际使用房屋建筑面积 42.60 万平方米，比上年末增长 9.94%；年末天津市平均每万人拥有群众文化设施建筑面积 273.09 平方米，比上年末提高 24.25 平方米。

表 4　2010—2018 年天津市群众文化活动情况对比表

单位：万元、次、万人次

年　份	财政补贴收入（万元）	组织文艺活动次数（次）	群众文化机构培训人次（万人次）
2010 年	10026	5067	25.70
2011 年	11906	6485	28.40
2012 年	12807	6354	47.30
2013 年	24045	6334	38.70
2014 年	22672	7734	40.00
2015 年	22909	9391	46.60
2016 年	26113	14898	57.30
2017 年	27414	15916	53.80
2018 年	33597	17547	52.96

全年天津市群众文化机构共组织开展各类文化活动，提供文化服务 31336 次，比上年增长 7.14%；文化服务惠及人次 487.90 万人次，增长 15.52%。年末天津市群众文化机构共有馆办文艺团体 75 个，演出 1280 场，观众 74.13 万人次。由文化馆（站）指导的群众业余文艺团体 4142 个，馆办老年大学 2 个。

表 5　2018 年天津市群众文化机构开展活动情况

项　目	总　量		比上年增长（%）	
	活动次数（次）	服务人次（万人次）	活动次数	服务人次
各项活动总计	31336	487.9	7.14	15.51
其中：展览	1265	63.65	1.12	7.76
文艺活动	17547	358.19	10.25	20.78
公益性讲座	1226	13.11	24.72	1.57
训练班	11298	52.96	1.79	−1.65

（四）基础设施建设力度不断增加

2018 年积极做好文化设施布局规划工作，完成元明清天妃宫遗址博物馆外立面装饰修缮工程和布展，积极稳妥推进天津歌舞剧院、天津交响乐团迁址扩建和天津市非物质文化遗产馆新建项目。推动市少儿图书馆梦娃专题绘本馆建设，探索政府购买服务方式，引入社会力量参与运营服务。全年新建、改建旅游厕所80座、完成50个标准化咨询中心建设及运营监管、新增旅游交通标识牌66块，旅游服务设施更加健全。

四、文化市场管理

2018年，根据文化部文化市场统计制度规定，天津市文化市场统计主要涵盖了网络文化、演出、娱乐、艺术品等行业领域。统计共有文化市场经营主体2031家，比2017年增加243家，分别为：上网服务场所1017家、经营性互联网文化单位222家、文艺表演团体109家、演出经纪机构88家、演出场所经营单位68家、娱乐场所490家、艺术品经营机构37家；从业人员总数16617人，创造营业总收入约196.86亿元，比2017年增加20.22亿元，实现营业利润约23.46亿元。

（一）网络文化市场分析

1. 上网服务场所数据分析。根据2018年统计数据，天津市共有1017家取得《网络文化经营许可证》的场所，比2017年增加45家，从业人员2316人，有65908台计算机终端，实现年营业总收入1.82亿元，比2017年减少0.34亿元；实现营业利润0.28亿元，比2017年减少0.12亿元。从上述数据可以看出，天津市上网服务行业整体收入规模和行业效益继续呈现下滑趋势，目前仍需加大上网服务行业转型升级工作力度，促进行业结构进一步调整优化，从而提升整体行业经济效益。

2. 经营性互联网文化单位数据分析。2018年天津市网络文化（游戏）产业继续保持快速发展，全市222家，比2017年增加82家，互联网文化企业资产总计达328亿元，实现年营业总收入171亿元，比2017年增加17亿元，占整个文化市场营业总收入的86.86%。其中，网络游戏收入44.98亿元、网络音乐收入20万元、网络动漫收入315万元。从产品数量来看，2018年共运营6473个网络游戏产品，比2017年减少1289个，其中，有581款游戏产品拥有自主知识产权，进口网络游戏56个；运营87首网络音乐，经营网络动漫数543件；出口网络文化产品数量28件。从企业影响力来看，天津市已形成了一批行业领军企业，正带动着整个行业不断快速发展；从总体来看，天津市互联网文化企业数量和规模虽增长较快，但与北京、上海、广东等省市相比还存在一定差距，很多企业处于刚起步阶段，产品效益和竞争实力有待进一步增强。

（二）演出、艺术品市场分析

2018年，天津市统计有265家演出单位（不含事业类演出团体和演出场馆），从业人员4844人，实现年营业总收入19.97亿元。从各门类演出单位分析来看：2018年，天津市民营文艺表演团体共举办演出8893场次，其中农村演出2669场次，观众人次达233.4万人次，演出总收入6144万元，比2017年增加2838万元。2018年，全市68家企业类演出场所累计演出场次7038场，观众人次达660万人次，演出总收入2.1亿元，其中的茶馆相声、小剧场（儿童剧）演出依然深受人们的欢迎和喜爱，成为人民群众重要的休闲娱乐方式。2018年，天津市演出经纪机构共举办演出7989场次，实现年营业总收入17.2亿元，依然发挥着演出市场主力军的作用，其中引进外国及港澳台表演团体或个人来津演出470批次，共涉及外籍和港澳台地区演员人数3506人次。

关于艺术品市场分析，2018年共统计37家经营单位，实现年营业总收入3489.4万元。其中，在拍卖方面，交易量为9355件，交易金额为4792万元，结算金额为4555万元。

（三）娱乐市场分析

2018年，天津市统计共有490家娱乐场所，比2017年增加61家，其中歌舞娱乐场所329家、游艺娱乐场所161家，从业人员总数3183人，比2017年减少352人。全市娱乐场所年营业总收入3.58亿元，比2017

年略有下降，实现营业利润0.5亿元，比2017年增加0.04亿元。从总体来看，2018年全市娱乐市场保持平稳发展态势，下滑形势有所好转，整个行业正处于经营结构和模式调整过程中，需进一步加大行业转型升级工作力度。

五、2018年天津市旅游情况

2018年全年，天津市旅游业稳步发展。实现接待总人数2.28亿人次，同比增长8.1%；旅游总收入3914.33亿元，同比增长10.4%。其中，接待国内游客2.27亿人次，同比增长9.1%；国内旅游收入3840.89亿元，同比增长16.7%。接待入境游客198.31万人次，外汇收入11.10亿美元。

(一)国内旅游

1. 接待情况

国内游人数2.27亿人次，比上年增长9.1%。其中：一日游1.59亿人次，过夜游0.67亿人次。

国内旅游收入3840.89亿元，比上年增长16.7%。其中：一日游消费1364.31亿元，过夜游消费2476.58亿元。

国内游人均花费1695.65元，比上年增长7%。其中一日游人均花费857.09元，过夜游人均花费2605.83元。

2. 出游情况

天津市民出游1.21亿人次，同比增长16.3%；旅游消费826.05亿元，同比增长33.3%；人均消费685.00元，同比增长14.5%。其中：出游本市8881.02万人次，同比增长17.4%；旅游消费380.72亿元，同比增长40.3%。出游外埠3178.09万人次，同比增长13.5%，旅游消费445.33亿元，同比增长27.7%。

3. 黄金周情况

春节黄金周，全市共接待游客513.58万人次，同比增长5.7%。其中，接待外地来津游客183.16万人次，增长7.1%。旅游综合总收入46.17亿元，增长10.1%。其中，外地游客消费11.91亿元，增长10.5%。

"十一"黄金周期间，全市接待中外游客930.53万人次，比去年7天同口径增长5.9%，其中，外埠游客448.23万人次，比去年7天同口径增长4.8%。旅游综合总收入94.24亿元，比去年7天同口径增长10.2%。

(二)入境旅游

2018年，天津市接待入境游客198.31万人次。其中：外国人175.98万人次，占接待总人数的88.7%；香港同胞28361人次，占接待总人数的1.4%；澳门同胞16939人次，占接待总人数的0.9%；台湾同胞17.81万人次，占接待总人数的9%。

入境过夜游客人数58.96万人次，其中：外国人55.93万人次，占94.86%；香港同胞1.32万人次，占2.24%；澳门同胞0.2万人次，占0.34%；台湾同胞1.52万人次，占2.58%。

国际游外汇收入11.10亿美元。其中：长途交通费37565.16万美元，占33.8%；购物费28306万美元，占25.5%；住宿费15815.24万美元，占14.2%；餐饮费9989.91万美元，占9%；娱乐费2308.93万美元，占2.1%；游览费3435.93万美元，占3.1%；市内交通费2165万美元，占2%；邮电通讯费1695.34万美元，占1.5%；其他费用9703.76万美元，占8.8%。

(三)出境旅游

出国境旅游89.75万人次，旅游消费142.62亿元，人均支出1.59万元。

主要出境日本游客最多，占16.0%，其次是泰国占12.9%，出游亚洲周边国家地区占前8位，合计占出境总人数62.1%

（四）星级饭店规模和经营

2018年，纳入天津市旅游统计管理系统的星级饭店共78家，全部完成了2018年财务报表的填报，并通过天津市旅游行政管理部门的审核，财务数据显示：

全市78家星级酒店，拥有客房1.5万间，床位2.35万张；固定资产原值70.45万元；实现营业收入总额24.35亿元，上缴税金4072.4万元；全年平均客房出租率为53.49%。

在78家星级饭店中：五星级饭店15家，四星级饭店34家，三星级饭店23家，二星级饭店6家。

表6　1998—2018年天津市旅游业接待及收入情况

年份	国际旅游				国内旅游				合计			
	国际旅游人数		国际旅游收入		国内旅游人数		国内旅游收入		总人数		总收入	
	万人次	增减%	亿美元	增减%	万人次	增减%	亿元	增减%	亿人次	增减%	亿元	增减%
1998	30.49	8.7	2.02	12.2	2388.2	−7.7	252.43	8.9				
1999	32.08	5.2	2.09	3.5	2606.7	9.1	269.08	6.6				
2000	35.62	11	2.32	11	2872.6	10.2	297.33	10.5				
2001	42.14	18.3	2.8	20.9	3263.3	13.6	336.58	13.2				
2002	50.6	21	3.42	20.1	3711.1	13.7	390.02	15.9				
2003	48.9	−3.4	3.29	−3.8	3751.1	1.1	395.02	1.3				
2004	61.59	25.9	4.13	25.2	4483	19.5	485.14	22.8				
2005	74.01	20.2	5.09	23.4	5013.4	12.6	541.98	12.8				
2006	88.06	19	6.26	22.9	5480.8	9.3	602.91	11.2				
2007	103.23	17.2	7.79	24.4	6017.8	9.8	685.92	13.8				
2008	122.04	18.2	10.01	28.6	7004.1	16.4	810.71	18.2				
2009	141.02	15.6	11.82	18.1	8018.1	14.5	950.39	17.2				
2010	166.07	17.8	14.2	20	9206.5	14.8	1151.9	21.2	0.94	——	1248.4	——
2011	200.44	20.7	17.56	23.7	10605	15.2	1384.7	20.2	1.08	14.9	1498.7	20.1
2012	234.11	16.8	22.26	26.8	12042	13.5	1663.3	20.1	1.23	13.9	1803.9	20.4
2013	264.54	13	25.91	16.4	13613	13.1	1984.2	19.3	1.39	13	2144.7	18.9
2014	296.17	12	29.92	15.5	15272	12.2	2307.7	16.3	1.56	12.2	2491.6	16.2
2015	326.01	10.1	32.98	10.2	17059	11.7	2590.6	12.3	1.74	11.5	2794.3	12.1
2016	335.01	2.8	35.57	7.9	18811	10.3	2919.1	12.7	1.91	9.8	3155.2	12.9
2017	345.06	3	37.52	5.5	20769	10.4	3292.1	12.8	2.11	10.5	3545.4	12.4
2018	198.31	/	11.1	/	22651	9.1	3840.9	16.7	2.28	8.1	3914.3	10.4

注：因调整统计口径，2018年天津市国际旅游人数和国际旅游收入两个指标的数据不宜与上年同期进行比较。

六、文化产业示范基地和动漫企业发展

（一）总体情况

1. 文化产业示范基地

天津市60家单位纳入统计，其中国家级文化产业示范基地6家，市级文化产业示范园区14家，市级文化产业示范基地51家。60家单位从业人员15018人，同比去年略有减少，其中大专以上学历共6696人，占44.6%；中级职称以上人员共1302人，占8.7%；研发人员1060人，占7.1%；从业人员结构更加优化、合理，整体综合素质显著提高。

天津市文化产业示范园区和示范基地资产总额达477.4亿元，同比去年略有减少；营业总收入达129.7亿元，同比去年增长16%；净利润总额达26亿元，同比去年增长近1倍；利润增速远远高于营业额增长速度。全市文化产业示范园区和示范基地共纳税6.4亿元，低于去年纳税额，减税降费初见成效。共获得国家级奖项94个，取得发明专利1356项。与2017年相比，奖项数量和发明专利数量都有明显的增加。

2. 国家认定动漫企业情况

2018年，天津市经过国家认定的动漫企业13家，其中重点动漫企业3家。从业人员373人；资产总额4.1亿元；营业总收入11014.3万元；利润总额2677.2万元；共有经营面积8853平方米；年生产原创漫画111部，原创动画作品21部，自主知识产权动漫软件71套；网络动漫（含手机动漫）下载次数达到526928.2万次；动漫舞台剧制作2部。与2017年相比，无论从营业收入、产品数量上，都出现了下滑，但是在利润额上却出现了大幅增长，说明单一产品的盈利能力在提高，动漫产业的产业链在延伸，互联网的倍增效应在不断显现。

表7　2013—2018年天津市动漫企业情况对比表

年　份	数量	从业人数	资产总额（亿元）	总收入（万元）	总利润（万元）	原创漫画（部）	原创动画（部）	网络动漫下载次数（万）
2013	20	805	14.66	26696.9	2032	103	31	440
2014	19	753	13.81	10177.6	－921.8	107	46	7400
2015	15	392	4.6	516.1	99.3	115	36	37847
2016	15	472	6.05	11696.1	147.4	201	34	6525
2017	11	315	3.79	128902.2	1730.5	202	36	367767
2018	13	373	4.1	11014.3	2677.2	111	21	526928

（二）天津市文化产业示范基地和园区、动漫企业发展的特点分析

1. 天津市文化产业示范基地和园区的特点

一是高质量发展趋势日益凸显。从数据看，天津市文化产业示范园区和示范基地通过人员结构、利润率、专利数量等多个指标，体现出高质量发展的态势已经显现，提质升级的效果已经初步体现。

二是融合发展日益深入。文化产业示范园区和示范基地不断结合自身优势，加强与科技、旅游、教育、创意设计、数字经济等方面的融合，涌现出一批跨界融合的新项目，如滨海广告园的那山书店、九宸数字技术公司的大运河景点项目、恒达文博公司的数字导览系统等项目。

三是融入国家战略日益显著。各文化产业示范园区和示范基地积极与京津冀协同发展战略对接，积极

与北京市、河北省的文化企业对接，在人才、资金、项目、宣传推广等方面交流沟通，利用各大展会的机会宣传推介本地区的文化产品和服务，不断促进三地文化产业的相通、相融。

2. 动漫企业发展的特点分析

一是天津市动漫产业提质升级效果明显。从2018年数据中可以看到，在产品数量大幅减少的情况下，营业利润增长54.7%，说明动漫企业找准市场，充分挖掘产品的价值，延长产业链，开发粉丝经济的潜力，获得了更多的收益。

二是动漫与互联网的融合不断加深。天津市动漫企业积极发展新媒体动漫，开拓发展渠道，网络动漫下载次数近几年呈几何式增长，不断与互联网融合，抓住互联网传播快速发展的窗口期，迅速聚集不同年龄段的粉丝。

三是动漫产业不断弘扬社会主义核心价值观，弘扬主旋律。天津市在动漫产品的内容审核上不断强化，引导动漫产业推出弘扬社会主义核心价值观的产品，始终唱响主旋律，把优秀的文化内涵传递给读者和受众。

七、文化遗产保护

2018年天津市列入“全国文化文物统计报表制度”范围并上报文物统计年报表的文物业机构84个，与上年相比增加3个。其中文物保护管理机构8个，占10%，博物馆65个，占77%。年末天津市文物机构从业人员1612人，比上年末增加21人。另外，天津市还有文物拍卖企业15个，从业人员143人。

年末天津市文物机构拥有文物藏品1049957件，比上年末减少5753件，降低0.55%。主要原因为2018年部分行业博物馆和非国有博物馆严格按照《全国文化文物统计报表制度》中藏品数等指标解释进行统计，以件、套为计量机构重新核定文物藏品数，故比上年同期有所减少。在天津市文物机构的文物藏品中，博物馆文物藏品为704279件，占文物藏品总量的67%；文物商店库存文物数345170件，占32.87%。

全年天津市文物机构共安排基本陈列195个，举办临时展览242个，接待观众1400.38万人次，比上年增长8.39%。其中未成年人289万人次，降低21.54%，占参观总人数的20.64%。博物馆接待观众1400.38万人次，增长9.46%，占文物机构接待观众100%。

图1 2010年-2018年天津市文物机构藏品及参观情况

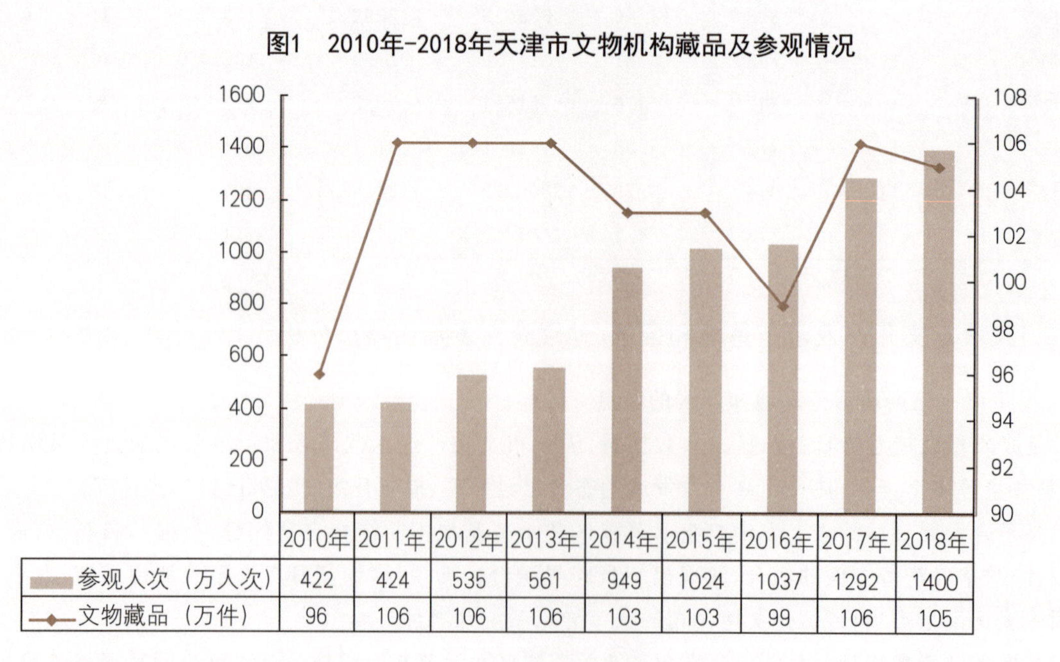

	2010年	2011年	2012年	2013年	2014年	2015年	2016年	2017年	2018年
参观人次（万人次）	422	424	535	561	949	1024	1037	1292	1400
文物藏品（万件）	96	106	106	106	103	103	99	106	105

（一）博物馆事业取得新进展

1. 天津市博物馆的总体概况

2018年，正式在天津市文物局备案且正常开放的博物馆中，文物类博物馆在全市博物馆中占据着主体地位，非文化系统国有博物馆（即行业博物馆）19座，非国有博物馆22座。天津市博物馆涉及内容门类丰富，包括历史、民俗、军事、自然、人物、遗址、遗迹、中共党史及行业历史等诸多领域，成为传承天津文明，俯瞰天津历史，纵观天津文化的重要载体。

2. 推进京津冀文化协同发展

举办展览，服务公众。周恩来邓颖超纪念馆的“魅力・智慧——美国人眼中的周恩来”展览在北京展出，观众达10000余人。李叔同故居纪念馆联合京、冀两地故居联盟单位推出原创展览“风骨—京津冀名人・名作・名物展”，全景化展示三地近代文化名人的主要成就以及相关的重要文物、文献。

3. 深入开展博物馆公共服务工作，促进标准化均等化

2018年，天津市文博单位举办《周恩来邓颖超的家风》、“茶马古道——八省区文物联展”“安格尔的巨匠之路——来自大师故乡蒙托邦博物馆的收藏”等展览。“动境—中华古代体育文物展”荣获第十五届全国博物馆十大陈列展览精品奖。

组织天津博物馆等3个国家一级博物馆向国家文物局报送了2014—2016年度运行评估申报书，平津战役纪念馆提交了申报国家二级博物馆材料，被核定为国家二级博物馆；按照国家文物局要求，开展天津市非国有博物馆藏品备案工作，全市22家非国有博物馆参加藏品备案工作，申报备案藏品总数42201件套。

4. 积极推进文教结合，加强博物馆青少年教育工作

天津博物馆社教专员走进天津市一中等学校，举办讲座及校本课程，并带领师生走进馆内进行特色手工制作活动，开设天博课程，首次与学校合作举办线上直播课程。按照“七进”的要求周邓纪念馆等单位先后50余次走进社区、学校。

5. 馆藏文物征集保护与文创产品开发工作

天津自然博物馆全面启动馆藏一、二级及模式标本数字化建设工作；周恩来邓颖超纪念馆征集文物41（件）套；平津战役纪念馆共征集文物20件/套珍贵文物出。组织鉴定委员会对周邓纪念馆等四家单位的158件馆藏文物进行定级工作。

积极推进文化产品创意开发，确定天津梁启超纪念馆、平津战役纪念馆及滨积海新区博物馆为文化文物单位文化创意产品开发市级试点单位，联合天津师范大学美术与设计学院举办了天津博物馆第一届文化产品设计大赛。

6. 社会文物管理工作

2018年，组织专家对天津国际拍卖有限公司、天津同方国际拍卖有限公司等拍卖公司申报的文物拍卖标的进行售前审核，审核总计31次，比去年减少4场，共鉴定各类拍卖标的21569件，标的总数比去年增加2742件，属于文物拍卖标的审核范围的16973件，经鉴定撤拍577件。

对国有文物商店的售前审核2次，比2017年减少两次，总计1271件，总数减少1282件，允许销售的1265件，不允许销售的6件；受司法部门的委托，对妨害文物管理等刑事案件中涉及的物品进行鉴定3次，比去年少一次，计14件复仿制品，数量减少9件；受理各级纪委委托鉴定5次，计113件。执法机关委托鉴定1次，计5件复仿制品；为民间文物收藏者鉴定物品总计214件。

（二）文物保护与管理进一步加强

2018年末，天津市文物保护管理机构共计8个，队伍结构基本稳定。国家级文物保护单位28处，省级

文物保护单位212处，市县级文物保护单位155处，天津市本辖区文物点(处)2082处。

2018年出台《天津市人民政府办公厅关于进一步加强文物安全工作的实施方案》，以此为工作抓手，强化政府主体责任，落实文物属地管理。依法依规履行考古发掘审批程序，申报并开展了宝坻区西河务一村元代墓葬、武清区下朱庄明清墓葬及窑址等考古发掘项目。配合相关单位做好大运河文化带建设相关规划，加强对大运河沿线相关文物资料的整理。向国家文物局上报大运河保护区划内实施建设工程的行政审批项目10余项。投入市级财政专项资金830万元，实施天津市重点文物保护工程3项。完成北疆博物院(南楼)修缮工程、黄崖关长城21段修缮工程、福山塔防雷工程等项目。

(三)非物质文化遗产保护传承进一步加强。

年末天津市共有非物质文化遗产保护机构31个，从业人员520人，比上年末减少31人。全年天津市非物质文化遗产保护机构共举办展览193次，接待观众16.43万人次。

2018年由文化和旅游部、天津市人民政府共同主办的全国非遗曲艺周首次汇聚国家级曲艺类全部127个非遗项目，举办了曲艺非遗项目驻场演出等丰富多彩的文化活动，现场观众达2万余人，通过网络直播平台观看活动人数达2亿多人次，在全国产生广泛影响。组织开展全市非遗项目保护实地评估调研和传承人抢救性记录，整理出版非遗保护成果，全年举办非遗传承人研培班8期，培训传承人265人，有效促进了非遗保护传承工作。

八、服务“一带一路”，加强对外及对港澳台交流

深入做好“2018欢乐春节”文化交流任务，天津市艺术团组赴美国、法国等国举办各类活动共计27场。与毛里求斯、泰国曼谷文化中心做好对口合作，全年互访达13个项目211人次。成功举办第十一届中日韩文化产业论坛、2018中国天津“一带一路”艺术季、第六期非洲武术学员培训班，进一步提升了天津的文化知名度和城市影响力。强化“一带一路”沿线和境外主要客源市场宣传推介，组团赴美国、俄罗斯等16个国家和地区开展高层互访、参展推介，在日本、泰国和澳门设立天津旅游推广站，提升了天津旅游的知名度和影响力。

九、文化资金投入情况

全年天津市文化事业费17.92亿元，比上年减少0.77亿元，降低4.12%；市人均文化事业费114.90元，比上年减少5.11元，降低4.26%。但与2018年全国人均文化事业费66.53元相比，高出48.37元。近年来，天津市人均文化事业费在全国排名为5—7名左右，一直名列前茅。市文物事业费3.39亿元，比上年增加0.01亿元，增长0.20%。

图2　2010年-2018年天津市人均文化事业费及增速情况

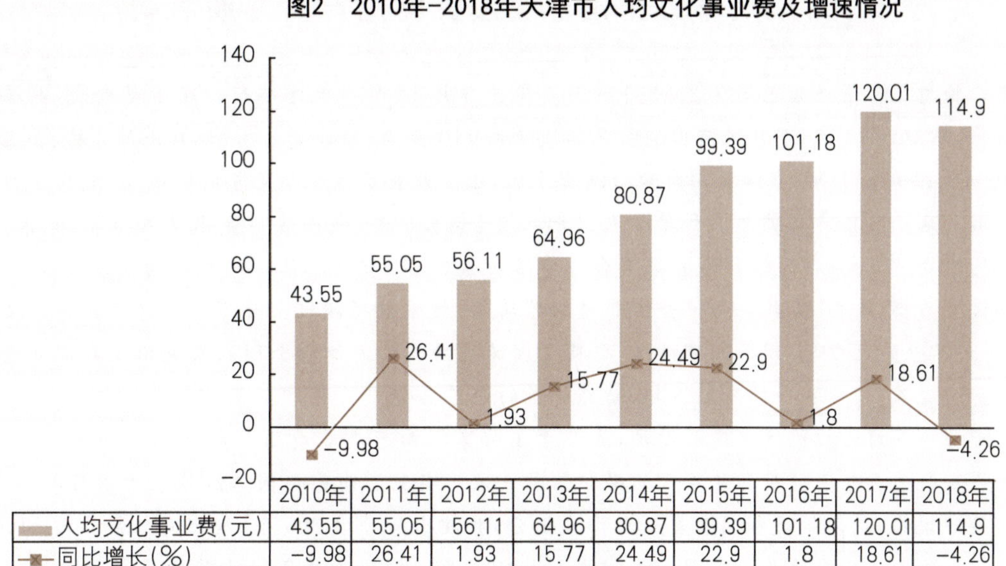

	2010年	2011年	2012年	2013年	2014年	2015年	2016年	2017年	2018年
人均文化事业费(元)	43.55	55.05	56.11	64.96	80.87	99.39	101.18	120.01	114.9
同比增长(%)	-9.98	26.41	1.93	15.77	24.49	22.9	1.8	18.61	-4.26

表 8　天津市近年主要文化发展指标与全国排名情况

主要指标	计量单位	2014 年		2015 年		2016 年		2017 年		2018 年	
		数值	排名	数值	排名	数值	排名	数值	排名	数值	排名
1. 文化事业费	亿元	12.27	23	15.37	22	15.80	24	18.69	21	17.92	22
2. 人均文化事业费	元	80.87	5	99.39	5	101.18	6	120.01	5	114.90	6
3. 每万人拥有公共图书馆面积	平方米	169.38	2	167.43	3	168.82	4	209.09	1	259.73	1
4. 人均拥有公共图书馆藏书	册	1.05	2	1.10	4	1.16	4	1.07	5	1.20	4
5. 人均购书费	元	2.73	3	3.15	5	3.00	4	7.96	1	6.04	2
6. 每万人拥有群众文化设施面积	平方米	197.63	25	204.97	25	209.59	25	248.84	19	273.09	15
7. 人均群众文化业务活动专项经费	元	5.11	5	3.95	14	5.05	13	5.28	11	5.94	12
8. 艺术表演团体国内演出观众人次	万人次	418	27	673	26	398	26	465	26	364	30
9. 艺术表演团体演出收入	千元	35410	26	56359	25	59129	24	58609	26	10943	24
10. 接待入境过夜游客	万人次	76.63	/	78.48	/	82.43	/	79.21	24	58.96	26
11. 国际旅游收入	万美元	/	/	329811	/	355687	/	375147	6	110985	18
12. 文物藏品数量	件(套)	1034701	13	1025328	13	986885	15	1055710	13	1049957	14
13. 博物馆参观人次	万人次	926	25	1003	24	1013	24	1279	24	1400	24

（天津市文化和旅游局）

天津:成功举办全国非物质文化遗产曲艺周活动

全国非物质文化遗产曲艺周从2018年6月7日至6月14日在天津举行。在活动期间,共举办开幕演出1场、驻场演出20场、下社区演出及社区非遗活动110余场、座谈会3场、专家讲座2场、曲艺专题展1个、曲艺研修培训班1期、京津冀相声专场演出1场,组织开展了传承人交流调研活动,成立了京津冀曲艺人才培训基地。共接待相关部门和单位及演职人员、专家学者、新闻媒体等来津人员1300余人次,参与活动现场观众2万余人,通过网络直播平台观看活动人数达2亿多人次。中央广播电视台、人民日报等主流媒体播发原稿件140多篇,百度“全国非遗曲艺周”的搜索数据超过150万。活动在全国产生了广泛的影响,受到了普遍欢迎,实现了预期效果,取得了圆满成功。让天津和全国人民见证了我国非遗曲艺事业传承保护的成果,领略了一场高潮迭起、精彩纷呈的曲艺盛会。

本次活动从策划之初就注重顶层设计,立足于了解掌握曲艺类非遗项目和传承人的保护传承现状,全面系统展示曲艺类非遗项目和传承人的保护传承风采。实现了曲艺类国家级代表性项目展示全覆盖。演出节目按照说书类、谐趣类和唱曲类三种形式划分,共演出节目近200个,演出时长累计约2400分钟,集中展示了我国曲艺类非物质文化遗产保护成果。特别是一批优秀的年轻曲艺传承人通过这次展演脱颖而出,让我们感受到了曲艺传承后继有人的时代脉搏。

全国非遗曲艺周本着多角度展示非遗曲艺保护成果,更好传承曲艺艺术的目的,在非遗曲艺展演的基础上,安排了丰富多彩的活动内容,搭建了切磋技艺、探讨学术、交流互动的平台。有文化和自然遗产日非遗活动启动仪式暨非遗曲艺周开幕演出、“2018天津·曲动乐心”全国非遗曲艺项目保护成果图文展、举办三场座谈会、赴老美华鞋业和泥人张彩塑等非遗保护单位进行交流调研等活动,在天津的大街小巷亲身感受了非遗带来的多彩生活和无穷魅力。此外,全国非遗曲艺周坚持以人民为中心的理念,全力推进非遗保护的全民参与和成果的全民共享。

此次全国非物质文化遗产曲艺周,给素有“戏曲码头”“曲艺之乡”之称的天津留下了浓墨重彩的一笔,结出累累硕果,有力地推动了曲艺艺术的传承发展。

河北省 2018 年文化和旅游发展情况分析

2018 年，河北省文化和旅游系统认真贯彻落实党中央及文化和旅游部和省委、省政府工作决策部署，在省委、省政府坚强领导下，深入研究探索文化和旅游业发展新途径，各项工作任务稳步推进，全省文化和旅游实现持续健康快速发展。

一、2018 年工作亮点

2018 年全省全年接待海内外游客 6.8 亿人次，实现旅游总收入 7636.4 亿元，同比分别增长 18.4%和 24.4%。文化事业"一工程五体系"建设深入实施，文化和旅游产业快速发展，成为推动全省经济转型升级的新增长点。

(一)全域旅游示范省创建取得成效

全域旅游示范省创建取得明显成效，获得国家 5000 万元奖励资金，清西陵、金山岭长城等 5A 级景区创建取得实质进展，16 家景区通过 4A 级景观质量评价，国际旅游岛成功创建首家省级旅游度假区。实施境外旅客购物离境退税政策，首期获批设立 3 个离境退税口岸和 46 家离境退税商店，有效提升境外旅客购物便利化水平。

(二)文艺精品创作精彩纷呈

新创作剧目 30 余部，河北梆子《李保国》入选"全国舞台艺术重点创作剧目名录"和"国家舞台艺术精品创作扶持工程重点扶持剧目"，话剧《塞罕长歌》列入"全国舞台艺术现实题材创作作品计划"；4 部作品列入戏曲剧本孵化计划，居全国第二位。第十一届唐山中国评剧艺术节、第十一届河北省戏剧节深受欢迎，全国梆子声腔优秀剧目展演活动得到中宣部、文化和旅游部肯定。

(三)旅发大会综合带动效应集中"引爆"

第三届省旅发大会成功举办，以 11.37 亿元财政资金，有效撬动市场资金投入 260 亿元，打造了 180 公里的国家"一号风景大道"，辐射带动 49 个乡镇、395 个行政村发展，助推 6.2 万贫困人口脱贫致富。

(四)公共服务标准化均等化建设快速提升

全省公共文化服务体系示范区新增投资 2.8 亿元，新增设施 57 万平方米。投入 5697 万元实施了深度贫困地区农村文化和旅游基础设施提升工程。建设完成 300 个公共数字文化"进村入户"服务点和 70 个"提档升级"服务点。

(五)文化遗产保护和传承全面加强

河北博物院被评为全国最具创新力博物馆，18 个非遗项目入选国家传统工艺振兴目录，43 人新入选第五批国家级非遗代表性传承人，总数居全国第四位。

(六)超额完成“双创双服”工作任务

培养基层群众文艺骨干13000余人，文艺团队1800余支，完成23000余场文艺宣传“六进”演出，惠及观众1400万余人次。举办了全省文创大赛、省特博会、国际动漫博览交易会等活动，近万人参赛、1300多家企业参会，成为推动创新创业的大平台。

(七)旅游新形象全方位展现

统筹做好传统媒体和新媒体宣传，开播“乐享河北”电视栏目，河北旅游官微传播阵群在全国影响力名列第二。发力精准营销，推出“乐享河北”号旅游飞机，开通京津冀旅游列车，在海内外新建了一批河北旅游推广中心。创新举办“河北旅游发布”“周末游河北”等系列活动，省市旅发大会强力造势，300多家媒体、5000多名记者对河北进行全方位宣传，“京畿福地·乐享河北”品牌影响力持续增强。

二、文化和旅游数据统计分析

(一)文化机构及从业人员情况

截至2018年底，纳入统计范围的全省各类机构共有6936个，其中，文化单位6466个，主要包括：艺术表演团体、艺术表演场馆、公共图书馆、文化馆(站)、艺术展览创作机构、艺术教育业、文艺科研，文化市场经营性机构等，占总机构的93.22%。文物单位470个，主要包括：博物馆、文物保护管理、文物科研机构等，占总机构的6.78%。总从业人员46602人，文化单位从业人员37891人，占总人数的81.31%；文物单位从业人员8711人，占总人数18.69%。

表1　文化文物机构和从业人员对比情况

	机构数(个)					从业人员数(人)				
	2016年	2017年	增减	2018年	增减	2016年	2017年	增减	2018年	增减
总计	11651	10562	−9.35%	6936	−34.33%	76767	67897	−11.55%	46602	−31.36%
1.文化	11342	10104	−10.92%	6466	−36.01%	68022	58888	−13.43%	37891	−35.66%
其中:艺术表演团体	712	735	3.23%	450	−38.78%	16581	16617	0.22%	9758	−41.28%
艺术表演场馆	112	96	−14.29%	81	−15.63%	1586	1702	7.31%	1241	−27.09%
公共图书馆	172	173	0.58%	173	0.00%	1875	1899	1.28%	1921	1.16%
群艺馆	180	180	0.00%	180	0.00%	2369	2343	−1.10%	2275	−2.90%
文化站	2236	2251	0.67%	2253	0.09%	5148	5034	−2.21%	5267	4.63%
文化市场经营(不包括非公有制院团和场馆)	7589	6324	−16.67%	2986	−52.78%	33219	24063	−27.56%	10012	−58.39%
2.文物	309	458	48.22%	470	2.62%	8745	9009	3.02%	8711	−3.31%
其中:博物馆	111	122	9.91%	134	9.84%	3764	3925	4.28%	4016	2.32%
文物保护管理机构	166	164	−1.20%	165	0.61%	3962	3861	−2.55%	3661	−5.18%

从近三年的数据看，河北省公共图书馆、博物馆、群众文化馆（站）机构和从业人员增幅相对平稳，文化市场经营机构、非公有制艺术表演团体和场馆的机构和从业人员持续减少。

(二)艺术创作演出情况

河北省坚持以“贴近实际、贴近生活、贴近群众”的原则，进一步调动广大文艺工作者的积极性、创造性，组织各类文艺演出活动。

河北省通过“惠民演出”、低票价补贴等方式，着力提升节目质量和演出水平，将经济效益与社会效益有机结合在一起。全年艺术表演团体共演出 9.917 万场，比上年增加 0.334 万场，增长 3.49%，其中，赴农村演出 3.781 万场，占总演出场次的 38.13%；观众观看演出人次 3315.617 万人，其中，农村演出观众人次 2388.149 万人，占总观众人次的 72.03%；演出收入达 29086 万元。一系列丰富多彩的文艺演出，受到了广大人民群众的热烈欢迎和社会的广泛赞誉。

表 2　艺术表演团体演出情况

年　份	演出场次（万人次）	其中:农村演出场次	观众人次（万人次）	其中:农村观众人次	演出收入（万元）
2016 年	9.185	5.86	5418.562	3359.128	35498
2017 年	9.583	6.162	5501.41	3418.663	39100
2018 年	9.917	3.781	3315.617	2388.149	29086

从数据显示，总演出场次保持增长趋势，农村演出场次、观众人次及演出收入与往年比较，呈下降趋势。

2018 年末，全省共有艺术表演场馆 81 个，比上年减少 15 个，同比减少 15.63%；总从业人员 1241 人，比上年减少 461 人，同比减少 27.09%；其中，公有制艺术表演场馆 63 个，机构和从业人员与上年持平。减少的机构和从业人员主要是市场民营艺术场馆，由于艺术表演场馆的减少，观众坐席由上年的 60319 个减少到 47679 个，同比减少 20.96%；全年演（映）出场次 3.993 万场，观众人次 158.841 万人，同比分别减少 34.50%和 20.38%。从数据分析，可以看出河北省民营院团竞争力和抗风险能力要明显弱于国有院团，没有政府的政策扶持，生存和发展难以得到保障，严重制约河北省艺术演出的平稳发展。

(三)公共文化服务体系情况

全省文化部门公共文化服务机构共 2756 个，其中，公共图书馆 173 个，文化馆（群艺馆）180 个，乡镇综合文化站 2253 个，博物馆 134 个，美术馆 16 个，总从业人员 13641 人，专业技术性人才 5239 人。

公共文化服务设施财政补助收入累计达 14.28 亿元，公共图书馆 3.78 亿元，占总收入的 26.47%；文化馆（群艺馆）3.46 亿元，占 24.23%；乡镇综合文化站 2.39 亿元，占 16.74%；博物馆 4.32 亿元，占 30.25%，美术馆 0.33 亿元，占 2.31%。

2018 年末，全省公共文化设施实际使用面积 270.23 万平方米，较上年增长 5.7%。其中：公共图书馆实际使用面积 54.04 万平方米，较上年增长 9.66%，全省每万人拥有公共图书馆建筑面积 71.52 平方米；文化馆（站）实际使用面积 131.9 万平方米，较上年增长 5.35%，全省每万人拥有群众文化设施面积 174.56 平方米；博物馆实际使用面积 79.85 万平方米，较上年增长 4.03%；美术馆实际使用面积 4.44 万平方米，较上年增长 1.14%。

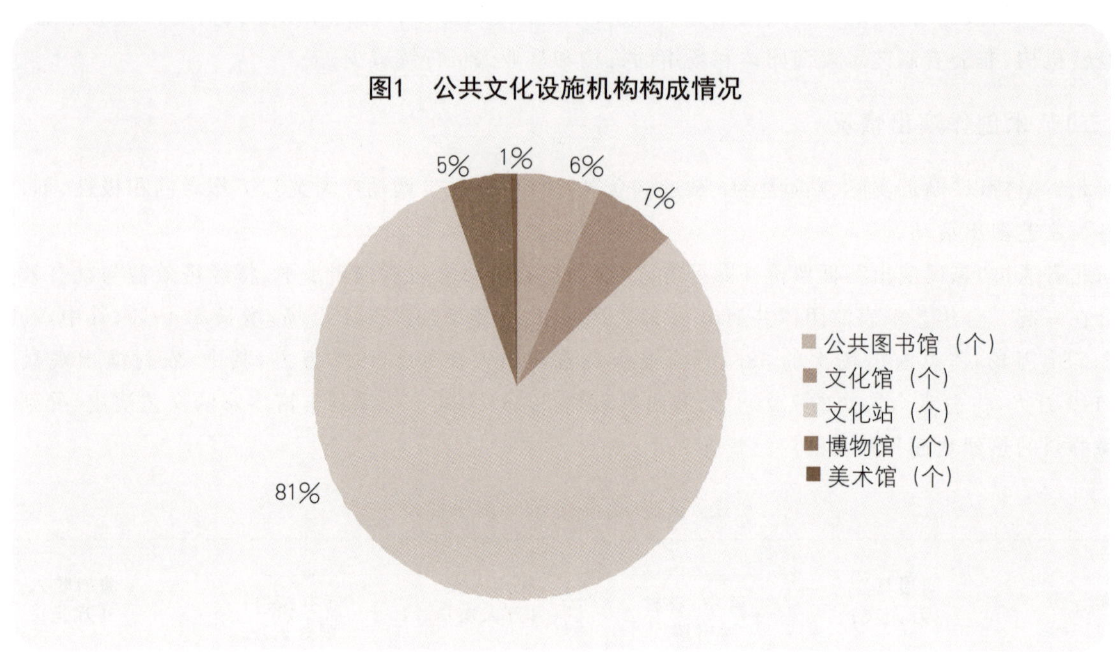

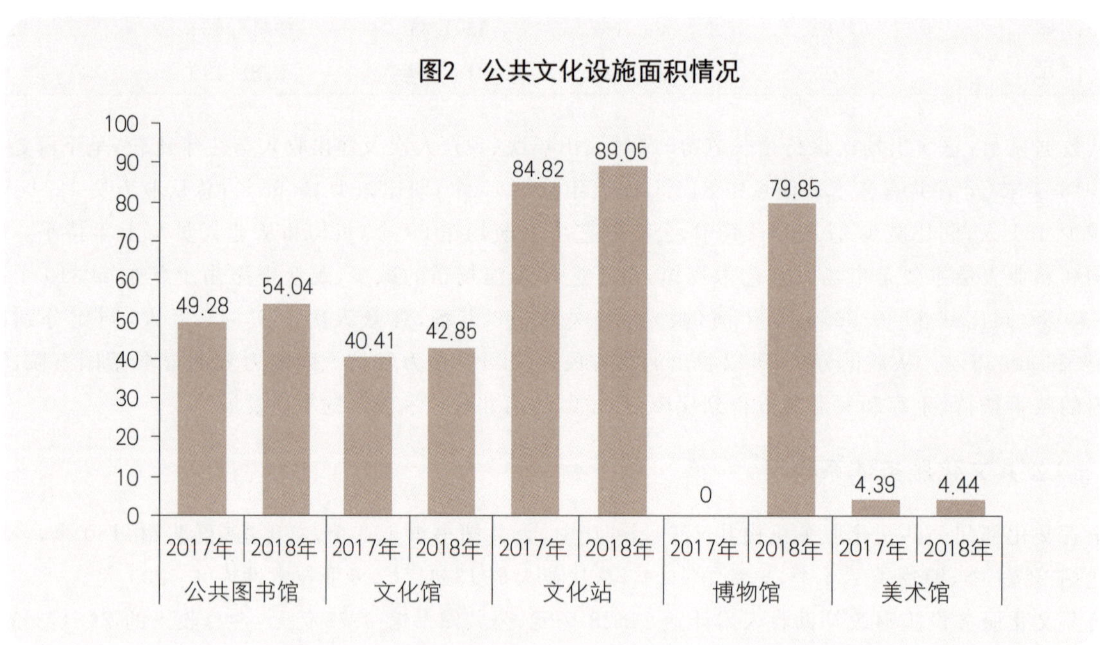

全省公共文化服务体系持续完善，公共文化设施建设不断提升，为群众提供多元化的活动场所，丰富群众精神生活，切实提升群众的获得感和幸福感。2018 年河北为 10 个深度贫困县投入 1000 万元，全面提升 206 个深度贫困村的文化基础设施建设和基本公共服务水平。

(四)文化市场管理情况

2018 年末，文化市场经营机构 3314 个。其中，娱乐场所 935 个，占文化市场经营单位总数的 28.21%；互联网上网服务营业场所(网吧)2005 个，占文化市场经营单位总数的 60.5%；非公有制艺术表演团体和场馆 328 个，占文化市场经营单位总数的 9.9%；经营性互联网文化单位 5 个，占文化市场经营单位总数的

0.15%；艺术品经营机构 33 个，占文化市场经营单位总数的 1.0%；演艺经纪机构 8 个，占文化市场经营单位总数的 0.24%。

图3　文化市场经营单位机构分布情况

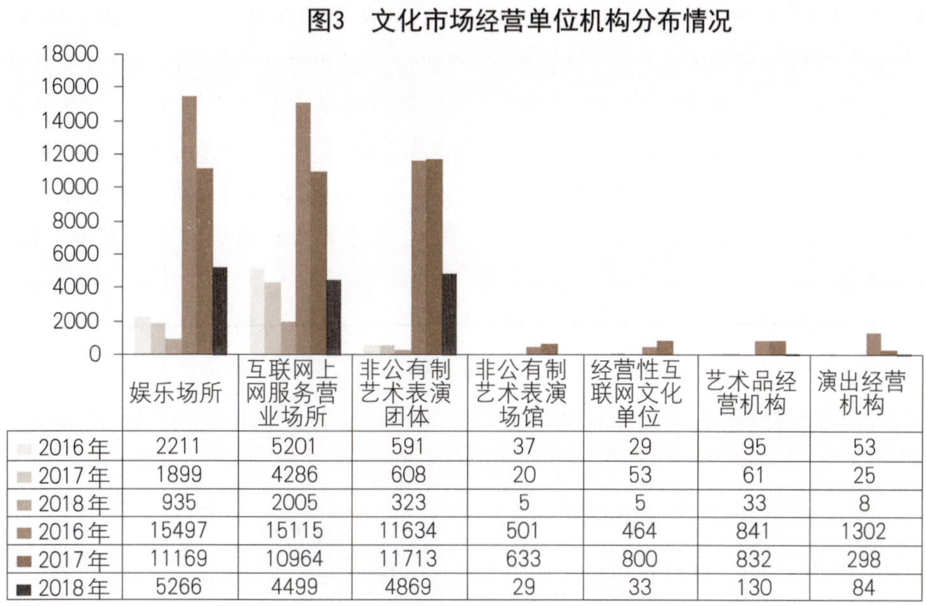

	娱乐场所	互联网上网服务营业场所	非公有制艺术表演团体	非公有制艺术表演场馆	经营性互联网文化单位	艺术品经营机构	演出经营机构
2016年	2211	5201	591	37	29	95	53
2017年	1899	4286	608	20	53	61	25
2018年	935	2005	323	5	5	33	8
2016年	15497	15115	11634	501	464	841	1302
2017年	11169	10964	11713	633	800	832	298
2018年	5266	4499	4869	29	33	130	84

从数据看，河北省文化市场经营单位以互联网上网服务营业场所（网吧）为主，各类文化市场经营机构和人员精简压缩、逐年减少，文化市场经营收入和经济利润大幅度下降。为进一步活跃河北省文化市场，创建健康有序的文化市场环境，促进文化市场建设繁荣稳定发展，河北深入贯彻落实“放管服”和“双创双服”文件精神，积极推进互联网上网服务和娱乐行业转型升级。加大市场监管和安全生产督导力度，积极探索农村文化市场监管网络新模式。

（五）文化产业与科技发展情况

2018 年文化产业发展呈现良好态势，稳中有升，坚持以调整产业结构，优化产业布局，完善产业政策，积极推动文化产业融合发展，组织开展了“河北省文化产业优秀创业平台”和“河北省文化产业优秀产品品牌”活动，推动全省文化产业创新创业和高质量发展。加强产业园区和示范基地平台建设，重点对承德 21 世纪避暑山庄文化产业园创建国家级文化产业示范园区提供支持，对全省 5 个省级文化产业示范园区创建单位相关工作进行了指导。组织开展了河北省文化产业示范园区公共服务平台能力提升行动。搭建宣传推介服务平台，组织河北省文化企业参加第十三届义乌文交会、第九届中国西部文博会、天津滨海展交会等，实现了宣传展示与文化贸易双丰收。在第十三届北京文博会上，河北省展区共签订意向订单总金额 470 余万元，达成产业项目合作意向 87 个。推进河北省文化产业大数据平台和文化消费云两个数据平台，推动“文化产业＋互联网”迈上一个新台阶。强化人才培养培训平台，着力培育文化创意人才、增强发展新动能。

2018 年末，全省共有文化产业示范（试验）园区和产业示范基地 164 家。其中，国家级文化产业示范园区 1 个，国家级文化产业示范基地 12 个；省级文化产业示范园区 23 个，省级文化产业示范基地 128 个；从业人员共 117106 人，具有大学专科以上学历的 17008 人，具有中级职称以上的 10914 人，机构和人员与上年基本持平。

2018 年末，全省经文化和旅游部、财政部、国家税务总局三部委认定的动漫企业有 11 家，从业人员

284 人。

(六)文化遗产保护利用情况

1. 文物保护利用和传承发展取得新进展。完成雄安新区文物调查报告、遗址保护总体规划编制和《河北省大运河文物保护利用实施规划工作方案》初稿，以省政府名义出台了《河北省政府办公厅关于进一步做好文物安全工作的实施意见》；推进南阳勘察及遗址发掘、陈调园保护维修工程工作；全面开展太子城发掘工作；筹划长城文化带建设，清东陵裕陵、清西陵泰陵等文物保护工程；实施革命旧址维修保护五年行动计划，阜平晋察冀边区政府及军区司令部旧址保护工程、中央人民广播电台旧址保护与展示工程。推进国保和省保单位集中成片传统村落的整体保护利用工作。签署"京津冀博物馆协同创新发展合作协议"促进京津冀博物馆协同合作。

2018 年全省共有文物机构 470 个，比上年末增加了 12 个。其中，文物保护管理机构 165 个，占总机构的 35.11%；博物馆 134 个，占总机构的 28.51%；其他文物机构 163 个，占总机构的 34.68%；总从业人员 8711 人，比上年减少 298 人，减少 3.31%，专业技术性人才 2265 人，占总从业人员的 30.59%。

表 3　文物业基本情况

指　　标	单位	总量指标		增长速度
		2017 年	2018 年	
文物业机构数	个	458	470	2.62%
文物业总藏品数	件/套	533944	553930	3.74%
文物业总参观人数	万人次	4075.175	4354.317	6.85%
其中：未成人参观人次	万人次	1077.39	1144.634	6.24%
博物馆机构数	个	122	134	9.84%
博物馆藏品数	件/套	369705	390913	5.74%
其中：　一级藏品	件/套	985	992	0.71%
二级藏品	件/套	10918	10921	0.03%
三级藏品	件/套	30568	29435	−3.71%

2018 年末，全省文物机构拥有文物总藏品 553930 件/套，比上年增加了 19986 件/套，增长 3.74%；其中，文物科研机构拥有文物藏品 67517 件/套，占总藏品的 12.19%；文物保护管理机构拥有藏品 91160 件/套，占总藏品的 16.46%；博物馆拥有藏品 390913 件/套，占总藏品的 70.57%；其他文物机构拥有藏品 4340 件/套，占总藏品的 0.78%。总藏品中，一级文物藏品 1403 件/套，二级文物藏品 13623 件/套，三级文物藏品 46102 件/套，分别占总藏品的 0.26%、2.46%，8.32%。

博物馆实施免费开放，获得社会广泛关注和高度赞誉，全省文物机构共安排基本陈列 346 个，临时展览 491 个，比上年分别增加了 12 和 28 个，增长 3.59%和 6.05%，接待总参观人次 4354.317 万人，比上年增加 279.142 万人次，增长 6.85%；其中，未成人参观人次 1144.634 万人，占总参观人次 26.29%；博物馆参观人次 3289.214 万人，比上年增长 9.95%，占总参观人次的 75.54%。

2. 非物质文化遗产保护工作成果显著。制定了《关于河北省传统工艺振兴的实施意见》，印发了《河北省"非遗＋扶贫"试点工作实施方案》。2018 年河北省千场非遗展演进万家活动累计举办 1700 余场；"文化和自然遗产日"期间全省各类非遗宣传展示活动 510 余场，参加人数 188.5 万人次；第十一届河北省民俗文化节开展非遗进社区、进校园演出 105 场，吸引参观人群近 40 万人次。河北省不断加大非遗文化保护力度，

加强项目推进和传承人队伍建设。截至2018年末，经国务院公布的国家级非物质文化遗产代表性项目149项；省级非物质文化遗产保护项目832项；国家级非物质文化遗产代表传承人149名，居全国第四位；省级非物质文化遗产代表传承人877名；国家级“非遗”生产性保护示范基地5个；省级“非遗”生产性保护示范基地17个。

(七)河北省国内游客基本情况

1. 全省国内游客平均游览景点数情况

在河北省旅游的国内游客平均游览景点2.26处。其中，在住宿设施受调查的游客平均游览景点2.10处，在景点受调查的游客平均游览景点2.49处。

2. 全省国内游客旅游方式情况

以个人出行或家庭亲友结伴为主的自助游成为游客最为喜爱的旅游方式。其中，个人旅行类的游客占总量的27.96%，以家庭、亲友结伴方式出行的游客占游客总量的34.56%，以上两者总计62.52%，由单位组织的游客占总量的8.19%，旅行社组织的游客占总量的14.60%。

在住宿设施受调查的游客中，家庭亲友结伴出行的所占比重最大，占33.71%，个人旅行类占27.62%，单位组织的游客占9.06%，旅行社组织游客类所占比重最低，为14.26%。

在景点受调查的游客中，家庭、亲友结伴类比重高居第一，为35.79%，个人旅行类游客比重次之，为28.45%，旅行社组织游客类占15.08%，单位组织的游客比重最低，为6.94%。

3. 全省国内游客消费水平及构成情况

全省国内游客人均花费1121.16元，相比2017年人均花费1067.17元增长5.1%。旅游消费构成中，交通费占比19.49%，住宿费占比13.85%，餐饮费占比15.27%，购物费占比26.43%，游览费占比11.18%，娱乐费占比6.83%。相比2017年，购物费占比增长，其他项目占比均略有下降。

4. 全省游客性别情况

结果显示：来河北省的国内游客中男、女游客比重分别为55.43%和44.56%。男、女游客花费分别为1135.91元和1102.76元。

5. 全省国内游客年龄构成情况

25—44岁的游客是河北省国内旅游者的主体，占49.87%。其他年龄层次按比重大小排序依次是：45—65岁(30.95%)、15—24岁(14.96%)、65岁以上(3.85%)和14岁以下(0.38%)。

6. 全省国内游客旅游目的情况

来河北省观光/游览的游客比重最大，占总量的43.30%，人均花费1173.25元，休闲/度假类游客次之，占总量的29.32%，人均花费1230.16元。其他按比重大小排序依次是：探亲访友类(9.14%和1325.74元)、商务类(5.38%和1375.34元)、会议类(3.77%和1236.40元)、文化/科技/教育交流类(1.81%和1376.80元)、宗教/朝拜类(0.92%和1206.53元)。

7. 全省游客职业分布情况

来河北省的游客中，企事业管理人员所占比重最高，为19.24%，以下依次为服务销售人员(17.42%)，专业/文教科技人员(12.91%)，离退休人员(9.61%)，工人(9.45%)，学生(8.59%)，公务员(7.59%)，农民(3.96%)，军人(1.17%)。

(八)河北省旅游接待市场细分情况

1. 河北省国内市场：

一级市场(45.18%)：河北本省游客；

二级市场(31.78%):北京(7.37%)、天津(5.28%)、山西、山东、辽宁、河南;

三级市场(19.41%):吉林、黑龙江、内蒙古、陕西、上海、江苏、浙江、湖北、江西、广东、安徽、四川、湖南、福建;

四级市场(3.48%):广西、海南、甘肃、西藏、重庆、云南、贵州、新疆、青海省、宁夏。

2. 河北省国际市场:2018年接待入境游客175.77万人次,实现入境旅游收入8.49亿美元,同比分别增长9.69%和11.73%。

5个十万人客源国(地区):日本(16.8万)、台湾(16.5万)、香港(15.7万)、韩国(13.4万)、澳门(11.9万);

21个万人客源国(地区):俄罗斯(9.7万)、美国(6.1万)、新加坡(6万)、马来西亚(5.9万);5万以下:英国、法国、德国、意大利、瑞士、瑞典、西班牙、加拿大、澳大利亚、新西兰、蒙古、印尼、泰国、印度、菲律宾、新西兰、越南。

三、下一步工作谋划

河北省下一步将着力提升文化事业、文化产业和旅游业的活力和竞争力,成为坚定文化自信的重要支撑,推动社会主义核心价值观深入人心的重要载体,成为调整经济结构、改善生态环境、促进脱贫攻坚、扩大对外开放的有力抓手。力争文艺精品创作实现新的突破,公共文化服务、中华优秀传统文化传承、现代文化产业、现代文化市场、对外文化交流“五大体系”基本完善,全域旅游发展取得显著成效,加快向文化和旅游强省迈进。

1. 办好第四届省旅游产业发展大会。按照“宜融则融,能融尽融,以文促旅,以旅彰文”的发展思路,以创建国家全域旅游示范省和国家文化公园省为抓手,集中打造一批文旅融合发展特色示范区、示范项目。创新打造旅游产业发展大会平台,落实文旅融合的发展理念,深入挖掘燕赵大地丰富的文化内涵,推出一批文化和旅游精品,统筹举办中国北方旅游交易会、文化和旅游产业博览会、推介招商会、文创大赛等文化旅游活动,确保有激动人心的创意、有特色鲜明的品牌、有令人震撼的效果。

2. 出精品、攀“高峰”,推动艺术创作迈上新台阶。按照“规划一批、新创一批、打造一批、储备一批”的工作思路,制定梯次培育艺术精品规划和重点选题计划,构建持续发展的河北艺术精品创作体系。

3. 以优质产品供给引领消费升级,持续增强文化和旅游产业竞争力。深入实施质量提升行动计划,健全文化和旅游行业标准体系,强化标准落地实施,开展国家级和省级标准化试点示范工作。努力创建国家公共文化服务示范区、国家5A级景区、国家级旅游度假区,集中力量打造龙头精品,力争将清西陵、金山岭成功创建为国家5A级景区,大力推动唐山国际旅游岛、崇礼—赤城滑雪温泉、北戴河等创建国家或省级旅游度假区。以全域旅游示范区创建和旅发大会后续提升为抓手,持续打造一批标杆型旅游片区,推出一批乡村、红色、工业、康养等文化旅游精品项目。推动红色旅游发展,提升一批红色旅游经典景区和精品线路。实施文化产业园区、基地服务能力提升行动,组织开展文化和旅游产业优秀创业平台、优秀产品品牌“双优”培树活动。

4. 全面提升文化和旅游公共服务效能,增强群众获得感幸福感。围绕加快推进公共文化服务标准化、均等化和旅游公共服务体系建设,抓重点、补短板、强弱项,积极探索公共文化服务与旅游公共服务共建共融,实现文旅共生、共享。构建省市一体化文化和旅游云大数据平台,开发推广系列文化和旅游APP,实现“一部手机游河北”。

5. 守护民族文化根脉,提升文化遗产保护利用和传承发展水平。贯彻落实中央关于加强文物保护利用改革的意见,推进赵王城等国家考古遗址公园建设,深入实施革命文物保护工程。继续推进雄安新区文物保护,助力冬奥文物保护和大运河文化带建设,抓好长城重要点段、正定古城隆兴寺等重点文物保护维修工程。加大博物馆、纪念馆开发力度，策划推出一批具有河北文化特色的陈列展览，积极推进文物创意产品开发，拓展文物展览交流，让文物“活起来”。举办第十二届河北省民俗文化节，与恭王府博物馆合作建立国家级传统工艺工作站，推动“非遗＋扶贫”国家试点工作取得新成效。

6. 加快协同发展步伐，积极推进京津冀文化旅游领域共建共享。推动构建京津冀文化和旅游圈，加快旅游协同发展示范区建设，搭建三地共享的旅游信用信息监管平台，推动京津冀旅游标准共用共推，推出跨区域国际旅游线路，深化 144 小时过境免签和离境退税政策的实施。加快规划建设长城（河北段）文化旅游带、大运河文化旅游带、燕山—太行山文化旅游带、雄安新区文化旅游创新发展示范区、冬奥冰雪休闲运动度假区，打造一批区域文化和旅游融合发展示范区，加快构建高品质的京津冀文化和旅游圈。做好冬奥赛区文化旅游活动筹备工作，推进星评、培训等住宿保障工作。开展“京津冀优秀剧目展演”，借助第五届京津冀非遗大展、北京文博会、天津文博会等重要展会平台，加强文化合作交流和宣传推介。

（河北省文化和旅游厅）

河北：助推旅游业跨越发展

近年来，河北省以旅游产业发展大会为平台，助推全省旅游业跨越发展。

2016年首届河北省旅游产业发展大会在保定市召开。借助大会举办契机，保定市涞水、易县、涞源新修风景道206公里，把各大核心景区串联起来，打通节点、打造亮点，联通三县6600多平方公里，进行风景道打造、沿线美丽乡村提升、新项目建设等，极大带动当地旅游业发展。

2017年，第二届河北省旅游产业发展大会在秦皇岛召开。秦皇岛从供给侧着力，发展四季型、融合类、新业态旅游项目，重点建设总面积2000平方公里的滨海康养旅游度假区，形成“一环、七组团”总体布局；以“秦皇山海. 康养福地”为品牌，投资300多亿元兴建了山海旅游铁路、渔岛温泉度假、金士红酒庄园等四季皆宜、产业融合、品质高端的旅游项目，带动7县区23乡镇394村2000平方公里的旅游环境发生根本改变。

2018年，第三届河北省旅游产业发展大会在承德召开，集中发布了85个重点旅游招商项目和90个重点旅游扶贫项目，总投资4730亿元，项目涉及休闲度假综合体、田园综合体、特色小镇等旅游业态，涵盖文化、体育、农业、康氧、航空等领域，成为承德旅游转型发展的强劲动力。

秉承旅发大会优良传统，着力提升创意设计品位和工程项目品质，聚焦“传承红色基因，创新绿色发展”主题，打造精品旅游点、精品旅游线路和精品旅游片区，建设方便快捷的旅游交通网络，大会将创新运营方式，以推进旅游服务标准化、市场化、国际化为目标，把政府有形之手和市场无形之手结合起来，引进专业机构运营，加强对旅游从业人员业务培训，着力提高旅游服务水平。坚持底线思维，严守政策法规，坚守生态红线，在加快推进项目建设的同时，坚持高标准，保证高质量，确保绝对安全。

河北省旅游产业发展大会以“转变旅游发展方式实现旅游跨越发展”为主题，在京津冀协同发展战略转入全面实施阶段、全省旅游产业蓄势勃发的关键时期着眼协同发展作出的一项重大战略决策，必将成为河北旅游业带动区域经济社会转型升级、跨越发展的重要平台和动力。

山西省2018年文化和旅游发展情况分析

2018年，按照省委省政府安排，山西省文化和旅游系统于年底如期完成机构合并、人员转隶、“三定”编制、人事调整等改革任务，做到思想不乱、工作不断、队伍不散、干劲不减，为全省文旅大融合大发展奠定坚实基础。全省文化和旅游系统坚持以习近平新时代中国特色社会主义思想为指导，全面贯彻落实党的十九大和十九届二中、三中全会精神，树牢“四个意识”，坚定“四个自信”，做到“两个维护”，立足人民对美好生活新期待，大力推动文化事业、文化产业和旅游业融合发展，艺术创作持续繁荣，公共服务体系不断健全，市场管理规范有序，产业发展势头良好，各项工作稳中有进、稳中有为，为全省国民经济和社会发展营造了良好的社会环境。

一、主要指标保持基本稳定，文化发展环境日益优化

2018年，党中央对“四个全面”的战略布局进一步体系化，文化改革与发展的目标进一步明确，为山西省文旅强省建设进一步指明了方向。

（一）机构人员情况

截至2018年底，山西省共有文化及相关产业机构7654个，比上年减少136个，下降1.7%；从业人员7.04万人，比上年增加0.28万人，增长4.14%，其中：文化部门产业机构2370个，从业人员2.4万人，比上年减少1个机构、382人；文化市场经营机构4884个，从业人员3.8万人，比上年减少147个机构、增加2666人；文物部门产业机构400个，从业人员0.88万人，比上年增加12个机构、472人。

表1　2018年全省文化及相关产业机构及从业人员情况

单　位	2018年		与上年增减变动	
	机构数(个)	从业人员数(人)	机构数(个)	从业人员数(人)
总　计	7654	70385	−136	2756
一、文化	2370	23889	−1	−382
1. 专业艺术表演团体	152	7705	3	11
2. 专业艺术表演场馆	93	1269	−2	14
3. 图书馆	128	1652		−21
4. 群众文化服务	1539	4454	−1	−82
其中：文化馆	130	1768	−1	−60
文化站	1409	2686		−28
其中：乡镇文化站	1196	2186		6
5. 艺术展览创作机构	42	316	3	17
其中：美术馆	39	259	2	7

续表

单　　位	2018 年		与上年增减变动	
	机构数(个)	从业人员数(人)	机构数(个)	从业人员数(人)
6. 艺术教育业	19	1464		1
7. 文艺科研	35	1415		−21
二、文化市场	4884	37621	−147	2666
1. 民营艺术表演团体	643	16053	127	2692
2. 民营艺术表演场馆	32	414	6	−4
3. 其他文化市场经营单位	4209	21154	−280	−22
三、文物	400	8875	12	472

(二)经费收支情况

2018 年,山西省经济稳步向好,通过积极争取,全省各项文化投入保持了平稳增长,为全省文化加快发展奠定了良好基础。

1. 文化部门所属文化产业机构

2018 年,全省文化业总收入 39.92 亿元,总支出 39.02 亿元,分别比上年增加 10.77%和 8.21%,收支大体平衡。

表 2　2018 年山西省文化部门收入情况

指　　标	收入(亿元)	占总收入比重(%)	与上年增减变动	
			绝对值(亿元)	占比(%)
总收入	39.92		3.88	10.77
其中:财政补贴收入	24.39	61.1	0.55	−5.05
上级补助收入	0.35	0.88	0.05	0.05
事业及经营收入	1.67	4.18	0.08	−0.23
其他收入	13.51	33.84	3.2	5.23

表 3　2018 年山西省文化部门支出情况

指　　标	支出(亿元)	占总收入比重(%)	与上年增减变动	
			绝对值(亿元)	占比(%)
总支出	39.02		2.96	8.2
其中:基本支出	14.86	38.08	0.26	−2.41
项目支出	17.79	45.59	2.56	7.13
经营支出	0.52	1.33	0.12	0.22
其他支出	4.76	12.2	−1.07	−3.97
费用中:工资福利支出	11.18	28.65	0.84	0.7

财政拨款占总收入 61.1%,说明山西省文化事业发展主要依靠各级政府推动;事业和经营收入保持稳定,说明文化工作者主动适应文化市场发展规律,取得了一定的成绩,为文化发展积累了财富、拓展了空间。

在总支出中，工资福利支出占到 28.65%，用于人员开支的费用大约占到财政补贴收入的 45.84%，比重仍然较高，对文化事业的投入还有很大提升空间。

图1 山西人均文化事业费与中部及其他省份对比

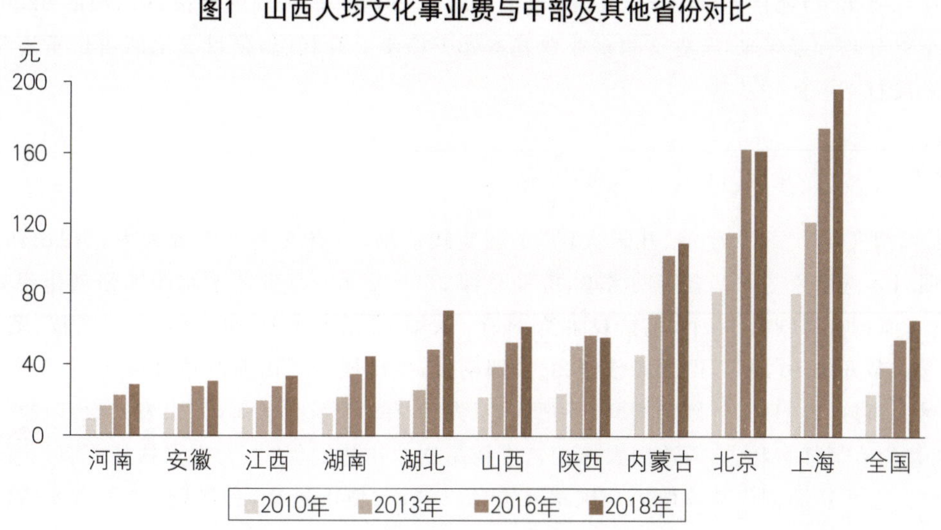

2018 年，山西省人均文化事业费 62.8 元，低于全国平均水平(66.53 元)，排名中部六省第二，但增幅最低，排名中部六省第 6 位。与其他省份相比，山西省人均文化事业费总量及增幅都低于内蒙古等周边地区，更低于北京、上海等地，且差距逐年拉大。北京、上海属于传统意义上的文化高投入地区，与山西省及全国大多数省份相比，比较优势十分明显；陕西、内蒙古属于西部大开发地区，中央财政转移支付比例高于中部地区，加之近年来省级投入增速明显，同山西省相比，优势也十分明显；湖北、湖南、安徽等省与山西省同属中部地区，中央财政转移支付比例相同，增幅差距主要来自省级特别是省本级的差距。通过对比，山西省在继续争取中央支持的同时，加大省级特别是省本级文化投入，应当成为未来工作重点，否则不仅进一步拉大与文化高投入地区差距，且在中部六省中的比较优势也将失去。

图2 近年来山西文物投入情况

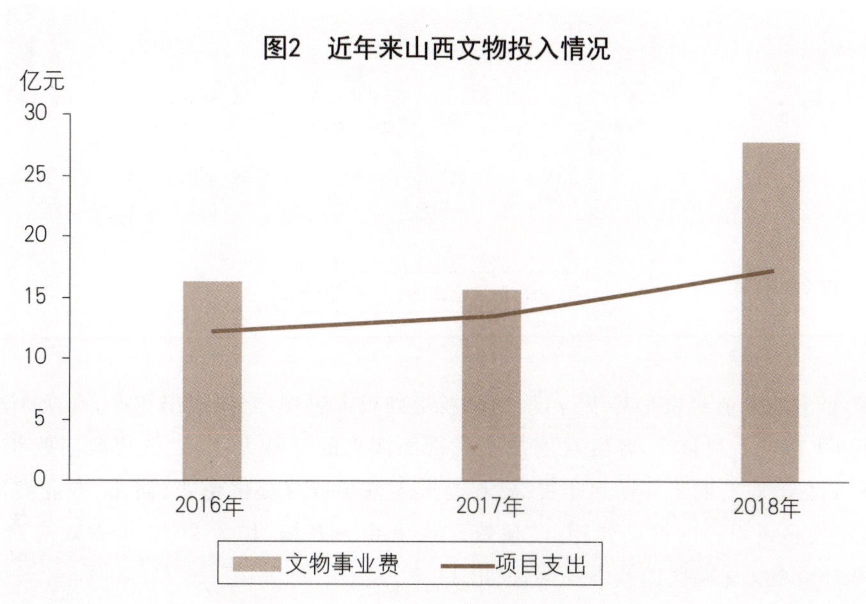

2. 文物部门所属文化产业机构

2018 年，全省文物业总收入 30.31 亿元，比上年增加 58.03%；总支出 25.59 亿元，比上年增长 23.56%。在总收入中：财政拨款 27.9 亿元，比上年增加 77.14%，占到总收入的 92.05%，比上年增长 5.89 个百分点。在总支出中：项目支出 17.32 亿元，比上年增长 27.63%，占到财政拨款总额的 62.08%，比上年减少 24.08 个百分点。近年来，全省文物事业费基本处于稳步上升状态，项目支出所占比重逐年递增，为全省文物事业发展打下了良好基础。

二、文艺演出日益繁荣，戏曲传承保护加快

2018 年，围绕文化部“深入生活、扎根人民”主题实践活动，全省文艺工作者大力挖掘山西文化资源优势，有 37 个项目入选国家艺术基金资助名单，资助总额 3660 万元。全省艺术院团加强创作规划引导，促进精品创作，全年原创首演剧目 44 个，包括戏曲类 34 个，歌舞、音乐类 4 个，曲艺类 5 个，杂技、魔术、马戏类 1 个。围绕纪念改革开放 40 周年，山西省创作 20 余部剧目，生动展示了山西改革开放 40 年取得的卓越成就和涌现出的感人事迹，说唱剧《解放》、舞剧《一把酸枣》先后举办千场纪念演出，引发社会广泛关注。上党梆子《太行娘亲》《为有牺牲多壮志》入选国家舞台艺术精品创作扶持工程“十大重点扶持剧目”，使山西省入选剧目达到 10 部，艺术精品创作继续位居全国第一方阵。晋剧《傅山进京》和舞剧《粉墨春秋》被文旅部雒树刚部长写入《改革开放 40 年舞台艺术成就与经验》一文。截至 2018 年底，山西省艺术表演院团总数达 795 家，比上年增加 130 家，其中：地方戏曲类 306 家、综合性艺术表演团体 192 家，分别比上年增加 39 家和 34 家，国家支持地方戏曲发展政策影响明显。山西省文艺精品创作演出在丰富文艺舞台的同时，也收到了良好的经济效益，全省各级剧团实现文化产业增加值 7.51 亿元，比上年增加 0.65 亿元，增幅 9.98%。

图3 山西省文化部门剧团演出情况

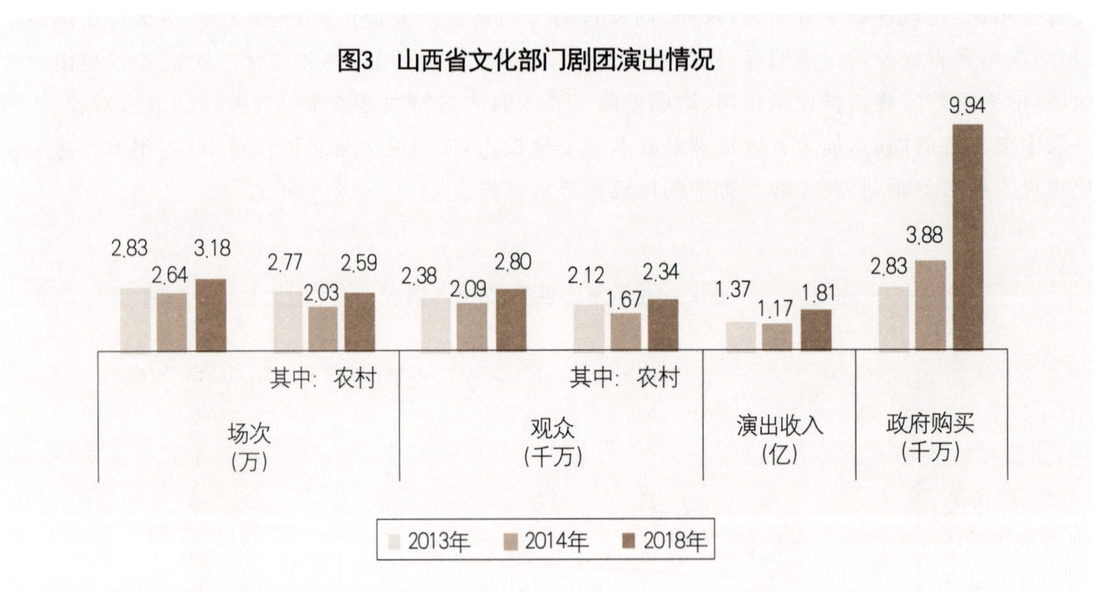

2014 年以来，随着山西省经济形势下行，演出市场受到很大影响，剧团演出场次、观众人次、演出收入降幅明显。为克服演出市场不利影响，各级政府加大对剧团演出的补贴力度，尝试用政府购买公共演出服务的方式来提高剧团收入，政府购买补贴逐年提高，在为广大基层群众提供免费、高质、专业演出服务的同时，为剧团度过演出难关起到积极的推动作用。“免费送戏下乡一万场”作为 2018 年省政府六件民生实事之一，共调动全省 280 余个文艺院团送戏下基层，演出 16272 场。

三、政府政策引导提速，公共文化服务提质

山西省以贯彻《公共文化服务保障法》为契机，推进公共文化服务基层组织建设、基础工作能力和基本服务能力全面提升。

（一）公共图书馆业

2018 年，山西省公共图书馆总收入 4.1 亿元，比上年增加 0.3 亿元，增长 7.89%，其中：财政拨款 3.79 亿元，比上年增加 0.01 亿元，增长 0.26%，是“十一五”期末的 3.85 倍，占总收入的 92.44%。各级政府对免费开放经费的稳定保障，成为促进“十三五”时期公共图书馆业健康发展的主要动力。

图4　山西省公共图书馆经费收入情况

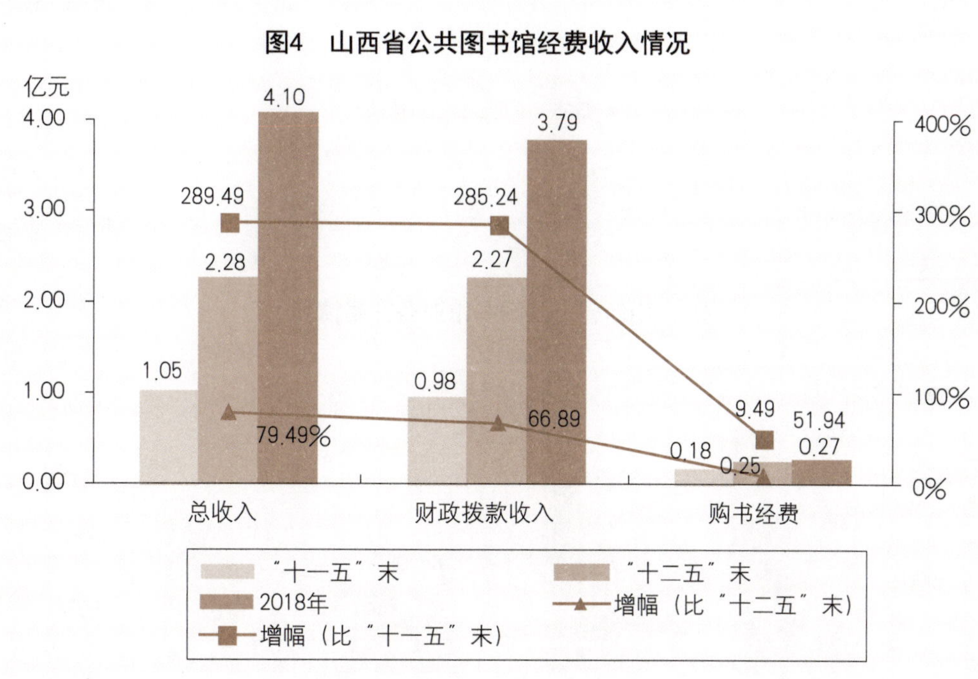

2018 年，山西省各级公共图书馆累计支出 3.82 亿元，其中：基本支出 1.5 亿元，占 39.27%，比上年增长 0.28 个百分点；项目支出 2.23 亿元，占 58.53%，比上年降低 0.85 个百分点，支出结构进一步优化。在各项费用中，工资福利支出 1.054 亿元，占 27.59%，比上年增长 0.16 个百分点；新增藏量及数字资源购置费 3661.5 万元，占 9.59%，比上年增长 1.36 个百分点，人均购书费 0.98 元，远远低于全国平均水平（1.77 元），排名全国第 21 位，中部六省第 3 位。

全省新增藏量 127.3 万册（件）、新增电子图书 51.78 万册，总藏量和电子图书分别达到 1860 万册、1069 万册，分别比上年增长 6.23%、16.32%，人均拥有公共图书馆藏量 0.5 册，低于全国平均水平（0.74 册），排名全国第 23 位、中部六省第 3 位。

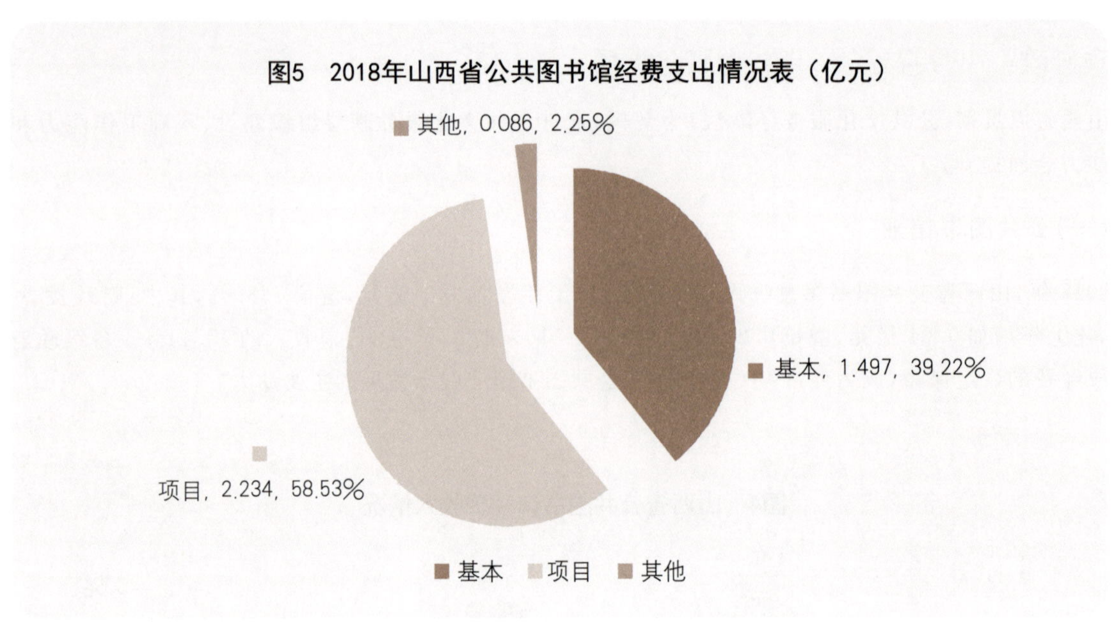

图5 2018年山西省公共图书馆经费支出情况表（亿元）

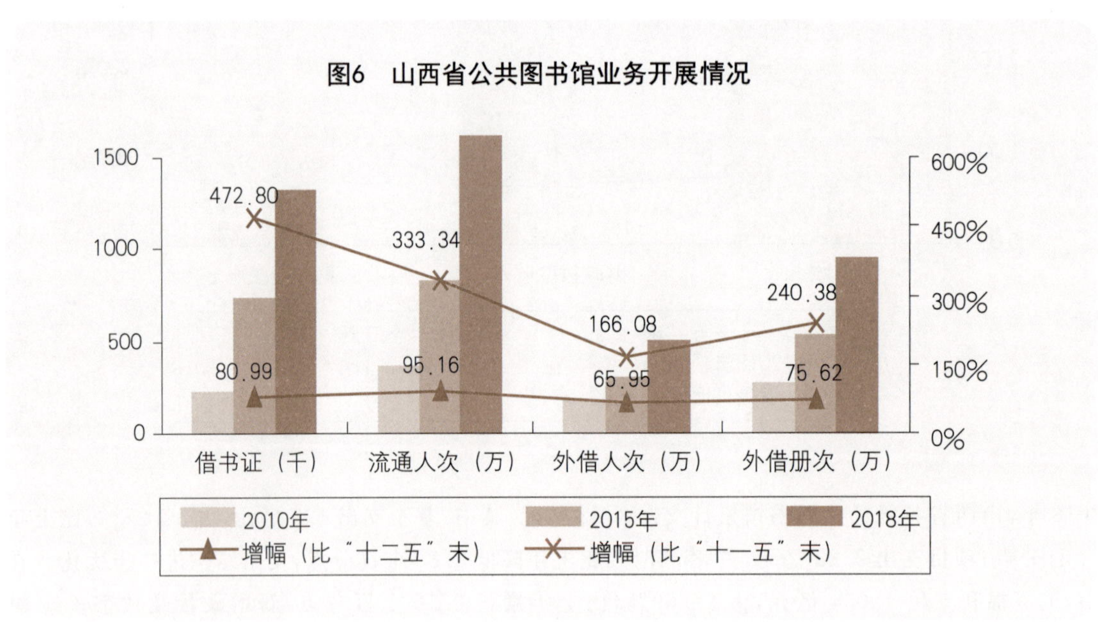

图6 山西省公共图书馆业务开展情况

2018年，在政府投入特别是免费开放资金的大力支持下，山西省各级公共图书馆充分利用自身条件，为广大群众提供优质服务，服务方式得到更新，服务范围得到延伸，与"十一五""十二五"时期相比，服务人次增幅明显，在丰富群众精神文化生活的同时，也为构建和谐社会、建设美丽山西营造了良好的环境。

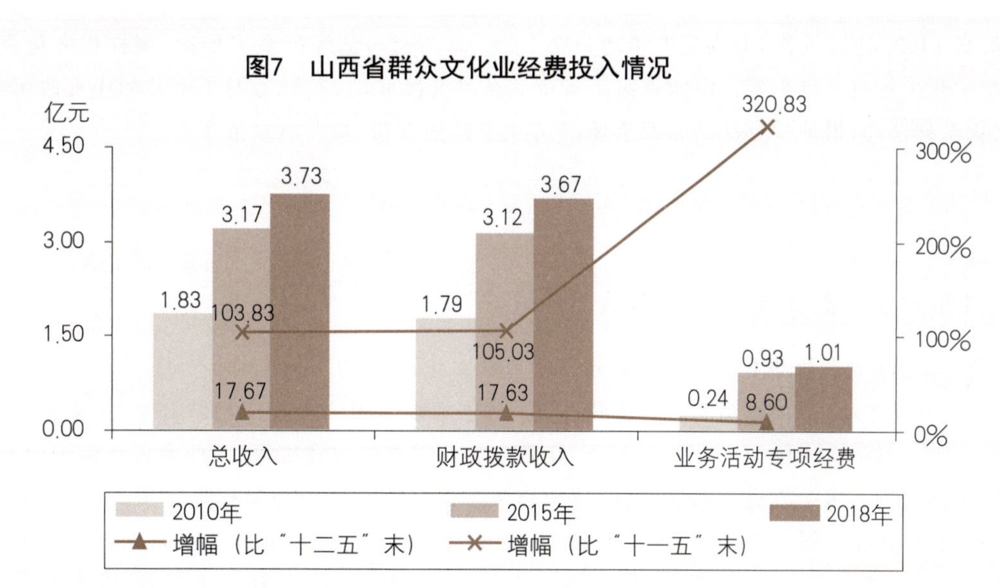

（二）群众文化业

2018 年，山西省群众文化事业单位总收入 3.73 亿元，比上年减少 0.52 亿元，降低 12.24%，其中：财政拨款 3.67 亿元，比上年减少 0.51 亿元，降低 12.2%；财政拨款中，业务活动经费 1.01 亿元，增长 7.45%；人均群众文化业务活动专项经费 2.71 元，远远低于全国平均水平（6.11 元），排名全国第 26 位、中部六省第 4 位。与"十一五""十二五"期末相比，全省群众文化事业单位各项投入均大幅度增长，政府投入的稳步增长成为推动群众文化事业加快发展的主要动力，但与全国整体水平相比，还有一定的差距。

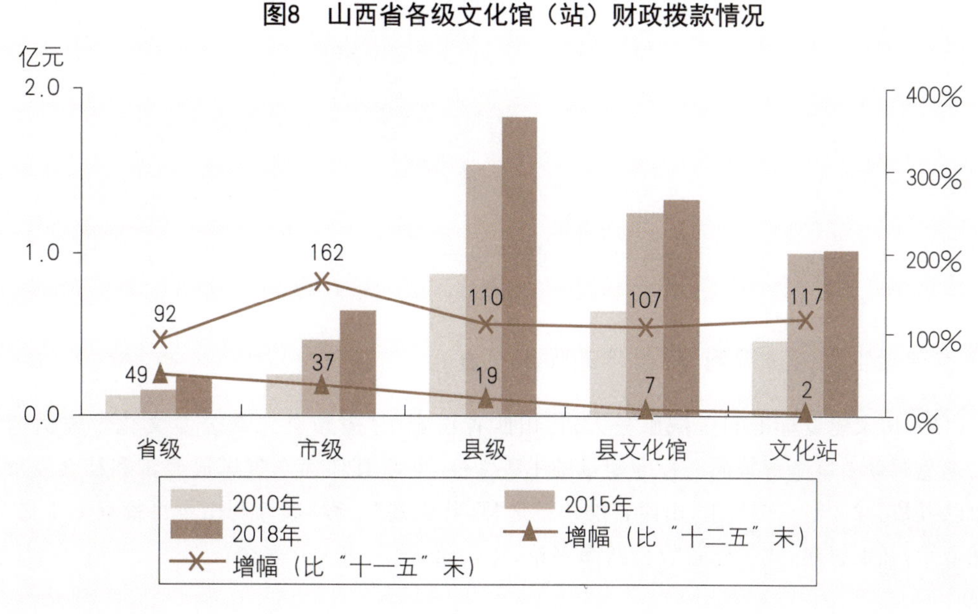

2018 年，各级政府加大对群众文化的投入，与各个历史时期相比增幅普遍较高，对基层特别是农村文化

投入的力度明显加强。2018 年，山西省各级文化馆（站）共为群众开展文艺活动、展览、讲座等服务 4.46 万次，参与群众 1443.08 万人次，分别比上年增长 7.21%、31.29%，基层群众多层次、多样化文化需求进一步满足，基层文化生活进一步丰富。山西省组织省市县乡村五级联动，开展为期 4 个月的庆祝改革开放 40 周年群众文化系列活动，累计举办活动 2 万余场，5 万余支队伍参与，惠及群众近千万。

四、加快履行政府职能，文化惠民工程成效显著

（一）注重政府投资引导，文化设施改善明显

2018 年，全省各地积极规划和建设与城市相适应的文化设施，在建项目 44 个，其中：公共图书馆 12 个、文化馆 14 个、文化中心（文化馆图书馆合建项目）8 个、艺术表演团体及演出场馆 2 个、文化站 1 个、文物保护管理机构 3 个、其他文物机构 4 个。2018 年，山西省少儿图书馆改建工程、山西省古籍保护中心改造工程加快建设，山西晋剧艺术中心进入内外装修，晋中市图书馆等市级场馆相继投入使用；通过扶持和引导，交口县图书馆、长治市城区图书馆、万荣县文化馆等一批县级文化设施相继建成或得到改善。2018 年，山西省文化建设项目资金总计 5.1 亿元，其中：国家预算内投资 97828 万元，包括中央投资 2268 万元、省级投资 3120 万元、市级投资 4034 万元。截至 2018 年底，山西省平均每万人拥有公共图书馆、文化馆建筑面积分别为 139.86m^2、277.44m^2，排名全国第 9 位和第 14 位，两项指标在中部六省中均排名第一。

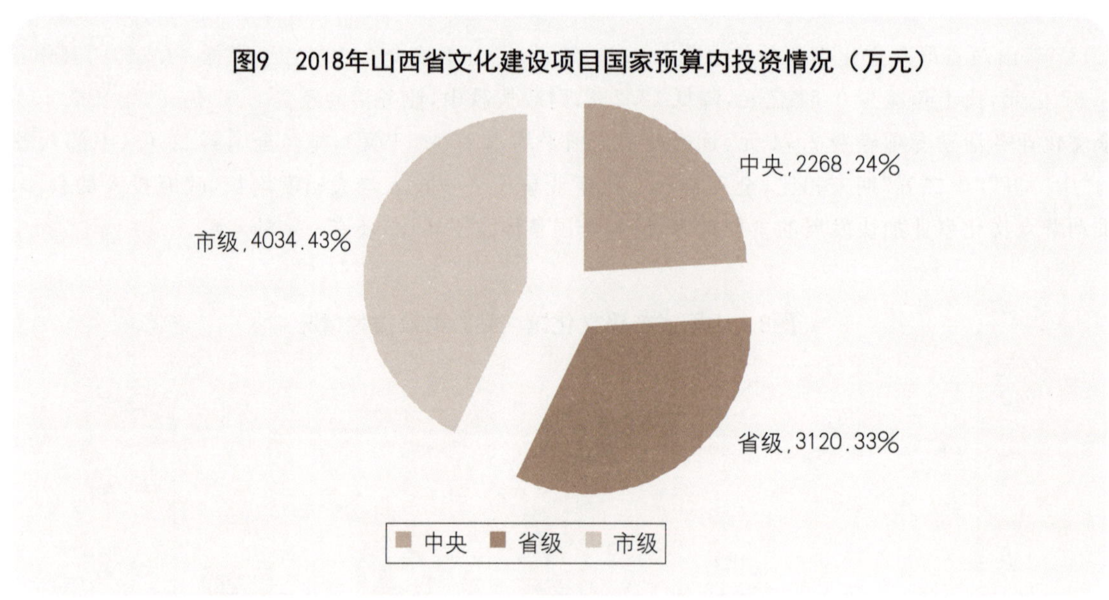

图9 2018年山西省文化建设项目国家预算内投资情况（万元）

（二）重点建设工程推进顺利，辐射带动作用明显

近年来，参考国家建设标准和区域服务人口，山西省设定了“省市县三级公益文化设施达标率”（简称“达标率”），避免服务人口不等按同一标准衡量的不科学性，并将其作为全省国民经济和社会发展的重要约束性指标加以考核。2008—2018 年，山西省加快推进“百县强基”工程，累计利用中央投资 1.4 亿余元，省级投资 2.8 亿余元，开工新建、改扩建县级公共图书馆、文化馆、美术馆 190 多个。

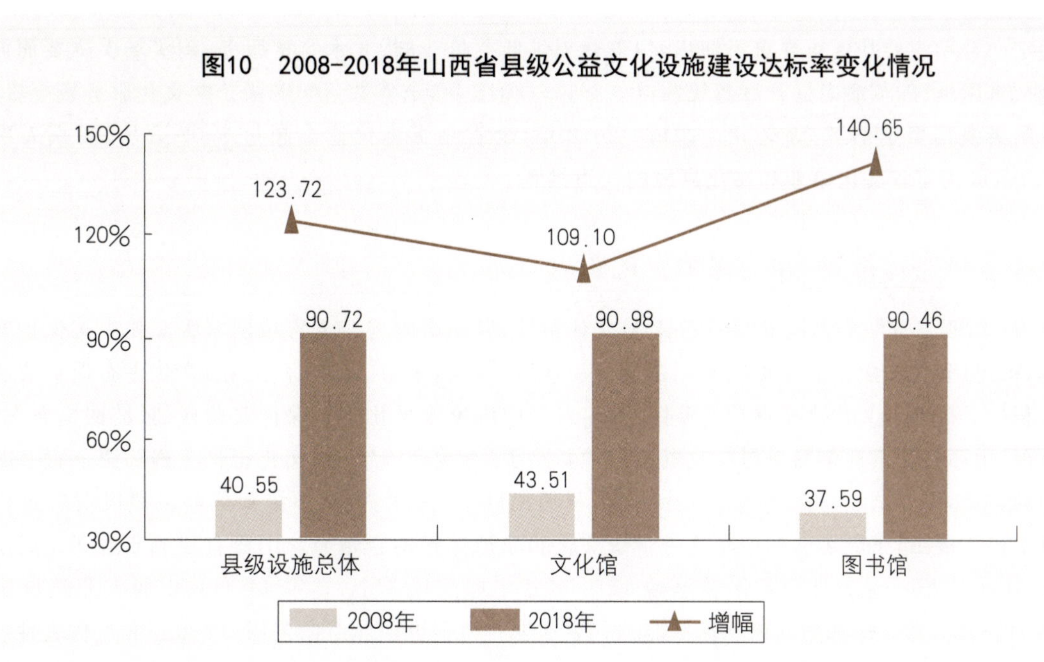

图10 2008-2018年山西省县级公益文化设施建设达标率变化情况

截至2018年底，山西省县级公共图书馆总建筑面积达28.18万m^2，平均每馆2409m^2，比2008年底增长1.47倍；文化馆总建筑面积达28.43万m^2，平均每馆2430m^2，比2008年底增长1.36倍。经过11年来的不断努力，山西省县级“达标率”明显提高，2018年底达到90.72%，比2008年底提高50.17个百分点，为构建县域公共文化服务体系打下良好基础。

(三)加快政府职能转变，演出试点成效明显

2018年，山西省积极宣传贯彻政府向社会力量购买公共文化服务工作，引导全省11个市全部出台《关于做好政府向社会力量购买公共文化服务工作的实施意见》，并积极开展相关试点建设工作。

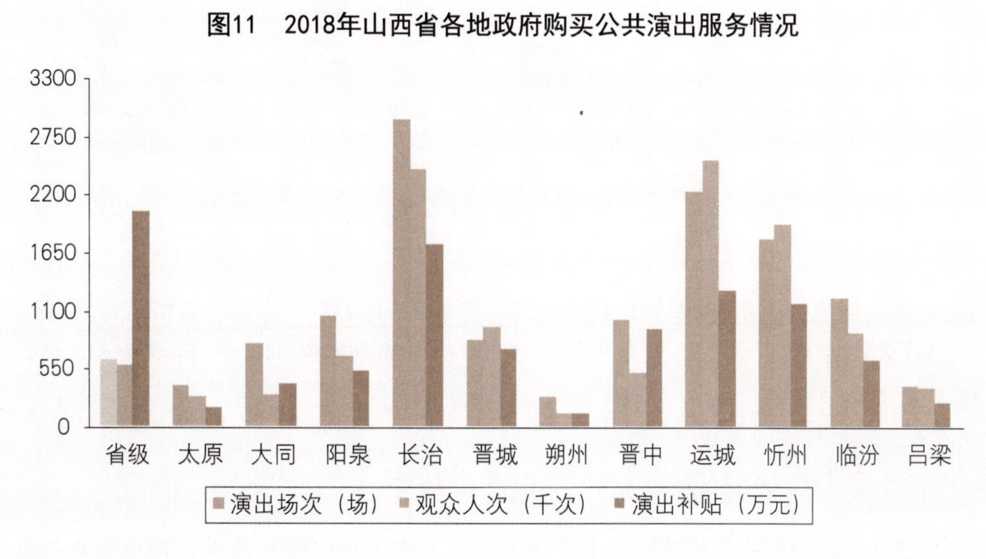

图11 2018年山西省各地政府购买公共演出服务情况

山西省加快推进政府购买公共演出服务试点，2014—2018 年，省级共落实专项资金 6800 万元购买演出，其中：定向补贴主要开展重要惠民演出，为群众提供低票价戏剧、艺术鉴赏服务；购买场次主要面向基层厂矿、企业、贫困地区、革命老区开展惠民演出。2015—2018 年，全省共落实购买公共文化服务资金 3.43 亿元，其中：购买演出资金约 2.93 亿元。2014—2018 年，全省购买惠民演出超过 5.02 万场，观众人次超过 4000 万人次，成为全省文化事业和文化惠民的一道景观。

五、加快全省域整体推进，非遗保护实现跨越发展

2018 年，山西省贯彻落实国发〔2018〕42 号文件精神，启动全国首家全省域国家级文化生态保护实验区建设工作，拟定《省域文化生态保护实验区建设行动计划》，启动编制《晋东南（上党）文化生态保护实验区规划纲要》，积极开展省级文化生态保护实验区申报，对晋中国家级文化生态保护实验区建设“回头看”。在试点建设方面，山西省探索和创新乡村文化资源保护新路子，继续实施“乡村文化记忆工程”，第三批 263 个试点乡镇启动建设，全省试点总数达到 693 个，对乡村历史脉络、文化烙印、传统街区和乡风民俗等进行调查整理和科学保护展示，拓展了弘扬中华优秀传统文化和非遗保护的新领域。山西省建成非遗文化展示场馆 129 个、传习所 322 个、生产性保护示范基地 123 个（其中国家级 3 个、省级 14 个），山西省非遗展示馆于 2018 年 8 月正式开馆。山西省 9 项国家级非遗代表性项目参加全国非遗曲艺周，10 余项非遗代表性项目参加第五届中国非遗博览会，在景区成功举办首届非遗博览会，192 个国家级省级项目参展，吸引 30 余万人次参与学习交流互动，促进了优秀传统文化创造性转化、创新性发展。

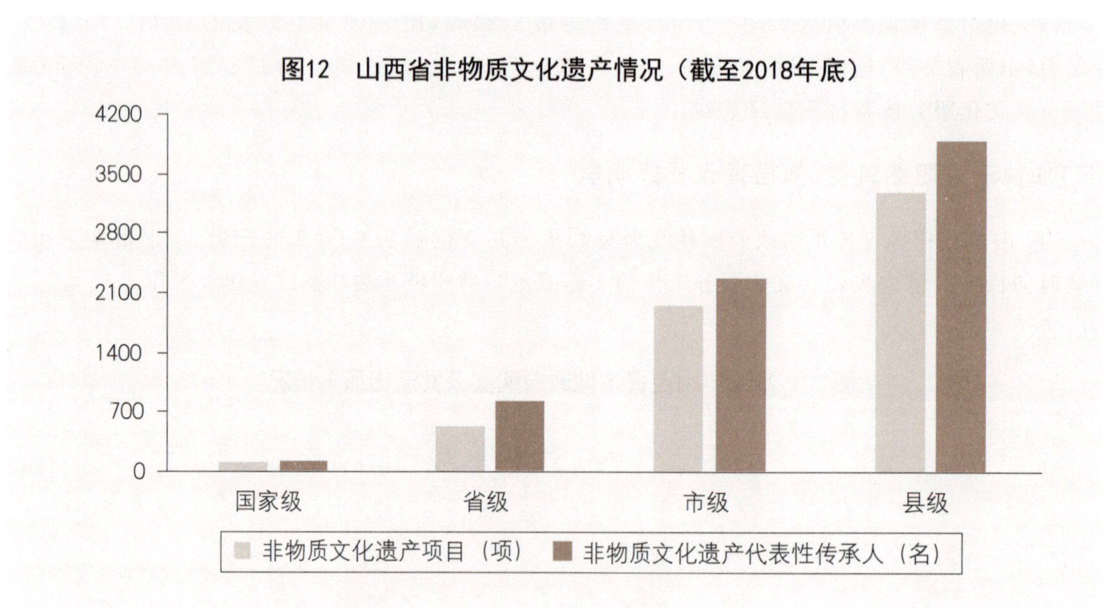

图12 山西省非物质文化遗产情况（截至2018年底）

通过建设，山西省国家、省、市、县四级保护体系进一步完善，有 116 项非遗入选国家名录，保护单位 168 个，居全国第三，代表性传承人 150 名；公布省级非遗 537 项，保护单位 942 个，传承人 815 名；市级非遗 1970 项；县级非遗 3302 项。

六、文物保护事业稳步发展，社会效益和经济效益显著

2018 年，山西省深入贯彻落实国务院《关于进一步加强文物工作的指导意见》，截至年底共有文物机构 400 家，其中：文物保护管理机构 143 家、文物科研机构 11 家、文物商店 1 家、其他文物机构 93 家、博物馆

152 家。博物馆中，省级 5 家；市级 32 家，比上年增加 3 家；县级 115 家，比上年增加 11 家；在所有博物馆中，已实行免费开放的 93 家，比上年增加 13 家，各项增幅都十分明显，博物馆业得到了迅速发展。2018 年，全省对外开放文博单位共计举办基本陈列 316 个、临时展览 214 个，比上年分别增加 51 个、46 个；累计接待观众 3360.52 万人次，比上年增长 1.1%；全年门票销售总额 4.51 亿元，比上年减少 10.16%，比“十一五”期末增长 91.92%，对经济社会发展的拉动力进一步提升。

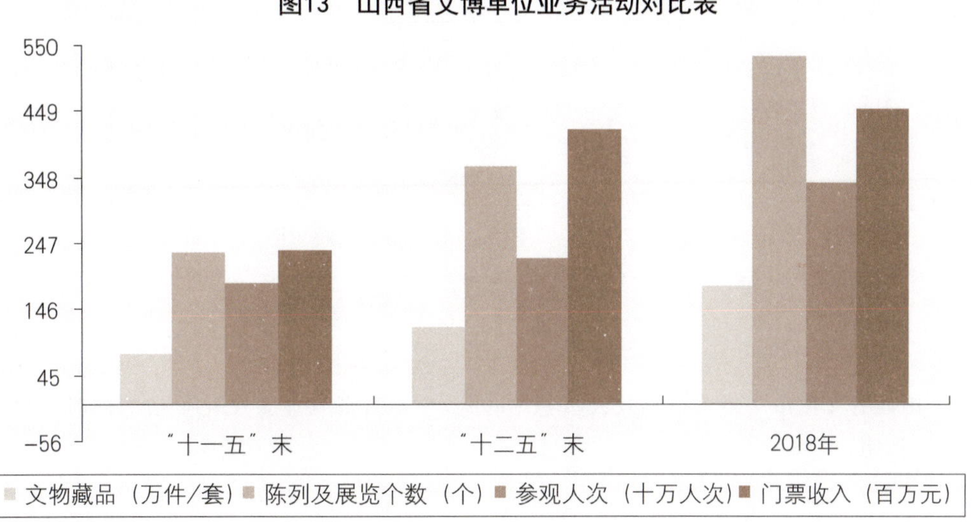

2018 年，全省文物部门共实现文化产业增加值 7.5 亿元，比上年增加 2000 万元，增长 2.74%，在促进发展、惠及民生方面迈出了坚实的步伐，全省文物事业的社会贡献率日益提升。

七、注重人才培养和基地建设，艺术教育科研工作稳中有进

截至 2018 年底，山西省共有文化部门艺术教育机构 19 所，其中：本科以上艺术院校 1 所、高等院校 16 所、中等学校 1 所、其他教育机构 1 所，全年累计招生 3475 人，在校生达 10203 人，毕业生 2389 人。山西省重视文化艺术人才培养和艺术研究、艺术科研基地建设工作，山西戏剧职业学院作为全国文化干部培训基地，扎实开展相关教育培训工作。第二十二届“中国少儿戏曲小梅花荟萃”活动在绍兴嵊州落幕，山西省 9 名选手全部获得金奖，至此，山西省梅花奖演员共计 45 人 49 次，“小梅花”总数 199 朵，大小梅花均居全国之最。全省艺术科研工作围绕建设文化强省这一主题，突出地域研究特色，完成《山西县级文化场馆总分馆制建设及制度创新研究》等一批有重要学术价值与社会影响的研究成果，全年共成功申报国家级课题 1 项、省艺术科学规划课题 10 项。

八、加强文化市场监管，文化娱乐业健康有序发展

山西省加快文化市场综合执法改革，以省委办公厅、省政府办公厅名义印发《关于进一步深化文化市场综合执法改革的实施意见》，省文化市场稽查总队撤销，忻州、阳泉两市印发“三定方案”，阳泉等 7 市和 18 个县(市)出台执法改革方案。山西省出台《营造“六最”环境实施方案和行动计划》，开展文化领域商事登记制度改革，行政审批手续不断精简，省文化厅、大同市矿区文化局、晋中市榆次区文化局被文化部列为全国行政审批示范点。通过持续探索文化市场分级分类管理和“双随机、一公开”模式，推动实现跨部门、跨行业综

合执法，平安文化市场创建工作稳步开展。通过执法业务培训，进一步规范了执法工作，提升了执法水平，提高了办案质量。

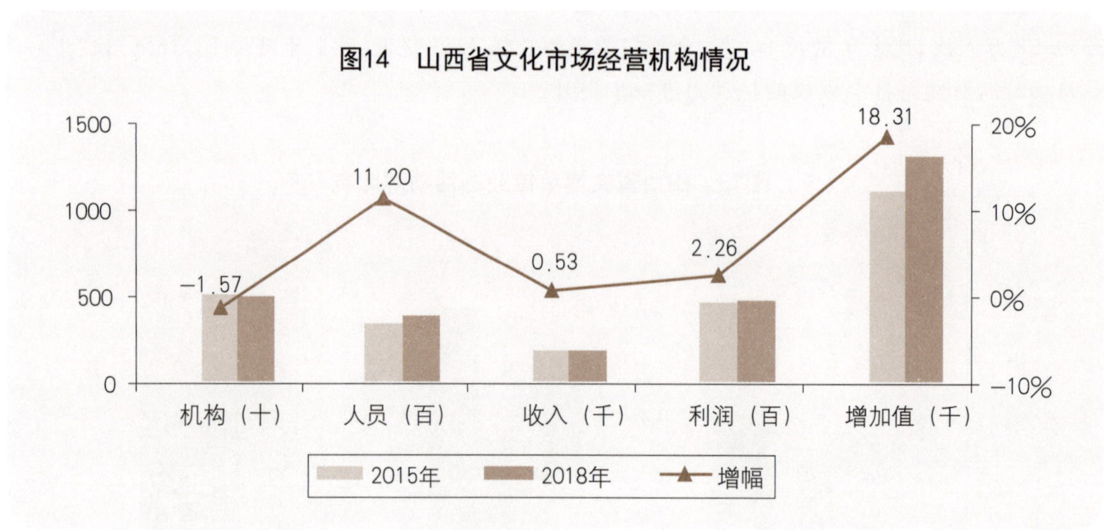

图14 山西省文化市场经营机构情况

如图所示：山西省文化市场经营机构及人员稳中有升，在丰富群众业余文化生活的同时，对增加就业起到了积极的推进作用。

九、注重宏观政策引领，文化产业提质提速

近年来，山西省以加强顶层设计和完善政策措施为抓手，加快推进文化产业发展。2018 年，《推动文化文物单位文化创意产品开发实施意见》出台，确定了 14 个省级开发试点，全省文化文物单位文创产品开发工作座谈会召开。山西省召开演艺进景区工作对接座谈会，积极推动演艺、非遗项目进景区，加快文旅融合发展。山西省积极搭建展览展会交易平台，组织参加了东盟博览会、北京国际文创产业博览会、深圳文博会等，配合省委宣传部举办了第三届文博会，配合省商务厅完成山西品牌中华行、丝路行等商贸交流活动。截至 2018 年底，山西省国家级和省级文化产业示范基地分别达到 10 家和 36 家，国家认定的动漫企业达 11 家。通过上述措施，促进山西省文化产业快速发展，2018 年全省文化及相关产业单位实现增加值 268.65 亿元，占 GDP 比重 2.10%。

十、密切沟通往来，对外文化交流多姿多彩

2018 年，山西文化走出去步伐加快，圆满完成党际交往和“欢乐春节”等任务，在葡萄牙等国成功举办山西非遗精品展和中国山西电影周，与葡萄牙相关机构签署战略合作协议。通过市场化运作，“山西优秀舞台艺术中华行——全国保利院线一带一路城市巡演”，10 台精品剧目在全国 10 多个省演出 76 场。“两岸一家亲 欢乐春节行”——山西非物质文化遗产面食艺术走进台湾大型展演活动成功举办，成为文化部“欢乐春节”对外文化交流品牌活动。围绕“一带一路”倡议，山西省组织《粉墨春秋》赴欧洲参加“中华风韵”项目演出，组织“晋风晋韵”文艺演出参加 2018 年阿斯塔纳世博会山西活动周系列活动。山西华晋舞剧团携舞剧《当我们遇上孔子》分别赴香港、台湾开展文化交流，山西省歌舞剧院民族乐团赴台湾参加“2018 竹堑国乐节”“内地与香港青少年山西绛州鼓乐研习活动”在新绛县举办，长治杂技团赴香港与各界共同庆祝“国庆节”“中秋节”，推动山西省对港澳台文化交流全面推进。按照省援疆办安排，山西省积极选派优秀剧目和艺术家参与“山西艺术精品新疆行”系列活动，文化援疆工作深入开展。

十一、文化发展机遇与挑战并存，文化强省建设永远在路上

(一)把握机遇、创新理念，科学谋划文化考评

省委、省政府把转型发展、跨越发展作为全省工作的主题和主线，把早日建成中部地区经济强省和文化强省作为未来一段时期的奋斗目标，在加快经济转型跨越发展的同时，也为文化的转型发展带来了重要的战略机遇。山西省继续开展公共文化服务绩效考评创新，提出“公共文化服务绩效考核评价指数”，对引导市、县各级政府进一步提高文化建设的主动性和自觉性，起到了积极的推动作用。

(二)注重调研、科学解读，研判文化发展短板

通过考评，可以看出制约山西省文化发展的深层次矛盾依然没有得到根本解决，文化大发展、大繁荣的任务依然十分艰巨。

1. 区域差异明显，文化法制需加强

图15　山西省部分市、县公共文化服务考核对比情况

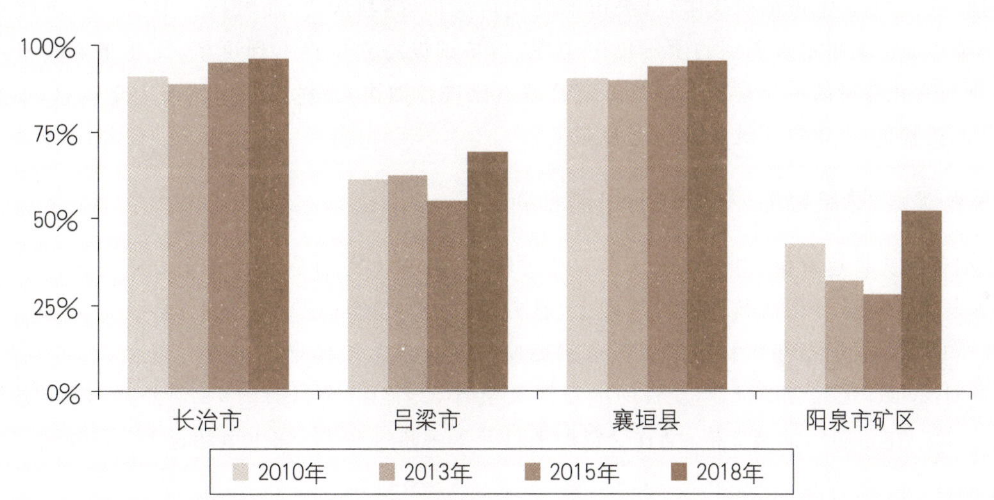

如上图所示：近年来，长治市、襄垣县等地的公共文化服务体系建设保持了较高水平，而吕梁市、阳泉市矿区则始终在低水平徘徊。全省文化建设的地区性差异十分明显，重经济建设、轻文化工作的现象在一些地区仍然比较突出，且长期存在。围绕《公共文化服务保障法》落实，进一步加强文化建设执法检查显得十分必要，以督促文化工作推进迟缓地区政府及有关职能部门加快落实中央和省委省政府部署，保障当地人民群众享受到均等的文化权益。

2. 市级建设有短板，引导县级待加强

考评数据显示：2018 年，山西省市级“公共文化服务绩效考核评价指数”平均为 82.29%，仍有 3 个市低于 80%，2 个市低于 70%。全省 11 个市中，仍有 1 个市既无图书馆建制也未开展硬件建设，5 个市级文化馆无馆址或面积不达标，市级层面的文化专项投入政策覆盖面较低，对县级的示范引导作用亟待加强。

3. 城区发展成瓶颈,政策支持需转型

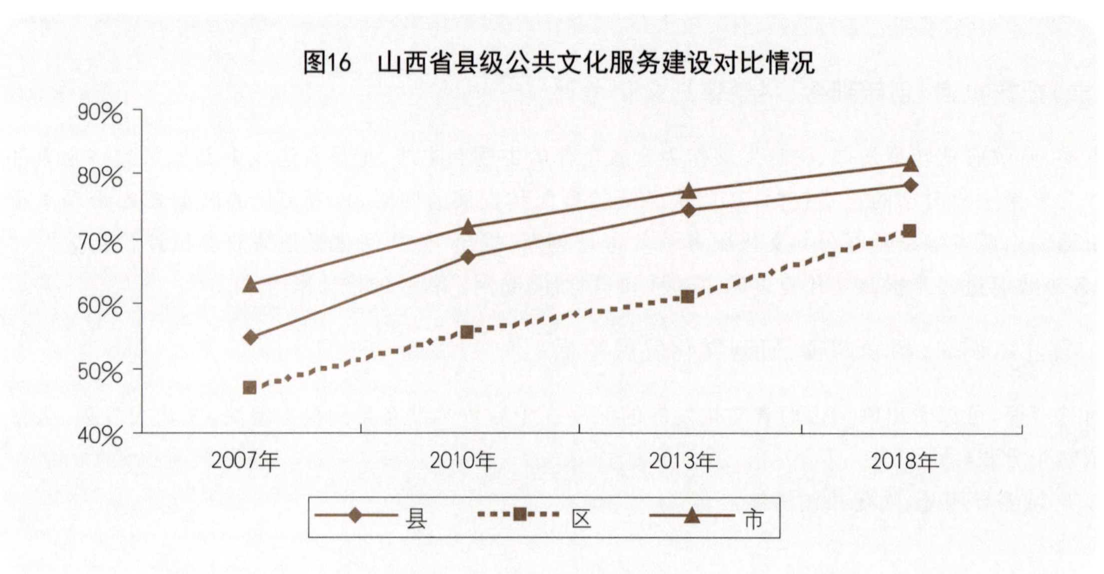

如上图所示:在县、区、市的对比中,县级市的完成情况最好,县次之,而城区公共文化服务体系建设水平还低于县城。城区文化建设遇到的困难集中表现在:基础设施常年得不到更新、文化事业费投入严重不足等方面,成为文化建设的一个最薄弱环节。随着城市化进程加快,农村人口向城市大量转移,加强城区文化建设显得日益紧迫,文化投入政策迫切需要调整。

(三)深入实践、总结经验,寻求体制机制创新

作为中部经济欠发达省份,山西省经济实力相对较弱,对文化特别是基层文化设施建设的投入相对不足,历史欠账较多。在充分调研和论证的基础上,省财政厅、省文化厅联合印发了《县级文化基础设施省级彩票公益金资助项目管理指南》,利用社会资金资助建设文化设施工作全面推进。截至2018年底,省级共下达14批共计2.185亿元资助资金,受资助项目涉及全省82个县(市、区)的78个公共图书馆、66个文化馆、14个美术馆。由于制约措施严格,全省受资助项目开工率超过95%,完工率超过85%,收到了良好的预期效果。

2018年,通过全省广大文化旅游工作者的艰苦努力,全省各项工作扎实推进、亮点频现,实现了文化旅游部门的应有作为。但同时也要看到,文化旅游发展与全面建设小康社会的目标尚有差距,与政治、经济、社会、生态文明建设的协调发展还有待提高。2019年,全省文旅系统将以贯彻落实习近平总书记视察山西重要讲话精神和学习宣传贯彻习近平新时代中国特色社会主义思想为指引,围绕省委省政府工作大局,坚持新发展理念,按照高质量发展要求,加快推进文旅强省建设。

(山西省文化和旅游厅　山西省文物局)

山西：加快推进政府购买公共文化服务工作

根据《国务院办公厅转发文化部等部门关于做好政府向社会力量购买公共文化服务工作意见的通知》精神，山西加快推进落实，先后出台《山西省人民政府关于提高公共文化服务水平的若干意见》《关于做好政府向社会力量购买公共文化服务工作的实施意见》，在2014—2018年加快推进政府购买公共演出服务，取得宝贵经验。

强调支付手段创新，购买预算实现突破。一是强调全省统一协调，购买资金列入省、市、县三级预算；二是加大现有资金整合力度，引导农村文化建设资金、免费开放资金等规范使用；三是新增专项资金，2014—2018年，省级共落实专项资金6800万元购买演出，购买演出2382场，其中：定向补贴1072场，主要开展重要惠民演出，为群众提供低票价戏剧、艺术鉴赏服务；购买场次1310场，主要面向基层厂矿、企业、贫困地区、革命老区开展惠民演出。

解决基层实际困难，实现五个“有利于”。一是解决基层文化需求与文化供给不足矛盾，有利于为群众提供更好的演出服务；二是解决不同区域、群体间服务提供不均等，有利于促进基本公共文化服务均等化；三是解决经济下行期间演出难，有利于转制文艺院团改革发展；四是解决现有资金分散问题，有利于充分发挥财政资金效益；五是解决基层购买经验少，有利于为全领域购买积累经验。

坚持四个“基本原则”，确保购买方向。一是政府引导、突出为民，体现服务型政府；二是正确导向、确保质量，让群众喜闻乐见；三是公开择优、市场运作，充分发挥市场在配置资源中的积极作用；四是加强管理、不断完善，建立健全山西特色购买机制。

完善购买流程，细化四个“实施步骤”。一是出台《方案》和《细则》，明确具体规程；二是建立工作机制，突出联席会议制度；三是完善购买程序，政府采购中心、演出院团、文化主管部门分工合作；四是推动文化惠民，2014—2018年，全省购买惠民演出超过5.02万场，观众人次超过4000万人次，成为全省文化事业和文化惠民的一道景观。

注重实践总结，突出四个“主要成效”。一是为政府购买公共服务积累经验，体现正确导向；二是促进政府职能和财政支出方式转变；三是实现群众多看戏、看好戏目的，改善基层文化民生；四是为院团打造平台、疏通渠道、增加活力。

强调手段创新，购买领域实现突破。通过引导，山西省购买工作在多个领域实现突破，一是购买公共演出领域，11个市全部出台政策，2015—2018年全省共落实购买公共文化服务资金3.43亿元，其中：购买演出资金约2.93亿元。二是基层文化管理领域，探索用政府购买公共文化服务岗位的办法解决乡镇文化站人员普遍短缺问题，并在朔州国家公共文化服务示范区成功实践。

内蒙古自治区2018年文化和旅游发展情况分析

2018年，自治区的文化和旅游系统坚持以新时代中国特色社会主义思想为指导，树牢“四个意识”，坚定“四个自信”，坚决做到“两个维护”，全面落实中央和自治区党委政府关于文化和旅游工作的重大决策部署，扎实推动文化和旅游事业改革发展并取得积极成效。

一、机构、从业人员比上年度有所减少

2018年底，全区纳入统计范围的文化旅游和文物机构6998个，比上年减少1069个，同比减少13.25%；从业人员37786人，比上年减少1758人，同比减少4.45%。在各类机构中，文化和旅游部门直属机构1958个，从业人员20191人；文物机构211个，从业人员2559人；文化市场机构5040个，从业人员17595人。本年度机构数和从业人员减少主要原因是文化市场经营机构数量和从业人员减少幅度较大。

表1　2018年度全区文化机构和从业人员情况

单位类型	机构数(个)			从业人员数(人)		
	2018年	2017年	增减	2018年	2017年	增减
总　计	6998	8067	−1069	37786	39544	−1758
艺术表演团体	226	206	20	7993	7914	79
其中：非公有制团体	130	108	22	2340	2211	129
艺术表演场馆	54	44	10	931	771	160
其中：非公有制场馆	33	23	10	616	480	136
图书馆	117	117	0	1873	1913	−40
群众文化服务机构	1213	1231	−18	4984	4924	60
其中：文化站	1093	1111	−18	3066	2962	104
艺术教育业	4	4	0	385	390	−5
文化市场经营机构	4877	5978	−1101	14639	17009	−2370
文艺科研	10	11	−1	124	136	−12
文物业	211	194	17	2559	2528	31
其中：文物保护管理机构	94	91	3	690	717	−27
博物馆	109	93	16	1782	1705	77
其　他	286	282	4	4298	3959	339

二、2018 年度全区文化事业费投入总量增长减缓

2018 年，全区文化文物事业费 35.39 亿元，比上年增加 0.25 亿元，增长 0.71%。其中文化事业费投入 27.85 亿元，比上年增加 0.17 亿元，占财政支出比重 0.58%；文物事业费投入 7.54 亿元，比上年增加 0.08 亿元，占财政支出比重 0.16%。

表 2　2010—2018 年文化文物事业费占全区财政支出情况

年　份	财政支出（亿元）	文化事业费（亿元）	占财政支出比重（%）	文物事业费（亿元）	占财政支出比重（%）
2010 年	2280.5	11.30	0.49	2.89	0.13
2011 年	2989.5	12.77	0.43	4.04	0.14
2012 年	3429.4	16.22	0.47	4.68	0.14
2013 年	3682.1	17.36	0.47	4.43	0.12
2014 年	3884.3	18.97	0.49	4.62	0.12
2015 年	4352.0	22.89	0.53	5.48	0.13
2016 年	4526.3	25.96	0.57	7.67	0.17
2017 年	4523.1	27.68	0.62	7.46	0.16
2018 年	4806.3	27.85	0.58	7.54	0.16

1. 2018 年全区文化事业费 27.85 亿元，同比增长 0.62%；从 2010 年到 2018 年的 9 年里，内蒙古自治区的文化事业费平均增长率为 18.32%。

图1　2010-2018年全区文化事业费及增长速度

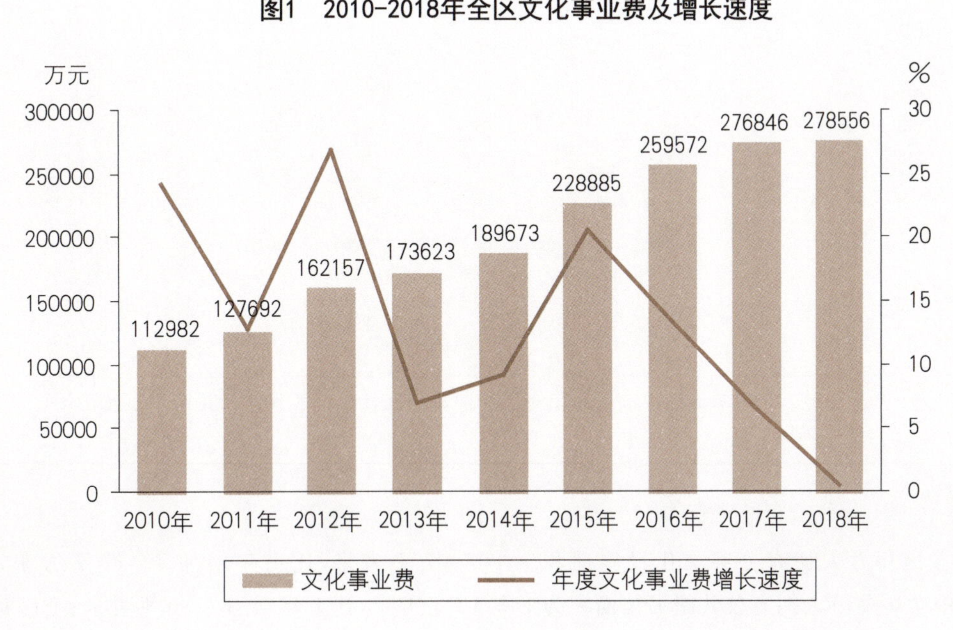

2. 2018 年全区文物事业费 7.54 亿元，同比增长 1.07%；从 2010 年到 2018 年的 9 年里，全区文物事业费平均增长率为 12.36%。

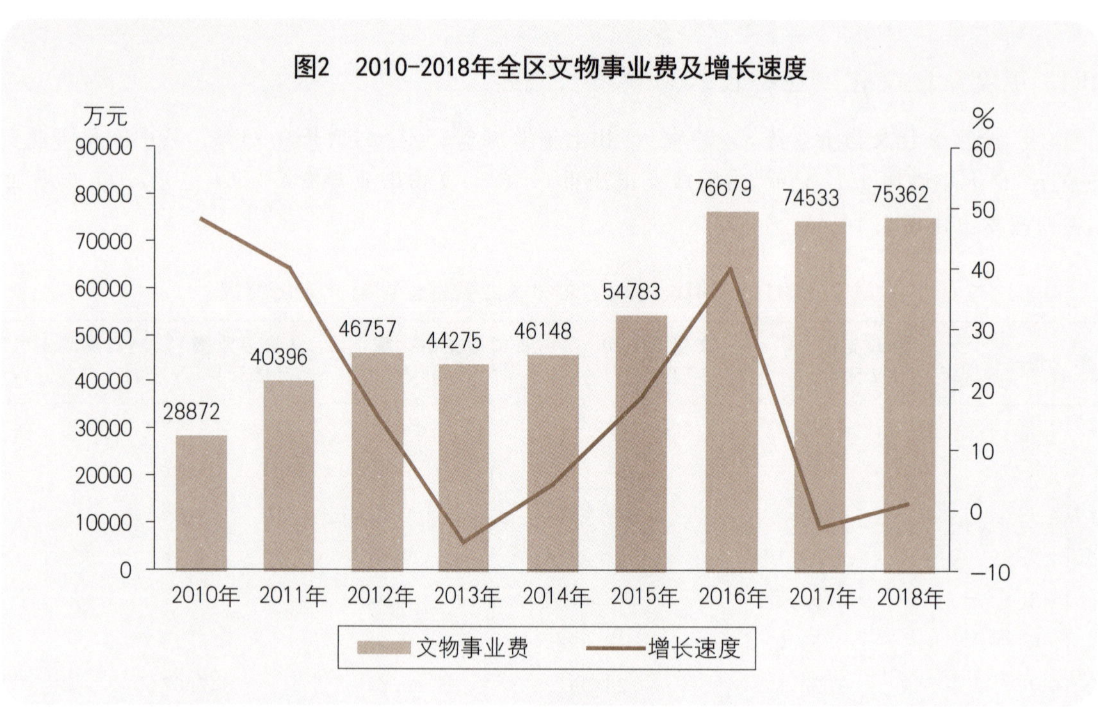

3.2018 年全区人均文化事业费 109.91 元，比上年增长 0.43 元，增长 0.39%，近三年人均文化事业费增速放缓渐趋平稳。

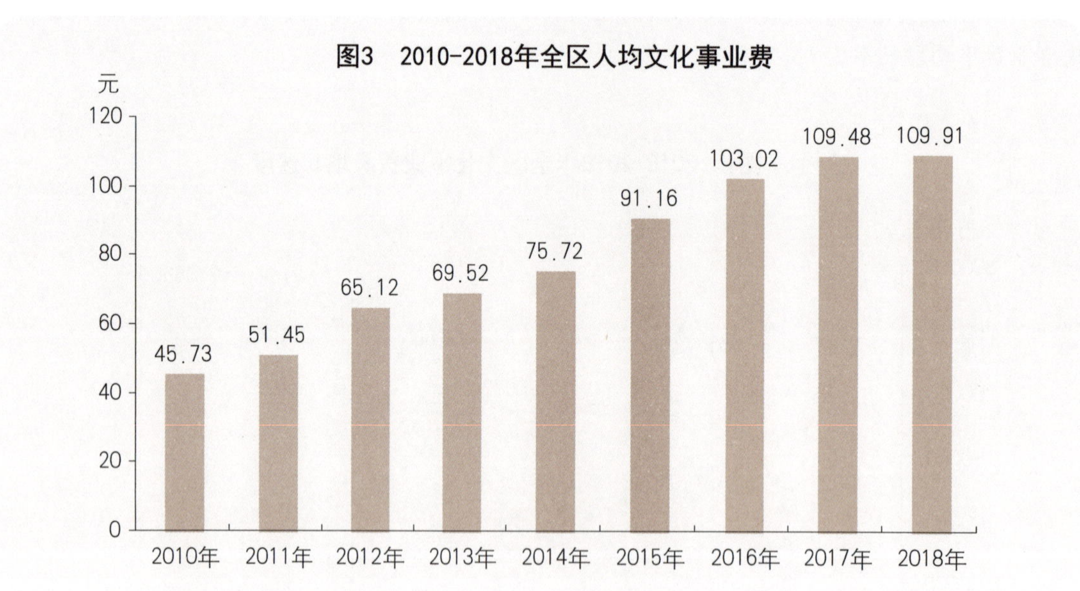

三、文化基础设施建设投入持续增长

2018 年全区每万人拥有公共文化设施面积为 806.07 平方米，比上年增加 47.77 平方米，同比增长 6.30%。其中全区每万人拥有公共图书馆面积为 168.10 平方米，比上年增加 7.30 平方米；全区每万人拥有文化馆(站)面积为 337.13 平方米，比上年增加 9.23 平方米；每万人拥有博物馆面积为 275.04 平方米，比上年增加 27.04 平方米；每万人拥有美术馆面积为 25.80 平方米，比上年增加 4.2 平方米。

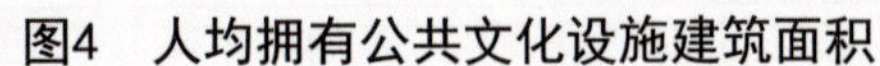
图4　人均拥有公共文化设施建筑面积

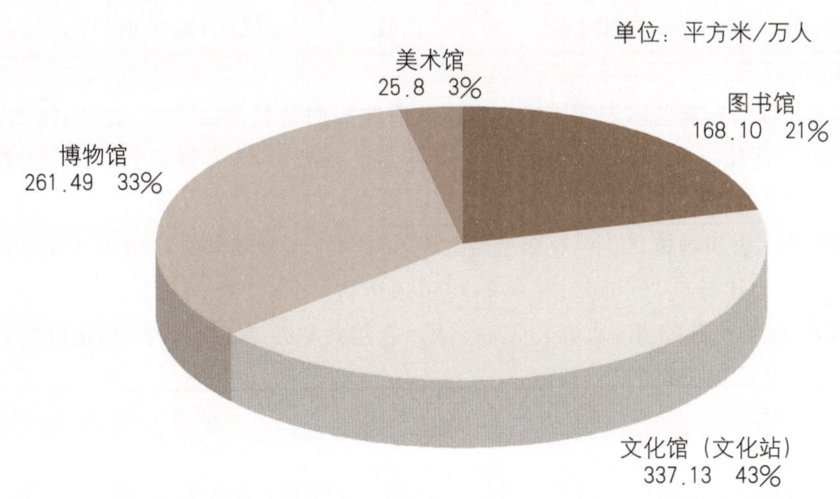

2018 年，全区文化基础设施服务网络日趋完善，以公共图书馆、博物馆、文化馆（文化中心）设施建设和能力提升为中心，继续实施了一批重点工程和项目。

表 3　2010—2018 年全区文化基本建设投资情况

年　份	项　目（个）	本年计划投资（亿元）	本年完成投资（亿元）	本年竣工项目（个）	本年竣面积（万平方米）
2010 年	277	8.77	8.69	245	23.03
2011 年	227	8.65	7.69	182	15.03
2012 年	100	11.46	9.33	70	16.90
2013 年	36	2.74	2.52	17	9.42
2014 年	36	4.78	4.4	16	43.82
2015 年	44	3.07	3.1	2	6.5
2016 年	36	4.97	4.80	8	5.65
2017 年	50	5.07	4.44	10	10.64
2018 年	27	10.87	12.64	27	10.98

2018 年，全区文化文物设施建设项目 27 个，计划总投资 35.84 亿元，本年度投资 10.87 亿元，实际完成投资 12.64 亿元，累计完成投资 19.58 亿元，建筑面积 119.93 万平方米。其中，全区竣工项目 5 个，投资 7 亿元的兴安盟乌兰牧骑宫、投资 1.5 亿元的兴安盟图书馆、投资 1 亿元的二道井子遗址展示馆竣工。在建项目中，规模较大的有锡盟乌兰牧骑宫计划投资 5 亿元、准格尔旗综合活动中心投资 2 亿元、土左旗文化中心投资 2 亿元。

四、艺术演出活动繁荣发展

2018 年末，全区共有艺术表演团体 226 个，比上年末增加 20 个；从业人员 7993 人，比上年末增加 79 人。其中各级文化部门管理的艺术表演团体 96 个，占 42.47%。全区 2018 年度艺术表演团体演出 3.13 万场，同比增长 8.68%。服务观众 1611.41 万人次，同比增长 0.59%。赴农村演出 2.34 万场，同比增长 8.84%。赴农村演出场次占总演出场次的 74.76%，同比增长 0.16%；农村观众 1008.90 万人次，同比下降 1.67%，占观众总人数的 62.61%，同比下降 1.39%。总收入 10.60 亿元，同比增长 7.51%，其中演出收入 0.80 亿元，同比增长 2.56%。

2018 年，全区文化部门所属艺术表演团体共组织政府购买的公益演出 0.85 万场，同比下降 4.49%；服务观众 556.51 万人次，同比下降 10.09%。利用流动舞台车演出 0.39 万场次，同比下降 9.3%；服务观众 242.52 万人次，同比增长 8.95%。

2018 年末，全区艺术表演场馆 54 个，观众坐席数 16.59 万个。全年共举行演出 3.37 万场，其中艺术演出 0.28 万场，演出场次同比增长 29.61%，观众 241.50 万人次，同比增长 57.12%。

2018 年末全区共有美术馆 23 个，从业人员 246 人。全年共举办展览 237 个，同比增长 16.75%，参观人次 82.11 万人次，同比增长 5.08%。

表 4　2010 年—2018 年全区艺术表演团体基本情况

年　份	机构数（个）	从业人员数（人）	演出场次（万场）	国内演出观众人次（万人次）	总收入（万元）	
						#演出收入
2010 年	123	5939	1.98	1623.2	32520	3434
2011 年	121	5963	2.08	1474.7	41212	3545
2012 年	137	6330	2.19	2040.0	54995	4886
2013 年	143	7024	2.65	1363.1	63573	3212
2014 年	177	7428	2.56	1779.3	67343	5930
2015 年	175	7515	3.91	1123.5	86128	7234
2016 年	186	7226	2.45	1241.1	90351	5025
2017 年	206	7914	2.88	1601.9	98622	7820
2018 年	226	7993	3.13	1611.41	106009	7984

五、公共文化服务保障能力持续增强

2018 年，全区公共文化服务体系建设持续推进。配合文化和旅游部完成对呼和浩特市创建国家公共文化服务体系示范区的终期验收。举办了农牧民文艺汇演、原创广场舞大赛、优秀摄影作品展览、广场舞汇演等一系列具有导向性、示范性群众文化活动。开展了送戏曲进乡村惠民演出活动。扎实推进“三馆一站”等文化场馆的免费开放工作，对全区苏木乡镇综合文化站进行了评估定级。积极推进公共文化机构法人治理结构改革试点工作和文化馆图书馆总分馆制改革。与海南省、广西壮族自治区、福建省合作，开展了“阳光工程”“圆梦工程”文化志愿服务活动。

（一）公共图书馆服务社会能力持续提升

2018 年末全区共有公共图书馆 117 个，与上年持平。其中少儿图书馆 1 个。年末全区公共图书馆从业人员 1873 人，其中具有高级职称的人员 372 人，占 19.86%；具有中级职称的人员 620 人，占 33.10%。年末全区公共图书馆实际使用房屋建筑面积 42.60 万平方米，同比增长 4.78%；图书总藏量 1904.09 万册，同比增长 6.55%；电子图书 1222.30 万册，同比增长 12.24%；阅览室座席数 3.09 万个，计算机 0.70 万台，供读者使用的电子阅览终端 0.48 万台，基本与上年持平。

年末全区平均每万人公共图书馆建筑面积 168.10 平方米，比上年末增加 7.34 平方米；全区人均图书藏量 0.75 册，同比增加 0.04 册；全区人均购书费 2.91 元，同比增加 1.53 元。全年全区公共图书馆发放借书证 72.35 万个，同比增加 13.04%；总流通人次 1251.52 万，同比增长 24.78%。书刊文献外借册次 829.65 万，同比增长 6.37%；外借人次 400.95 万，同比增长 5.24%。全年共为读者举办各种活动 2392 次，同比下降 1.08%；参加人次 112.04 万人，同比增长 79.55%。

表 5　2010—2018 年全区公共图书馆主要业务指标

年　度	图书馆经费（万元）	购书专项经费（万元）	人均购书费（元）	人均拥有公共图书馆藏量（册）	每万人拥有公共图书馆建筑面积（平方米）
2010 年	18177	1916	0.77	0.38	90.40
2011 年	20954	2004	0.81	0.44	94.6
2012 年	26029	2838	1.14	0.49	104.9
2013 年	28999	3148	1.26	0.53	131.5
2014 年	31052	2640	1.05	0.58	137.04
2015 年	38852	3209	1.28	0.60	138.52
2016 年	35753	3261	1.29	0.68	154.36
2017 年	42464	3488	1.38	0.71	160.76
2018 年	40144	7386	2.91	0.75	168.10

（二）群众文化活动蓬勃开展

2018 年末全区共有群众文化机构 1213 个，比上年减少 18 个。年末全区群众文化机构从业人员 4984 人，比上年末增加 60 人。其中具有高级职称的人员 334 人，占 6.70%；具有中级职称的人员 669 人，占 13.42%。年末全区群众文化机构实际使用房屋建筑面积 85.43 万平方米，同比增长 3.05%；业务用房面积 59.33 万平方米，同比增长 0.25%。年末全区平均每万人群众文化设施建筑面积 337.13 平方米，比上年末增加 9.23 平方米。全年全区群众文化机构共组织开展各类活动 41431 场次，同比增长 22.51%；服务人次 1268.51 万，同比增长 13.39%。

表 6　2018 年全区群众文化机构开展活动开展情况

性　质	举办展览（个）	组织文艺活动次数（次）	举办训练班（次）	参加人次（万人次）	公共房屋建筑面积（万平方米）
总　计	2867	21349	16391	1268.51	85.43
文化馆	663	6445	11214	848.49	30.78
文化站	2204	14904	5177	420.02	54.65
其中：乡镇站	1631	10293	3448	321.92	41.32

年末全区群众文化机构共有馆办文艺团体 250 个，演出 2996 场，观众 171.52 万人次。由文化馆（站）指导的群众业余文艺团体 7609 个，馆办老年大学 39 个。

六、文化和旅游市场监管持续推进

2018 年文化市场监管不断加强。全年开展执法检查 38.5 万人次，检查文化市场经营单位 13.2 万家次，责令改正576家次、停业整顿50家、吊销营业执照16家、办结案件3023件。全区文化市场机构数(含互联网上网服务营业场所、娱乐场所和民营艺术表演团体、场馆等)5040个，比上年减少1069个；从业人员17595人，比上年减少2105人。其中，占文化市场主体的娱乐场所和互联网上网服务场所(网吧)减幅较大。年末全区共有娱乐场所2089个，比上年减少394个；从业人员6891人，比上年减少1201人；全年营业收入5.19亿元，同比减少25.43%；营业利润1.70亿元，同比减少30.89%。年末全区共有互联网上网服务营业场所(网吧)2622个，比上年减少748个；从业人员6497人，比上年减少1679人；全年营业收入5.20亿元，同比减少30.39%；营业利润1.46亿元，同比减少49.48%。

表7 2018年全区文化市场娱乐场所及互联网上网服务营业场所(网吧)情况对比表

分类	机构数(个)			从业人员(人)			营业收入(亿元)			营业利润(亿元)		
年度	2018	2017	减少	2018	2017	减少	2018	2017	减少	2018	2017	减少
娱乐场所	2089	2483	−394	6891	8092	−1201	5.19	6.96	−1.77	1.70	2.46	−0.76
互联网上网服务场所	2622	3370	−748	6497	8176	−1679	5.20	7.47	−2.27	1.46	2.89	−1.43

旅游市场监管持续推进。对全区旅游市场开展专项检查150余次，查处违法违规行为127件、下达督办函10件。联合公安、交通、质检、安监、消防等部门开展旅游行业安全大检查60余次，检查旅游企业900余家，消除安全隐患372个，共受理旅游投诉、咨询电话150余起，退赔金额共计12.89万元，共开展旅游安全专项检查4批次，查处违法违规行为68件。

七、旅游资源开发利用持续增强

2018年，全年接待旅游者13044万人次、实现旅游业总收入4011.37亿元，同比增长12.01%、16.61%。其中，全区接待国内游客12856.07万人次，比上年增加1394.88万人次，同比增长12.17%。实现国内旅游收入3924.01亿元，比上年增加565.42亿元，同比增长16.84%。接待入境游客188.08万人次、实现创汇12.72亿美元，同比增长1.72%、2.13%。2018年旅馆业、星级饭店、旅游景区、旅行社等旅游企业的旅游直接就业人数达到32.04万人，增加1.86万人，同比增长6.16%，带动间接从业人数152.11万人，增加4.2万人，同比增长2.84%。

乡村旅游扎实开展。制定了《内蒙古乡村(牧区)旅游星级接待户评定标准》，创建了63家五星级乡村旅游接待户。联合农牧厅对全区休闲农牧业和乡村旅游示范县创建工作进行了验收。创建了70个旅游扶贫示范项目，召开了全区旅游扶贫推进会，制定了旅游扶贫行动计划。开展旅游产业扶贫情况调查，举办了全区乡村旅游培训班，组织专家下基层就乡村旅游开展咨询和规划指导。据统计，通过发展乡村旅游，带动当地3.4万户8.6万贫困人口脱贫致富。

旅游促销更加精准。全年微博共发布资讯4640余条，总阅读量超过1800万人次，平均阅读量达4000多人次，单条最高阅读量突破22万次。微博粉丝从上年末的61万人，增加到75万人，总阅读量1800万人次左右。

品牌景区不断涌现。其中1个景区成功晋升国家5A级旅游景区，13家旅游景区获批为国家4A级旅游景区，12家旅游景区获批为国家3A级旅游景区，1个旅游区获批为自治区级度假区。全区A级景区达到386家。其中，5A级景区5家，增加1家，4A级景区124家，增加11家。星级饭店298家，其中5星级10家，4星级38家。旅行社1091家，旅行社分社155家，旅行社服务网点529家，国际社97家。持证导游10528人，旅游商品销售企业429家，旅游运输企业36家，乡村旅游示范县22个，星级家庭接待户529家。

调查显示2018年全年游客总体满意度为3.90分(满分5分),比去年提高0.04分,同比增长1.04%,游客复游率达80.36%。

八、文化产业与科技持续健康发展

2018年,文化产业持续健康发展。积极宣传推介内蒙古文化产品和文化品牌,积极搭建文化金融合作平台,主动向金融机构推荐重点融资项目,支持文化产业园区、文化旅游、大遗址开发等重点项目与金融资本对接。推动文化创意产品开发。2018年全区文化系统产业增加值32.01亿元,比上年度增长3.27亿元,占全区GDP比重为0.18%,占全区第三产业比重为0.37%。

九、文化遗产保护利用深入开展

2018年末全区共有文物机构211个,比上年末增加17个。其中,文物保护管理机构94个,占44.55%,博物馆109个,占51.66%。年末全区文物机构从业人员2565人,比上年末增加37人。其中文物保护管理机构696人,占27.13%;博物馆1782人,占69.47%。

图5　2010-2018年全区文物机构及从业人员情况

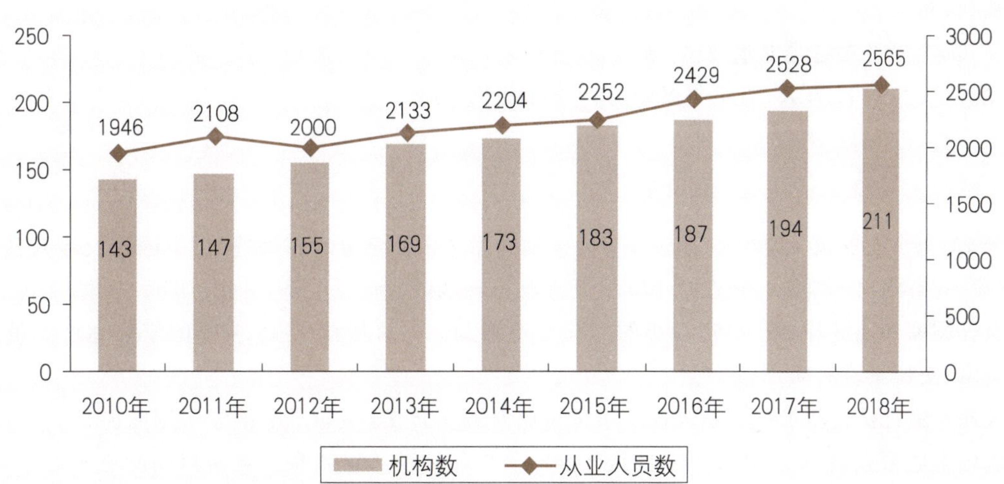

2018年,全区文物机构拥有藏品100.96万件,比上年末增加25.56万件,增长33.90%。其中,博物馆藏品91.21万件,占藏品总量的90.34%;文物保护管理机构藏品8.05万件,占藏品总量的7.97%。藏品中,一级文物0.26万件,占0.26%;二级文物0.78万件,占0.77%;三级文物1.26万件,占1.25%。

全年文物机构共安排基本陈列349个,举办临时展览202个,接待参观1296.82万人次,同比下降1.97%。其中博物馆接待观众1176.41万人次,占文物机构接待观众总人次的90.71%;文物保护管理机构接待观众120.41万人次,占9.29%。参观人群中未成年人451.48万人次,同比下降3.94%,占参观总人数的34.81%。

2018年,非遗传承保护稳步推进。公布了第五批国家级非遗代表性传承人名录、第六批自治区级非遗名录和扩展名录,组织评选了第六批自治区级非遗代表性传承人。有“人类非物质文化遗产代表作”2项,国家级代表性项目81个,国家级代表性传承人75人;自治区级代表性项目479个,自治区级代表性传承人885人;盟市级代表性项目1247个,盟市级代表性传承人2628人;旗县级代表性项目2366个,旗县级代表

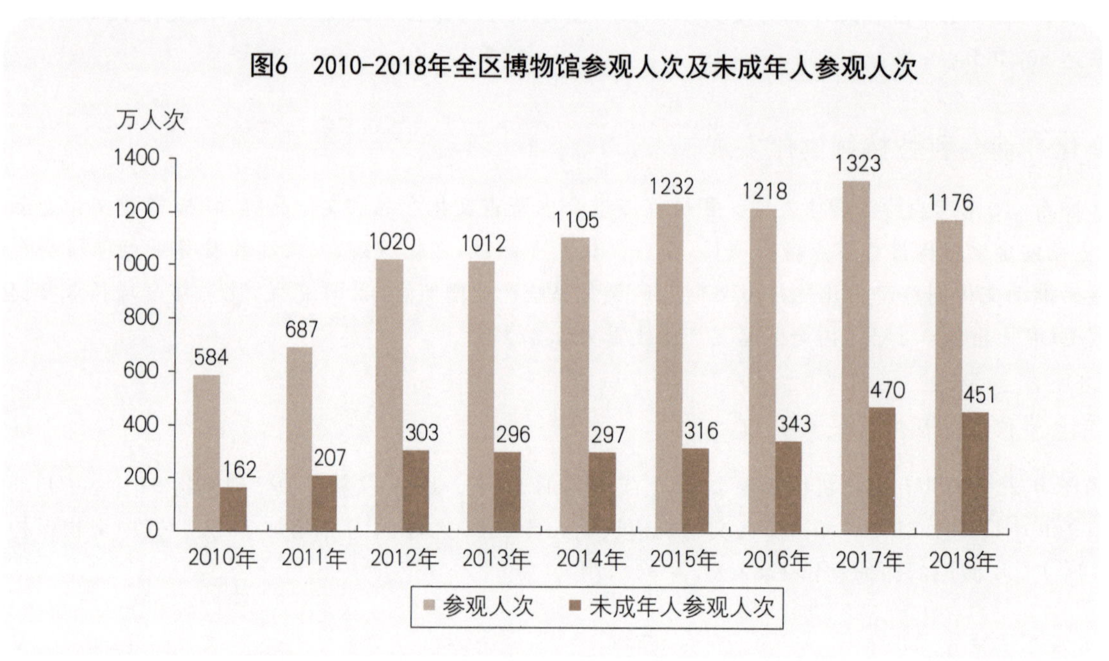

性传承人 4308 人。

2018 年度，全区开展各类非遗展览、演出、举办民俗活动 2774 场，参加人次 266.10 万人；举办各类培训班 580 场，培训人次 2.94 万人；组织非遗研讨会及讲座 86 场次。

十、文化和旅游对外交流与合作持续开展

2018 年，对外文化交流活动亮点纷呈。年内分别选派艺术团组分赴越南等 11 个国家及地区开展了“欢乐春节”活动，先后演出 52 场次，观众达 100 多万人次。与俄国、澳门、斐济、日本、印度、韩国、美国、意大利、哈萨克斯坦等国家和地区开展了丰富多彩的文化交流活动。先后接待了 40 多个国家和地区人员来访，开展了文艺演出、交流座谈活动。

旅游对外交流合作不断加强。积极推动中俄蒙旅游务实合作，参加了中俄蒙三国旅游部长会议和中俄蒙三国五地旅游联席会议，积极开展了中俄地区交流合作年活动。组团参加莫斯科国际旅游展、“贝加尔之旅”国际旅游展、乌兰巴托旅游展。开展了中俄蒙哈青少年旅游夏令营跨境旅游活动。满洲里市获批为全国首批边境旅游试验区。第二批赴俄免签社获批。积极加大入境旅游市场推广，组团参加了德国、英国、美国、韩国、日本和港澳地区的旅游交易会博览会。不断深化与周边省区旅游合作，巩固与京津冀、辽吉黑、晋陕甘宁旅游合作成果，积极与长江经济带、珠三角经济圈开展区域性合作。

（内蒙古自治区文化和旅游厅）

内蒙古:文化扶贫工作深入开展

内蒙古自治区文化和旅游厅深入贯彻中央及自治区关于脱贫攻坚的战略部署,高度重视文化扶贫工作,坚持精准扶贫、精准脱贫基本方略,坚持扶贫与扶志、扶智相结合,全面提升贫困地区文化建设水平,各项工作取得了较为显著的成效。

加强贫困地区公共文化服务建设,推动文化资源向贫困地区倾斜。积极落实贫困地区“百县万村”综合文化服务中心示范点建设工作,为31个国家级贫困旗县3233个嘎查村配齐必要的文化设备,为一批贫困旗县配备流动文化车、流动舞台车、乌兰牧骑演出大巴车。实施“数字文化走进蒙古包”工程,举办边境贫困地区乡镇苏木综合文化站培训班,培养了一批民族民间文化队伍及乡土文化人才。持续开展“阳光工程”中西部农村文化志愿者服务行动计划和“春雨工程”全国文化志愿者边疆行系列活动,提升贫困地区文化工作者能力水平。

繁荣艺术创作,推进贫困地区文化惠民演出活动蓬勃开展。组织开展“扎根草原,情系人民”艺术创作活动。在内蒙古东中西部分别设立了艺术创作采风基地,每年组织中青年编创人员百余人分别赴贫困旗县开展艺术创作采风活动,创作出一批扶贫题材的优秀舞台艺术作品。积极开展“送戏下乡”活动,实现了为国贫旗县的332个乡镇每2个月配送一场文艺演出的目标。支持乌兰牧骑等院团到贫困地区开展惠民演出,安排专项资金对贫困地区惠民演出活动进行补贴。采取政府购买服务的方式,招标采购优秀民营剧团为贫困旗县进行惠民演出,进一步丰富贫困地区人民群众的文化生活。

加强贫困地区文化遗产保护利用,促进贫困群众增收致富。统筹规划文物遗址保护工作,加大贫困旗县文物古迹保护力度。积极争取项目资金支持贫困地区挖掘保护和开发利用红色、民族、民间文化资源,推动贫困地区文化旅游业发展。在非遗项目和传承人评定、非遗专项资金扶持等方面持续向贫困地区倾斜,在内蒙古展览馆设立了传统工艺工作站,举办了“非遗+扶贫”展览,积极推广科右中旗、翁牛特旗等贫困旗县特色文化产品。实施非遗传承人群研修研习培训计划,组织举办了“传统工艺+现代创意—刺绣培训提升研讨班”,通过传授技艺,支持其自主创业,有效提升了贫困群众内生动力。

辽宁省2018年文化和旅游发展情况分析

2018年，在习近平新时代中国特色社会主义思想指引下，在省委、省政府的正确领导下，省文化和旅游系统全面贯彻落实党的十九大精神，紧紧围绕全省振兴发展大局，坚持以人民为中心的工作导向，坚定文化自信，增强文化自觉，大力推动文化事业、文化产业和旅游业健康发展，各项工作取得了新成绩。

一、机构和人员情况

全省各级各类文化事业单位2101个，从业人员1.8万余人。全省专业艺术院团34个；专业艺术演出剧场32个；公共图书馆130个，从业人员2588人；群众艺术馆（文化馆）125个，从业人员2056人；乡镇和城市街道文化站1460个，其中乡镇综合文化站950个；社区文化室3473个，村文化室9134个；文化系统所属博物馆65个，省级以上文物保护单位472个，拥有文物藏品64.4万余件/套；全省各级各类文化市场经营场所6981个，安排就业人员3.3万余人。

表1　2017、2018年辽宁省文化机构和从业人员情况表

项　目	机构数(个)		从业人员数(数)	
	2017年	2018年	2017年	2018年
合　计	10599	9082	56532	50939
1.艺术业	67	66	3509	3291
其中：艺术表演团体	34	34	2934	2762
艺术表演场馆	33	32	575	529
2.图书馆	130	130	2662	2588
3.文化馆	125	125	2259	2056
4.文化站	1460	1460	3231	3432
5.艺术教育业	4	4	197	198
6.文化市场经营机构	8489	6981	37798	33054
7.文艺科研	8	8	107	100
8.文物业	143	144	3617	3478
9.文化行政主管部门	99	99	1674	1777
10.其他文化机构	74	65	1478	965

二、资金投入和基础设施建设

2018年全省文化投入26.9亿元，比上年增长了18.2%。全省文物投入8亿元，比上年增长了17.6%。艺术表演场馆、文化馆、文化站、文化科研机构、其他文化机构、博物馆、文物科研机构经费有不同程度减少，原因是辽宁省实行事业单位改革，有的单位从原文化部门划归给其他部门管理，还有退休人员从原单位划给了社会保险部门管理所致。

加强基础公共文化设施建设，公共文化设施实现全面免费开放，服务水平和服务能力大幅提升。为扎实推进全省脱贫攻坚工作，落实省政府有关会议精神，进一步提升15个重点贫困县基本公共文化服务水平，投入2000万元，为全省15个贫困县400个村建设不少于800平方米的文化广场。投资建设345个重大旅游项目，累计实现旅游投资214.83亿元。扎实推进“厕所革命”的新三年计划，全年完成1100座旅游厕所。投资1.2亿元建设大连京剧院综合楼，累计完成投资1.09亿元。丹东市元宝区投资2000万元购置元宝区文化馆和图书馆两馆馆舍，建筑面积3222平方米。

表2　2017年和2018年主要行业经费投入对比表

单位：亿元

项　　目	2017年投入	2018年投入	增减数	增减%
一、文化合计	22.76	26.9	4.14	18.2
艺术表演团体	3.96	4.84	0.88	22.2
艺术表演场馆	1.31	1	−0.31	−2.4
公共图书馆	5.09	5.3	0.21	4.1
文化馆	3.67	3.34	−0.33	−8.9
文化站	1.37	1.29	−0.08	−5.8
其中：乡镇综合文化站	0.74	0.74	0	0
艺术教育业	0.36	0.46	0.1	27.8
文化科研机构	0.19	0.17	−0.02	−10.5
文化行政主管部门	5.5	9.24	3.74	68
其他文化机构	1.31	1.26	−0.05	−3.8
其中：文化市场执法机构	0.29	0.15	−0.14	−48.3
二、文物合计	6.8	8.00	1.20	17.6
博物馆	5.03	4.97	−0.06	−1.2
文物保护管理机构	0.61	0.79	0.18	29.5
文物科研机构	0.67	0.44	−0.23	−34.3
其他文物机构	0.49	1.8	1.31	267
总　　计	29.56	35.05	5.5	18.6

三、艺术创作演出

坚持正确创作导向，不断推出文艺精品。推出话剧《工匠世家》、乐舞诗《月颂》、交响音乐会《永恒的经典》、芭蕾舞剧《花木兰》等优秀作品。话剧《干字碑》入选2018年度国家舞台艺术精品创作扶持工程，并赴中央党校进行汇报演出。组织全省各界人士迎新春茶话会、2018年辽宁省新年音乐会、“振兴之歌”机关文艺汇演、慰问援疆援藏干部专场演出等重要演出，得到省委、省政府领导同志的充分肯定。完成“三下乡”赴本溪桓仁、阜新彰武的文艺演出，深受群众好评。开展文化惠民演出工作，全年组织各级文艺院团开展文化惠民演出近千场。申报2019年国家艺术基金资助的项目达378个。评剧剧本《连心桥》《天秀山下会亲家》等入选文旅部戏曲剧本扶持项目。

文艺作品创作成绩斐然，沈阳艺术节成功举办，集中推出了50余台剧(节)目、130多场演出。本溪市歌舞剧院创作的评剧《中秋泪》圆满完成省内巡演。获国家艺术基金资助项目的话剧《大码头》、杂技剧《冰雪梦蝶秀》和音乐剧《那山那海那片情》创作演出成功。创作的小品《大屯小事》参加2018年央视元宵晚会演出。

艺术表演团体(事业)18个，本团创作首演剧目15个，比上年减少3个，减少20%；全年演出1550场，实现演出收入3402万元，比上年增加907万元，增长36%。

表3 艺术表演团体(事业)综合情况

年份 项目	机构数 (个)	从业人员 (人)	本团创作 首演剧目 (个)	演出场次 (场)	国内演出 观众人次 (万人次)	财政拨款 (万元)	演出收入 (万元)
2014年	23	1872	18	3563	263.6	24442	1765
2015年	23	1828	11	2860	216.1	29204	1538.7
2016年	21	1516	2	1744	99.3	32191	1450.3
2017年	18	1611	15	1900	107.6	33228	2495
2018年	18	1491	13	1550	85.2	28766	3402

四、公共服务体系

公共服务效能全面提升，组织开展了全省140个乡镇(街道)综合文化站示范点和280个村(社区)基层综合性文化服务中心示范点创建。组织开展2018—2020年度“辽宁省民间文化之乡”命名评审工作，命名28个“辽宁省民间文化艺术之乡”；全省5个县(区)乡镇被文化和旅游部命名为2018—2020年度“中国民间文化艺术之乡”。开展各类群众文化活动30余场。举办第七届全省公共图书馆全民读书节，开展文化讲坛、专题展览、智慧阅读、无障碍阅读、流动文化服务、最美基层图书馆评选等11个主题千余场活动。开展辽宁省第十六届“群星奖”评奖活动，129个优秀作品参评，34个作品获奖。组织开展全省农民广场舞展演、合唱展演等省级示范性群众文化活动。参加“全国广场舞北京集中展演活动”并获优秀组织奖。搭建“政府购买公共文化服务”网上平台，送戏曲下乡演出100场。

(一)公共图书馆

全省共有公共图书馆130个，其中少儿图书馆15个。年末全省公共图书馆从业人员2588人，比上年末减少74人。实际使用房屋建筑面积59.8万平方米，比上年末增长3.1%；图书总藏量4175万册，增长5.3%；阅览室坐席数3.9万个，增长0.3%。全省平均每万人公共图书馆建筑面积136.87平方米，比上年末增加4.11平方米；全省人均图书藏量0.95册，高于全国人均图书藏量，全年全省人均购书费1.51元，比上年增长0.18元，增长了13.5%。

全省公共图书馆发放借书证151.1万个，比上年增长8.1%；总流通人次2850万人次，增长10.5%。书刊文献外借册次1914万，增长0.7%；为读者服务组织各类讲座2719次，参加活动23.8万人次。

(二)群众文化机构

全省共有群众文化机构1585个，其中文化馆125个，文化站1460个(其中乡镇综合文化站950个)。全省群众文化机构从业人员5488人，比上年末减少2人。实际使用房屋建筑面积117.63万平方米；计算机

9901 台。年末全省平均每万人群众文化设施建筑面积 269.24 平方米，比上年减少 2.39 平方米。全年共组织开展各类文化活动 31879 场，比上年增加 554 场，增加了 1.8%；服务人次 1095 万，增加了 39 万，增长了 3.4%，充分体现了群众文化活动丰富多彩。

表 4　全省图书馆情况

指　　标	计量单位	2016 年	2017 年	2018 年
机构数	个	130	130	130
业人员	人	2761	2662	2588
总藏量	万册、件	3928.7	3964	4175
本年新购藏量	万册、件	183.4	189.5	164.4
实际使用公共房屋建筑面积	万平方米	56.2	58	59.8
#书库	万平方米	9.9	10.5	10
阅览室	万平方米	15.6	15.9	12.4
阅览座位	万个	3.7	3.8	3.9
#少儿阅览室	万个	0.8	0.8	0.8
图书借阅情况	—			
#总流通人次	万人次	2313	2579	2850
书刊文献外借册次	万册次	1795	1900	1914
累计发放有效借书证数	万个	137.7	139.8	151.1
为读者举办各种活动	—			
各类讲座次数	次	2534	2696	2719
参加人次	万人次	27.2	25.5	23.8
年末固定资产原值	亿元	13.5	22.6	24.4

五、文化遗产保护利用

加强文物保护基础工作，编制《辽宁省实施革命文物保护利用工作方案》，安排部署第十批省级文物保护单位划定保护范围和建设控制地带工作。核定公布辽宁省第十批省级文物保护单位共计 219 处 2569 段。推进致远舰及其出水文物保护工作。19 项全国重点文物保护单位保护工程和 9 项全国重点文物保护单位“三防”工程的项目计划获得国家文物局批复。做好全省省级以上文物保护单位、保护区基础数据(600 处、823 个地点)的保护范围和建设控制地带矢量化数据转换工作。

推进文物保护重点工作，完成盖州玄贞观修缮等 10 项文保工程的中期检查工作和千山古建筑群大安寺修缮等 19 项文物保护工程技术验收工作。完成对王义沟遗址等 15 项主动性考古发掘项目检查验收。组织专家论证核准旅顺监狱旧址监狱和绞刑场修缮工程方案等 9 项文物保护工程。全面梳理文物保护单位管理现状和存在问题，开展了全省 600 处省级以上文物保护单位专题调研。启动实施革命文物保护传承工程，启动第八批全国重点文物保护单位遴选申报工作。开展博物馆和文物建筑消防安全大检查和文物法人违法案件专项督察，全省文物安全状况保持平稳态势。加强拍卖管理，完成对富佳斋拍卖有限公司举办的“天禄琳琅——中国书画专场”五场共 195 件/套书画类标的、对北京中天信达拍卖有限公司与辽宁省拍卖行共同举办的“2018 春季艺术品拍卖会”的共计 105 件/套文物标的审核、对建投拍卖有限公司共 506 件/套藏品的现场审核。《圆梦——从北洋铁甲到航母舰队》原创展览荣获“全国博物馆十大陈列展览精品奖”。

全省文博系统举办展览409个，博物馆参观2118万人次，比上年增加126万人次，增长了6.3%。

表5 文物业综合情况

项目	机构数（个）	从业人员（人）	藏品数（件/套）	一级品	二级品	三级品	本年新增藏品数（件/套）	举办展览（个）	参观人次（万人次）
2014年	143	3818	779775	1988	13864	136533	9747	424	1336.5
2015年	143	3725	754521	2024	13971	136605	13994	500	1364.3
2016年	144	3686	827168	2320	15441	162381	4989	490	1753
2017年	143	3617	624845	2266	14720	161561	7083	509	1992
2018年	144	3478	644488	1945	14616	128443	4328	409	2118

辽宁现有国家级保护项目67个，省级181个，市级858个。非遗代表性项目和代表性传承人扶持力度不断加大，12个项目列为《第一批国家传统工艺振兴目录》，20名传承人获得文化和旅游部公布的第五批国家级非遗代表性项目代表性传承人称号。举办了300余名传承人培训班，组织非物质文化遗产进校园、进社区文化惠民活动300场，观众14万人次。举办迎新春辽宁省非物质文化遗产展示展演活动，50余个传统美术、传统技艺、传统医药类项目参展，70个非物质文化遗产代表性项目传承人及90余名民间艺人参加现场表演和展示，吸引观众5万余人次。举办辽宁省“文化和自然遗产日”非物质文化遗产展示展演主场活动，有近500个国家、省、市、县级非遗名录参加展示展演，参与群众近15万人。组织国家级非物质文化传承人参加第五届中国非物质文化遗产博览会技艺比赛名列前茅。

六、文化和旅游产业

产业结构不断优化，沈阳市棋盘山国家级文化产业园区按照《文化部办公厅关于国家级文化产业示范（试验）园区清理检查工作情况的通报》中提出的整改意见进行整改。省政府授予抚顺市“琥珀之都”称号，启动文化产业“一县一品”品牌培育建设工程。开展国家文化产业发展专项资金重大项目申报工作，有13个项目入选“文化和旅游部文化产业项目手册”。促进消费初见成效，成功举办文化消费节、文化庙会、犀牛市集、工艺精品节、古玩节、紫砂节等一系列活动，吸引参与文化消费人群300余万人，推动文化企业重点产业项目总投资30亿元。规模以上文化企业营业收入增长平稳；培育常态化演出项目30个，演艺项目与旅游景区融合发展取得显著成效；举办动漫游戏展会57个，同比增长130%，VR体验馆等新兴业态迅速发展；工艺美术品市场兴旺繁荣，辽宁四宝、锦州古玩节等大型古玩工艺品展会成交活跃，辽宁（沈阳）工艺精品文化节市场化转型取得成功，参展企业达200余个；沈阳故宫博物院等5家文创产品开发试点单位深入挖掘馆藏资源，开发文创产品达百余种。

2018年，深入推进旅游供给侧结构性改革，积极推动全域旅游示范区创建工作，全省共创建15家全域旅游示范单位。国有旅游资源市场化改革取得重要阶段性成效，全省110家国有旅游景区完成阶段性改革任务。旅游投资渐次发力，全省重点推动345个重大旅游项目建设，累计实现旅游投资214.83亿元，其中亿元以上旅游项目投资完成额达143亿元。旅游宣传营销取得新突破，围绕境内外主要客源市场，组织各地相继开展了北京推广周、江苏南京深化对口合作推广会和港澳、日韩等境外推广活动20余项。推出“发现辽宁之好，感受辽宁之美，我在辽宁等你”旅游宣传口号。在央视新闻栏目广告时段、首都机场车站等地持续投放辽宁旅游广告。创办发行“京辽旅游一卡通”“惠民旅游套票”，累计发放170余万张。全省启动“嬉冰雪 泡温泉 到辽宁过大年”冬季旅游系列主题活动，旅游市场繁荣稳定，呈现了良好发展的态势。

2018 年国内旅游市场持续平稳增长，入境旅游市场稳步回升，出境旅游市场快速发展。全年国内旅游人数 5.62 亿人次，比上年同期增长 11.7%；入境旅游人数 287.7 万人次，比上年同期增长 3.2%。全省旅游业实现旅游总收入 5369.8 亿元，同比增长 13.3%。

表 6　2015－2018 年辽宁省旅游主要指标

年　份	旅游总收入（亿人民币）	同比（%）	国内旅游收入（亿人民币）	同比（%）	国内旅游人数（万人次）	同比（%）	入境旅游收入（万美元）	同比（%）	入境旅游人数（万人次）	同比（%）
2015 年	3722.7	12.5	3622.7	12.8	39710.7	12.5	163650	1.2	264.1	1.3
2016 年	4225.0	12.5	4122.0	13.8	44872.9	13.0	174141	3.5	273.7	3.7
2017 年	4740.8	12.2	4620.7	12.1	50318.4	12.1	177806	2.1	278.8	1.9
2018 年	5369.8	13.3	5254.8	13.5	56211.4	11.7	173958	－2.2	287.7	3.2

七、文化和旅游市场管理

文化市场整治成效显著。开展全省演出市场专项整治，共出动执法人员 1500 余人次，检查演出团体、演出场所等近 300 家次，警告 3 家，取缔演出活动 10 场次，实施行政处罚 5 件。全省共有 237 家县（含县级）以下上网服务场所实现转型升级，占全省县（含县级）以下上网服务场所总数的 17.4%。大连市文化市场综合执法总队被评为全国“扫黄打非”先进集体。

旅游市场监管稳步推进。一是落实旅游安全责任，与各市签订《2018 年度辽宁省旅游安全工作目标管理责任书》。研究制定《辽宁省旅游安全检查指南》和《辽宁省旅游行业安全专项整治行动工作方案》。组织开展旅游安全大检查，妥善参与处置了赴朝鲜旅游团重大交通事故、泰国普吉岛游船倾覆事故等 6 起境外涉旅突发事件；全面开展旅游企业安全教育培训。二是加强旅游市场监管，积极开展旅游市场检查整治，全省共出动检查人员 800 余人次，检查旅行社、导游及领队 1300 余家（人）次，对 19 起违法违规问题依法进行了处罚。三是加强标准化建设，提升旅游行业管理水平。四是加强旅行社业务管理，加强事中事后监管，加强文明诚信旅游建设。

表 7　2017－2018 年文化市场经营机构基本情况

项　　目	机构数（个）		增　减	从业人员（人）		增　减
	2017 年	2018 年		2017 年	2018 年	
娱乐场所	3646	3169	－477	16454	13616	－2838
互联网上网服务营业场所（网吧）	4054	3192	－862	10334	7831	－2503
非公有制艺术表演团体	153	158	5	2059	1889	－170
非公有制艺术表演场馆	88	89	1	3865	2026	－1839
经营性互联网文化单位	147	132	－15	2165	4108	1943
艺术品经营机构	286	161	－125	1321	2814	1493
演出经纪机构	115	80	－35	1600	770	－830
合计	8489	6981	－1508	37798	33054	－4744

2018 年全省互联网上网服务营业场所（网吧）3192 个，比上年减少 862 个，减少 21%；娱乐场所 3169 个，比上年减少 477 个，减少 13%；非公有制艺术表演团体 158 个，比上年增加 5 个，增加 3%。互联网上网

服务营业场所(网吧)、娱乐场所、经营性互联网文化单位、艺术品经营机构、演出经纪机构都有不同程度的减少。网吧、娱乐等行业出现大面积场所停业原因一是行业不景气,上座率低;二是场所运营成本过高,如房租、水电、人员开支等,收入无法支撑正常场所运转;三是互联网及新兴业态,如手游、vr等娱乐项目的兴起,导致传统行业生存困难。

八、对外文化交流活动

积极开展对外文化交流活动,提升辽宁文化国际影响力。话剧《祖传秘方》赴马来西亚参加"寻找工匠精神——'一带一路'中马经济贸易交流日"活动演出。辽宁文化团体赴瑞典、埃及、韩国、日本等国进行交流活动,宣传推广了独具辽宁特色的地域文化。全年组织接待来自日本、韩国、美国、港澳台等国家、地区来辽宁省举办的推介交流会、旅游线路考察等活动9批次。

全年经文化系统审批的对外文化交流项目16起,137人次参加;对港澳文化交流项目1项,16人次参加。

九、文化和旅游发展存在的主要问题

辽宁文化产业与现代科技融合仍显不足,文化发展中的科技含量欠缺,高科技还不能顺利植入文化当中,文化创意的科技植入能力不强,文化产业示范基地中的项目缺乏科技创新能力;人才供给不足,既熟悉文化又掌握高科技的文化创意人才更少;文化人才队伍建设存在短板,特别是专业艺术人才短缺,年龄和队伍结构不合理,艺术精品创作受到影响;全省文化消费能力水平还有待提高;公共文化服务体系需要进一步完善,因地方投入不足,全省各地发展不平衡,公共文化服务体系建设地域差距较大;文物保护和文物合理利用有待进一步解放思想,开拓市场;文化市场转型升级和旅游市场标准化建设需进一步推进。

十、文化和旅游发展的几点建议

坚持以习近平新时代中国特色社会主义思想为指导,全面贯彻落实党的十九大精神,坚定文化自信,坚持以人民为中心的创作导向,培育和践行社会主义核心价值观,繁荣发展社会主义文艺,推动文化和旅游事业、产业大发展。建议如下:

(一)完善文化科技融合政策

开展系列调研活动,抓紧制定辽宁文化产业与科技融合发展的系列政策,使文化创意产业和其他文化新兴产业发展有政策支持和保护。加快科技信息技术的应用,拓展新的旅游项目,将创意新颖的产品融入旅游项目,打造辽宁旅游文化新形象。

(二)完善公共文化服务体系

推进基层文化旅游公共服务体系建设,进一步深化国家、省公共文化服务体系示范区创建工作。开展乡镇(街道)综合文化站和村(社区)综合性文化服务中心建设和资源整合,提升全省农村基层公共文化设施的效能。

(三)完善政策法规体系

以文旅融合发展为契机,逐步建立健全全行业的制度措施,为文化旅游发展打下坚实基础。重新调整全省旅游规划,推进冰雪经济发展,研究制定培育和扶持文化和旅游企业发展的政策措施,深化文化和旅游

发展的重大问题研究。

(四)以文旅融合为中心,培育新兴业态

积极推动旅游业与文化、农业、体育、工业等产业的深度融合发展,推动文化旅游、乡村民宿、体育旅游、工业旅游和购物旅游等旅游新兴业态加速发展,拓展旅游业发展空间。全力推动"冰天雪地"变"金山银山"的冰雪旅游品牌。

(辽宁省文化和旅游厅)

辽宁:第七届全民读书节为百姓打造特色文化盛宴

2018年是辽宁省第七届全民读书节,本届全民读书节以“书香辽宁新征程 不忘初心助振兴”为主题,共组织开展十一大板块、百余个项目、千余场阅读推广活动,惠及全省群众,推动全民阅读活动持续有效开展,为百姓打造一场别具匠心的文化盛宴。

一、全省盲人数字阅读推广、辽图约书亮点纷呈

阳光阅读“全省盲人数字阅读推广工程”在全省17家公共图书馆配置8000台基于互联网的智能听书机,充分照顾特殊群体的阅读需求,推进了无障碍阅读。在启动仪式上,为5位盲人读者代表发放了盲人数字阅读设备。

诚信阅读“辽图约书”是省图书馆在本届辽宁省公共图书馆全民读书节推出的又一亮点活动。依托支付宝、微信等网借平台,开展信用借阅服务,开启了辽宁省读者借阅的新模式。

二、系列文化讲坛、专题展览活动异彩纷呈

“辽图讲坛”为读者讲述阅读新故事。《百家讲坛》主讲嘉宾隋丽娟分享《曾国藩家书》中持家教子方法,南京大学文学院教授许结讲述“经典阅读与人文情境”,《尚志精神与尚志家训》专题讲座弘扬东北抗联精神,故宫博物院研究馆员王津将带来《故宫古钟表的修复与保护》等。

专题展览展示文化新魅力。“涵咏千年”诗经主题创作名家邀请展,“腹有诗书气自华”中华经典传统文学作品阅读推荐展,文津图书奖获奖作品展,“纸境”模范书局+煮雨工坊雕版、印刷、装帧特展等主题文化展览受到社会广泛关注,部分展览将在各市图书馆巡展。

三、推荐优秀读物,推广智慧阅读

省图书馆注重结合馆藏实际,推荐优秀书目,分享阅读快乐。开展“童阅乌托邦”少儿公益系列活动、“芸生”少儿阅读启蒙沙龙、“阅读的N次方”童书爱心漂流等少儿阅读推广活动。向全国青少年推荐百种优秀出版物和大众喜爱的50种图书等推荐工作。

推广数字图书,更加注重智慧阅读和对科技新生活的体验。省图书馆在数字图书馆推广工程平台及省市数字资源库中挖掘传统文化资源,开展中华传统文化数字资源阅读体验活动,大力弘扬优秀文化,树立文化自信。

四、深入基层推广全民阅读,评选最美基层图书馆

围绕读书节主题,全省各级公共图书馆、少儿图书馆组织开展流动图书馆进机关、进企业、进学校、进军营、进乡村、进社区、进家庭等“七进”活动,为读者提供图书阅览、图书借还及现场咨询解答等图书馆基本服务,引导全民阅读工作深入基层、深入群众。

吉林省2018年文化和旅游发展情况分析

2018年是吉林省文旅融合的元年，在省委、省政府的正确领导下，全省文化和旅游系统深入学习贯彻党的十九大精神，践行习近平总书记“绿水青山就是金山银山，冰天雪地也是金山银山”发展理念，加快推进文化建设和旅游发展。

一、机构和人员

2018年末，全省统计范围内的文化（文物）单位5,206个，比上年减少83个；从业人员27,712人，减少698人。其中，各级文化（文物）单位1,438个，比上年减少13个；从业人员13,528人，增加205人。其中：图书馆66个，从业人员1,556人；文化馆（群众艺术馆）79个，从业人员2,293人；文化站901个，从业人员2,112人（其中：乡镇文化站623个，从业人员1,594人）；艺术表演团体47个，从业人员2,671人；博物馆77个，从业人员1,188人；美术馆12个，从业人员100人。

二、文化投入持续增加

全省文化（文物）事业费25.83亿元（不含基建拨款），占全省财政总支出3790亿元的比例为0.68%；人均文化事业费79.96元，全国排名第10位。1998年至2018年二十年间，全省各级财政对文化事业经费投入保持逐年递增，累计金额196.14亿元（不含基建拨款），从1998年的1.62亿元增加到2018年的25.83亿元，年均增长14.85%。

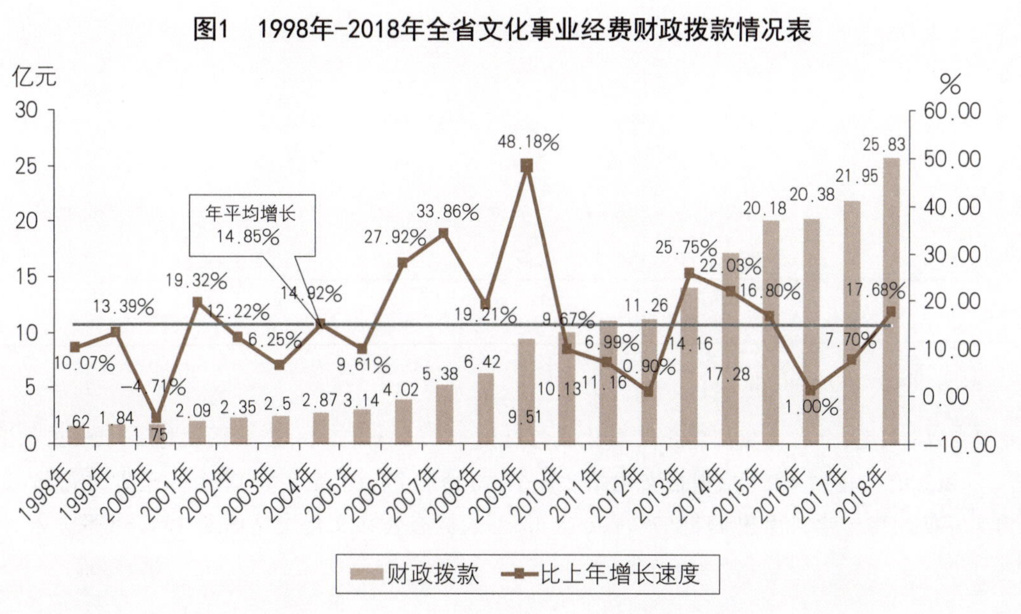

图1 1998年-2018年全省文化事业经费财政拨款情况表

其中：对公共图书馆经费投入从1998年的0.24亿元增加到2018年的3.08亿元，年均增长13.61%。对群众文化经费投入从1998年的0.27亿元增加到2018年的4.67亿元，年均增长15.32%。对艺术表演团体经费投入从1998年的0.42亿元增加到2018年的2.75亿元，年均增长9.90%。对博物馆经费投入从1998年的0.11亿元增加到2018年的3.09亿元，年均增长18.15%。省直文化事业经费从1998年的0.51亿元增加到2018年的6.22亿元，年均增长13.32%。

三、艺术创作演出丰富多彩

艺术创作生产取得新成果。民族管弦乐《高粱红了》入选首届全国优秀民族乐团展演；京剧《赠绨袍》等3部剧目入选中国京剧音像集萃工程；舞剧《人·参》入选"全国舞台艺术重点创作剧目"和"国家舞台艺术精品创作工程重点扶持剧目"；吉剧《黄大年》、满族新城戏《哈达山下》、唱剧《春香传》等一批优秀剧目，相继入选全国基层院团戏曲会演、全国优秀现实题材舞台艺术作品展演和戏曲百戏（昆山）盛典。圆满完成新年戏曲晚会、春节团拜会、元宵京剧晚会、优秀戏曲剧目汇演、优秀剧目晋京展演等重要演出活动；成功举办吉林省首届艺术节，累计开展大型精品舞台艺术剧（节）目演出36场，精品文化惠民演出和美术项目集中展示活动170余场（次）；圆满完成省政府年度民生实事项目"送演出下基层"3000场、省级公益和低票价惠民演出500场、"送戏曲进校园"活动296次，惠及观众200余万人次；积极参与全国广场舞展演活动，组织开展"长白之声合唱节"等主题文化活动，被文化和旅游部、国家体育总局评为"优秀组织奖"。

表1　2009—2018年全省文化部门艺术表演团体基本情况

	机构（个）	从业人员（人）	演出场次（场）	国内演出场次	农村演出场次	国内演出观众人次（万人次）	演出收入（万元）	实际使用面积（万平方米）	排练场
2009年	68	4103	8382	7225	3598	729.60	5070	9.47	2.53
2010年	69	4101	8806	8063	4158	885.90	3274	9.66	2.14
2011年	67	4043	8955	8326	5467	893.60	4342	9.47	2.77
2012年	41	2803	6591	5266	2980	588.02	5588	8.88	2.48
2013年	39	2700	4912	4845	3091	389.47	2983	9.32	2.42
2014年	40	2540	4467	4218	2526	372.38	2860	9.48	2.60
2015年	40	2510	4980	4720	2690	349.75	3074	9.84	2.26
2016年	40	2245	5080	4750	2970	351.62	3719	9.32	2.20
2017年	44	2416	5010	4510	2420	367.28	4337	10.15	2.68
2018年	47	2671	4890	4740	2310	306.71	4460	10.76	2.39

四、公共服务体系日趋完善

截止到2018年底，全省文化部门公共文化服务机构1,135个，其中：公共图书馆66个、文化馆（含群艺馆）79个、乡镇综合文化站623个、街道文化站278个、博物馆77个、美术馆12个。全省文化部门公共文化服务机构实际使用房屋建筑面积1188092平方米，每万人拥有公共文化设施面积454.30平方米。

表 2 全省每万人拥有公共文化设施面积

序号	考评对象	合计 机构数 (个)	实际使用房屋建筑面积 (平方米)	户籍人口数合计 (万人)	每万人拥有公共文化设施面积 (平方米)	备注
	合计	1135	1188092	2615.20	454.30	
1	长春市	197	249190	751.29	478.01	含省本级面积
2	吉林市	176	133880	413.52	323.76	
3	四平市	89	53710	216.17	248.46	
4	辽源市	63	83660	117.24	713.58	
5	通化市	95	94230	156.80	600.96	
6	白山市	91	63130	118.10	534.55	
7	松原市	117	84680	275.00	301.89	
8	白城市	118	84680	189.91	445.90	
9	延边朝鲜族自治州	118	164810	208.66	789.85	
10	其他	65	40360	168.51	239.51	含公主岭、梅河口、长白山管委会

近九年来，全省公共文化服务体系财政补助经费累计达到 76.67 亿元（不含基建拨款）。按机构类型分，公共图书馆 21.49 亿元，占财政补助总计的 28.03%；文化馆（含群艺馆）23.04 亿元，占 30.05%；文化站 10.93 亿元，占 14.26%；博物馆 19.84 亿元，占 25.88%；美术馆 1.37 亿元，占 1.79%。

图2 近九年来，全省公共文化服务体系财政补助经费累计达到76.67亿元（按机构类型分）

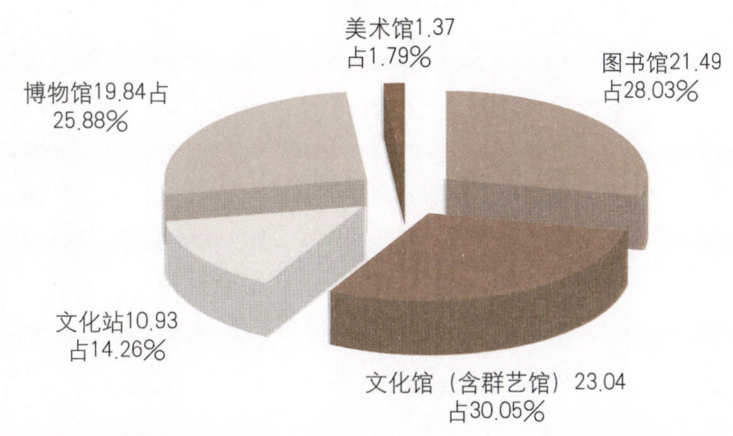

吉林、白山、四平创建第三批国家公共文化服务体系示范区（示范项目），通过国家验收。建设完成 200 个农村文化小广场，累计达到 7800 个。为最后一批 393 个贫困村配备文化器材，全省 1493 个贫困村实现文化器材配备全覆盖。“吉林省军民融合发展——公共数字文化进边防”与“中西部贫困地区公共数字文化服务提档升级”相结合，完成乡镇级基层服务点 60 个，数字文化驿站 58 个，全部配备了公共文化一体机等互动体验播出终端。

五、文化市场繁荣稳定

2018 年末，全省文化市场经营单位 3,730 家，从业人员 13,637 人。其中娱乐场所 1,363 家，从业人员 5,594 人；互联网上网服务营业场所（网吧）1,916 家，从业人员 5,602 人；非国有艺术表演团体 35 家，从业人员 1,019 人。资产总计 32.30 亿元，比上年减少 1.48 亿元，减幅 4.38%。营业收入 13.06 亿元，比上年减少 0.55 亿元，减幅 4.04%。利润总额 6.27 亿元，比上年减少 0.36 亿元，减幅 5.43%。

强化市场安全。严厉打击无证照、证照不全等违法违规经营行为，依法惩处上网服务场所接纳未成年人等违法经营行为，加强演出市场、娱乐市场、艺术品市场的监管，吉林省成功查办的两个网络案卷被文化和旅游部评为重大案卷；持续推进"扫黑除恶""扫黄打非""双打""禁毒"和"社会治安综合治理""青少年维权""环保督察""软环境建设"等工作。签订《旅游行业安全生产工作目标责任状》，压实旅游安全责任；制定《吉林省旅游安全风险评估与预警体系》，落实双重预防机制；将日常检查和专项督查相结合，开展"利剑行动—1""不合理低价游""五一"假期市场秩序专项整顿；开展全省旅游景区酒店（旅店）专项检查；与人保财险签署公众责任保险保障协议，雪博会期间投保 1000 万元，积极设计开发公众责任保险产品，实现了冰雪安全的重大突破。

六、旅游资源利用引领发展

2018 年，全省接待游客 22156.39 万人次，同比增长 15.15%；实现旅游总收入 4210.87 亿元，同比增长 20.07%，分别高于全国平均水平 4.65 和 9.17 个百分点，旅游业保持了持续快速增长的强劲势头。

表 3　2010—2018 年旅游业主要发展指标

年　份	旅游总人数（万人次）	旅游总收入（亿元人民币）	入境旅游人数（人次）	外汇收入（万美元）	国内旅游人数（万人次）	国内旅游收入（亿元人民币）
2010	6490.90	732.83	820062	30491.69	6408.89	712.39
2011	7641.30	929.33	993204	38527.75	7541.98	904.29
2012	8972.55	1178.06	1182689	49477.07	8854.28	1146.89
2013	10369.28	1477.08	1273559	57052.70	10241.93	1441.64
2014	12141.24	1846.79	1376852	67538.16	12003.55	1805.53
2015	14130.90	2315.17	1480994	72413.93	13982.80	2269.55
2016	16578.77	2897.37	1619530	79120.61	16416.82	2845.94
2017	19241.33	3507.04	1484309	76578.70	19092.90	3456.5
2018	22156.39	4210.87	1437543	68585.55	22012.64	4165.60

（一）冰雪产业走出吉林路径

2017—2018 年雪季，全省接待游客 7263.89 万人次，同比增长 17.18%；实现冰雪旅游收入 1421.81 亿元，同比增长 22.57%，占全省旅游平均总收入的 36.85%。全省西冰东雪产业格局已经形成，长吉都市冰雪运动与休闲度假和大长白山冰雪生态度假两个产业集聚区效应显现，东部冰雪体验之旅、西部渔猎文化之旅、南部康体养生之旅日臻成熟。冰雪"十大工程"全面推进。

(二)避暑休闲产业成为夏日经济新形态

2018年避暑季,全省接待游客11440.75万人次,同比增长14.09%,实现避暑旅游收入2093.49亿元,同比增长19.02%,占全省旅游总收入的48%。印发《关于推进避暑休闲产业创新发展的实施意见》,统筹推进“一山引领三江、名城带动全域”的发展格局,建设世界知名、国内领先的避暑休闲名省和新兴旅居大省。

优化提升“山水林田”四大传统业态,深耕传统地域文化,在避暑休闲产业发展中实现文化升级,在中华文明进步中熔铸吉林烙印。打造长白山山地避暑新标杆,丰富拓展滨水避暑,加快开拓森林避暑,提质升级乡村休闲。突出发展避暑康养、研学旅行和避暑旅居三大新兴业态。打造山水清奇、森林清谧、文化清醇、生活清逸、田园清馨、舌尖清香六大产品体系。

(三)全域旅游全面推进

聚焦全时段体验,构建“联动冬夏、带动春秋、驱动全年、四季皆有特色”的全时段旅游发展格局。项目建设和管理能力不断增强,全省在建项目达到240个,完成投资208.13亿元,包装30亿元以上项目31个,项目管理工作连续3年在全国名列前茅。示范区建设取得新成果,通化入选首批国家中医药健康旅游示范区创建名单,新评审命名省级文化产业示范基地(园区)23家,基地(园区)总量增至75家。旅游交通的可进入性大幅提高,航空交通建设提升,旅客吞吐量同比增长10.3%。厕所革命打造“吉林新样板”。

七、文化遗产保护稳步推进

2018年末,全省共有文物机构170家,从业人员1,905人,比上年减少28人。从单位性质看,全省文物保护管理机构52家,占文物机构总量的30.59%;博物馆107家,占62.94%;文物科研机构3家,占1.76%;文物商店和其他文物机构8家,占4.71%。

图3 全省文物机构数与从业人员变化情况

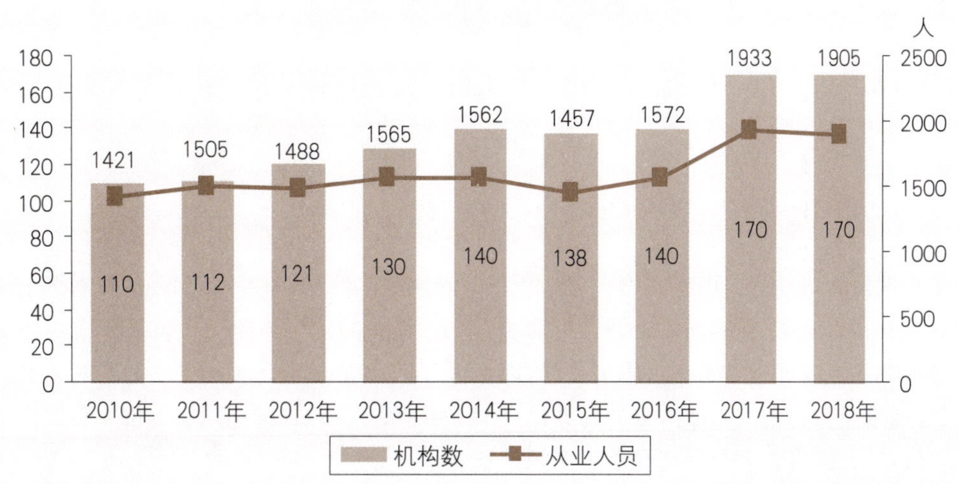

2018年末,财政补助收入4.21亿元(不含基建拨款),比上年增加0.06亿元,增长1.45%,其中:文物保护管理机构0.52亿元,比上年增加0.23亿元,增长79.31%;博物馆3.09亿元,比上年增加0.02亿元,增长0.65%;其他机构0.22亿元,比上年减少0.26亿元,增长-54.17%。

近九年来,全省文物事业费从2010年的1.40亿元,增加到2018年4.21亿元,年均增长14.75%。

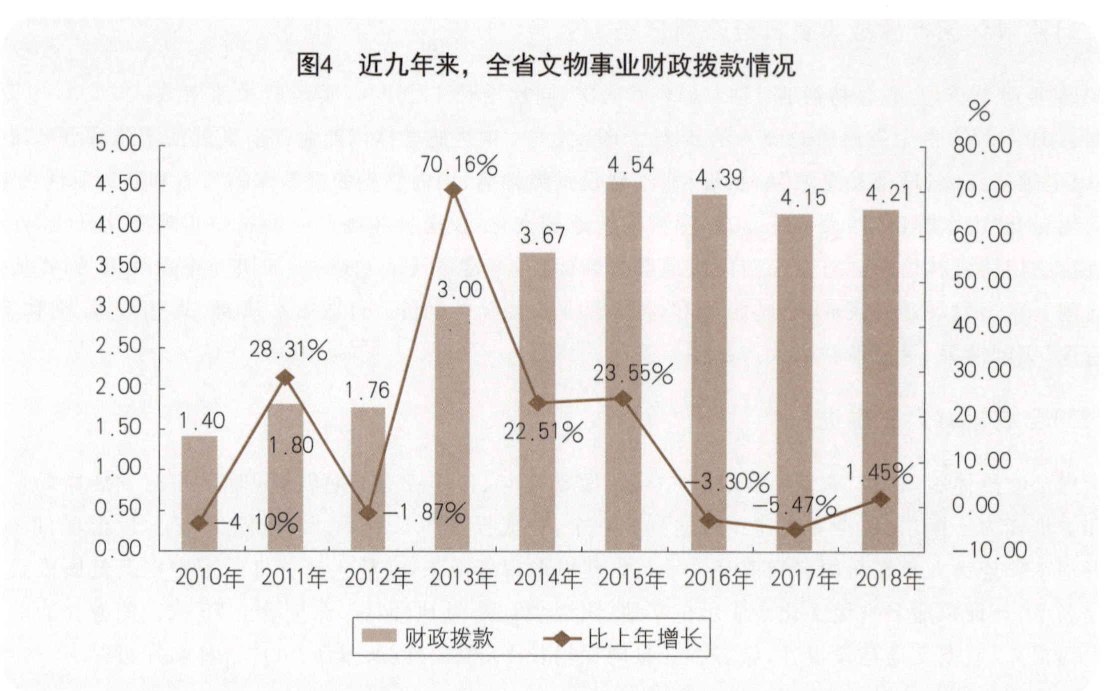

文物保护利用实现历史性突破。长白山神庙遗址入选全国十大考古新发现，伪满皇宫博物院缉熙楼同德殿保护修缮工程入选全国优秀古迹遗址保护项目。实施侵华日军第100部队遗址文物本体保护工程和遗址周边环境整治，支持一汽集团利用工业遗址开展红旗小镇建设。持续推进"吉林印记"建设项目，乡村博物馆总数已达40家，联合印发《关于认真做好支持非国有博物馆发展奖补工作的通知》，4家非国有博物馆获得奖补资金支持。

非物质文化遗产保护传承利用不断深化。联合印发《吉林省传统工艺振兴实施意见》，开展"2018文化和自然遗产日"、传统工艺市民体验、原生民歌大赛等宣传展示活动，推进传统工艺进校园、进社区等实践活动，完成查干湖省级文化生态保护区创建验收。评定第二批省级非物质文化遗产传承基地17个、传习所16个，成功举办吉林传统戏剧节，全国14个省市的17个剧种、24家院团齐聚一堂，现场观众达6万多人次、网络观众达120多万人次。

八、对外文化交流亮点纷呈

对外文化交流拓展新空间。民族交响乐《福吉天长》奏响日、韩、俄、蒙4国，展现了浓郁的吉林地方特色和热情豪迈的吉林文化情韵，代表国家赴丹麦和挪威进行"欢乐春节"访问演出，向欧洲民众传递中华文化的传统韵味与吉林的地域风情。牵头组织黑龙江、内蒙古等冰雪省份赴香港开展冰雪主题营销，"缤纷四季·精彩吉林"泰国推广活动消夏与冰雪双品牌并推，"感知中国·精彩吉林"日、韩、俄、蒙推广活动注重旅游航空业界对接，务实推进吉林旅游产品落地客源市场。

九、破解文化和旅游发展新挑战

1. 在全省经济社会发展中作用还需增强。旅游产业尚未入统，冰雪产业和避暑休闲产业皆为新业态，尚未建立起科学的衡量标准，文化产业增加值不足2%，加快文旅产业成为吉林省第四大支柱产业还需步伐。

2. 在吉林老工业基地转型升级中动能不够强劲。目前吉林省实体经济困难增多，经济企稳回升仍面临诸多问题。要以文旅融合赋予产业新内涵、新外延、新空间为契机，推动文旅产业步入继承发展、自我更新的快车道，走出老工业基地转型升级的新路径。

3. 在市场消费中的主力地位还不明显。文化产品与市场需求脱节，旅游增长与市场消费放大不同步，供给不足与供需错配同时并存，文旅产业发展与大众消费市场的有效衔接还需要进一步加强。

4. 在满足人民美好生活需求中内容还不够丰富。丰富健康的文化生活是衡量人们生活质量的重要标志，必须承担起举旗帜、聚民心、育新人、兴文化、展形象的使命任务，将文化产品和旅游产品的价值链进行解构与重组，开发一批特色鲜明的优秀文化产品和优质旅游产品，实现文旅产品特色集成、互补配套、联动演绎的发展格局。

十、谱写文化和旅游发展新篇章

高举习近平新时代中国特色社会主义思想伟大旗帜，认真贯彻习近平总书记在深入推进东北振兴座谈会上的重要讲话以及视察吉林重要讲话和对吉林工作重要指示批示精神，树牢“四个意识”，坚定“四个自信”，坚决做到“两个维护”，在文旅融合中展现新作为，在吉林全面振兴中实现新担当，努力把文旅产业打造成全省新的增长点，全力加快文化强省建设步伐。

1. 突出建国 70 周年主题。在全系统开展“我拿什么奉献给你，建国 70 周年”系列主题活动。围绕“讴歌英雄”“致敬经典”“与时代同行”“情系黑土地”“最炫民族风”等主题进行创作，筹办“庆祝中华人民共和国成立 70 周年”主题音乐会等重大文艺演出。

2. 抓住文旅融合主线。推进文旅部门组合、文旅资源整合、文旅产业融合、灵魂与载体契合、“载道”与“致远”和合。

3. 围绕高质量发展目标。打造艺术质量、项目质量、产品质量、服务质量提升工程和冰雪经济突破工程、文化遗产保护利用工程、品牌提升工程以及开放合作扩大工程。

4. 坚持以人民为中心导向。广泛开展群众性文化活动，大力提升群众公共服务水平，更好满足人民群众的消费需求，全力做好产业扶贫。

5. 弥补产业短板。做好基础研究，加强旅游航空、行业安全保障和信息化建设工作。

6. 锻造文旅干部队伍。持续加强人才培养，进一步提升业务素质和能力，不断激发创先争优动力。

7. 激活改革创新动力。深入推动文化市场综合行政执法改革，积极探索国有文艺院团绩效考评机制，研究破解博物馆事业发展瓶颈问题，创新产业资金使用方式和方向。

8. 全面从严治党。提高政治站位，推进党建工作；突出政治引领，推进思想建设；涵养政治生态，推进正风肃纪。

（吉林省文化和旅游厅）

吉林:《人·参》展现地域文化魅力

舞剧《人·参》是吉林省“十三五”时期重点文艺创作项目。2016 年 8 月获得国家艺术基金立项资助,同年 9 月获得吉林省省级文化发展专项资金的扶持。项目创作过程中,瞄准国内民族舞剧前沿,以吉林艺术繁荣发展的示范项目为目标,以成为满足人民群众精神文化需求的传世之作为宗旨,将吉林的长白山文化、青年医者与人参姑娘的爱情传说、吉林富饶的动植物资源和绿色发展理念有机融合在一起,通过“人间岁月”“山林之梦”“情归何处”“唯爱永恒”等章节,成功塑造出人参女、青年医者、老把头、小货郎等生动饱满的人物形象,通过人与参的传奇爱情故事,弘扬中华民族的奉献精神与大爱,彰显信仰与崇高之美,打造面向全国、面向国际传播的文化符号。

舞剧《人·参》于 2017 年末,获吉林省政府最高奖——长白山文艺奖“评委会特别奖”,入选吉林省 2018 年春节团拜会、吉林卫视春晚,并随团赴丹麦和挪威参加 2018 年“欢乐春节”等演出活动。入选“2018 年度全国舞台艺术重点创作剧目名录”“2018 年度国家舞台艺术精品创作扶持工程重点扶持剧目(全国仅 10 部,舞剧仅 1 部)”。舞剧《人·参》已逐步显现出“民族特色和国家水平”的舞台艺术精品水平,实现了吉林省舞台艺术创作的又一重大突破。

黑龙江省 2018 年文化和旅游发展情况分析

2018 年，全省文化和旅游系统认真落实文化和旅游部以及省委、省政府的总体部署，大力弘扬社会主义核心价值观和文化主旋律，加强社会主义政治、经济、社会、文化和生态文明建设，稳步实施、扎实推进文化建设“六项重点工程”和旅游工作“五项攻坚战”，文化和旅游业呈现良好发展态势。

一、文化旅游业融合发展

2018 年全省文化旅游工作者，坚持以文化旅游工作紧紧服务和满足于广大人民群众日益增长的精神文化生活需求为根本目的，不断加大文化文物和旅游业资金投入和建设力度，繁荣文化旅游创作、宣传和交流，提升文旅主体经营、服务能力和水平，强化市场管控和约束，推动文化旅游业稳步前行，取得可喜成果。

（一）文化机构总体稳定，经营状况有所改善

近年来，随着改革不断深化，全国文化文物机构进一步整合提质、挖潜增效。在此背景下，黑龙江省文化文物机构和人员总量进一步减少。2018 年全省文化文物机构 7842 个，比上年减少 641 个，下降 7.6%；其中文化机构 7560 个，比上年减少 648 个，下降 7.9%；文物机构 282 个，比上年增加 7 个，增长 2.5%。全省文化文物机构从业人员 35867 人，比上年减少 3516 人，下降 8.9%；其中文化机构从业人员 32859 人，比上年减少 3312 人，下降 9.2%；文物机构从业人员 3008 人，比上年减少 204 人，下降 6.4%。机构和人员整合促使全省文化文物队伍整体素质进一步提高。2018 年全省文化文物从业人员中专业技术人员达到 9494 人，比上年增加 34 人，增长 0.4%；其中具有高、中级职称的 6276 人，增加 29 人，增长 0.5%；占专业技术人员的比重为 66.1%，比上年提高 0.1 个百分点。

表 1　全省文化文物机构和人员情况

年　份	机构（个）			从业人员（人）				
	总计	文化机构	文物机构	总计	文化机构	文物机构	#专业技术人员	具有中高级职称人员
2017	8483	8208	275	39383	36171	3212	9460	6247
2018	7842	7560	282	35867	32859	3008	9494	6276

从业人员整体素质的提高带来经营管理能力的增强，进而带动黑龙江省文化文物机构经营管理效率进一步提升，经营状况进一步改善。2018 年全省文化文物单位总收入 51.1 亿元，总支出 47.7 亿元；其中行政、事业单位总收入 27.7 亿元，比上年减少 2.5 亿元，下降 9.8%；总支出 27.7 亿元，比上年减少 1.4 亿元，

下降 4.8%；企业总收入 23.4 亿元，总支出 20 亿元。行政、事业单位事业、营业收入达到 0.5 亿元，占总收入的 1.8%，比上年提高 0.5 个百分点；企业营业收入 21.4 亿元，营业利润 1.3 亿元，利润率 6.1%，比上年提高 1.6 个百分点。

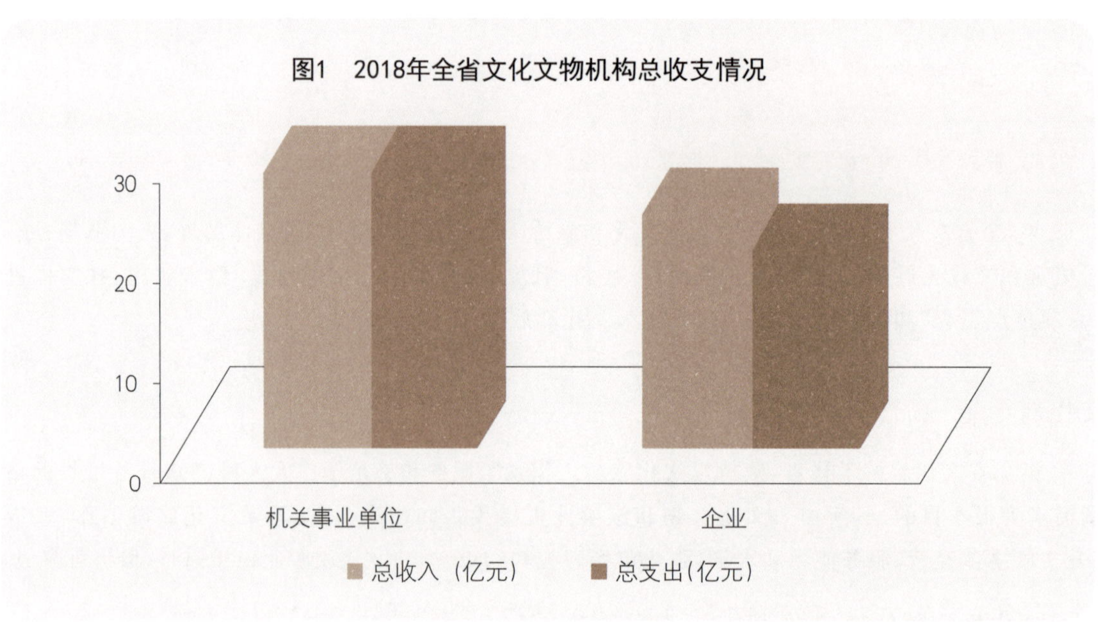

(二)文化创作带动引领，艺术精品不断呈现

文艺创作作为文化发展的“龙头”领域，也是近年来黑龙江省文化发展的薄弱环节。2018 年黑龙江省重点采取措施，包括制定《2018—2021 年全省现实题材舞台艺术创作规划》，重新组建全省舞台艺术创作中心，重视文艺科研和人才培养，实施艺术人才培训计划，建设运行全省艺术科学规划申报管理系统等，均收到明显成效。2018 年全省活跃在文艺舞台的艺术表演团体达到 90 个，从业人员 4317 人，分别比上年增加 19 个和 635 人，增长 26.8%和 17.2%；演出 1.4 万场，国内演出观众 586.6 万人次，分别比上年增加 0.6 万场和 254 万人次，增长 75%和 76.4%。承载着文艺演出活动的艺术表演场所发展到 56 个，承揽演出 0.5 万场，分别比上年增加 5 个和 0.1 万场，增长 9.8%和 25%；到场观众 154.6 万人次。年内全省创排龙江剧《九腔十八调》、京剧《关东那座山》、音乐剧《女神湖》、舞剧《原风》等 20 部大型舞台艺术作品，特别是紧跟时代主题，创排了 5 部扶贫题材剧目，助力脱贫攻坚，满足了不同品味观众的需求。

表 2 全省艺术表演团体和场馆情况

年份	艺术表演团体				艺术表演场馆			
	机构数（个）	从业人员数（人）	演出场次（万场）	国内观众人次（万人次）	机构数（个）	从业人员数（人）	演出场次（万场）	观众人次（万人次）
2017	71	3682	0.8	332.6	51	608	0.4	158.5
2018	90	4317	1.4	586.6	56	822	0.5	154.6

(三)文化惠民高潮迭起,群众文化异彩纷呈

2018年黑龙江省继续秉承文化服务于民的根本宗旨,在机构整合、人员减少的情况下,印发实施了《关于做好政府向社会力量购买公共文化服务的实施意见》,借助于社会力量提供公共文化服务,增加资金投入,加强公共文化设施建设,不断巩固和扩大群众文化活动成果。年内黑龙江省新建和改扩建市县两级公共文化设施23个,使全省公共文化设施达到1948个,比上年增加9个,增长0.5%;从业人员10118人,比上年减少222人,下降2.1%。其中公共图书馆109个,与上年持平;从业人员1659人,比上年减少29人,下降1.7%。群众艺术馆、文化馆(站)共计1635个,与上年持平;从业人员5685人,比上年增加2人,有效保证和促进了公共文化活动的开展。

近年来黑龙江省公共图书活动规模呈现逐年增长态势。2018年全省公共图书馆图书总藏量2232.9万册、电子图书1068.3万册,分别比上年增加74.5万册和45.3万册,增长3.5%和4.4%;总流通人次达到1130.6万人次,增加58.9万人次,增长5.5%;为读者举办讲座、展览、培训等各种活动共计3739次/个,参加人数190.6万人次,分别比上年增加299次/个和90.9万人次,增长8.7%和91.2%。

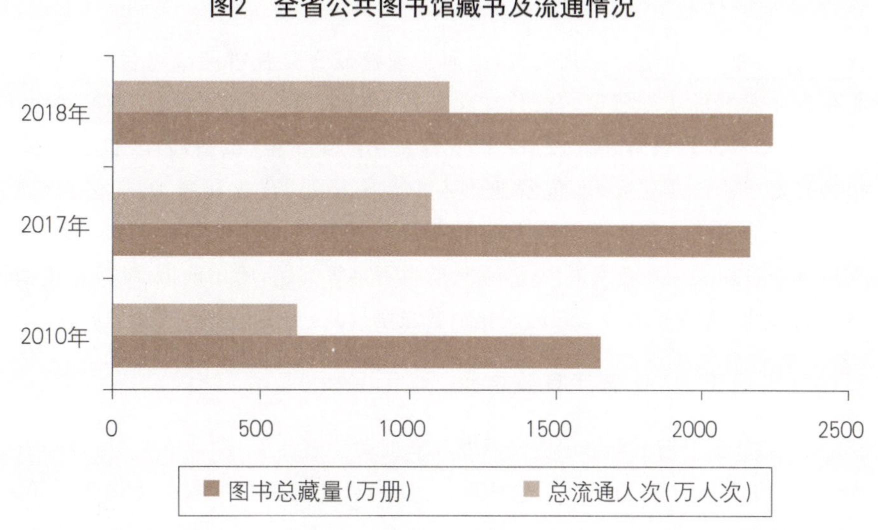

2018年全省群众艺术馆、文化馆(站)共举办文艺活动、讲座、展览、培训等各种活动44734次/个,惠及百姓1253.8万人次,分别比上年增加2732次/个和103.5万人次,增长6.5%和9%。全省贫困村文化活动广场实现全覆盖,"龙江文化云"数据平台上线试运营。举办第三届全省农民文化艺术节等各类群众性文化活动近万场,培训文化能人302万人次。各级文艺院团组建红色文艺轻骑兵小分队开展惠民演出1000多场,哈尔滨市在第34届"哈夏"音乐会期间举办文化惠民活动4000多场,大庆市、大兴安岭地区荣获第四批国家公共文化服务体系示范区创建单位荣誉。

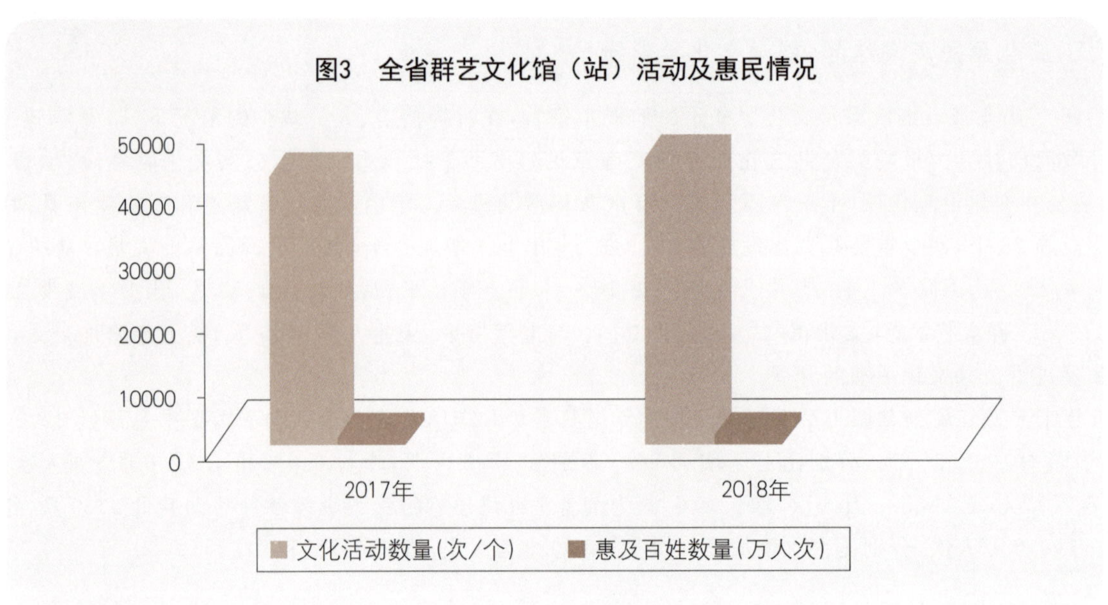

(四)政策有力项目支撑,文化产业蒸蒸日上

为了做大做强文化产业,实现建设文化大省,进而实现建成文化强省的战略目标,年内黑龙江省出台了《关于促进小微文化企业发展的实施意见》,扶持文化产业主体发展。全年全省开复工文化产业重点项目 57 个,当年完成投资 52 亿元。经过投资建设,2018 年全省文化产业示范(试验)园区和示范基地达到 10 个,从业人员 36741 人,拥有资产 135.1 亿元,实现营业收入 102.9 亿元,营业利润 46.7 亿元,利润率达 45.6%,助推了文化产业发展。全省各类文化产业市场主体发展到 8.8 万家,其中新登记 1.8 万家,规模以上文化及相关产业企业达到 264 家。针对文化产业发展内需不旺、动力不足等问题,哈尔滨市、牡丹江市积极承接国家文化消费试点并取得阶段性成果,发现并形成了新的文化消费激励模式,为文化产业接续发展补充了新动能。

(五)保护利用互为促进,文化遗产有效传承

2018 年黑龙江省贯彻落实习近平总书记视察黑龙江省时关于宣传弘扬“北大荒”精神和“铁人”精神的重要论述,扎实推进渤海上京遗址、金上京遗址等大遗址保护工作,启动实施多项革命文物保护利用工程,当年使中东铁路建筑群总体规划编制和数据库平台建设得以完成,“黑土英魂——东北抗日战争和解放战争时期烈士事迹陈列”得到更新。黑龙江省还制定印发了《黑龙江省传统工艺振兴计划》,成功举办了全省首届传统技艺大赛。截至 2018 年,全省共有文物业机构 282 个,比上年增加 7 个,增长 2.5%;从业人员 3008 人,比上年减少 204 人,下降 6.4%;拥有文物藏品 99.1 万件(套),比上年减少 2.7 万件(套),下降 2.7%;举办基本陈列 456 个,临时展览 506 个,分别比上年增加 45 个和 34 个,增长 10.9%和 7.2%;参观人数达到 2153.7 万人次,比上年减少 200.4 万人次,下降 8.5%,广大人民群众从中铭记了历史,受到了生动丰富的集体主义和爱国主义教育。

2018 年全省共有非物质文化遗产保护机构 69 个,与上年持平;共有从业人员 428 人,比上年减少 3 人;共举办展览 427 个,参观人数 66.7 万人次,分别比上年增加 80 个和 17.8 万人次,增长 23.1%和 36.4%;举办演出 872 场,比上年增加 132 场,增长 17.8%;观众 58 万人次,比上年减少 0.9 万人次,下降 1.5%。横道河子镇荣获联合国教科文组织 2018 年度亚太地区文化遗产保护荣誉奖,《俄侨文化展》荣获“第十五届全国博物馆十大陈列展览精品”优胜奖。广大人民群众为此增强了集体荣誉感和民族自豪感,增强了文化自信。

表3　全省文物和非物质文化遗产保护情况

年　份	机构类别	机构数（个）	从业人员（人）	文物藏品（万件/套）	基本陈列/演出（个/场）	临时展览（个）	参观（观众）人次（万人次）
2017	文物保护	275	3212	1018.1	411	472	2354.1
	非物质文化遗产保护	69	431		740	347	207.8
2018	文物保护	282	3008	99.1	456	506	2153.7
	非物质文化遗产保护	69	428		872	427	124.7

（六）强化管理综合整治，文旅市场健康有序

文化和旅游市场作为对外展示本省精神风貌与形象的平台和窗口，近年来受到社会公众和舆论的高度关注，促使黑龙江省在法制化进程不断加快的背景下，积极采取措施，综合加以整治。2018年黑龙江省整合了省级文化市场综合执法和旅游市场稽查所力量，将旅游市场执法纳入文化市场综合执法范畴。同时进一步深化文化市场综合执法改革，各地相继整合了市区两级执法队伍，使全省文化市场执法机构保留到73个，从业人员603人，分别比上年减少1个和12人，下降1.4%和2%。

2018年全省娱乐场所2274个，从业人员6923人，拥有资产9.4亿元，实现营业收入4.5亿元，营业利润1.6亿元；互联网上网服务营业场所（网吧）2978个，从业人员6658人，拥有资产9.8亿元，实现营业收入4.6亿元，营业利润1.6亿元。虽然受到宏观经济发展不够景气影响，上述总量指标比上年有所下降，但是相对指标和效益指标大多呈现增长态势。如文化场所人均装备水平达到13.6万元，人均营业收入达到6.5万元，分别比上年增加1.3万元和0.7万元，增长10.6%和12.1%；单位资产营业收入0.5万元，比上年增长2.1%；互联网上网服务营业场所（网吧）人均资产14.7万元，比上年增加6.7万元，增长83.8%。

图4　2018年全省文化场所构成情况

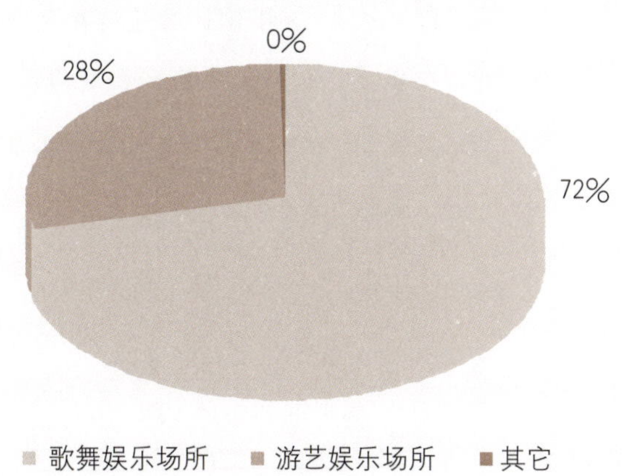

在旅游市场监管方面，黑龙江省开展了“旅游安全生产龙江行”“平安旅游”“利剑行动”等活动，连续开展了“不合理低价游”等系列专项整治行动，查处并曝光多起违法违规案件；深入开展冬季旅游市场秩序整治，组成督导检查组对旅游市场秩序进行明察暗访，保持涉旅市场整治高压态势，有力震慑了价格欺诈、强买强卖、失信经营等违法违规行为，逐步形成了旅游纠纷多元化解机制和旅游市场综合监管体系。哈尔滨市整合1784台旅游车辆、359家旅行社，建立了旅游客运智能服务平台。哈尔滨市、龙江森工集团设立了旅游诚信基金，建立了涉旅投诉先行赔付制度。2018 年全省出境游组团社“一团一报”填报率居全国第一，旅游市场总体保持稳定，无重大安全事故发生。

（七）深度开发大力推介，旅游快速繁荣发展

黑龙江省顺应和深化行政管理体制改革，组建了各级文化和旅游机构，并以此为契机开展演艺进景区、非遗进景区、文化志愿者进景区等活动，在“哈亚雪”沿线的冰雪大世界、亚布力、雪乡等重点景区，融入了旅游演艺、艺术快闪、非物质文化遗产展示等文化元素，提升了景区文化内涵。临近元旦，近 6 万名中外游客齐聚哈尔滨冰雪大世界跨新年，初步彰显了文化和旅游融合的欢快效应。黑龙江省还先后在北京、山东、河北、广东举办了以“北国好风光，尽在黑龙江”为主题的 2018 冬季文化旅游推介会，展示了黑龙江省冰雪美景、冰雪艺术、冰雪游乐、冰雪美食、冰雪民俗、非物质文化遗产传承等方面的独特魅力，在全国引起强烈反响。调查数据显示，2018 年游客对黑龙江省文化娱乐的满意率为 87.1%，比上年提高了 3.7 个百分点。

黑龙江省深入践行习近平总书记“两山理论”，加快科学发展和产业转型升级，召开首届全省旅发大会，印发实施省委、省政府《关于发展全域旅游建设旅游强省的意见》，启动与世界旅游组织合作编制的《黑龙江省全域旅游发展规划（2019—2030）》和《黑龙江省冰雪旅游产业发展规划》，新（续）建旅游项目 70 个，创建省级乡村旅游示范点 28 个、省级“南病北治、北药南用”健康旅居养老示范基地 10 个、全省体育旅游精品项目 20 个，当年完成投资 88.3 亿元。建立了全省旅游工作联席会议制度，明确了以强化“哈亚雪”旅游核心板块、打造生态林都旅游板块等“五大板块”全域旅游空间体系和“旅游＋文化”“旅游＋体育”“旅游＋康养”等八个融合发展方向，大力发展旅游产业，着力放大产业融合集聚集群效应。

黑龙江省还不断完善旅游营销机制，围绕打造“北国好风光，尽在黑龙江”总品牌和“北国之春、避暑胜地、五花山色、冰雪之冠”四季子品牌，相继推出了一系列宣传推介活动。举办了国际生态旅游峰会、冰雪旅游峰会，与俄罗斯和北美、欧洲、亚洲旅游领域交流合作不断深化。旅游业发展正在由各地自弹自唱的“独角戏”向全省协调统一的“一盘棋”转变。2018 年全省共接待国内外游客 1.8 亿人次，比上年增长 11%；实现旅游收入 2244 亿元，增长 17.6%。其中，接待国内游客 1.8 亿人次，比上年增长 11%；实现国内旅游收入 2207.8 亿元，增长 17.7%。接待入境游客 109.2 万人次，比上年增长 5.1%；实现旅游创汇 5.4 亿美元，增长 12%。哈尔滨万达宝马雪乐园等 6 个项目入选 2018 中国体育旅游精品项目。

表 4　外省来黑龙江省游客来源地构成情况

单位：%

省　份	2017 年	2018 年	省　份	2017 年	2018 年
辽　宁	16.0	15.4	河　南	2.0	2.9
吉　林	13.7	13.9	湖　南	2.0	2.2
北　京	9.7	9.7	福　建	1.7	1.7
山　东	9.3	8.8	安　徽	1.6	1.3
河　北	6.9	6.1	陕　西	1.4	1.2
上　海	4.9	4.1	湖　北	1.3	1.6
广　东	4.5	6.0	山　西	1.1	1.9
江　苏	4.5	4.0	云　南	1.1	1.3
浙　江	4.0	3.9	重　庆	1.1	0.6
内蒙古	3.5	3.8	江　西	1.1	1.0
天　津	2.8	2.4	海　南	1.0	1.1
四　川	2.1	2.0			

* 部分占比低于（含）1%的省市未列出。

表 5　本省游客来源地构成情况

单位：%

市　地	2017 年	2018 年	市　地	2017 年	2018 年
哈尔滨	27.1	26.3	佳木斯	10.6	10.3
齐齐哈尔	9.3	12.1	七台河	5.6	5.3
鸡　西	7.4	6.8	牡丹江	6.7	6.3
鹤　岗	5.4	4.7	黑　河	4.3	3.3
双鸭山	4.2	5.3	绥　化	5.9	5.8
大　庆	6.7	7.6	大兴安岭	1.0	1.2
伊　春	5.8	5.0			

（八）持续深化睦邻友好，文化交流成果丰硕

黑龙江省地处祖国东北边陲，是东西方陆上交通和文化交流的前沿和枢纽，文化多元，互融共通，与邻国特别是俄罗斯长期保持着友好文化往来。2018 年黑龙江省共有 96 个演出团体或机构参加对外演出交流，参与交流演出活动的人员多达 2560 人，分别比上年增加 8 个和 435 人，增长 9.1%和 21.5%；共举办演出或展览 478 场，观众 83.1 万人次。黑龙江省全年共组织实施对俄文化交流项目 113 个，第九届中俄文化大集成功举办，黑河、鹤岗、绥芬河、抚远、同江、东宁等 6 个沿边城市与俄沿边州区同步举办文化交流合作活动，对俄"沿边文化交流走廊"雏形基本形成。"东亚文化之都·哈尔滨活动年"及第十次中日韩文化部长级会议年内成功举办。

图5　全省对外演出情况

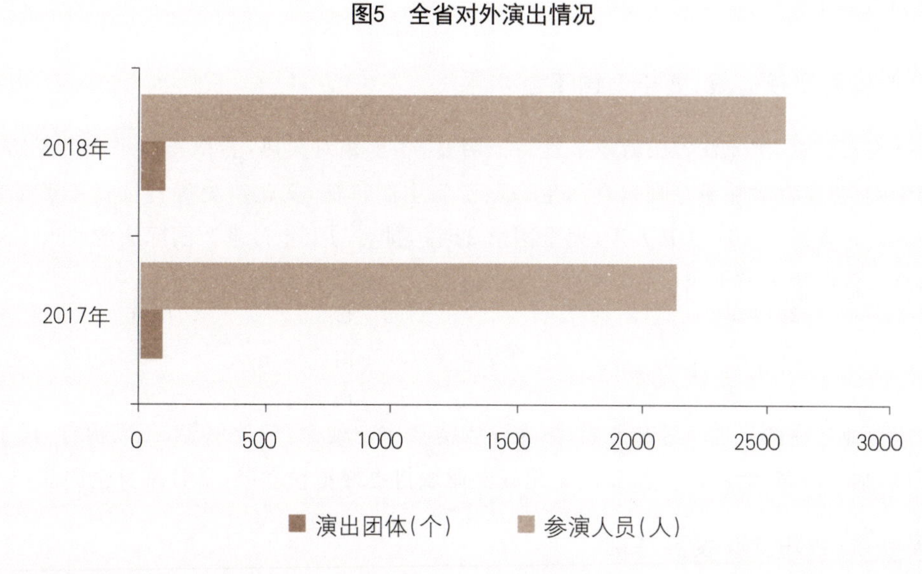

二、文化旅游业发展尚存差距

虽然黑龙江省文化旅游业发展取得了令人瞩目的成绩，但相对于文化旅游强省建设的奋斗目标，相对于广大人民群众的精神文化生活需求，相对于全国文化旅游业发展仍然存在着较大差距。

(一)文化事业费减少,经费投入水平较低

2018年黑龙江省文化事业费16.6亿元,比上年减少1.5亿元,下降8.3%;列全国第26位,分别比2010年和上年下降5位和3位。人均文化事业费43.9元,比全国平均水平低22.7元,低34.1%;比上年减少3.8元,下降8%,增幅下降16.3个百分点。公共图书馆人均购书费0.6元,虽然比上年增加0.1元,增长13.5%;但比全国少1.3元,低68.4%,在全国的排名为第28位;相比本省2010年增加0.2元,增长43.9%,年平均增长4.7%,但在全国的排名也下降了11位。人均群众文化业务活动专项经费2.4元,比上年增加0.1元,增长4.4%,列全国第27位,排名与上年持平,但比2010年下降4位。

(二)文化设施覆盖有限,装备水平较低

2018年黑龙江省平均每万人拥有公共图书馆建筑面积89.1平方米,比全国少25.3平方米,低22.1%;列全国第23位,虽然位次与上年持平,但比2010年下降5位。平均每万人拥有群众文化设施建筑面积245.4平方米,列全国第21位,与上年在全国的排名持平。人均拥有公共图书馆藏量0.6册,排名全国第16位,虽然排名比上年上升2位,但比全国少0.1册,低14.3%,比2010年排名下降3位。文物藏品99.1万件(套),列全国第17位,比上年下降2位。

(三)文化活动规模小,创收能力不强

2018年黑龙江省艺术表演团体国内演出观众人次为587万人次,列全国第26位,虽比上年上升4位,但比2010年下降3位。博物馆参观总人次2144万人次,比上年减少188万人次,下降8.1%;列全国第20位,下降2位。艺术表演团体演出收入3347万元,比上年减少1128万元,下降25.2%;列全国第29位,分别比2010年和上年下降3位和2位。

(四)旅游业发展规模有限,处于全国下游水平

受地理气候因素影响,黑龙江省旅游季节性特征明显,冬夏相对火热,春秋相对平淡。受历史和开发较短较晚等因素影响,黑龙江省旅游呈现以自然生态旅游为主的特征,文化历史等特征尚不够浓郁。2018年黑龙江省接待入境过夜游客109.2万人次,列全国第22位,排名与上年持平。国际旅游收入5.4亿美元,列全国第25位,在全国的排名与上年持平。

三、推动文化旅游业更好更快发展

针对文化旅游业存在的上述问题和差距,黑龙江省需要牢记使命,解放思想,砥砺前行,勇于担当,进一步优化发展环境,加大改革和发展力度,促使文化旅游业取得更好更快发展,早日跻身全国前列。

(一)振兴经济,筑牢文化发展基础

2018年黑龙江省地区生产总值1.6万亿元,列全国第23位,分别比2010年和上年下降7位和1位;人均地区生产总值4.3万元,列全国第27位,分别比2010年和上年下降11位和2位。受其影响,黑龙江省财政一般性预算收入1283亿元,列全国第25位,比2010年下降2位,与上年持平。经济基础薄弱,制约了文化投入和发展。黑龙江省需要不断转变观念,解放思想,充分利用国家振兴东北老工业基地和对口支援各项政策,改善发展环境,扩大招商引资引智规模,推进改革创新,增强经济发展动力,振兴本省经济,增加社会财力,为文化发展打下坚实的物质基础。

(二)重视文化发展,增加文化经费投入

文化具有经济和社会的双重性,在当前复杂多变的世界政治背景下,应将文化发展和建设纳入国家安全与发展战略高度加以重视。同时文化是重要的民生工程,在倡导以人为本、不忘初心、牢记使命的当今,更应引起黑龙江省各级党政领导的高度关注。2018年黑龙江省文化事业费减少,占地区生产总值的比重为0.1%,占财政一般预算支出的比重为0.4%,均比上年有所下降,这些都与文化大繁荣大发展的时代背景不相吻合。黑龙江省应进一步加大文化资金投入力度,壮大文化发展规模,提高文化设施装备能力和服务水平。

(三)加快旅游网络建设,推动旅游业更好更快发展

旅游业号称"无烟工业""朝阳产业",具有无污染、投资少、回报高等特点,是国内外竞相发展的现代标志创意性产业。黑龙江省地广人稀,2018年全省土地面积45.4万平方公里,列全国第6位。全省常住人口3773万人,分别比2010年和上年减少58万人和16万人,下降1.5%和0.4%;列全国第17位,排名比2010年下降2位,与上年持平。全省人口密度为83.1人/平方公里,分别比2010年和上年减少1.3人/平方公里和0.4人/平方公里,下降1.5%和0.5%。这些都有利于自然生态环境保护,为黑龙江省开发利用现有自然和生态环境资源,大力发展生态旅游业提供了有利帮助。黑龙江省应立足于自然生态文化旅游,突出冰雪、消夏、森林、湿地、熔岩等特色,同时设法做大历史文化旅游,弥补春秋两季旅游供给的相对不足;同时以点带线、以线带面,加快旅游景点网络化建设,增加旅游配套设施建设。"种下梧桐树,引得凤凰来"。随着黑龙江省旅游服务能力和水平的不断提升,八方游客定会慕名而来,游历黑龙江省,促使黑龙江省旅游产业进一步扩大规模,做大做强。

(四)引导百姓消费倾向,拉动文化旅游发展

2018年黑龙江省城镇居民人均可支配收入2.9万元,列全国第31位,比2010年下降3位,与上年持平;人均消费支出2.1万元,列全国第26位,虽然比上年上升2位,但比2010年下降3位。农村居民人均纯收入1.4万元,列全国第17位,虽然比上年上升1位,但比2010年下降6位;人均生活消费支出1.1万元,列全国第15位,虽然比上年上升1位,但比2010年下降4位。黑龙江省一方面可以通过大力发展经济,提高城乡居民收入水平,进而增加文化旅游消费支出;另一方面,还需引导百姓主要把收入用于吃穿住、教育、医疗、交通通讯等方面,忽视文化旅游消费等,向更多培养文化旅游消费转变,带动文化旅游消费,拉动文化旅游业发展。

(五)加强文化旅游业经营管理,增加收益

面对竞争日益激烈的文化旅游市场,除了加强文化旅游设施建设等硬件建设外,加强文化旅游经营管理等软件建设也至关重要。黑龙江省文化旅游市场主体需要解决长期存在的经营管理粗放、不注重形象建设和对外宣传等问题,进一步提高经营管理能力,提升服务层次和水平,同时加强自身诚信建设,实施规范化管理,依靠经营管理开拓市场,增加收入,提高效益,做大做强黑龙江省文化旅游产业。

(黑龙江省文化和旅游厅)

黑龙江:横道河子镇获联合国文化遗产保护奖

2018年11月9日,联合国教科文组织(UNESCO)在泰国曼谷揭晓了本年度获得亚太地区文化遗产保护奖的结果,位于黑龙江省牡丹江市的"横道河子镇"荣获2018年度文化遗产保护荣誉奖。这是黑龙江省为国家获得的又一殊荣。

在此次奖项角逐中,共有亚太地区8个国家的41个项目入围,经国际文化遗产专家评审团评审,最终有10个项目获奖,分别来自中国、澳大利亚、印度、日本和泰国5个国家。其中我国有两个奖项获奖:分别是黑龙江省海林市横道河子镇获得荣誉奖;福建省福州市爱荆庄获得优秀奖。

评审专家对横道河子镇保护工作的获奖评价是:在中国北方,始建于19世纪的铁路小镇——横道河子镇以其完整的保护方案成功地实现了铁路建筑、基础设施和附属公共空间的全面保护。充分呈现了对小镇区位和功能的完美诠释,该项目不但复原了小镇原始风貌,更使得小镇作为历史城镇工业景观重新焕发了活力与精神。此次保护工作的实施展现了规划设计团队与实施管理者严谨、端正的工作态度,给予当地历史建筑、历史风貌和使用功能特色以尊重与重视。

横道河子镇是因中东铁路的修建而兴的一座百年古镇,镇内有中东铁路时期遗留下来的俄式建筑104栋。2005年,由黑龙江省文化厅(文物局)推荐,黑龙江省政府将其与铁路大白楼、铁路治安所驻地、俄式木屋等5处代表性俄式建筑并入"横道河子中东铁路建筑群"中,公布为黑龙江省文物保护单位;2006年为全国重点文物保护单位;2007年,由黑龙江省文化厅(文物局)和住建厅共同推荐,横道河子镇因现存历史建筑完整保留了历史风貌,被国家住建部和国家文物局列入黑龙江省第一个"中国历史文化名镇"。

2010年后,相继开展了历史文化名镇保护规划、小镇环境整治规划及横道河子镇中东铁路建筑群,多项重点文物保护单位修缮工程建设,"中东铁路建筑群横道河子镇抢救保护工程"——获2014年度第二届"全国十佳文物保护工程"。2018年5月,"横道河子镇机车库抢救性保护工程"在阿联酋的迪拜市获得了"2018世界不动产联盟国际卓越建设奖(FIABCI World Prix d'Excellence Awards)"的文化遗产类金奖,是该奖项自2009年开设文化遗产类别项目评选以来,中国大陆地区首个获得的该类别金奖。

上述成绩的取得,反映了国内外文化遗产保护领域对黑龙江省开展特色城镇建设理念和文物保护工程成就的认同。下一步,省文化和旅游厅将继续加大文物保护工作力度,指导地方政府坚持通过科学的文物保护规划实现文化遗产保护与旅游经济、区域经济的共同发展,为新时期文物保护拓展新的空间,打造独一无二的城镇名片。

上海市 2018 年文化和旅游发展情况分析

2018 年是贯彻党的十九大精神开局之年，是改革开放 40 周年，是决胜全面建成小康社会、实施“十三五”规划承上启下的关键一年。上海文化和旅游业以组建上海市文化和旅游局、推进文化和旅游融合发展为机遇，推进文化和旅游理念、方法、载体、平台等各方面的有机融合，围绕打响“上海文化”品牌，抓重点，补短板，强弱项，承担新使命，落实新要求，在狠抓落地见效中开创文化旅游工作新局面。

2018 年纳入文化文物统计平台的上海市文化文物类机构共计 4,259 个，从业人员为 63,667 人。文化主要包括艺术表演团体、艺术表演场馆、图书馆、文化馆（站）、艺术展览创作机构、艺术教育业、文艺科研等单位 576 个；市场经营性机构（不包括非公有制院团和场馆）共 3,484 个。文物业 111 个、其他文化机构 88 个。

表 1　2018 年文化文物基本情况表

单位：个、人

	机构数	从业人员
艺术表演团体	254	9130
艺术表演场馆	45	1513
图书馆	23	2110
文化馆（站）	239	3086
艺术展览创作机构	12	354
艺术教育业	1	71
文艺科研	2	40
文化市场经营机构	3484	39806
文物业	111	3221
其他	88	2432

一、着力提升人民群众文化幸福感

截至 2018 年底共有区级以上公共图书馆 23 个。其中：市级 2 个，区级 21 个，比去年减少一个，主要是浦东新区陆家嘴图书馆并入浦东新区图书馆。2018 年上海市图书总藏量 7891.43 万（册、件），比去年增加 118.35 万（册、件）。图书总流通 3036.031 万人次。图书馆 2018 年总收入 16.28，比去年较少 5.81 亿元，其中财政拨款 15.43 亿元，占总收入的 94.78%，比去年减少 5.69 亿元；减少主要是因为 2017 年上海图书馆东馆（新馆）财政拨款投入 10.77 亿元。

表 2　2014—2018 年上海公共图书馆基本情况

单位：万册、万元

	图书总藏量	总收入
2014	7363	92581
2015	7568	95303
2016	7676	109978
2017	7773	220936
2018	7891	162802

截至 2018 年底，本市共有 25 个文化馆（市级 1 个、区级 24 个，），文化站有 214 个（其中乡镇文化站 108 个）。从业人员 4990 人。举办展览 4768 个，举办训练班 6.35 万次，培训人次 422.01 万人。群众文化 2018 年全年保障经费总收入 19.81 亿元，比去年增加了 2.72 亿元，其中财政拨款 17.72 亿元占收入的 89.45%。

表 3　2014—2018 年上海市群众文化服务基本情况

单位：个、万人、万元

	举办展览	培训人次	本年收入
2014	3423	287	130707
2015	3259	341	152144
2016	3373	439	169202
2017	3351	382	170864
2018	4768	422	198136

（一）全方位营造城市文化氛围

2018 年上海市民文化节，吸引市民参与 2800 万人次，产生良好社会反响；“上海艺术商圈”“文化进机场、进地铁”等文化品牌集聚效应更加突出，“上海艺术商圈”项目拓展至 15 个区，引进节目源近 400 台，全市 50 余个商圈举办活动 400 余场。以地铁、机场等公共空间为载体，全方位营造城市文化氛围，初步形成具有时代特征、上海特点的城市交通公共文化体系。

（二）优化公共文化产品和服务

1. 大力提升居村综合文化活动室服务功能。按照“功能有提升、设施有完善、运行有保障、服务有影响”的标准，大力推进“提升 4500 个标准化居村综合文化活动室（中心）服务功能”市政府实事项目，抓好责任主体、工作目标、实际举措和机制保障“四落实”，着力打通公共文化服务“最后一公里”。截至 2018 年 10 月底，5129 个居村综合文化活动室（中心）先后通过审核验收，完成率为 114%，提前超额完成全年目标任务，实现了对市民的承诺。

2. 完善精准配送体系。加大公共文化配送力度，市区两级配送文艺演出 12622 场、文化讲座 10512 场、艺术教育 8930 场、文艺指导 68085 课时，面向居村配送占配送主体总量的 67%。开展社区文化活动中心运营管理合格供应主体征集推荐，推选具有相关项目运营管理经验和能力的社会主体 112 家，发布合格供应主体推荐目录。创新供需对接机制，推出居村配送专属二维码，达成点单意向 2498 个、配送合作意向 8182 个，提升了公共文化配送的精准度。

(三)财政投入持续增长

2018 年上海市文化系统财政拨款 54.85 亿元,比去年减少 4.49 亿元,减少 7.57%,主要是因为 2017 年上海图书馆东馆(新馆)财政拨款投入 10.77 亿元。艺术表演团体财政拨款 7.52 亿元,艺术表演场所财政拨款 2.03 亿元,公共图书馆财政拨款 15.42 亿元,群众文化活动经费拨款 17.72 亿元,艺术展览创作机构 4.44 亿元,其他文化机构经费拨款 7.71 亿元。

图1 2018年上海市文化系统财政经费拨款分类

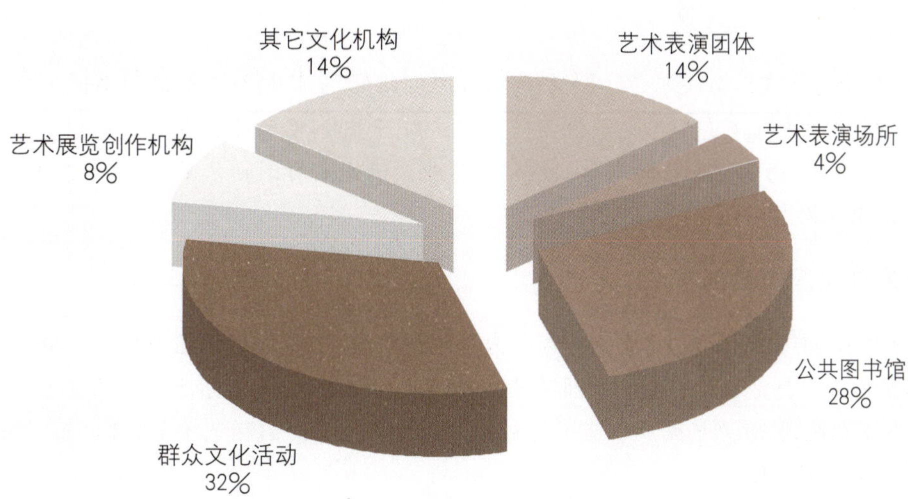

图2 2014-2018年财政文化事业财政拨款走势

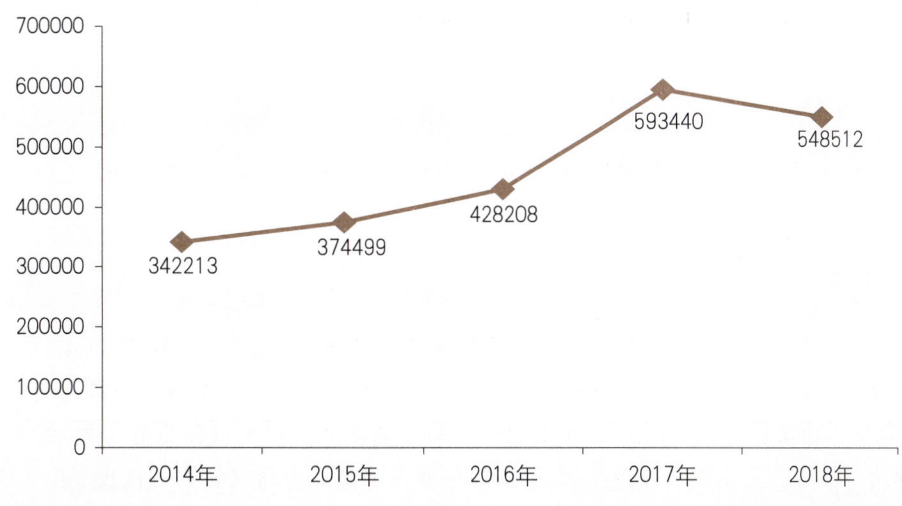

积极与市财政、市委宣传部、发改委等部门协调沟通,争取专项资金保障文化项目的顺利实施。各单位按照优化预算支出结构、保障重点、兼顾一般的原则,科学安排节约使用经费。2014 年至 2018 年,财政部门对文化事业投入由 2014 年 34.22 亿元增至 2018 年 54.85 亿元,累计投入达 228.69 亿元,年均增长

13.70%,有效地保证了上海文化事业和文化产业的发展。

二、文化市场健康有序发展

截至2018年底,根据文化文物统计平台上填报统计,全市文化市场经营机构3,736家,其中,娱乐场所1,640家,互联网上网服务营业场所(网吧)1,121家,非公有制艺术表演团体231个,非公有制艺术表演场馆21个,经营性互联网文化单位491家,艺术品经营机构189家,演出经纪机构43家。文化市场经营机构营业总收入为359.34亿元,营业成本为295.43亿元,营业利润为63.91亿元。

(一)着力打造亚洲演艺之都

坚持以文化传承与样式创新并举、空间布局与内容原创匹配、主体培育与品牌打造同步、公益普及与促进消费联动为原则,着力打造独具魅力的亚洲演艺之都。前三季度,全市举办演出活动近15000场,票房约10.5亿元。中国大戏院、长江剧场完成改造工程对外营业。依托上海国际艺术节、舞台艺术作品评选展演等活动,推出了一批原创力作。

(二)推动原创动漫作品创作

坚持以文化传承与样式创新并举、空间布局与内容原创匹配、主体培育与品牌打造同步、公益普及与促进消费联动为原则,着力打造独具魅力的亚洲演艺之都。前三季度,全市举办演出活动近15000场,票房约10.5亿元。中国大戏院、长江剧场完成改造工程对外营业。依托上海国际艺术节、舞台艺术作品评选展演等活动,推出了一批原创力作。

(三)促进艺术品市场繁荣发展

以大型艺术展会为平台促进艺术品市场繁荣发展,指导办好西岸艺术与设计博览会、ART021、双年展等艺术博览会,支持自贸区保税仓库二期、西岸艺术品保税仓库二期和自贸区艺术品评估鉴定中心建设。前三季度,本市进出口艺术品505批9882件,实现贸易额2.3477亿元。

三、推进对外、对港澳台文化交流

坚持以机制为牵引,发挥平台的助推作用、文贸的促进作用,进一步提升中华文化、上海文化的传播力和影响力。

(一)持续打造外宣品牌

深化部市合作,组织团组28批、677人次赴20个国家和台湾地区举办“欢乐春节”活动。落实中英人文交流机制会议成果,促成上海国际艺术节与爱丁堡国际艺术节签署委约合作意向。发挥布鲁塞尔中国文化中心平台作用,强化传播文化、推进合作、传递中国声音的重要职能。加大宣传推介力度,组织上海文化团组赴格但斯克举办2018“波兰中国周”,赴美国纽约举办“欢乐春节·上海文化周”,展现了中华文化、上海文化的独特魅力。

(二)加强对外文化贸易

支持国家对外文化贸易基地(上海)举办2018中国文化产品国际营销年会、赴南非举办文化贸易促进活动,组织上海文化企业参加美国国际品牌授权博览会、华人工商大展以及美国演艺出品人年会等活动,以

文贸结合推动上海文化企业与产品走出去。

四、推动文化产业高质量发展

上海共有经文化部命名的国家级文化产业示范园区 1 家，国家级文化产业示范基地 15 家。16 家示范园区在搭建公共服务平台、完善孵化功能、提升技术创新和模式创新、促进文化与相关产业融合发展等方面起到了良好的示范带动作用。国家级示范基地和园区从业人员 29,276 人，年营业收入 383 亿元，利润总额 54.93 亿元，获得国家级文化奖项 4 个，获得著作权、发明专利权 596 项。

1. 强化政策保障。扎实推进“文创 50 条”政策落实、落地，在走访调研北京、广东文创政策，系统梳理本市文创企业困境困扰的基础上，会同 12 家相关单位，制定促进影视、演艺、艺术品、动漫游戏、网络视听 5 个产业发展的《实施办法》，在财政、税收、土地、金融、人才、“放管服”改革等方面出台具体扶持措施，细化服务管理模式。通过“线上线下”“百千万”、企业沙龙、政府部门政策培训等形式，加强政策宣讲解读，先后开展集中宣讲 4 次、组织企业沙龙 3 次，并通过媒体刊发《政策问答》，扩大了政策的普及率，深化了政府与企业的交流和服务。

2. 强化财政扶持和人才支撑。修订局文化产业资金《管理办法》、专项资金《管理办法》和《申报指南》，完成上海市服务业发展引导资金、上海市文化创意产业发展扶持资金的申报培训和项目申报，对 545 个项目(单位)给予资金扶持 1.7527 亿元。调研形成“上海文化产业发展投资基金”设立方案，推进基金前期筹备工作。参照“上海人才 30 条”，努力构建更加开放、更具竞争力人才发展环境，牵头召开影视、视听企业与高校座谈会，为高校与企业沟通交流、对接人才需求搭建平台，探索与本市高校开展人才定向培养和实训项目。实施人才高峰工程，坚持“量身定制、一人一策”，提升对全球有影响力大企业家、大艺术家的吸引力。

五、旅游服务质量进入品质旅游新轨道

2018 年，上海旅游业围绕打响“四大品牌”，大力实施“优质旅游”发展战略，着力打造“品质之旅”的城市旅游品牌形象，旅游经济继续保持高于 GDP 增速的较快增长，圆满完成了各项工作目标。全年国内旅游市场继续保持增长态势，出入境旅游市场平稳发展，全域旅游成为社会发展共识和重要行动指引，旅游服务质量进入品质旅游新轨道。

(一)旅游产业整体稳步增长

2018 年本市旅游总收入为 5092.32 亿元，同比增长 13.54%。全年实现旅游产业增加值 2078.64 亿元，比上年增长 8.1%，占全市生产总值 GDP 的 6.4%。其中，国内旅游收入 4477.15 亿元，增长 11.23%；国际旅游收入 73.71 亿美元，增长 8.24%。

本市接待国内旅游者 3.40 亿人次，同比增长 6.69%。其中，外省市国内旅游者 1.62 亿人次，增长 4.42%。接待入境旅游者 893.71 万人次，同比增长 2.37%。其中，入境过夜游客 742.04 万人次，增长 3.16%。旅行社组织出境旅游人数 494.09 万人次，同比减少 9.68%。本市星级饭店客房平均出租率为 67.04%，同比减少 1.72 个百分点。其他旅游饭店(仅为部分饭店，下同)客房平均出租率为 64.92%，同比减少 4.27 个百分点。本市星级饭店平均房价为 753.23 元/间天，同比增长 5.63%；其他旅游饭店平均房价为 512.48 元/间天，同比增长 13.41%。

全市已有星级宾馆 206 家，其中，五星级宾馆 72 家；四星级宾馆 65 家。全市旅行社 1639 家，其中，可经营出境旅游业务的旅行社 292 家。A 级旅游景区 113 个，其中，5A 级景区 3 个，4A 级景区 59 个。全市红色旅游基地 34 个，其中，全国红色旅游基地 12 个。

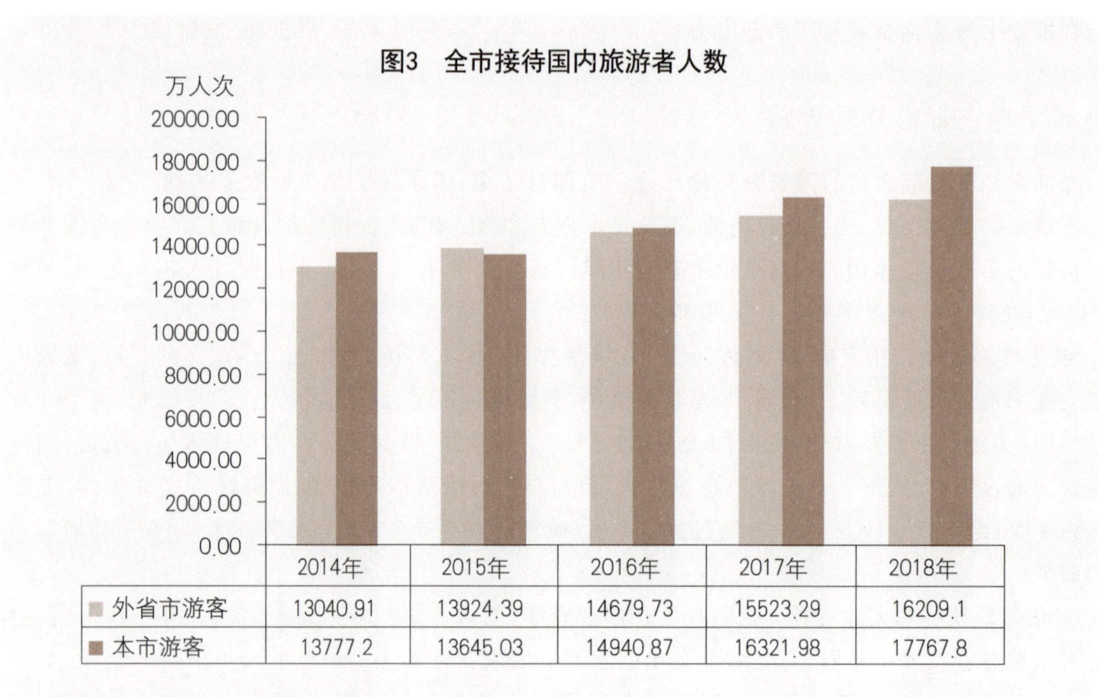

图3 全市接待国内旅游者人数

	2014年	2015年	2016年	2017年	2018年
外省市游客	13040.91	13924.39	14679.73	15523.29	16209.1
本市游客	13777.2	13645.03	14940.87	16321.98	17767.8

(二)进一步提升旅游服务品质

组织开展旅游行业安全应急演练及各类培训 780 余批次,覆盖旅游从业人员 10 万余人次,引入第三方机构进行住宿服务质量暗访活动,进一步完善服务细节,提高服务品质。组织检查规范旅游行业社会用词用字,规范各类中英文标识标牌,提升城市多语种服务能力。在全市 100 余家 A 级景区开展复核及安全演练,进一步提高景区服务接待保障水平。

(三)坚持游客满意,不断提升旅游公共服务品质

全力提升旅游公共服务水平,扎实推进市政府实事项目——新建和改建 20 座综合旅游服务中心。建设“上海旅游信息管理与发布平台”和“上海旅游大数据联合创新实验室”,建立健全市、区两级信息共享机制,注重发挥数据的挖掘、分析、应用和预警作用。深化 A 级景区视频和数据共享,建设全市 4A 级以上景区视频采集、报送网络。提升旅游气象信息发布质量,推出“观景指数”等旅游气象新服务。以“提质补漏”为重点,扎实开展“厕所革命”新三年行动。

六、文博工作有序推进

2018 年纳入国家文物局统计范围的上海市文博业机构共计 111 个,其中文物保护管理机构 6 个,博物馆 100 个,文物商店 1 个,其他文物机构 4 个,从业人员 3,221 人。文物藏品 469.20 万件,其中:一级文物 2,304 件,占总数的 0.05%。2018 年修复藏品数为 758 件,本年举办基本陈列 385 个、临时展览 450 个,参观人数 2,597.73 万人次,其中,未成年人 627.20 万人次。

(一)提升文博资源利用效益

在上海市文物行政部门登记,并通过市文物行政部门年检审核备案的博物馆数量总计达 131 个。(本年纳入国家文物局统计范围的有 100 家)。同时博物馆的文化遗产保护、研究、传播、展示、教育功能也日益完善,社会影响力显著增强,公共服务能级和覆盖率有效提升,“布局合理、功能完善、特色鲜明、结构优化”的

现代博物馆体系逐步建立。2018年底上海市博物馆(纪念馆)从业人员3,036人。文物藏品共计201.05万件/套，其中一级品2,304件/套，本年从有关部门接收文物485件/套。

加强智慧服务，5家局属博物馆完成680余件重点展品的二维码制作，积极申报“互联网＋中华文明”计划，2个项目入选示范项目库。办好“5·18”国际博物馆日系列活动，作为全国主会场，组织全市105家博物馆向公众免费开放，举办免费文化活动215场，仅5月18日当天参观总人数就近10万人次，比去年增长45%。深化公益性民间收藏文物鉴定咨询试点成果，制订《上海市民间收藏文物鉴定咨询推荐单位工作规程》，新增上海市文物保护研究中心服务点，四个服务点累计鉴定藏品四万余件。

(二)加强文物和革命史迹保护

全市不可移动文物共计3435处(含全国级29处、市级238处，区级423处、文物保护点2745处)，出入境文物审核数3336件/套，禁止出境文物数27件/套。

抓好本市博物馆和文物建筑消防安全大检查。认真吸取巴西国家博物馆火灾事故教训，组织开展拉网式消防安全大排查，并将全市27家三级以上博物馆、29处全国重点文物保护单位作为重点对象突出出来，督促落实主体责任，抓好火灾隐患自查自纠，切实提高火灾防控能力。经排查，全市127家博物馆中，达标单位50家，合格率为39.4%；全市690处文物保护单位中，达标单位437家，合格率为63.3%，排查发现并大力整治两个方面7类突出问题，主要是博物馆用电用气不规范、消防设施缺损、消防通道堵物，文物建筑耐火等级低、建筑用途多、消防设施少、主体责任不明晰。

表4　2018年上海市历史文物保护基本情况

指标名称	合计(个)			
		全国重点保护	市重点保护	区县重点保护
总　计	690	29	238	423
古遗址	27	5	11	11
古墓葬	10	1	5	4
古建筑	168	5	26	137
石窟寺及石刻	8	1	0	7
近现代重要史迹及代表性建筑	477	17	196	264

七、多措并举让文物非遗“活起来”

目前上海市国家级非物质文化遗产项目代表性名录国家级55个，省级220个，国家级代表性传承人120人，省级647人。2018年进行宣传展示举办展览139场，参观人数51.74万人，举办演出830次，观众人次21.77万人，举办民俗活动1575次，参与人次85万人。

实施“非遗在社区”，363名签约传承人、4个传承团体在219个社区文化活动中心常态开展传承传播活动，形成“每个街镇有非遗、每个社区有传人、每个设施有活动”的活态传承局面。举办“中国文化和自然遗产日”系列活动，全市97处不可移动文物免费开放，组织非遗互动体验活动800余场，成为有史以来全市活动数量最多的“遗产日”。推进非遗传承人抢救性记录工程，推动非遗创造性转化和创新性发展。在进博会新闻中心成功举办上海非遗专题展，圆满完成宣传展示任务。

(上海市文化和旅游局)

上海：聚力打响“上海文化”品牌

上海文化和旅游业以组建上海市文化和旅游局、推进文化和旅游融合发展为机遇，推进文化和旅游理念、方法、载体、平台等各方面的有机融合，着力为上海提升城市能级和核心竞争力提供有力的文化支撑。围绕打响“上海文化”品牌，抓重点，补短板，强弱项，承担新使命，落实新要求，在狠抓落地见效中开创文化旅游工作新局面。

按照市委市政府打响上海“四大品牌”的部署，聚焦“红色文化、海派文化、江南文化”，以重点突破带动全面发展，着眼增强“上海文化”品牌“标识度”，形成了“做强‘中共一大会址’红色品牌，发挥重大活动‘码头’‘源头’作用，提升三类公共空间文化发展水平，实现四大重点产业重点突破”4个方面的聚焦任务，制定了《加强“上海文化”品牌重点项目建设三年行动计划》，细化13个重点品牌建设项目具体目标和推进举措，并狠抓落实，基本完成年度任务。一是发挥中共一大会址纪念馆独有红色文化资源优势，打造弘扬建党精神、彰显建党初心的“初心教育大课堂”，提升精细化服务水平，年参观量首次突破百万，打响了“中共一大会址”红色品牌。二是对标国际最高标准，办好上海国际影视节和上海国际艺术节，增强国际性、专业性和影响力，打造精品力作的展示平台、优秀作品的创作平台、青年人才的孵化平台、公共文化的服务推广平台、文化贸易的专业平台，有效发挥重大活动‘码头’‘源头’作用。三是以提升覆盖范围与文化品质为重点，打造“上海艺术商圈”品牌，全年引进节目源近400台，项目拓展至15个区，全市50余个商圈举办活动400余场；以地铁、机场等公共空间为载体，全方位营造城市文化氛围，初步形成具有时代特征、上海特点的城市交通公共文化体系；以保障市民基本文化需求为目标，充分发挥博物馆、美术馆文化服务功能，全市博物馆（纪念馆）、美术馆共举办展览704场、公共教育活动17,692场，创新实施“1＋16”美术馆市民共享计划，三类公共空间的文化发展水平明显提升。

江苏省2018年文化和旅游发展情况分析

2018年江苏省文化和旅游系统围绕高质量发展，把培育和践行社会主义核心价值观作为根本任务，坚持以人民为中心的工作导向，坚定文化自信，开拓创新，为建设“强富美高”新江苏、推动文化高质量发展奠定良好基础。

一、文化机构及文化人员情况分析

从表1可以看出江苏省文化机构较上年增长1.58%，文化从业人员减少13.81%。2018年末全省文化及相关行业机构数24,928个，新增机构387个，主要是非公有制艺术团体、艺术展览创作即美术馆机构的增长；全省文化及相关行业从业人员159,814人，从业人员减少25,612人，主要是文化市场经营机构和非公有制剧团人员发生减少，具体变动情况见表1。

表1　文化机构和从业人员对比情况表

	机构数(个)			从业人员数(人)		
	2018年	2017年	增减(%)	2018年	2017年	增减(%)
总　　计	24928	24541	1.58	159814	185426	－13.81
一、文化合计	24489	24109	1.58	151727	177603	－14.57
艺术表演团体	662	628	5.41	14069	13353	5.36
其中：公有制艺术表演团体	127	126	0.79	5758	5830	－1.23
艺术表演场馆	249	254	－1.97	4467	5669	－21.20
其中：公有制艺术表演场馆	101	117	－13.68	2120	3091	－31.41
公共图书馆	116	115	0.87	3529	3473	1.61
文化馆	115	115	0.00	2161	2180	－0.87
文化站	1264	1279	－1.17	5337	5122	4.20
其中：乡镇综合文化站	877	910	－3.63	3698	3613	2.35
艺术展览创作机构	88	80	10.00	871	762	14.30
其中：美术馆	38	31	22.58	533	446	19.51
艺术教育业	13	13		757	789	－4.06
文化科研机构	7	7	0.00	93	90	3.33
文化市场经营机构(不包括非公有制院团和场馆)	21581	21213	1.73	95285	109369	－12.88
文化行政主管部门	113	113		2891	2972	－2.73
其他文化机构	281	292	－3.77	22267	33824	－34.17
其中：文化市场执法机构	90	99	－9.09	993	1023	－2.93
二、文物合计	439	432	1.62	8087	7823	3.37
博物馆	329	322	2.17	6923	6633	4.37
文物保护管理机构	50	51	－1.96	393	380	3.42
文物科研机构	5	4		106	70	51.43
文物商店	8	8		172	180	－4.44
其他文物机构	47	47		493	560	－11.96

二、公共财政投入情况分析

2018 年，全省公共财政投入继续保持高速增长态势，全省文化（文物）行政事业单位财政补贴收入总额 84.05 亿元，年增长 10.86%。全省文化事业费 62.04 亿元，在全国排名第 3 位，与上年排名一致。全省人均文化事业费（除文物业和艺术教育业投入）77.06 元，较 2017 年增长 5.06 元，年增长 7.03%，在全国排名第 11 位。全省财政年投入总量继续保持全国排名前 3，但因人口基数较大，又处于外来人口净增长时期，虽然人均文化事业费快速增长，但在全国排名仍处中游，作为文化大省，财政仍需加大对文化的投入。

表 2　各级财政分类投入情况对比分析表

行业分类	2018 年（万元）	2017 年（万元）	增长（%）
总　计	840513.1	758157.3	10.86
艺术业	111525.8	113499.6	−1.74
图书馆业	131930.5	111941.8	17.86
群众文化业	181448.3	172934.1	4.92
其他文化业	219676.1	205308.2	7.00
文物业	195932.4	154473.6	26.84

从表 2 可以看出在财政总投入中艺术业 11.15 亿元，年增长 −1.74%；图书馆业 13.19 亿元，年增长 17.86%；群众文化业 18.14 亿元，年增长 4.92%；文物业 19.59 亿元，年增长 26.84%；其他文化业 21.97 亿元，年增长 7%。

江苏按地域通常分为苏南、苏中和苏北三个区域，受制于区域间的经济基础、经济发展速度等因素，财政对文化的投入表现出非均衡性。

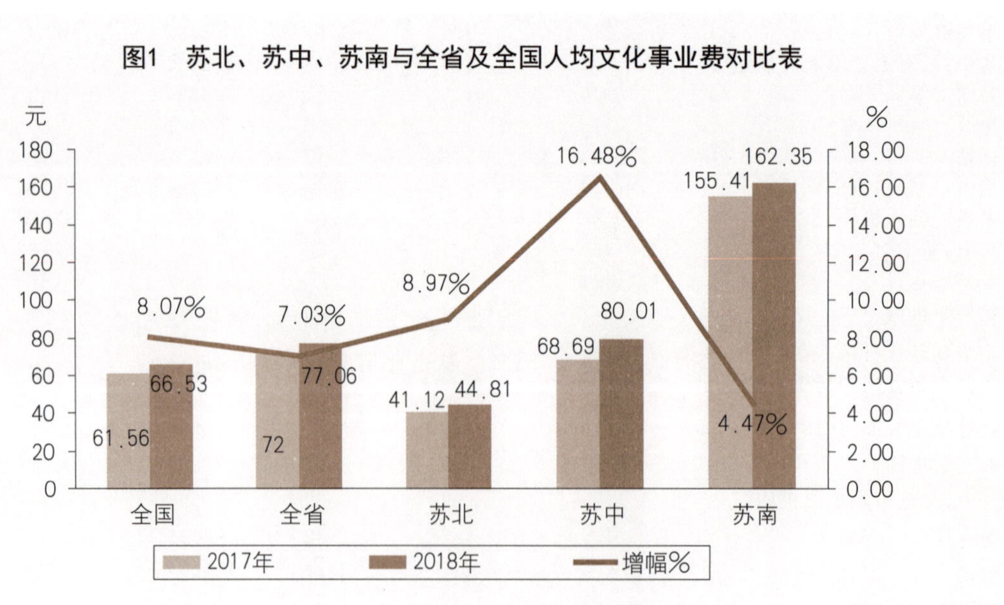

从图一对三个区域与全省、全国人均文化事业费的比较可以看出，江苏省人均数略高于全国平均水平。按照年增速依次为苏北 8.97%、苏中 16.48%、苏南 4.47%，苏南、苏北增速低于苏中，而苏北增速高于苏

南，苏南增速有所放缓。三个区域中苏南、苏中高于全国和全省平均水平，苏北低于全国和全省平均水平，苏中再次高于全国平均水平，苏南高于全国144.03%，高于全省106.8%，继续保持领先地位。

三、艺术创作表演基本情况

围绕实施戏曲振兴工程，创新举办2018戏曲百戏（昆山）盛典，共组织全国120个戏曲剧种、156个剧目（折子戏）在昆山展演。配合举办紫金文化艺术节，组织演出45台剧目共49场，平均出票率超过90%，平均上座率超过85%。组织创作现实题材淮海小戏《孤岛夫妻哨》，并入选新年戏曲晚会。组织苏剧《国鼎魂》参加2018年全国基层院团戏曲会演并担纲闭幕演出。举办江苏省庆祝改革开放40周年主题美术作品展、第四届“傅抱石·中国画作品双年展”，第五届“林散之·书法作品双年展”收到参评作品5808件，为历届之最。

2018年末，全省共有艺术表演团体662个（含非公有制艺术表演团体535个，从业人员8311人），从业人员14069人，其中中高级以上从业人员2918人，占从业人员的20.74%。全年原创首演剧目113个，演出场次10.037万场，总收入16.85亿元，其中艺术演出收入7.48亿元。2018年政府购买的公益性演出9970场，观众627.17万人，购买公益演出财政投入13314万元，与2017年相比艺术演出增加2020场次、观众增加29.45万人次、购买公益演出财政投入增加5441万元。

2018年末，全省共有艺术表演场馆249个（含非公有制艺术表演场馆148个，从业人员2347人），从业人员4467人，其中中高级以上从业人员136人，占从业人员的3.04%。全年艺术演出场次2.349万场，艺术演出观众236.398万人次，总收入8.87亿元，其中艺术演出收入2.89亿元。与2017年相比艺术演出减少1340场次、观众减少158.477万人次。

表3　艺术表演团体、表演场馆收入占比情况对比表

年　度	总收入（万元）	艺术演出收入（万元）	财政补贴收入（万元）	艺术演出收入占总收入的比重（%）	财政补贴收入占总收入的比重（%）
2018年	257191	91659	103683	35.64%	40.31%
2017年	302541	92382	111927	30.54%	37.00%
2016年	224258	81035	75262	36.13%	33.56%

艺术团体、表演场馆主要指标2016年除表演场馆总收入出现负增长外，2015－2017年其他指标均呈正增长趋势。从表3并结合历年数据，2013－2018年艺术演出收入占总收入的比重分别为24.33%、34.64%、28.01%、36.13%、30.54%、35.64%；2013－2018年财政补贴收入占总收入的比重分别为34.88%、32.84%、24.95%、33.56%、37%、40.31%。从占比情况看，近年来艺术业主营业务收入的演出收入占总收入的比重出现上下波动，占比未超40%；同样财政补贴收入占总收入的比重也在一定区间波动，2018年首超40%，年度占比呈现逐年递增态势，仍占据艺术业收入主体。改制后国有艺术团体、表演剧场仍保留了财政专项补贴和政府购买公益演出补贴，从上述艺术团体和表演场馆收入构成来看，艺术团体和演出场馆对财政补贴的依赖度仍然较高。2018年非国有艺术表演团体、艺术表演场馆业务指标和收入指标均出现负增长，艺术表演市场化发展仍需政策支持。

四、公共文化服务基本情况

2018年全省拥有一级图书馆100个；一级文化馆101个，一级文化站239个，建成综合性文化活动中心

19733 个，全省四级公共文化服务体系基本建成。

（一）公共图书馆

2018 年末，全省文化系统共有公共图书馆 116 个，其中少儿图书馆 7 个。从业人员 3529 人，其中高级职称 385 人。全省各级公共图书馆总藏量 9322.72 万册，电子图书 7036.86 万册。本年新增藏量 725.1 万册，电子图书减少 105.57 万册，总流通人次 8114.41 万人次，书刊文献外借人次 2939 万人次，书刊文献外借 5956.21 万册次，2018 较 2017 年度增减情况见表 4 公共图书馆主要业务指标对比情况表。

表 4　公共图书馆主要业务指标对比情况表

年　度	总藏量（万册）	电子图书（万册）	总流通人次（万人次）	书刊文献外借人次（万人次）	书刊文献外借册次（万册）
2018 年	9322.72	7036.86	8114.41	2939.00	5956.21
2017 年	8597.63	7142.44	7975.09	2970.21	5585.74
增减（%）	8.43	−1.48	1.75	−1.05	6.63

2018 年公共图书馆为读者举办的各类活动 9396 个，受众达 457.51 万人次。全省各级公共图书馆共有计算机 12027 台，其中供读者使用电子阅览室终端 6954 台；阅览室坐席 70332 个，其中少儿阅览室坐席 18021 个、盲人阅览室坐席 1576 个，各项主要业务指标较 2017 年有不同程度的提升。

（二）文化馆

2018 年末，全省共有文化馆 115 个，从业人员 2161 人，其中高级职称 301 人。全年组织品牌文化活动 421 个，组织文艺活动 13201 次，参加人次 993.76 万人次；全省各级文化馆利用流动舞台车演出 1218 场次，观众 82.07 万人次，占到总活动场次和总观众人次的 9.23% 和 8.26%，组织文艺活动场次及观众人次以及流动舞台车演出场次及观众人次均有不同程度的下降，具体增减变动见表 5 文化馆主要业务活动指标情况对比表。

表 5　文化馆主要业务活动指标情况对比表

年　份	举办培训班次数	培训人次（万人）	举办展览次数	参观人次（万人）	组织公益性讲座	参加人次（万人）
2018 年	15437	89.913	1580	198.743	2345	34.357
2017 年	9208	65.47	1553	193.49	2115	37.49
增长率	67.65%	37.33%	1.74%	2.71%	10.87%	−8.36%

（三）文化站

2018 年末，全省文化站共有 1264 个，其中街道文化站 387 个，乡镇文化站 877 个。文化站作为基层文化组织，扮演着普通百姓日常生活最常去、最亲切的角色，近年来，各级政府对基层文化站的投入逐年加大，2018 年，各级财政对文化站的投入达到 10.59 亿元，较 2017 年增长 5%。全省文化站总面积 365.133 万平方，综合性文化服务中心总面积 1294.639 万平方，藏书 3331.93 万册。全省文化站提供文化服务 84609 次，文化服务惠及 2195.68 万人次。主要业务活动对比情况见表 6 文化站主要业务活动指标情况对比表，从中

可以看出分项指标均呈现增长态势。

表 6　文化站主要业务活动指标情况对比表

年　份	举办培训班次数	培训人次（万人）	举办展览次数	参观人次（万人）	组织文艺活动次数	参加人次（万人）
2018 年	22777	175.103	7524	407.439	54308	1613.141
2017 年	20655	161.542	7331	406.472	52329	1568.304
增长率	10.27%	8.39%	2.63%	0.24%	3.78%	2.86%

（四）美术馆

2018 年末，全省有建制的美术馆达到了 38 座，年新增 7 座，年增长 22.58%。目前免费开放的美术馆为 36 座，免费开放率为 94.74%。全省各级建制美术馆从业人员共计 533 人，具有中高级职称为 104 人。全年举办各种展览 755 个，观众达 437.09 万人次，未成年参观人次 128.03 万人次，展览个数较上年有所增长，但观众人次出现下降。

表 7　美术馆主要业务活动情况对比表

年　份	美术馆（个）	举办展览（个）	参观人次（万人）
2018 年	38	755	437.09
2017 年	31	720	591
2016 年	27	550	258

五、非物质文化遗产保护情况

截至 2018 年底，全省共有各级非物质文化遗产保护机构（含非物质文化遗产保护中心）113 个。目前国家级非物质文化遗产名录 117 个，保护单位 108 个；省本级非物质文化遗产名录 578 个，保护单位 498 个；市级非物质文化遗产名录 1442 个，保护单位 1290 个；县级非物质文化遗产名录 2478 个，保护单位 1475 个。全年举办各类宣传展示活动共计 5465 个，参与人次达 510.1 万人次。普查成果 3.02 万件（套、册）。目前各类传承人 5224 人，学徒 30029 人。

六、对外文化交流基本情况

2018 年全省文化交流项目 72 个，参与交流人员 861 人次，共组织演出（展览）天数 1,025 天，演出（展览）61 场次，演出（参观）观众 20.33 万人次。

2018 年，制定对外和对港澳台文化交流行动计划，建成对外文化交流精品项目库，重点针对周边国家和“一带一路”沿线国家开展人文交流。完成“欢乐春节·精彩江苏”演出任务，海外受众近 80 万人。围绕把海牙中国文化中心打造成为“一带一路”交汇点上的文化交流重要平台，推出一系列主题活动。“精彩江苏·文创产品”展演团赴柬埔寨参加中柬建交 60 周年庆典活动暨 2018 年中国文创产品展示周，赢得柬埔寨王国文化艺术部和中国驻柬埔寨大使馆的高度称赞。

七、文化和旅游产业发展

2018年是文化和旅游融合之年，评选命名第一批省级重点文化产业示范基地9个、第二批省级重点文化产业示范园区10个。省级文化产业专项资金对69个项目给予总额7000万元扶持。全省有27个项目入选文化和旅游部重点文化产业项目库，4个项目获评文化和旅游部2018年“一带一路”文化贸易与投资重点项目，无锡被列入首批国家文化出口基地。总结推广南京、苏州国家级试点经验，引导和扩大文化消费。精心策划首届中国大运河文化旅游博览会。旅游产业健康发展，全省现有国家级旅游度假区6家、5A级景区23家，数量位居全国第一。组织29家单位参与国家全域旅游示范区创建，省旅游风情小镇创建单位达33家。全省在建超百亿旅游项目12个，总投资超1500亿元。全省实现旅游业总收入13247.28亿元，同比增长13.6%

2018年“水韵江苏”品牌推广。加强与兄弟省市互为旅游目的地营销推广，组织举办“江苏人游江苏”、江苏乡村旅游节等旅游活动。拓展与“一带一路”沿线国家旅游交流，在境外建成第7个旅游推广中心。在苏州成功承办中日韩旅游部长会议，在港澳台市场举办了第八届苏台灯会、江苏文化嘉年华旅游展区等活动。全省接待入境过夜游客400.85万人次，同比增长8.3%，旅游外汇收入46.48亿美元，同比增长10.8%；接待国内游客8.18亿人次，同比增长9.6%，国内旅游收入12851.30亿元，同比增长13.7%。

八、文化市场发展情况

截至2018年底，江苏省共有网络文化、娱乐、艺术品、演出等文化市场经营机构数22264个，比上年增加412个。从业人员105943人，比上年减少13527人。资产总计5705831.8万元，同比下降7.7%。营业收入2904526.9万元，同比下降12.6%，营业利润488947.1万元，同比下降21.6%。

（一）网络文化市场

截至2018年底，全省共有互联网上网服务营业场所11205个，比上年增加81个。从业人员25446人，比上年减少3764人。资产总计494742.2万元、营业收入314395.9万元、营业利润94638.0万元，分别同比下降12.6%、9.8%、10.1%。

全省共有经营性互联网文化单位517个，比上年增加147个。从业人员13013人，比上年减少6854人。资产总计3121337.3万元、营业收入1552902.4万元、营业利润157666.3万元，分别同比下降10.2%、21.4%、45.0%。

（二）娱乐市场

截至2018年底，全省共有歌舞、游艺等娱乐场所8580个，比上年增加55个。从业人员44300人，比上年减少3749人。资产总计804657.4万元，同比下降7.6%。营业收入592083.2万元，同比增长1.0%。营业利润154149.3万元，同比增长0.31%。

（三）艺术品市场

截至2018年底，全省共有艺术品经营机构755个，比上年增加15个。从业人员5732人，比上年增加25人。资产总计459957.9万元，同比下降30.3%、营业收入137620.7万元，同比增长10.3%，营业利润35557.6万元，同比下降15.9%。

（四）演出市场

截至2018年底，全省共有演出经纪机构524个，比上年增加70个。从业人员6794人，比上年增加258人。资产总计676337.2万元、营业收入241298.9万元、营业利润37332.4万元，分别同比增长46.7%、14.3%、19.9%。

非公有制艺术表演团体535个，比上年增加33个。从业人员8311人，比上年增加788人。资产总计62219.0万元、营业收入39047.6万元，分别同比下降1.7%、0.32%，营业利润6869.5万元，同比增长41.1%。

总体而言，随着我国经济发展模式由GDP增长为导向转变为以全面可持续发展为导向，江苏文化市场发展也呈现出规模缩小、减员增效的趋势，并体现出以下特点。

一是更加注重有序发展。2018年，江苏实施娱乐场所"阳光工程""绿色网吧"建设工程等，在全国率先出台《江苏省互联网上网服务行业转型升级工作指南》，实现监管软件全覆盖。新评定"绿色网吧"166家，接近前两年总和，建成"绿色网吧"总量保持全国前列。同时文化市场多种经营和业态融合进一步发展，文化娱乐综合体数量进一步提升，文化市场转型升级进一步深化。

二是更加注重"放管服"并行。省文化和旅游厅、省委编办联合出台《关于深化文化市场"放管服"改革的意见》，这是江苏省省级机构改革后出台的首个深化"放管服"改革意见，也是全国文化和旅游系统印发的第一份"放管服"文件。管理部门协同推进审批服务便民和监管方式创新，积极探索新型监管模式、严格落实监管责任，审批、监管和处罚信息面向社会、面向公众进一步公开。在厅网站设立"文化市场信用信息公布专栏"，公布首批红名单30家，黑名单7家（人）。通过健全文化市场警示名单、"黑名单"和"红名单"制度，形成了以内容监管为重点、信用监管为核心、守信激励、失信惩戒的文化市场监管机制。

三是更加注重做大做强市场主体。各类资源与要素进一步向优势企业集中，骨干文化企业兼并重组和交叉持股现象进一步增多，涌现出一批主业突出、核心竞争力强、市场占有率高的大型文化企业。演艺娱乐、网吧、艺术品展览等传统业态加速实现线上、线下融合，通过"互联网＋"进一步挖掘出新需求、培育出新动能。

（江苏省文化和旅游厅）

江苏：艺术创作取得佳绩

2018年，江苏艺术工作深入贯彻落实党的十九大精神，坚持以人民为中心的创作导向，认真完成年初制定的各项目标任务，艺术创作取得新成绩，迈上新台阶。

一是围绕实施戏曲振兴工程。创新举办2018戏曲百戏（昆山）盛典，共组织全国120个戏曲剧种、156个剧目（折子戏）在昆山展演。配合举办紫金文化艺术节，组织演出45台剧目共49场，平均出票率超过90%，平均上座率超过85%。组织创作现实题材淮海小戏《孤岛夫妻哨》，并入选新年戏曲晚会。组织苏剧《国鼎魂》参加2018年全国基层院团戏曲会演并担纲闭幕演出。修改完善8部第三届江苏省文华大奖获奖作品，组织专家对相关剧目进行指导，开展第三届江苏省文华大奖获奖剧目全省巡演交流活动，在演出中打磨提高，在实践中锻炼队伍，提升作品的整体水平。

二是举办庆祝改革开放40周年主题展览。举办江苏省庆祝改革开放40周年主题美术作品展、第四届"傅抱石·中国画作品双年展"、第五届"林散之·书法作品双年展"收到参评作品5808件，为历届之最。本次展览共展出江苏作者自上世纪80年代初至今创作的国画、油画、版画、雕塑、水彩（粉）、书法作品，作品主题鲜明、技法多样、形式丰富，内容涵盖社会建设、劳动形象、山河新貌、美好生活等各个方面，多视角、全方位地展现了改革开放40年来的伟大成就，是江苏40年来美术创作优秀成果的一次集中展示，也是用艺术形式反映改革开放以来社会变迁的一个生动写照。展览得到了社会各界的广泛关注和好评。

三是促进大运河文化带建设。开展江苏20台优秀现代戏大运河沿岸巡演活动，历时半年，在大运河沿岸6省市的14座城市演出30场，20台剧目有50%是现实题材，从多个方面反映了江苏涌现的新人新事新风貌。启动实施《中华民族的血脉——中国大运河史诗图卷》百米长卷美术精品创作工程，通过艺术家手中的画笔，把大运河全域散落分布的文化瑰宝串成"珍珠项链"，绘制当代的"清明上河图"，让经典生动再现。

浙江省2018年文化和旅游发展情况分析

2018年，全省文化和旅游系统以习近平新时代中国特色社会主义思想为指导，深入贯彻落实党的十九大和十九届二中、三中全会精神，切实按照省委“八八战略再深化、改革开放再出发”的要求，以“三大攻坚战”“四大建设”、富民强省十大行动计划目标任务为重点，抓改革、补短板、强弱项、促发展，文化和旅游两大万亿产业融合发展，推动文化事业、文化产业和旅游业各项工作取得新成效，为文化浙江、诗画浙江建设打下坚实基础。

一、文化发展情况

(一)机构和人员

2018年，纳入统计范围的浙江全省各类文化(文物)单位近19160个，比上年末减少818个；从业人员18.8万人，比上年末减少0.3万人。其中，各级文化文物部门所属单位2282个，比上年末增加22个；从业人员3.2万人，比上年末增加794人。

完善现代治理体系。浙江省文化馆和嘉兴市图书馆被文化和旅游部确定为法人治理结构改革试点单位，浙江省博物馆成立首届理事会，全省已有187家县级以上国有公共文化机构成立理事会，占比53.9%。启动省演艺集团组建工作，推进杭州剧院等4家单位转企改制。转变省属文艺院团演出补贴拨款方式，实行政府采购服务，倒逼省属文艺院团艺术生产进一步面向市场、面向观众。

完善人才保障和激励机制。建立厅领导联系人才专家制度，在薪酬待遇、经费支持、评优评先等方面，开展精准服务，努力营造良好的人才环境。完成 4 个系列 20 多个门类职称评价改革，打破学历资历限制和体制内外人才评价壁垒，在全国率先开展文化人才职称分类评审，探索建立科学的人才评价体系。

实施文化名家"引凤"计划。探索靶向式、论坛式引才和会演引才等人才机制，2018 年新增中宣部"四个一批"2 人、省"钱江学者"1 人、"万人计划"3 人、"五个一批"2 人、"151"人才构成一二层次分别 2 人；入选第五批国家级非遗代表性传承人 74 人，位居全国第一。厅属单位共引进高层次人才 56 人。

增强人才培育力度。突出高层次人才培养，培育 27 支"浙江省文化创新团队"和 39 名优秀专家。突出文化拔尖人才培养，持续开展"浙江省公共图书馆拔尖人才""新鼎计划"文博专业拔尖人才、"舞台艺术拔尖人才"等各门类行业"拔尖人才"培养。实施"名家传戏""名师带徒"项目，实施紧缺文化人才提质计划和文化产业人才扶持计划。突出青年文化人才培养，定向扶持一批中青年编剧、导演、作曲等主创人才。突出基层文化人才培养，省本级培训基层文化人员 5000 多人，市县培训 20 多万人。开展"耕山播海""送教下乡"，面向全省欠发达县培训 4 万多人次。招生招聘相结合，继续开展定向培养乡镇文化员工作，面向 44 个县（市、区）招收新生 59 名。

（二）艺术创作演出

服务大局有新作为。精心组织浙江省庆祝改革开放 40 周年优秀剧目展演和图片展。成功举办首届联合国地理信息大会、第五届世界互联网大会专场文艺演出。启动"最多跑一次"主题文艺创作和"新时代新征程"主题歌曲创作。举办 2018 年"新松计划"全省青年歌手大赛、浙江省第 6 届曲艺杂技魔术节。实施"文化暖冬千百万计划"，完成各类演出 6931 场。

艺术创作有新亮点。出台并实施《浙江省当代舞台艺术精品创作扶持工程实施办法》《浙江省舞台艺术创作重点题材扶持暂行办法》。推出民族歌剧《在希望的田野上》、多媒体交响乐《良渚》、越剧《枫叶如花》、民族管弦乐《钱塘江音画》、话剧《天真之笔》等一批精品力作。44 个项目获国家艺术基金资助，位居全国第四。舞剧《花木兰》获中国舞蹈荷花奖，绍剧《于谦传之两袖清风》入选 2018 年度全国舞台艺术重点创作剧目名录，话剧《新新旅馆》获第三十二届田汉戏剧奖剧目奖，《烟雨伊人》获中国 · 宝丰第七届魔术文化节魔术节目奖。3 个剧本入选全国戏曲剧本孵化计划。浙江美术馆获得优秀美术图书金奖等多个国家级奖项。

戏曲传承有新突破。成功举办第四届中国越剧艺术节，24 台新创优秀越剧成功展演，吸引 6 万余名观众，平均上座率达到 90%。积极推动戏曲传承发展，开展"浙漾京城"浙江戏曲北京周、浙江省传统戏曲演出季活动。成立"浙江高腔联盟""浙江省民间职业剧团联盟"，拓展戏曲传播渠道。着力推进"戏曲进校园"工作，组建各类学校戏曲社团 200 多个。

2018 年全省共有艺术表演团体 1573 个，比上年增加 153 个，从业人员 4.5 万人，增加 1981 人。其中各级文化部门所属的艺术表演团体 58 个，占 3.7%，从业人员 3949 人，占 8.7%。全年全省艺术表演团体共演出 37.9 万场，比上年增长 1.7%，其中赴农村演出 22.2 万场，下降 3.4%，赴农村演出场次占总演出场次的 58.7%，国内观众 20787.6 万人次，下降 1.5%，其中农村观众 16489.5 万人次，比上年增长 0.9%；总收入 57.2 亿元，比上年下降 1.6%，其中演出收入 44.2 亿元，下降 3.3%。

2018 年全省文化部门所属艺术表演团体共组织政府采购公益演出 4240 场次，观众 343.7 万人次。利用流动舞台车演出 710 场次，观众 63.3 万人次。

表 1　2011—2018 年浙江省艺术表演团体基本情况

年　份	机构数（个）	从业人员数（人）	演出场次（万场）	国内演出观众人次（万人次）	总收入（万元）	
						#演出收入
2011 年	498	16833	13.61	5091.45	133481	88287
2012 年	609	19053	13.63	8624.35	161224	84219
2013 年	733	24968	14.55	9272.08	448562	110646
2014 年	891	27293	18.27	14669.63	183996	112186
2015 年	1024	31525	21.82	15336.73	237508	157500
2016 年	1245	39071	28.87	18040.49	547992	454278
2017 年	1420	43504	37.24	21097.00	581784	457138
2018 年	1573	45485	37.87	20787.57	572211	441873

2018 年全省共有艺术表演场馆 336 个，观众坐席数 16.6 万个。各级文化部门所属艺术表演场馆 71 个，观众坐席数 6.5 万个，演（映）出场次合计 5.2 万场次，演（映）出观众人次 546.4 万人次，全年共举行艺术演出 0.5 万场次，艺术演出观众人次 273.8 万人次。

2018 年全省共有国有美术馆 9 个，从业人员 134 人，全年共举办展览 167 次，参观人次 135.6 万人次。

（三）公共服务体系

公共文化服务能力不断加强。加快推进公共文化服务标准化建设，研究制定 6 个省级标准、9 个市级标准和 30 个县级标准，形成基本标准体系。全省完成《浙江省基本公共文化服务标准（2015—2020 年）》90%以上指标的县（市、区）占比达 93.3%，其中：51.7%的县（市、区）全面实现基本公共文化服务标准化；实现度达 84%。新建农村文化礼堂 3143 家，累计建成 11059 家。扎实推进公共文化服务“十百千”工程建设，全年累计增加投入 28.7 亿元，完成重点县的 47 个提升项目和 63 个重点乡镇、991 个重点村建设任务。台州市、温州市城市书房项目和丽水市乡村春晚项目以优异的成绩通过第三批国家公共文化服务体系示范区和项目验收，温州市获第四批国家公共文化服务体系示范区创建资格，杭州市下城区、萧山区获第四批示范项目创建资格。持续开展文化惠民活动，全省送戏下乡 2.58 万场，送书下乡 260 万册次，送讲座展览 5000 场次，开展“文化走亲”活动 1700 场次。

服务设施建设不断完善。建成浙江自然博物园核心馆区、浙江小百花艺术中心；之江文化中心于 2 月 25 日正式开工；推进新时代文化艺术创研基地等一批重大文化服务设施建设，加快推进衢州本级、柯城、衢江、开化、江山、龙游、常山立项建设的艺术中心、文化广场、文化馆、博物馆、美术馆等项目 30 余个，总投资超过 40 亿元。

1. 公共图书馆

2018 年全省共有公共图书馆 103 个，其中少儿图书馆 5 个。全省公共图书馆从业人员 3849 人，其中具有高级职称的人员 343 人，占 8.9%；具有中级职称的人员 989 人，占 25.7%。

2018 年全省公共图书馆实际使用房屋建筑面积 119.8 万平方米，比上年增长 11.2%；图书总藏量 8607.6 万册，增长 10.2%，其中古籍 195.3 万册。电子图书 7787.14 万册，阅览室坐席数 7.8 万个，计算机 1.3 万台，供读者使用的电子阅览终端 8666 台。

2018 年全省平均每万人公共图书馆建筑面积 208.9 平方米，比上年增加 18.5 平方米；全省人均图书藏量 1.50 册，增加 0.12 册；全年全省人均购书费 4.1 元。

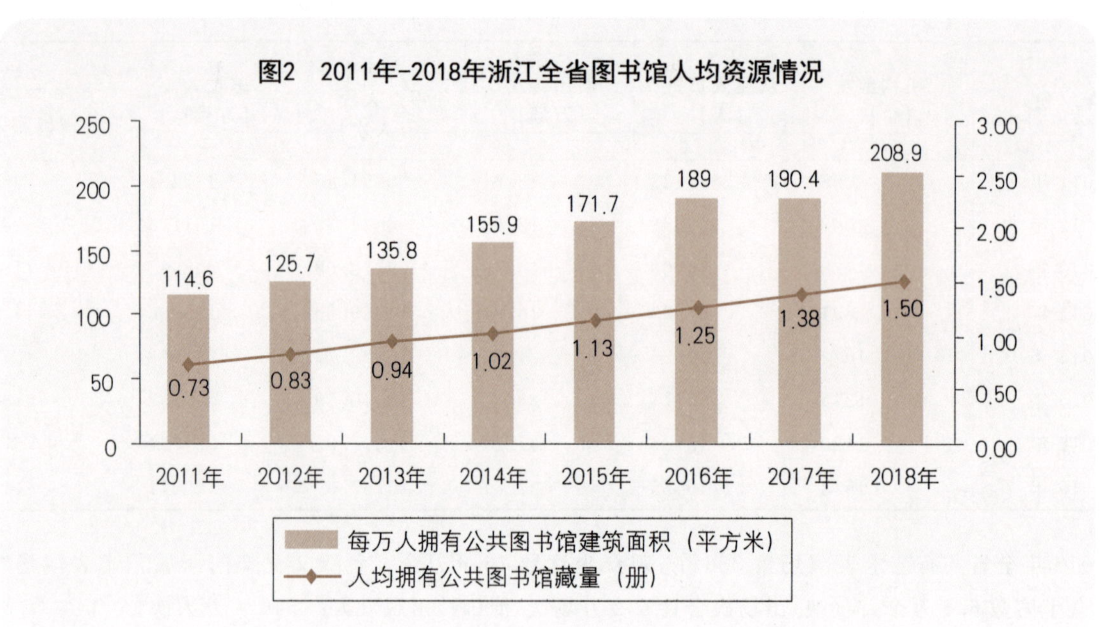

2018年全省公共图书馆发放借书证95732万个，比上年下降7%；总流通人次11874.6万人次，增长9.5%。书刊文献外借册次7148.5万册次，增长2.4%；外借人次2862.4万人次，下降15%。全年共为读者举办各种活动19594次，增长33.8%；参加人次1229.7万人次，增长40.5%。

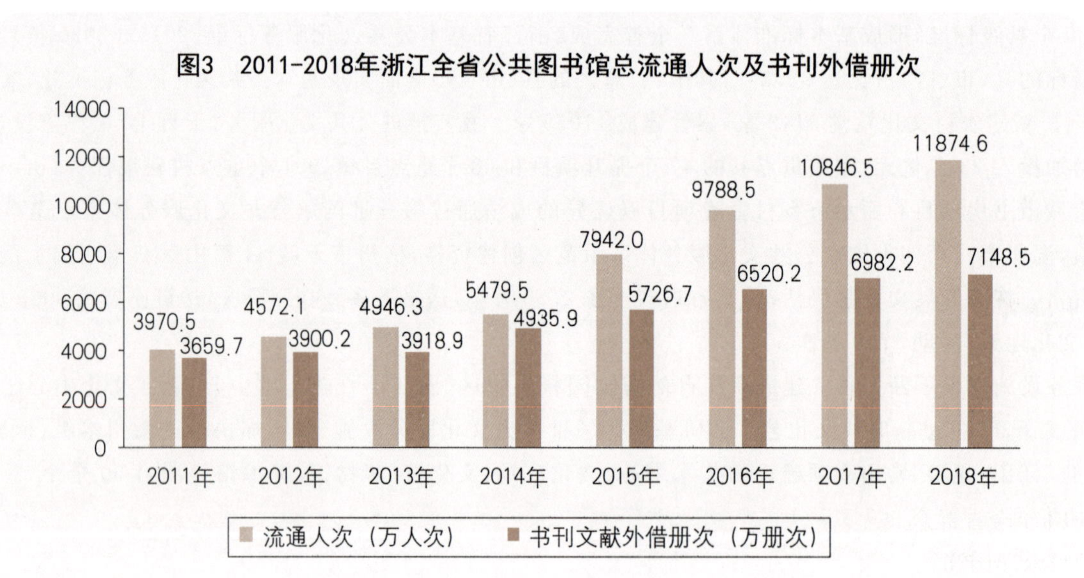

2. 群众文化机构

2018年全省共有群众文化机构1475个，其中综合文化站1374个，比上年均有增加。2018年全省群众文化机构从业人员7759人，比上年增加224人。其中具有高级职称的人员466人，占比6%；具有中级职称的人员717人，占比9.2%。

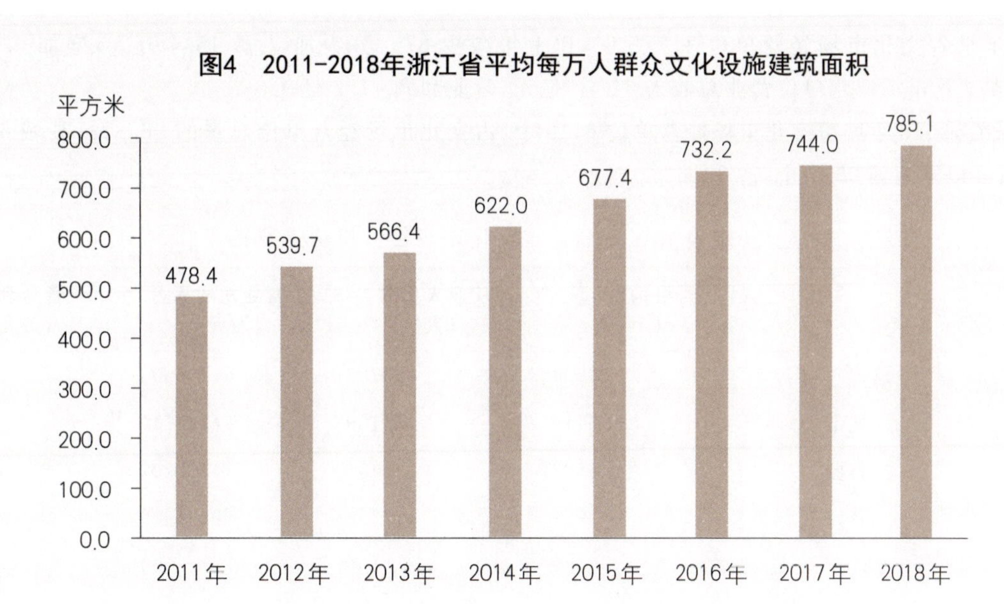

图4 2011-2018年浙江省平均每万人群众文化设施建筑面积

2018 年全省群众文化机构实际使用房屋建筑面积 450.4 万平方米，比上年末增长 7%；2018 年全省平均每万人群众文化设施建筑面积 785.1 平方米，比上年增加 41.1 平方米。

2018 年全省群众文化机构共组织开展各类文化活动 21.6 万场次，比上年增长 21.7%；服务人次 7842.4 万人次，下降 9.5%。

表 2 2018 年浙江省群众文化机构开展活动情况

	总 量		比上年增长(%)	
	活动次数（次）	服务人数（万人次）	活动次数	服务人次
各项活动总计	215544	7842.4	21.7	－9.5
其中：展览	14903	1316.0	10.3	5.3
文艺活动	115327	5945.3	25.4	－14.1
公益性讲座	3948	52.8	－17.4	1.6
训练班	81366	528.4	21.7	20.1

2018 年全省群众文化机构共有馆办文艺团体 372 个，演出 8759 场，观众 533.5 万人次。由文化馆（站）指导的群众业余文艺团体 3.7 万个，馆办老年大学 15 个。

（四）文化市场

不断优化市场环境。中国（浙江）自贸区促进文旅业管理服务改革倒逼机制日渐形成。宁波专门就优化软环境扩大国际游客，出台了一系列政策举措。省里印发《关于文化市场“僵尸企业”处置的若干意见》《关于加强网络表演管理和网络游戏管理工作的指导意见》，规范文化市场管理。推进上网服务行业和文化娱乐行业转型升级。开展全省文化市场监管“对标亮剑”行动，组织 4 次远程集中排查，检查网络文化企业 14713 家次。在全国率先开展“文化市场安全日”活动。1 个案件获 2017－2018 年度全国文化市场十大案件,5 个获重大案件,位居全国第一。

2018 年全省文化市场经营单位 1.7 万家,比上年减少 871 家;从业人员 15.4 万人,增加 0.5 万人。2018 年全省文化市场经营单位营业总收入 612.1 亿元,营业利润 41.2 亿元。

分区域看,2018 年城市文化市场经营单位 6119 个,占文化市场经营单位总量的 36.8%;县城 6588 个,占 39.6%;县以下地区 3927 个,占 23.6%。

表 3　2018 年按区域浙江省文化市场经营单位主要指标

		机构数(个)	从业人员数(人)	营业总收入(万元)	营业利润(万元)
总量	总计	16634	153726	61205606	4121314
	城市	6119	54139	44735710	573679
	县城	6588	82494	14238207	3100429
	县以下	3927	17093	2231689	447206
比重(%)	总计	100	100	100	100
	城市	36.79	35.22	73.09	13.92
	县城	39.61	53.66	23.26	75.23
	县以下	23.61	11.12	3.65	10.85

2018 年全省共有娱乐场所 4346 个,从业人员 5 万人,全年营业总收入 65.2 亿元,营业利润 11.5 亿元。

2018 年全省共有互联网上网服务营业场所 7265 个,从业人员 2 万人,全年营业总收入 22 亿元,营业利润 4.4 亿元。

(五)产业与科技

努力扩大文化消费,组织举办浙江省暨杭州市文化消费季活动,宁波市入选国家文化消费试点城市奖励计划第一档城市,杭州市文化消费指数研究得到了文化和旅游部的奖励资助。推进中国(义乌)文化产品交易会转型升级,第 13 届交易会实现洽谈交易额 53.2 亿元;联合举办长三角国际文化产业博览会。

努力壮大市场主体,认定 18 家企业为省文化产业示范基地,4 家企业被认定为 2018 年国家动漫企业,5 个动漫项目获中国文化艺术政府奖第三届动漫奖,占全国四分之一。3 家单位获文化和旅游部文创产品开发计划扶持,数量居全国第一;3 个项目获国际合作项目扶持。21 个项目列入文化和旅游部《2018 中国文化产业重点项目手册》。

加强产业平台建设,推进杭州白马湖生态创意城、衢州儒学文化产业园区创建国家级文化产业示范园区,网络作家村等单位入选国家级文化产业园区服务能力提升计划项目。

加快发展新型文化业态,启动了全省文化文物文创产品设计大赛,认定浙江美术馆等 10 家单位为省级试点单位。

加强项目对接与引导,成功举办 2018 年江浙沪特色文化产业项目“路演”及推介活动。推动浙江大学设立设计智能与数字创意省级重点实验室,浙江音乐学院设立数字音乐工程研究中心。2 个文化科技项目获得国家社科基金艺术学重大项目立项,19 个项目入选全国艺术科学规划项目。2018 年全省共有 3 个国家级文化产业示范(试验)园区和 14 个国家文化产业示范基地。2018 年全省经文化部、财政部、国家税务总局三部门联合认定的动漫企业共有 18 个。

(六)文化遗产保护

传统文化保护利用能力显著提升。牵头实施《浙江省传承发展浙江优秀传统文化行动计划》,梳理分解107个项目,完成工作清单、量化指标和考评细则制订,按项目先规划再实施。杭州市在良渚古城遗址价值研究、文物保护、申报世界文化遗产等各项工作进展顺利,通过了国际专家现场考察评估;良渚博物院基本陈列改造完成后精彩亮相。完成“四条诗路”沿线文化遗产资源调查并形成保护方案。临海对古城的保护几十年来一以贯之,历任班子一张蓝图绘到底,一任接着一任干。认真贯彻乡村振兴战略,深入实施试点县松阳“拯救老屋行动”项目,完成首批142幢老屋修缮,已成为全国经验加以推广。建德新叶、诸暨斯宅、永嘉芙蓉等第一批传统村落通过国家文物局评估。全年实施省级以上文物维修工程51项,组织实施考古调查勘探项目109项,考古发掘绍兴“宋六陵”、安吉龙山八亩墩等项目47项。

博物馆建设管理水平明显提高。被新定级为国家二级博物馆10家、三级博物馆8家,全省国家三级以上博物馆总数达62家,位居全国第一。杭州工艺美术博物馆获全国博物馆十大陈列展览精品奖,浙江省博物馆获国家一级博物馆运行评估“优秀”称号,中国丝绸博物馆成功复原“五星出东方利中国”锦。指导推进淳安、温岭、长兴等地博物馆建成开放。

2018年全省共有文物机构528个,比上年增加52个。其中,文物保护管理机构96个,占18.2%,博物馆337个,占63.8%。2018年全省文物机构从业人员10061人,比上年增加743人。其中高级职称665人,占6.6%,中级职称1097人,占10.9%。

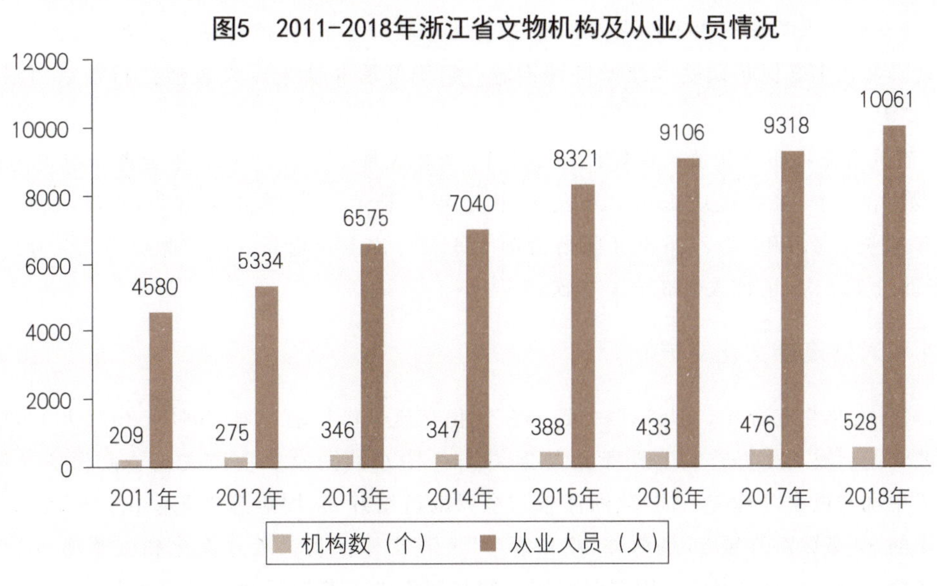

2018年全省文物机构拥有文物藏品150.4万件,比上年末减少2.8万件,同比下降1.8%。其中,博物馆文物藏品135.3万件,占文物藏品总量的90%;文物商店文物藏品1.4万件,占0.9%。文物藏品中,一级文物2373件,占0.2%;二级文物10963件,占0.7%;三级文物81230件,占5.4%。

2018年全省文物机构共安排基本陈列1039个,举办临时展览1469个,接待观众10413.9万人次,比上年增长5.9%。其中未成年人2348.5万人次,增长16.7%,占参观总人数的22.6%。博物馆接待观众7005.4万人次,增长8%,占文物机构接待观众67.3%。

图6 2011-2018年浙江省文物机构接待观众人次及未成年人观众人次

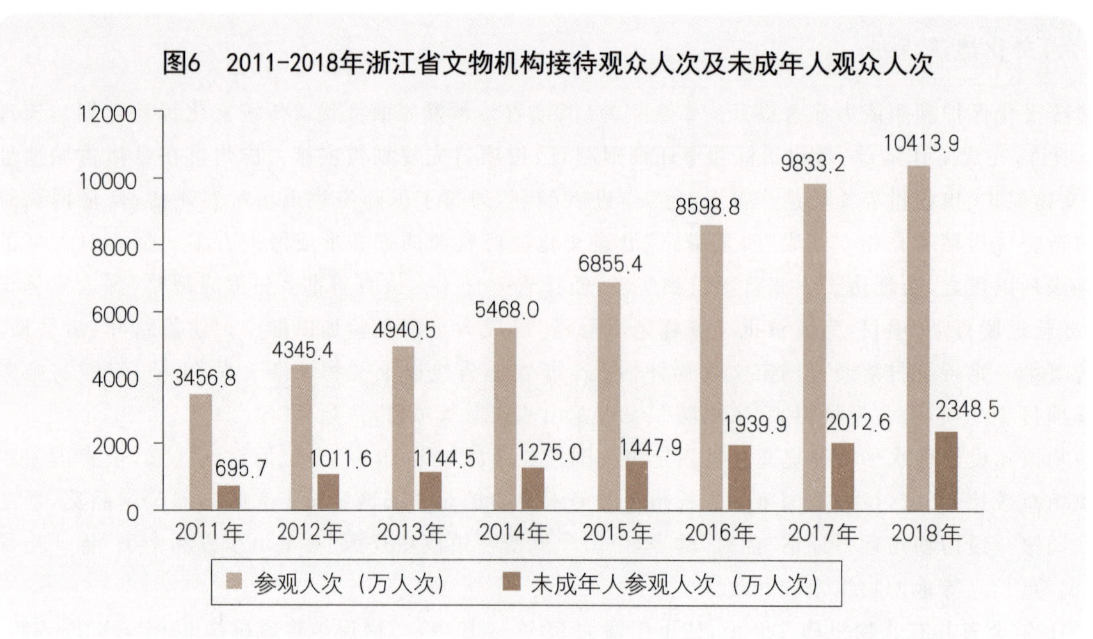

非物质文化遗产活力不断增强。研究出台《浙江省省级非物质文化遗产项目管理办法》。大力推动传统工艺振兴，22个项目入选第一批国家传统工艺振兴目录，公布首批浙江省传统工艺振兴目录。组织开展第二、三批国家级代表性传承人的抢救性记录工作、民间文化和民俗类国家非遗项目记录成果梳理和遴选工作。组织对我省列入人类非遗代表性名录的非遗项目开展“3＋N”保护行动。开展2018“文化和自然遗产日”系列活动。文化生态保护试验区建设持续推进。组织开展非遗采风央媒浙江行等系列活动，浙江非遗影响力不断扩大。

2018年全省共有非物质文化遗产保护机构101个，从业人员475人。2018年全省非物质文化遗产保护机构共举办展览1848个，接待观众456.4万人次，比上年增长7.7%；举办演出7909场，观众496.4万人次，分别比上年增长0.6%和12.2%；举办民俗活动1764次，比上年增长33%，观众602.3万人次；开展非遗工作人员培训班712次，培训人数3.5万人次。

(七)对外和对港澳台文化交流

大力推动对外文化交流合作。拟订《“一带一路”文化交流合作行动计划(2018－2022年)》，实施对外文化交流项目1821起。成功举办首届世界青瓷大会、中国—中东欧国家非物质文化遗产保护专家级论坛等重大活动，完成中国与巴拿马建交一周年、浙江省与全罗南道结好20周年等文艺演出。组派16个艺术团，分赴16个国家的30座城市开展96场海外“欢乐春节”文化交流活动。承办文化和旅游部2018“汉学与当代中国”浙江考察活动，22个国家的中国问题研究专家和智库学者参加活动。成功举办由21个国家青年汉学家参加的2018青年汉学家(杭州)研修计划。指导服务龙泉市赴联合国总部举办青瓷艺术展。支持宁波市运营保加利亚中国文化中心，全年举办20余项文化活动。在约旦、法国等国举办浙江文化节。

多方位推动对港澳台交流合作。实施对港澳台文化交流项目300余起，举办第十二届“台湾·浙江文化节—衢州文化周”“情系钱塘·诗画浙江—两岸文化联谊行”等活动。开展香港学生演艺夏令营、“2018港澳视觉艺术双年展(杭州站)”等活动。

(八)文化资金投入

2018年全省文化事业费66.9亿元，比上年增加7.4亿元，增长12.5%；全省人均文化事业费116.6元，比上年增加 11.5 元,增长 11%。

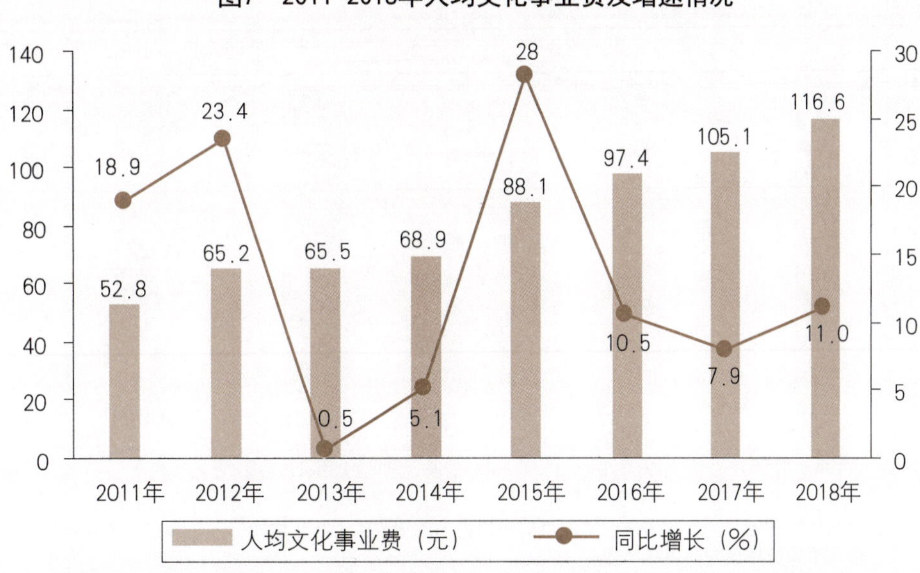

文化事业费占财政总支出的比重为 0.78%,比重较上年下降 0.01 个百分点。

2018 年全省文物事业费 21 亿元,文物事业费占财政总支出的比重为 0.28%,比上年略有下降。

二、旅游业发展情况

2018 年,浙江文化和旅游系统紧紧围绕全面建成"诗画浙江"中国最佳旅游目的地总目标,以改革创新为发展动力,全面推进全域旅游发展和万村景区化,旅游经济运行总体平稳且稳中有进,继续保持高于 GDP 的较快增长,对国民经济的贡献进一步提升,高质量发展势头良好。据省统计局初步测算,2018 年,全省全域旅游产业增加值 4391 亿元,比上年增长 10%,比全省 GDP 现价增幅高出 1.5 个百分点,占全省 GDP 的 7.8%,占比较上年提高 0.1 个百分点。

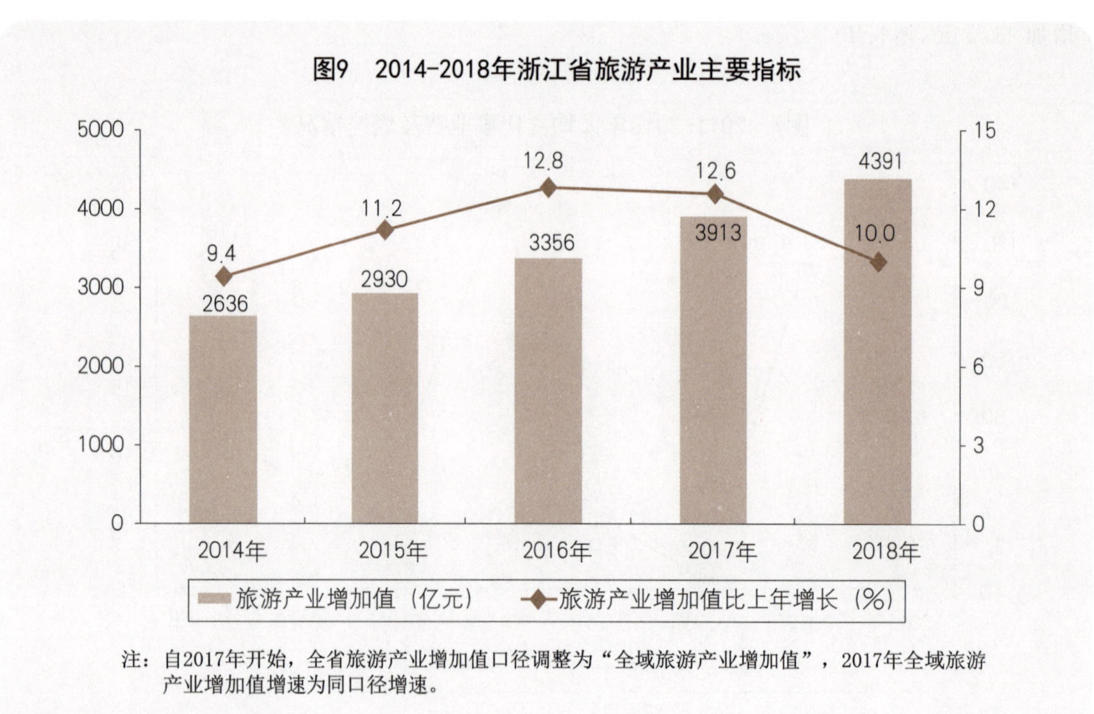

(一)旅游市场

2018年，全省旅游市场总体保持平稳，国内市场游客人数增长放缓，人均花费稳健提高，入境市场在大环境发生较大波动的情况下基本保持平稳，出境市场扭转上年下滑态势，出境游客人数大幅增长。2018年全省共接待游客6.9亿人次，比上年增长8.7%，比全国增速低1.9个百分点；实现旅游总收入10005.8①亿元，比上年增长11.9%，高于全国增速1.4个百分点。

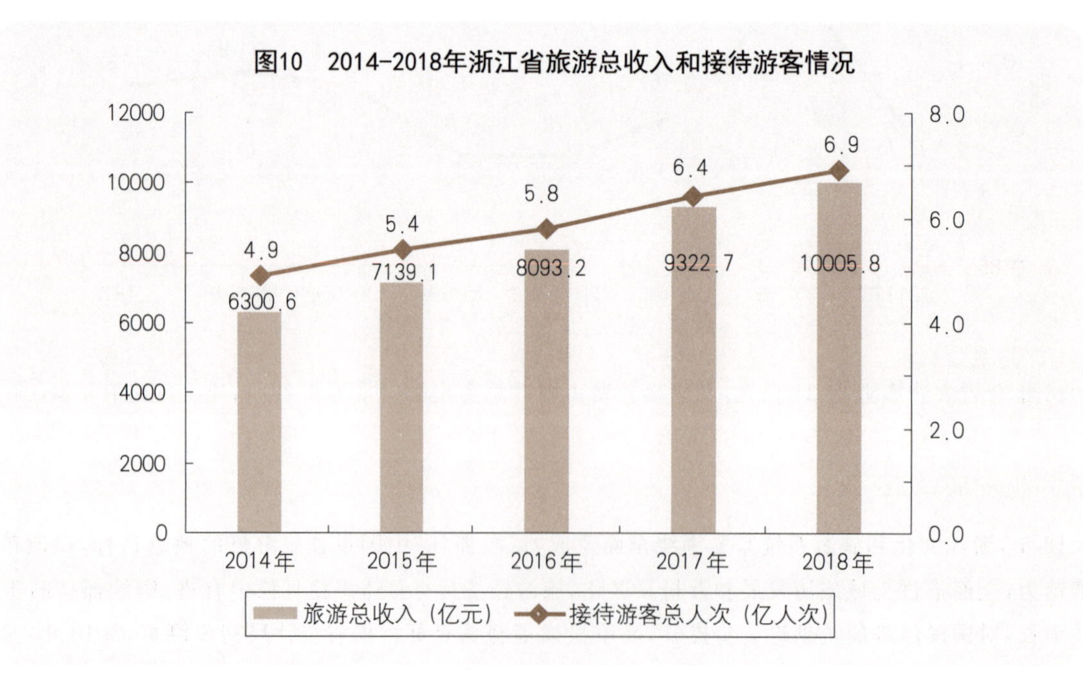

① 根据国家文化和旅游部公布，汇率为1美元兑6.6174元人民币。

1. 国内旅游市场

国内旅游继续保持增长态势，主要指标增速比上年略有回落。根据抽样调查测算，全省全年接待国内游客 6.8 亿人次，比上年增长 8.8%，增速比上年下降 0.9 个百分点；实现国内旅游收入 9834 亿元，比上年增长 12.2%，增速比上年下降 3.1 个百分点。从近五年走势看，国内游客人次和国内旅游收入两项指标均保持较为稳定的增长速度。

图11　2014-2018年浙江省国内旅游市场主要指标

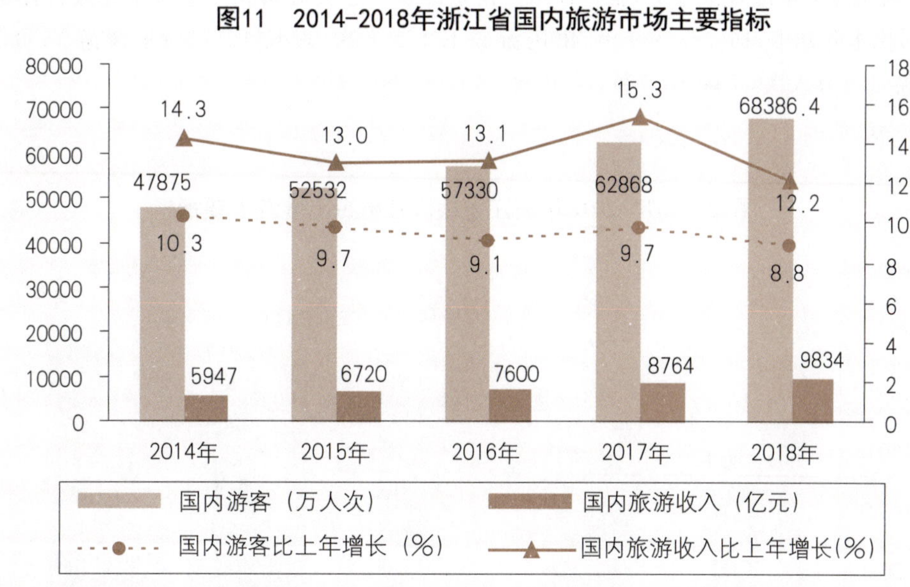

2. 入境旅游市场

入境过夜游客人数和国际旅游收入呈下滑态势。全省全年接待入境过夜游客[①] 456.8 万人次，比上年下降 4.2%，实现国际旅游(外汇)收入 26.0 亿美元，比上年下降 0.7%。

图12　2018年浙江省入境过夜游客客源地分布

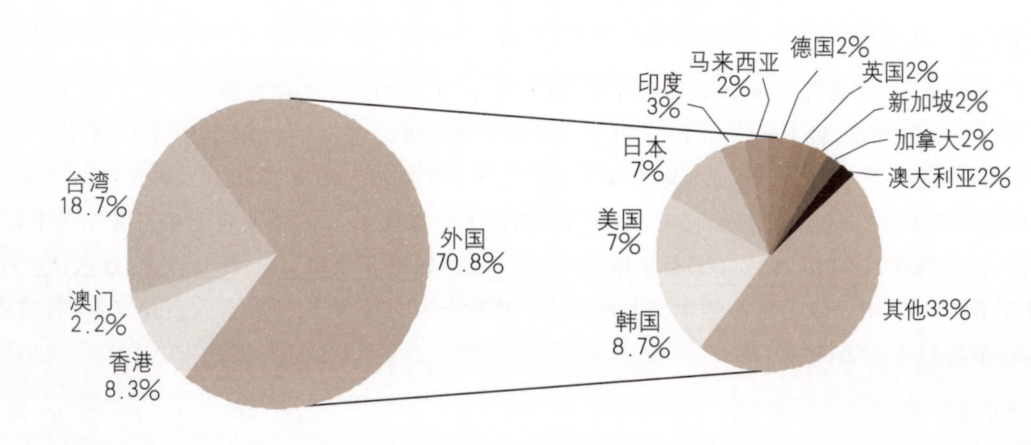

① 自 2018 年年报开始，全省入境旅游统计口径调整为“住宿单位接待入境过夜游客”。

与上年相比，客源国结构基本稳定，韩国稳居第一，美国游客总量超过日本，跃居全省入境客源国第二。接待外国游客323.4万人次，比上年下降4.3%；香港同胞38万人次，下降12.9%；澳门同胞9.8万人次，下降12.4%；台湾同胞85.5万人次，增长1.7%。客源国中接待游客数量列前十的国家分别是韩国、美国、日本、印度、马来西亚、德国、英国、新加坡、加拿大和澳大利亚，共计170.8万人次，来自这十个国家的入境游客数占入境过夜游客总量的37.4%。

3. 出境旅游市场

出境游市场扭转上年度下滑态势，旅行社组织出境游客人数大幅增长。全省全年旅行社组织出境游客283.7万人次，比上年增长16.3%。其中，出国游264.3万人次，增长16.7%；港澳游15.9万人次，下降23.9%；台湾游2.6万人次，下降38.7%。

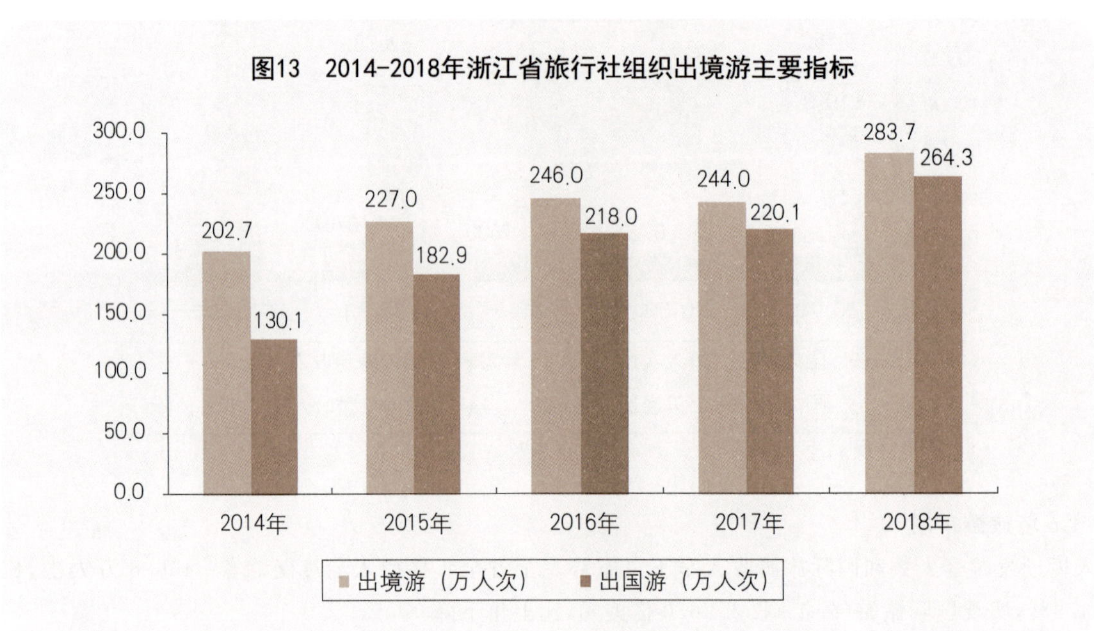

(二)旅游业态

1. 旅游住宿

截至2018年底，全省共有住宿单位5.7万家，较上年增加4180家，共有客房145.1万间，较上年增加9.3万间，床位252.8万张，较上年增加13.1万张。全省共有星级饭店652家，较上年减少53家。

全省住宿单位经营状况良好，主要指标均保持增长态势，增速较上年有所放缓。从我省纳入统计的各类型住宿单位数据来看，全年实现营业收入445.3亿元，比上年增长4.3%，增速较上年下降6.3个百分点。从营收结构看，客房收入193.2亿元，比上年增长5.4%，增速较上年下降8.4百分点；餐饮收入176.5亿元，比上年增长2.5%，增速较上年下降3.6个百分点。从近三年住宿单位各项营收占比来看，客房收入占比持续提高，餐饮收入占比持续收缩。

图14　2016-2018年浙江省住宿单位经营收入结构

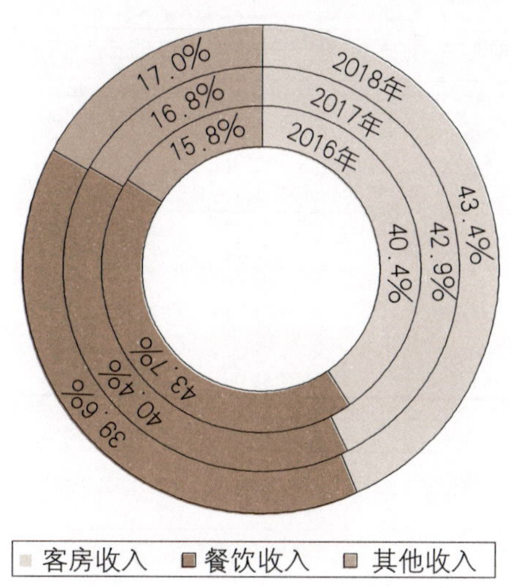

星级饭店三大经营指标与上年基本持平。全省星级饭店平均客房出租率 58.97%，较上年提高 0.52 个百分点；平均房价为 358.3 元/间·天，比上年高出 1.9 元/间·天；平均每间可售客房收入 211.3 元/间·天，较上年高出 0.8 元/间·天。

图15　2014-2018年浙江省星级饭店主要经营指标

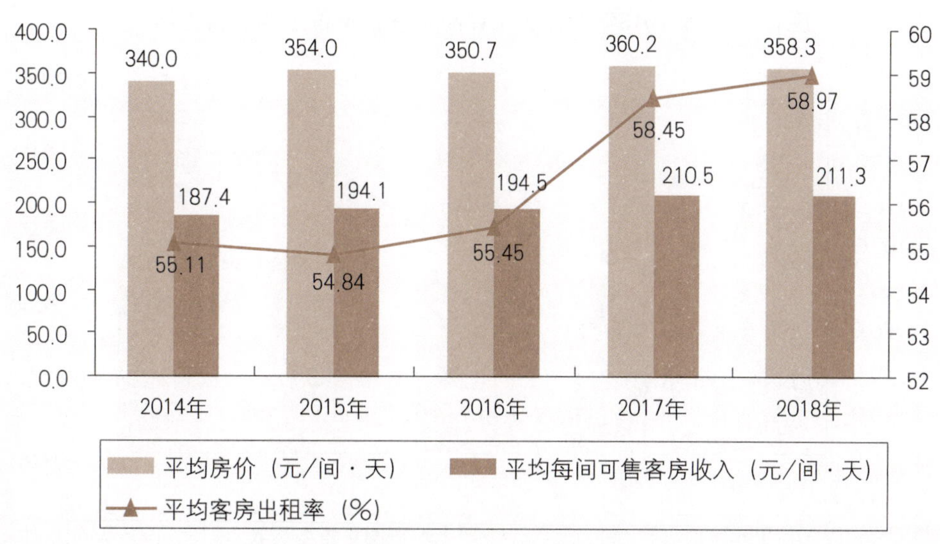

非星级住宿样本单位平均每间可售客房收入较上年略有提高。全省非星级住宿样本单位平均客房出租率为 63.22%，较上年提高 0.84 个百分点，较星级饭店高 4.24 个百分点；平均房价 332.6 元/间·天，较上年高出 1.1 元/间·天；平均每间可售客房收入 210.3 元/间·天，较上年高出 3.6 元/间·天。

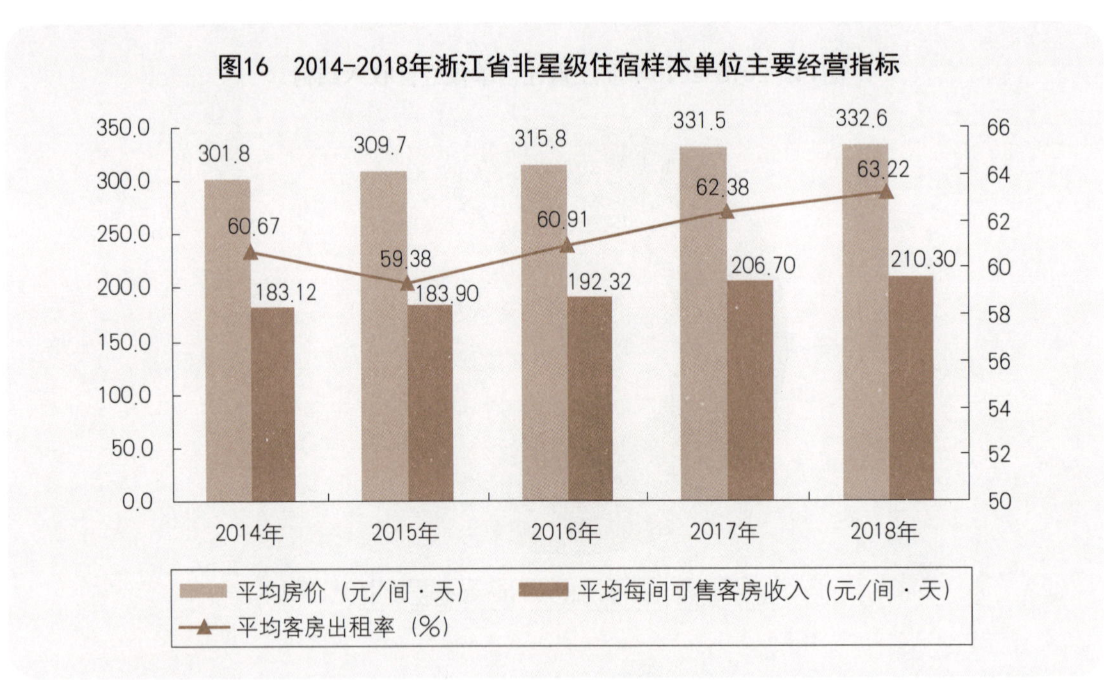

个体经营住宿单位三大经营指标比上年略有回落。全省全年个体经营住宿单位平均客房出租率为57.93%，比上年下降0.04个百分点；平均房价164.6元/间·天，比上年下降1.3元/间·天；平均每间可售客房收入95.4元/间·天，比上年下降0.8元/间·天。

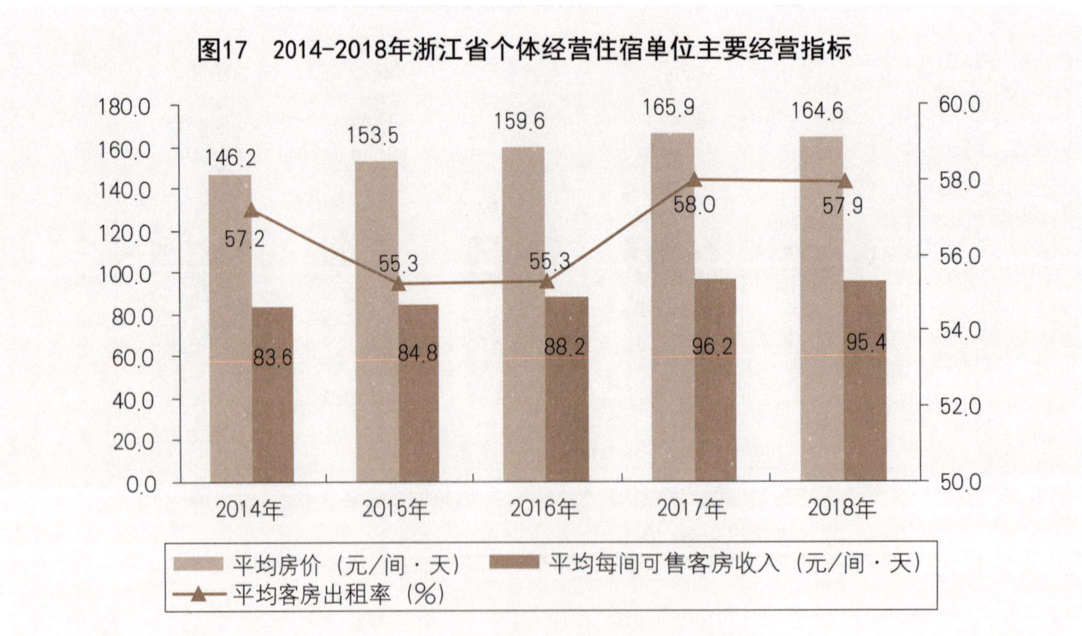

2. 旅行社

截至2018年底，全省共有旅行社2851家，比上年增加329家，其中出境社309家，比上年增加51家。

表 4　2016－2018 年浙江省旅行社数量

年　份	旅行社(家)	其中:出境社(家)
2016	2348	214
2017	2522	258
2018	2851	309

旅行社经营状况总体平稳,旅行社业务总量较上年有所增长。旅行社业务总量①为 3777.4 万人次,比上年增长 4.6%。入、出境业务占旅行社业务总量的比重略有提高,国内业务占比均有所下降。

图18　2017-2018年旅行社各业务占比情况

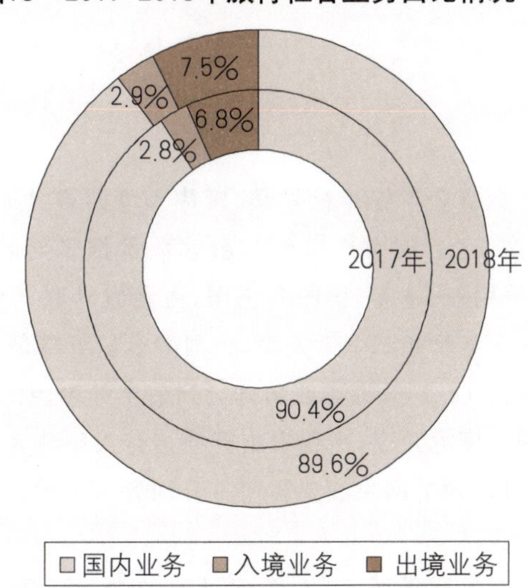

旅行社国内业务继续保持增长势头。全省全年旅行社国内业务总量②为 3384.3 万人次,比上年增长 3.6%。从全省旅行社接待国内游客的情况看,旅行社共接待国内游客 1728 万人次,比上年增长 2.8%,其中有 59.1%的游客来自本省,游客接待量比上年增长 6.1%,占比较上年提高 1.8 个百分点;省外游客量为 706.4 万人次,比上年下降 1.5%,共计减少 10.7 万人次。省外客源地主要集中在上海、江苏、福建、安徽、广东和北京六省(市),分别占全省接待国内游客总量的 13.1%、11.8%、4%、3.3%、2.2%和 1%,向浙江输送的客流量达 609.8 万人次,占全省接待国内游客总量的 35.3%。与上年相比,游客增量列前三的省(市)为福建、重庆和河南,增量分别为 4.9、4.3 和 1 万人次。

旅行社组织国内游客出游数量继续保持增长态势。全省全年旅行社共组织国内游客 1656.3 万人次,比上年增长 4%,增速较上年下降 2.8 个百分点。其中省内游占比达 65.4%,省外游目的地主要集中在上海、江苏、福建、北京、安徽、海南、云南、江西、广东和贵州十省(市),前往这十个省(市)的游客占比为 26.6%。

---

① 旅行社业务总量＝旅行社组织国内游客人次＋旅行社接待国内游客人次＋旅行社外联入境游客人次＋旅行社接待入境游客人次＋旅行社组织出境游客人次。

② 旅行社国内业务量＝旅行社接待国内游客人次＋旅行社组织国内游客人次

图19　2018年浙江省旅行社组织国内游客客源地分布

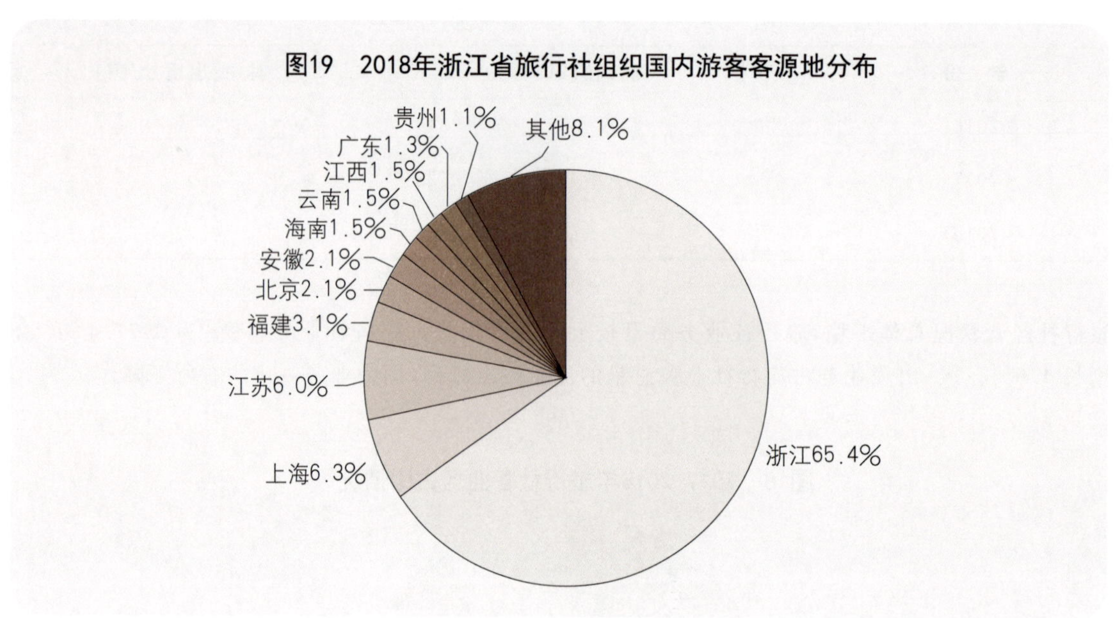

旅行社入境业务量有所增长。全省全年旅行社外联、接待入境游客共 109.4 万人次，比上年增长 8.3%。全省旅行社外联入境游客 45.2 人次，比上年增长 2.6%，游客数量排名列前十的客源国分别是韩国、马来西亚、美国、泰国、日本、新加坡、印度尼西亚、越南、德国和法国，占我省外联入境游客总量的 33.5%。与上年相比，游客人数增量最大的是韩国，比上年增长 2.7 万人次，泰国游客量下降最大，达 1.1 万人次。全省旅行社接待入境游客 64.2 万人次，比上年增长 11.9%，游客数量排名列前十的客源国分别是韩国、美国、日本、泰国、马来西亚、新加坡、芬兰、德国、越南和印度尼西亚，占我省旅行社接待入境游客总量的 41.3%。游客量增长最多的两个国家依次是韩国和日本，来自这两个国家的游客增量分别为 3.1 和 1.6 万人次。

3. 旅游景区

截至 2018 年底，全省纳入统计的旅游景区 2153 家，较上年增加 323 家。全省全年纳入统计的旅游景区（点）共接待游客 14.1 亿人次，比上年增长 16.4%，增速比上年下降 1.3 个百分点。

旅游景区营业收入继续保持增长态势，增速有所提高。全省全年旅游景区实现营业收入 556.9 亿元，比上年增长 21.2%，增速较上年提高 5.3 个百分点。其中，门票收入 144 亿元，比上年增长 6%，占总营收的 25.9%，占比较上年下降 3.7 个百分点。5A 和 4A 级景区经营状况良好，是我省旅游景区发展最为核心的板块。

高等级景区持续领跑。全年 5A 和 4A 级景区接待游客 4 亿人次，占全省景区游客接待总量的 28.1%。实现营业收入 231.7 亿元，占全省景区总营收的 41.6%。其中，门票收入 90 亿元，占全省景区门票总收入的 67.4%。5A 级景区的经营绩效尤其突出，接待游客 1.3 亿人次，仅占全省景区游客接待总量的 9.1%，实现营业收入 135.2 亿元，占到全省景区总营收的 24.3%。

4. 乡村旅游

根据全省乡村旅游统计系统的数据，2018 年，全省乡村旅游共接待游客 3.7 亿人次，比上年增长 16.8%，增速比上年下降 1.6 个百分点；实现旅游经营总收入 366.5 亿元，比上年增长 21%，增速比上年提高 3.1 个百分点；实现乡村旅游经营净收入 116 亿元，比上年增长 23.9%。乡村旅游人均花费 99.6 元/人，比上年提高 4.3 元/人。截至 2018 年年底，全省有乡村旅游从业人员 44.3 万人，比上年增长 8.9%。

图20　2014-2018年浙江省乡村旅游经营和接待情况

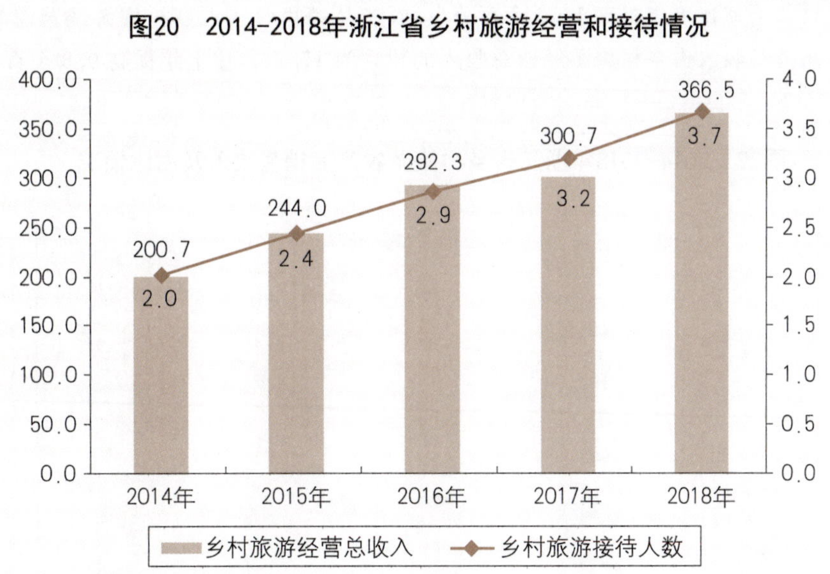

随着全域旅游全面推进，乡村旅游营收结构进一步优化，住宿、产品销售收入占总营收的比重提升。乡村旅游主要经营指标均实现较高速度增长，全省全年乡村旅游住宿收入为 90 亿元，比上年增长 27%，在旅游总营收中占 24.5%，占比较上年提高 2.5 个百分点；餐饮收入 157.8 亿元，比上年增长 11.9%，占总营收的 43.1%，占比较上年下降 2.9 个百分点；产品销售收入 80.7 亿元，比上年增长 37.3%，占总营收的 22%，占比较上年提高 0.9 个百分点；门票收入 19.4 亿元，占总营收的 5.3%，占比较上年下降 0.6 个百分点；其他收入 18.7 亿元，比上年增长 22.5%，占总营收的 5.1%，占比与上年持平。

图21　2018年浙江省乡村旅游经营收入构成

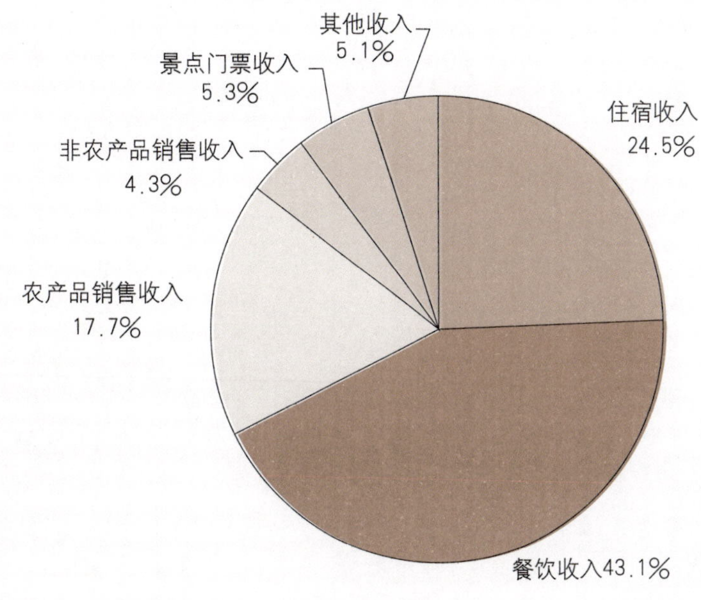

乡村旅游发展对农产品销售收入的带动作用进一步凸显。全省全年乡村旅游带动农产品销售收入65亿元，比上年增长35.1%，增速比上年提高16.2个百分点；农产品销售收入占乡村旅游经营总收入的比重逐年提高，2018年，农产品销售收入占乡村旅游经营总收入的比重为17.7%，比上年提高0.6个百分点。

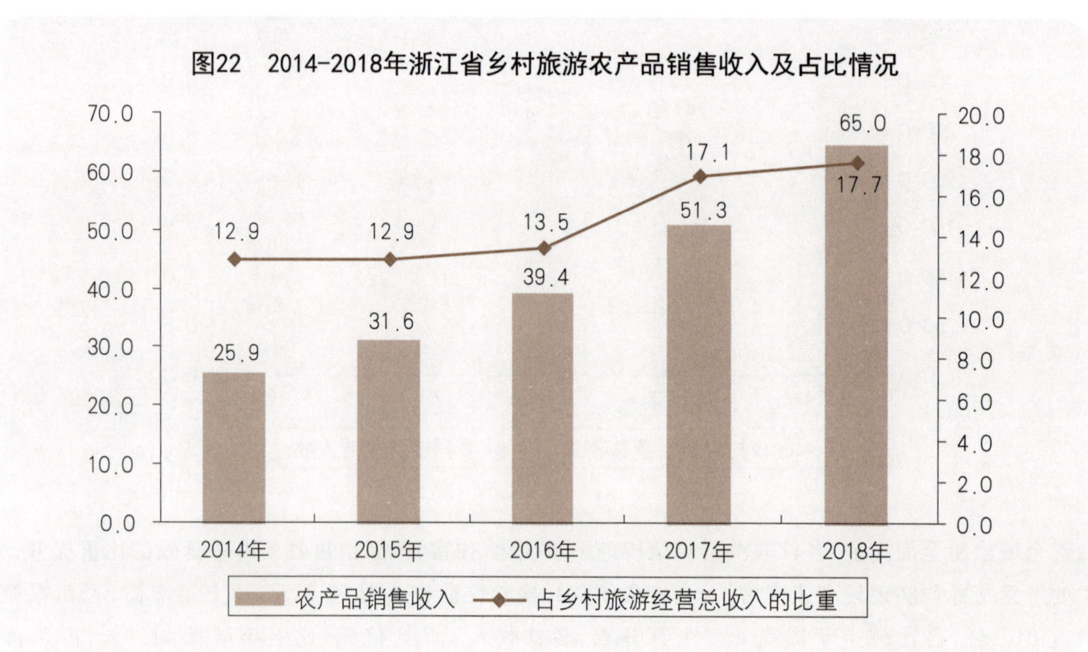

图22　2014-2018年浙江省乡村旅游农产品销售收入及占比情况

（浙江省文化和旅游厅）

浙江:文化和旅游高质量高水平发展

2018年,全省文化和旅游工作围绕高质量高水平发展要求,突出三个重点抓落实,各项工作取得明显进展,有的走在全国前列。

一是突出高质量。坚持以标准化促进发展质量提升,承担完成国家旅游标准3个、省地方公共文化服务标准45个;全省83个县(市、区)基本实现《浙江省基本公共文化服务标准(2015—2020年)》;宁波鄞州、嘉兴、台州等3个市(县)获批国家公共文化服务体系建设示范区,温州城市书网等6个项目成为国家公共文化服务体系建设示范项目。作为全国首批7个全域旅游示范创建省份之一,正全力推进19家国家和60家省级全域旅游示范设区市、县(市、区)培育。率先认定122家省级精品民宿,完成2640家A级景区村庄认定,累计建成达4876家,文化和旅游部在湖州安吉召开了全国发展乡村民宿推进全域旅游现场会。新建农村文化礼堂3143家,累计建成11059家。

二是突出竞争力。全省现有世界自然与文化遗产3处;全国重点文物保护单位231处,名列全国第5;拥有国家历史文化名城10座,并列全国第2;中国历史文化名镇名村48个,居全国第1;全省新增国家二级博物馆10家、三级博物馆8家,至此全省国家三级以上博物馆总数达62家,居全国第1。10个项目列入联合国教科文组织人类非遗名录,数量居全国第1;共有217个项目入选国家级非物质文化遗产名录,位居全国第1;入选第五批国家级非遗代表性传承人74人,位居全国第1,累计达196人。新入选国家5A级景区1家,总数达17家,排名全国第2;率先推出特色文化主题酒店,评定76家,全国第1;全国首批最佳民宿浙江省占比达50%。4家企业入选第十届"全国文化企业30强",位居全国第1;44个项目获国家艺术基金资助,国家艺术基金设立五年来,共173个项目获得资助,获助资金1.239亿元,位居全国第4;全省在建旅游项目2024个,总投资13389亿元,实际完成投资1802亿元,其中:超过100亿元的项目有17个。

三是突出现代化。省文化和旅游厅8项办事事项、全省系统37项办事事项,省文物局29项办事事项、全省文物系统54项办事事项全部实现"最多跑一次",并100%开通浙江政务服务网线上办理;首批省政府数字化转型重大应用项目——"诗画浙江全域旅游信息服务系统"上线运行,搭建"浙江智慧文化云",推进省域范围内公共文旅资源的共建共享。完善现代治理体系,浙江省博物馆等187家县级以上国有公共文化机构成立理事会,占比53.9%。大力推进"文化+科技"工作,2个项目获得国家社科基金艺术学重大项目立项。以"互联网+文化消费"为特色,组织举办浙江省暨杭州市文化消费季活动,实现文化消费总额8.84亿元。研究开发文化市场预警系统APP,推进全省文化市场"一键预警""一键上报""一键处置""一键监控"的统一监管体系。文物保护科技能力明显提升。

安徽省 2018 年文化和旅游发展情况分析

2018 年，全省文化和旅游系统围绕创新型文化强省和旅游强省建设，认真贯彻省委、省政府决策部署，积极推进机构改革，文化和旅游融合发展，各项工作推进顺利，全年目标任务全面完成，全省文化建设和旅游发展取得了新成效。

一、机构及从业人员稳步增长

2018 年，文化机构和人员数稳步增长。全省文化文物及文化市场经营机构数为 17048 个，其中，文化单位 2070 个，文物单位 306 个，文化市场经营机构 14672 个。全省文化文物及文化市场单位从业人员 109265 人，其中，文化单位 17256 人，文物单位 3644 人，文化市场经营机构 87271 人。相比 2016 和 2017 年，都有了一定幅度的增长（见表 1）。

表 1　2016—2018 年安徽省文化机构和从业人员对比情况表

指标名称	机构数(个)				从业人员数(人)			
	2016 年	2017 年	2018 年	三年增幅	2016 年	2017 年	2018 年	三年增幅
总计	15614	16684	17048	9.18%	108668	112800	109265	0.55%
文化	2063	2069	2070	0.34%	17602	17430	17256	−1.97%
文物	277	301	306	10.47%	3243	3586	3644	12.37%
文化市场经营机构	13274	14314	14672	10.53%	88363	91784	88365	0.00%

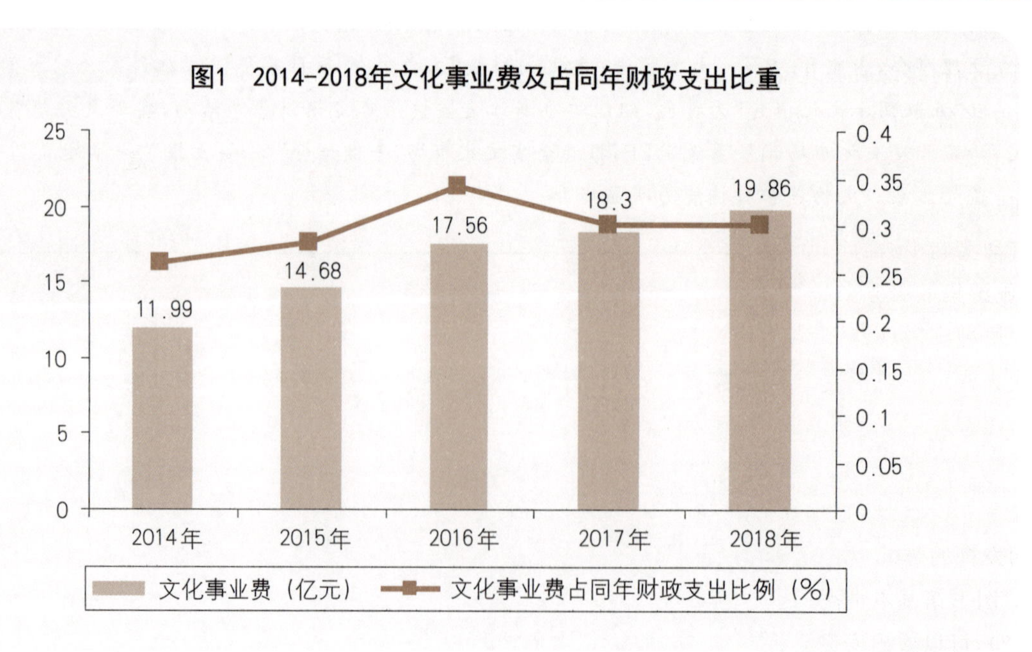

二、文化经费投入保持稳定

2018 年，安徽省文化事业费 19.86 亿元，人均 31.4 元。从 2014—2018 年五年趋势看，安徽省文化事业费增长缓慢，仅占财政支出比例 0.3%左右（见图 2、图 3）。2018 年，全国人均文化事业费是 66.53 元，安徽省不到全国人均水平的 50%，位居全国第 30 位。

图2 2014-2018年全省人均文化事业费情况

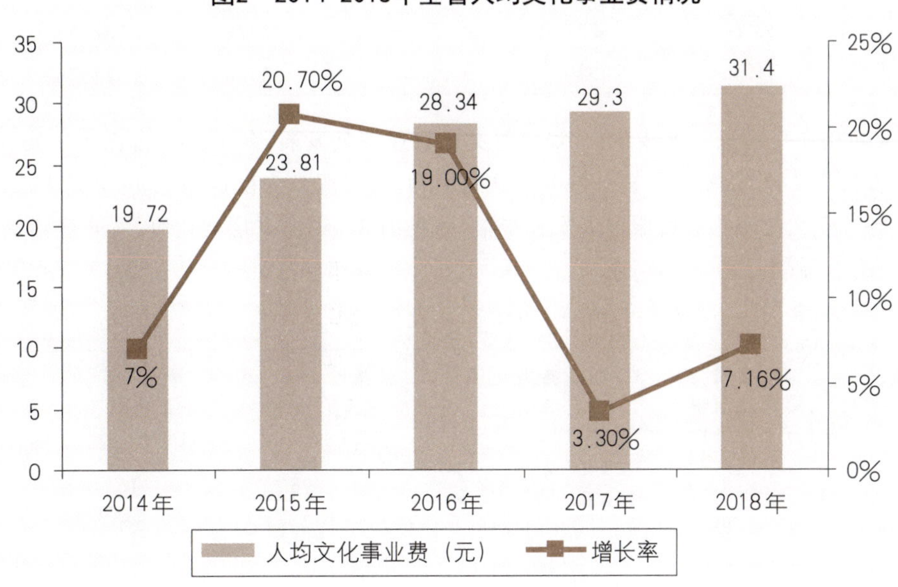

三、文化和旅游公共服务建设稳步推进

2018 年，安徽省贯彻落实乡村振兴战略，出台了《关于繁荣兴盛农村文化推进乡风文明建设的实施意见》，实施乡村文化振兴“八大工程”。省美术馆建设扎实推进。新增国家二级博物馆 6 家。建设完成 200 个贫困县（区）村级综合文化服务中心。扎实推进县文化馆图书馆总分馆制建设。招募文化协管员（文物保护员）2800 多名。全省 1700 多家公共文化场馆免费开放，年接待观众近 8600 万人次。蚌埠等市入选第四批国家公共文化服务示范区（项目）创建城市，铜陵等市顺利完成第三批国家示范区创建验收，天长等 12 个县（市）通过省级示范区创建验收。命名了 30 个“安徽民间文化艺术之乡”。

启动实施了旅游厕所革命新三年行动计划，新建、改扩建旅游厕所 1176 座。新建旅游交通标识牌 1400 多块、旅游集散服务中心 15 个。全省 98%以上的 4A 级景区视频监控接入省级监测平台。新版中、英、日、韩四个语种安徽旅游资讯网建成上线。全省“三馆一院联盟”、县域公共图书服务一体化不断深化，省、市、县馆龙头作用进一步发挥，促进了文化资源向基层、向贫困地区流动。组织开展了第六次公共图书馆评估和乡镇综合文化站效能抽查。金寨县南溪镇综合文化站等 7 个单位荣获全国“双服务”表彰。

从统计数据看，无论是公共文化设施面积等硬件指标还是公共文化服务惠民人次等软性指标，统计数据都显示安徽省公共文化事业蓬勃发展，公共文化活动群众参与度逐年提升，说明公共文化场馆免费开放的效用发挥明显。

1. 图书馆基本情况。这里选取近 6 年公共图书馆的实际使用面积、图书藏量等几个主要指标作比较（见表 2），可以看出安徽省图书馆各项事业在稳步发展。

表 2　2013—2018 年图书馆基本情况

年　份	实际使用房屋建筑面积（万平方米）	总藏量（万册）	人均藏量（册）	购买报刊种类（种）	书架单层总长度（米）	发放有效借书证（个）
2013	35.37	1687	0.28	37710	219700	650698
2014	36.85	1753	0.29	34465	230300	752542
2015	39.93	1942	0.32	35397	285937	966420
2016	44.43	2162	0.35	33063	296093	1195867
2017	47.9	2537	0.41	33279	332108	1785138
2018	51.1	2910	0.46	32396	344378	1991057

2. 群众文化机构业务情况。近些年来，安徽省文化事业蓬勃发展，各项业务指标年年攀升（见表 3），特别是 2018 年全省公共文化馆、站等积极开展各类文化活动，惠民服务人次达到 2906.7 万人次。统计数据显示，近 6 年安徽省群众文化机构惠民服务人次稳步增长（见图 3），说明基层文化馆、站开展活动丰富，群众参与积极性高。

表 3　2013—2018 年文化馆（站）基本情况

年　份	实际使用房屋建筑面积（万平方米）	组织各类文艺活动（次）	公益性讲座（次）	举办培训班（米）	藏书（万册）
2013	92.21	27422	683	15174	536.87
2014	98.05	33318	701	17869	568.89
2015	102.01	36210	863	19436	574.4
2016	106.17	38162	812	20040	596.15
2017	109.64	42737	843	22787	605.5
2018	112.92	47403	1182	29214	629.1

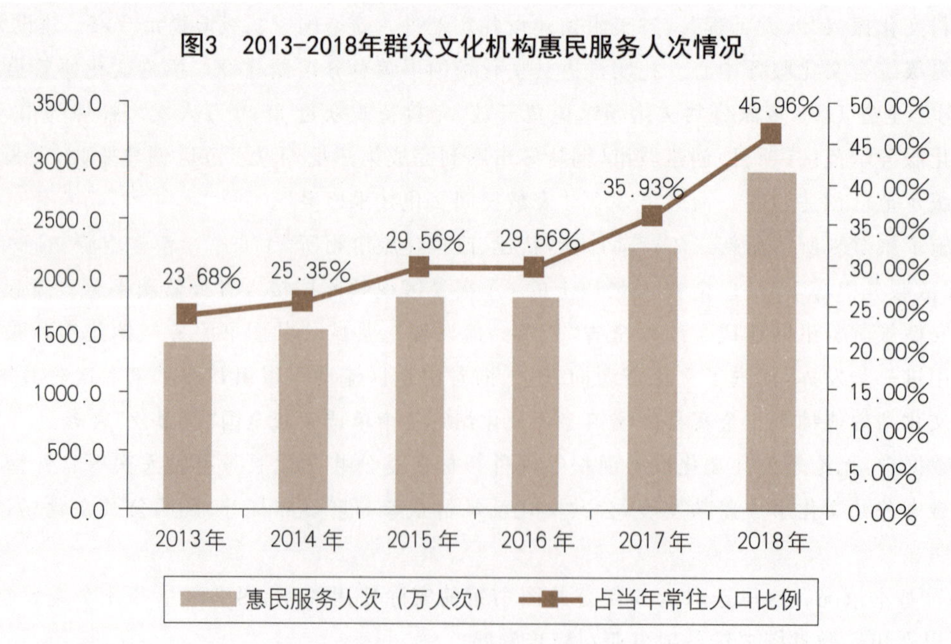

四、艺术创作展演丰富多彩

2018年，安徽省聚焦乡村振兴、改革开放40周年等主题，实施戏曲创作孵化计划，新创黄梅戏《邓稼先》等59部大戏、嗨子戏《竞标》等228个小戏。组织泗州戏《夙愿》等19个剧目参加全国展演。开展第二届安徽省群星奖评选，参赛作品1816件。成功举办第八届中国（安庆）黄梅戏艺术节，推出了黄梅戏新创剧目展演、中国（石牌）戏曲论坛等6大类100多场活动，来自5省16市24个剧团参加了演出。全省“送戏进万村”演出2.1万场。举办了全省广场舞展演43场，1200支队伍2.4万人参赛。组织“乡村春晚”1000多场，送“文化年货”等活动深受群众欢迎。《少年行》等28个项目获得2019年度国家艺术基金立项资助，立项数为历年之最，其中大型舞台剧6个，全国排名第6位。舞剧《大禹》获第十一届中国舞蹈“荷花奖”。全省5人入选国家“名家传戏”工程，8人入选国家戏曲艺术人才“千人计划”。黄梅戏青阳腔参加国家2019新年戏曲晚会。同时，艺术院团演艺事业蓬勃发展。从机构数、从业人员数、演出场次、演出收入等数据看，几年来，随着安徽省“送戏进万村”活动的深入开展，艺术院团特别是民营艺术院团得到了长足的发展。4年来机构数增加1242个，增长76%；从业人员数增加12060人，增长38.9%；演出场次增加11.42万场，增长29.2%；总收入增加6.43亿元，增长54%，其中演出收入增加5.95亿元，增长73.4%（见表4）。

表4　2015—2018年全省艺术表演团体情况表

年　份	机构数（个）	从业人员（个）	演出场次（万场）	总收入（亿元）	演出收入（亿元）
2015	1617	30940	39.09	11.9	8.1
2016	1879	34932	45.87	14.02	9.99
2017	2639	46573	58.22	15.92	11.98
2018	2859	43000	50.51	18.33	14.05

五、文化遗产保护利用富有成效

省委、省政府出台了《安徽省革命文物保护利用工程实施方案》，公布了20处国保单位保护规划。凤阳明中都城等5个国家考古遗址公园和大运河文化带安徽段建设加快推进。配合“引江济淮”工程，完成文物勘探、发掘项目34个。安徽博物院《向往——“我”与安徽改革开放四十年》展览入选国家文物局重点推介的十大主题展览。开展了全省博物馆和文物建筑消防安全专项整治。

深化与故宫博物院合作，在故宫畅音阁成功举办“徽班进京”展演活动，这是继228年前徽班进京之后，传统徽剧再次在故宫演出。故宫徽派传统工艺馆开馆运营。故宫凤阳明中都皇故城考古工作站挂牌成立。全省45人入选第五批国家级非遗传承人，入选数居全国第六位。举办了戏曲类非遗扶持项目集中展演展示活动。联合中科大等院校举办非遗传承人研修研习培训400余人次。歙县国家非遗保护传承观察点建设、皖南古民居保护利用工作经验在全国推广。黟县“猪栏酒吧”民宿入选中国“乡村遗产酒店”首批示范项目。建立了全省红色旅游景区名录，53个景区入选。

六、文化和旅游产业加快发展

（一）文化产业发展成效明显

合肥、芜湖国家文化消费试点城市工作持续深化。芜湖市发放“文化币”270万元，用于购买文化消费产品及服务的虚拟电子交易凭证，直接对城乡居民文化消费进行现金补贴。合肥市继续投入1000万元，采取扫描二维码签到方式，支持居民参观公共文化场馆或参与公共文化活动的积分，兑换"文化消费券"在文化企业消费，拓宽文化消费新渠道。文化文物单位文创产品开发扎实推进。举办了第五届安徽文化惠民消费季，推出"五看"刷卡消费折扣、好戏大家看等4大系列、40项重点活动，活动期间全省文化消费刷卡交易306.4万笔，消费总额227.5亿元，分别比上届增长5.5%、5.4%，品牌引导力持续增强。成功举办第五届安徽省动漫大赛暨首届乡村文创大赛，4000多件作品参赛。全省民营院团发展到3200多家，从业人员5万余人，年演出42万场(次)，观众1.8亿人次。引进涉外、涉港澳台演出项目500余场次。

(二)旅游产业发展态势良好

全省旅游经济持续较快发展，全年接待入境过夜游客371万人次、国内游客7.2亿人次，实现旅游总收入7241亿元，同比分别增长5.6%、15.2%和16.8%。旅游强省"五个一批"工程建设不断深入，黟县第四批全国旅游标准化试点顺利推进。新增4A级旅游景区7家、创建单位13家。省旅游集团、黄山旅游集团、祥源集团跻身中国旅游企业20强。建成一批省级旅游度假区、旅游小镇、中医药健康旅游基地、研学旅行基地、乡村旅游创客示范基地、旅游风景道等新业态，全省旅游产品供给能力进一步提高。

1. 景区接待人数和门票收入平稳增长

根据全省纳入统计(可比口径)的313家A级景区数据来看，全省景区接待人数25755.70万人次，同比增长9.51%，门票收入47.27亿元，同比增长7.23%。全省扎实推进全域旅游全面发展，以旅游景点为吸引物，带动区域相关行业的发展，促进了旅游与农业、林业、工业、文化、体育、康养等行业的融合发展，对实现从景点旅游模式走向全域旅游模式转变有着重要的意义。

表5 各地市A级景区主要经营数据

地 市	接待人数(万人次)	同比增幅(%)	门票收入(万元)	同比增幅(%)	景区数量
合肥市	2780.80	19.86%	15749.38	4.84%	23
淮北市	845.34	5.58%	——	——	6
亳州市	863.64	24.27%	1711.10	21.11%	16
宿州市	391.99	4.40%	3102.58	10.98%	5
蚌埠市	2776.80	2.76%	4780.09	−16.52%	27
阜阳市	951.50	28.45%	14310.37	4.30%	4
淮南市	930.90	6.04%	3654.12	5.29%	8
滁州市	1021.70	−4.77%	6386.86	−1.88%	18
六安市	2381.28	9.39%	33768.38	24.32%	39
马鞍山市	576.35	17.39%	2720.32	10.18%	24
芜湖市	2680.09	0.98%	98713.46	9.15%	8
宣城市	2899.47	13.63%	73180.88	14.18%	46
铜陵市	995.40	11.34%	2714.60	1.63%	8
池州市	1832.43	4.05%	74093.10	−2.19%	17
安庆市	1401.08	17.92%	22217.85	17.67%	17
黄山市	2426.95	9.43%	115606.97	4.43%	47
总 计	25755.70	9.51%	472710.07	7.23%	313

备注："——"代表该市监测景区为免门票景区，无对比涨跌幅，默认持平。

2. 假日旅游带动效应明显。2018年，全省假日旅游市场繁荣稳定，旅游产品供给丰富，各地市积极举办了各类特色旅游节庆活动，满足了游客的节日旅游需求。在欢乐、和谐、文明的氛围下，游客出游热情高涨，旅游综合效益愈发显露，小长假和黄金周有效拉动了全省旅游经济发展。据统计，元旦、春节、清明、五一、端午、中秋和国庆假日累计接待游客17038.81万人次，占2018年接待国内游客的23.3%，实现旅游收入969.65亿元，占2018年国内旅游收入的13.5%。

3. 自驾游市场优质发展。安徽省凭借便捷的交通、丰富的人文资源与旅游资源，推动自驾游市场不断壮大，2018年安徽省自驾游游客约占国内旅游人数的60%，自驾游规模质量不断提升。根据全省旅游工作安排，安徽省积极实施"1145"旅游精品线路建设工程，聚焦全省10条旅游精品线路，细化沿线餐饮、住宿、娱乐等接待设施和标识标牌、旅游厕所等公共服务设施建设任务；完成"皖浙一号风景公路"建设；推动皖南"最美川藏线"、黄山"168国际徒步旅游线"、黄山"218自驾游线路"、大别山扶贫旅游通道、六安九十里画廊5条旅游线路提升。2018年，安徽省从交通、服务、体验等多方面优化自驾市场，提高游客对安徽自驾市场的满意度，增加市场吸引度和游客黏性。

4. 优质旅游发展成效显著。2018年，全省围绕"安徽旅游诚信日"，"你是最美的风景"等安徽文明旅游品牌持续开展文明旅游活动，并推出"安徽旅游行业风采展"、文明旅游全景式主题地铁等系列活动，推动《游客不文明行为记录管理暂行办法》的有效落实。安徽省优质旅游发展成效显著，文明创建工作有序推进，旅游产品和旅游业态日益丰富。2018年，安徽省国内旅游人均花费进一步增长，为980余元，较去年同期增加20余元，旅游质量进一步提升。

七、文化交流和旅游推广精彩纷呈

全年组织对外和对港澳台文化交流项目57批次，参加交流人员910人次。圆满完成朝鲜"欢乐春节"、新加坡"安徽文化年"、美国马里兰州"中国安徽周"、泰国曼谷"安徽文化周"、德国慕尼黑安徽演艺精品巡演、内地与港澳重点文化交流项目等，我驻朝鲜大使馆致电省委省政府感谢原省文化厅精心组织的赴朝活动。受文化和旅游部委托，牵头组织"中国山岳旅游联盟"参加韩国首尔国际旅游展。"美好安徽、迎客天下"品牌形象广告登陆央视黄金时段。安徽旅游官博荣获全国省级旅游官博影响力十强，安徽旅游官方头条号连续多月登顶全国榜首。

围绕庆祝改革开放40周年和首届中国农民丰收节，成功举办第七届中国农民歌会。圆满完成援藏项目2018年中国西藏雅砻文化节等系列活动。徽商大会安徽旅游推介会、安徽国际旅行商大会、安徽自驾游大会、安徽旅游互联网大会、安徽旅游发展论坛、黄山旅游节等活动成效明显。开展了"安徽旅游十大古村镇"全球网络评选推广等10多项旅游主题宣传活动。开通了"皖和号"旅游援疆专列。

八、文化和旅游监管服务特色彰显

加强涉外营业性演出、农村演出市场、网络游戏等重点领域执法检查，开展了旅游市场秩序专项整治"利剑行动"，全省共出动执法人员43.3万人次，检查文化经营单位和旅游企业16.8万家次，文化旅游市场秩序得到进一步规范。打造了"你是最美的风景"安徽文明旅游工作品牌，多次在全国介绍经验，承办了全国"文明旅游为中国加分——出行有礼"主会场活动，安徽成为首个制定文明旅游全国行业标准的省份。在全国首创设立"安徽旅游诚信日"（11月11日），在全省开展旅游监管"五有"行动，发布45家省"5A级服务质量诚信旅行社"和18家标杆单位。推出了"游安徽不得不"系列产品。推进"放管服"改革，实现文化和旅游审批项目"应简尽简""应进尽进"，全年文化和旅游窗口完成办件8960件，办结率和满意率均达100%。全省未发生重大行业安全生产责任事故和负面舆情。

总体来看,2018年安徽省文化工作全面推进、成效显著。但是也要看到,文化改革发展还存在着一些问题和困难。主要是:文化和旅游融合发展理念有待深化、顶层设计有待加强。文化和旅游资源梳理有待进一步系统化。基层文化设施薄弱,旅游公共服务配套不足,公共服务效能亟待提升。艺术创作精品力作不多,旅游优质产品服务供给不足。文化遗产保护传承能力有待提高。行业监管力量仍显薄弱。对外和对港澳台交流需进一步提质提效。人才队伍能力有待进一步提升,等等。这些都需要我们高度重视,采取有力措施,努力加以解决。

(安徽省文化和旅游厅)

安徽:艺术创作成效显著

2018年,安徽省各级文化旅游部门围绕建设创新型文化强省目标,以出作品、出人才为根本,抓落实、求实效,舞台艺术创作成绩显著,文化艺术活动蓬勃开展,在满足人民日益增长的美好生活需要方面发挥了重要作用。

实施"戏曲创作孵化计划"。为切实加强现代戏创作,在全省范围内组织实施"戏曲创作孵化计划",出台了《戏曲孵化计划暨农村现实题材创作工程实施方案》,每年重点扶持创作10台大戏、20台小戏。签订项目资助协议,分期给予大戏40万元补贴,小戏10万元补贴。激发了创作热情,掀起创作热潮,一批青年戏曲人才脱颖而出,多部作品入选文化和旅游部剧本扶持工程、戏曲剧本孵化计划、国家艺术基金等项目。2018年,全省投入创作资金1000余万元,新创了黄梅戏《邓稼先》等大戏59部,嗨子戏《竞标》等小戏228个;新创和打磨现实题材大小戏49部,涵盖16个剧种。剧目中,脱贫攻坚题材23台,乡风文明题材9台,改革开放题材6台,美好乡村建设2台,农民工、产业工人题材2台,红色革命题材1台,好人题材2台,反腐倡廉题材1台,反映戏曲传承2台。

着力艺术人才培养。结合安徽省艺术创作实际情况,举办编剧导演、舞美设计、演员表演、画院创作骨干等短期培训活动,举办"国家艺术基金项目申报工作动员培训班""地方戏曲剧种普查动员培训会""黄梅戏作曲人才培训班""庐剧作曲人才培训班"等,各类培训活动的有序开展,有效地推动安徽省艺术类专业人才数量的稳步增长和艺术创作能力的逐步提升。2018年,全省艺术表演团体共有从业人员3271人,其中专业技术人员2639人,占比达80.68%。2018年,全省5人入选国家"名家传戏"工程,8人入选国家戏曲艺术人才"千人计划"。韩再芬二度获中国戏剧"梅花奖",黄新德等8位艺术名家入选文化部"名家传戏工程"。

举办系列戏曲展演。党的十八大以来,安徽省举办了五届安徽文化惠民消费季·好戏大家看系列展演等九大系列,1000余场演出活动。有力地推动了戏曲艺术在安徽省的普及发展。2018年,还着力开展了全省稀有剧种(戏曲声腔)展演,二夹弦、桐城歌、岳西高腔、梨簧戏、洪山戏等19个稀有剧种、3个戏曲声腔等一大批具有浓郁地方特色的稀有剧种全部进行展演。《永远的大别山》参加2018年全国梆子声腔优秀剧目展演、坠子戏《套路》先后参加全国基层院团戏曲会演。一批剧(节)目在重大赛事上获奖。其中,泗州戏《绿皮火车》获第五届全国少数民族文艺会演"剧目银奖"。利用第八届中国(安庆)黄梅戏艺术节,汇聚当前黄梅戏领域最优秀的演出团队、最新的创作剧目、最强的专家学者,献演了26台50场黄梅戏优秀剧目,其中19台剧目均为新创现实题材作品。

福建省2018年文化和旅游发展情况分析

2018年，按照省委省政府的决策部署，加快供给侧结构性改革，以文化强省建设为目标，持续打响“八闽文化，人文福地”和“清新福建”品牌，推动文化建设和旅游发展，全面提升福建文化影响力。

一、机构和从业人员

2018年末，纳入统计范围的全省各类文化文物单位7317个，较上年末增加136个；从业人员88517人，增加3110人。其中，各级文化部门所属单位7128个，从业人员85455人，增加2891人；各级文物部门所属单位189个，从业人员3062人，增加219人。

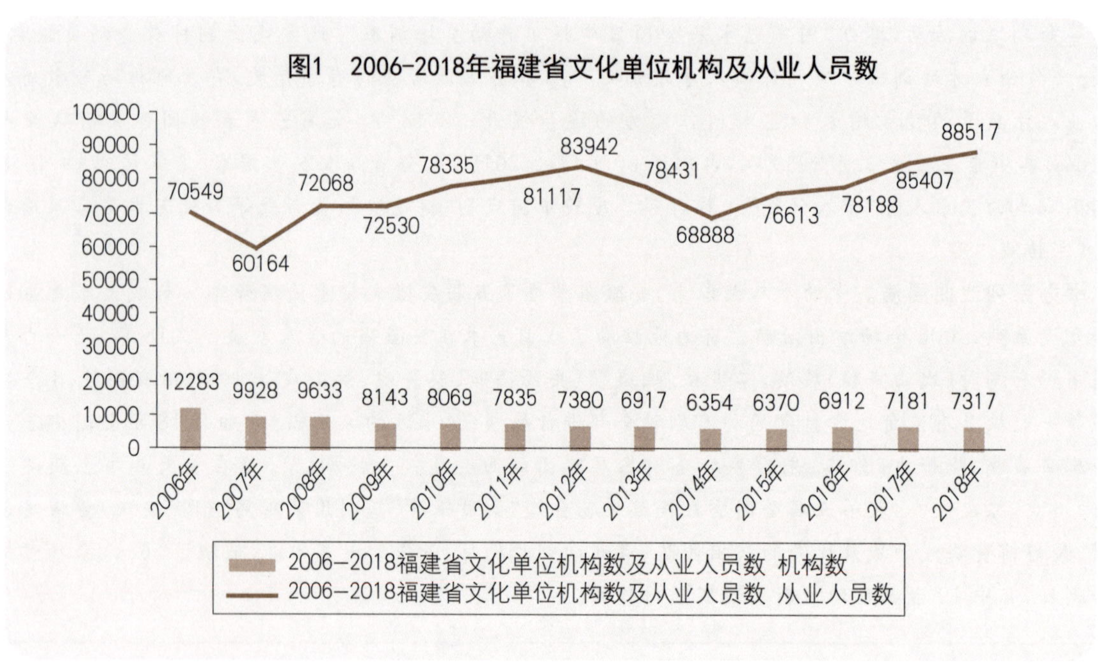

二、艺术表演团体和场馆

2018年末，全省共有艺术表演团体72个，从业人员3727人，减少111人。其中执行事业会计制度的艺术表演团体69个，占比95.83%，从业人员3585人，占比96.19%。

2018年全省艺术表演团体演出0.99万场，其中农村演出0.553万场，减少11.61%，农村演出占总演出场次的55.85%，上升1.45%；国内观众654.83万人次，其中农村观众447.58万人次，较上年回落8.56%；总收入7.01亿元，比上年增加9.36%，其中演出收入0.63亿元，增加3.27%。

表 1　2006 年—2018 年全省艺术表演团体基本情况

年　份	机构数（个）	从业人员数（人）	演出场次（万场）	国内演出观众人次（万人次）	总收入（万元）	# 演出收入
2006 年	92	4175	1.38	992.6	20575	3084
2007 年	92	4059	1.57	1626.6	24994	4141
2008 年	90	4208	1.48	1102.2	29711	4350
2009 年	90	4109	1.48	1399.2	34003	4893
2010 年	93	4468	1.63	1304.2	40706	7024
2011 年	91	3957	1.58	1382.9	42646	6527
2012 年	74	3465	1.08	723.76	48404	5807
2013 年	77	3452	1.08	838.38	52922	5491
2014 年	69	3341	1.03	808.95	49430	5391
2015 年	67	3360	0.96	651.61	62067	7605
2016 年	70	3657	1.11	771.38	60290	5644
2017 年	73	3838	1.17	777.28	67221	6077
2018 年	72	3727	0.99	654.83	70163	6279

图2　2018年福建省属院团演出场次和演出收入情况

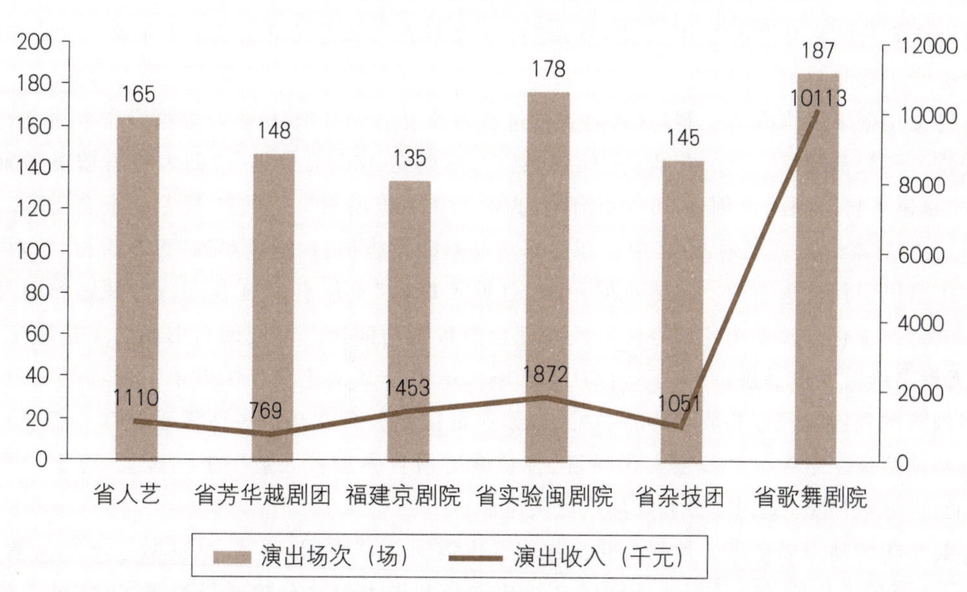

2018 年全省文化部门艺术表演团体的公益性演出 0.421 万场，与上年持平；观众 204.27 万人次，较上年减少 4.32%。全省现有流动舞台车 35 辆，利用流动舞台车演出 880 场次，与上年持平；观众 46.98 万人次，增长 5.62%。

图3 2018年福建省属院团政府采购公益性演出场次和补贴情况

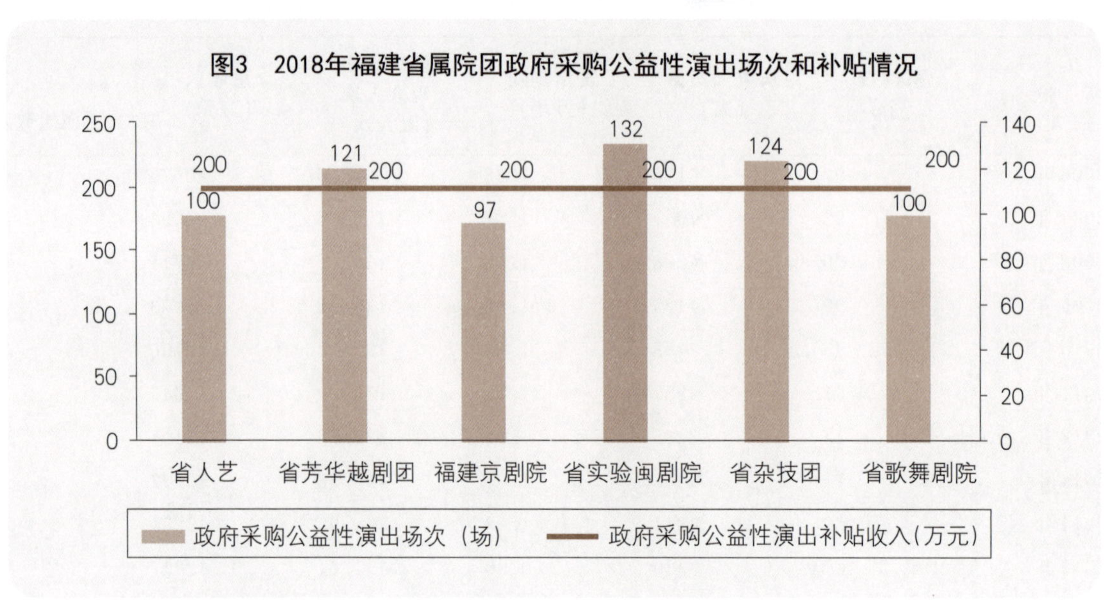

年末全省有艺术表演场馆 54 个，从业人数 933 人。其中：执行事业会计制度的艺术表演场馆 42 个，执行企业制度的艺术表演场馆 12 个。观众坐席数 35231 个，较上年增加 3262 个；全年共举行艺术演出 2050 场，较上年增长 48.98%；艺术演出观众人次 67.84 万人次，增长 52.34%。

三、公共服务体系日趋完善

积极推进全省公共文化供需精准对接，打造“百姓大舞台”“福建文创市集”等平台，扎实推进“厕所革命”，公共服务水平逐步提高。

一是乡村文化振兴多维发力。制定《福建省推进乡村文化振兴工作方案》，对福建省乡村文化振兴工作进行部署安排。开展基层综合性文化服务中心试点建设，确定 430 家示范点，助力提升服务效能。持续实施乡村旅游“百镇千村”工程，已创建 96 个休闲集镇和 778 个旅游村。下拨扶贫专项资金 1400 万元，支持 50 个扶贫重点村的旅游扶贫规划、游客中心和停车场等基础设施项目，继续实施“百企百村”结对帮扶活动。

二是文化惠民工程推进有力。坚持每周一场“百姓大舞台”文化惠民演出，出台《鼓励和引导社会力量参与“百姓大舞台”文化惠民演出实施办法》，鼓励社会力量参与演出。开展闽籍书画名家抢救工程，先后举办了 12 位闽籍书画名家作品展，产生了广泛社会影响。国家公共文化服务体系示范区福州和范项目、宁德古田溪山书画院顺利通过国家验收，泉州成功入选第四批国家公共文化服务体系示范区。积极推动福建农民漆画示范基地建设。组织公共数字文化项目、智慧旅游项目参加首届数字中国峰会“海上丝绸之路”、智慧旅游“智能化”展区展览，受到社会和媒体广泛关注。

三是公共文化活动开展活跃。加强公共文化服务供需对接，“中国(福建)公共数字文化大数据中心”项目顺利推进，已顺利入驻长乐大数据产业园区；“福建省公共图书馆总分馆通借通还平台”试点建设顺利推进，部分公共图书馆已实现借阅证一卡通、图书通借通还。

(一)公共图书馆

年末全省共有公共图书馆 91 个，其中少儿图书馆 6 个。年末全省公共图书馆从业人员 1599 人，较上年增加 63 人。其中具有高级职称的人员 96 人，占比 6%；具有中级职称的人员 456 人，占比 28.51%。

年末全省公共图书馆实际使用房屋建筑面积 56.36　50.92 万平方米；图书总藏量 3744.98 万册，增长

12.72%，其中古籍47.34万册；全省共有电子图书3194.51万册，增长21.6%；阅览室座席数40262个，增长7.75%；计算机8062台，增长14.34%；供读者使用的电子阅览终端5191台，增长13.22%。全年图书馆网站访问量5531.85万页次。志愿者服务队389支，志愿者服务人数1.32万人。

图4 2006-2018年福建省公共图书馆人均资源情况

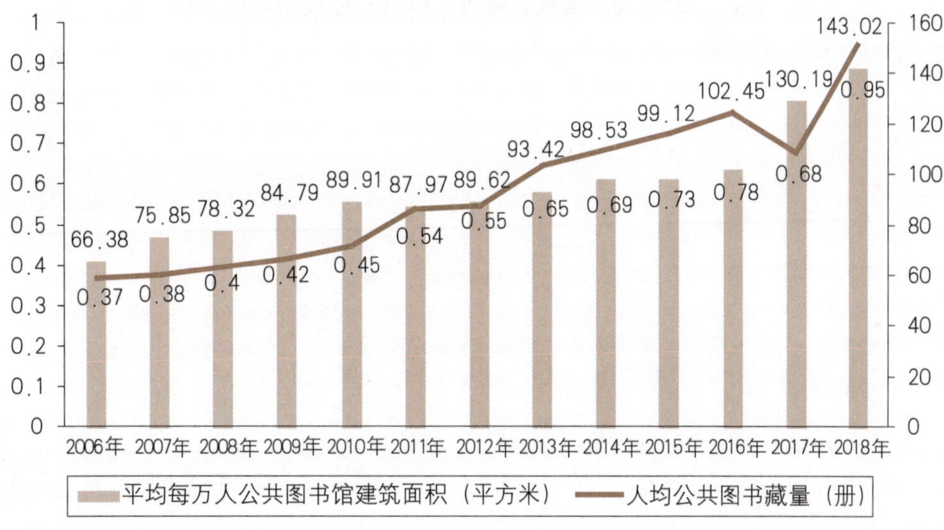

年末平均每万人公共图书馆建筑面积143.02平方米，较上年增加12.83平方米；全省人均图书藏量0.95册，增加0.1册；全省人均购书费2.25元，比上年增加0.47元。

全年全省公共图书馆发放借书证258.61万个，比上年增长10.17%；总流通人次3354.93万人次，增长12.95%。书刊文献外借册次3497.17万，增长4.37%；外借人次1335.24万，增长14.56%。全年共为读者举办各种活动5817次，与上年持平；参加人次314.53万，下降17.35%。全省共有流动图书车25辆，为读者提供流动服务、书刊借阅40.5万人次，借阅101.13万册次。全省图书馆分馆938个，开发图书馆文化创意产品33个。

图5 2006-2018年福建省公共图书馆总流通人次、书刊外借和购书经费情况

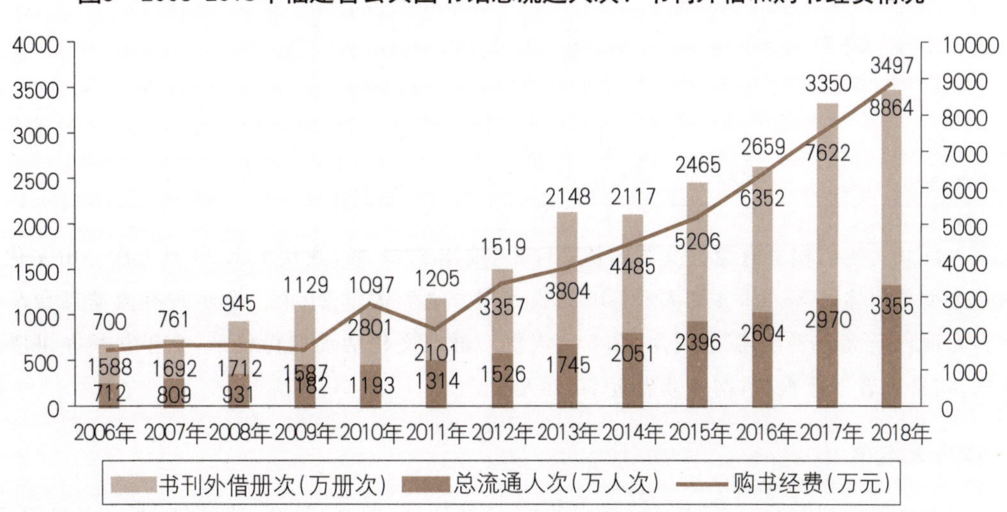

（二）群众文化机构

年末全省共有群众文化机构1223个，其中乡镇综合文化站963个。年末全省群众文化机构从业人员4122人，比上年增加22人，其中高级职称134人，占比3.25%；中级职称339人，占比8.22%。

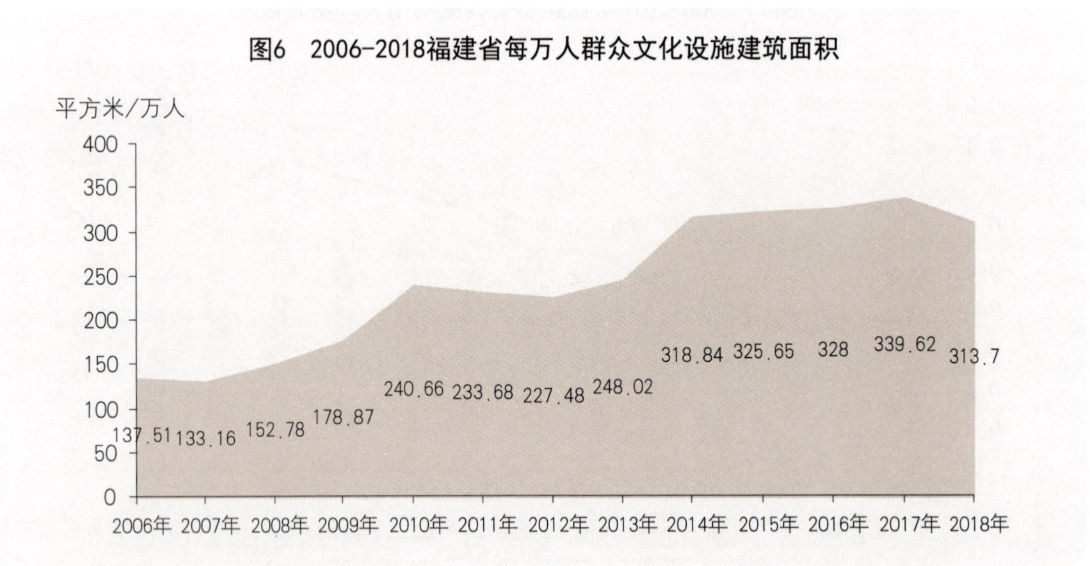

年末全年全省群众文化机构共组织品牌节庆活动185个，开展提供各类文化活动49045场次，较上年增长18.25%；服务人次1404.97万，增长9.1%。其中：为老年人组织专场675场、为未成年人组织专场787场、为残障人士组织专场97场、为农民工演出296场。全年共举办展览4337个，公益性讲座729个，参观参加人数391.81万人。全省群众文化机构实际使用房屋建筑面积123.63；计算机9024台，年末全省平均每万人群众文化设施建筑面积313.7。

表2 2018年福建省群众文化机构开展活动情况

	总量		比上年增长(%)	
	活动次数(次)	服务人数(万人次)	活动次数	服务人次
各项活动总计	49045	1404.966	18.25	9.1
其中：展览	4,337	378.812	0.87	0.06
文艺活动	20947	863.784	12.31	16.48
公益性讲座	729	13.002	−3.69	−8.99
训练班	23,032	149.368	29.63	−2.59

年末全省群众文化机构共有馆办文艺团体204个，演出1738场，观众101.39万人次。由文化馆（站）指导的群众业余文艺团体8785个，参加人数55629人。馆办老年大学21个。全年共有流动舞台车12辆，利用流动舞台车演出场次293场，服务观众12.5万人次。群众文化活动取得佳绩，全年共举办讲座、展览、活动260多场，接待读者5万人次，网络读者近50万人次。

（三）公共美术馆

年末全省共有国有美术馆9个，从业人员58人，涵盖油画、国画、版画、漆画等13个名目藏品5702件

套。全年共举办展览 88 次，其中自主办展 54 次。全年参观人次 29.9 万人次，增长 24.48%，其中：未成年人观众人数 8.32 万人。

四、非遗保护传承力度加大

年末全省有非物质文化遗产保护机构 82 个，从业人员 544 人。举办 586 个展览，参观人数 246.86 万人次。组织非遗演出 2043 场，开展非遗培训 1099 个，共有 5.47 万人参训。组织 102 次非遗研讨会和 149 次讲座。共有一批普查成果，收集非遗资源项目 7397 件，征集实物 4979 件/套、文本资料 2084 册、录音资料 917 个小时、录像资料 961 个小时，书写了 321 篇调查报告，出版了非遗图书、非遗专利、乡土教材和资源清单 16824 册。

《福建省非物质文化遗产保护条例》顺利通过省人大二审程序。国家级非物质文化遗产代表性项目代表性传承人全省有 143 人。开展第六批省级非遗代表性项目评审，79 个项目入选。完成了第四批省级非遗传承人评审工作，全省现有 735 位传承人。祖籍安溪的台湾石雕大师廖德良成为首位获评福建省非遗传承人的台湾同胞，这是落实台胞与大陆同胞同等待遇政策的又一项先行先试举措。完成编制客家文化（闽西）生态保护实验区总体规划和妈祖文化生态保护实验区规划纲要，按规划目标有序推进，逐项落实。组织开展“中国文化和自然遗产日”系列活动 200 多场。全年举办 12 期非遗研培班，近 500 名非遗传承人参加培训。

五、文物保护利用全面加强

一是世界遗产申报保护推进有序。做好古泉州（刺桐）申报世界文化遗产工作。推动福州、泉州、漳州、莆田等地开展海上丝绸之路文化遗产保护和申遗基础工作。不断加大红色文化保护、革命文物保护维修工程推进力度，获国家重点文物保护专项资金 6699 万元，用于闽西革命文物保护工程，实现中央财政对省保及以下级别文物保护单位维修资金补助的突破。实施一批特色文物小镇文物展示利用工程。省政府审定公布了第九批省级文物保护单位建议名单 252 处，省文物局公布了首批省级考古遗址公园名单 8 个。

二是博物馆建设得到加强。积极推动博物馆陈列展览“走出去、引进来”，开展省际交流合作。参加国家二、三级博物馆定级评估工作。2018 年全省博物馆共办 980 余个展览，参观人数 2950 余万人次。成功举

图7 2006-2018年福建省文物机构及从业人员

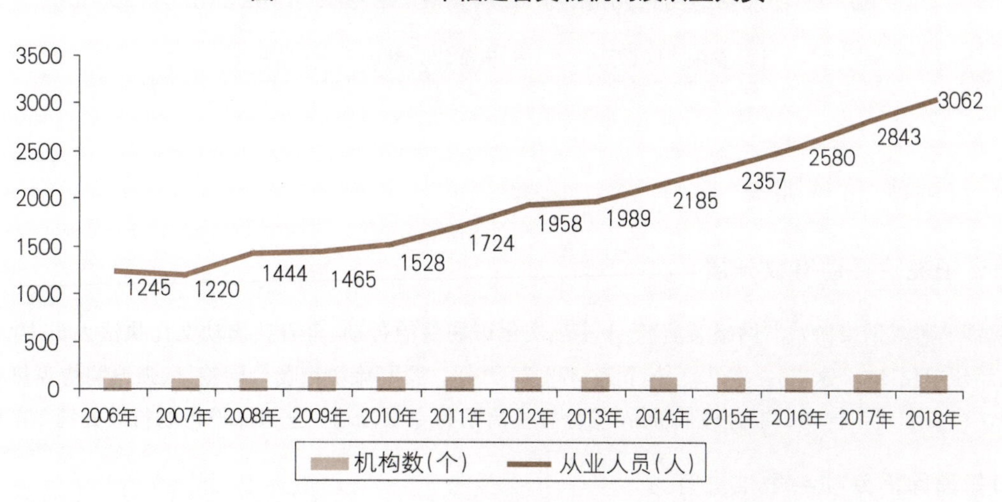

办第八届“博博会”。非国有博物馆发展迅速，全省非国有博物馆数量达到33家，占全省博物馆总数的25%。印发了《福建省非国有博物馆以奖代补资金管理暂行办法》，向省财政申请设立非国有博物馆以奖代补专项资金。研究出台了《福建省鼓励社会力量参与文物保护利用实施意见》《福建省文物建筑认养管理规定》，建立健全了全社会参与文物保护利用的新机制，形成“政府主导、社会参与、成果共享”的文物保护利用新格局。

年末全省共有文物机构189个。其中，文物保护管理机构48个，占比25.39%，博物馆128个，占比67.72%。年末全省文物机构从业人员3062人，较上年末增加219人，长7.7%。其中高级职称218人，占比7.11%，中级职称417人，占比13.62%。

年末全省文物机构拥有藏品71.08万件，比上年末增加6.27万件，增长9.67%。其中，博物馆藏品67.08万件，占藏品总量94.37%；文物商店藏品3.51万件，占4.93%。藏品中，一级品1096件，二级品3063件，三级品103580件。年末全省不可移动文物共有33251件。此外，全省共有全国重点文物保护单位137处291个文物点，省级文物保护单位921处，市、县、区级文物保护单位4500多处。

全年全省文物机构登记注册志愿者服务4634人，全年共举办基本陈列354个、临时展览797个，接待观众3771.48万人次，较上年增长25.01%。其中未成年观众1086.65万人次，增长10.09%，占文物机构接待观众的28.81%。博物馆接待观众3715.38万人次，增长26.67%，占文物机构接待观众98.51%。全省人均每万人博物馆面积占有量248.47平方米，较上年增长14.48平方米。

图8 2006-2018年福建省文物机构接待参观人次及未成年观众人次

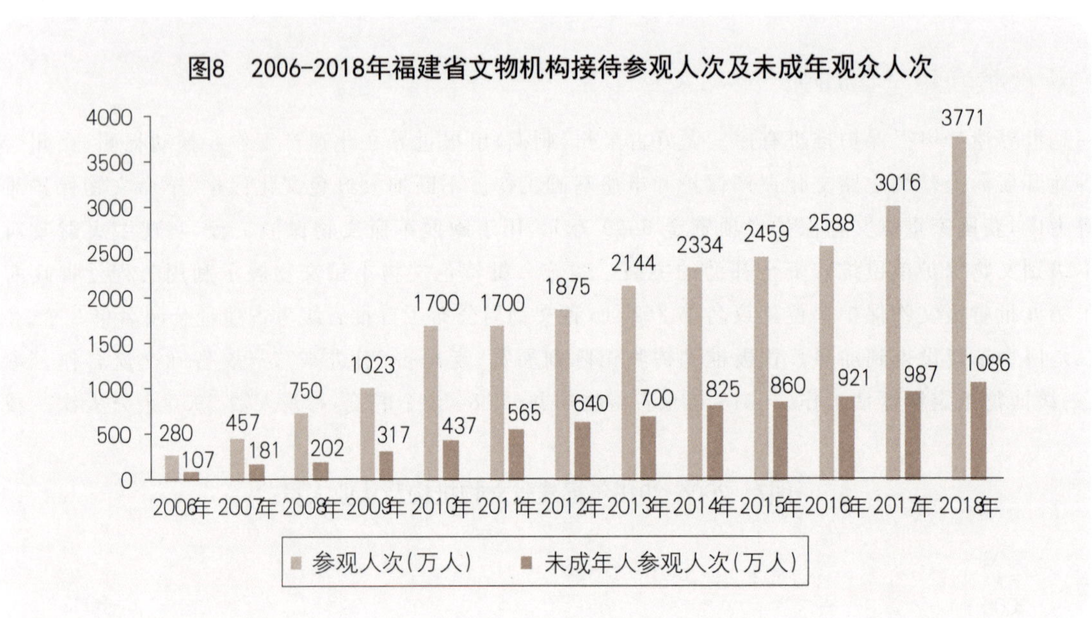

六、市场培育监管持续加强

(一)专项整治行动有效开展

开展“涉赌牌类网络游戏”“网络表演”等十多项文化市场整治行动，全省共出动文化执法人员109533人次，检查文化经营单位8324家次，立案729件，罚款372.25万元。紧盯旅游市场合同签订、强迫购物等热点问题，持续开展暗访督查和利剑行动、“不合理低价游”等综合整治系列专项行动。全省旅游市场行政处罚137起。

(二)扫黑除恶专项斗争推进有力

成立扫黑除恶专项斗争领导小组，制定工作方案，赴各地开展下沉督导。建立涉黑涉恶线索排查周报

制度，对 2014 年以来办理的全省 7937 件文化文物和旅游行政执法案件、386 件信访件进行排查，梳理出疑似涉黑恶线索 103 条，全部移送省扫黑办。加强综合治理，重点打击文化旅游场所涉黄赌毒、"戏霸""黑导""黑旅行社"等违规经营乱象。设立"扫黑除恶"专刊，已编发 10 期 36 篇，文化和旅游市场秩序进一步规范。

（三）市场服务监管持续加强

进一步梳理文化市场审批事项，7 个审批项目列入优化准入服务改革；协调文化和旅游部开设自贸区审批端口，解决"放得下办不了"问题；全面推行"证照分离"，落实"多证合一""最多跑一趟"等审批制度。建立全省文化市场随机抽查与分级分类监管系统，实现全省文化市场"双随机一公开"工作信息化；推广文化市场移动执法系统应用，完成全省网吧监管系统改造升级，实现集准入、监管、执法、服务于一体、部省两级监管系统整合对接与集成应用。继续推行警示名单制度。对全省 893 家网络文化企业组织内容监管排查，查处 25 家网络文化违规经营单位及一批违规营业性演出。

年末全省文化市场经营单位 5444 家，较上年末增加 133 家；从业人员 69942 人，增加 2789 人。全年全省文化市场经营单位营业总收入 239.06 亿元，较上年增长 37.93%；营业利润 36.62 亿元，与上年持平。

分区域看，年末城市文化市场经营单位 2148 个，占文化市场经营单位总量的 39.46%；县城 2189 个，占比 40.21%；县以下地区 1107 个，占比 20.33%。

表 3　2018 年全省文化市场经营单位主要指标

		机构数（个）	从业人员数（人）	营业总收入（万元）	营业利润（万元）
总量	总计	5444	69942	2390684	366248
	城市	2148	38004	2119640	323987
	县城	2189	25005	200555	26965
	县以下	1107	6933	70489	15296
比重（%）	总计	100	100	100	100
	城市	39.46	54.34	88.66	88.46
	县城	40.21	35.75	8.39	7.37
	县以下	20.33	9.91	2.95	4.17

年末全省共有娱乐场所 2123 个，从业人员 3.06 万人，全年营业总收入 32.11 亿元，较上年减少 6.84%；营业利润 5.22 亿元，较上年减少 17.14%，福建省利润效益较好的娱乐企业主要集中在厦门、省直和福州。游戏游艺设备数量 12531 个，进口游戏游艺设备 220 个，全年娱乐场所资产累计 46.15 亿元。

年末全省共有互联网上网服务营业场所 1920 个，从业人员 0.55 万人，全年营业总收入 4.71 亿元，较上年下降 17.08%；营业利润 0.69 亿元，较上年下降 6.87%。终端数量 56.505 万个，资产累计 0.55 元。演出经纪机构 148 个，从业人员 0.28 万人，全年营业总收入 26.37 亿元，较上年增长 107.15%；营业利润 5.49 亿元，较上年增长 208.42%。

年末全省共有经营性互联网文化单位 735 个，从业人员 2.05 万人，全年营业总收入 169.24 亿元，较上年增长 47.57%；营业利润 25.04 亿元，较上年回落 9.83%。知识产权 441138617 种，其中：拥有自主知识产权网络游戏 3361 种，拥有自主知识产权网络音乐 4376 种，拥有自主知识产权网络动漫 32572 种。累计注册用户 69.01 亿个，资产累计 125.41 亿元。

年末全省非国有制艺术表演团体 382 个，从业人员 9648 人，全年共开展国内演出 7.15 万场次，其中农村演出 6.19 万场，国外演出 1.8 万场。国内演出观众 2748.85 万人次，其中农村演出观众 1997.74 万人次。

全年营业收入 4.21 亿元，企业赞助 294 万元，演出收入 4.12 亿元（其中农村演出收入 3.4 亿元，城市演出收入 0.56 亿元），营业利润 0.11 亿元。

七、文化旅游产业蓬勃发展

（一）文化和旅游产业发展基础进一步夯实

全省规模以上文化企业实现营业收入 3047.17 亿元，同比增长 12.2%。成功举办第十一届海峡两岸（厦门）文化产业博览交易会，1100 多家企业参展，签约文化投资项目共 82 个，签约 253.59 亿元，参观人数达 40.32 万人次。“福建文创市集”项目实现常态化推进，全年共举办 24 期，吸引了逾 1100 户文创企业、高校、个人设计师和团队参与，线上线下销售总额逾 300 万元，活动现场人流总量达 150 万人次。全省累计接待国内外游客 4.60 亿人次，比增 20.2%；其中过夜游客 2.30 亿人次，比增 17.5%，过夜游客人数占全省旅游总人数的比重为 50.0%。

（二）文化和旅游产业项目建设推进有序

研究制定《2018 全省商务、文化、体育领域消费升级促进消费增长工作方案》，推动文化消费规模扩大和消费结构的升级。落实《福建省百家重点 A 级旅游景区三年行动提升工程方案（2017～2019 年）》，拨补重点景区提升省级专项资金共计 2390 万元，全年新增 A 级旅游景区 61 家，其中 4A 级景区 4 家，3A 级以下旅游景区 57 家。全省共有 A 级旅游景区 308 家，其中 5A 级旅游景区 9 家 10 处、4A 级旅游景区 94 家、3A 级及以下旅游景区 205 家。推进红色 A 级旅游景区的创建工作，松毛岭战地遗址、古田红军小镇等 7 家红色旅游景区进入 A 级景区行列。

年末全省文化产业增加值 29.81 亿元。其中：艺术业 9.79 亿元，图书馆业 5.25 亿元，群众文化 3.88 亿元，艺术教育 1.12 亿元，文化市场经营机构 129.22 亿元，动漫企业 5.9 亿元，文艺科研 0.25 亿元，文物业 2.87 亿元，其他－128.47 亿元。

表 4　2018 年全省文化部门文化产业增加值综合情况

序号	增加值项目	总产出（亿元）	增 加 值（亿元）	营业盈余（亿元）
	总　　计	385.263	29.815	－120.839
一	艺术业	19.433	9.863	0.132
1	其中：艺术表演团体	18.173	9.068	0.045
2	艺术表演场馆	1.260	0.795	0.087
三	图书馆	7.276	5.250	0.014
四	群众文化	4.724	3.880	0.001
五	艺术教育	1.469	1.126	0.001
六	文化市场经营机构	156.711	129.224	9.911
七	动漫企业	14.880	5.902	2.349
八	文艺科研	0.310	0.249	0.000
九	文物业	4.881	2.869	0.046
十	其他	12.228	－128.478	－133.269

八、对外对台港澳交流持续深入

年末共有100批次对外对港澳台文化交流活动。参与交流人员2472人次，其中：演展人员2281人次。演出（展演）761天，演出（展览）250场次，演出观众（参观）人数209千人次。按性质分：出访76批，来访24批；按分类分：演出类59批、展览类8批、国际会议3个、其他30批；按范围分：国外48批、香港17批、澳门6批、台湾14批。

表5　2018年全省对外、对港澳台文化交流活动情况

项目情况	机构数（个）	参与交流人员（人）		演出（展览）天数	演出（展览）场次	演展观众千人次
			演展人员			
总　计	100	2472	2281	761	250	209
按交流活动性质	—	—	—	—	—	—
出访	76	1692	1526	494	209	160
来访	24	780	755	267	41	49
按交流活动分类	—	—	—	—	—	—
演出	59	1738	1614	427	212	152
展览	8	80	68	234	14	39
国际会议	3	7				
其他	30	647	599	100	24	18
按交流活动范围	—	—	—	—	—	—
国外	48	724	610	237	102	103
香港	17	653	602	362	80	47
澳门	6	28	24	18	7	3
台湾	14	487	467	79	41	56

（一）对外文化活动推进顺利

圆满完成“欢乐春节”系列活动任务，省杂技团赴澎湖参加“2018年菊岛两岸艺术节春节公演”，文化艺术团参加中国驻马耳他大使馆国庆招待会等演出活动，茶文化代表团参加瓦莱塔“欧洲文化之都”大型文化展示活动，文化交流团访问俄罗斯联邦卡累利阿自治共和国参加专场文艺演出，省歌舞剧院参加第23届澳门国际贸易投资展览会文艺表演，文艺团组赴印度尼西亚雅加达为1200多名海内外嘉宾带去闽剧、杂技等特色表演。

（二）搭建对外文化交流平台，继续推进在日本东京、澳大利亚悉尼、阿根廷布宜诺斯艾利斯设立福建文化海外驿站

利用文化驿站平台，整合文化与旅游资源，组织开展福建特色文化展览、展演、展示、推介活动。组派非遗文化展示团开展文化交流展示活动及“八闽文化”“闽都文化”“清新福建”图片展。运用福建省“文化一点通”资源，滚动播放“文化福建”“清新福建”等内容，来宣传福建，扩大影响。

（三）对外对台港澳旅游推介成效明显

成功举办“第九届海峡两岸文化创意产业展”、第二届海峡两岸书院交流与发展论坛，组织省歌舞剧院赴香港展演国际合作歌剧《卡门》《魔笛》，并赴澳门参加歌舞史诗《世纪之光》演出。组织省实验闽剧院赴香港参加“纪念改革开放40周年闽港澳台妇女发展”论坛的演出活动。成功举办第十四届海峡旅游博览会、第四届“海上丝绸之路”国际旅游节、2018世界妈祖文化论坛、中国旅游日福建分会场主题活动和旅游推介会等有影响力的旅游节庆活动和营销事件。参加首届海峡两岸夏季旅展，举办“闽台同名村镇续缘之旅”，持续开展台港澳青少年入闽研学旅行。发布福建旅游歌曲《福建如你》，微博话题阅读量及视频播放量近4000万次。组团赴巴西、澳大利亚等14个国家开展“清新福建”旅游宣传。

九、文化资金投入持续增长

全年全省文化文物事业费35.77亿元，比上年增加4.2亿元，增长13.30%，较上年提高3.91个百分点；全省人均文化文物事业费90.77元，比上年增加10.05元，增长12.45%。按文化部同口径年末全年全省文化事业费28.66亿元，比上年增加3.86亿元，增长15.56%。全省人均文化事业费72.73元，比上年增加9.3元，增长14.66%。

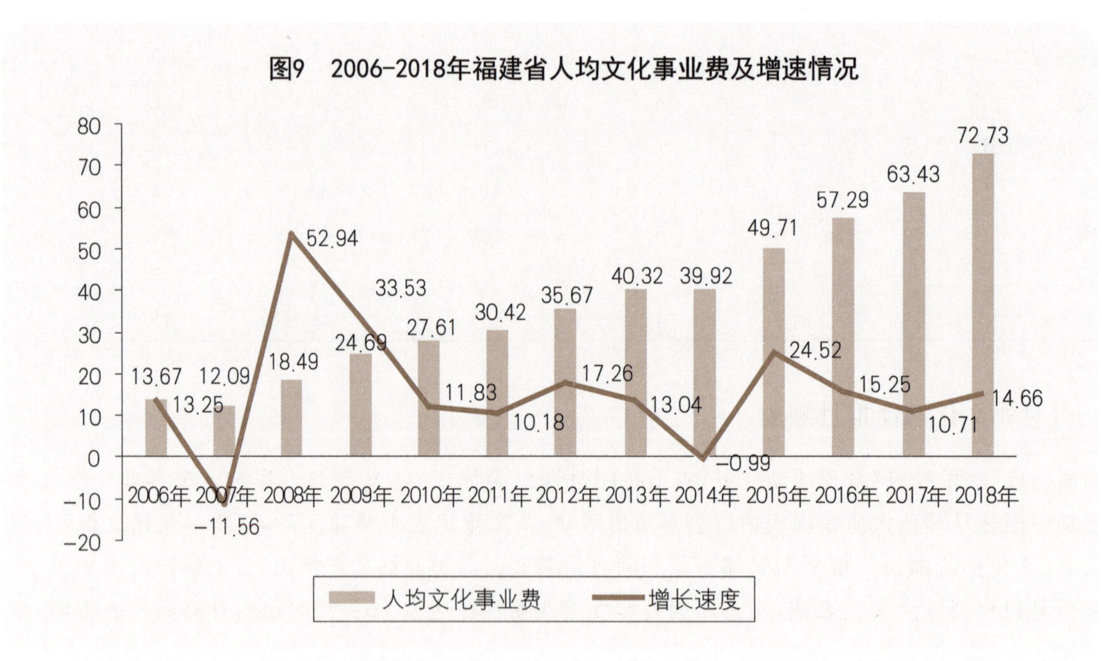

文化事业费占财政总支出的比重为0.59%，比重比上年提高0.06个百分点。

全年全省文物事业费7.11亿元，比上年增加0.35亿元，增长5.18%；文物事业费占财政总支出的比重为0.147%，与比上年提高0.007个百分点。

图10 2006-2018年福建省文化事业费占财政总支出比重

据统计，2018 年全省财政支出中，文化体育传媒经费 84.73 亿元，比上年回落 1.71%，占财政支出的 1.75%，比重比上年回落 0.08 个百分点。

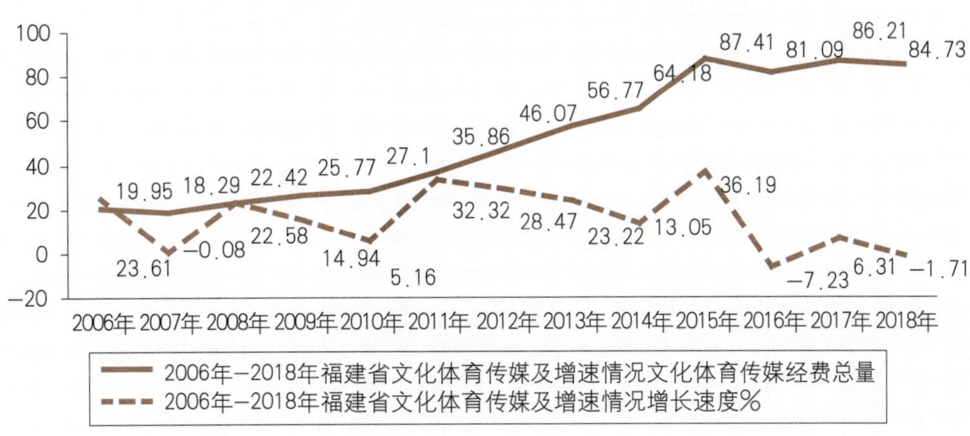

图11 2006-2018年福建省文化体育传媒及增速情况

2018 年，“三馆一站”免费开放、非物质文化遗产保护、公共数字文化建设、地市级公共文化设施建设等文化项目，共获中央和省级财政补助地方专项资金 2.18 亿元，比上年增长 19.12%。随着居民收入水平的提高和知识经济的扩展，文化旅游市场发展呈现出很好的发展态势。

（福建省文化和旅游厅）

福建:文艺创作丰富多彩

2018年福建省广大文艺工作者,聚焦艺术创作,努力推陈出新,力攀创作高峰。

文艺创作丰富多彩。认真贯彻“两为”方针,深入开展“深扎”活动,开展红色题材、改革开放题材、“新福建”建设题材、山海题材等五个方面的采风创作活动。一是创立“火花茶会”艺术创作机制。全年共召开“火花茶会”20期,推动舞台艺术创作。《松绑》《红土》入选全国舞台艺术现实题材创作计划。《望海》《生命》《与妻书》《林巧雅》等重点剧目创作有序推进。圆满完成京剧电影《大闹天宫》排演拍摄和全国地方戏曲资源数据库建设方案制订工作。二是扶持艺术创作。《谷文昌》《松毛岭之恋》《平凡的世界》等,分别获国家舞台艺术精品剧目重点扶持或中国民族歌剧传承发展工程滚动扶持。三是重大演出活动出新出彩。全省“新时代新风采”文艺巡演共演出1000余场,观看群众近60万人次。梨园戏《董生与李氏》和芗剧《谷文昌》参加中宣部和文化部举办的新年戏曲晚会,民族歌剧《松毛岭之恋》参加“全国优秀民族歌剧展演”,闽剧《双蝶扇》参加全国舞台艺术优秀剧目展演,《畲乡渔鼓响四方》参加全国广场舞北京集中展演。举办了“扫黑除恶”“移风易俗”专题文艺演出,组织话剧《县委书记廖俊波》在省内外巡演,省内外巡演40场。开展送戏进下乡等文化惠民活动,省属六院团全年演出958场次,政府采购公益性演出674场。四是一批剧目大赛获奖。成功举办第七届福建艺术节,荟萃了全省戏剧、音乐、舞蹈、杂技、曲艺、美术、书法等多个艺术门类精品,有18个剧种38台剧目参加戏剧会演。闽剧《生命》等12个剧目获第二十七届戏剧会演一等奖,话剧《松绑》获特别奖,民族歌剧《松毛岭之恋》等5个剧(节)目获第四届音乐舞蹈杂技曲艺类一等奖,其他艺术门类一批优秀作品脱颖而出。通过多样化地开展文艺活动,人民群众文化获得感得到提高。

江西省2018年文化和旅游发展情况分析

2018年，全省文化和旅游系统以习近平新时代中国特色社会主义思想为指导，深入学习贯彻党的十九大、十九届二中、三中全会精神，紧紧围绕省委、省政府的决策部署，坚持“创新引领、改革攻坚、开放提升、绿色崛起、担当实干、兴赣富民”工作方针，深入推进文化强省和旅游强省建设，加快打造文化和旅游产业高地，全省文化建设和旅游发展再上新台阶。

一、机构和人员情况

2018年末，纳入统计范围的全省各类文化（文物）单位8456个，从业人员53048人。其中，各级文化文物部门所属单位2541个，从业人员22189人。

二、文化事业费

2018年全省文化事业费159460.6万元，比上年的152602.7万元，增加6857.9万元，增长4.49%；全省人均文化事业费34.29元，比上年的33.01元增加了1.28元，增长3.88%。文化事业费占财政总支出的比重为0.2881%。

图1 2015-2018年江西省文化事业费对比情况

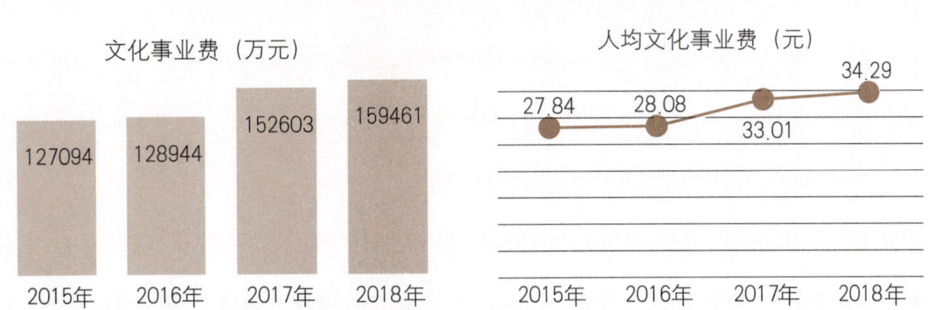

三、艺术创作演出

2018年，制定出台了“十三五”时期艺术创作规划、常态化推进艺术单位深入生活扎根人民工作实施方案、加强舞台艺术作品创作生产管理工作办法等4个规范性文件。建立了全省舞台剧重点创作计划基础数据库（2018—2021年）。收获了《将军归田记》等15项国家级资助项目，指导推动了57个剧目登上国家级舞台，策划举办“茶香中国——全国首届采茶戏艺术展演”。多层次、多渠道举办艺术人才培训班，缓解了编剧、表演等人才紧缺问题。积极开展“送文化、种文化”“文化进万家”活动，组织了“高雅艺术进校园”“送戏下乡”等演出1万余场。

2018年末，全省共有艺术表演团体379个，从业人员9616人。其中各级文化部门所属的艺术表演团体70个，占18.47%，从业人员2274人，占23.65%。全年全省艺术表演团体共演出7.696万场，比上年的6.68万场增长15.21%，其中赴农村演出6.016万场，比上年的4.3万场，增长39.91%，赴农村演出场次占总演出场次的78.17%；国内观众2326.357万人次，比上年的3134.116万人次，下降−25.77%，其中农村观众1508.04万人次，比上年的2107.379万人次，下降了−28.44%；总收入57787.9万元，比上年的46561.5万元增长24.11%，其中演出收入24965.4万元，比上年的26029.7万元下降了−4.09%。

2018年，全省共有艺术表演场馆57个，从业人员898人，观众坐席数51355个。全年艺术演出场次0.262万场次，比上年的0.352万场次，下降了−25.57%；艺术演出观众人次102.703万人次，比上年的69.634万人次，增长了47.49%；艺术演出收入638.7万元，比上年的1726.1万元下降了−63%。

表1　2018年江西省艺术业两年对比情况

指　　标	单位	总量指标		增速(%)
		2017年	2018年	
艺术表演团体				
机构数	个	425	379	−12.14%
演出场次	万场次	6.68	7.696	15.21%
#农村演出场次	万场次	4.3	6.016	39.91%
国内演出观众人次	万人次	3134.116	2326.357	−25.77%
#农村观众人次	万人次	2107.379	1508.04	−28.44%
演出收入	万元	26029.7	24965.4	−4.09%
艺术表演场馆				
机构数	个	61	57	−6.56%
艺术演出场次	万场次	0.352	0.262	−25.57%
艺术演出观众人次	万人次	69.634	102.703	47.49%
艺术演出收入	万元	1726.1	638.7	−63%

四、公共文化服务

2018年，我省紧盯基层文化设施建设薄弱环节，召开了全省基层综合性文化服务中心建设工作推进会。开展了专项治理活动，全省村(社区)综合性文化服务中心建设完成目标数达86.9%。全面启动旅游厕所革命新三年行动，年度计划超前完成，超过文化和旅游部下达任务数381座。围绕庆祝改革开放40周年，开展脱贫攻坚小戏小品曲艺大赛、全省村歌大赛、全省摄影大赛、全国广场舞活动江西省集中展演等系列群众性文化活动。持续开展“春雨工程”“阳光工程”“圆梦工程”等文化志愿服务和“书香赣鄱”全民阅读活动。

(一)公共图书馆

2018年末，全省共有公共图书馆113个，与上年相同；图书总藏量2522.119万册，比上年末的2428.772万册，增加了93.347万册，增长3.84%。电子图书1586.88万册，比上年末的1496.315万册，增加了90.565万册，增长6.05%。总流通人次1754.034万人次，比上年末的1722.099万人次，增加了31.935万

人次，增长1.85%。书刊文献外借册次1584.299万册，比上年末的1561.389万册，增加了22.91万册，增长1.47%。书刊文献外借人次831.045万人次，比上年末的873.061万人次，减少了42.016万人次，比上年末下降了-4.81%。

(二)群众文化

2018年末，全省共有群众文化机构1873个，其中文化馆118个，文化站1755个。全年全省群众文化机构共组织开展各类文化活动4.4162万场次，比上年4.0964万场次，增加了0.3198万场次，增长7.81%；服务人次1531.361万人次，比上年1321.378万人次，增加了209.983万人次，增长15.89%。

表2　2018年江西省公共文化服务两年对比情况

指　　标	单位	总量指标		增速(%)
		2017年	2018年	
公共图书馆				
机构数	个	113	113	0%
总藏量	万册	2428.772	2522.119	3.84%
总流通人次	万人次	1722.099	1754.034	1.85%
群众文化				
机构数	个	1873	1873	0%
#文化站	个	1755	1755	0%
提供文化服务次数	万次	4.0964	4.4162	7.81%
举办展览	万次	0.4024	0.4247	5.54%
组织文艺活动	万次	2.1297	2.3706	11.3%
组织公益性讲座	万次	0.1231	0.0866	-29.65%
举办训练班	万次	1.4412	1.5343	6.46%
文化服务惠及人次	万人次	1321.378	1531.361	15.89%

五、文化市场

2018年，制定了《江西省文化市场移动执法系统推广应用实施方案》，各地市综合执法机构上线应用移动执法系统达100%。建立了全省旅游行业服务质量督察员暗访制度，印发了《江西省旅游行业服务质量督察员暗访检查工作办法》，聘请了首批服务质量督察员。开展了江西省第二届文化市场综合执法岗位练兵技能竞赛活动，开展了针对文化市场违法违规经营行为整治的“雷霆”专项行动和旅游市场秩序专项整治“利剑行动”，文旅市场平稳有序，行业自律意识明显增强。开展了“文明旅游·为中国加分”活动，积极推动旅游志愿者标准化服务与管理。设立了旅游安全专业委员会，由分管副省长吴忠琼同志任第一主任，20家省直单位为成员，同时省市县三级旅游部门都成立了相应旅游安全工作领导小组，确保了全年全省未发生重大旅游安全事故。

2018年，全省文化市场经营单位5570家，比上年末的9841家，减少了-4271家；从业人员22944人，比上年末的45004人，减少了-22060人。全年营业总收入286789.5万元，比上年末的1446409.3万元，减少了-1159619.8万元；营业利润84163.1万元，比上年末的409037.7万元，减少了-3248746万元。

表3　2018年江西省文化市场经营单位情况

指　　标	单位	总量指标		增速(%)
		2017年	2018年	
机构数	个	9841	5570	-43.4%
从业人员数	个	45004	22944	-49.02%
营业收入	万元	1446409.3	286789.5	-80.17%
营业利润	万元	409037.7	84163.1	-79.42%

六、文化遗产保护

2018年，启动建立了全省文物安全工作联动机制。联合国家文物局编纂了《赣南等原中央苏区革命文物保护利用优秀案例推介》，赣南等原中央苏区革命遗址保护工程成为样板。“鹰潭龙虎山大上清宫遗址”考古发掘项目入选了全国十大考古新发现。“南昌起义 伟大开端”“惊世大发现——南昌汉代海昏侯国考古成果展”双双入选了全国十大精品陈列展览。

2018年，全省共有文物机构244个，比上末的增加了4个。其中，文物保护管理机构67个，占27.46%，博物馆144个，占59.02%。年末全省文物机构从业人员4353人，比上年末的4032人，增加了321人。其中高级职称246人，占5.65%，中级职称572人，占13.14%。

年末全省文物机构拥有文物藏品62.6591万件，比上末的62.7413万件，减少了822万件。其中，博物馆文物藏品44.4241万件，占文物藏品总量的70.9%；文物商店文物藏品13.6730万件，占文物藏品总量21.82%。文物藏品中，一级文物0.1632万件，占0.26%；二级文物0.6007万件，占0.96%；三级文物4.7034万件，占7.51%。

2018年，全省文物机构共安排基本陈列393个，比上年的325个增加了68个。举办临时展览334个，比上年的295个增加了39个。接待观众3978.736万人次，比上年的3499.221万人次，增加了479.515万人次，增长了13.7%。其中：未成年人1401.253万人次，比上年的1151.878万人次，增加了249.375万人次，增长了21.65%，占参观总人数的35.22%。博物馆接待观众3696.985万人次，比上年的3233.055万人次，增加了463.93万人次，增长了14.35%，占文物机构接待观众92.92%。

表4　2018年江西省文物业两年对比情况

指　　标	单位	总量指标		增速(%)
		2017年	2018年	
机构数	个	240	244	1.67%
总藏品	万件/套	62.7413	62.6591	-0.13%
参观人次	万人次	3499.221	3978.736	1.37%

图2 2015-2018年江西省文物业参观人次对比情况

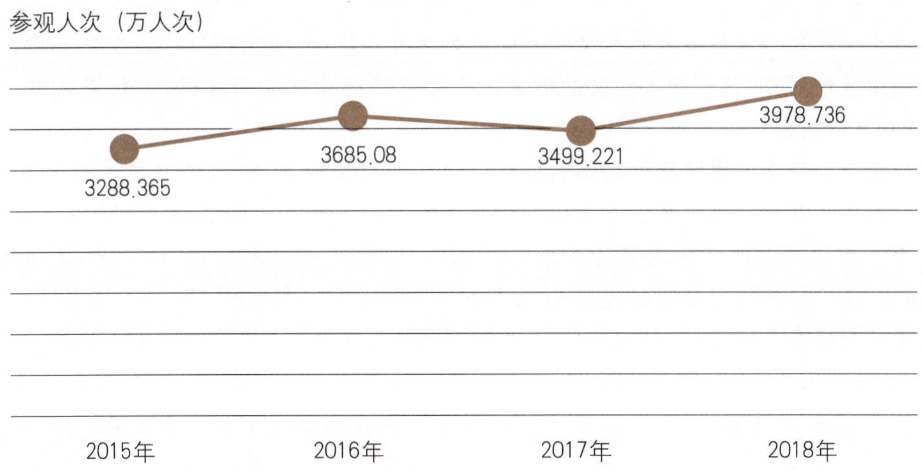

七、旅游业发展

2018年，全省接待国内旅游者68550.4万人次，比上年增长19.7%；国内旅游收入8095.8亿元，增长26.6%。接待入境旅游者206.3万人次，增长9.2%；国际旅游外汇收入7.5亿美元，增长18.3%。国有5A级旅游景区和国家级风景名胜区门票全面降价，每年惠民让利2亿元。南昌滕王阁成功创建国家5A级旅游景区，全省共有A级旅游景区407家，其中5A级景区11家、4A级景区140家、3A及以下景区256家。评定公布了江西省5A级乡村旅游点7家，4A级乡村旅游点36家，15家江西省旅游风情小镇。截至2018年底，全省有5A级乡村旅游点15家、4A级乡村旅游点139家、旅游风情小镇45家。文化和旅游产业发展质量和效益不断提升。

表5 2018年A级旅游景区统计表

景区等级	2017年	2018年	增幅
5A	10	11	10%
4A	122	140	14.70%
3A	178	211	18.50%
2A	49	45	−0.08%
1A	0	0	0
总数	359	407	13.30%

（江西省文化和旅游厅）

江西：加强革命文物的保护利用

近年来，赣南等原中央苏区着力推动革命旧址保护利用工作，通过“四种模式”整合资源，突出重点传承红色基因，讲好革命故事，使革命文物保护利用与当地经济社会发展相互促进、相得益彰，为革命老区打赢精准脱贫攻坚战提供助力。

一、革命旧址与红色旅游景区建设相结合。作为红色旅游资源强省，江西将维修后的革命文物纳入红色旅游线路，逐步实现精品化发展。全省红色旅游景区242个、红色旅游线路87条，建成全国红色旅游经典景区11个。瑞金市2017年旅游接待人次突破1000万，实现旅游收入45.43亿元；井冈山2018年上半年即接待游客713万人次，实现旅游收入51.4亿元。

二、革命旧址与特色乡镇建设相结合。结合革命文物的分布特点，纳入特色乡镇建设工作，全面提升文物保护利用水平。运用保护修缮、展示利用、环境整治“三位一体”，将革命文物保护利用与爱国主义教育基地建设、红色旅游、学术研究、精准扶贫相结合，充分发挥文物资源优势。据初步统计，每投入1万元文物保护资金，即可带动10万元各类建设资金，真正起到“以一带十”的放大效果。

三、革命旧址与休闲农业旅游相结合。将革命旧址的维修与周边环境、自然景观整体打造相结合，通过使用传统材料铺装周围地面、种树种草、清沟疏渠、改造利用周边山水地形、统筹农作物和果树种植等方式，将革命旧址及其周边打造成独具特色的休闲旅游项目。通过加固扩容水库、修复水渠、修建小桥、清理水塘，新修凉亭、观景台、青砖小院、鹅卵石小广场和碾米辘轳等设施，使村落形成流水潺潺、绿树成阴的田园风光，成为当地有名的景区。

四、革命旧址与传统村落保护相结合。吉安市青原区将革命文物维修保护与古村落保护、红色旅游、美丽乡村建设、小城镇开发等有机融合，整合交通、水利、农业、扶贫等专项资金，全面规划、整体推进，集中打包、综合改造，改善当地基础设施建设水平，全面提升村庄整体发展。文物部门专项资金重点倾斜，使单一的文物建筑修缮升级为对整个传统村落的综合打造，有效推动了乡村振兴发展。

山东省 2018 年文化和旅游发展情况分析

2018 年，山东省文化和旅游厅坚持以习近平新时代中国特色社会主义思想为指导，深入学习贯彻党的十九大精神，认真践行习近平总书记视察山东重要讲话和对山东工作重要指示批示精神，奋发有为，扎实苦干，各项工作顺利推进，保持了良好发展态势。

一、机构和人员

2018 年末，纳入统计范围的全省各类文化（文物）单位 14241 个，比上年减少 334 个；从业人员 84482 人，比上年减少 4647 人。其中，各级文化文物部门所属单位 3104 个，增加 30 个；从业人员 30960 人，减少 630 人。

图1　2013年-2018年山东省文化单位机构数及从业人员数

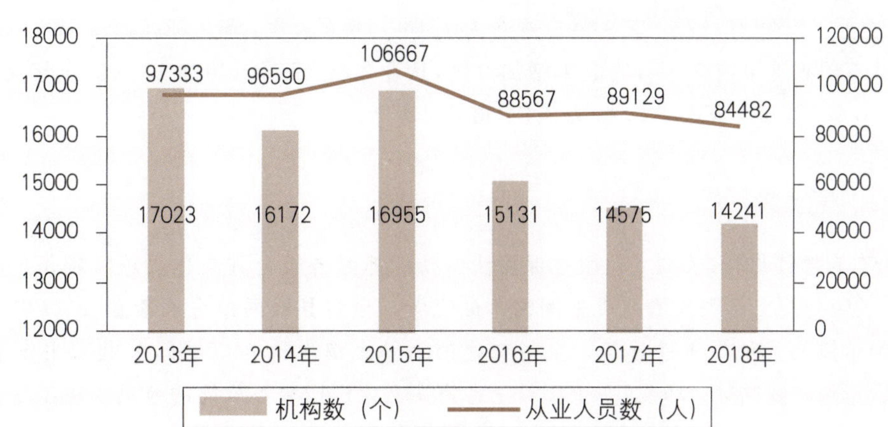

二、艺术创作演出

全年累计完成各类大型剧目 58 部、小型作品百余部，涉及省、市、县三级艺术院团，覆盖优秀传统文化题材、革命历史题材和现实题材等不同创作领域。民族歌剧《沂蒙山》《马向阳下乡记》分别入选文化和旅游部“2018 年民族歌剧传承发展工程重点扶持剧目”和“滚动资助剧目”。《沂蒙山》震撼首演赢得满堂彩，各级领导、业内专家和社会各界人士对该剧给予充分肯定和高度评价。茂腔《失却的银婚》先后为文化和旅游部机关和直属艺术单位、省委理论学习中心组进行专场演出，并到济南、青岛等地进行巡演。吕剧《大河开凌》赴中央党校进行专场汇报演出。

全省美术发展形势持续向好，第十一届山东文化艺术节期间，995 件美术作品参与申报，作品质量和数量为历届艺术节之最。"大哉孔子·中国画创作工程"全面完成,"能量—改革开放40年山东美术发展成果展",先后在中国美术馆、山东美术馆展览,得到业界的高度评价。

年末全省共有公有制艺术表演团体105个,与上年持平,从业人员5539人,减少150人。全年共演出2.67万场,与上年持平,其中赴农村演出1.973万场,减少0.35%;国内观众2128万人次,比上年减少4.45%,其中农村观众1617万人次,比上年减少5.93%;演出收入9668万元,比上年增加24.24%。

表1 2014年—2018年山东省国有艺术表演团体基本情况

年 份	机构数(个)	从业人员数(人)	演出场次(万场)	国内演出观众人次(万人次)	演出收入(万元)
2014年	104	5728	2.30	2172	6906
2015年	104	5368	2.55	2304	6665
2016年	103	5651	2.73	2443	7560
2017年	105	5689	2.67	2227	7782
2018年	105	5539	2.67	2128	9668

年末全省公有制艺术表演团体共组织政府采购公益演出1.64万场,比上年减少1.2%;观众1309.46万人次,减少6.09%。利用流动舞台车演出1.73万场,增加2.98%;观众1408万人次,减少5.41%。

年末全省共有艺术表演场馆106个,比上年增加6个,观众坐席数73283个,比上年减少19个。公有制艺术表演场馆93个,比上年减少1个,观众坐席数66565个,比上年减少4147个;全年共举行艺术演出0.268万场次,比上年减少26.17%,艺术演出观众人次169.78万人次,减少22.57%。

年末全省共有国有美术馆55个,比上年增加6个,从业人员374人,增加17人。全年共举办展览792次,比上年增长1.67%,参观人次349.44万人次,增长2.81%。

三、公共文化服务体系

2018年,山东省继续贯彻《公共文化服务保障法》,持续抓好各级公共文化设施特别是基层文化阵地建设,省市县乡村五级公共文化服务体系设施网络不断完善。全省县级两馆全面覆盖,30%以上的县级两馆和大部分市级两馆成为当地标志性建筑。全省文化馆上等级馆占比84.08%,公共图书馆上等级馆占比92.21%,总体数量居全国前列。印发《关于提升全省公共文化机构服务效能的意见》,将工作重心由设施建设向效能建设转变。

文化惠民服务群众实事全面落实。大力繁荣群众文艺,举办全省优秀新创群众文艺作品汇演,遴选出88件作品重点打造,为冲刺十二艺作准备。2017—2018年度全省冬春文化惠民季共开展活动7万余场次,惠及群众3000余万人。第十四届华东六省一市戏剧小品大赛取得圆满成功。

(一)公共图书馆

年末全省共有公共图书馆154个,其中少儿图书馆1个,均与上年持平。年末全省公共图书馆从业人员2843人,比上年末减少34人。其中具有高级职称的人员454人,占15.97%;具有中级职称的人员1084人,占38.13%。

年末全省公共图书馆实际使用房屋建筑面积116.999万平方米,比上年末增长5.64%;图书总藏量6212.902万册,增长12.16%,其中古籍140.528万册;电子图书3953.154万册,增长22.38%;阅览室座席数63532个,增长1.04%;计算机11844台,减少1.64%;供读者使用的电子阅览终端7947台,与上年基本

持平。

年末全省平均每万人公共图书馆建筑面积 116.45 平方米，比上年末增加 5.77 平方米；全省人均图书藏量 0.62 册，增加 0.07 册；全年全省人均购书费 1.03 元，比上年减少 0.17 元。

图2 2013年-2018年山东省公共图书馆人均资源情况

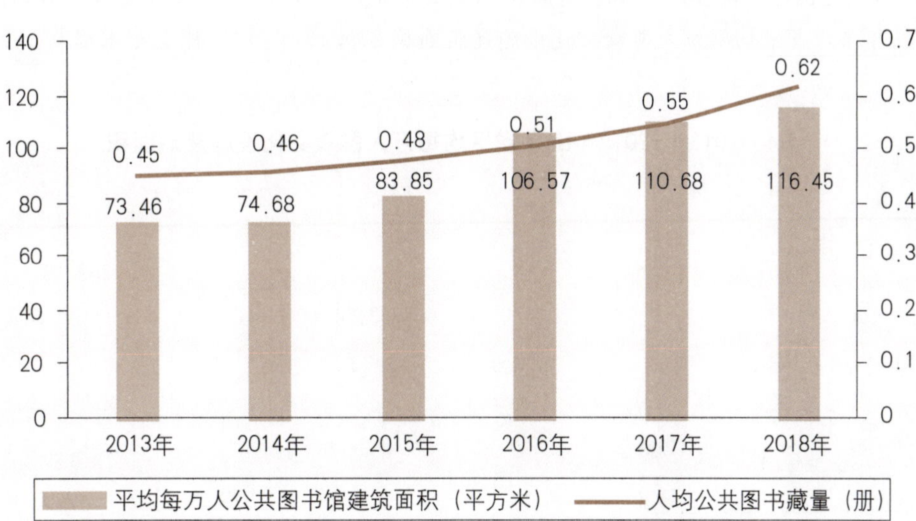

全年全省公共图书馆有效借书证 364.417 万个，比上年增长 13.3%；总流通人次 4577.863 万，增长 15.25%。书刊文献外借册次 3328.721 万，增长 9.81%；外借人次 1959.832 万，增长 11.51%。全年共为读者举办各种活动 13727 次，增长 26.96%；参加人次 387.316 万，增长 3.02%。

图3 2013年-2018年山东省公共图书馆总流通人次及书刊外借册次

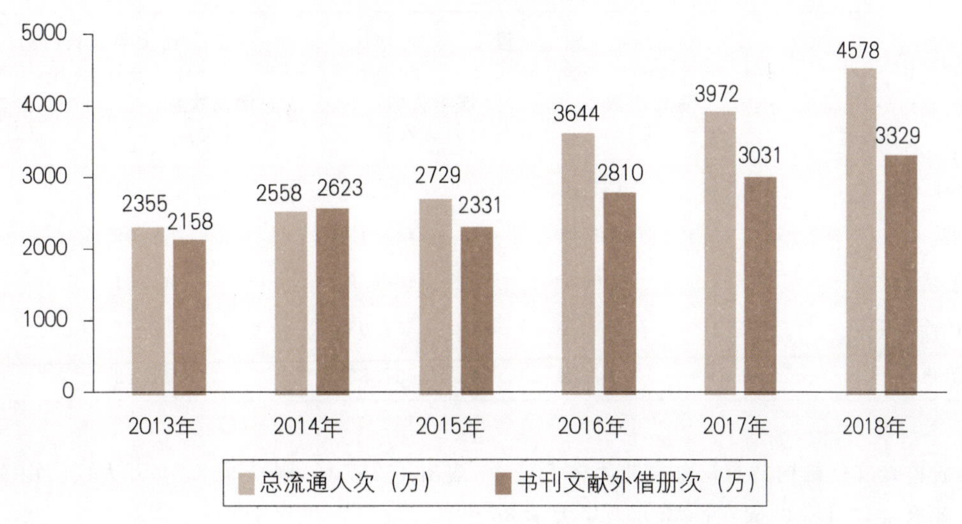

(二)群众文化机构

年末全省共有群众文化机构1976个,比上年末增加4个。其中乡镇综合文化站1212个,与上年持平。年末全省群众文化机构从业人员8279人,比上年末减少33人。其中具有高级职称的人员404人,占4.88%;具有中级职称的人员1134人,占13.7%。

年末全省群众文化机构实际使用房屋建筑面积270.445万平方米,比上年末增长1.61%;计算机26367台,增长4.34%;年末全省平均每万人群众文化设施建筑面积269.18平方米,比上年末提高3.22平方米。

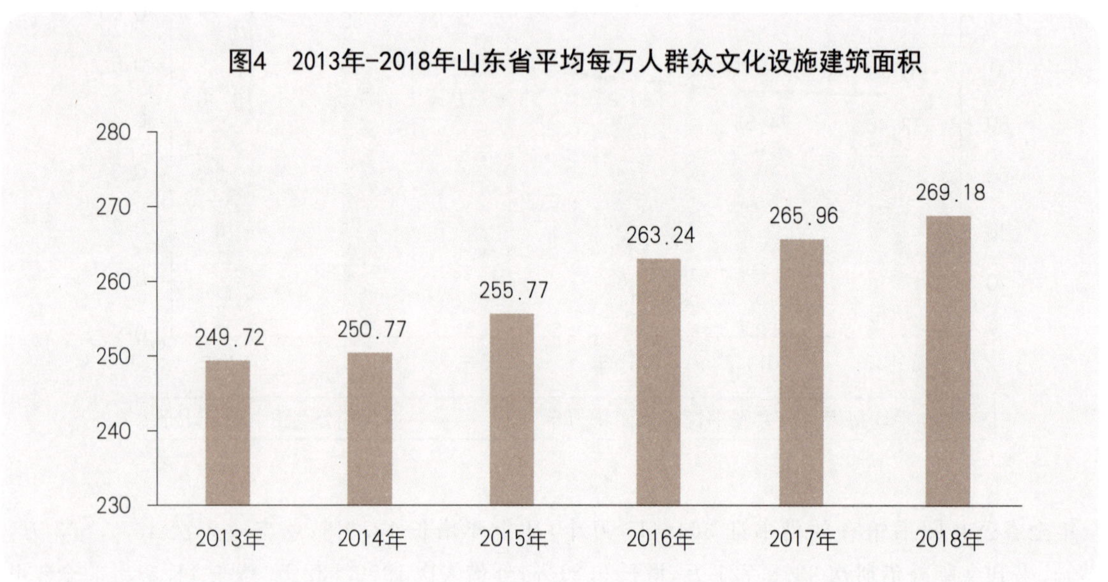

图4　2013年-2018年山东省平均每万人群众文化设施建筑面积

全年全省群众文化机构共组织开展各类文化活动181992场次,比上年增长21%;服务人次5320.345万,增长23.69%。

表2　2018年全省群众文化机构开展活动情况

	总量		比上年增长(%)	
	活动次数(次)	服务人数(万人次)	活动次数(次)	服务人次(万人次)
各项活动总计	181992	5320.345	21	23.69
其中:展览	11749	740.198	9.09	15.03
文艺活动	110089	4088.27	14.34	24.79
公益性讲座	2813	54.056	2.74	−11.72
训练班	57341	437.821	41.12	36.55

年末全省群众文化机构共有馆办文艺团体503个,演出16287场,观众950.83万人次。由文化馆(站)指导的群众业余文艺团体31617个,馆办老年大学56个。

四、文化市场

年末全省文化市场经营单位10841家，比上年末减少375家；从业人员47666人，减少3883人。全年全省文化市场经营单位营业总收入674997万元，营业利润－0.6万元。

分区域看，年末城市文化市场经营单位4606个，占文化市场经营单位总量的42.49%；县城4706个，占43.41%；县以下地区1529个，占14.1%。

表3　2018年按区域全省文化市场经营单位主要指标

		机构数（个）	从业人员数（人）	营业总收入（万元）	营业利润（万元）
总量	总计	10841	47666	674997	－0.6
	城市	4606	18077	480329	－56785
	县城	4706	25861	165272	46654
	县以下	1529	3728	29395	10130
比重（%）	总计	100	100	100	100
	城市	42.49	37.92	71.16	
	县城	43.41	54.25	24.48	
	县以下	14.1	7.82	4.35	

年末全省共有娱乐场所2094个，从业人员12844人，全年营业总收入85870万元，营业利润27784万元。

年末全省共有互联网上网服务营业场所6827个，从业人员15326人，全年营业总收入115108万元，营业利润44234万元。

年末全省共有民营艺术表演团体723个，从业人员12363人，全年共演出19.96万场，全年营业总收入56478万元，其中演出收入24162万元。

五、文化产业

2018年，作为十强产业牵头部门，山东省文化和旅游厅把推动文化产业发展作为工作重中之重，组建专班、建立智库、健全完善工作推进机制，构建起“6个1”（一个省级领导、一个牵头部门、一个研究中心（院）、一个产业协会、一个规划、一个基金）的工作推进体系。印发《山东省文化创意产业发展规划（2018－2022年）》，提出文化产业发展的总体目标、战略布局、重点项目和保障措施，明确了路线图、时间表、任务书。

把引导和扩大文化消费作为新旧动能转换有力抓手，成功举办第二届山东文化惠民消费季，六大板块支撑、线上线下联动、十七市协同推进，共策划开展各类文化消费活动1万余项、12余万场次，参与1.1亿人次，省市县三级发放使用消费券9259万元，直接拉动消费3.7亿元，企业销售让利7222万元，老百姓享受到了实实在在的文化实惠，实现了社会效益和经济效益的双赢。

前三季度，山东省规模以上文化产业单位数4683家，资产达8419.3亿元，同比增长11.5%；实现营业收入6523.2亿元，增长3.2%。青岛东方影都、尼山圣境等一批大项目落地推进。第十届“全国文化企业30强”评选中，山东出版集团、青岛出版集团、歌尔股份有限公司入选30强和提名企业。

大力实施文化精准扶贫，在临沂市召开全省文化助力脱贫推动乡村振兴现场会，制定《整合资源统筹做好全省文化扶贫的具体措施》《山东省文化扶贫领域作风问题专项治理实施方案》《山东省“非遗助力脱贫，推动乡村振兴”工程实施方案》，面向“4 个 2”重点贫困地区，加大文化扶贫工作力度。2018 年，全省 8654 个扶贫工作重点村（包括 7005 个省定贫困村、2000 个省扶贫工作重点村，去除 351 个重合的村）建成综合性文化活动室 8560 个，建成率 98.91%。繁荣发展乡村文化产业，实施乡村传统工艺振兴计划，全省拥有各类传统工艺类企业和经营业户 110 万个，从业人员 300 万人，还打造了潍坊杨家埠村、淄博涌泉村等一大批画家村、淘宝村、艺术村。印发《关于繁荣农村现实题材文艺创作的意见》，加强对农村现实题材艺术创作的规划引导。重点反映移风易俗、扶贫扶志、家教家风等内容，推出一批优秀群众文艺作品。梳理征集歌剧《马向阳下乡记》、两夹弦《退彩礼》等一批农村现实题材作品，积极开展展演活动。将定向购买省直文艺院团公益文艺演出服务活动与精准扶贫相结合，在政府购买山东演艺集团公益性文艺演出 400 场中，明确规定面向省定贫困村的演出场次不能少于 60%。

六、旅游产业

（一）旅游接待消费平稳增长

2018 年山东省以发展全域旅游为抓手，扎实推进旅游新旧动能转换工作，全年实现旅游消费总额 10461.2 亿元，同比增长 13.7%；接待境内外游客 8.65 亿人次，同比增长 9.6%。其中，接待外地游客 5.0 亿人次，同比增长 9.3%；接待过夜游客 3.6 亿人次，同比增长 8.7%。

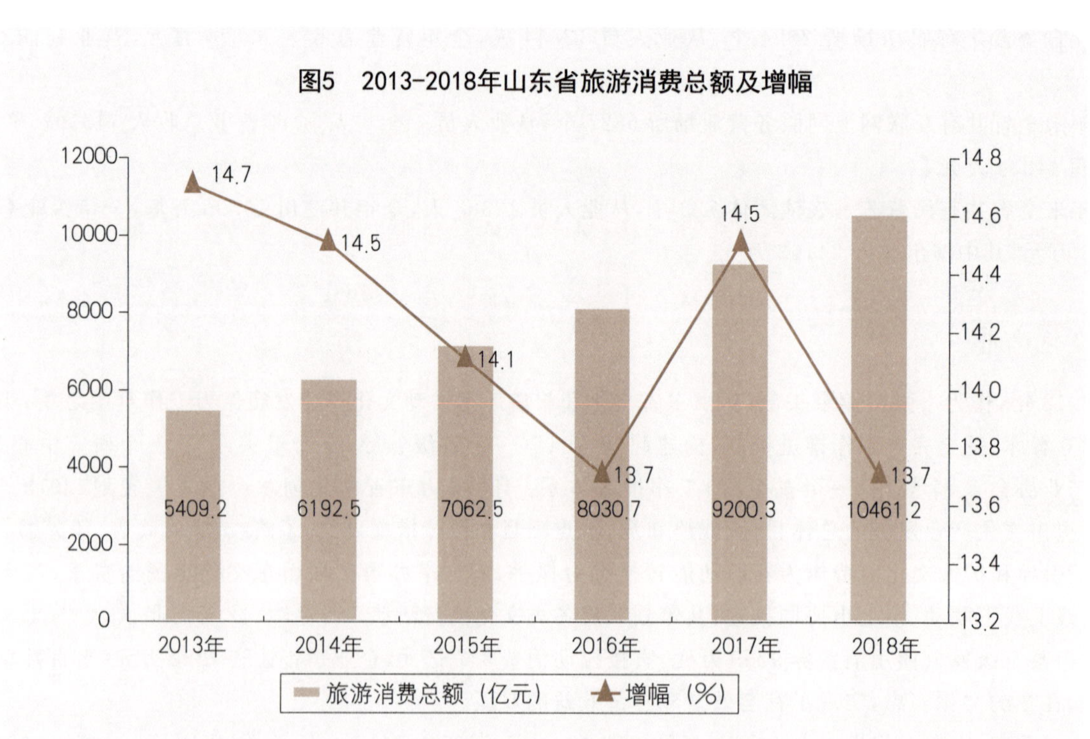

图5　2013-2018年山东省旅游消费总额及增幅

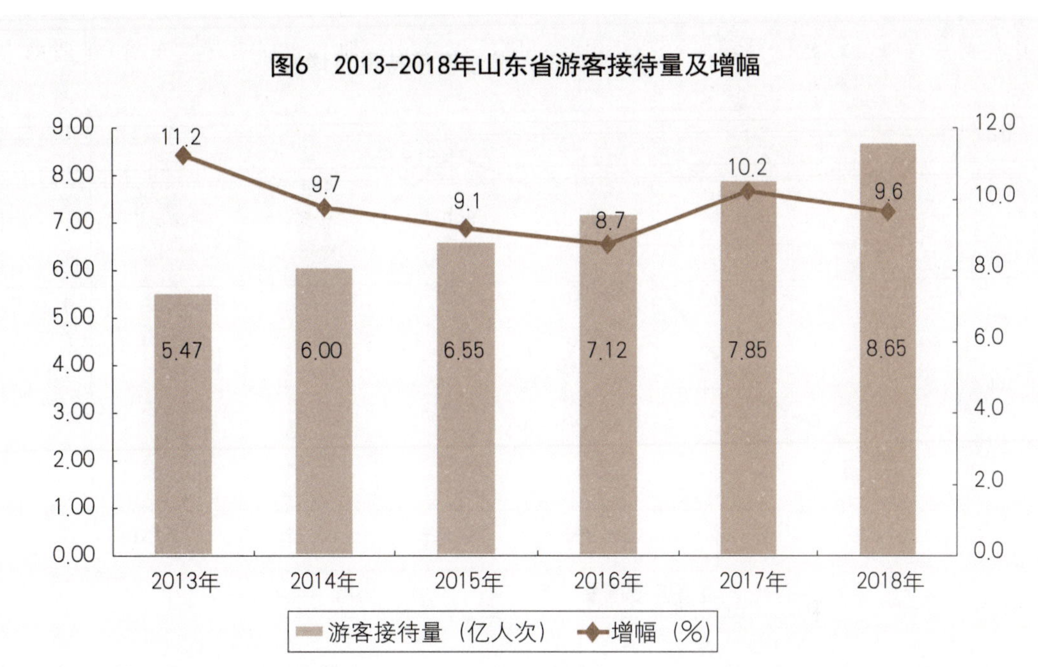

(二)三大旅游市场持续升温

1. 入境旅游市场

2018年，山东省入境游客消费总额33.6亿美元，同比增长6.0%；入境游客接待量513.1万人次，同比增长3.8%。其中，入境过夜游客接待量422.2万人次，同比下降4.2%；入境一日游游客接待量90.9万人次，同比增长69.3%。

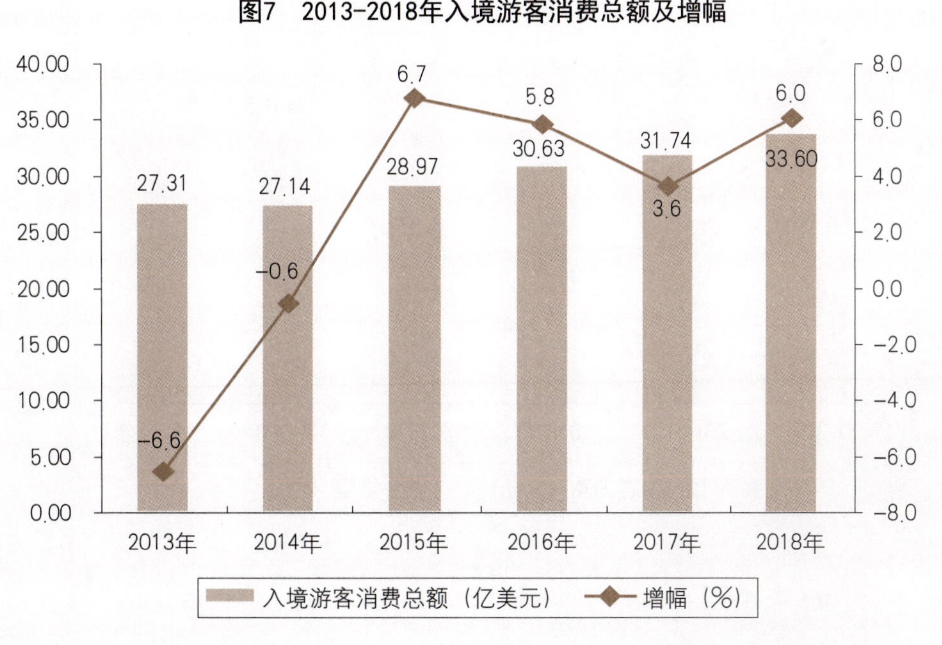

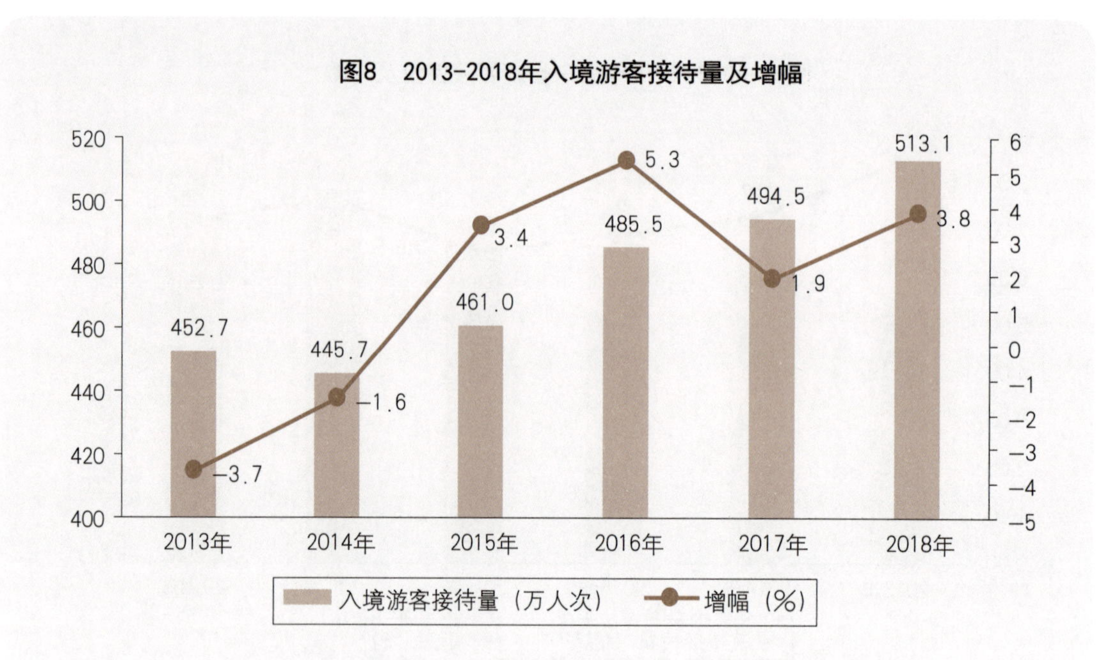

2. 国内旅游市场

2018年，山东省国内游客消费9661.5亿元，同比增长13.8%；国内游客接待量8.6亿人次，同比增长9.7%。其中，国内过夜游客接待量3.5亿人次，增长8.6%；一日游游客5.1亿人次，增长10.3%。

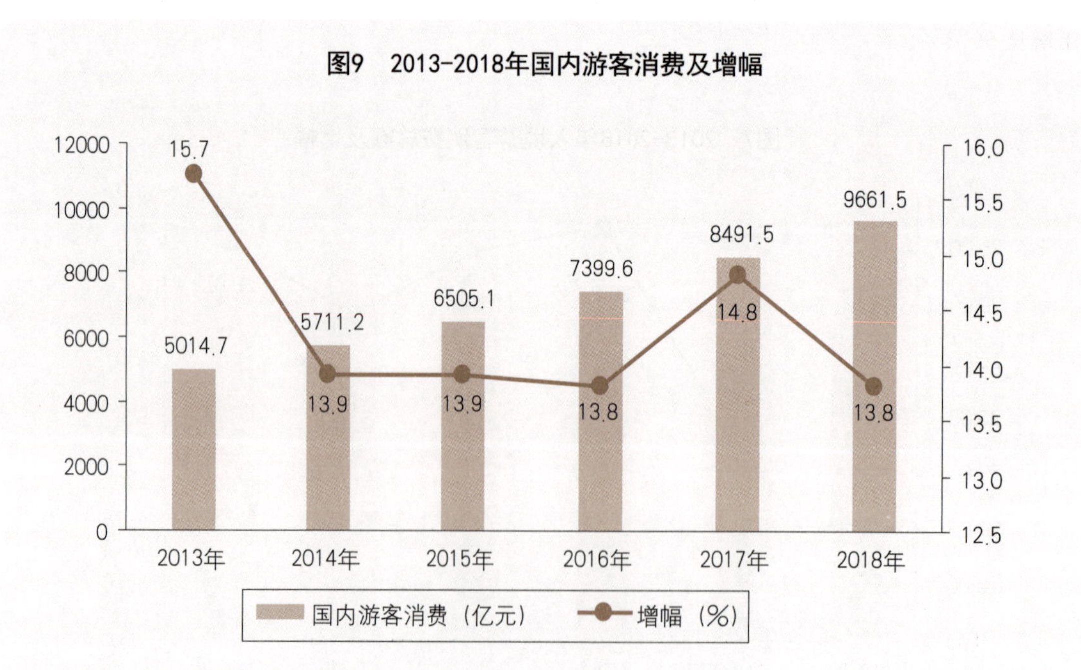

图10　2013-2018年国内游客接待量及增幅

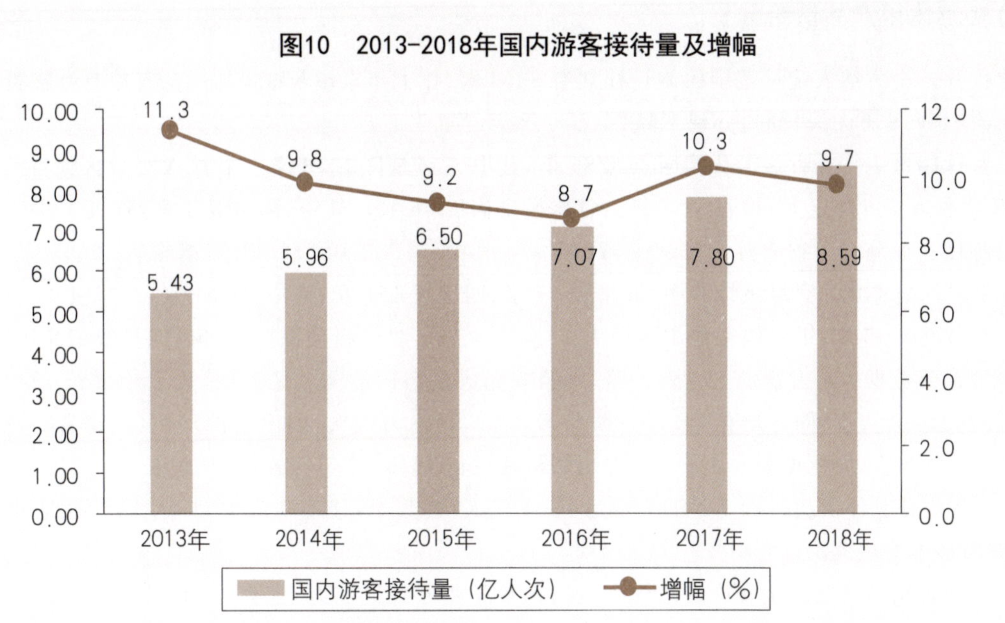

3. 省内居民出游

2018年，山东省城乡居民出游大幅增长，年人均出游4.2次，同比增长10.2%。其中，城镇居民年人均出游5.2次，增长9.7%；农村居民年人均出游3.0次，增长11.2%。出游前后总花费568.8亿元，同比增长15.1%。

2019年一季度，省内居民出游意愿为88.6%，其中城镇居民出游意愿为89.4%，农村居民出游意愿为84.2%。

图11　2015-2018年城乡居民出游前后总花费及增幅

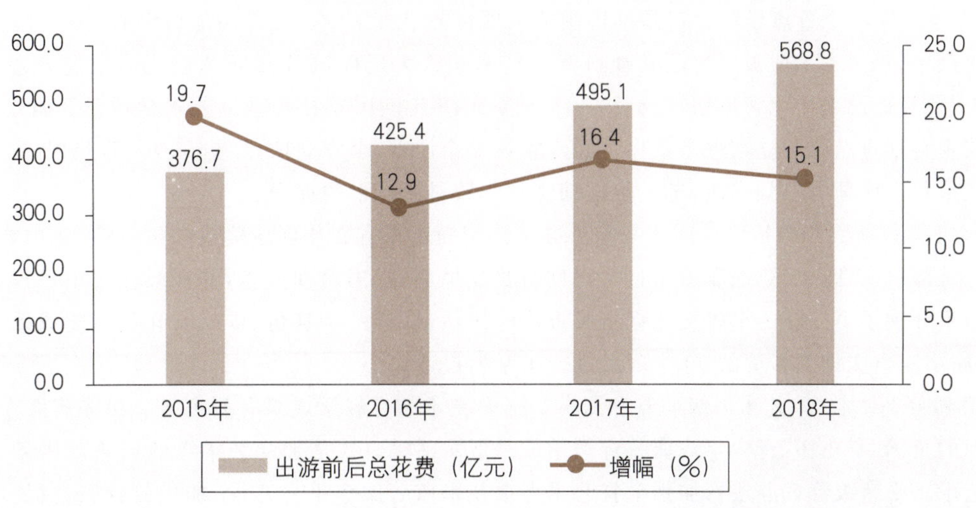

(三)旅游休闲产品供给分析

1. 旅行社。全省纳入统计范围的旅行社共有2303家,比上年末增长3.9%。全省旅行社接待入境游客98.4万人次、457.8万人天,同比分别下降21.5%、22.3%。

2. 旅游休闲区点。全省旅游休闲区点3785个,其中A级景区1276家。全省A级景区接待游客7.3亿人次,景区总收入566.4亿元,增长11.5%。省旅游度假区46家。其中,国家级4家,省级42家。

3. 旅游住宿设施。全省旅游住宿设施37856家。其中,星级饭店637家,宾馆旅店22585家,其他住宿设施14608家。全省637家星级饭店中,五星级34家、四星级151家、三星级391家、二星级61家。全省金星级文化主题饭店15家,银星级文化主题饭店10家。全省五星级精品民宿10家,四星级精品民宿45家。

4. 涉旅客流数据。全省民航、铁路、公路、水路共完成旅客运量7.3亿人次,比上年增长12.3%,其中,民航客运5763.4万人次,同比增长14.7%;铁路客运14552.5万人次,同比增长8.5%。全省高速公路通行车辆33255.9万车次,同比增长5.7%。全省纳管持证住宿14103.9万人次,同比增长33.5%。全年全国手机跨市漫入各市并且停留超过六小时的人数达26.1亿人次,其中,移动用户18.0亿人次、联通用户6.9亿人次、电信用户1.2亿人次。

5. 旅游教育培训情况。全省旅游院校93所,在校学生共计3.9万人,其中,开设旅游系(专业)的旅游普通高等学校55所,在校学生2.77万人;旅游中等职业学校38所,在校学生1.1万人。全省换发电子导游证总数达到37099个,其中,初级导游35474个,中级导游1478个,高级导游147个。旅游行业从业人员教育培训总量达到24462万人次(上半年),比上年增加1.92万人,增长12.35%。

七、文化科技

1. 加快文化与科技融合。一是发布实施《山东省文化科技发展规划》,助力文化领域新旧动能转换、乡村文化振兴和新兴业态成长壮大,创新文化产品供给,提升文化事业和文化产业科技水平,探索社会效益和经济效益双赢的文化科技融合发展新模式。二是评选文化科技重点实验室和文化艺术科学重点学科。制定出台《山东省文化科技重点实验室管理办法》《山东省文化艺术科学重点学科建设管理办法》。按照"优中选优、重点支持"的原则,评选山东大学"文化产业动能转换与生态系统实验室"等11个重点实验室、山师大"音乐与舞蹈学"等50个重点学科。三是推进国家级项目的申报工作。在文旅部组织的2018年度国家文化科技项目立项中,山东省1项被列为国家社科基金艺术学重大招标项目、1项入选国家文化创新工程、1项入选2018文化和旅游部文化智库项目、8个项目入选2018年度国家社科基金艺术学项目。四是完成2018年度全省艺术科学重点课题立项评审工作。经专家评委会评审,全省立项课题660项、青年课题立项50项,有效发挥艺术科学课题的引领作用,进一步推动文化领域科研水平的提升。

2. 开展文化创新奖典型推广应用。一是举办了第三届山东省文化创新奖成果报告会,集中展示获奖成果风采。二是编辑、出版了《第三届山东省文化创新奖成果集锦》书籍和光盘,并在媒体集中进行宣传报道。三是在潍坊市开展了第三届山东省文化创新奖推广应用活动,进一步宣传、推广文化创新奖成果。《中国文化报》对3届山东省文化创新奖的90个项目进行了系列报道。

3. 认真做好艺术教育、艺术考级监管和服务。一是艺术教育教学成果有新突破。山东省3个节目入选文旅部组织的全国"梨花杯"青少年戏曲教育教学成果展示活动。二是加强艺术考级监管与服务。出台《山东省社会艺术水平考级管理办法》,加强全省艺术考级技术监管服务平台建设,加快放管服进程,形成"政府监管、行业自律、社会监督、考生联动、技术支持"的良好局面,保障艺术考级健康有序发展。三是召开全省暑期艺术考级管理工作座谈会,布置暑期艺术考级监管工作。四是公布2018年度全省艺术考级动态管理名录。本年度新增3家考级机构,考级承办单位达450个。五是组织开展第八届全省青少年艺术考级舞蹈比赛，参赛青少年选手9000余人，为艺术新苗脱颖而出搭建平台。

4. 组织实施中华优秀传统文化故事会活动。依托全省1600所“蓓蕾艺术工作站”举办故事会大家演（讲）微视频展演、外国留学生中华传统故事讲述微视频比赛、校园故事展演等活动。其中，故事会大家演（讲）微视频征集评选活动，收到来自353所学校的1260多个作品，评选出146个获奖微视频。“外国留学生中华传统故事讲述微视频比赛”活动收到来自26个国家的外国留学生120余部微视频作品参赛，评选出12部获奖微视频。这些活动的开展进一步推动了传统文化普及教育，丰富了故事会传播模式。“‘中华优秀传统文化故事会进校园’系列活动”入选省委宣传部优秀传统文化传承发展工程重点项目。

5. 认真做好文化法规工作。一是推进《山东省公共文化服务保障条例》的立法调研，学习贯彻《中华人民共和国公共文化服务保障法》《中华人民共和国公共图书馆法》，抓好《山东省非物质文化遗产条例》等法规规章的贯彻实施和监督检查。二是做好规范性文件统一“登记”“公布”“备案”工作，对涉及我厅的政府规章、政策性文件、规范性文件进行集中清理，保障文化政策法规的有效性、权威性。三是进一步建立健全法律顾问制度、执法证年审、行政复议和行政应诉等工作。另外做好节庆管理、质量强省、科学素质数据统计等工作。

八、文化遗产保护

年末全省共有文物机构710个，比上年末增加32个。其中，文物保护管理机构110个，占15.49%，博物馆517个，占72.82%。年末全省文物机构从业人员12,139人，比上年末减少623人。其中高级职称831人，占6.85%，中级职称1,788人，占14.73%。

年末全省文物机构拥有文物藏品450.6万件，比上年末基本持平。其中，博物馆文物藏品356.96万件，占文物藏品总量的79.22%；文物商店文物藏品8.83万件，占1.96%。文物藏品中，一级文物1.22万件，占0.27%；二级文物1.56万件，占0.35%；三级文物10.59万件，占2.35%。

全年全省文物机构共举办基本陈列1,784个，临时展览1,012个，接待观众8,652万人次，比上年增长6.97%。其中未成年人2,442万人次，增长1.5%，占参观总人数的28.22%。博物馆接待观众7,232万人次，增长6.92%，占文物机构接待观众83.59%。

全省共有联合国教科文组织认定的“人类非遗代表作名录”项目8个，国家级代表性项目名录173项，省级代表性项目名录751项，市级代表性项目名录3490项，县级代表性项目名录10544项；国家级代表性传承人94名，省级代表性传承人447名，市级代表性传承人2312名，县级代表性传承人6717名。全省共有各类非遗博物馆、非遗传习所1200个。实施文化生态整体性保护，全省有潍水文化生态保护实验区1个国家级文化生态保护实验区，有曹州文化生态保护实验区等10个省级文化生态保护实验区。

全省共有各类传统工艺类企业和经营业户110万个，从业人员350万人。探索“互联网＋非遗”“互联网＋传统工艺”模式，依托传统工艺类项目，开发各种非遗衍生品1760个。全省共有5661个非遗活跃电商，打造创新型手工艺企业1996家。

年末全省共有非物质文化遗产保护机构152个，从业人员717人。全年全省非物质文化遗产保护机构共举办展览2,013次，比上年增长11.46%，接待观众310.49万人次，比上年增加38.41%；举办演出6,761场，比上年增长24.88%，观众587.78万人次，比上年增加36.81%；举办民俗活动2,097次，比上年增长51.08%，观众303.08万人次，比上年增加56.19%；举办培训班2,287次，比上年增长19.05%，培训人数16.23万人次，比上年增加14.49%。

九、对外和对港澳台文化交流

圆满完成青岛上合组织峰会、尼山世界文明论坛、2018儒商大会服务保障工作，展现了顾大局、能吃苦、勇拼搏的精神风貌。精心组织"孔府乐舞"文艺演出和非遗展演活动，浓缩孔子、粮画、木版年画、面人等诸多山东文化元素，高质量完成外交部山东全球推介活动。扎实开展2018年海外"欢乐春节"活动，共派出11批148人次，赴泰国、瑞典、新西兰、古巴、安提瓜和巴布达、老挝等13个国家和地区18个城市参加"欢乐春节"系列活动，取得圆满成功。

加强文化机构合作，建立稳固的联系渠道。与美国孔子文化交流中心签署《合作备忘录》，建立合作伙伴关系，在美国共同开展孔子文化节。在圆满完成三年友好合作的基础上，新拟定2019—2022与澳大利亚南澳州友好合作行动计划，进一步提升山东省与南澳州政府间文化合作水平。青岛市京剧院与菲方的合作项目列入《中华人民共和国政府与菲律宾共和国政府文化合作协定2019年至2023年执行计划》。山东省话剧院携手阿尔巴尼亚知名导演合作排演古希腊悲剧《埃勒克特拉》。山东省艺术研究院与韩国戏剧导演家协会共同排演话剧《我的桃花源》，赴韩国参加"2018@三个世界戏剧节"演出；与捷克著名编舞家耶里和音乐人马丁共同编排原创舞剧《易·文》，并赴比利时参加第四届中国—欧盟文化艺术节。山东博物馆与韩国首尔汉城百济博物馆合作举办《丝路东延：中韩文化的互动》展览。山东博物馆《清人临书展》暨韩国国立韩古尔博物馆《梦想名笔》朝鲜时期书法作品展同时在韩古尔博物馆举办，展示两国书写文化的血缘关系。

十、文化资金投入

（一）文化事业费

2018年山东省文化事业费42.31亿元，比上年增加3.49亿元，增长8.99%。分地区看，有14个市文化事业费投入过亿元，分别是青岛(5.64亿)、济南(4.13亿)、济宁(3.50亿)、烟台(3亿)、潍坊(2.68亿)、临沂(2.33)、淄博(2.33亿)、威海(1.87亿)、东营(1.65亿)、德州(1.63亿)、聊城(1.61亿)、菏泽(1.61亿)、滨州(1.55亿)、泰安(1.52亿)。威海、临沂、济南、东营、德州、滨州、淄博等10市增长幅度超过全省平均水平。

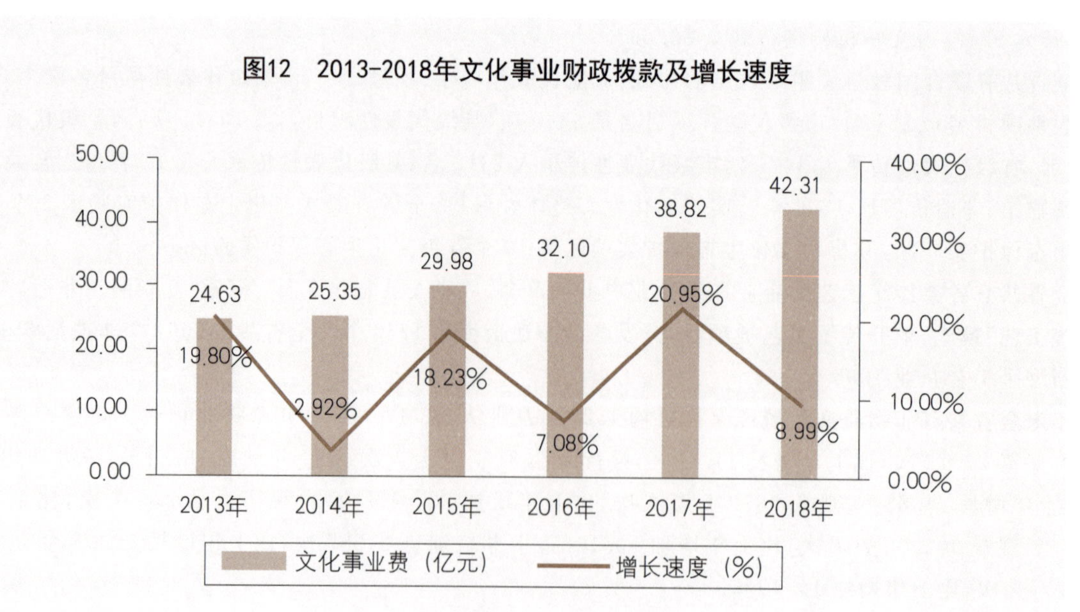

文化事业费占财政总支出的比重为0.42%，比重与上年持平。

(二)文物事业费

2018 年山东省文物事业费 15.25 亿元，比上年增加 1.59 亿元，增长 11.64%；文物事业费占财政总支出的比重为 0.15%。分地区看，有 12 个市的文物事业费投入比上年有所增加，分别是济南(14.02%)、青岛(21.49%)、东营(148.18%)、烟台(17.74%)、潍坊(37.96%)、济宁(14.25%)、威海(30.11%)、莱芜94.58%)、临沂(75.21%)、德州(155.42%)、滨州(10.04%)、菏泽(33.35%)。

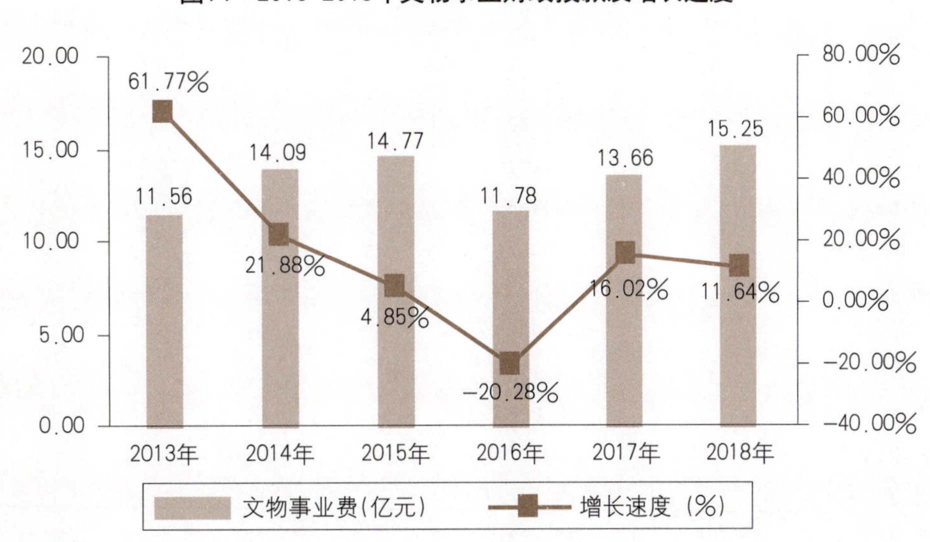

(三)人均文化事业费

2018 年全省人均文化事业费 42.11 元，比上年增加 3.31 元，增长 8.53%。山东省 2018 年文化事业费总量居全国第 6 位，人均文化事业费列全国第 26 位，比全国平均水平(66.53 元)低 24.42 元。

有 7 个市超过平均水平，最高的东营市 75.9 元，最低的菏泽 16.3 元，相差 59.6 元。从文化事业费占地

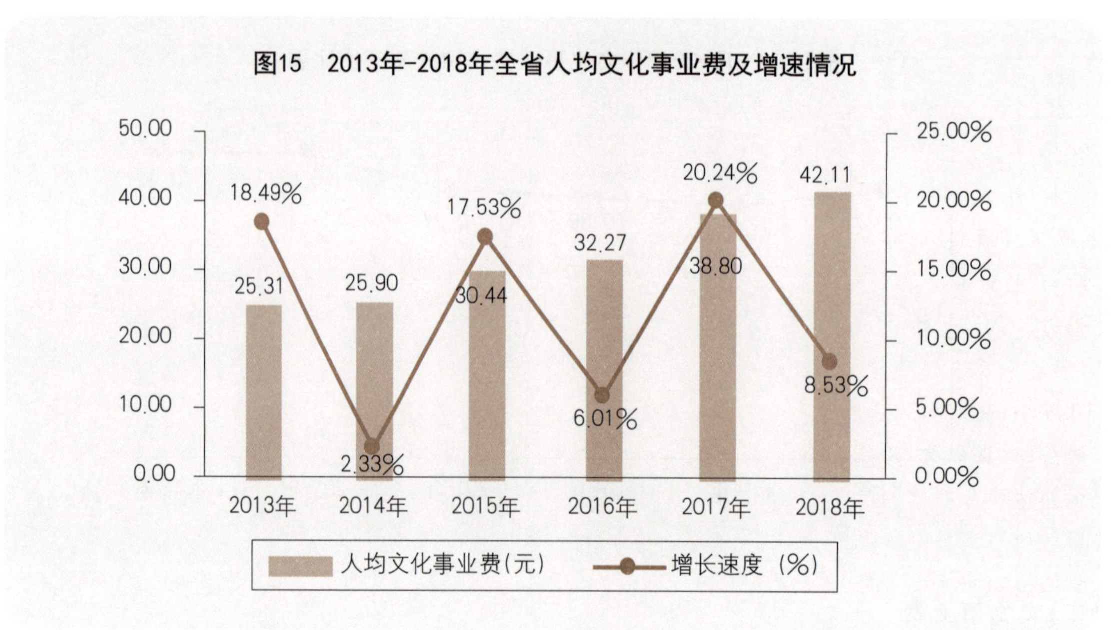

方财政支出的比重来看，有 5 个市超过全省平均水平，最高的济宁市 0.56%，最低的枣庄市 0.25%。

表 4　2018 年全省各市文化事业费占财政支出与人均文化事业费情况表

地　区	文化事业财政拨款（万元）	文化事业财政拨款占地方财政支出的比重（%）	人均文化事业费（元）
全　省	423,072	0.42%	42.11
济南市	41,286	0.41%	55.34
青岛市	56,392	0.36%	60.02
淄博市	23,283	0.49%	49.52
枣庄市	6,401	0.25%	16.30
东营市	16,486	0.54%	75.90
烟台市	30,057	0.40%	42.20
潍坊市	26,775	0.37%	28.57
济宁市	34,975	0.56%	41.91
泰安市	15,178	0.40%	26.91
威海市	18,692	0.51%	66.05
日照市	7,071	0.27%	23.06
莱芜市	3,722	0.41%	29.95
临沂市	23,343	0.37%	21.97
德州市	16,315	0.39%	28.08
聊城市	16,061	0.39%	23.87
滨州市	15,492	0.45%	39.50
菏泽市	16,058	0.29%	18.32

（山东省文化和旅游厅）

山东:大力实施文化精准扶贫和乡村旅游

2018年,山东省文旅战线坚持以习近平新时代中国特色社会主义思想为指导,深入学习贯彻党的十九大精神,认真践行习近平总书记视察山东重要讲话和对山东工作重要指示批示精神,奋发有为,扎实苦干,各项工作顺利推进,保持了良好发展态势。

面向“4个2”重点贫困地区,加大文化扶贫工作力度。全省8654个扶贫工作重点村(包括7005个省定贫困村、2000个省扶贫工作重点村,去除351个重合的村)建成综合性文化活动室8560个,建成率98.91%。繁荣发展乡村文化产业,实施乡村传统工艺振兴计划,全省拥有各类传统工艺类企业和经营业户110万个,从业人员300万人。加强对农村现实题材艺术创作的规划引导,梳理征集歌剧《马向阳下乡记》、两夹弦《退彩礼》等一批农村现实题材作品,积极开展展演活动。将定向购买省直文艺院团公益文艺演出服务活动与精准扶贫相结合,在政府购买山东演艺集团公益性文艺演出400场中,明确规定面向省定贫困村的演出场次不能少于60%。

积极推动乡村旅游规模化精品化发展,济南齐鲁八号风情路、淄博池上镇、蓬莱丘山山谷等30多个乡村旅游集群片区,安丘齐鲁酒地健康小镇、夏津德百小镇等20多个精品小镇建设顺利推进。从省乡村旅游发展专项资金中列支1600万元用于旅游精准扶贫。对400个旅游扶贫村重新进行分类,建立问题台账,为精准施策、分类指导奠定基础。组织100名旅游扶贫村带头人开展乡村旅游电商培训。组织320名乡村旅游带头人赴境外精准交流。对400个旅游扶贫村1000多名乡村旅游带头人分4个地市进行集中培训。截至目前,全省400个旅游扶贫村通过各类资金扶持、旅游业态打造,聚焦贫困人口收益的村庄达到360个,间接带动26万人增收。全省规模化开展乡村旅游的村庄已达3500多个,乡村旅游经营业户8.4万户,吸纳安置就业52万人。2018年,全省乡村旅游接待游客5.03亿人次,实现乡村旅游消费2955亿元。

河南省 2018 年文化和旅游发展情况分析

2018 年，全省文化和旅游系统大力推动文化事业、文化产业和旅游产业融合发展，全省艺术创作演出成果丰硕，基本公共文化服务体系建设有力推进，文物保护利用成效显著，非物质文化遗产保护传承水平明显提升，全域旅游发展态势良好。坚持抓重点、攻难点、补短板，推动文化旅游建设取得积极进展和成效。

一、机构和人员

2018 年末，纳入统计范围的全省各类文化和旅游单位 19716 个，从业人员 132552 人。其中，各级文化和旅游部门所属单位 3954 个，增加 1 个；从业人员 43894 人，减少 341 人。

表 1　2014 年—2018 年全省文化和旅游单位及人员情况

	机构数(个)	增减%	从业人数(人)	增减%
2014 年	15200		111480	
2015 年	16012	5.3	119018	6.8
2016 年	15443	−3.5	114892	−3.5
2017 年	19679	27.4	141975	23.6
2018 年	19716	0.2	132552	−6.6

注：2018 年机构和从业人员暂未包括星级饭店和旅行社数据。

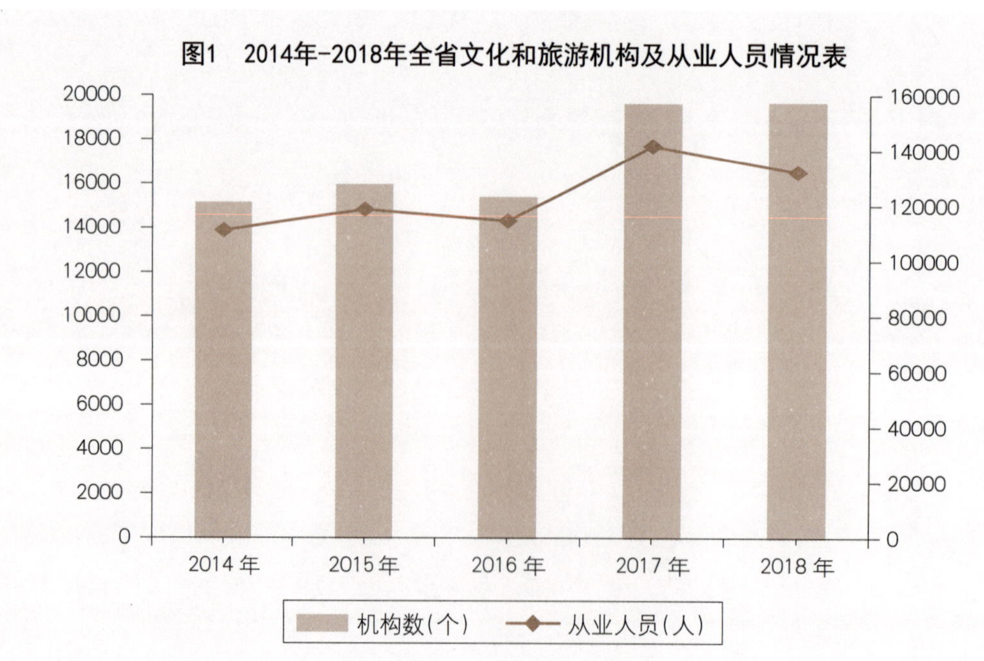

二、艺术创作演出

2018年，坚持以人民为中心的创作导向，以现实题材为重点，创作了《信仰》《精忠报国》等新剧目，提升了《焦裕禄》《老街》等老剧目。《重渡沟》入选2018年度国家舞台艺术精品创作扶持工程。歌剧《蔡文姬》成功入选文化和旅游部"中国民族歌剧传承发展工程"重点扶持剧目。曲剧《大山的儿子》入选全国基层院团地方戏曲会演剧目。以豫剧为代表的戏曲文化已成为我省的金字招牌。圆满完成外交部河南全球推介活动文艺演出、黄帝故里拜祖大典"老家河南"文化周优秀舞台艺术展演。成功举办庆祝改革开放四十周年河南省优秀现实题材剧(节)目展演月、出彩河南——庆祝改革开放40周年中国豫剧优秀剧目北京展演月等系列活动。全省入选国家艺术基金资助项目共28个，共获资助金额2195万元，累计获得资助超亿元。扎实推进"河南省艺术名家推介工程""河南省青年艺术人才扶持计划"，对11位艺术家和优秀青年艺术人才进行了重点推介和扶持。

年末全省共有艺术表演团体2017个，比上年末增加346个，从业人员48338人，减少962人。其中各级文化和旅游部门所属的艺术表演团体174个，占8.6%，从业人员8728人，占18%。

表2　2014年—2018年全省艺术表演团体基本情况

年　份	机构数(个)	从业人员(人)	演出场次(万场)	国内演出观众人次(万人次)	总收入(万元)	#演出收入
2014年	598	20053	20.64	11110.2	100473	49629
2015年	824	26668	35.62	19415.7	119752	60984
2016年	1006	29462	46.25	11994.3	115970	48606
2017年	1671	49300	64.68	15048	141277	65493
2018年	2017	48338	39.23	15348.6	174045	100336

图2　2014-2018年全省艺术表演团体机构与人员情况表

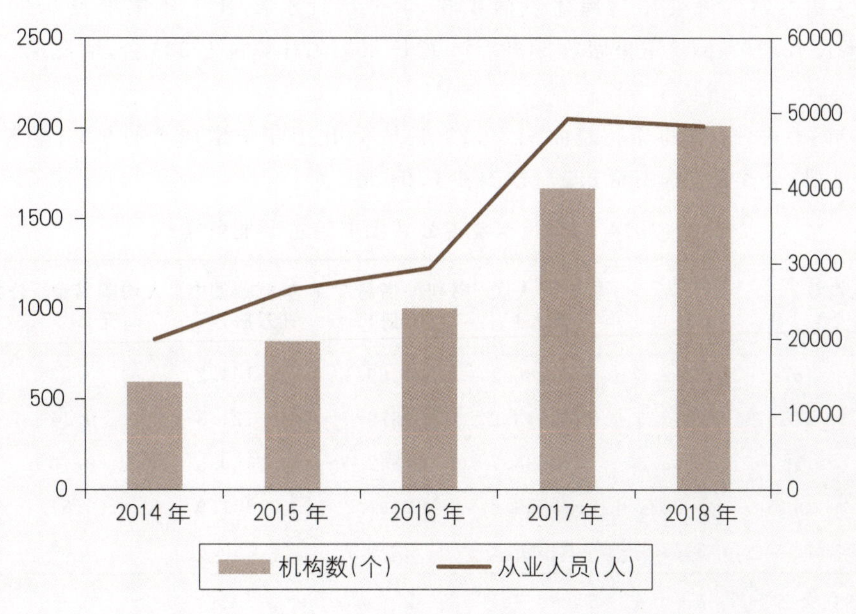

全年全省艺术表演团体共演出 39.23 万场，比上年减少 39.3%，其中赴农村演出 28.89 万场，赴农村演出场次占总演出场次的 73.6%；国内观众 15348.6 万人次，比上年增长 2%，其中农村观众 11939.7 万人次；总收入 17.4 亿元，比上年增长 23%，其中演出收入 10 亿元，增长 52.7%。

全年全省文化和旅游部门所属艺术表演团体共组织政府采购公益演出 2.348 万场，观众 2500.87 万人次，分别比上年增长 9%和 5.8%。利用流动舞台车演出 3.045 万场次，观众 2977.21 万人次，分别比上年减少 2.3%和 8%。

年末全省共有艺术表演场馆 155 个，比上年末减少 2 个。观众坐席数 8777 个，比上年减少 2.9%。全年共举行艺术演出 1.562 万场次，增长 151%；艺术演出观众人次 0.376 万人次，降低 2%；艺术演出收入 1514.3 万元，降低 57.5%。其中各级文化和旅游部门所属艺术表演场馆 136 个，比上年减少 1 个。全年共举行艺术演出 0.218 万场次，增长 9%；艺术演出观众人次 209.778 万人次，降低 22%。

年末全省美术馆 7 个，比上年末增加 1 个，从业人员 104 人，增加 5 人。全年共举办展览 111 次，比上年增长 23.3%，参观人次 55.1 万人次，比上年增长 11.7%。

三、公共文化服务体系

截至 10 月底，全省建成村级综合性文化服务中心 41304 个，建成率 85.31%，提前超额完成年度建成率达 80%的建设任务。加强督导检查，组织开展全省基层公共文化设施建设及服务效能情况全面排查。发挥郑州、洛阳、济源市公共文化服务体系示范区的示范带动作用，在配备基层文化管理员、协调推进公共数字文化建设等方面积极探索，洛阳建设“城市书房”广受好评。以“宣传十九大、文化进万家”为主题，开展“春满中原”“乡村音乐厅”系列活动 5480 场。组织实施“舞台艺术送农民”“中原文化大舞台”“戏曲进校园”等系列文化惠民活动 1.5 万余场。中宣部、文化和旅游部在我省召开“戏曲进乡村”现场会，总结推广我省“送惠民戏曲，播文化种子，送种结合、育融并举”的经验做法。

（一）公共图书馆

年末全省共有公共图书馆 160 个，比上年末增加 2 个。年末全省公共图书馆从业人员 2914 人，比上年末增加 3 人。其中具有高级职称的人员 198 人，占 6.8%；具有中级职称的人员 700 人，占 24%。

年末全省公共图书馆实际使用房屋建筑面积 67.456 万平方米，比上年末增长 9.9%；图书总藏量 3168.702 万册，增长 10.3%；阅览室坐席数 54392 个，增长 8.5%；计算机 10339 台，增长 6%；其中供读者使用的电子阅览终端 7021 台，增长 6.7%。

年末全省平均每万人公共图书馆建筑面积 70.23 平方米，比上年末增加 6 平方米；全省人均图书藏量 0.33 册，增加 0.03 册；全省人均购书费 0.57 元，减少 0.04 元。

表 3　2014—2018 年全省公共图书馆主要业务指标

年　份	机构数（个）	总藏量（万册）	总流通人次（万人）	书刊外借册次（万册）	本年新购图书（万册）	人均购书费（元）	公共用房建筑面积（万平方米）
2014	157	2312.3	1968.1	1569.1	104.2	0.23	54.6
2015	158	2472.3	2233.2	1676.0	124.3	0.44	54.9
2016	158	2645.8	2538.7	1862.4	160.2	0.46	61.1
2017	158	2874	2950.8	2097.2	201.9	0.61	61.4
2018	160	3168.7	3360.1	2270.7	250.6	0.57	67.46

注：总藏量中不包含电子图书。

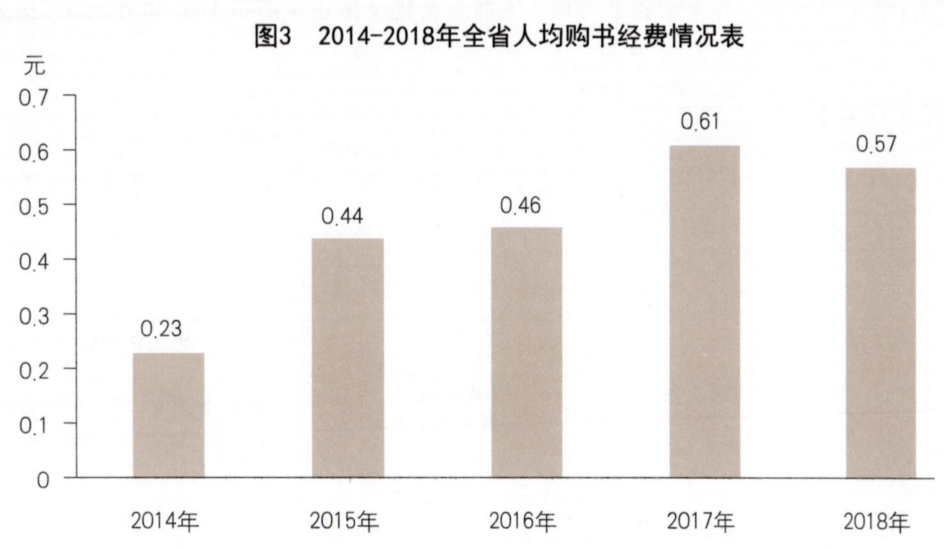

图3 2014-2018年全省人均购书经费情况表

图4 2014-2018年全省总流通人次及书刊外借册次表

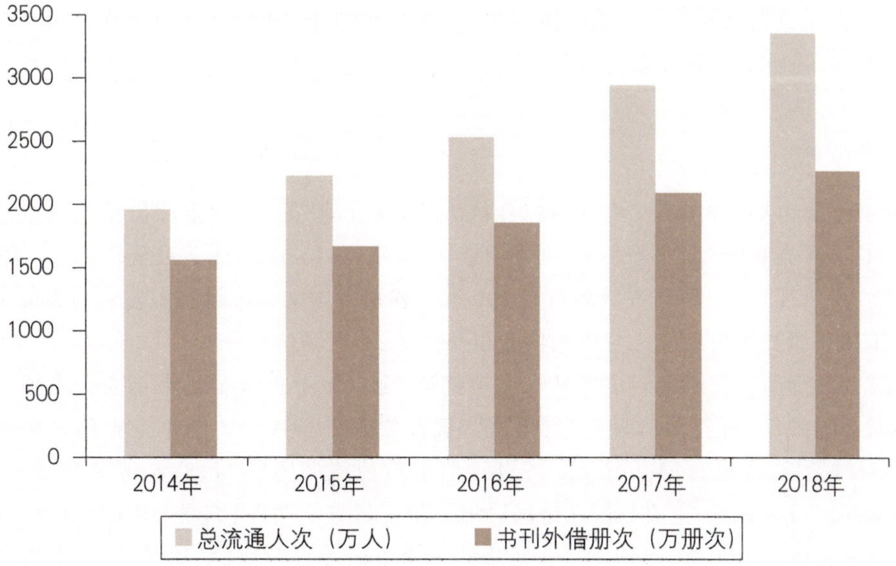

3500
3000
2500
2000
1500
1000
500
0
2014年 2015年 2016年 2017年 2018年
总流通人次（万人） 书刊外借册次（万册次）

全年全省公共图书馆发放借书证143.6万个，比上年增长22%；总流通人次2950.86万，增长16.2%。书刊文献外借册次2270.7万，增长7.6%；外借人次1400.3万，增长14%。全年共为读者举办各种活动7806次，增长23.9%；参加人次253万，增长34.8%。

(二)群众文化机构

年末全省共有群众文化机构2616个，比上年末增加13个。其中乡镇综合文化站1903个，比上年末减少1个。年末全省群众文化机构从业人员10933人，比上年末减少80人。其中具有高级职称的人员171人，占1.6%；具有中级职称的人员767人，占7%。

年末全省群众文化机构实际使用房屋建筑面积157.1万平方米，比上年末增长8.5%；业务用房面积116.1万平方米，增长11.7%。年末全省平均每万人群众文化设施建筑面积163.56平方米，比上年末提高12.04平方米。

(三)公共文化服务

全年群众文化机构共组织开展各类文化活动96643场次，比上年增长0.22%；服务人次3471.6万，增长15%。

表4 2018年全省群众文化机构开展活动情况

	总量		比上年增长(%)	
	活动次数(次)	服务人数(万人次)	活动次数	服务人次
各项活动总计	96643	3471.6	0.22	15
其中：展览	9950	600.17	1.6	−2.2
文艺活动	60063	2672.7	5.9	22.7
公益性讲座	1609	22.4	−9.5	28
训练班	25021	176.4	−11.1	9.6

年末全省群众文化机构共有馆办文艺团体556个，演出8501场，观众425万人次。由文化馆(站)指导的群众业余文艺团体27056个，馆办老年大学42个。

四、文化和旅游市场管理

组织开展全省文化市场大检查、文化市场综合执法“闪电行动”等，全省累计出动文化市场综合执法人员63万余人次，检查各类场所22.9万家次，立案调查4239家，办结5450件。对全省8000多家上网服务营业场所进行了信用等级评定，共评出A级场所近500家。建成全国文化市场技术监管与服务平台河南分中心，实现与相关部门之间文化市场准入与执法信息相互推送、非现场监管。

组织开展了“利剑行动”、暑期旅游市场秩序专项整治、全省旅游包车客运市场安全专项检查和安全大排查。加强“诉转案”，推动“行转刑”，曝光“红黑榜”，规范旅游市场秩序。全年全省共立案处理旅游投诉680件，为游客直接挽回经济损失51万余元。全年全省新改建旅游厕所1713座，超额完成年度1629座目标任务，超额完成年度目标任务，完成数量在全国居第5位。与省文明办、妇联、环保厅合作，在全省倡导绿色旅游、健康旅游和文明旅游。组织开展了“文明旅游·为中国加分”百城联动活动，抓实暑期出境文明旅游工作，推动旅行社和导游领队关于文明旅游“一岗双责”工作落实。积极落实“放管服”改革，推进旅游企业等相关政务服务“一网通办”，提升旅游系统服务旅游企业、服务旅游发展的素质。开办“河南旅游大讲堂”，联合省公务员局赴台举办基层公务员乡村旅游管理培训班。国家立，先后主办、承办了文化和旅游部6个专题培训班，累计文化旅游人才培训基地经文化和旅游部批复正式在我省设培训750余人次。

年末全省文化市场经营单位15629万家，比上年末增加36家；从业人员87092人，减少9229人。其中全省共有娱乐场所2230个，从业人员15458人，全年营业收入9.9亿元，营业利润3.1亿元；互联网上网服务营业场所10483个，从业人员24867人，全年营业收入15.75亿元，营业利润5.2亿元。

五、旅游资源利用

全域旅游发展态势良好。坚持“抓县推市、县上突破”的工作思路，全省布局郑州、焦作、济源3个市和修武、林州等23个县作为全域旅游示范区创建单位，重点推动新县、栾川等8个县，从规划设计、项目招商、设施配套、典型带动等方面入手，中下共同发力、点线面一体推动。争取到文化和旅游部全域旅游示范区创建项目补助资金2400万元。围绕全域旅游发展，紧盯大项目、好项目、新项目，积极谋划、全力推进。先后组织4批融策划设计、管理运营、投资为一体的综合团队走进伏牛山、太行山、大别山，现场考察资源、对接项目，吸引了裸心季、张艺谋《印象太极》、少林功夫小镇等一批项目落户河南。在郑州市大都市时尚休闲旅游圈布局了36个项目，总投资达1114亿元。云台山为打破门票经济，谋划云上的院子、夜游云溪等总投资120亿元的“云系列”转型项目。由嵩山少林寺武术馆与腾讯联合打造的全息互动功夫光影秀使传统文化焕发新的风采。全省118个自驾车露营地建设有序推进，将形成网络化布局。许昌市神垕古镇等19家景区成功创建国家4A级旅游景区。全省在建旅游项目共544个，完成投资806.68亿元，同比增长28.28%。全年招商签约项目共124个，签约总金额3200亿元，到位资金165亿元。新县发展全域旅游、推动乡村振兴的实践经验，先后被新华社、中央电视台《焦点访谈》等中央媒体整体推出，新县实践成为继焦作现象、栾川模式、西峡经验之后，具有全国影响力的又一旅游发展经验。

2018年全省接待海内外游客达7.86亿人次，比上年同期增长18.15%，旅游总收入达8120.21亿元，比上年同期增长20.28%，其中：接待国内游客7.83亿人次，比上年增长18.21%，国内旅游收入8051.81亿元，比上年同期增长20.45%；接待入境游客321.73万人次，比上年同期增长4.69%，入境游客创汇10.34亿美元，比上年同期增长5.01%。

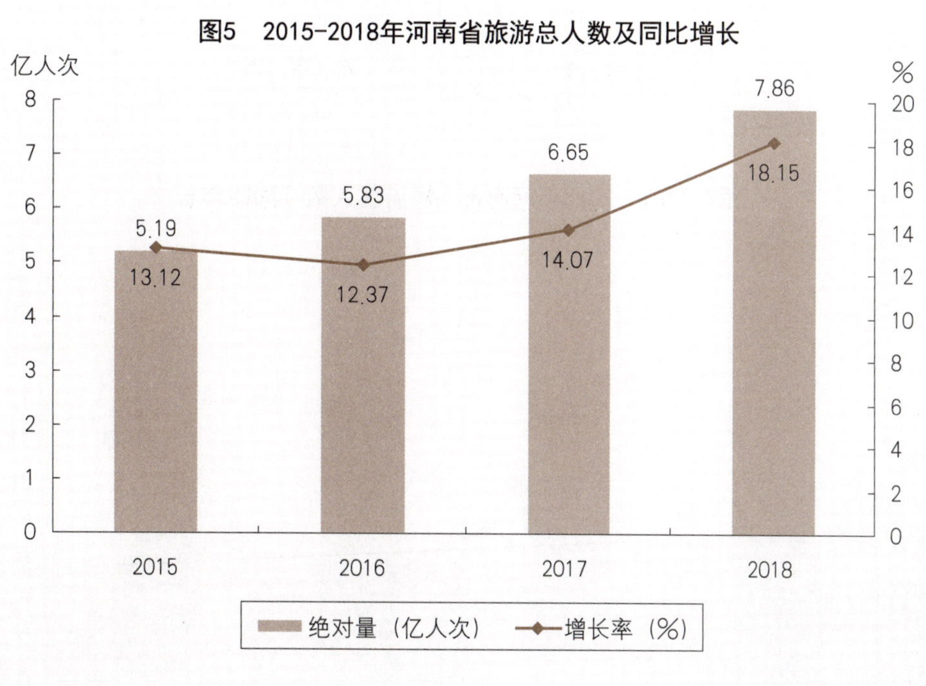

表 5　2014 年—2018 年旅游业主要发展指标

年　份	旅游总人数		旅游总收入		入境游客		入境旅游收入		国内游客		国内旅游收入	
	绝对量（亿人次）	增长率（%）	绝对量（亿元）	增长率（%）	绝对量（万人次）	增长率（%）	绝对量（亿美元）	增长率（%）	绝对量（亿人次）	增长率（%）	绝对量（亿元）	增长率（%）
2015	5.19	13.12	5035.29	15.32	268.29	18.08	8.49	17.12	5.16	13.10	4982.84	15.30
2016	5.83	12.37	5764.00	14.47	293.95	9.56	8.95	5.41	5.80	12.38	5703.20	14.46
2017	6.65	14.07	6751.01	17.12	307.32	4.55	9.82	9.65	6.62	14.12	6684.72	17.21
2018	7.86	18.15	8120.21	20.28	321.73	4.69	10.34	5.01	7.83	18.21	8051.81	20.45

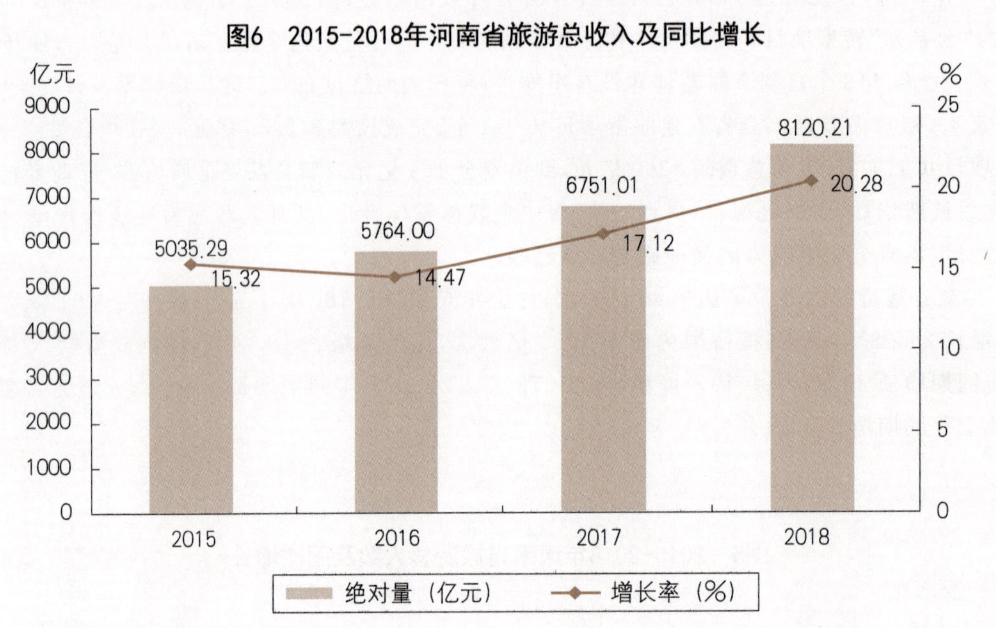

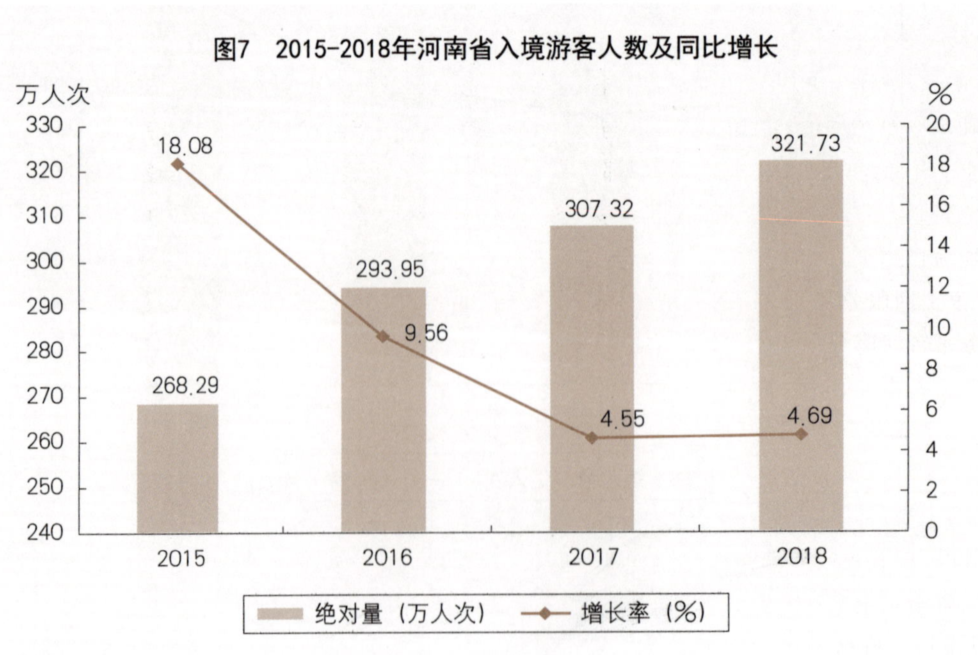

图8　2015-2018年河南省入境旅游收入及同比增长

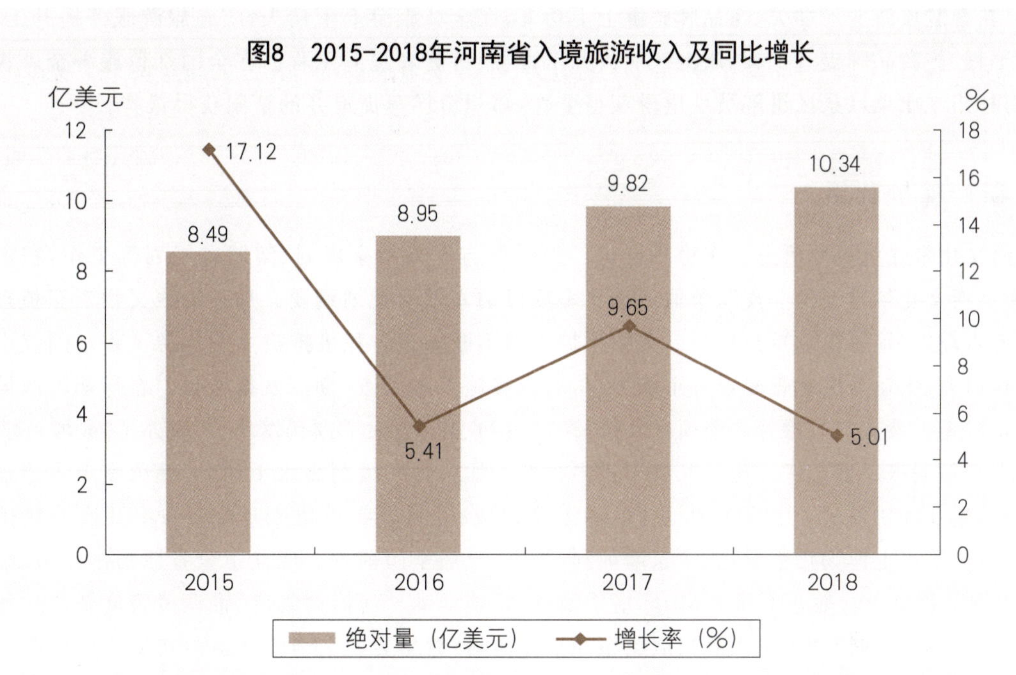

截止到2018年底，河南省A级旅游景区数量达到511家，其中：5A级景区13家（其中6家为联创），4A级景区166家，3A级景区229家，2A级景区92家，1A级景区1家。

六、产业与科技

2018年，组织开展第七批河南省文化产业示范基地评审工作，认定河南省文化产业示范基地29家。郑州（中牟）国际文化创意产业园14个文化旅游项目9大主题公园全部开工。洛阳隋唐文化产业园、开封宋都古城文化产业园、濮阳杂技文化产业园建设取得积极进展。许昌神垕镇钧瓷文化创意产业园一期已完工，正在建设二期、三期。积极推进郑州市国际文化产业园、开封市朱仙镇国家文化生态旅游示范区等一批文化项目建设。《小马过河》荣获中国文化艺术政府奖最佳动漫作品奖，实现了我省在此奖项中零的突破。动漫《我是发明家》被评为2017—2018年度国家文化出口重点项目、2018年第三届"玉猴奖"年度十佳新锐动漫IP。成功举办第二届河洛文化大集，参与文化企业270余家、产品近3000种，接待游客8万人次。参与主办首届中原文化旅游产业博览会活动，中部7省和"一带一路"30多个国家1000多家参展商，3天共接待观展市民和游客3.8万人次。组织开展全省文化市场大检查、文化市场综合执法"闪电行动"等，全省累计出动文化市场综合执法人员63万余人次，检查各类场所22.9万家次，立案调查4239家，办结5450件。对全省8000多家上网服务营业场所进行了信用等级评定，共评出A级场所近500家。建成全国文化市场技术监管与服务平台河南分中心，实现与相关部门之间文化市场准入与执法信息相互推送、非现场监管。

围绕文化和旅游部全国全域全息信息化试点建设，确立了"根扎实、线连通、网织好、数用活"的总体思路，联合高德在全国首发旅游扶贫地图，与高德、腾讯、联通等合作，深入推进智慧旅游发展。何金平副省长参加了在洛阳、焦作两次召开的智慧旅游推进会，现场督导协调智慧旅游发展。全省70多家4A级以上景区累计投入超3亿。制定景区智慧化考核方案，评出钻石级景区30家。省政府常务会议追加2200万元专项资金对30家智慧景区建设先进单位进行了奖补。协调联通率先在红旗渠景区开通5G智慧景区试点应用。中部六省全域全息旅游系统推进会在云台山召开，文化和旅游部推广了我省智慧旅游发展经验。9月25日，中秋节后上班第一天，省长陈润儿专程到原省旅游局调研，对2018年旅游转型发展工作给予充分肯定，提出要在智慧旅游上下功夫、在品牌旅游上下功夫、在全域旅游上下功夫，实施旅游服务提升工程、旅游交通提升工程、旅游品牌提升工程、旅游产业提升工程、旅游管理提升工程。在全国红色旅游金牌讲解员大赛中，河南林州红旗渠风景区讲解员牛琳琳获得金牌，郑州市侯寨街道办的董阳获得银牌。

七、文化遗产保护利用

大运河文化带建设规划研究工作稳步推进。先后参与完善国家规划、编制省规划等工作，积极谋求河南成为“大运河文化带重要的一支”、争取河南更多项目纳入国家规划纲要。加强沿线文物资源梳理调查和重要地段考古勘探，统筹谋划重点项目。文物保护利用不断加强。积极推进文明探源工程。围绕中原地区文明化进程研究、大运河文化带建设等重点工作，组织实施考古调查、勘探发掘项目。新郑郑韩故城遗址和洛阳东汉帝陵考古调查与发掘等2个项目入选“2017年度全国十大考古新发现”。举办了“殷墟科学发掘90周年纪念大会暨殷墟发展与考古论坛”、洛阳世界古都论坛。正在编制高水平的“殷墟国家考古遗址公园规划”。博物馆事业加快发展。二里头遗址博物馆基本建成，开封博物馆建成开放。组织开展博物馆评估定级工作，全省三级以上博物馆数量由37家增加到53家，位居全国前列。成立了全省博物馆联盟，组织全省300余家博物馆和纪念馆举办了“5.18国际博物馆日”宣传活动。河南博物院“谁调清管度新声一丝绸之路音乐文物展”荣获“全国博物馆十大陈列展览精品推介活动”精品奖。文物安全整治初见成效。深入推进全省文物安全整治四个专项行动。对文物犯罪严厉打击，破获案件126起，追缴文物4000余件，全省文物安全整治工作得到国务院及省领导同志的肯定。

年末全省共有各类文物机构632个，与上年持平。其中，文物保护管理机构125个，占19.8%，博物馆334个，占52.8%。年末全省文物机构从业人员12186人，比上年末减少了81人。其中高级职称568人，占4.7%，中级职称1232人，占10.1%。

年末全省文物机构拥有文物藏品206.55万件，比上年末增加6.35万件/套，增长3.2%。其中，博物馆文物藏品101.94万件/套，占文物藏品总量的49.4%；文物商店文物藏品6.3万件/套，占3%。

2018年全省各类文物机构共举办陈列展览1447个，比上年增加135个。其中，基本陈列684个，比上年增加14个；临时展览763个，比上年增加121个。接待观众7222.54万人次，比上年增长7.2%，其中未成年人2010.6万人次，增长7%，占参观总人数的27.8%。博物馆接待观众6040.1万人次，增长9%，占文物机构接待观众总数的83.6%。

非物质文化遗产工作影响力进一步提升。太极拳申报人类非物质文化遗产代表作名录工作顺利推进，即将提交联合国教科文组织。我省43人入选国家级非物质文化遗产代表性项目代表性传承人名录。完成了10名国家级代表性传承人、10名省级代表性传承人抢救性记录工作和评估验收工作，其中，三个项目入选全国优秀项目名单。积极实施全省传统工艺振兴计划、传统技艺抢救保护工程。宝丰国家级文化生态保护实验区规划编制工作基本完成。认定河南省非物质文化遗产示范展示传习馆80个。成功举办宝丰、淮阳、鹿邑三地非遗品牌展演活动、第二届晋冀鲁豫传统戏剧展演活动等，我省非遗项目的知名度和影响力得到进一步提升。

截至2018年末，全国共有非物质文化遗产保护机构183个，从业人员1403人。全年全省各类非物质文化遗产保护机构举办演出4878场，增长173%，观众367万人次，增长59.7%；举办民俗活动876次，增长68.8%，观众212.6万人次，增长105%。

八、文化和旅游对外及对港澳台交流

圆满完成2018“欢乐春节”项目，组团分赴意大利等13个国家演出52场，共收到来自驻日本等7个国家使馆及4家合作伙伴发来的11封感谢信。圆满完成与悉尼中国文化中心合作项目、少林功夫非洲学员培训班项目。举办"'一带一路'河南艺术展演周"活动，邀请柬埔寨、孟加拉国等6个国家的7个艺术团体来豫演出。赴波兰、卢森堡等地举办了"中原文物瑰宝展""河南唐三彩艺术展"，受到广泛好评。

全年经文化系统审批的对外及对港澳台文化交流项目16起，264人次参与。

九、资金投入

2014年全省文化事业费17.39亿元，全国排名11位，人均文化事业费18.43元，全国排名31位；2015年全省文化事业费20.6亿元，全国排名10位，人均文化事业费21.73元，全国排名31位；2016年全省文化事业费22.28亿元，全国排名11位，人均文化事业费23.37元，全国排名31位；2017年全省文化事业费25.15亿元，全国排名12位，人均文化事业费为26.31元，全国排名31位。2018年全省文化事业费27.76亿元，人均文化事业费为28.9元。

2018年河南省政府购买公共文化服务专项资金在原基础上增加到1.4亿元，并继续保留基层综合性文化服务中心建设专项资金1亿元。2019年根据中央和省财政要求，河南厅整合原政府购买公共文化服务中心资金、基层综合性文化服务中心建设专项资金等新设立河南省省级公共文化服务体系建设专项资金，资金额度增加6000万元，进一步保障了河南省公共文化服务体系建设顺利实施。

图9　2014-2018年文化事业费总量及人均情况

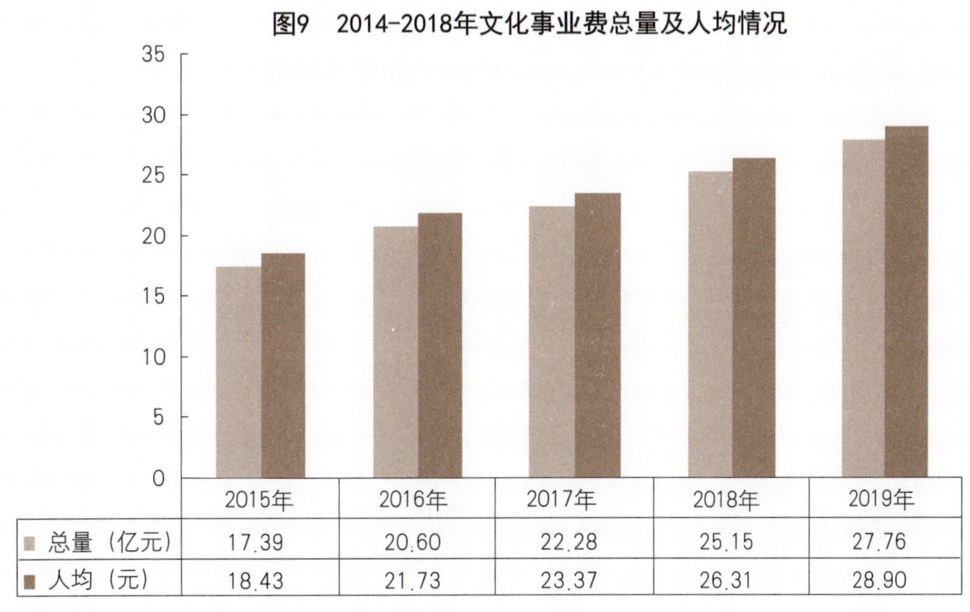

表6　2014—2018年全省各级投入

年　份	文化事业费总量（亿）	中央投入（亿）	省级投入（亿）	市县投入（亿）	人均文化事业费（元）
2014	17.39	1.7	2.5	13.19	18.43
2015	20.6	2	2.9	15.7	21.73
2016	22.28	2.3	3.1	16.88	23.37
2017	25.15	2.44	5.2	17.51	26.31
2018	27.76	2.3	6.1	19.36	28.9

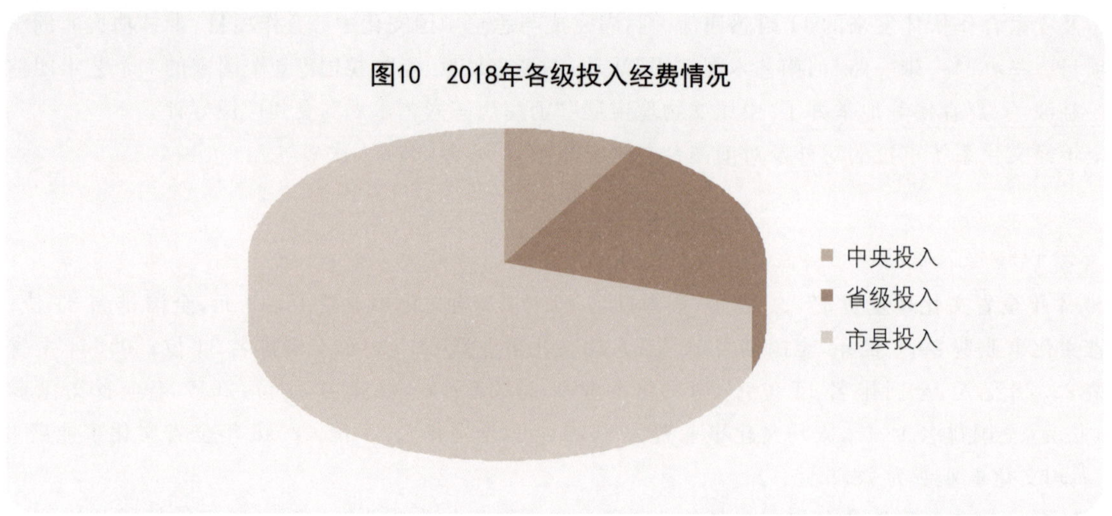

图10　2018年各级投入经费情况

（河南省文化和旅游厅）

河南：文化和旅游产业蓬勃发展

组织开展第七批河南省文化产业示范基地评审工作，命名了河南省国脉文化产业园有限公司等29家企业为河南省文化产业示范基地。认定了首批55家河南省研学旅游示范基地。洛阳一拖东方红工业游景区等15家单位成功创建河南省工业旅游示范基地。许昌市鄢陵县中医药健康旅游示范区等5家成功创建省级中医药健康旅游示范区；鹤壁市五岩山旅游区中医药健康旅游示范基地等16家成功创建省级中医药健康旅游示范基地。洛阳隋唐文化产业园、开封宋都古城文化产业园、濮阳杂技文化产业园建设取得积极进展。许昌神垕镇钧瓷文化创意产业园一期已完工，正在建设二期、三期。搭建投融资和贸易平台，加大资金投入，第12届中国（河南）国际投洽会期间，举办“中小文化企业投融资路演暨项目对接签约活动”，与工商银行、浦发银行、交通银行、郑州银行签订了战略合作协议，12个项目现场签约金额达12.78亿元。在现代都市游项目上，以郑州市大都市时尚休闲旅游圈为代表，布局了36个项目，总投资达1114亿元，其中，郑州国际文化创意产业园14个文化旅游项目9大主题公园已全部开工，计划完成投资84.6亿元。在景区新业态项目上，着力打破门票经济，云台山谋划云上的院子、夜游云溪等总投资120亿元的“云系列”转型项目。在乡村旅游项目上，打造了栾川潭头镇、鲁山尧山镇等30个特色生态旅游示范镇，卢氏豫西百草园、淅川丹江大观苑等50家休闲观光园区，修武一斗水村、鲁山想马河村等150个乡村旅游特色村，云台山云上院子、太行大峡谷听山水舍等100个精品民宿。在房车·露营地项目上，小鸟房车计划在河南陆续建设118个自驾车露营基地，形成网络化布局。省豫资文旅集团分别与IDG资本、中青旅组建两支100亿元的文化旅游基金，正在全省筛选项目。张艺谋团队在焦作温县的《印象太极》项目、杭州宋城演艺集团的“宋城·黄帝千古情”项目已经启动。洛阳洛邑古城、巩义偃月古城、鲁山墨子古街、朱仙镇启封故园等文化旅游项目相继开业。同时，积极打造精品景区，南阳宝天曼生态旅游区、新乡八里沟景区创建国家5A级旅游景区工作有序推进，许昌市神垕古镇等19家景区成功创建国家4A级旅游景区。动漫精品项目《小马过河》荣获中国文化艺术政府奖最佳动漫作品奖，实现了河南省在此奖项中零的突破；《我是发明家》被评为2017—2018年度国家文化出口重点项目、2018年第三届“玉猴奖”年度十佳新锐动漫IP等称号。统筹建立了1+N高铁旅游推广机制，在1206组高铁列车上集中展示“老家河南”各大景区形象。在传统节日相继推出了“过大年回老家”“春醒·忆老家 踏青赏花季”“端午·粽’情老家河南”等特色活动。国庆节期间，全省集中推出120余项文化旅游活动，先后被《新闻联播》《朝闻天下》等栏目报道30余次，网络点击量达1.6亿次。

湖北省2018年文化和旅游发展情况分析

2018年，省文化和旅游厅在省委、省政府领导下，坚持抓重点、攻难点、补短板，推动文化旅游强省建设取得积极进展和成效。

一、公共文化服务机构规模稳定

截至2018年底，湖北纳入统计的全省文化文物部门机构数为12358个，从业人员83067人。其中，文化机构1958个，文物机构共计326个，市场机构共计10074个。艺术业550个，公共图书馆115个，群众艺术馆（文化馆）等文化服务机构1406个，艺术教育业6个，博物馆200个。公共图书馆、群艺（文化）馆、博物馆、综合文化站、美术馆等公共文化服务机构总数为1736个，从业人员11444人。

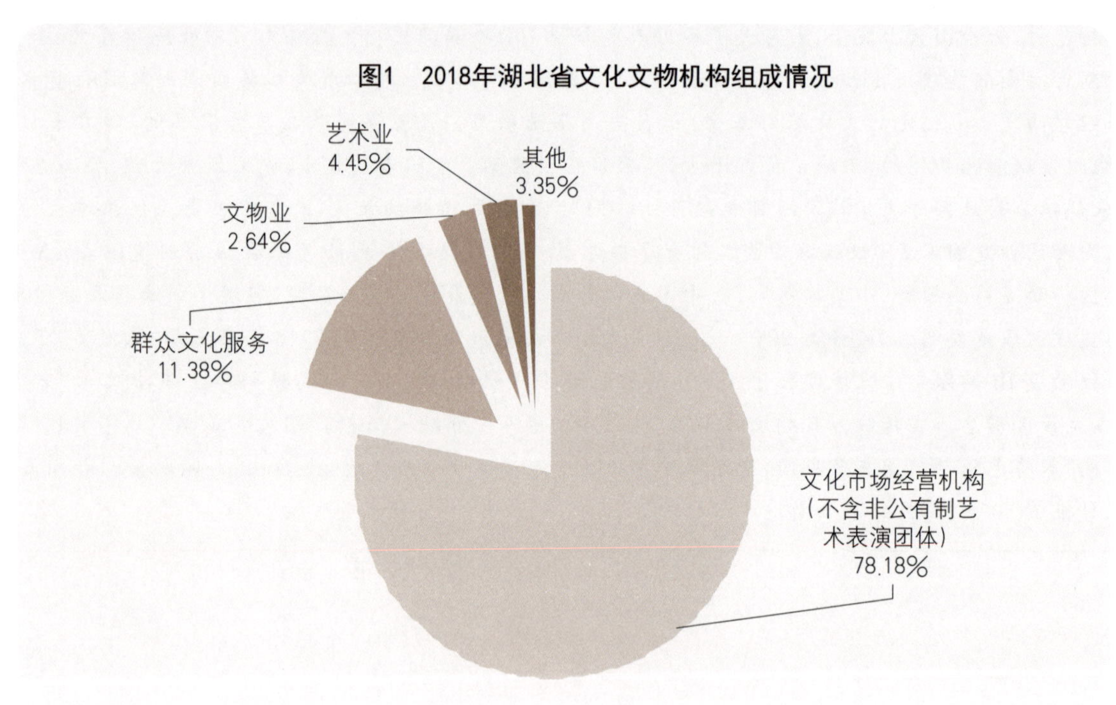

图1　2018年湖北省文化文物机构组成情况

二、文化文物事业投入持续增长

（一）总收入和财政补贴收入持续增长

2018年湖北省文化文物单位实现总收入85.07亿元，比上年增长13.31亿元，同比增长18.55%。其中，财政补助收入57.55亿元，比上年增长7.1亿元，同比增长14.01%；事业收入2.2亿元，比上年增长

0.05 亿元，同比增长 2.33%；其他收入 22.71 亿元，比上年增长 6.3 亿元，同比增长 38.39%。

2017 年财政补助收入达到总收入的 67.65%，文化投入仍主要依赖财政拨款。

表 1　近五年财政补助收入情况表

年　份	总收入（亿元）	财政补贴收入（亿元）	财政补贴收入占总收入比重
2014	36.46	24.18	66.32%
2015	46.56	33.81	72.62%
2016	58.92	41.79	70.93%
2017	71.76	50.48	70.35%
2018	85.07	57.55	67.65%

（二）文化文物事业费继续增长

2018 年，湖北省文化文物事业费 55.2 亿元，比上年增加 8.46 亿元，增长 18.1%。其中，文化事业费 42.14 亿元，比上年增加 7.74 亿元，增长 22.5%，全国排名第 7 位，比上年提升 1 位；在中部 6 省中，排名第一。文物事业费 13.07 亿元，比上年增加 0.72 亿元，增长 5.83%。全省人均文化事业费 71.21 元，全国排名 14 位，比上年提升 4 位。

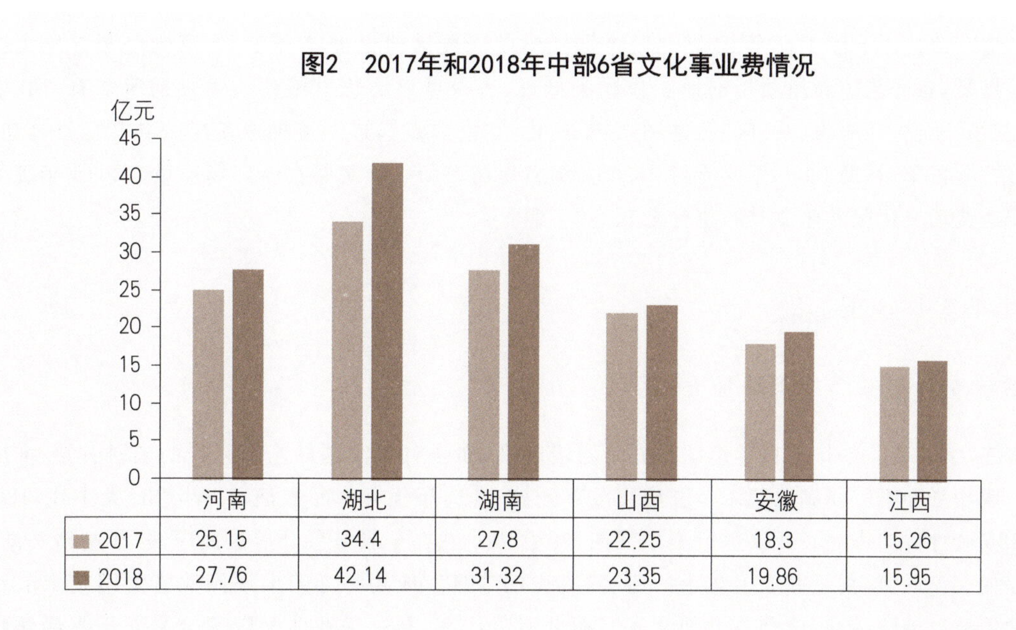

	河南	湖北	湖南	山西	安徽	江西
2017	25.15	34.4	27.8	22.25	18.3	15.26
2018	27.76	42.14	31.32	23.35	19.86	15.95

湖北省市、州按文化文物事业费总额排名，武汉市文化文物事业费 10.97 亿元，排名第一；恩施州 10.56 亿元，排名第二；宜昌市 4.12 亿元，排名第三。（省本级不参加排名）

湖北省市、州按文化事业费排名，恩施州 9.66 亿元，排名第一；武汉市 8.29 亿元，排名第二；宜昌市 3.18 亿元，排名第三。（省本级不参加排名）

湖北省市（县、区）按文化事业费排名，名列前十的地区是：恩施市 80059.1 万元、保康县 8180.9 万元、大冶市 5617.8 万元、东西湖区 5382.1 万元、江夏区 5348.7 万元、潜江市 5108.9 万元、天门市 4639.7 万元、钟祥市 4374.8 万元、安陆市 4300.2 万元、夷陵区 4208.4 万元。

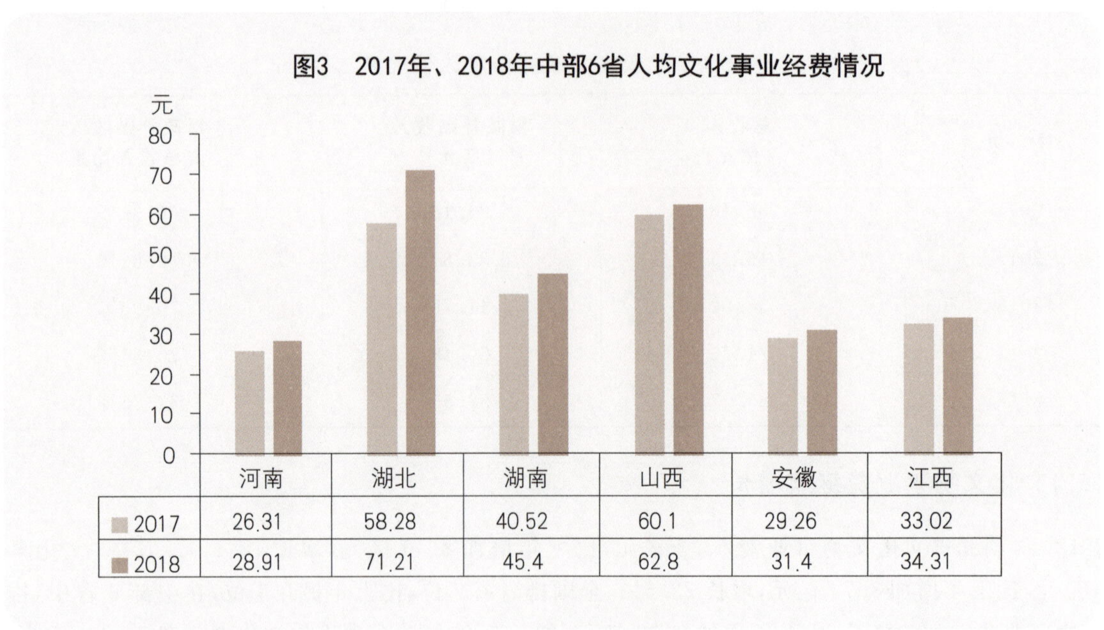

图3 2017年、2018年中部6省人均文化事业经费情况

	河南	湖北	湖南	山西	安徽	江西
2017	26.31	58.28	40.52	60.1	29.26	33.02
2018	28.91	71.21	45.4	62.8	31.4	34.31

(三)公共文化设施投资持续推进

省博物馆三期扩建主体工程完工，湖北艺术职业学院新校区建设即将开工，省京剧院谭鑫培大剧院项目获得立项批复，省群艺馆新馆项目前期工作顺利推进，省级重点文化设施建设力度前所未有。扎实推进基层“四馆三场”建设，针对市(县、区)公共图书馆、文化馆“空白点”，进一步推进基层公共文化设施建设，提高“三馆一站”覆盖率，补助 6400 万元支持 23 个县级文化场馆和一批基层文体广场建设。2018 年度为基层文化单位配送流动文化服务车 22 辆，累计配送达 67 辆。

三、文化事业发展成果显著

(一)艺术创作展演力度持续加大

围绕实施“文艺精品创作工程”，组织举办专题培训班，加强对现实题材艺术创作的规划引导，推出一批优秀作品。成功举办第三届湖北艺术节暨庆祝改革开放 40 周年优秀作品展演，19 部(出)大小戏、100 件美术作品和 230 余件群文作品在武汉进行集中展演，68 台大小戏在全省基层开展惠民展演，并邀请香港、西藏艺术团体参加交流展演，真正办成了艺术的盛会、人民的节日。成功举办第七届湖北省楚剧艺术节和全省校园戏曲优秀节目展演活动，设立首批湖北省戏曲名家工作室，与中国戏曲学院联合举办戏曲编导高级研修班圆满结业，与上海戏剧学院联合举办戏曲舞美设计人才高级研修班顺利开班，实现戏曲演员分行当培训全覆盖，预计全年完成戏曲进校园活动 1 万场次，振兴武汉戏曲“大码头”各项工作扎实开展。加大优秀艺术作品推广力度，在首都成功举办湖北省优秀剧目北京行、“从长江走来”湖北优秀美术作品展等重大活动，现代京剧《在路上》先后在中央党校、国家大剧院演出以及省内外巡演；3 台剧目入选全国舞台艺术优秀剧目展演和民族歌剧展巡演，位列全国第一；12 台剧目入选全国优秀现实题材舞台艺术作品展演，阳新采茶戏《龙港秋夜》入选全国基层院团戏曲会演，3 个节目入选第十二届全国舞蹈展演，4 个声乐节目入选全国少数民族声乐展演，进一步扩大了优秀作品在全国的影响力。开展各类文化惠民演出近 2 万场。

截至 2018 年底，湖北省艺术表演团体共为社会提供各类演出 36.7 万场，平均每团演出场次 750.5 场。其中，农村演出 4.52 万场，农村观众 2145.96 万人。本省艺术表演团体共计收入 11.58 亿元，比上一年度增加 1.24 亿元。

表 2　全省专业艺术表演团体全年演出场次情况（前十名）

序号	单位名称	演出场次（场）	演出收入（万元）	观众人数（万人）
1	湖北省民族歌舞团	616	194.7	90
2	蕲春县黄梅戏剧团	500	28.6	21.1
3	秭归县屈原艺术团	418	201.6	20.4
4	武汉汉剧院	399	102.7	6.28
5	中国武当功夫团	397	—	16.2
6	襄阳市艺术剧院有限责任公司	395	161	51.35
7	南漳县文工团	380	13.5	12
8	监利县楚韵荆州花鼓戏演艺有限公司	357	28	32
9	浠水县楚剧团	355	168	30
10	武汉市新洲区楚剧团	350	59.4	43.5

图4　近年专业艺术表演团体演出收入

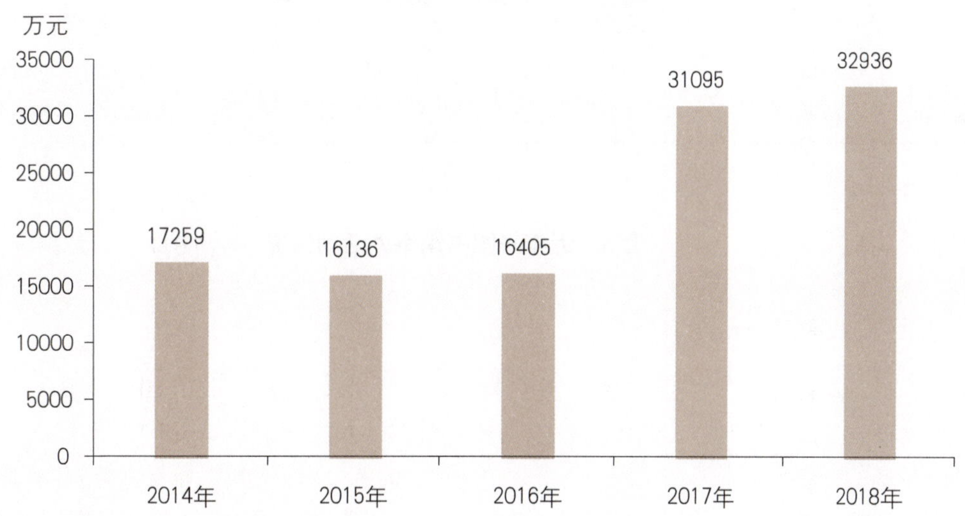

（二）公共文化服务体系建设扎实推进

深入实施基层"四馆三场"建设项目，推动建设 15 个县级文化场馆、90 多个乡镇综合文化站和一批基层文体广场，为 60 个乡镇、120 个村（社区）配备数字文化设备，基层公共文化服务设施不断完善。深入推进第三批国家公共文化服务体系示范区（项目）创建工作，启动第三批 9 个县（市、区）省级公共文化服务体系示范区创建，充分发挥示范引领作用。积极开展公共文化机构法人治理结构改革试点，加快推进基层综合性文化服务中心建设，文化志愿者网络服务平台上线试运行，公共文化服务效能不断提高。组织开展丰富多彩的群众文化活动，群众广场舞展演、“长江讲坛”“长江读书节”品牌影响力进一步扩大。在巴东县开展改善和丰富贫困地区农村少年儿童精神文化生活试点工作，努力保障好特殊群体文化权益。《湖北省公共文化服务保障条例》顺利出台。

据统计，截至 2018 年底，湖北省共有公共图书馆 115 个，文化（群艺）馆 125 个，文化站 1281 个；公共文化服务机构从业人员共计 7227 人；每万人均拥有公共图书馆建筑面积 116.83 平方米，人均购书费 1.88 元，图书馆举办各类活动 4875 个，参加人次 277.8 万人次；群众文化机构提供文化服务次数共计 66659 次，惠及人次 2621.41 万人次。

表 3　近年来人均拥有公共图书馆资源情况

年　份	数值/位次	每万人均拥有公共图书馆建筑面积（平方米）		人均购书费（元）	
		全国	湖北省	全国	湖北省
2014	数值	90	91	1.24	1.27
	位次	——	14	——	11
2015	数值	94.7	91.9	1.43	1.50
	位次	——	17	——	11
2016	数值	103.01	118.95	1.56	1.47
	位次	——	11	——	10
2017	数值	109.01	125.78	1.70	1.79
	位次	——	13	——	9
2018	数值	114.4	116.83	1.77	1.88
	位次	——	14	——	10

图5　近年来图书馆举办活动情况

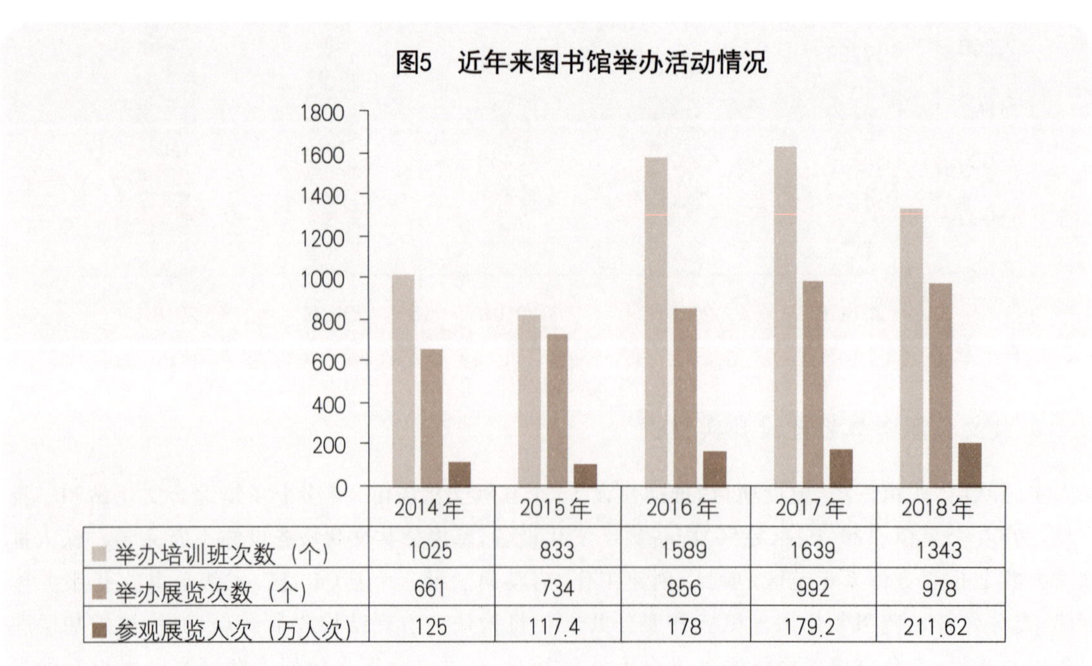

	2014年	2015年	2016年	2017年	2018年
举办培训班次数（个）	1025	833	1589	1639	1343
举办展览次数（个）	661	734	856	992	978
参观展览人次（万人次）	125	117.4	178	179.2	211.62

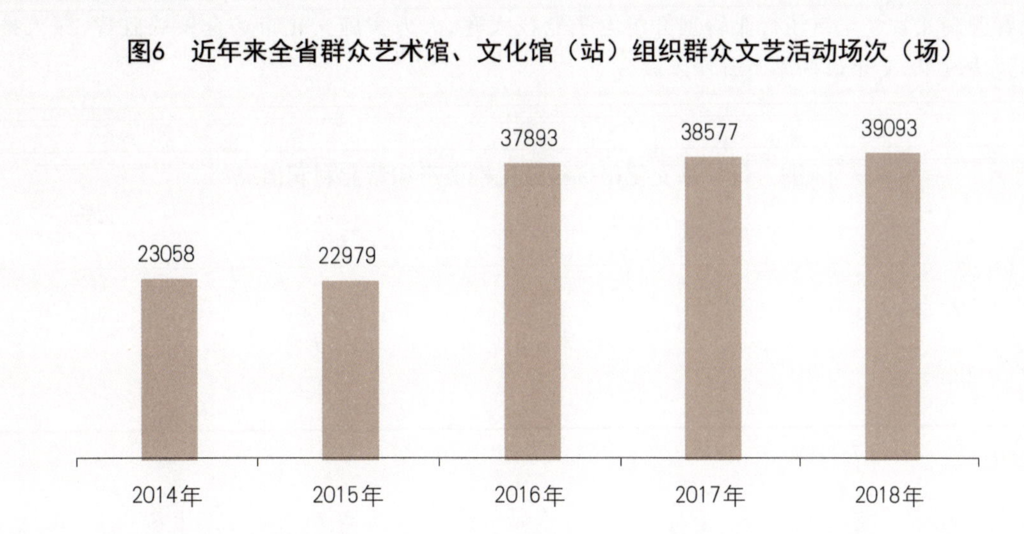

（三）文化产业发展态势良好

积极支持荆州纪南生态文化旅游区创建国家级文化产业示范园区，推动以武昌·长江文化创意设计产业园、武汉光谷创意产业基地、襄阳文化产业园、建设路21号文化产业园、宜昌三峡文化创意产业园等为代表的文化产业示范园区、基地加快转型升级，逐步成为湖北省文化产业的骨干力量。支持各地发展特色文化产业，武汉《知音号》演出、襄阳文化产业园、恩施女儿城等一批文旅融合产业发展形势良好。对全省31家动漫游戏企业的49个项目给予2000万元资金扶持，推动新兴文化产业迅速发展。加大文化产业招商引资和项目储备力度，遴选10个重点项目进入全省重大项目库，39个重点项目入选文化和旅游部《2018文化产业项目手册》，位列全国第一。第五届王者荣耀城市赛全国总决赛和首届国际武汉斗鱼直播节、首届中国游戏节暨武汉·中国光谷数字创意科技展、第十五届艾妮动漫游戏展、第二届中国国际文化娱乐产业博览会、第五届湖北省大学生文化创意设计大赛等重大活动相继举办，文化产业创新发展氛围日益浓厚。武汉、宜昌开展引导城乡居民扩大文化消费试点工作取得积极成效，受到文化和旅游部的通报表扬和资金奖励。

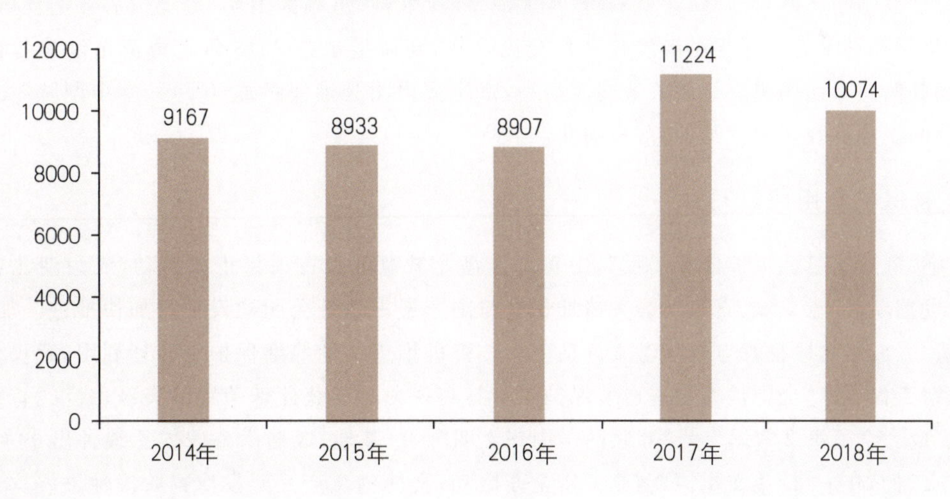

文化市场"放管服"改革继续深化，审批新设立文化市场经营单位 736 家；组织举办 2018 年 CGL 中国电子游戏超级联赛暨湖北省文化市场行业转型升级电子竞技大赛，大力实施文化市场全领域监管，深入推进文化市场综合执法改革，文化市场繁荣有序发展。

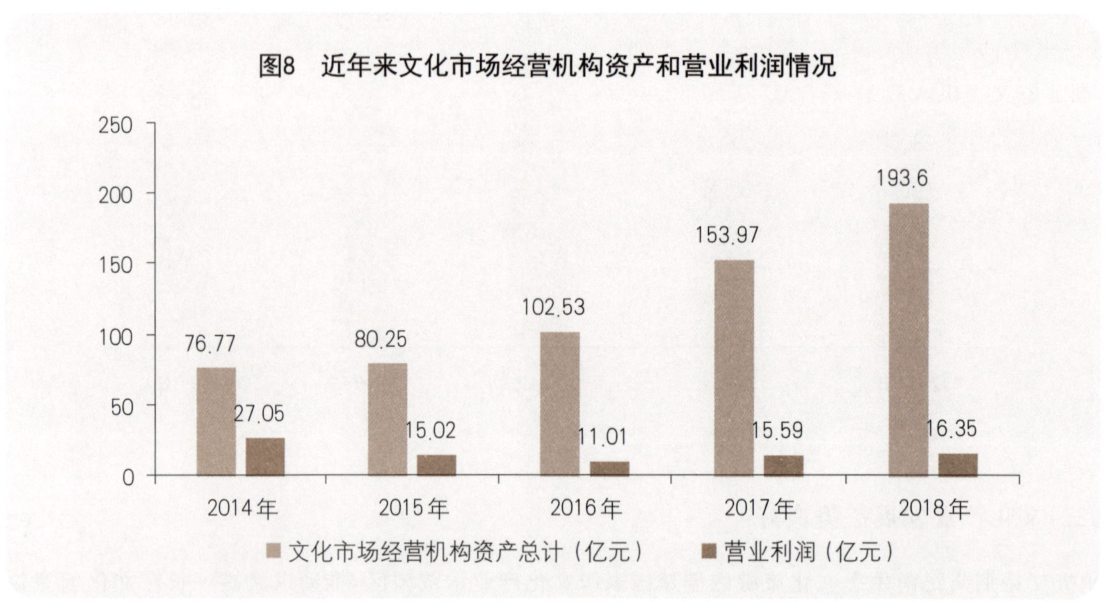

据统计，截至 2018 年底，湖北省共有文化经营单位（不含图书报刊、广播电影电视、音像）10074 家，从业人员 56973 人，资产总计为 193.6 亿，同比增长 25.74%，利润总额为 16.35 亿，同比增长 4.9%。

（四）对外和对港澳台文化交流层次提升

服务国家外交大局和省委省政府重大外事活动，高质量完成习近平主席同莫迪总理在武汉举行非正式会晤相关文化活动的组织保障工作，圆满完成外交部湖北全球推介活动相关承办工作任务，与柏林中国文化中心开展为期一年的省部对口合作活动，配合省政府代表团出访赴日本、韩国、香港举办"湖北，从长江走来"综合展览，赴意大利、捷克、匈牙利三国成功举办"荆楚文化欧洲行"系列交流活动，组团赴美国、加拿大、卡塔尔、苏丹、泰国等国开展"欢乐春节"巡演活动，全方位展示了湖北形象。积极拓展对外文化交流渠道，组织武汉杂技代表团赴美国俄亥俄州参加亚洲艺术节演出、原创童话音乐剧《福大命大的蛋宝宝》赴西班牙交流演出、原创京剧经典剧目《楚汉春秋》赴日本巡演、经典歌剧《洪湖赤卫队》赴澳大利亚巡演等，进一步扩大了荆楚文化对外影响力。深化对港澳台文化交流合作，高质量承办 2018 年艺海流金港澳与内地文化交流活动，组团赴澳门参加妈祖文化旅游节交流活动，京剧演出团赴港澳参加"CCTV 空中剧院"交流演出，全国首个"海峡两岸考古教学交流基地"落户湖北。

（五）文物保护利用成效明显

深入实施"荆楚大遗址保护传承工程"，中美合作盘龙城遗址考古项目正式启动，成为湖北省第一个对外合作考古发掘项目，盘龙城、石家河等大遗址保护与国家考古遗址公园建设项目加快推进。加快推进"万里茶道"申遗，完成湖北段推荐点现场考察评估工作。积极推进文物修缮保护和合理利用，武汉大学理学院文物保护修缮工程入选"全国优秀古迹遗址保护项目"，实现湖北省获此殊荣零的突破；武汉"智慧文博新融合产业基地"成为全国第 2 家国字号"互联网＋中华文明"示范基地；成功举办曾侯乙编钟出土 40 周年纪念系列活动，第二批 40 个"特色文化村"创建工作全面启动，文博创意产品开发取得阶段性进展。争取省政府建立全省文物安全工作联席会议制度,推动文物安全保护“一处一策”工作制度得到有效实施,文物密集区安全保护补偿机制试点工作进展顺利,文物法人违法案件专项整治行动持续推进,组织对全省 46 家三级以上博物馆和 79 处全国重点文物保护单位逐一进行消防安全检查,督促整改安全隐患 414 处。

1. 文物业机构与从业人数数量总体稳定,藏品位居全国前列。全省文物业机构共计 326 个,比去年增加 1 个。其中博物馆 200 个,文物科研机构 3 个、文物保护管理机构 47 个、其他文物机构 76 个。截至 2018 年底,湖北省文物机构从业人员共 5557 人,中级以上职称占比 26.04%。文物藏品按等级分类,一级品、二级品、三级品的种类分别为 3073 件/套、8791 件/套和 118940 件/套;其中,本年新增藏品为 39873 件/套。

图9 文物藏品分布情况

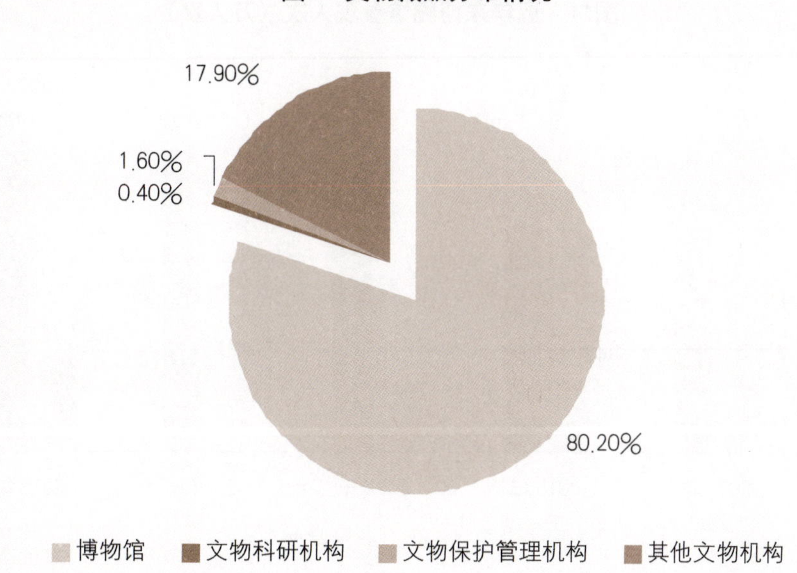

图10 近年来文物业收入情况（亿元）

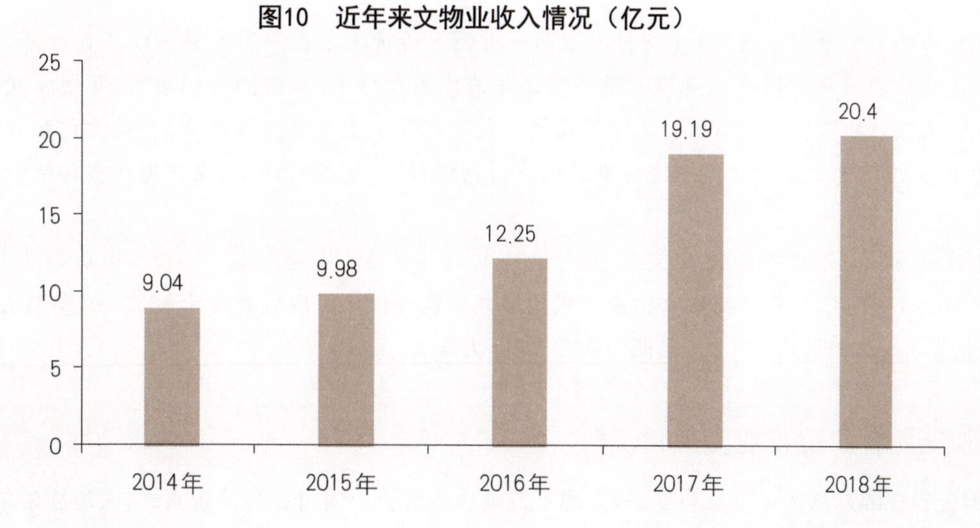

2. 博物馆事业蓬勃发展

2018 年全省有 9 家博物馆通过第三批国家二、三级博物馆评审,目前全省共有 46 家一、二、三级国家级博物馆，数量位于全国前列。省博物馆三期扩建工程主体工程完工，争取省政府批准3.8亿元的陈列布展经费支持。全省博物馆从业人数4032人，比去年增加76人，同比增加了1.9%。其中，中级以上职称专业技术人员1152人，占博物馆从业人员总人数的28.6%。2018年共举办各类展览1003个，其中引进国（境）外展览3个，馆际交流展览21个，临时展览583个。接待观众3922.46余万人次，比去年增加451.61万人次，同比增加了13%。开展社会教育活动1500场次，参与观众超过8万人次，注册志愿者超过3300人。全省共191家博物馆免费开放，占比为88.4%。推进全省57家非国有博物馆藏品备案，登记藏品151582件（套），实际数量203759件，博物馆数量和藏品数量均位居全国第八。全省文创联盟示范带动全省文博创意产品开发工作，2018年以来联盟单位销售总额达1400万元，占全省的3/4。

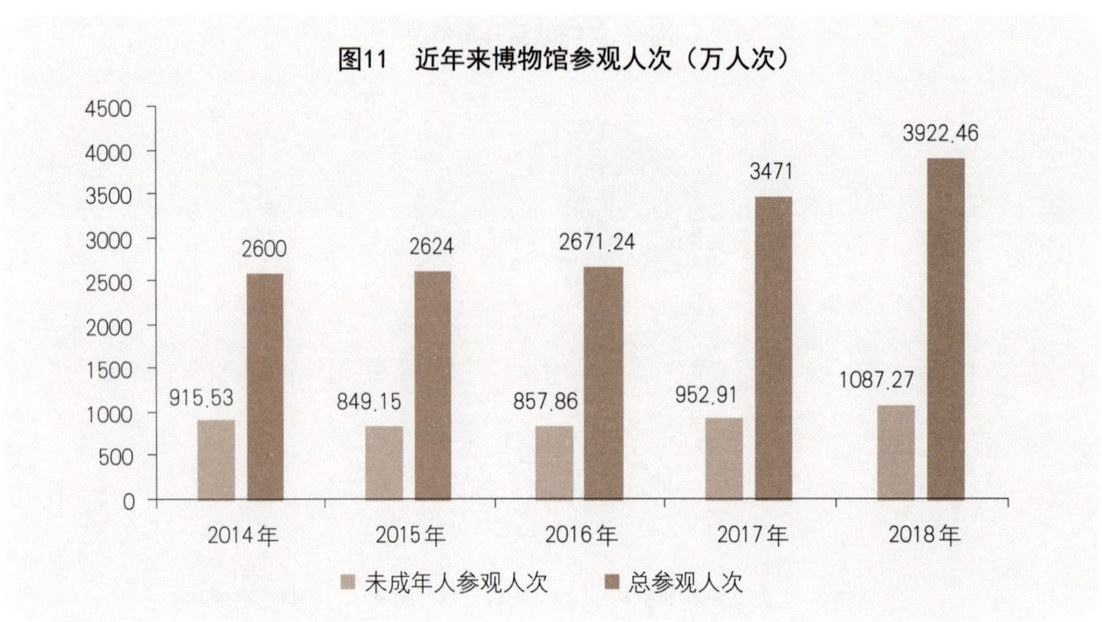

（六）非遗保护传承工作不断加强

组织实施传统工艺振兴计划，13个项目入选第一批国家传统工艺振兴目录并编制工作计划，荆州传统工艺工作站工作全面展开。45人入选第五批国家级非遗代表性传承人，位列全国第六；开展非遗传承人群研修培训326人次，《武陵山区（鄂西南）土家族苗族文化生态保护实验区总体规划》获得文化和旅游部审批通过。成功举办2018年屈原故里端午文化节、“国际博物馆日”主场城市活动，文化遗产宣传展示活动蓬勃开展。

据统计数据显示，湖北省非物质文化遗产机构共计101个，从业人员729人，中级以上职称占比43.9%。截至2018年底，全省非物质文化遗产机构举办展览、演出、民俗活动共计3633场，参与人次429.1万人次；开展传承人群培训班511次，培训人次2.86万人次。

四、2018年湖北省旅游行业发展情况

2018年全省旅游业总体运行态势良好，实现了持续快速增长。国内旅游消费兴旺，入境旅游市场回暖，旅游产业结构不断优化升级，各项经济指标均超额完成既定目标，在全省扩消费、稳增长、促就业、减贫困、惠民生中做出了积极贡献。全年共接待海内外游客72658.72万人次，同比增长13.76%，旅游总收入6344.33亿元，同比增长15.04%。其中接待国内游客72253.58万人次，同比增长13.79%，国内旅游收入

6186.88 亿元，同比增长 15.15%。接待入境游客 405.11 万人次，同比增长 10.04%，外汇收入 237968.93 万美元（汇率：1 美元＝6.6174 元人民币），同比增长 13.06%。接待外国人 307.03 万人次，同比增长 20.6%，港澳台同胞 98.08 万人次，同比增长 8.8%。2018 年出境总团数为 378 个，团队总人数为 84713 人。

表 4　中部 6 省旅游总收入、旅游总人数情况

省份	旅游总收入（亿元）	同比	中部排名	旅游总人数（亿人次）	同比	中部排名
湖南	8355.73	16.5%	1	7.53	12.5%	1
江西	8160	27%	2	6.8	20%	6
河南	7690	20.3%	3	7.4	12%	2
安徽	7240.95	16.8%	4	7.25	15.2%	4
山西	6729	25.5%	5	7.04	25.5%	5
湖北	6344.33	15.0%	6	7.27	13.8%	3

图12　出境团队时间变化趋势

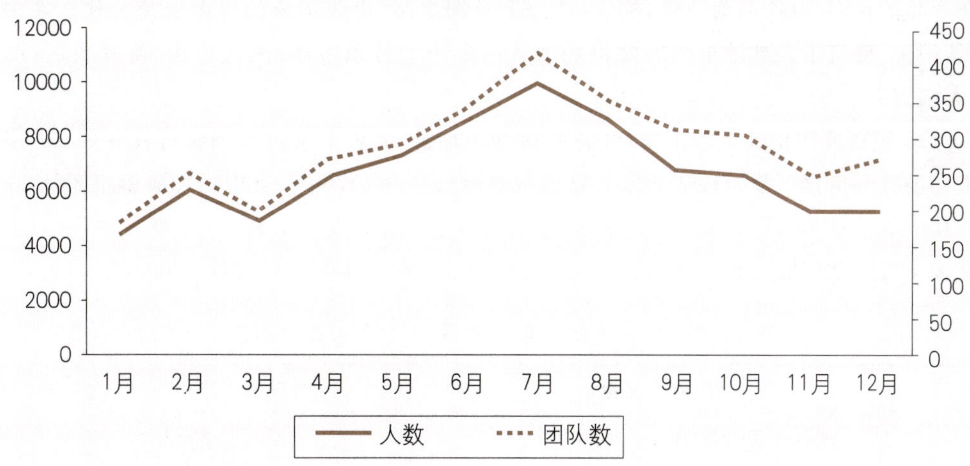

（一）全域旅游发展新模式初步形成

出台《关于促进全域旅游发展的实施意见》，提出"加快全域旅游发展，努力建设旅游强省，把湖北打造成为国内一流旅游目的地和长江国际黄金旅游带核心区"。在全省高质量发展、长江经济带建设、服务业发展和县域经济发展等重大决策部署中，均把旅游业作为重要内容进行谋划。以 16 个国家级、17 个省级全域旅游示范区创建单位为龙头，促进全域旅游发展，取得良好成效。坚持谋全域，在全域统筹规划、整合资源、系统营销、共建共享上下功夫，着力打造全域旅游新模式。坚持把建设长江国际黄金旅游带核心区作为全域旅游重点，出台长江国际黄金旅游带核心区建设实施方案，受到文化和旅游部领导的充分肯定。着手编制《湖北长江旅游带发展规划》，统筹长江沿线资源要素布局，促进长江经济带绿色发展。完成对黄陂区、夷陵区、赤壁市、英山县、远安县、神农架林区 6 家国家级示范区创建单位省级初评，并向文化和旅游部推荐首批验收。

(二)旅游项目建设对投资拉动效益明显

大力开展重点旅游项目推介和宣传工作,联合中国农业银行湖北省分行等5家金融单位共同组织专家遴选了2018年湖北省33个优选旅游项目,获得金融机构、投资商和社会各界的高度关注。在各地的积极推荐下,精心编制了《2018年湖北省旅游招商引资重点项目册》。截止目前,全省在建旅游项目达502个。扎实开展重大旅游项目谋划工作,共谋划投资额5亿元以上旅游项目136个,估算总投资达3369.5亿元。其中有18个项目正在进行前期规划、25个项目完成规划;27个项目实现签约、16个项目实现开工,转化率达31.62%,圆满完成谋划任务。

(三)湖北旅游品牌形象大幅提升

成功承办了文化和旅游部组织的上合组织成员国旅游部长会议和"中国—欧盟旅游年"灯桥点亮主会场活动,审议并通过了《2019—2020年落实〈上海合作组织成员国旅游合作发展纲要〉联合行动计划》草案,达成七项共识。继续依托新加坡、马来西亚和泰国三个湖北旅游入境推广联合体,大力推广神农架武当山、恩施大峡谷、武汉都市风光等湖北深度游产品,增强了湖北旅游在海上丝绸之路沿线国家的知名度。利用纽约时报等国际主流媒体,每周推出长江游船之旅的广告宣传。在加拿大蒙特利尔机场推出灵秀湖北旅游形象和长江旅游广告,加拿大市场持续畅旺。与境外多家旅行社达成了共推"夏安荆楚""叶太美"和"热汤白雪"等时令产品的计划,以产品为纽带,加大与"海上丝绸之路"沿线国家的旅游交流合作。在多年开展连续性营销的基础上,确定了入鄂游十大客源市场和入境游十大客源市场,久久为功,持续跟进,湖北旅游品牌形象获得大幅提升。

据统计,2018年新评四星级饭店1家,金树叶级绿色旅游 饭店1家,4A级旅行社3家,5A级旅行社2家,向全国星评委推荐申报五星级饭店2家。目前全省旅行社共1376家,其中出境旅游组团社115家;星级饭店505家,其中五星级20家,四星级99家,三星级261家,二星级121家,一星级4家;长江星级游船8艘,其中五星级5艘。全省取得导游资格证人员34172人,其中已换电子导游证17001人。

表5 2018年全省游客评价量排名前十星级酒店

序号	酒店名称	热度值	评分值
1	武汉玉丰国际酒店	2356	4.6
2	武汉汉口泛海喜来登大酒店	2053	4.6
3	宜昌民生酒店	1821	4.4
4	恩施国际大酒店	1606	4.4
5	荆州晶崴国际大酒店	1588	4.5
6	武汉马哥孛罗酒店	1525	4.8
7	武汉华美达光谷大酒店	1452	4.6
8	武汉江城明珠豪生大酒店	1395	4.6
9	武汉锦江国际大酒店	1241	4.5
10	武汉富力威斯汀酒店	1115	4.5

(四)乡村旅游和旅游扶贫工作成效显著

乡村旅游步入高速发展轨道,乡村旅游产品供给增速提质,2018年全省乡村旅游收入和接待人数同比增幅均在15%以上,旅游助力乡村振兴成效显著。成功举办"2018湖北省乡村美食购物游"系列活动,推出六条特色乡村游线路,嫁接农特产品销售,点燃了乡村旅游消费。继续开展"旅翼"旅游扶贫工程,发布《关于支持深度贫困地区旅游扶贫行动方案》《湖北旅游扶贫新十大行动》《湖北旅游业助推精准扶贫的报告》,加强统筹协调,启动第一批全省10个旅游扶贫优质项目金融支持工程,推进深度贫困地区旅游业加快发展。鄂旅投与恩施州合作,积极探索构建"旅游+"造血式扶贫新模式,得到汪洋同志充分肯定,同时入选世界旅游联盟、世界银行、中国国际扶贫中心联合发布的"世界旅游联盟减贫案例2018"(黄石市大冶龙凤山庄减贫案例同样入选),为旅游扶贫减贫事业提供了湖北方案。湖北省罗田燕儿谷生态农庄在文化和旅游部、国务院扶贫办召开的全国乡村旅游与旅游扶贫工作推进大会上发言,介绍了企业创新的"七个联合"的旅游扶贫模式和乡村治理机制。成功主办2018湖北"城乡牵手游"旅游扶贫系列活动,全省9个重点旅游企业与9个深度贫困县市结对帮扶,举办了包括旅游推介会、旅游招商及旅游商品展销会在内的10多个系列活动,吸引84家省内外媒体宣传报道,取得良好效果。

(五)旅游基础设施建管结合务实推进

以厕所革命为突破口,旅游基础设施建设、管理"双管齐下"。编制完成《湖北省旅游"厕所革命"专项规划(2018—2020年)》,2018年湖北省旅游厕所计划新建、改扩建1039座。全省所有5A级景区都配套建有第三卫生间,部分4A级景区配建了第三卫生间。加强旅游公路、游客集散中心、旅游直通车、旅游观光巴士等基础设施建设。推进智慧旅游建设,全面完成湖北旅游产业监测与应急指挥平台、应急指挥中心和视频会议系统建设,实现了对全省旅游产业运行的"平时"监测,"急时"直达现场、应急指挥,旅游公共服务能力显著提升。优化提升旅游大数据分析平台,定期编制旅游大数据报告,初步解决游客"从哪里来、怎么来、怎么玩、玩的怎么样"的全面感知和高频掌握。积极推进长江经济带旅游大数据建设,争取国家支持,在湖北省设立文化和旅游部数据中心湖北分中心,承担长江经济带等专项旅游数据建设任务。

(六)景区满意度逐步提升

坚持把景区建设作为全域旅游发展的核心,加大推进力度。继续推进5A级旅游景区创建工作。加强对已通过5A景区旅游景观价值评审的襄阳古隆中、赤壁古战场、炎帝神农故里、三峡大瀑布的创建指导,指导南水北调中线源头旅游区、荆州古城、江汉朝宗、荆门明显陵等景区积极创建5A,赤壁古战场景区正式荣升国家5A景区。2018年全省A级景区415家,其中5A级11家、4A级137家、3A级223家、2A级43家、1A级1家。召开了首次湖北省申报创建4A级旅游景区景观质量专家评审会,第一批12家旅游景区参加评审会,10家旅游景区通过资源价值评审。进一步规范"两评制",连续第四年开展专项整治,处理22家景区,其中6家取消等级、11家警告、5家通报批评。湖北省A级旅游景区监管机制和成效明显提升,得到文化和旅游部高度肯定。

据统计,全省4A级以上景区占全省游客总量的96.2%,其中,武汉东湖、十堰武当山、黄鹤楼公园分别位列前三位。

表6　2018年接待游客前十名景区(注:黄冈市遗爱湖景区为开放性景区)

排　名	景区名称	排　名	景区名称
1	武汉东湖生态旅游风景区	6	武汉华侨城欢乐谷
2	十堰武当山风景名胜区	7	襄阳唐城景区
3	武汉黄鹤楼公园	8	恩施土司城
4	黄冈遗爱湖景区	9	宜昌三峡大坝旅游区
5	宜昌西陵峡口风景名胜区	10	湖北省博物馆

表7　2018年全省游客评价量排名前十大景区

序号	景区	热度值	评分值
1	黄鹤楼	36593	4.4
2	武汉欢乐谷	27094	4.4
3	武汉海昌极地海洋公园	26106	4.3
4	木兰文化生态旅游区	11132	4.2
5	武汉东湖景区	8962	4.4
6	恩施大峡谷	8778	4.3
7	十堰武当山	8160	4.5
8	唐城景区	7899	4.2
9	三峡人家	6457	4.3
10	土司城	6192	4.0

根据湖北省旅游产业监测与应急指挥平台对国内8家主流OTA平台游客评价的监测，2018年，湖北省5A及4A景区总共产生227541条游客评论，环比上升6%，评论量全国排名第9位。其中好评率为82.5%，差评率为6.9%。全省旅游景区游客满意度平均分值4.3分。

(七)旅游市场监管秩序整体良好

大力推广应用全国旅游监管服务平台功能模块，在旅行社资质管理、团队管理、电子合同管理等方面取得显著进展，在全国名列前茅。组织开展了冬季热点旅游线路综合整治、旅游市场秩序专项整治“利剑行动”、暑期旅游市场秩序专项整治等工作。切实加强旅游安全监管，用好做实旅游安全综合监管机制，推动形成领导重视、职责明确、部门联动、齐抓共管的旅游安全监管局面。会同省体育局开展了滑雪场所安全检查，会同省质监局对旅游景区(点)特种设备及游乐设施进行调查摸底，推动明确了“滑水项目”的监管责任。扎实开展旅游安全隐患排查，组织全省各级旅游安全专委会开展联合督导督查500余次，出动1800多人次，排查隐患472条。推进旅游品牌“红黑牌”制度，打破“终身制”，倒逼旅游经营单位提高供给质量，市场满意度大幅提升，整体秩序良好。

表8　游客对湖北各地旅游总体评价情况表

序号	城市	满意度	好评率
1	恩 施	82.43	4.33
2	十 堰	83.12	4.30
3	武 汉	82.09	4.30
4	咸 宁	80.70	4.26
5	宜 昌	80.68	4.25
6	黄 冈	78.13	4.19
7	荆 门	77.23	4.20
8	黄 石	75.29	4.18
9	襄 阳	74.67	4.03
10	孝 感	74.30	4.04
11	荆 州	74.03	4.05
12	鄂 州	70.65	3.85
13	随 州	69.76	3.96

注：仙桃、天门、潜江、神农架等的游客评价数据量过小，解释力不具实际意义，因此未将四地数据进行排行计算

（八）游客文明旅游自觉性不断提高

持续开展“晒赛文明 为中国加分”活动，引进拥有500万粉丝的新媒体“根号视界”公司作为“晒赛文明，为中国加分”微信平台运营商，平台关注度和点击率明显上升。积极参与“文明旅游 为中国加分”百城联动活动，组织武汉、宜昌和襄阳市参与文明旅游百城联动活动，并在襄阳市设立全国启动式的城市分会场，开展多项文明宣传活动，吸引全国多个媒体和平台展播。初步形成公安、交通、文化、网信、铁路等多部门共抓文明旅游工作机制，组织开展2018年“文明旅游荆楚行”活动，游客文明旅游出行自觉性不断提高，全省掀起文明旅游热潮。

（湖北省文化和旅游厅）

湖北：文化和旅游对外交流活动精彩纷呈

2018年，湖北文化和旅游对外交流精彩纷呈，吸引了全球目光，进一步扩大了荆楚文化的影响力。

高质量服务习近平主席与莫迪总理武汉非正式会晤有关工作任务。2018年4月27日，习近平主席与印度总理莫迪在武汉非正式会晤举世瞩目，特别是两国领导人在湖北省博物馆共同参观精品文物展、一同欣赏《编钟乐舞》文艺演出，引起世界广泛关注。为落实两国国家领导人的会谈成果，11月，湖北工作组赴印度国家博物馆开展对接工作，就交流机制、互办展览、人员互访等达成合作意向。

5月7日至11日，上海合作组织成员国旅游部长会议和2018"中国——欧盟旅游年"灯桥点亮主会场活动由文化和旅游部、湖北省人民政府主办。上海合作组织成员国代表、欧盟代表及各方代表等数百人齐聚武汉，原省旅游委成功举办了灵秀湖北旅游推介会、上合组织旅游合作研讨会、"武汉之夜""欧盟蓝"灯桥点亮活动、东湖绿道和省博物馆技术考察等各项活动，旅游、文化活动协同发力，有效展示了荆楚文化的魅力。

高质量完成省政府赋予的外交部湖北全球推介活动工作任务，有效扩大了荆楚文化影响。全球140多个国家的驻华使节、国际组织驻华代表及工商界代表、中外专家学者和媒体记者500余人现场感受了璀璨深厚的荆楚文化和多姿多彩的荆楚风貌。原省文化厅用最美的形象、最炫的创意、最赞的表演给各国外交使节、各国际组织代表留下深刻印象，有效推进展示了湖北形象、湖北风采、湖北文化。

此外，还高质量服务赴日本、韩国、香港"湖北，从长江走来"综合展览活动，成功组派京剧演出团赴美国新奥尔良、奥兰多、迈阿密、哥伦布等4个城市举办了5场"欢乐春节"专场京剧演出、3场"国粹京剧进校园活动"；成功举办湖北非物质文化遗产展演、少儿画展、湖北文化图片展等6项"荆楚文化欧洲行"展演活动。

湖南省 2018 年文化和旅游发展情况分析

2018 年，是决胜全面建成小康社会、实施“十三五”规划承上启下的关键一年。在省委、省政府领导下，全省文化和旅游系统大力推动文化事业、文化产业和旅游产业融合发展，全省艺术创作成果丰硕，基本公共文化服务体系覆盖城乡，文物保护利用成效显著，非遗保护传承水平明显提升，以“锦绣潇湘”为品牌的全域旅游基地建设加快推进，旅游业法制化、标准化、信息化、品牌化和国际化水平全面提升，全省文化和旅游业高质量发展迈出坚实步伐。

一、文化事业和文化产业发展情况

(一)机构和人员

2018 年末，纳入统计范围的全省各类文化(文物)单位 1.58 万个，比上年减少 0.32 万个，其中，主要是文化市场经营机构数减少 0.31 万个。全省文化单位从业人员 10.22 万人，比上年减少 0.99 万人，其中，主要是文化市场经营机构从业人员减少 0.96 万人。

图1　2010年-2018年湖南省文化（文物）单位机构数及从业人员数

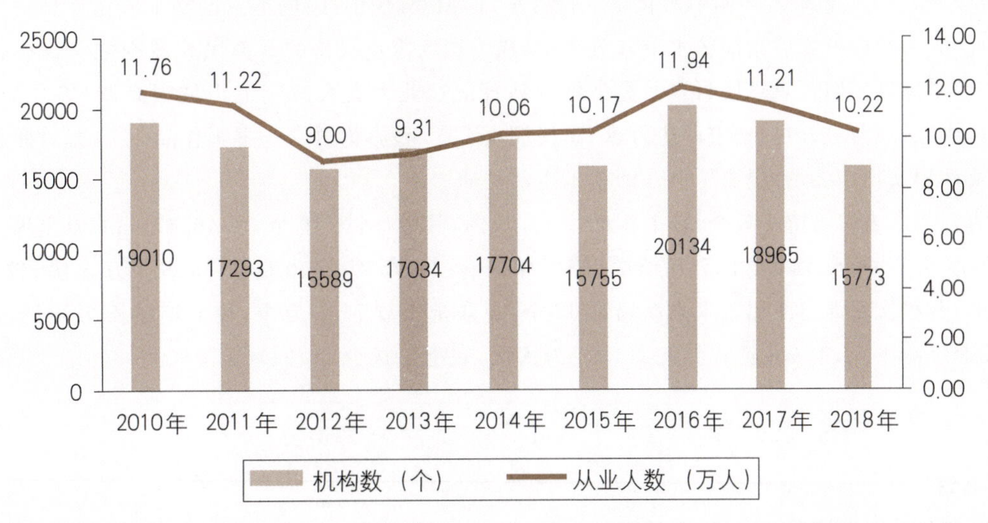

(二)艺术创作演出

全省共有艺术表演团体 510 个，比上年减少 24 个，从业人员 12018 人，比上年减少 508 人。其中，公有制艺术表演团体 100 个，占比 19.61%，从业人员 4009 人，占比 33.36%；非公有制艺术表演团体 410 个，占比 80.4%，从业人员 8009 人，占比 66.64%。全年全省艺术表演团体共演出 5.77 万场，较上年减少 4.2%，国内演出观众人次 2248 万人次，较上年减少 9.66%，总收入 13.73 亿元，较上年增长 27.12%，其中演出收入 4.10 亿元，较上年增长 17.83%。

全省文化部门所属艺术表演团体共组织政府采购公益演出 0.82 万场，较上年减少 0.85%，观众 612.06 万人次，较上年减少 3.57%。利用流动舞台车演出 0.89 万场次，较上年减少 4.22%；观众 614.83 万人次，较上年减少 2.1%。

表 1　2010 年—2018 年全省艺术表演团体基本情况

年　份	机构数（个）	从业人员数（人）	演出场次（万场）	国内演出观众人次（万人次）	总收入（亿元）	
					总收入	其中：演出收入
2010 年	201	7095	3.72	2174	2.33	0.62
2011 年	114	5002	2.07	1442.9	2.51	0.58
2012 年	141	5431	2.72	1450.2	4.83	1.79
2013 年	227	7890	3.55	1774.9	8.24	2.46
2014 年	271	8156	4.97	1709.4	6.91	3.22
2015 年	273	8686	6.61	1911.4	7.04	2.99
2016 年	439	11631	5.55	2443	11.29	4.22
2017 年	534	12526	6.02	2488.1	10.8	3.48
2018 年	510	12018	5.77	2247.8	13.7	4.10

全年创作 39 台大型剧目，其中现实题材作品 22 台；复排移植经典戏曲剧目 18 台；新创小戏、曲艺作品 80 多个；完成复排、移植经典戏曲剧目 30 余台；持续开展“雅韵三湘”高雅艺术普及计划，全年演出 202 场。5 个戏曲剧本入选文化和旅游部剧本孵化工程扶持项目，阳戏《侗山红》剧本入选剧本孵化计划一类作品（全国共 8 个）。成功举办第六届湖南艺术节，《英·雄》成为国家重点扶持的 9 部民族歌剧之一，《桃花烟雨》入选 2018 年度全国现实题材重点剧目，《月亮粑粑》《乌石记》《儿大女大》《爬上山坡唱高调》等参加全国展演或巡演。完成“送戏曲进万村，送书画进万家”惠民演出 11551 场，为群众送书画作品 7476 幅，“雅韵三湘”高雅艺术普及计划演出 202 场，提高了群众的艺术生活品质。

全省共有艺术表演场馆 105 个，较上年增长 14.13%，其中，剧场 49 个，占 46.67%；观众坐席数 8.84 万个，较上年增长 7.90%；演出 2.55 万场次，较上年减少 23.45%；演出观众 762.15 万人次，较上年增长 18%。其中，各级文化部门所属艺术表演场馆 62 个，观众坐席数 7.36 万个，较上年增长 9.11%，演出 1.16 万场次，较上年减少 51.12%，演出观众 310.01 万人次，较上年减少 11.94%。

（三）公共文化服务

1. 图书馆

全省共有公共图书馆 140 个，比上年增加 1 个，其中，少儿图书馆 8 个。年末全省公共图书馆从业人员 2110 人，其中，具有高级职称人员 152 人，占 7.2%；具有中级职称人员 762 人，占 36.1%。

全省公共图书馆本年新购藏量 209 万册，阅览室坐席数 39726 个，总藏量 3305 万册，房屋建筑面积 49.65 万平方米，平均每万人拥有公共图书馆建筑面积 71.96 平方米，流通人次 2478 万人次。

2. 文化馆与文化站

全省共有文化馆 145 个，从业人员共 2108 人，比上年减少 29 人。专业技术人才 1530 人，比去年减少 20

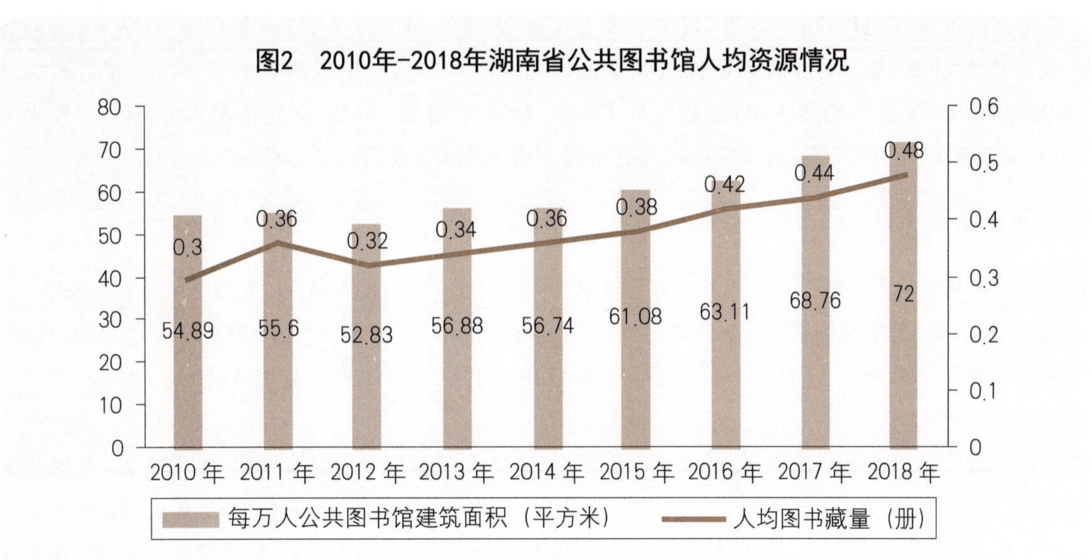

人。其中高级职称167人，占比7.92%；中级职称638人，占比30.27%。

全省共有文化站2395个，较上年减少35个；乡镇综合文化站2073个，较上年减少35个。文化站从业人员6487人，比上年增加53人，乡镇综合文化站从业人员5530人，较上年增加36人，文化站专业技术人才1528人，较上年增加140人。乡镇综合文化站专业技术人才1363人，较上年增加108人。文化站实际使用房屋建筑面积117.02万平方米，平均万人文化设施建筑面积228.48平方米。

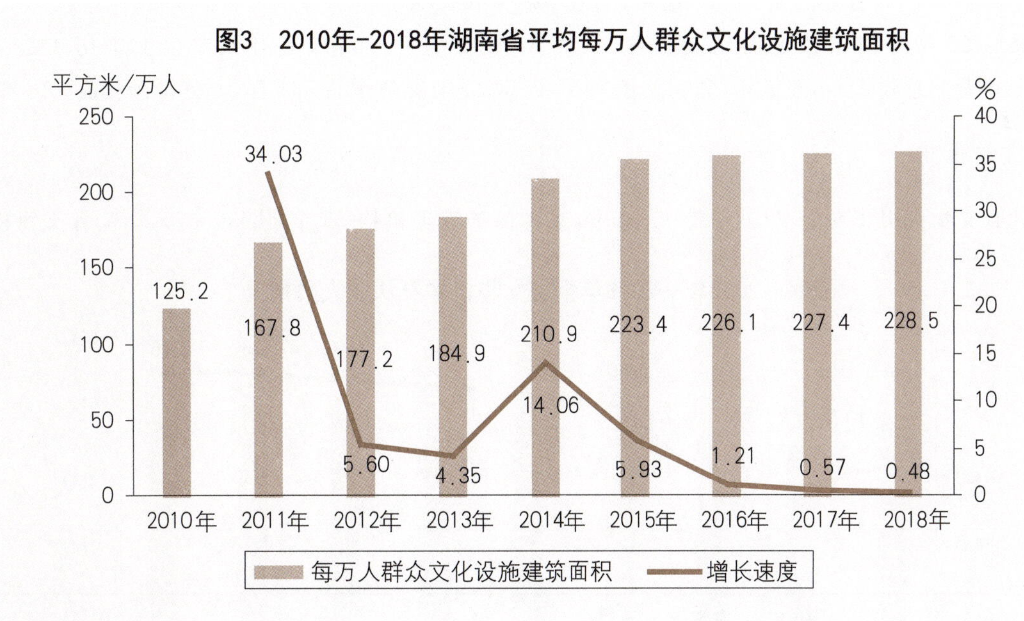

3. 博物馆

全省共有博物馆121家，较去年增加1家。从业人员3056人，较去年减少148人。专业技术人才913人，较去年减少55人。其中，具有高级职称人员115人，占博物馆总人数的3.76%；具有中级职称人员366人，占博物馆总人数的11.98%。博物馆基本陈列224个，举办展览237个。

4. 艺术展览创作机构

全省共有艺术展览创作机构33家，较去年增加1家；从业人员165人，较去年增加23人；专业技术人才124人，较去年增加20人。具有高级职称人员25人，占15.2%，具有中级职称人员61人，占36.97%。其中，美术馆有25家，较去年增加1家；从业人员121人，较去年增加23人；专业技术人才91人，较去年增加16人；具有高级职称人员15人，占12.4%，具有中级职称人员43人，占35.54%。

（四）文化市场

全省文化市场经营机构数1.23万个，比上年减少0.32万个；从业人员7.16万人，比上年减少0.95万人；营业总收入178.07亿元，比上年增长26.75%；营业利润28.73亿元，比上年减少3.59%。分区域看，年末城市文化市场经营机构数4364个，占文化市场经营单位总量的35.6%；县城4512个，占36.81 %；县以下地区3381个，占27.58 %。

全省共有娱乐场所2420家，较去年减少311家，从业人员22415人，较去年减少3639人；互联网上网服务营业场所（网吧）8920家，较去年减少2787家，从业人员26020人，较去年减少5260人；经营性互联网文化单位201家，较去年增加9家，从业人员7158人，较去年减少202人；艺术品经营机构191家，较去年减少50家，从业人员3005人，较去年增加390人；演出经纪机构73家，较去年减少8家，从业人员3457人，较去年减少433人。

（五）文化产业

全省共有1个国家级文化产业示范园区和11个国家文化产业示范基地，从业人员108965人，其中，具有大专以上学历92713人，占85.09%；具有中级职称以上16812人，占15.43%；全年营业收入271.81亿元，比上年增加0.06%；营业利润54.14亿元，比上年减少0.82%。

全省共有29个经国家认定的动漫企业，从业人员1201人，其中，具有大专以上学历1125人，占93.67%；全年营业总收入8.16亿元，利润总额0.85亿元；原创漫画作品564部，原创动画作品430部。

（六）文物保护

全省共有文物机构276个，与上年持平，其中，文物保护管理机构83个，占30.07%。全省文物机构从

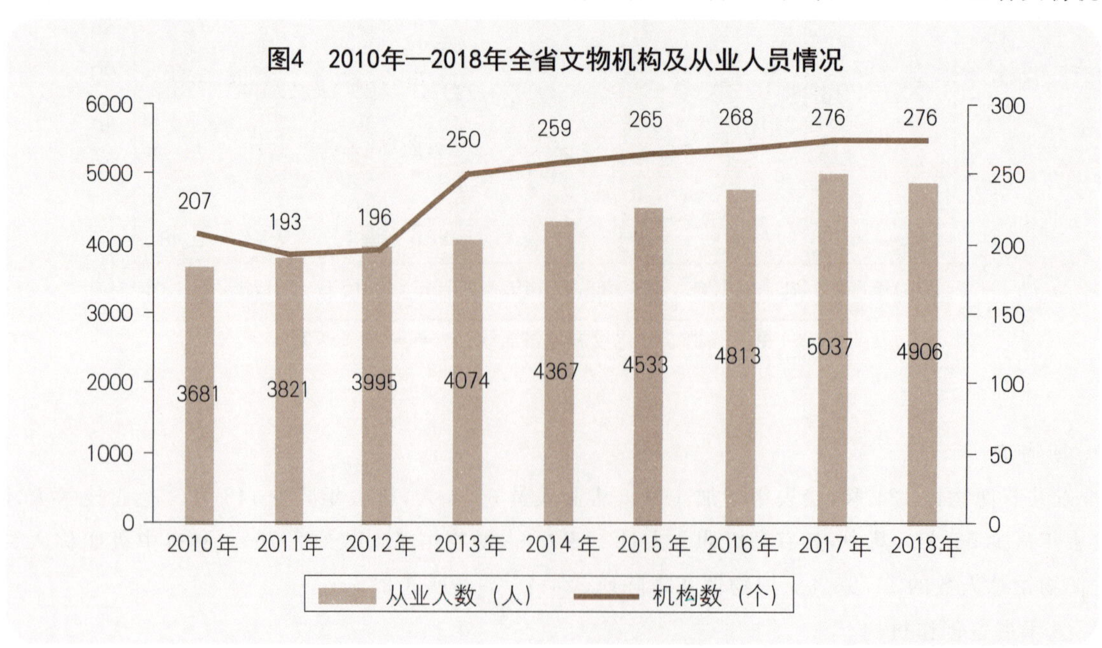

业人员 4906 人，其中，具有高级职称 156 人，占 3.18%；具有中级职称 509 人，占 10.38%。

全省文物机构拥有文物藏品 101.30 万件(套)，其中，博物馆文物藏品 61.8 万件，占文物藏品总量的 60.97%；文物商店文物藏品 21.6 万件，占 21.31%。文物藏品中，一级文物 1951 件，占 0.19%；二级文物 6922 件，占 0.68%；三级文物 67327 件，占 6.65%。本年新增藏品 18575 件，全年修复藏品 0.86 万件(套)。

全年全省文物机构共举办基本陈列 273 个，举办临时展览 274 个，接待观众 6145.26 万人次，比上年减少 0.05%；未成年人参观 1914.68 万人次，比上年减少 6.01%，占参观总人数的 31.16%。

(七)非物质文化遗产保护

全省共有非物质文化遗产保护机构 130 个，从业人员 851 人。全年全省非物质文化遗产保护机构共举办展览 786 个，比上年减少 5.76%，接待观众 189.08 万人次，比上年增长 9.01%；举办演出 2787 场，比上年增长 11.93%，观众 285.89 万人次，比上年增长 16.27%；举办民俗活动 510 次，比上年减少 14.72%，观众 192.19 万人次，比上年增长 17.74%；举办非遗工作人员培训班 377 次，比上年减少 36.53%，培训 0.21 万人次，比上年减少 43.77%；举办传承人员培训班 380 次，比去年减少 29.89%，培训人次 1.28 万人次，比去年减少 3.41%。

(八)对外和对港澳台文化交流

与马德里中国文化中心合作举办湖湘风华·湖南文化创意展、湖湘风华·湖南书画展等 7 项活动，出访规模达到 62 人次。与俄罗斯等一带一路沿线国家文化交流活动广泛开展，湖南文化代表团赴美国、俄罗斯、白俄罗斯、乌克兰、泰国、台湾等 6 个国家和地区参加“欢乐春节·湖湘风华”演出，累计演出 16 场，观众累计超 55 万人。在美国、古巴、墨西哥举办“2018‘湖湘风华·锦绣潇湘’走进美洲——湖南文化旅游周”活动。先后与波兰、捷克、俄罗斯、白俄罗斯、乌克兰、罗马尼亚、泰国等一带一路沿线国家开展文化交流活动。

全年经文化系统审批的对外、对港澳台文化交流演出团体机构 53 个，比上年下降 31.17%，其中，出访 50 个，比上年下降 19.35%；来访 3 个，比上年下降 80%；共参与交流 498 人，比上年下降 47.80%；演出(展览)510 场，比上年增长 395.15%。

(九)资金投入

2018 年，共争取到中央和省级文化文物专项资金共 10.63 亿元，其中，安排省级文化综合发展专项资金

图5 2010年-2018年全省人均文化事业费及增速情况

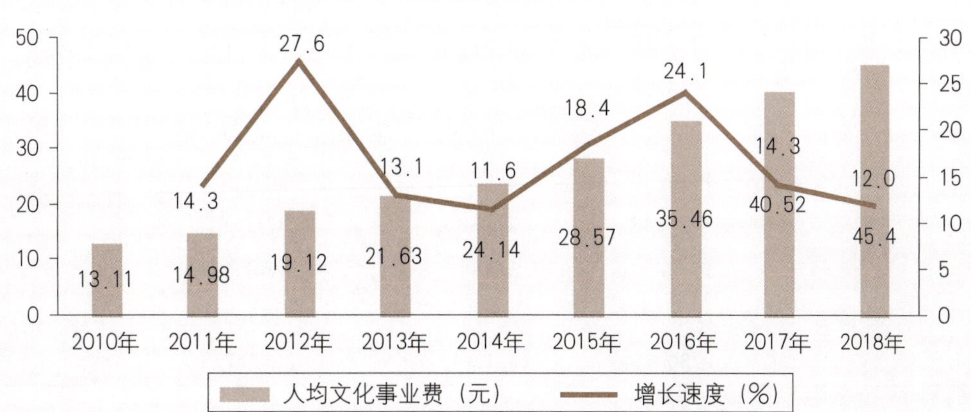

8100 万元，较上年增加了 1000 万元，增长 14.1%；省级文物保护发展专项资金 1 亿元，较上年增加了 2000 万元，增长 25.0%。

全省文化事业费支出 31.32 亿元，比上年增加 12.66%，全省人均文化事业费 45.4 元，较上年增加 4.88 元，增长 12.04%。全年文化事业费占财政总支出 0.42%，比重较上年提高 0.02 个百分点。

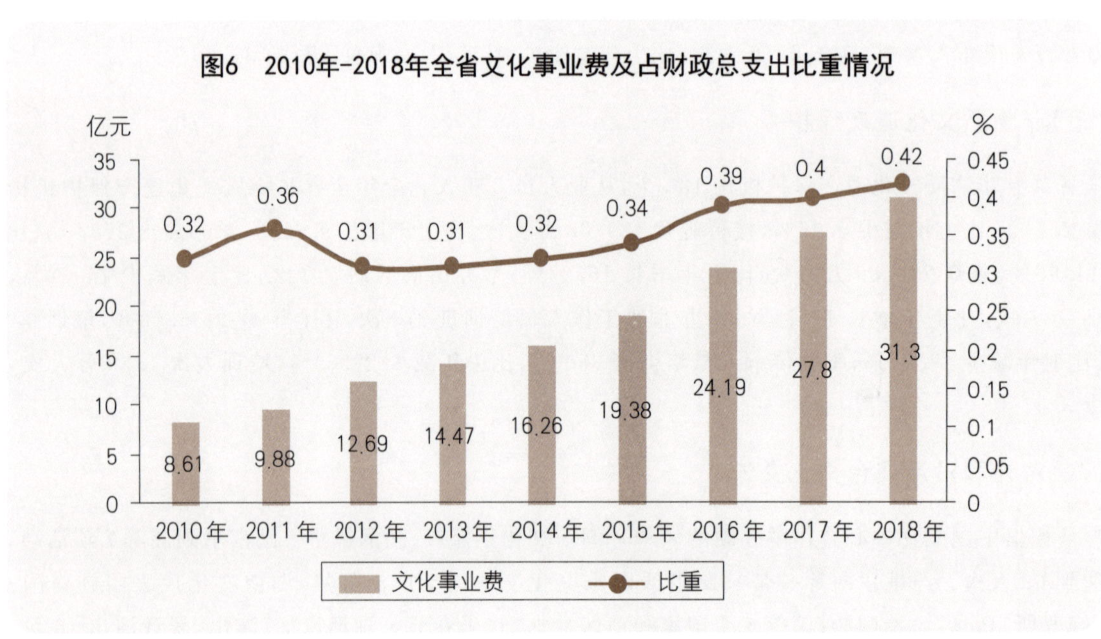

二、旅游产业发展情况

2018 年，全省共接待国内外游客 75300.53 万人次，同比增长 12.50%；实现旅游总收入 8355.73 亿元，同比增长 16.49%。其中，国内旅游收入增长 16.51%，入境旅游收入增长 17.37%；全省旅游产业增加值 2230.75 亿元，同比增长 9.55%，占 GDP 比重 6.12%，占第三产业增加值比重 11.81%。

表 2 2010—2018 年湖南省旅游主要指标

指标(单位)	旅游业增加值(亿元)	旅游业增加值占GDP比重(%)	旅游总收入(亿元)	国内外游客数(亿人次)
2010	774.63	4.83	1425.8	2.06
2011	965.78	4.91	1785.78	3.02
2012	1116.57	5.04	2234.1	3.62
2013	1253.24	5.09	2681.9	4.12
2014	1419.46	5.25	3050.7	4.73
2015	1528.48	5.26	3712.9	2.53
2016	1760.33	5.88	4707.4	5.7
2017	2036.21	5.89	7172.62	6.69
2018	2230.75	6.12	8355.73	7.53

(一)国内旅游

接待人次:接待国内游客 74935.45 万人次,同比增长 12.50%。其中过夜游客 20115.93 万人次,同比增长 2.16%;一日游游客 54819.52 万人次,同比增长 15.83%。

旅游收入:实现国内旅游收入 8355.73 亿元,同比增长 16.49%。其中过夜游客收入 3625.89 亿元,同比增长 10.79%;一日游游客收入 4629.23 亿元,同比增长 21.43%。

客源分布:湖南人游湖南占总数的 70.94%。省外客源量总体稳步上升,排名前十位的地区分别是广东省、湖北省、重庆市、河南省、河北省、山西省、浙江省、北京市、天津市和上海市,占省外客源市场的 70.58%。

旅游消费:国内游客人均花费为 1335 元,同比增长 10.15%,其中一日游人均消费为 758 元,同比增长 12.80%;过夜游人均花费为 1747 元,同比增长 10.43%。花费构成中,长途交通占 23.75%;餐饮占 19.01%,住宿占 16.12%,购物占 13.83%;景区游览占 11.96%;娱乐占 7.59%;市内交通占 1.45%;邮电占 0.75%;其他支出占 5.53%。

图7　2018年湖南省国内游客消费结构

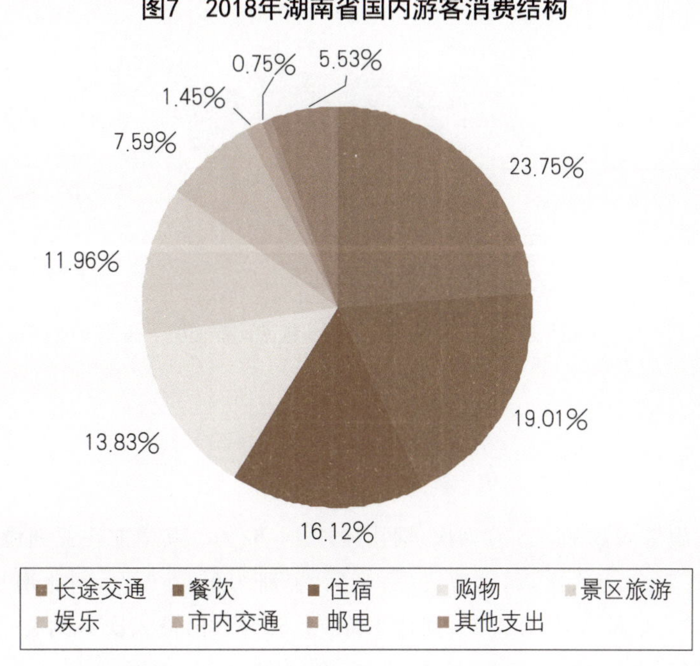

假日旅游情况:春节、国庆长假和五个小长假期间,共接待游客总量为 1.61 亿人次,同比增长 29.33%,实现旅游收入 1001.7 亿元,同比增长 36.93%。

(二)入境旅游

入境旅游人次:全省接待入境游客 365.08 万人次,增长 13.14%。其中接待外国人 178.74 万人次,同比增长 14.94%;香港同胞 87.53 万人次,同比增长 11.50%;澳门同胞 37.81 万人次,同比增长 31.55%;台湾同胞 61.01 万人次,同比增长 1.75%。

入境旅游外汇收入:全省实现入境旅游(外汇)收入 15.20 亿美元,同比增长 17.37%。其中:外国游客花费 7.83 亿美元,同比增长 17.82%;香港游客花费 3.28 亿美元,同比增长 20.17%;澳门游客花费 1.35 亿美元，同比增长 43.49%；台湾游客花费 2.74 亿美元，同比增长 4%。

主要客源市场：外国人市场中，亚洲占 60.37%，欧洲占 20.09%，美洲占 10.30%，大洋洲占 3.81%，非洲占 3.41%。排名前十位的客源国依次是：韩国 41.34 万人次，同比增长 47.78%；日本 12.59 万人次，同比增长 28.25%；马来西亚 10.64 万人次，同比下降 2.58%；美国 9.61 万人次，同比增长 19.66%；泰国 9.35 万人次，同比增长 18.16%；英国 6.52 万人次，同比增长 34.21%；越南 6.27 万人次，同比增长 176.51%，新加坡 5.92 万人次，同比减少 1.97%，德国 5.38 万人次，同比增长 42.98%，俄罗斯 5.24 万人次，同比增长 15.38%，以上十个客源国接待量占入境外国游客总量的 63.14%。

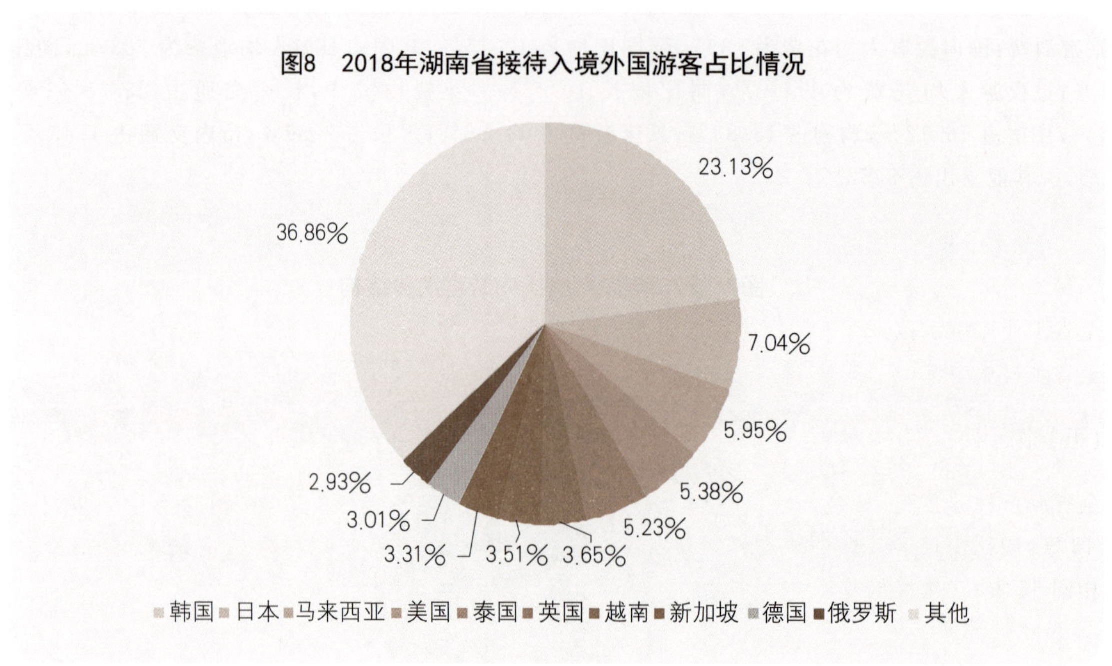

图8 2018年湖南省接待入境外国游客占比情况

（三）出境旅游

通过本省口岸出境旅游人数 96.58 万人次，同比增长 14.62%。其中前往亚洲游客亚洲 81.22 万人次，同比增长 16.59%；欧洲 5.58 万人次，同比增长 28.43%；美洲 2.05 万人次，同比增长 1.25%；大洋洲 3.81 万人次，同比下降 4.38%；非洲 0.18 万人次，同比下降 71.59%。出境人次数列在前十位的国家分别是泰国、越南、马来西亚、印度尼西亚、澳大利亚、日本、韩国、菲律宾、美国、德国。

通过旅行社组织出境游 287.12 万人次，同比增长 11.88%，其中出国游 262.28 万人次，同比增长 19.81%；赴香港游 10.60 万人次，同比下降 21.00%；赴澳门游 7.86 万人次，同比下降 34.08%；赴台湾游 6.38 万人次，同比下降 48.45%。

（四）旅游景区

全省等级旅游景区共 443 家，比上年增长 12.72%，其中，3A 级旅游景区增长 54.92%，4A 级增长 6.12%，2A 级增长 3.57%，5A 级、1A 级等级旅游景区数量无变化。全省纳入统计系统的 393 家 A 级景区接待游客 27692.11 万人次，同比增长 30.99%。实现营业收入 322.72 亿元，同比增长 22.63%。

全省共有红色旅游景区（点）310 个，其中进入全国红色旅游经典景区（点）名录的 28 个，省重点红色旅游景区（点）名录的 79 个。

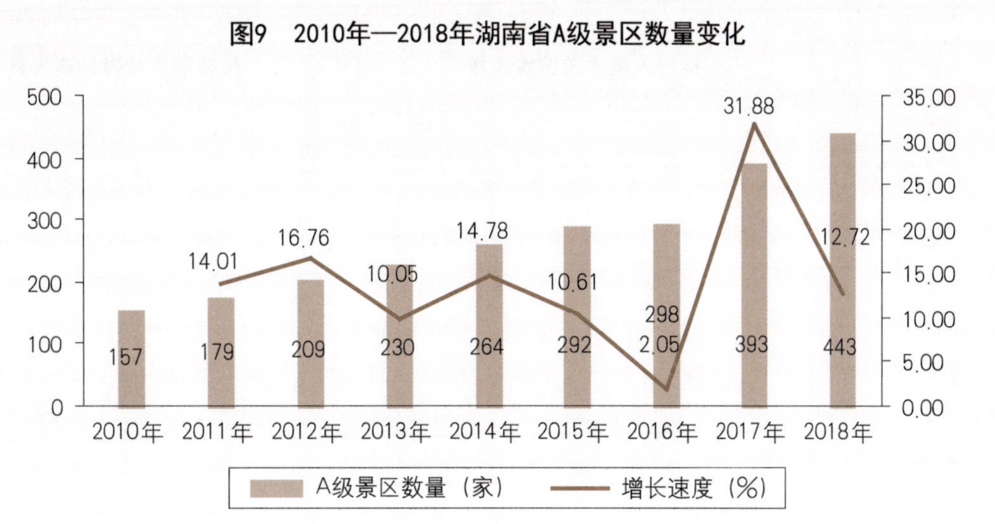

全省工业旅游示范点70个，其中全国工业旅游示范点6个，与去年持平；省级工业旅游示范点64个。全省乡村旅游区（点）数量1320家，其中，五星级428家，四星级488家，三星级404家。

（五）旅行社

全省旅行社总数为1011家，比上年增加104家，同比增长11.47%，其中出境游组团社104家，比上年增加13家，同比增长14.29%，五星级旅行社30家，比上年增加10家，同比增长50%；四星级旅行社与去年数量相同56家；三星级旅行社74家，比上年减少1家，同比减少1.35%。

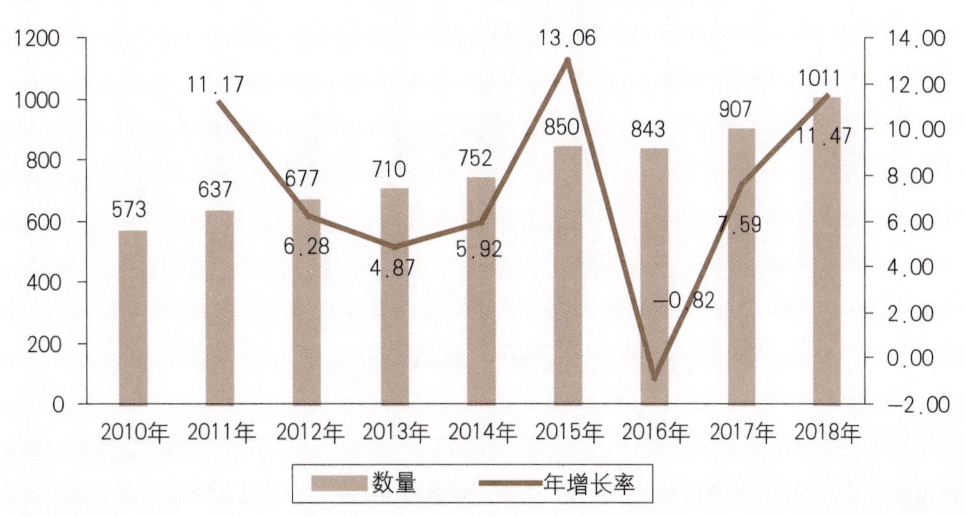

全省旅行社组织国内旅游793.99万人次，同比增长24.42%；接待国内旅游887.13万人次，同比增长6.97%；接待入境游客100.65万人次，同比下降12.44%；组织出境游287.12万人次，同比增长11.88%。

表 3　2010—2018 年湖南省旅行社接待入境游客和国内游客数量

单位：人

年　份	接待入境旅游游客人数	接待国内旅游游客人数
2010 年	1017455	5248943
2011 年	1226158	7686217
2012 年	1371178	6942004
2013 年	1245259	5554112
2014 年	1200970	5162060
2015 年	1205408	5585232
2016 年	1258923	7013086
2017 年	1149464	8293473
2018 年	1006485	8871319

（六）星级饭店

全省共有星级饭店 397 家，比上年减少 10 家，同比下降 2.58%，其中五星级饭店 19 家、与去年持平，四星级饭店 66 家、比上年减少 3 家，三星级饭店 219 家、比上年减少 6 家，二星级饭店 93 家。

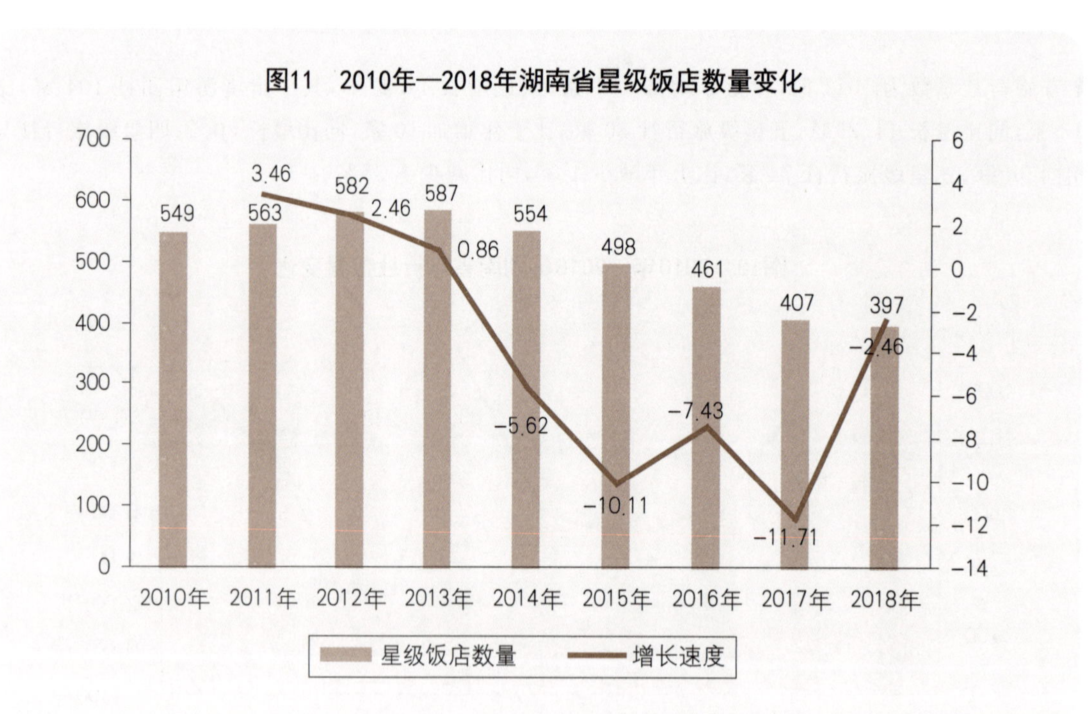

纳入统计系统的 330 家星级饭店中，五星级 19 家、四星级 66 家、三星级 172 家、二星级 77 家。纳入统计的 330 家星级饭店实现营业收入 56.58 亿元，同比下降 4.47%，其中，客房收入为 25.44 亿元，同比下降 5.54%；餐饮收入为 24.19 亿元，同比下降 4.14%。平均出租率为 62.75%，同比下降 0.67%；平均房价为 244.63 元/间夜，同比增长 3.04%。

表 4 2010 年—2018 年湖南省星级饭店营业收入情况(单位:亿元)

年 份	营业收入	其中:客房收入	餐饮收入
2010 年	66.24	28.71	29.45
2011 年	76.86	31.82	34.57
2012 年	86.19	34.57	29.11
2013 年	69.33	29.11	26.76
2014 年	73.32	28.40	25.61
2015 年	98.73	45.61	41.25
2016 年	66.58	30.81	27.64
2017 年	59.23	26.94	25.24
2018 年	56.58	25.44	24.19

(七)旅游投资

2018 年,争取中央和省级旅游发展专项资金 5.94 亿元,同比增长 1.02%,其中,省级旅游发展专项资金 5.45 亿元,与上年持平,中央旅游发展基金补助地方 4941 万元,同比增长 12.97%。

全省在建旅游项目 392 个,比上年减少 46 个,同比减少 10.50%,总投资 6311.77 亿元,同比增长 0.87%,其中,投资上百亿项目 11 个,上五十亿项目 28 个,投资上十亿项目 123 个,重点跟踪推进的 30 个省级重点在建旅游项目总投资 1492.5 亿元。

(八)涉旅客流

全省民航、铁路、公路、水路共完成旅客运量 108083.22 万人次,同比下降 7.0%,其中,民航客运量 1403.34 万人次,同比增长 13.0%;铁路省内客运量 13943.47 万人次,同比增长 8.3%;公路客运量 91007.05 万人次,同比下降 9.3%;水运客运量 1729.36 万人次,同比增长 3.3%。

(九)旅游投诉

全省旅游总体满意度为 97.29%,同比增长 5.21%。受理有效旅游投诉 1479 件,已结案 1465 件,投诉处理结案率为 99.1%,同比下降 0.74%。

(湖南省文化和旅游厅)

湖南：文化和旅游亮点纷呈

2018 年，在省委、省政府的领导下，文化和旅游系统深入贯彻落实新发展理念，着力推进文化和旅游融合创新发展，全省文化旅游总体呈现持续向好发展的良好态势。

全省文化旅游贡献持续提高，全年实现文化和创意产业增加值 2260 亿元，同比增长 7.0%，占 GDP 比重为 6.2%，实现旅游产业增加值 2230.75 亿元，同比增长 9.55%，占 GDP 比重 6.12%。全年实现旅游总收入 8355.73 亿元，同比增长 16.49%，累计接待国内外游客 7.53 亿人次，同比增长 12.50%。文化旅游＋扶贫成效明显，老百姓享受了文化餐、吃上了旅游饭，文物、非遗、旅游等助力一批贫困县、贫困村脱贫致富，“让妈妈回家”成为湖南省文化旅游扶贫的典型。

全省艺术创作成果丰硕，基本公共文化服务体系覆盖城乡，文物保护利用成效显著，非物质遗产保护传承水平明显提升，以“锦绣潇湘”为品牌的全域旅游基地建设加快推进，旅游业法制化、标准化、信息化、品牌化和国际化水平全面提升。成功举办第六届湖南艺术节，《英・雄》成为国家重点扶持的 9 部民族歌剧之一，《桃花烟雨》入选 2018 年度全国现实题材重点剧目，《月亮粑粑》《乌石记》《儿大女大》《爬上山坡唱高调》等参加全国展演或巡演。株洲市成功创建第三批国家公共文化服务体系示范区，总分位居中部第一、全国第二；湘潭市、湘西州的示范创建项目也高分通过国家验收。“让妈妈回家”非遗＋扶贫模式得到中央电视台、新华社报道推广，纳入《习近平新时代中国特色社会主义思想三十讲》大型专题政论片；全国乡村旅游与旅游扶贫推进大会在湖南省召开，《让美丽战胜贫困》一书入选 2018 年农家书屋工程，推出湖南省 55 个旅游扶贫典型案例。省博物馆新馆开馆一年接待观众 362 万人次，成为全国接待人数最多的省级博物馆、全省最受关注景区，各级文物开放单位、博物馆接待观众约 7000 万人次。举办了 2018 湖南—长三角经贸洽谈周湖南文化创意产业园区建设推介会，签约项目 19 个，总投资 126 亿元。荣获全国文化市场综合执法技能比武三等奖，文化和旅游市场持续繁荣健康。全省 31 家单位入选国家全域旅游示范创建单位名单，数量位居全国第一。成功举办中国湖南（第九届）旅游产业博览会暨首届旅游装备展，首次发布《2018 中国旅游装备制造业发展报告》，在德国、波兰、捷克、美国、古巴等国家和地区举办了湖南文化旅游周，湖南省作为全国唯一省份入选 2018 年世界十大最物超所值的旅行目的地。开展了湖南文化地标（2018）推选活动，评选潇湘“红八景”和首批红色旅游教育示范基地。

广东省 2018 年文化和旅游发展情况分析

2018 年为深入落实中央和省委、省政府的部署要求，坚持改革创新，文化和旅游融合发展取得新进展，促进了物质文明和精神文明协调发展。

一、机构和人员

2018 年末，纳入统计范围的全省各类文化单位 24097 个，从业人员 264094 人；其中，各级文化文物部门所属单位 2566 个，从业人员 35537 人。

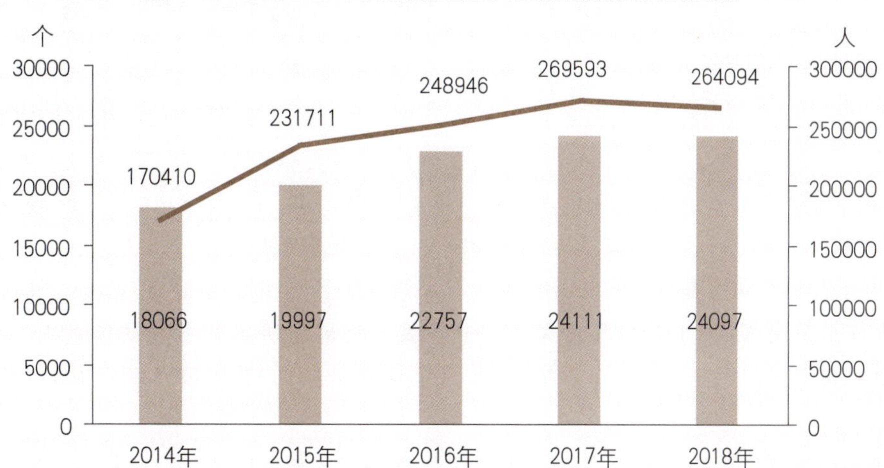

二、艺术创作演出

打造“广东省艺术院团演出季”品牌，将院团和剧场优质资源相结合，14 台剧目在 3 个剧场进行 24 场演出，集中展示新近推出的优秀艺术作品。推进艺术生产“三条线”建设（复排、演出经典剧节目，加大力度推广演出当红流行剧目，创排、演出新创剧节目），不断完善文艺院团管理运行机制。结合“庆祝改革开放 40 周年”“新中国成立 70 周年”等重要时间节点，重点做好现实题材文艺创作生产，加紧创排粤剧《风起南粤》、话剧《花好月圆》、潮剧《赠梅记》、雷剧《挖宝记》等优秀舞台艺术作品，广东歌舞剧院创排的舞蹈《与妻书》获第十一届中国舞蹈“荷花奖”当代舞奖。开展全省文艺精品巡演活动 71 场。举办“2018 广东国际青年音乐周”“星海音乐厅 20 周年华彩演出季”等艺术品牌活动，提升广东艺术在国内外的影响力。到贫困村进行演出约 1278 场。做好本省高校的戏曲普及工作，举办中小学生地方戏曲艺术展演。持续推动美术惠民工作，受到观众和媒体的好评。举办全省美术馆馆长培训班，逐步开展美术馆评估定级工作，积极推动全省美术事业发展。加强线上线下的指导辅导，协助各地、各单位做好艺术科研项目的申报工作。全年共受理全国艺术科学规划项目210项，获得文化和旅游部立项14项；受理国家社会科学基金艺术学重大项目5项，获得文化和旅游部立项1项，申报总数和立项数均位于全国前列。

年末全省共有艺术表演团体436个，比上年末增加46个，从业人员12335人，比上年末增加352人。其中各级文化部门所属的艺术表演团体71个，占16.28%，从业人员4211人，占34.14%。

全年全省艺术表演团体共演出4.627万场，比上年末增加11.49%，其中赴农村演出3.286万场，同比增长15.46%，赴农村演出场次占总演出场次的71.02%；国内观众2522.265万人次，比上年增长7.32%，其中农村观众1697.279万人次，比上年增长20.52%；总收入13.60296亿元，比上年末减少7.30%，其中演出收入3.96769亿元，减少33.11%。

表1　2014年—2018年全省艺术表演团体基本情况

年　份	机构数（个）	从业人员数（人）	演出场次（万场）	国内演出观众人次（万人次）	总收入（万元）	
						#演出收入
2014年	325	10759	4.698	2741.677	114275.8	31783
2015年	391	11392	4.13	2141.95	145227.5	76153.5
2016年	357	11532	3.875	2427.276	115249.2	38915.1
2017年	390	11983	4.15	2350.147	146755.5	59319.8
2018年	436	12335	4.627	2522.265	136029.6	39676.9

全省文化部门所属艺术表演团体共组织政府采购公益演出0.125万场，比上年末减少6.72%；观众144.337万人次，减少1.01%。利用流动舞台车演出0.011万场次；观众10.152万人次。

年末全省共有艺术表演场馆86个，观众坐席数21.5513万个；全年艺术演出0.563万场次，比上年末增长4.45%；艺术演出观众人次445.26万人次。其中各级文化部门所属艺术表演场馆43个，观众坐席数4.7113万个，全年共举行艺术演出0.277万场次，比上年减少6.42%；艺术演出观众人次171.021万人次，减少15.51%。

年末全省国有美术馆15个，从业人员285人。全年共举办展览469次，比上年增长8.31%，参观人次295.982万人次，比上年末增长39.79%。

三、公共文化服务体系建设

实施公共文化基础设施建设攻坚做强工程，对全省17个地市未建和未达标图书馆、文化馆建设实地督导，推进建设进度。推动省级七项重大标志性文化工程项目建设，目前进展顺利。联合省相关部门推动滨海旅游公路、环南岭旅游公路和“四好农村路”规划建设。稳步提高公共文化服务制度化、标准化水平，宣传贯彻落实《中华人民共和国公共图书馆法》，研究制订广东省公共文化服务评价指标体系。推进村级综合性文化服务中心全覆盖建设，2018年中央、省财政共下达10850万元扶持粤东西北地区建设1085个村级综合性文化服务中心示范点。截至12月底，全省共建成村级综合性文化服务中心25624个，覆盖率达99.3%。助推粤东西北地区公共文化设施提档升级，基层公共文化设施完善予以经费补助。开展全省乡镇综合文化站综合专项治理行动，提升服务水平。加快推进公共文化服务体系示范区（项目）创建工作，在第三批示范区（项目）验收中，佛山市取得东部组第三名的好成绩，梅州市、深圳市罗湖区被评为“优秀”等次。中山市和深圳市盐田区"智慧图书馆服务平台建设"、东莞市"塘厦打工歌曲创作与推广"获得第四批国家示范区(项目)创建资格,2018 年省财政下达 700 万元扶持省级第二批的 4 个示范区、12 个示范项目创建工作。落实厕所革命,2018 年全省新建、改扩建旅游厕所 1071 座。提升旅游公共服务,全省设立旅游集散中心 48 个、咨询中心 328 个,建成汽车营地 20 个。大力繁荣群众文艺创作,开展群众文艺作品评选,推动群文试排试演(创排)基地建设,组织省聘业余作者赴黑龙江省采风观摩,举办群文创作骨干高级研修班。评审命名广州市荔湾区等 43 个"广东省民间文化艺术之乡",揭阳普宁市流沙西街道等 11 个地区获得 2018—2020 年度"中国民间文化艺术之乡"称号。举办群众戏剧曲艺花会、省民歌民乐大赛、全省广场舞展演、打工者歌唱大赛、全民阅读推广等文化惠民活动,受到群众欢迎和好评。成功举办公共文化研讨会等,扩大公共文化理论研究影响力。

(一)公共图书馆

年末全省共有公共图书馆 143 个,与上年末持平。其中少儿图书馆 5 个,与上年末持平;年末全省从业人员 4542 人,比上年末增加 92 人。其中高级职称 309 人,占 6.80%;中级职称 1445 人,占 31.81%。

年末全省公共图书馆实际使用房屋建筑面积 137.066 万平方米,比上年末增长 2.28%;图书总藏量 9547.572 万册,增长 9.64%,其中古籍 79.33 万册;电子图书 6406.083 万册,增长 9.58%;阅览室座席数 10.0006 万个,增长 4.88%;计算机 1.7063 万台;供读者使用的电子阅览终端 1.0847 万台。

年末全省平均每万人公共图书馆建筑面积 120.81 平方米,比上年末增加 0.82 平方米;全省人均拥有公共图书馆藏量 0.84 册,增加 0.06 册;全年全省人均购书费 2.92 元,比上年末减少 0.02 元。

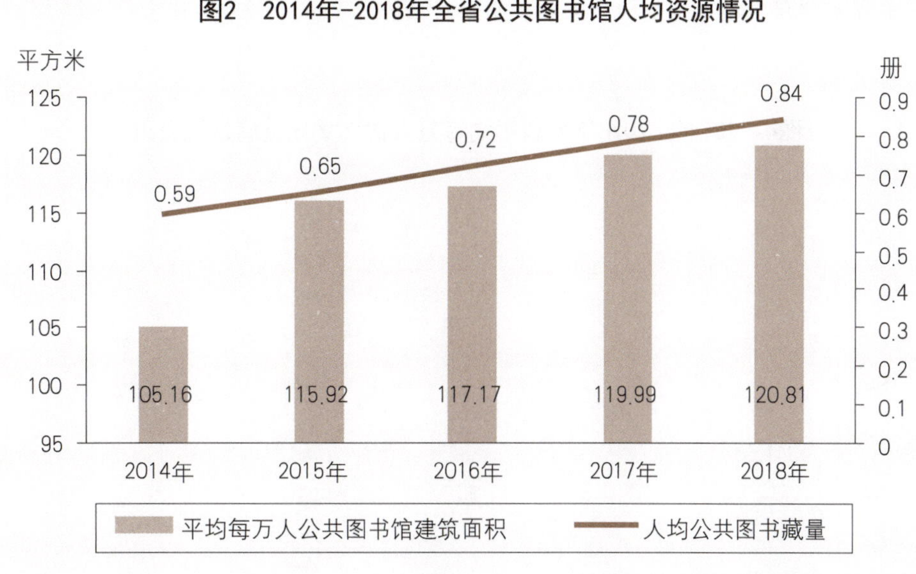

全年全省公共图书馆有效借书证数 7468361 个,比上年末增长 9.77%;总流通人次 10517.666 万,增长 14.98%。书刊文献外借册次 7213.22 万,增长 5.29%;外借人次 2161.4 万,增长 2.41%。全年共为读者举办各种活动 22529 次,减少 20.60%;参加人次 2269.726 万,增长 24.36%。

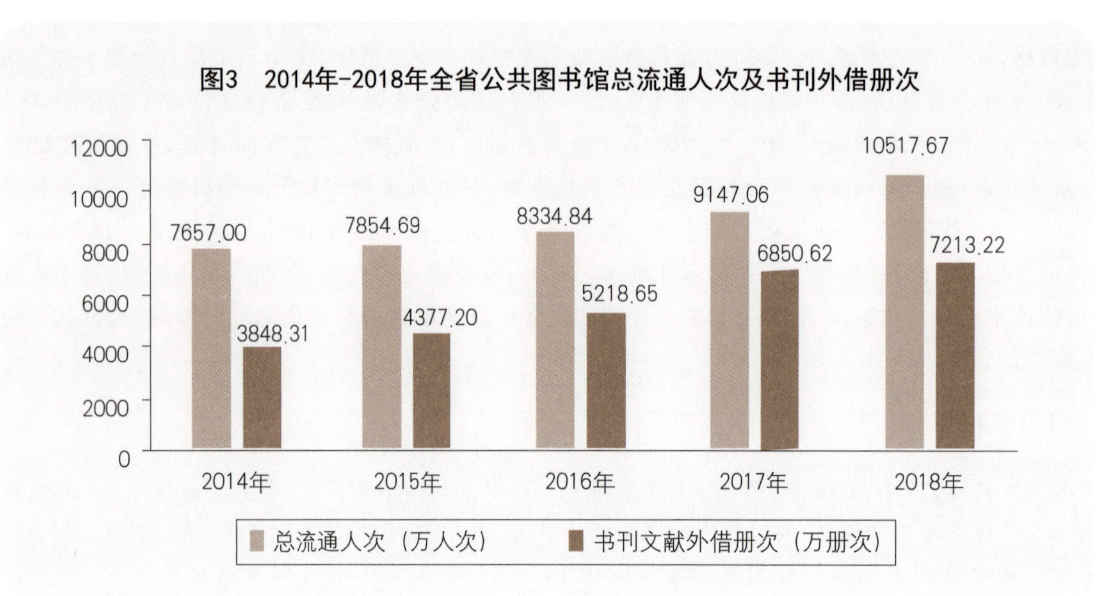

图3 2014年-2018年全省公共图书馆总流通人次及书刊外借册次

（二）群众文化机构

年末全省共有群众文化机构1755个。其中乡镇综合文化站1175个，与上年末持平。；年末全省从业人员12259人，比上年末增加287人。其中高级职称245人，占2%；中级职称696人，占6%。

年末全省群众文化机构实际使用房屋建筑面积399.214万平方米，比上年末增长1.04%；计算机23728台，增长1.52%。年末全省平均每万人群众文化设施建筑面积351.85平方米，比上年末减少1.90平方米。

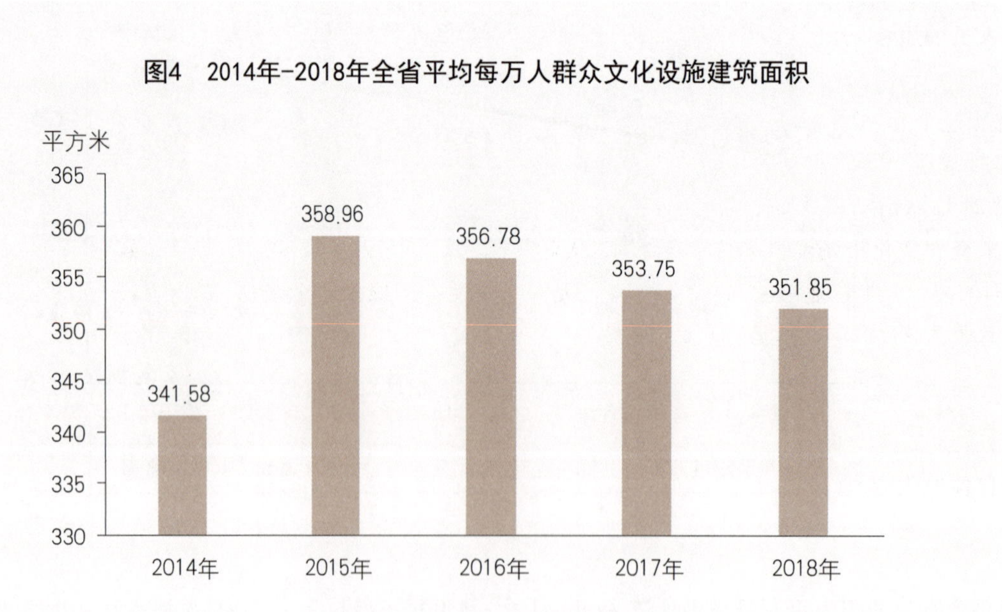

图4 2014年-2018年全省平均每万人群众文化设施建筑面积

全年全省群众文化机构共组织开展各类文化活动14.334万场次，比上年末增长10.80%；服务人次6664.455万，增长24.44%。

表 2　2018 年全省群众文化机构开展活动情况

	总　　量		比上年增长(%)	
	活动次数（万次）	服务人数（万人次）	活动次数	服务人次
各项活动总计	14.334	6664.4553	10.805	24.44
其中：展览	0.8879	1060.911	1.2	4.66
文艺活动	6.2742	5153.658	10.65	31.78
公益性讲座	0.2169	35.519	47.95	40.49
训练班	6.955	414.367	11.41	2.12

年末全省群众文化机构共有馆办文艺团体 321 个，演出 4788 场，观众 349.617 万人次。由文化馆（站）指导的群众业余文艺团体 14757 个，馆办老年大学 29 个。

四、文化和旅游市场

积极推动"放管服"改革，向广州、深圳以及自贸片区委托、下放部分省级管理权限。制定《广东省营业性演出管理工作指引（试行）》，进一步加强和完善营业性演出管理，维护文化安全和意识形态安全。加强网络游戏行业管理，根据重点网络游戏动态监测结果，集中约谈网络游戏企业，责令企业限期整改。强化主体责任，引导行业自律，举办网络文化单位内容自审人员培训班四期，共培训内容审核人员 2000 人。树立行业发展标杆，促进行业健康有序发展。大力开展旅游标准化试点工作，深圳市旅游协会被国家标准化管理委员会列为第二批团体标准试点单位；龙门县被原国家旅游局列为第四批全国旅游标准化试点单位。建立粤港澳大湾区旅游标准协调机制，探索制定粤港澳大湾区团体标准，利用标准提升粤港澳大湾区内旅行社和导游人员的服务质量。加强实体市场日常监管，开展春节、"两会"、暑假期间等重要节点专项整治等，推动网吧监管平台升级，严查严管网络文化市场，举办两期网络文化市场"以案施训"活动。在全省启用推广"全国旅游监管服务平台"，全面实行电子导游证制度和导游服务星级评价制度，全程开启"全国导游之家"APP，实时掌握导游执业全过程。联合相关单位成功举办"文明旅游为中国加分"百城联动、"活力广东 心悦之旅"移动 U 站启动仪式等活动，大力弘扬文明旅游新风，推动全省旅游志愿者活动走向深入。

年末全省文化市场经营单位 21452 家，从业人员 22.1265 万人。年末全省共有娱乐场所 5259 个，从业人员 76401 人，全年营业总收入 67.25074 亿元。互联网上网服务营业场所 7372 个，从业人员 26399 人，全年营业总收入 21.95075 亿元。

五、文化和旅游产业

全省各地发展全域旅游，作为稳增长、扩投资、促消费的新动能。2018 年全省接待入境过夜游客 3779.99 万人次，同比增长 3.7%。其中，外国人 880.67 万人次，增长 2.0%；香港、澳门和台湾同胞 2899.32 万人次，增长 4.1%。国际旅游外汇收入 205.12 亿美元，增长 4.4%。国内过夜游客 4.53 亿人次，增长 11.1%；国内旅游收入 12254.99 亿元，增长 14.9%。以"互联网+""文化+"推进文化产业业态创新，促进文化与旅游、制造业、体育等产业门类的融合发展。举办全省文创产品开发设计大赛，推进文创产品进机场、进新华书店、进景区，达成资源优势互补合作协议。开展省级文化产业园区督导，对已获创建资格的园区及集聚类省级文化产业示范园区创新、孵化服务平台给予一定经费支持。鼓励和指导全省各地创建星级饭店和 A 级景区，实现星级饭店、A 级景区退出机制常态化，多措并举提升旅游服务质量。2018 年末全省星级饭店 756 家，其中五星级 107 家，四星级 156 家。A 级旅游景区 385 家，其中 5A 级景区 13 家，4A 级景区 186 家。全省旅行社总数 2960 家，增加 244 家，其中出境游旅行社 609 家。导游(注册电子导游证人数)52654 人，出境游领队 9156 人，赴台游领队 515 人。做好相关的文化会展工作。举办旅游产业投融资对接会等活动，对征集到的总额达 5500 亿元的 400 个旅游项目做好跟踪服务。办好国际旅游产业博览会，吸引 60 个国家及地区的 50 多万人次参展，促成旅游合作项目 32 个、总金额达 1000 亿元；大众旅游卖场产品优惠名额达 10 万个，让利 1.5 亿元。乡村旅游和古驿道旅游蓬勃发展，推动创建一批 3A 级以上乡村旅游景区，评定一批休闲农业与乡村旅游示范镇、点，引导推动各地创建旅游风情小镇和旅游特色村，指导各地制定民宿评定标准；举办 11 条重点旅游线路设计大赛，南粤古驿道旅游与青少年研学相结合等活动。国庆黄金周，全省乡村旅游共接待游客 3135 万人次，占全省接待游客总量的 62.1%。纳入统计的 18 家古驿道沿线景区接待游客 72.8 万人次，同比增长 22.2%；收入 1.06 亿元，同比增长 16.7%。纳入监测的 14 段南粤古驿道重点区域共接待游客 281.5 万人次，带动了周边农民增收。

六、文化遗产保护

配合国家文物局在广州举办“中国文化和自然遗日”全国主场活动和海上丝绸之路国际学术研讨会，在江门举办海上丝绸之路立法研讨会，不断推进海上丝绸之路申遗工作。组织实施南粤古驿道文物保护利用项目，编制南粤古驿道保护利用重点项目实施计划，建立南粤古驿道保护利用重点项目库，大力推广 11 条南粤古驿道旅游线路。组建区域文物考古工作站，继续实施“南海Ⅰ号”发掘保护项目、台山川岛海域水下考古调查项目。推进潮州市笔架山潮州窑遗址和江门市方济各·沙勿略墓园及大洲湾遗址国家考古遗址公园建设项目。加强革命文物保护利用，建设 109 家红色旅游景区。开展第八批全国重点文物保护单位申报和第九批广东省文物保护单位评审，组织开展文物单位消防安全排查整治。博物馆公共服务水平逐步完善，广东省一、二、三级博物馆总数居全国第二位，博物馆整体质量居全国前列。组织开展广东改革开放藏品征集，举办改革开放 40 周年系列展览，开展全省非国有博物馆藏品备案工作。

加强非物质文化遗产保护，省政府批准并公布代表性项目 39 项、扩展项目 35 项。实施传统工艺振兴计划，开展传承人群研培、支持设立振兴传统工艺工作站、开展传统工艺技能大赛等。加强非遗整体性保护，争取中央财政 700 万元用于建设国家级客家文化(梅州)生态保护实验区，设立大埔县非遗传承保护观察点，对现有 8 个省级实验区开展实地调研和总体规划方案论证，加强对非遗及其孕育发展的环境进行区域性整体保护。实施非遗记录工程，启动和开展 14 名国家级非遗代表性传承人抢救性记录，对 15 名省级传承人口述史记录。组织全省各地开展文化和自然遗产日非遗宣传展示活动，结合传统节日开展非遗进校园、进社区、进企业、进军营、进乡村、进景区等活动。同省法律援助基金会、广州市版权保护中心等合作，设立非遗法律援助基金、成立非遗法律志愿者服务队等，突显法律护航非遗。注重非遗在青少年的传播，让孩子们成为非遗保护传承的“小火种”。实施“广东省基层图书馆古籍修复提升计划”，打造“书香古韵——中华古籍之魅力”古籍宣传品牌，完成《民国稿抄本(第二辑)》《近代华侨报刊大系(第二辑)》《广东省立中山图书馆藏黄牧甫印谱九种》《广东省佛山市图书馆等八家收藏单位古籍普查登记目录》等古籍和地文献整理出版项目。

年末全省共有文物机构 276 个，其中，文物保护管理机构 32 个，占 11.59%，博物馆 184 个，占 66.67%。年末全省文物机构从业人员 4716 人，比上年末增加 43 人。其中高级职称 239 人，占 5.07%，中级职称 903 人，占 19.15%。

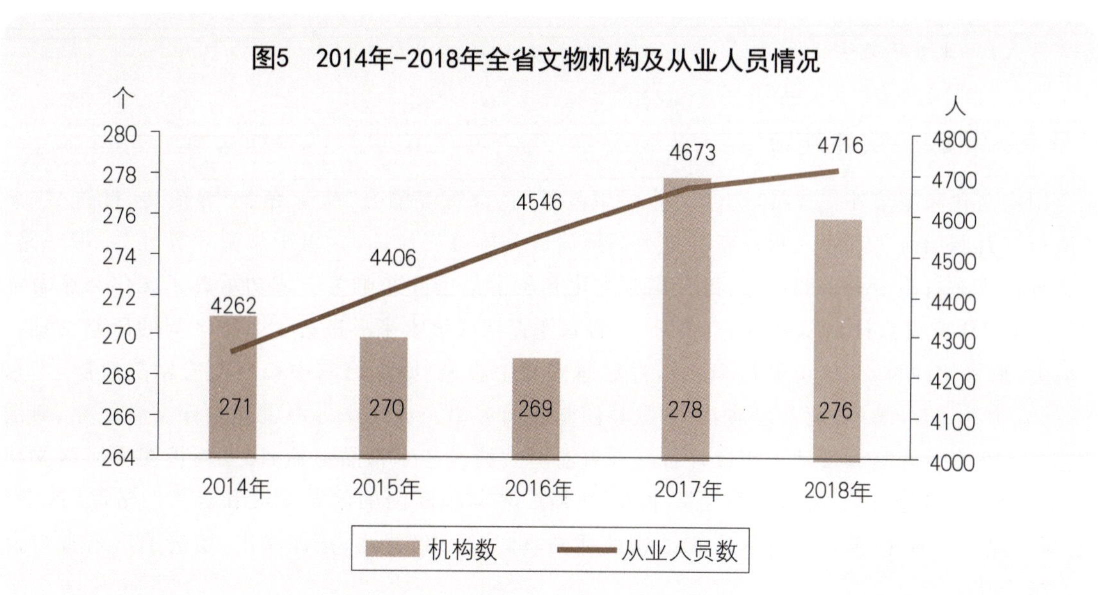

年末全省文物机构拥有文物藏品1398121件，比上年末增加35223件，增长2.58%。其中，博物馆藏品1038580件，占藏品总量的74.28%；文物商店藏品225841件，占16.15%。文物藏品中，一级文物1431件，占0.10%；二级文物15703件，占1.12%；三级文物67714件，占4.84%。

全省文物机构有基本陈列541个，比上年减少1.28%；举办临时展览1196个，比上年增长14.89%；接待观众5829.91万人次，比上年增长7.11%。其中未成年人1492.397万人次，增长3.68%，占同比总数的25.60%。博物馆接待观众5511.976万人次，比上年末增长7.83%，占同比总数94.55%。

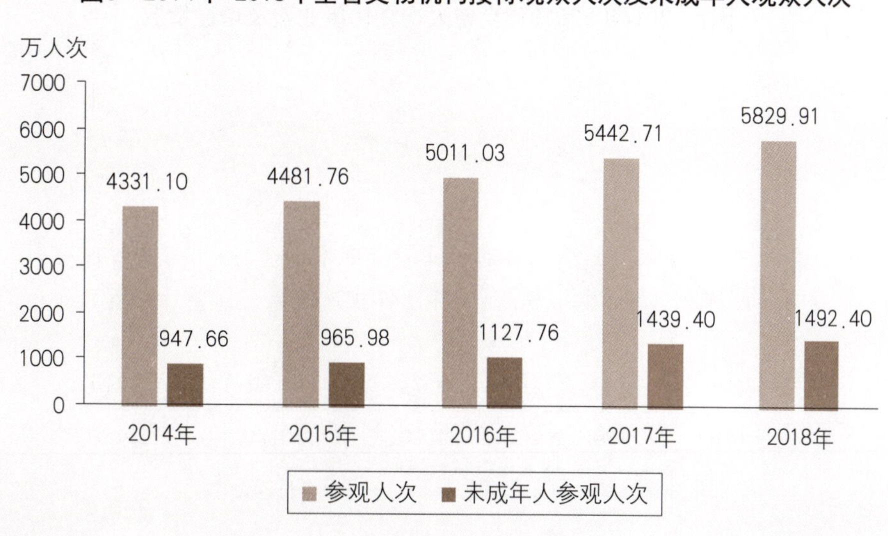

年末全省共有非物质文化遗产保护机构124个，从业人员699人。全年全省非物质文化遗产保护机构共举办展览901次，比上年减少3.43%，接待观众578.962万人次，比上年增长135.46%；举办演出1548场，比上年减少25.72%，观众153.599万人次，比上年减少33.68%；举办民俗活动897次，比上年增长

11.85%，观众1181.788万人次，比上年末减少12.75%；举办培训班1315次，比上年减少12.57%，培训人数7.277万人次，比上年减少7.76%。

七、对外和对港澳台文化交流

配合国家文化和旅游外交战略，选派文化团组赴美国、沙特等举办“欢乐春节”等活动，打造“广东文化精品丝路行”“月圆四海”等品牌，积极参加重要国际旅展及旅游交流活动，组织旅游业界赴“一带一路”沿线国家宣传推广广东省旅游资源和产品，提升广东文化和旅游的国际影响力。成功承办了文化和旅游部主办的“2018青年汉学家研修计划”，组织了25国31名海外青年汉学家来粤进行了为期3周的研修活动。广东歌舞剧院舞剧《沙湾往事》二度访美在华盛顿肯尼迪艺术中心、费城金梅尔中心玛丽安剧院商演，广东现代舞团作品《须弥芥子》赴德国、荷兰巡演，南方歌舞团赴泰国演出。成功举办粤港澳青年文化之旅、粤港澳青少年粤剧艺术夏令营等品牌活动。积极筹备开展粤港澳大湾区艺术精品巡演，确立粤港澳大湾区文化协作机制，并筹备建立工作机构。借助澳门国际平台，加强广东与国际间的旅游交流和合作。组派《沙湾往事》赴澳门参加“濠江月明夜”演出。组派广东话剧院话剧《韩文公》赴台北、花莲演出，增进了广东省与台湾戏剧界的交流合作。

全年省文化系统接待境外团体1225批16938人次，其中来自香港178批2378人次；来自澳门21批506人次；来自台湾323批2812人次。出访团组338批6382人次，其中出访香港134批6382人次；出访澳门75批1553人次；出访台湾9批75人次。全年双向交流1563批23320人次。

八、资金投入

全年全省文化事业费99.47亿元，居全国首位，比上年增加18.04亿元，增长22.15%；全省人均文化事业费87.67元，居全国第9位，比上年增加14.76元，增长20.24%。

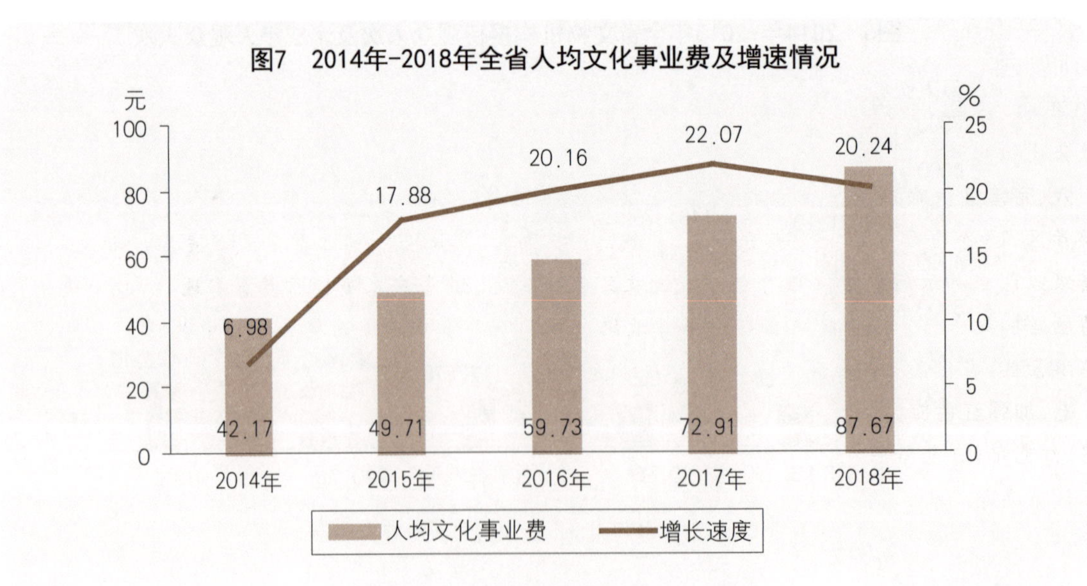

全年全省文物事业费[18]26.94亿元，比上年增加3.77亿元，增长16.27%。全省人均文物事业费23.75元，比上年增加3.01元，增长14.51%。

（广东省文化和旅游厅）

广东:加强革命文物保护和利用

红色旅游是以红色革命遗址为载体,推动传统爱国主义教育和现代休闲相结合的方式。开发利用好红色文化旅游资源,既能使游客在休闲旅游中深刻感受到革命先烈勇于斗争、百折不挠的精神,同时也是实施乡村振兴战略,推动经济欠发达的苏区老区精准扶贫精准脱贫的重要抓手,推进革命文物保护和红色旅游精品打造,取得显著成效。

一、初步摸清革命文物家底。据统计,全省现有革命类不可移动文物2035处,其中,省级以上文物保护单位183处,市县级文物保护单位600多处;革命类博物馆18家,革命类珍贵文物近5000件。

二、稳步推进革命文物保护工程。2011年以来对24处国家级文物保护单位、130余处省级文物保护单位进行修缮,开展孙中山故居、中共广东省委旧址等革命文物专项保护规划。现基本完好的革命文物有约1400处,占70%,省级以上文物保护单位完好率接近100%。省级文物保护单位广州市杨家祠(革命先烈杨匏安旧居),通过微改造修缮保护和活化利用,2019.4开馆后,参观人数累计超过13000人次,成为红色革命和爱国主义教育重要场所。

三、不断深化挖掘革命文物内涵。广州市投入大量人力物力,委托科研机构编制了《广州市抗战史迹保护与利用纲要》。珠海市文物主管部门在保护三灶岛侵华日军罪行遗迹的基础上进一步开展日军罪证收集工作,2015年由区、镇、村三级文物保护工作者组成工作组对7个重点村居的21位三灶侵华日军罪证见证者做了详细的采访记录工作,保存第一手资料。

四、创新发挥革命文物的社会教育功能。全省开放参观的革命文物建筑约960处,其中有104处开辟为博物馆、纪念馆和爱国主义教育基地,初步形成种类丰富、体系完备的革命文物展示利用体系,依托革命文物开展系列活动,使其社会教育功能得到发挥。

五、强化红色旅游基础工作。对全省重要红色旅游资源进行普查,形成《广东省重要红色旅游资源汇编》,完成《广东省"重走长征路"红色旅游精品线路现状普查报告》。加强红色旅游基础设施建设,将河源市龙川县闽粤赣边五兴龙县苏维埃旧址红色旅游公路改造工程纳入《全国红色旅游公路规划(2017—2020年)》。民航中南管理局根据红色旅游发展需要,增设航线,增开航班,开展梅县机场迁建选址工作;广铁集团组织开行红色旅游专列约200趟。

六、完善红色旅游精品景区体系。全省共有13个全国红色旅游经典景区、10个国家4A级以上红色旅游景区、13个全国爱国主义教育基地、9个国家国防教育示范基地、2个全国港澳青少年游学基地、26个省级红色旅游示范基地、104个省级爱国主义教育基地、26个广东省国防教育基地,以及一大批红色旅游博物馆和纪念馆。深圳建成广东改革开放纪念馆。下一步重点谋划提升建设中共三大会址等重要红色旅游景区,在韶关开建红军长征粤北纪念馆。

七、加强红色旅游宣传推广。在官网上开辟"红色旅游专栏",主流媒体对本省红色旅游资源及重点线路、红色记忆(包括图片、人物、视频、歌曲)进行宣传推广。以中央苏区红色旅游联盟为平台,加强原中央苏区市县与江西、福建两省成员单位间的红色旅游合作。推进红色旅游书籍编写工作,纪念广州起义90周年纪录片"红旗飘上越王台",先后在广州电视台、中央电视台播出。

八、发挥红色旅游扶贫攻坚带动作用。2016—2018年全省共安排约2000万元旅游扶贫资金扶持原中央苏区县、粤东西北革命老区发展红色旅游、开展"厕所革命",改善当地基础条件。规划指导韶关南雄江头镇武岭村、梅州丰顺八乡山镇滩良村、汕尾陆河新田镇湖坑村等10个省定相对贫困村,通过发展红色旅游实现扶贫富民、带动乡村振兴。

广西壮族自治区 2018 年文化和旅游发展情况分析

2018 年全区文化和旅游系统坚持以人民为中心的工作导向，坚持高质量发展理念，紧紧抓住优秀文化产品、优质旅游产品这个中心环节，推动全区文化事业、文化产业和旅游业融合发展，全力推进民族文化强区、旅游强区建设。

一、机构与人员

2018 年，广西各类文化（文物）单位 7089 个，比上年减少 788 个；从业人员 56031 人，比上年减少 795 人。其中，各级文化文物部门所属单位 1947 个，比上年减少 8 个；从业人员 17301 人，比上年减少 154 人；专业技术人员 7644 人，比上年增加 210 人。广西旅游管理部门 272 个，其中旅游行政主管部门 135 个、二层机构 113 个、旅游行业协会 24 个；旅游部门职工人数 87677 人，其中旅行社职工人数 15158 人、星级饭店职工人数 34869 人、A 级旅游区（点）职工人数 31714 人、管理机构及其它职工人数 6239 人。

二、文艺创作演出

艺术创作生产日益繁荣。2018 年广西成功举办了第十届广西戏剧展演等全区性专业艺术活动，组织音乐剧《白莲》等剧目赴北京献演。7 个艺术项目得到文化和旅游部扶持，30 个项目获得国家艺术基金 2018 年度资助排名全国第 12 位。广西演员杨建伟荣获中央电视总台相声小品大赛最佳男演员奖，打破了北方演员对该奖项的垄断。此外，庆祝自治区成立 60 周年文化活动取得圆满成功。庆祝大会群众文艺表演得到了中央代表团、自治区党委、政府以及社会各界的充分肯定和高度评价。庆祝改革开放 40 周年、广西壮族自治区成立 60 周年文化艺术展览展演（北京）活动、故宫博物院文物特展、自治区成立 60 周年文物博物馆事业成果展巡展等活动广受欢迎。

年末广西共有艺术表演团体 112 个，比上年增加 4 个；从业人员 4727 人，减少 20 人。其中，文化部门所属的艺术表演团体 21 个，占 18.8%，从业人员 1412 人，占 29.9%。

全年广西艺术表演团体共演出 1.71 万场，比上年增长 18.8%，其中，赴农村演出 0.48 万场，比上年增长 19.9%；国内观众 1118.19 万人次，全国排名第 20 名，增长 14.9%，其中，农村观众 274.97 万人次，总收入 7.42 亿元，比上年增长 20.9%，其中，演出收入 3.46 亿元，全国排名第 15 名。

全年广西文化部门所属艺术表演团体共组织政府采购公益演出 0.19 万场，观众 198.68 万人次。利用流动舞台车演出 370 场次，观众 29.20 万人次。

年末广西共有艺术表演场馆 57 个，比上年增加 19 个，观众座席数 14353 个。其中，文化部门所属艺术表演场馆 12 个，观众坐席数 5777 个。全年共演（映）出 2.73 万场次，比上年增长 19.2%；观众 190.00 万人次，增长 94.6%。

年末广西共有国有美术馆 3 个，从业人员 51 人。全年共举办展览 79 次，参观人次 39.00 万人次，增长 15.0%。

表1　2011—2018年广西艺术表演团体基本情况

年　份	机构数（个）	从业人员数（人）	演出场次（万场）	国内演出观众人次（万人次）	总收入（万元）	
						演出收入
2011年	148	5,461	1.31	1,207.25	26,022.0	4,176.6
2012年	68	2,744	1.20	757.91	17,340.0	4,630.6
2013年	59	3,777	1.54	881.79	35,746.6	9,108.5
2014年	67	3,042	0.92	663.89	32,238.3	5,496.9
2015年	92	4,613	1.37	1,824.04	65,364.8	34,801.0
2016年	100	4,716	1.19	848.43	66,539.3	30,884.6
2017年	108	4,747	1.44	973.20	61,342.8	7,255.4
2018年	112	4,727	1.71	1118.19	741,68.7	346,01.6

三、公共文化服务体系

公共服务体系建设稳步推进。2018年，全区共建设1200个村级公共服务中心，全区总数达11522个，覆盖率为80%居全国前列。全区1644个公共文化场馆免费开放，服务人次超过6000万，文化服务能力显著提升。举办了100多场“5.23全民艺术普及日”系列活动。2018年，广西文化艺术中心、广西图书馆民族文献中心相继建成并投入使用。广西群众艺术馆改扩建项目、广西博物馆改扩建项目、广西民族剧院建设项目等相继动工。争取项目资金近2.3亿元，新建9个县级图书馆、9个县级文化馆、5个县级博物馆，新建或改扩建43个乡镇综合文化站。

图1　2011-2017年广西公共图书馆建筑面积情况

(一)公共图书馆

年末广西共有公共图书馆116个,其中省级图书馆3个,地市级图书馆15个,县区级图书馆98个。年末全区公共图书馆从业人员1675人,比上年增加15人。专业技术人员1231人,占73.5%,其中:高级职称119人、中级职称578人。

年末全区公共图书馆实际使用房屋建筑面积44.03万平方米,比上年增长4.2%;总藏量2749.94万册,其中,图书2181.82万册、古籍40.45万册;电子图书2607.78万册,增长12.9%;阅览室座席数33182个,增长1.6%;计算机6776台,增长2.0%;供读者使用的电子阅览终端4748台。

年末全区平均每万人公共图书馆建筑面积89.39平方米,全国排名第21名,比上年末增加2.9平方米;全区人均图书藏量0.56册,全国排名第21名;全区人均购书费1.04元,全国排名第18名。

全年广西各级公共图书馆有效借书证114.26万个,比上年增加9.9%;总流通人次2384.60万人次,比上年增加1.7%。书刊文献外借1155.29万册次;外借人次593.73万人次,增长1.2%。全年共为读者举办各种活动4766次,参与人次373.10万人次。

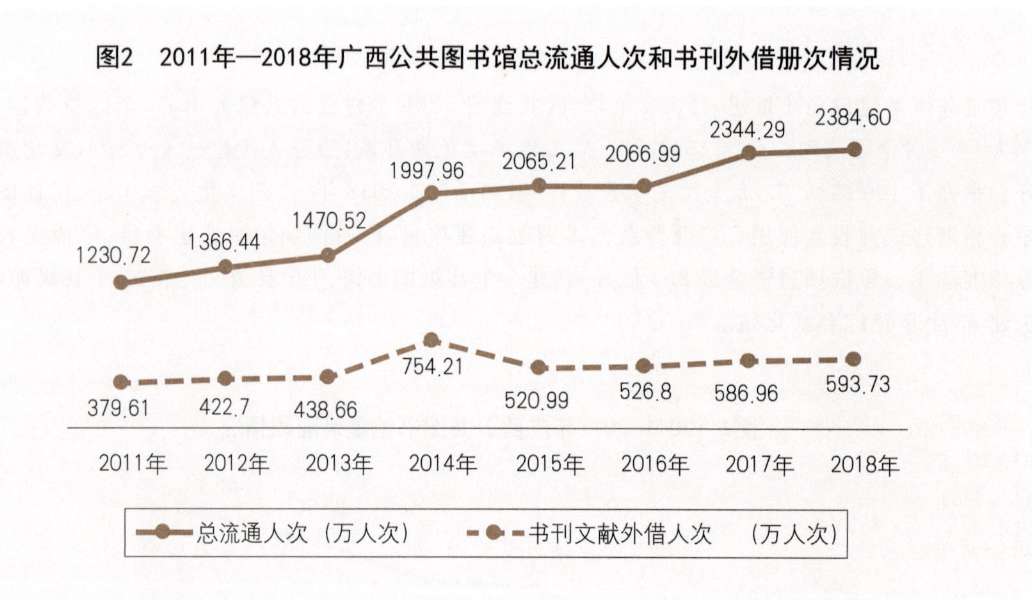

(二)群众文化机构

年末广西共有群众文化机构1297个,其中,省级群众艺术馆1个,地市级群众艺术馆14个,县市级文化馆109个,文化站1173个。年末全区群众文化机构从业人员5179人,比上年减少57人。专业技术人员2846人,占55.0%,其中:高级职称142人、中级职称750人。

年末广西群众文化机构实际使用房屋建筑面积78.46万平方米,比上年末下降1.7%;年末广西平均每万人群众文化设施建筑面积159.28平方米,全国排名第30名;人均群众文化业务活动专项经费2.78元,全国排名第25名。

全年广西群众文化机构共组织开展各类文化活动54230场次,其中,文艺活动36041次,培训班13921次,展览3406个,公益性讲座862次;服务惠及人次2859.81万人次,增长31.3%。

年末广西群众文化机构共有馆办文艺团体353个,演出7652场,观众486.60万人次。由文化馆(站)指导的群众业余文艺团队17692个,馆办老年大学34个。

图3　2011年—2018年广西群众文化设施人均建筑面积情况

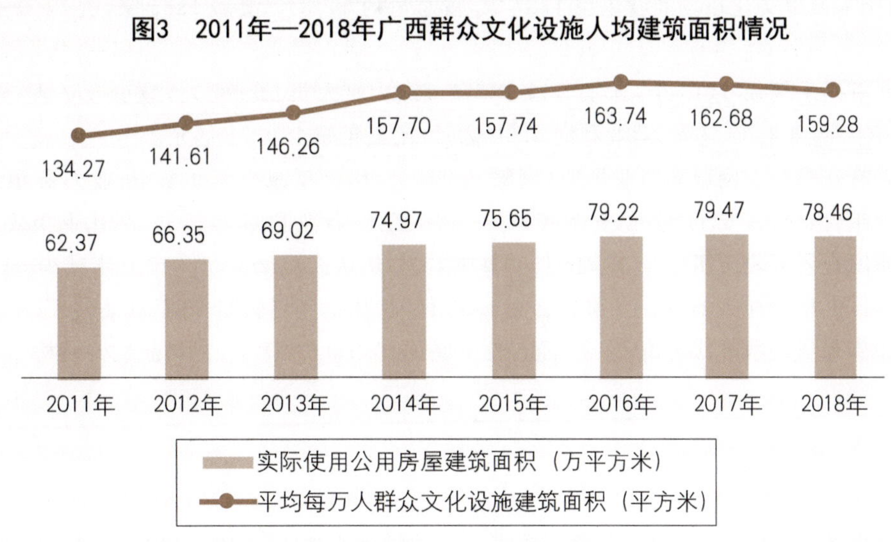

四、文化市场

文化市场安全繁荣稳定。截至2018年底，全区上网服务场所、文化娱乐场所数量达5634家，从业人员3.2万人，408家上网服务转型升级场所、文化娱乐场所品质进一步提升。全年共引进国外、港澳台地区艺人2736人次、演出10482场次，新增演出经纪机构25家。

全年共出动文化市场执法检查296139人次，检查文化市场经营单位98453家次，责令改正1310家次，受理举报325件，立案调查1230件，移交案件6件，办结案件1472件，罚款158.44万元，没收违法财物56644件，没收非法音像（电子）出版物8796张。经全区各级文化行政部门、文化市场综合执法机构共同努力，2018年，我区文化市场连续7年无一例重大安全责任事故发生，文化市场持续保持安全稳定、繁荣发展。

年末广西文化市场经营单位5101家，比上年减少779家；从业人员37981人，减少608人。全年全区文化市场经营单位营业总收入44.49亿元，比上年增加5.56亿元，增长14.3%；营业利润12.08亿元，比上年

图4　2018年广西文化市场经营机构城乡布局情况

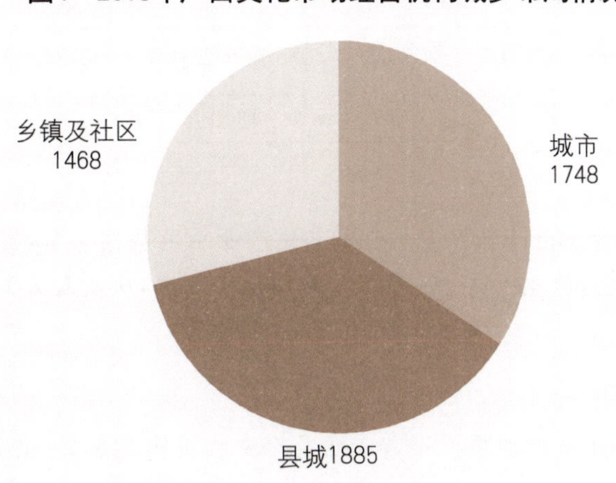

增加 0.31 亿元，增长 2.6%。

分区域看，年末城市文化市场经营单位 1784 家，占总量的 34.3%；县城 1885 家，占 37.0%；乡镇及社区 1468 家，占 28.8%。

年末广西共有娱乐场所 1713 个，比上年减少 377 家；从业人员 19096 人，减少 677 人；全年营业收入 18.00 亿元，比上年增加 2.37 亿元；营业利润 3.66 亿元，比上年减少 0.21 亿元。

年末广西共有互联网上网服务营业场所（网吧）3085 个，比上年减少 459 家；从业人员 9960 人，比上年减少 2632 人；全年营业收入 6.14 亿元，比上年减少 1.88 亿元；营业利润 1.55 亿元，比上年减少 0.72 亿元。

年末广西非国有艺术表演团体 87 个，比上年增加 4 个；从业人员 2805 人，比上年减少 94 人；全年营业收入 3.47 亿元，比上年增加 0.60 亿元；利润总额 1.38 亿元，比上年增长 0.22 亿元。

年末广西非公有制艺术表演场馆 44 个，经营性互联网文化单位 67 个，艺术品经营机构 53 个，演出经纪机构 52 个。

五、文化产业

文化产业健康蓬勃发展。2018 年，广西有国家认定动漫企业数达 11 家，一批广西产动漫作品在国内外上映，吸引了环球数码、腾讯企鹅等国内知名动漫企业与区内动漫企业开展合作。积极组织参加国家级文化产业博览会，合同金额达 10.2 亿元，为历年最高。

2018 年全区文化产业发展趋势良好，全年广西文化系统文化及相关产业总产出 78.68 亿元，与上年相比增长 7.1%；实现增加值 21.67 亿元。

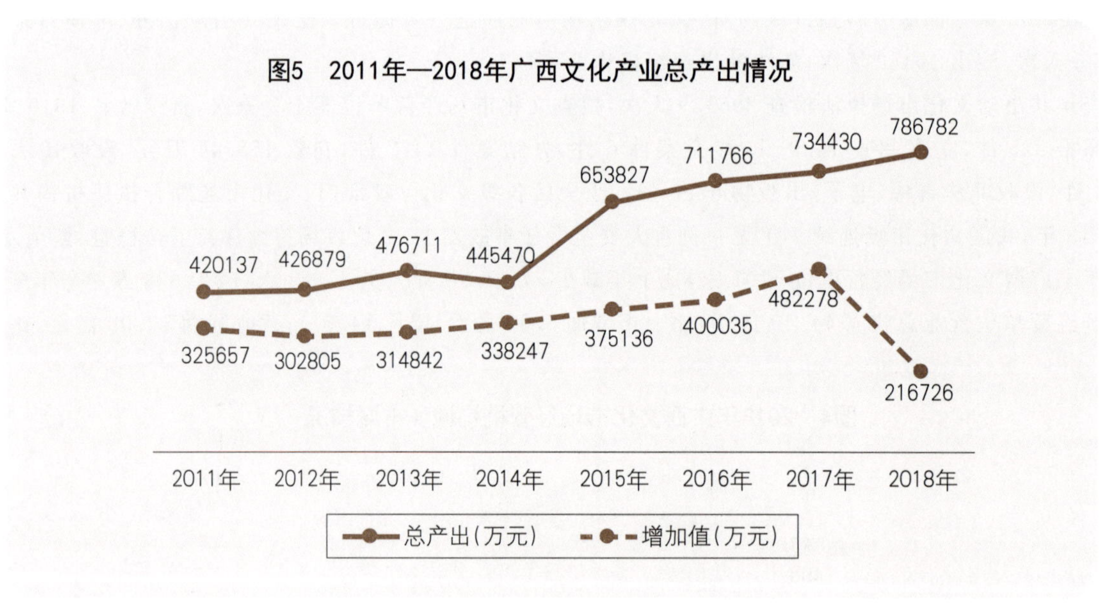

图5 2011年—2018年广西文化产业总产出情况

年末广西共有国家级文化产业示范园区 2 个，国家文化产业示范基地 6 个，省级文化产业示范园区 8 个，省级文化产业示范基地 116 个，从业人员 21065 人。动漫企业 9 家，从业人员 229 人。

六、文物遗产保护

2018 年全区文化遗产保护利用全面加强。年末广西共有文物机构 215 个，比上年减少 1 个。其中，文物保护科研机构 3 个，占 1.4%；文物保护管理机构 70 个，占 32.6%；博物馆 131 个，占 60.9%；文物商店 4

个，占 1.9%；其他文物机构 7 个，占 3.3%。

年末广西文物机构从业人员 2855 人，比上年增加 25 人，专业技术人员 1208 人，占 42.3%，其中高级职称 153 人、中级职称 501 人。

年末广西文物机构拥有文物藏品 379337 件/套，其中，博物馆文物藏品 305269 件/套，占文物藏品总量的 80.5%；文物保护管理机构文物藏品 24434 件/套，占 6.4%；文物商店文物藏品 36638 件/套，占 9.7%。文物藏品中，一级文物 331 件/套，二级文物 5373 件，三级文物 39716 件。

全年广西文物机构共举办基本陈列 300 个，举办临时展览 313 个，接待观众 2033.99 万人次，其中，未成年人 512.27 万人次，占参观总人数的 25.2%。博物馆接待观众 1753.65 万人次，占文物机构接待观众 86.2%。

图6　2011年—2018年广西文物机构陈列展览数与参观人次情况

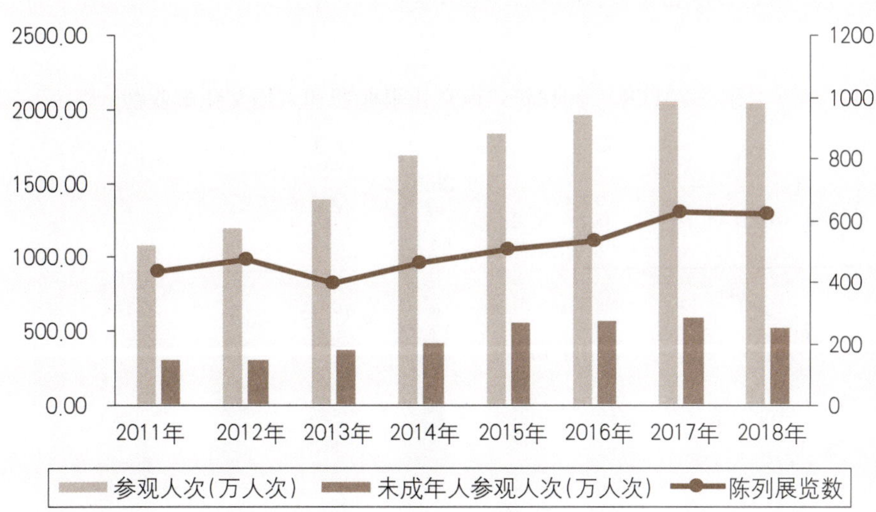

七、非物质文化遗产保护

年末广西共有国家级非物质文化遗产代表性项目名录 52 项；自治区级非物质文化遗产代表性项目名录 12 项；市级非物质文化遗产代表性项目名录 722 项；县级非物质文化遗产代表性项目名录 2508 个。国家级非物质文化遗产代表性项目传承人 5 人；自治区级非物质文化遗产代表性项目代表性传承人 18 人。国家级非物质文化遗产生态保护区 1 个；自治区级非物质文化遗产生态保护区 7 个。

年末广西共有非物质文化遗产保护机构 103 个，从业人员 1804 人。全年各级非物质文化遗产保护机构共举办展览 472 次，接待观众 92.51 万人次；举办演出 3673 场，观众 314.37 万人次；举办培训班 452 次，培训人数 2.74 万人次。民俗文化活动影响深远，成功举办了“壮族三月三·桂风壮韵浓”系列文化活动，全区各地共组织各类民俗活动 909 场，群众参与人数达 211.58 万人次，《广西尼的呀》《春暖花开三月三》等“壮族三月三”题材的作品在各大网络媒体广泛传播，进一步提升了“壮族三月三”文化活动的知名度和美誉度。南宁国际民歌艺术节、河池铜鼓山歌艺术节等民俗文化活动常办常新，成为当地具有较高影响力的文化名片。

八、文化交流

对外文化交流不断深化。组织赴新加坡等 9 个国家开展 40 多场文化交流活动，是广西近年来规模最大的春节文化活动。自治区人民政府与文化和旅游部共建河内中国文化中心工作持续加快，驻越人员派驻工作稳步开展。成功举办了第 13 届中国—东盟文化论坛及系列配套活动。加大对“一带一路”沿线国家特别是东盟国家的文化交流力度，2018 年共审批对外文化交流事项 70 批次（其中出访 62 批次，来访 8 批次），人数 2353 人（其中出访 772 人，来访 1581 人）。

九、文化资金投入

2018 年广西文化文物经费收入 50.99 亿元，与上年收入相比，增加 3.58 亿元，增长 7.5%。其中，财政拨款 27.00 亿元，与上年财政拨款相比，增加 0.47 亿元，增长 1.8%。

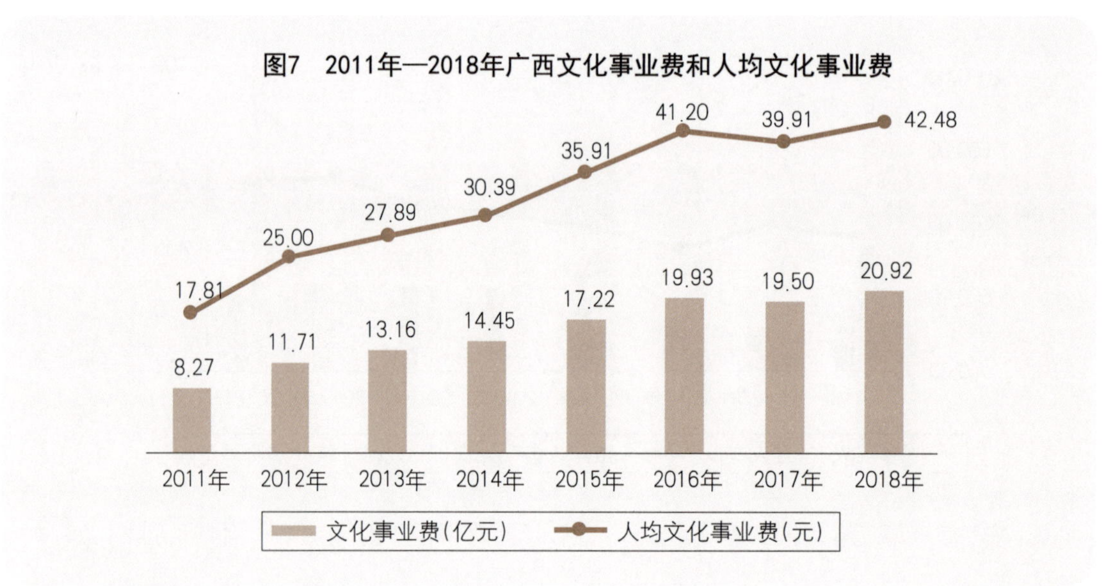

全年广西文化文物经费支出 50.68 亿元，与上年支出相比，增加 4.6 亿元，增长 10.0%。其中，文化经费支出 43.94 亿元，占 86.7%；文物经费支出 6.73 亿元，占 13.3%。

全年广西文化事业费 20.92 亿元，全国排名第 19 名，比上年增加 1.42 亿元，增长 7.3%。人均文化事业费 42.48 元，低于全国人均文化事业费 61.57 元，排名全国第 25 名，比上年增加 2.57 元，增长 6.4%。

全年广西文物事业费 6.96 亿元，比上年减少 0.28 亿元，下降 0.04%；人均文物事业费 14.1 元，比上年减少 0.2 元，下降 1.4%。

十、公共文化基础设施建设

文化基础设施建设取得新突破。广西文化艺术中心、广西图书馆民族文献中心相继建成并投入使用。广西群众艺术馆改扩建项目、广西博物馆改扩建项目、广西民族剧院建设项目等相继动工。争取项目资金近 2.3 亿元，新建 9 个县级图书馆、9 个县级文化馆、5 个县级博物馆，新建或改扩建 43 个乡镇综合文化站。

2018 年广西文化文物基本建设计划总投资 12.80 亿元，总建设面积 56.23 万平方米，年度资金来源 2.82 亿元，其中国家预算内资金 1.89 亿元。至年底，累计完成投资 6.56 亿元，其中本年完成投资 1.92 亿

元，竣工项目面积 3.05 万平方米，新增固定资产 1.16 亿元。

十一、入境旅游市场

广西入境旅游统计调查显示，2018 年全区接待入境过夜游客 562.33 万人次，同比增长 9.7%，其中星级住宿设施过夜游客 121.86 万人次，同比增长 11.6%，占比 21.7%；非星级住宿设施过夜游客 440.44 万人次，同比增长 9.2%，占比 78.3%；国际旅游(外汇)消费 27.78 亿美元，同比增长 16.0%。

2018 年，全区接待香港同胞、澳门同胞、台湾同胞和外国人游客分别为 125.26 万人次、44.14 万人次、122.74 万人次和 270.19 万人次，同比分别增长 15.9%、15.4%、10.9%和 5.8%，对全区入境过夜游客人数增长拉动分别 3.3 个、1.1 个、2.4 个和 2.9 个百分点。

图8　2018年四大客源市场游客接待量占比情况

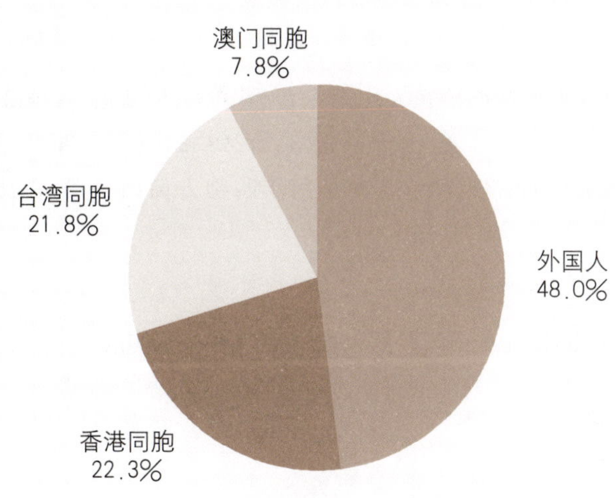

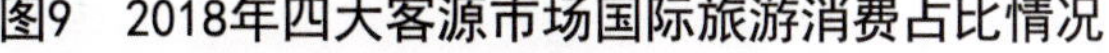
图9　2018年四大客源市场国际旅游消费占比情况

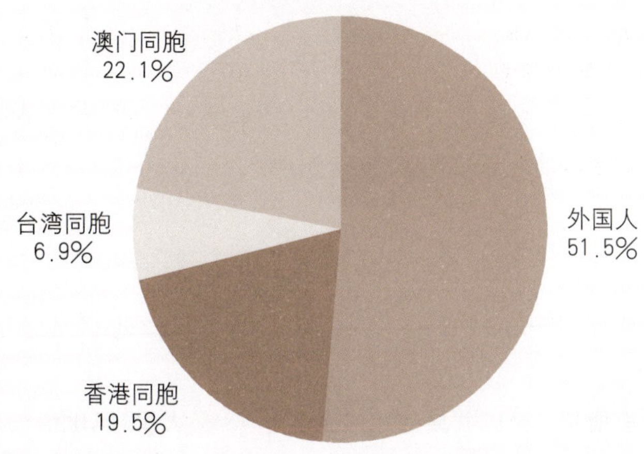

在全区入境过夜游客十大来源地中，越南是第一大入境客源国，入境过夜游客 53.33 万人次，同比增长 10.0%，增速同比加快 9.5 个百分点。

表 2　2018 年接待入境外国人过夜游客主要客源地情况

排名	国别	入境过夜游客人数(人次)	同比(%)
1	越南	533262	10.0
2	韩国	317074	2.8
3	马来西亚	285399	3.0
4	新加坡	156924	5.1
5	印度尼西亚	155604	15.5
6	美国	149837	10.8
7	泰国	110856	10.1
8	英国	86648	7.4
9	法国	76871	2.4
10	日本	67844	3.8

入境花费调查结果显示，全区入境过夜游客人均天花费为 215.26 美元，其中外国人为 219.16 美元，香港游客为 199.13 美元，澳门游客为 207.23 美元，台湾游客为 213.23 美元。据统计，2018 年入境过夜游客花费构成中，长途交通花费占比最大，达 32.2%；其次是用于购物方面的花费，占比达 22.9%，均远超景区游览等方面的开销。

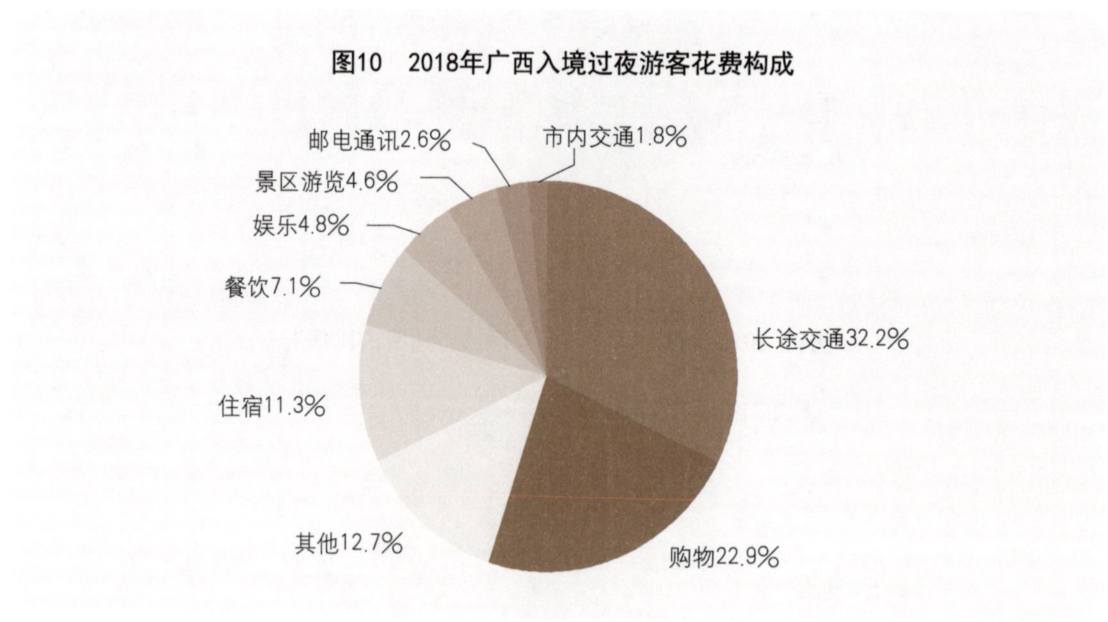

图10　2018年广西入境过夜游客花费构成

十二、国内旅游市场

2018 年，国内旅游市场快速增长。全区共接待国内游客 6.78 亿人次，同比增长 30.8%，其中一日游游客 4.26 亿人次，同比增长 39.2%，占比 62.9%，过夜游游客 2.52 亿人次，同比增长 18.6%，占比 37.1%；实现国内旅游消费 7436.08 亿元，同比增长 37.2%。全区列入统计范围的住宿设施共有 22968 家，同比增长 6.9%；总床位数 131.34 万张，较 2017 年增加 13.17 万张，同比增长 11.2%。

2018 年我区接待国内游客人数以广西本土居多，为 3.49 亿人次，占比为 51.4%；其次以周边省市游客为主，排名第二及第三为广东省和湖南省，分别为 5272.03 万人次和 2855.67 万人次，占比分别为 7.8% 和 4.2%。

表 3　2018 年广西国内游客来源地排名

排名	国别	人数（万人次）	比重（%）
1	广西	34860.06	51.4
2	广东省	5272.03	7.8
3	湖南省	2855.67	4.2
4	贵州省	2079.76	3.1
5	四川省	1989.50	2.9
6	云南省	1793.88	2.6
7	北京市	1244.05	1.8
8	重庆市	1128.36	1.7
9	湖北省	1072.96	1.6
10	上海市	951.40	1.4

与入境游客花费相比，国内游客花费差距相对较小，占比排名前三的为餐饮、购物及长途交通，分别为 19.5%、19.4%、12.7%。

出游目的方面，以观光游览及休闲度假为主，占比总和达 57.2%，占比超过 10% 的还有商务及探亲访友，分别为 12.6% 和 11.7%。

图11　2018年国内游客花费构成

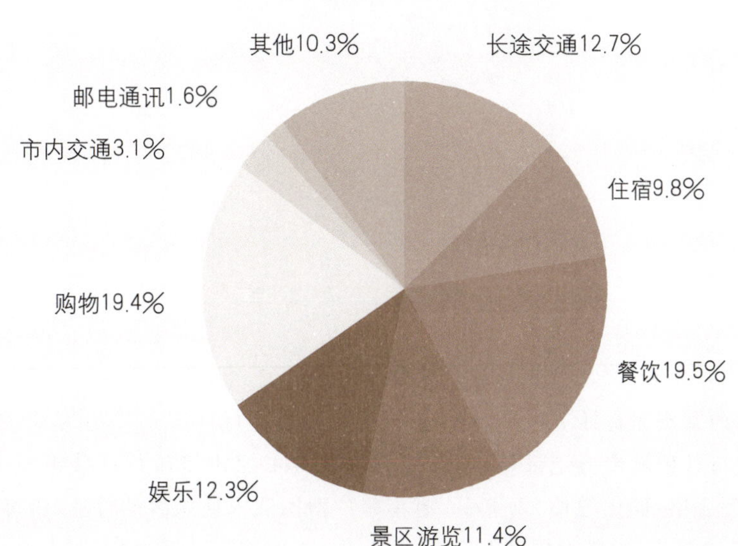

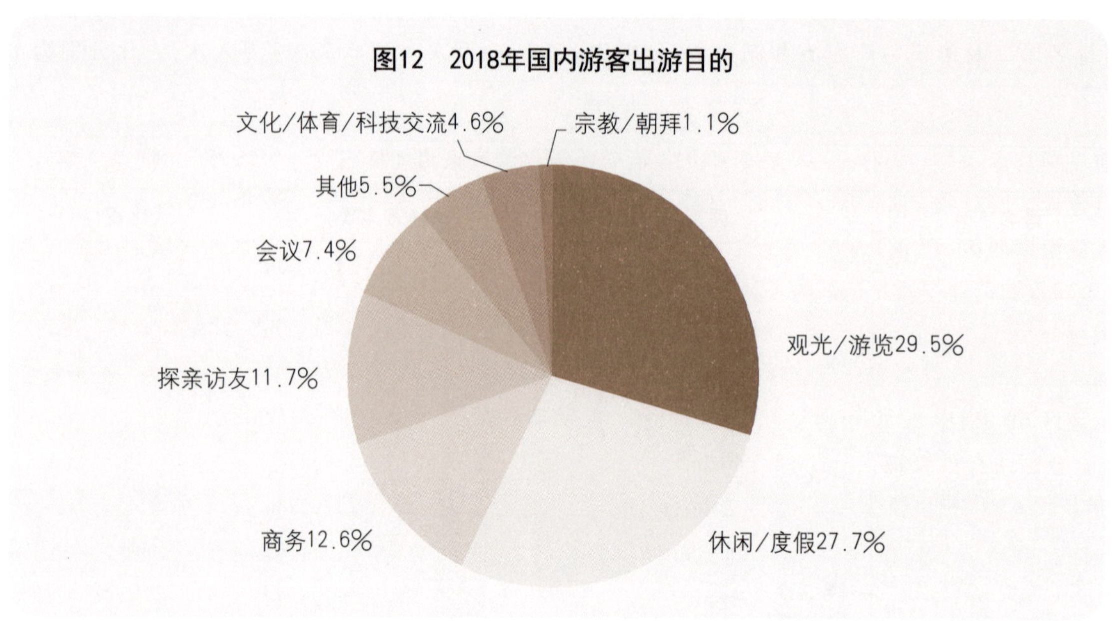

图12　2018年国内游客出游目的

据调查显示，因铁路交通相对便利等因素，游客选择的出行方式以火车为主，占比达 4.8%，其次是飞机，占比达 35.2%，而选择长途汽车和轮船出行的游客占比分别为 21.6%和 1.4%。

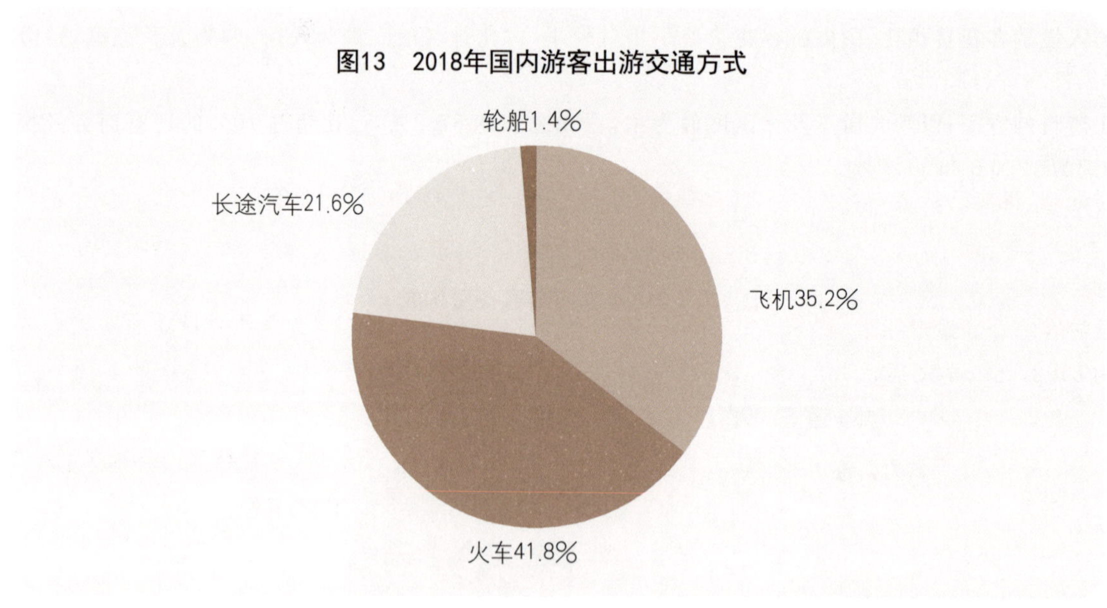

图13　2018年国内游客出游交通方式

十三、出境旅游市场

截至 2018 年底，广西共有旅行社 784 家，新增国内入境资质旅行社 126 家，出境资质旅行社 16 家，边境游资质旅行社 3 家。旅行社团队出境记录显示，2018 年全区 109 家出境旅行社共组织出境团队 72829 个，组织出境游客 113.94 万人次，同比增长 23.4%。越南是广西团队出境旅游的首选，游客人数为 89.98 万人次，同比增长 19.3%，其次是泰国，赴泰国游客 6.93 万人次，赴柬埔寨游客 1.73 万人次。

十四、旅游产业规模

2018年，广西积极推进重大旅游项目和品牌创建工作，实施旅游投资三年行动计划，建立全区重点旅游投资建设项目库，重点推进"三区一带"和一批百亿元重大旅游旅游项目建设，启动环首府生态旅游圈等重大项目建设。2018年，德天跨国瀑布景区获批国家5A级旅游景区，新评定41家国家4A级旅游景区、3家自治区旅游度假区、19家广西生态旅游示范区、12家四星级旅游饭店，140家自治区四星级以上乡村旅游区（农家乐），旅游产业提质增效效果显著。

截至2018年底，全区共有A级景区511家，其中5A级6家，比2017年增加1家，4A级214家，比2017年增加41家。国家级生态旅游示范区3家，自治区级旅游度假区14家，比2017年增加3家，自治区级生态旅游示范区59家，比2017年增加19家。全区四星级（含）以上乡村旅游区（农家乐）514家，比2017年增加139家。全区共有星级饭店455家，比2017年新增20家，其中五星级饭店12家，四星级饭店102家，比2017年新增6家，三星级饭店265家，新增19家。

十五、旅游市场监管

旅游市场综合治理形成"广西经验"。2018年，广西制定了《广西壮族自治区旅游市场突出问题综合治理工作考评暂行办法》，将旅游市场综合治理纳入2018年对设区市及广西特色旅游名县的绩效考评内容，调动了地方政府部门的积极性，形成了强大的执法合力，问题多发地区的旅游市场环境明显改善，全区旅游市场秩序总体平稳有序。2018年出动全区旅游质监执法部门出动执法人员共8521人次，检查A级旅游景区1276家次，检查星级旅游饭店871家次，检查旅行社（团）1958个次，检查电子导游证295个，检查购物场所587家次，检查车辆45台，现场纠正违规企业和从业人员282次，从根源上有效净化旅游市场环境、遏制旅游市场乱象、防范重大旅游安全事故发生等。全区12301投诉系统共接到旅游投诉732件，有关部门进行了及时处理，目前已结案692件，结案进度为94.5%，为游客挽回经济损失115.4万元。随着行业规模的扩大，旅游公共服务的提升，旅游市场秩序的好转等系列因素，有效提升了游客对我区旅游的满意度。广西游客满意度调查结果显示，四季度全区14个设区市游客综合满意度指数为81.4，与二季度持平，其中，特色旅游名县游客综合满意度指数为81.9，比二季度提高了0.2个百分点，特色旅游名县创建县游客综合满意度指数为81.2，比二季度提高了0.7个百分点。

（广西壮族自治区文化和旅游厅）

广西：打造“广西游直通车”项目

广西是旅游资源大省，广西的高铁营运里程1771公里，位居全国前列。2018年“广西游直通车”项目被列入了全区九张“创新名片”。但是从高铁车站、机场和客运站到旅游景区的交通，仍然是旅游出行的瓶颈，限制了旅游业的发展。

经过调研和论证，文化和旅游厅形成了“政府承担公共服务建设、科研单位负责技术研发、企业参与市场运营”的智慧旅游创建新思路，成果显著。

一是初步完成“广西游直通车”全区布局。我厅将“广西游直通车”项目纳入对设区市、广西特色旅游名县、创建县及全域旅游示范区创建单位的旅游公共服务年度绩效考评体系，加强平台落地网点建设，打造全域旅游直通车一张网，同时根据“线上线下、全域直通”的原则，制定“统一布局、统一标识、统一入口、统一平台、统一服务”的标准，全面推进“广西游直通车”网点建设。组织了4个项目推进组，工作务实高效，卓有成效。

二是充分调动社会力量参与项目运营。我厅把“广西游直通车”纳入共享经济，引入社会租车企业，大力引导社会力量参与运营。目前已有神州租车、一嗨租车签约“广西游直通车”平台。同时，鼓励各市县的租车平台公司免费进驻平台，所有的租车用户均可享受“广西人游广西活动”的门票优惠政策，目前平台进驻车辆超过3000台。我厅还将“广西游直通车”延伸到邻国，推进中国东兴——越南芒街跨境直通车项目落地，带动防城港边境旅游试验区创新发展。下一步，我厅将构建中国—东盟租车还车网络，推动“广西游直通车”走进东盟，争取在2021年实现“一辆专车游东盟”。

三是实施了旅游信息化项目深度融合。我区在“广西游直通车”的基础上，开辟了“一部手机游广西”项目。将“广西游直通车”确定为“一部手机游广西”项目的出行板块，同时，结合目前数字广西公司的全区智慧城市建设，将“一部手机游广西”项目融入数字广西的一码通城“爱广西”平台。目前，“爱南宁”用户达300万，“爱广西”用户明年估计超过1000万，融入“爱广西”，可将“爱广西”的用户直接转化为“一部手机游广西”“广西游直通车”的用户。同时，我厅与知名网站驴妈妈达成战略合作，将驴妈妈在广西的800万用户与“广西游直通车”“一部手机游广西”“爱广西”实行会员共享，互为销售渠道。通过创新融合，不仅避免重复建设，还实现了互联互通和资源共享，达到了合作多赢的效果。经过努力，以互联网租车为核心的广西旅游共享经济模式已经形成。

海南省2018年文化和旅游发展情况分析

2018年是极不平凡的一年，是注定载入海南史册的一年。这一年中央宣布支持海南全岛建设自由贸易试验区，支持海南逐步探索、稳步推进中国特色自由贸易港，海南迎来千载难逢的发展新机遇。在建设全岛自贸区（港）的架构下，海南从建设国际旅游岛迈向打造具有世界影响力的国际旅游消费中心。2018年，海南旅游文化系统深入学习、全面贯彻习近平总书记在庆祝海南建省办经济特区30周年大会上的讲话（以下简称“4.13重要讲话”）和《中共中央 国务院关于支持海南全面深化改革开放的指导意见》（以下简称“中央12号文件”）精神，贯彻落实省委、省政府系列重要决策部署，以推进自贸区（港）为主线，以国际旅游消费中心建设为抓手，勇于改革创新、奋力开拓进取，扎实推动旅游、文化、广电、体育产业和事业发展取得积极成效。2018年，旅游产业增加值392.82亿元，同比增长8.5％，文化产业增加值159.29亿元，同比增长7.9％，体育产业增加值13.43亿元，同比增长3％。接待国内外游客7627.39万人次，同比增长11.8％，其中入境过夜游客126.36万人次，同比增长12.9％，实现旅游总收入950.16亿元，同比增长14.5％。中国游戏数码港入驻企业650家，税收3.5亿元，产值40亿元；海口文化产业园入驻企业127家，税收2.45亿元，产值9.9亿元；两家免税店购物人数288万人次，同比增长20％，实现销售额101亿元，同比增长26％。出入境邮轮游艇141艘次，接待出入境游客6.8万人次；西沙邮轮共执行106航次，同比增长51.4％，接待国内游客3.33万人次，同比增长90.9％。全省体育彩票销量16.78亿元，创历史新高，筹集公益金3.77亿元。

一、机构改革平稳推进，发展环境不断优化

（一）机构和人员保持平稳

根据《中共中央、国务院关于支持海南全面深化改革开放的指导意见》（中发〔2018〕12号）和《中共中央办公厅、国务院办公厅关于印发〈海南省机构改革方案〉的通知》（厅字〔2018〕80号）精神，设置海南省旅游和文化广电体育厅（以下简称“海南省旅文厅”），主要是将原海南省旅游发展委员会的职责和原海南省文化广电出版体育厅的文化、体育、广播电视管理职责整合。

新组建的海南省旅文厅整体运行平稳有序，内设制度渐趋完善，做到了“思想不乱、工作不断、队伍不散、干劲不减”，实现了“1＋1＞2”的质效倍增。截至2018年末，纳入文化统计范围的海南省各类文化单位2585个，从业人员25508人；其中，各级旅文部门所属单位401个，从业人员4500人。纳入旅游统计联网直报系统的旅游饭店966家，进入海南省旅游卫星账户平台的涉旅企业1206家，综合带动就业人数为135.42万人。海南省各类文化和旅游相关单位数量及从业人员数量保持平稳态势。

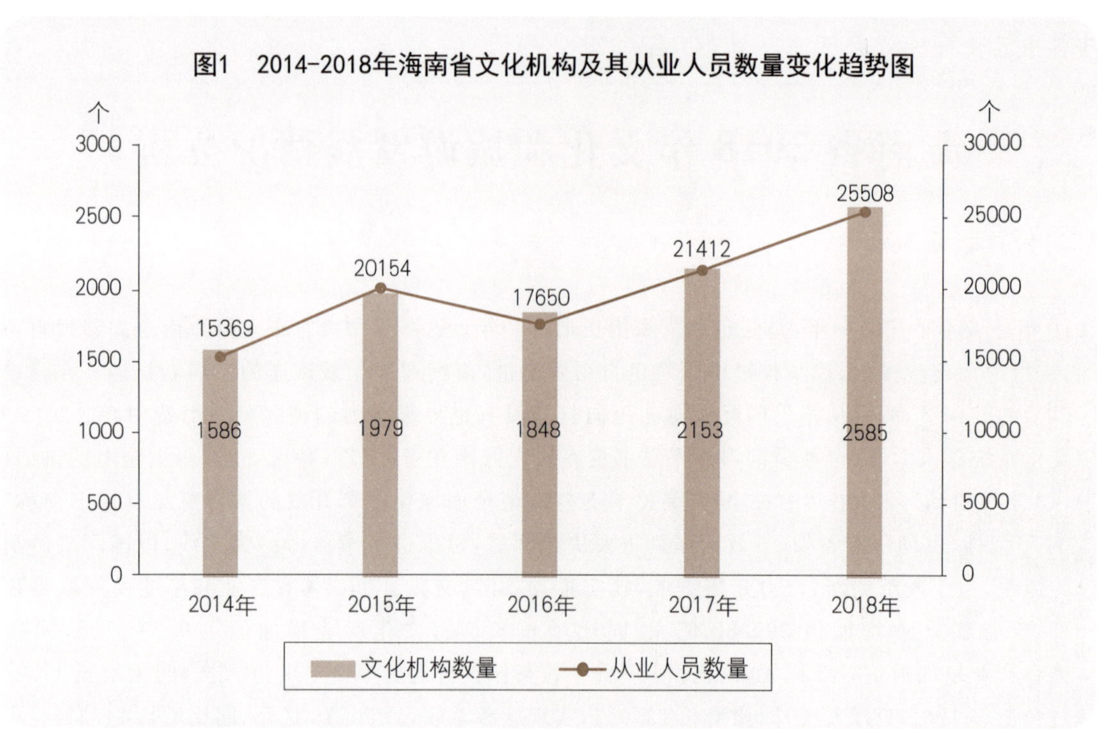

(二)发展环境不断优化

一是建立健全完善监管、标准、诚信和投诉体系。全省18个市县(不含三沙市)全部建立"1+3"的旅游综合监管体系。制定实施《乡村民宿服务质量等级划分与评定》《旅游安全管理通则》《旅游团类型划分及服务标准》《A级旅游景区服务规范》等标准。完成第二批27家旅游企业省级旅游标准化试点验收工作。建立省级旅游诚信平台,与全省200多家旅行社签订诚信经营承诺书,定期公示旅游违法违规企业失信信息。升级改造全省旅游投诉系统,投诉渠道覆盖率达100%。二是加强旅游文化市场综合治理,严厉打击扰乱市场秩序的违法违规行为。组织开展暑期"利剑行动"、不合理低价游、扫黄打非等专项整治,查处旅游违法违规案件89宗、罚没款439.77万元,查处文化违法违规案件111宗,罚没款70万元。三是确保重大节庆假日旅游文化市场规范有序。牵头省公安、市场监管、交通、税务等部门在春节、国庆等节假日开展驻点督导检查;组织3个办案组开展动态巡查、交叉办案,及时查处违法案件;对发现的问题,督办各相关部门和市县限时解决。

二、公共投入持续增长,文旅发展实效显著

(一)公共财政投入情况分析

2018年,统筹安排国家、省级产业基金和专项资金13亿元。继续做好旅游专项资金管理工作,积极抓好国家旅游发展基金补助地方项目申报工作,获得财政部同意奖补3项旅游+文化产业转型升级融合发展项目共计970万元资金;切实抓好2018年海南省旅游产业发展专项资金扶持项目申报工作,海南省旅游产业发展专项资金总量2696万元,分别以股权投资、贷款贴息、资金奖补、项目直补四种形式,针对旅游景区提档升级、高椰级乡村旅游点、旅游商品、旅游项目智慧化改造等方向进行扶持;争取国家旅游发展基金补助地方项目资金打造全省旅游标识标牌国际化、标准化改造项目,安排400万元重点打造旅游园区、A级旅

游景区(主要资助高A级旅游景区)旅游标识标牌示范点,并面向全省18个市县(不含三沙市)共计1400万元用于各市县奖补旅游标识标牌建设项目。2018年,海南省文化(文物)部门事业费财政补贴收入为138890.9万元,占2018年总收入的37.46%,其中文化事业费财政补贴收入78365.7万元,文物事业费财政补贴收入60525.2万元,而各地区艺术表演团体分剧种财政补贴收入共计9727万元,且其投入态势仍在不断增长。

(二)公共服务体系建设情况分析

一是强化旅游和文化公共基础设施建设。持续推动国内外游客进岛入关便利化工程建设和机场、码头、车站等游客集聚区游客服务中心建设,以及动车、高铁旅游化改造。二是加强旅游公共服务设施全域配套。出台《旅游小镇认定》标准;旅游厕所革命和标识标牌建设取得新成果,分别新(改)建223座和498个,777座旅游厕所纳入二维码评价投诉管理平台,加快推进旅游标识标牌建设,全省新建改建完成标识标牌498个;完成环岛滨海旅游公路规划选线和驿站选址现场调研工作,选出43个不同等级驿站与5段旅游公路样板路段。三是推进全省公共文化服务体系建设。中国(海南)南海博物馆正式对外开放。各级博物馆共接待观众160多万人次。400家行政村文体活动室基本竣工。98个农家书屋阅读服务点设立完成。四是完善体育基础设施建设。启动创建"国家体育旅游示范区"工作。一批特色体育小镇建设稳步推进。文昌市、陵水县创建全民健身公共服务示范区有序推进。足球青训体系初步建立。109个全民健身路径工程建设完成。五是不断加大人才队伍建设力度。国家"千人计划"文化艺术人才项目、国家万名旅游英才计划等人才项目深入实施。旅游、文化、体育职业教育成果显著。产业发展、公共服务、市场监管等领域培训广泛开展,共举办培训班36期,培训人数4073人次。智库建设不断加强,海南旅游专家库专家达60名。

(三)文旅融合发展实效情况分析

2018年,海南省旅文系统紧抓建设全岛自贸区(港)、从建设国际旅游岛迈向打造具有世界影响力的国际旅游消费中心的重大历史机遇,以"多规合一"为统领,着力强化文化和旅游支撑、载体作用,深入挖掘和整合历史文化、海洋文化、红色文化、生态文化、少数民族文化等文化资源,充分发挥旅游业龙头主导产业优势,统筹旅游文化资源优势,大力吸引高水准的市场主体,全面推动海南文旅融合发展出真招、出实效,高质量、高效率打造文旅"大融合"特色品牌。2018年,中免集团、中国旅游集团等7家企业在海南注册落户总部、文旅总部或区域总部。25家旅游文体企业与海南签订合作协议。成功引进陵水国际沙滩半程马拉松赛、三亚体育产业园等14个文体项目。8个省重点旅文项目完成年度投资82.4亿元,超额完成计划。三亚亚特兰蒂斯、海口五源河文体中心等项目竣工开业。统筹安排国家、省级产业基金和专项资金13亿元。

招商和项目建设稳步推进的同时,各类节庆、民俗、会展、演艺、赛事活动全面开花、亮点频出。2018年,共主办、指导、支持节庆会展和文艺演出活动100余项,成功举办欢乐节、艺术节、休博会、美食展、乡村旅游文化节、海口国际戏剧周、三亚国际音乐节、张学友中国巡回演唱会等活动。推出12个旅游演艺项目,其中常态化驻场演出741场,接待观众55.19万人次,营收3743.2万元。举办万人竹竿舞表演活动,成功挑战吉尼斯纪录,成功申办2020年亚洲沙滩运动会,成功举办第九届环海南岛国际大帆船赛、第十三届环海南岛国际公路自行车赛、"一带一路"国际沙滩足球邀请赛、万宁国际冲浪赛等赛事活动。

三、旅游和文化发展情况分析

（一）旅游发展情况分析

1. 旅游产品供给情况分析

2018 年末，累计评定椰级乡村旅游点 103 家（图 2）、认定海南省旅游小镇 2 家。全省乡村旅游点接待游客 1024.64 万人次，同比增长 7.7%，实现收入 32.16 亿元，同比增长 12.6%。出台《海南省旅游度假区等级管理办法》，确定 6 个省级旅游园区，推出 35 个重点旅游度假区。新评定三亚水稻国家公园等 4 家 A 级旅游景区。三亚市中医院、海口文山沉香文化产业园入选第一批国家中医药健康旅游示范基地创建单位。“海南礼物”平台实现销售收入突破 1.1 亿元，海南旅游产品供给不断丰富。

图2 海南省椰级乡村旅游点评定情况分布

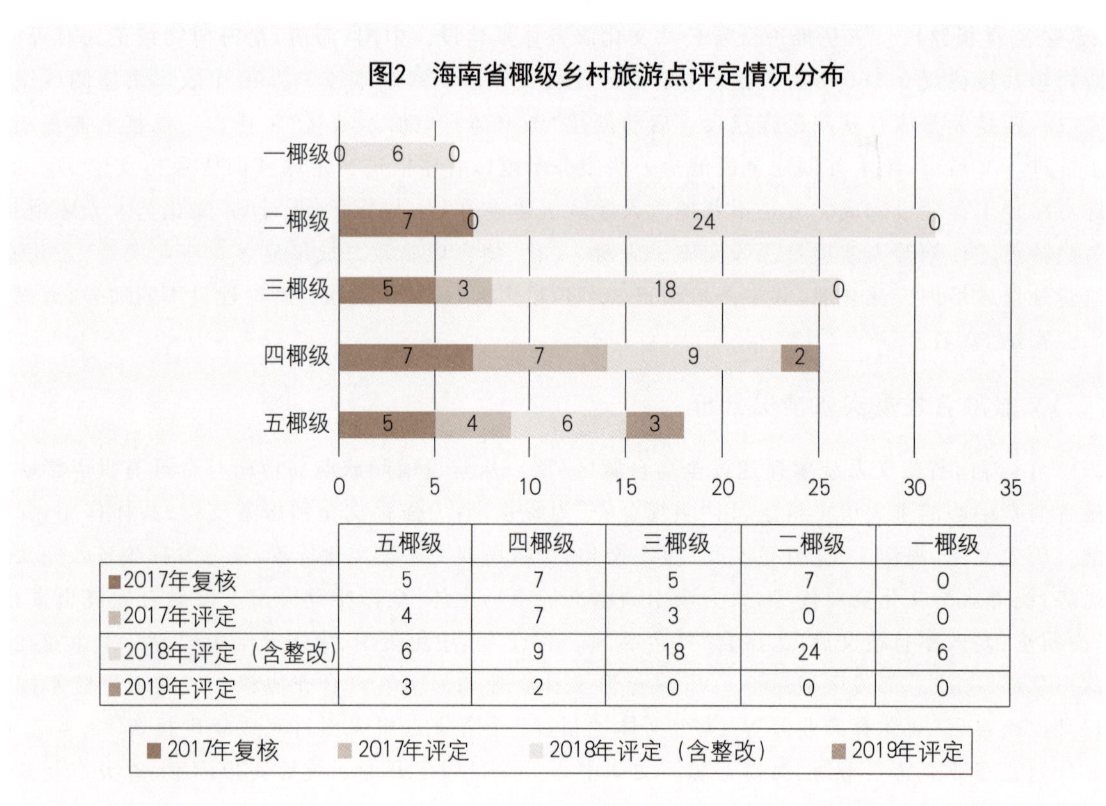

	五椰级	四椰级	三椰级	二椰级	一椰级
2017年复核	5	7	5	7	0
2017年评定	4	7	3	0	0
2018年评定（含整改）	6	9	18	24	6
2019年评定	3	2	0	0	0

■2017年复核 ■2017年评定 ■2018年评定（含整改） ■2019年评定

2. 旅行社发展情况分析

2018 年末，海南省内共有已注册旅行社 389 家，同比增长 10.51%；从业人数为 2.2 万人，增加 2120 人，其中执业导游人数 6000 多人，涉外导游 1000 多人。随着国际旅游消费中心战略的持续深入推进，加之海南旅游营商环境的不断改善，旅行社数量出现了较大幅度的增长，达到了 2010 年以来的第二高位。

图3 2011-2018年海南省旅行社数量变化情况

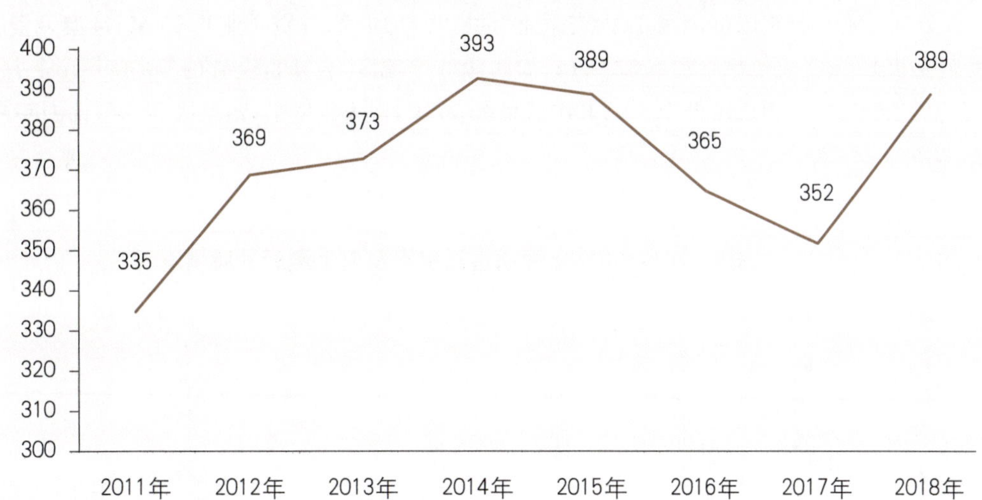

3. 旅游景区发展情况分析

2018年末，海南全省拥有各类旅游景区（点）500家以上，A级旅游景区53家，5A级景区6家，4A级景区17家，3A级景区22家，2A级景区8家，其中2018年新评A级旅游景区4家，其中4A级景区（三亚水稻国家公园）1家，3A级景区2家（海南热带植物园、文昌孔庙），2A级景区1家（白沙起义纪念园）；取消A级旅游景区5家，其中，取消4A级旅游景区1家（亚龙湾爱立方滨海乐园），取消3A级旅游景区3家（万宁奥特莱斯文化旅游区、三亚海螺姑娘创意文化园、兴隆热带药用植物园），取消2A级旅游景区1家（三亚京润珍珠博物馆）；三亚南天热带植物园从3A级旅游景区降为2A级旅游景区。

图4 海南省2A级及以上景区占比情况

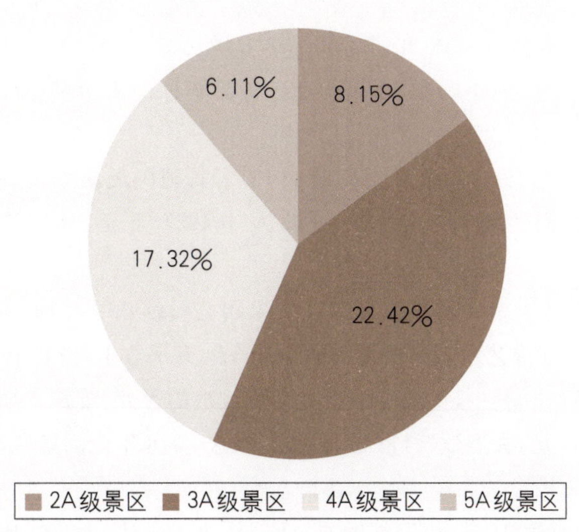

4. 旅游饭店发展情况分析

2018年，海南旅游饭店业总体从数量增长向质量提高转变，业已成为传统生活性服务业向现代服务业转型的先头兵，对旅游业高质量、高水平可持续发展具有系统性和支撑性的重要作用。旅游饭店业营业额合计623.38亿元，比上年增长11.7%，总共吸纳就业人员共43.05万人。具体来看，海南全省共有旅馆约6572家，客房总数约33万间，约50万张床位，主要以内资企业为主，共6519家；外资企业共15家；港澳台资企业共23家；中外合资企业共15家。主要集中在三亚、海口、儋州等3个地区，合计占全省的58.48%。全省共有挂牌星级宾馆酒店124家，与去年相比减少6.8%；其中五星级26家，同去年持平；四星级38家，比去年减少3家；三星级54家，减少4家。

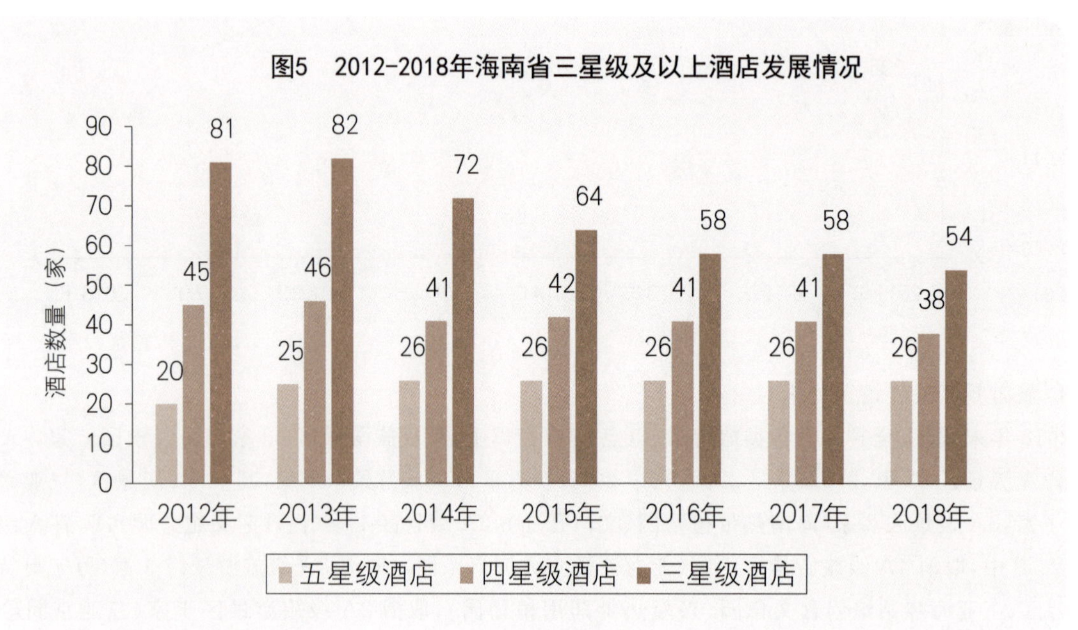

（二）文化事业发展情况分析

1. 艺术创作表演发展情况分析

2018年末，海南省共有艺术表演团体82个，比上年末增加5个，其中，公有制艺术表演团体22个，占26.8%；从业人员3839人，比上年增加12人，其中，拥有高级职称的人员共39人，拥有中级职称的人员共192人。

全年省内艺术表演团体共演出9350场，比上年减少13.5%；国内观众715.562万人次，减少23.93%. 其中农村观众581.127万人次，同比增长98.85%；总收入434251千元，其中演出收入131157千元，占比30.2%，演出收入比上年减少69.41%。

全年海南省文化部门所属艺术表演团体共组织政府采购公益演出950场，同比增长7.95%；观众87.10万人次，减少16.1%；年末全省建成艺术表演场馆面积达6.373万平方米，设置坐席数5981个；原创首演剧目共23个，拥有知识产权数量54个，其中，反映琼中女足励志故事的影片《旋风女队》获得第十七届中国电影华表奖，放映农村公益电影34033场，大型歌舞诗《黎族家园》入选2018年全国舞台艺术优秀剧目展演。

2. 公共图书馆发展情况分析

2018年末，全省已建成图书馆24座，比上年增加一座，从业人员达319名，比上年末增加6人，其中高级职称人员7人，中级职称人员94人。全省图书馆实际使用房屋建筑面积达8.835万平方米，同比增长5.14%；纸质图书藏量达551.288万册，比上年末增加12.55%，其中古籍1.181万册；拥有电子图书934.42万册，比上年末减少15.67%；设置坐席数6706个，增加11.04%；计算机1591台，减少1.12%；电子阅览室终

端数 1061 台，增加 8.7%；公共图书馆累计发放借书证 289860 个，年流通人数达 578.26 万人次，外借人次 81.9 万人(次)、外借册次 223.2 万册(次)；为读者活动举办各种活动 2304 场(次)，参加人数 45.4 万人，同比增长 102.72%。2018 年末，同比增长 10.46%；书刊文献外借册次 81.91 万人次，减少 0.26%；全年为读者举办各种活动 2304 次，增长 104.43%；参加人数 45.39 万人次。

表 1　2010 年—2018 年全省艺术表演团体基本情况

年　份	机构数(个)	从业人员数(人)	演出场次(万场)	国内演出观众人次(万人次)	总收入(万元)	
						演出收入
2010 年	67	2465	8810	683	12175	6735
2011 年	86	3067	8600	607	16939	11138
2012 年	61	2342	8370	413	19004	10863
2013 年	67	2801	9520	972	30343	15481
2014 年	71	2708	9740	1673	19476	8940
2015 年	66	2484	7720	701	18997	8849
2016 年	74	3232	8940	811	61412	37845
2017 年	77	3827	10810	941	68691	42881
2018 年	82	3839	9350	716	43425	13116

3. 群众文化服务机构发展情况分析

2018 年末，全省共有群众文化机构 242 个，其中文化馆 23 个，文化站 219 个，乡镇综合文化站 198 个；全省群众文化机构从业人员 794 人，比上年末增加 6 人。专业技术人才 240 人，高级职称人员 19 人，占 2.39%；中级职称人员 54 人，占 6.8%。全省群众文化机构实际使用房屋建筑面积 12.902 万平方米，比上年末增加 2.84%；共拥有计算机 2193 台，减少 3.9%。

2018 年，全省群众文化机构共组织开展各类文化活动 6014 场次，服务人次 312 万人次，分别同比增长 9.5%和 18.2%。

表 2　2017、2018 年海南省群众文化机构开展活动情况比较

指　标	2017 年		2018 年	
	活动次数(次)	服务人数(万人次)	活动次数(次)	服务人数(万人次)
各项活动总计	5491	264	8742	375
其中：展览	458	47	390	42
文艺活动	3022	196	6014	312
公益性讲座	70	3	291	5
训练班	1941	19	2047	16

4. 博物馆发展情况分析

2018 年末，全省备案博物馆 32 个，其中国有博物馆 18 个，非国有、行业博物馆 14 个，市县级设置博物馆机构 15 个。其中省博物馆是海南省唯一国家一级博物馆，省级博物馆 2 个即省民族博物馆和中国(海南)南海博物馆。全省博物馆总建筑面积为 214339 平方米，展厅面积 85589 平方米。全省博物馆在编总数 311

人，其中高级职称 14 人，中级职称 49 人。各级博物馆累计接待观众 234.463 万人次，同比增长 60.3%，其中未成年人数达 60.522 万。共有 526 名博物馆从业人员，馆藏藏品 162529 个，举办社会活动共 259 次。

5. 广电事业发展情况分析

2018 年末，全省有线电视用户 132 万户，同比下降 5.8%。广播电视台 20 座，广播综合人口覆盖率、电视综合人口覆盖率分别达 99.05%、99.07%。

6. 文化遗产保护情况分析

2018 年末，海南省共有国家重点文物保护单位 24 处，省级文物保护单位 188 处，市县级文物保护单位 469 处，未定级文物 3596 处。共有 51 家国有可移动文物收藏单位，可移动文物总量 55482 件(套)，藏品 108856 件。共计完成 50 个省级以上非遗保护项目的数字资料片摄制(新增 5 部)；共计完成 16 个省级以上非遗保护项目的数字图片采集工作(新增 8 个)；编辑出版两部国家级代表性传承人口述史；完成《中国非物质文化遗产大辞典》海南省国家级非遗项目和代表性传承人辞条编撰和国家级非遗项目记录成果梳理和遴选工作。新增国家级非遗代表性项目传承人 5 人，入选第一批国家传统工艺振兴目录的非遗代表性项目 5 个，获得全国非遗保护工作先进集体 1 个、先进个人 3 人。

四、市场发展情况分析

(一)旅游市场发展情况分析

1. 国内旅游市场发展情况分析

2018 年，海南旅游业发展步伐不断加快，全年接待国内游客 7501 万人次，同比增长 13.1%，连续 12 年保持两位数增长。国内游客占接待游客总数的 98.2%，相应的创造了 898.14 亿元的旅游收入，占旅游总收入的 94.53%，表明海南旅游整体上以境内市场为主，与国际其他知名旅游目的地的市场状况高度一致，也从侧面反映了境内旅游市场仍然是海南旅游市场的主导力量，未来需要更为清晰地市场策略和发展思路。

2. 入境旅游市场发展情况分析

2018 年，海南省入境旅游市场发展迅速。59 国人员入境旅游免签政策全面实施，海口至悉尼、三亚至伦敦直飞航线开通，国际航线增加到 74 条，海口、三亚至越南、菲律宾的多条邮轮始发航线开通，英国著名旅游公司托马斯库克在三亚注册海南首家中外合资旅行社，全域旅游示范省“点、线、面”持续建设完善。全年境外游客和旅游收入均保持两位数增长，旅游收入增速高于接待游客增速 2.7 个百分点，特别是接待入境游客人数 126.36 万人次、增长 12.9%，相应的创造了 52.02 亿元(约 77052.19 万美元)的入境旅游收入，同比增长 13.1%，占旅游总收入的比例为 5.47%，表明入境旅游市场份额仍然偏低，未来随着打造国际旅游消费中心、建设自贸区(港)步伐的不断加快，为入境旅游市场打开了更大的市场空间并孕育了巨大潜力。

(二)文化市场发展情况分析

2018 年末，全省文化市场经营单位 2182 家，比上年末增加 432 家，从业人员 20961 人，增加 3775 人，全省文化市场经营单位营业总收入 51.49 亿元，营业利润 6.04 亿元。按经营范围看，娱乐场所 435 家，从业人员 5080 人，全年营业收入 3.55 亿元，营业利润 0.73 亿元；网吧等上网服务营业场所 698 家，从业人员 2215 人，全年营业收入 1.25 亿元，营业利润 0.27 亿元；非公有制艺术表演团体和场所 70 家，从业人员 3488 人，营业收入 6.9 亿元，营业利润 3.9 亿元；经营性互联网文化服务企业 974 家，从业人员 10107 人，营业收入 39.67 亿元，营业利润 1.38 亿元。

五、对外合作交流情况分析

(一)积极推进"走出去""引进来"营销

2018年,继续秉持"航班开到哪里,促销就做到哪里"的理念,以"爱上海南"为主题,针对性地开展各类国际促销活动,累计组织22批次促销团赴重点境外客源市场开展旅游促销活动,分别到英国、德国、芬兰、俄罗斯、美国、加拿大、韩国、印度尼西亚、马来西亚以及港澳台等地参加国际展会、参加国家旅游局的推广活动,以及举办推介会、座谈会、路演等促销活动和调研交流活动。通过进行海南旅游专题推介或举办别开生面的海南旅游专场推介会,充分展示海南国际旅游岛美好形象;借赴香港、澳门参展之机,通过打造独具特色、个性鲜明的"海南厨房"展台,以港澳游客颇感兴趣的美食为切入点,对海南旅游进行创新性营销;借赴台湾参展之机,通过推出海南本土吉祥物"波波椰",以及与台湾民众喜闻乐见的职业棒球赛事相结合宣传推广海南旅游,面向台湾年轻族群进行精准营销,不断创新营销形式。邀请和对接来自英国、西班牙、日本、印度尼西亚、马来西亚、菲律宾、老挝、韩国、泰国、新加坡、俄罗斯、乌克兰、韩国、香港、澳门和台湾等国家和地区的20批次"请进来"考察踩线团。

(二)推动在港澳设立海南旅游产品展示及咨询中心

2018年,与香港中国旅行社、香港康泰旅行社、香港美丽华旅行社、香港新华旅行社、澳门中国旅行社、澳门康泰旅行社、澳门万国旅游集团、台湾雄狮旅行社等合作成立海南旅游产品展示及咨询中心,已在港澳地区和台湾分别设立了8家海南旅游产品展示及咨询中心,共计16家。

(三)稳步推进境外航线开辟工作

2018年,积极与协调新增及优化机场时刻、民航补贴等问题,推动航空公司、包机公司和旅游企业开通海口=圣彼得堡、三亚=伦敦、海口=悉尼、海口=古晋、海口=文莱、海口=马尼拉、三亚=泗水、海口=斯里巴加湾等境外直达航线,同时加密已开通的境外重点客源市场直达航线航班,进一步完善境外来琼的大交通网络,增加海南的"可进入性"。共执飞入境航线74条,新开、加密和恢复航线35条,其中新开航线26条,恢复航线6条,加密航线3条,提前一季度完成2018年省政府工作报告中要求的"新开通境外航线16条以上"的工作任务。这些航线的开通,有效保障了海南省入境游客的可持续增长。

(四)探索建立多元合作交流机制

2018年,根据中央文件的要求与省委省政府有关精神,组织联合相关厅局、专家团队和旅游企业开展市场调研与洽谈工作,夯实中外合资旅行社落地海南基础,与全球知名旅游集团托马斯·库克(Thomas Cook Group)正式签署合作备忘录结成战略合作伙伴关系,促成复星旅游文化集团与托马斯·库克在三亚签约注册了海南省首家中外合资旅行社——酷怡国际旅行社(三亚)有限公司;与韩国第二大旅游集团模德旅游签署战略合作协议,就共同开展整合营销达成合作意向;联合国际智库优化提升营销水平,与联合国世界旅游组织(UNWTO)技术合作与服务部门合作,就开展海南旅游国际市场营销战略与实施方案项目研究达成协议。邀请更多21世纪海上丝绸之路沿线国家和地区演出团体来海南参加节庆会展活动。构建全方位、多层次、宽领域的对外文化交流新格局。组织开展对外对港澳台文化交流合作和营业性演展521项。组织海南省文艺团体赴法国、泰国、新加坡、马来西亚等国家参演和开展文化交流合作。成功举办上合组织文化部长第十五次会晤。

(五)大力宣传“59 国”免签政策

2018 年,配合省公安厅做好 59 国免签政策落地工作,并积极开展政策宣传推广工作,积极组织旅游企业培训,就免签政策落地过程中产生的问题,积极配合公安厅出入境局,协调旅行社(康泰国旅、港中旅)分别进驻海口美兰、三亚凤凰机场出入境口岸提供现场应急免签服务;制作完成多语种 59 国人员入境旅游免签政策旅游操作指南,并通过各市县、航空公司、境外组团社多渠道发放;充分利用境外促销契机,大力宣传 59 国免签政策,在印度尼西亚、马来西亚、香港、韩国等地促销期间,重点宣传海南省 59 国免签政策;利用广告平台重点宣传 59 国免签政策,在携程海外平台、国际知名票务网站等投放 59 免签政策宣传广告;在俄罗斯、香港、东南亚、澳洲、韩国等海南旅游目的地国家、地区投放户外、杂志、电视、网络广告等。

(海南省旅游和文化广电体育厅)

海南：文旅融合助力乡村脱贫

2018年，海南省探索并深入推进文化＋旅游深度融合发展，全年全省接待乡村旅游客1024.64万人次，同比增长7.7％，实现乡村旅游总收入32.16亿元，同比增长12.6％，完成旅游扶贫项目83个、投资21.5亿元，年度投资完成比例为100.5％，直接带动贫困户3718户11596人脱贫。全省151个乡村旅游扶贫重点村中，已基本建成接待游客的村庄51个，2018年脱贫1403户5013人，127个村贫困发生率低于2％。

一、突出省域顶层设计统筹规划。修订《海南省乡村旅游总体规划（2014—2020）》，将100个旅游扶贫示范村创建纳入总体规划进行部署推进；省委省政府出台《海南省打赢打好脱贫攻坚战三年行动计划》，提出到2020年全省要创建100个旅游扶贫示范村的工作目标；制定并印发《海南省旅游产业脱贫攻坚三年行动计划（2018—2020）》和《海南省2018年乡村旅游和旅游扶贫开发工作要点》。

二、积极打造文化＋扶贫典型示范。充分发挥传统工艺工作站产品研发生产销售优势，举办黎锦技艺、黎陶技艺等培训，参加人员290人；举办乡镇文化站站长120人的培训；举办文化志愿者服务工作培训，参加培训的69人次。利用“公共文化空中大课堂”“网络书香讲坛”等数字平台200个接收点，组织学习扶贫政策基本常识、“乡风民俗＋旅游＋文化”、科技种植技术等，共3686人参加了远程教育培训。

三、高度重视文旅融合人才培养。全省共开展各类乡村旅游与旅游扶贫培训班90场次，培训乡村从业人员6891人次。其中，保亭和三亚乡村旅游培养乡村旅游点专业人才168人；专门为1643人次贫困户举办23期形式多样的培训班。三亚市组织乡村旅游16个重点扶贫村、美丽乡村村民村干部及乡村旅游企业负责人，围绕乡村旅游点创建、乡村旅游服务与技能、农副产品包装销售和旅游商品营销推广等方面开展乡村旅游扶贫培训班，培训人次共计400人次。

四、加大乡村扶贫产业扶持。2018年重点打造和扶持乡村扶贫产业发展，对7个乡村旅游和旅游扶贫项目以贷款贴息和以奖代补的方式奖励235万元；拓展贫困村产品销售渠道，实施后备箱工程，“海南礼物”旅游商品平台21家实体店铺全部设立旅游扶贫专柜售卖旅游扶贫商品，“海南礼物”线下实体店累计接待进店游客1000万人次，实现销售收入突破1.1亿元。全省各旅游景区、乡村旅游点、酒店共设有旅游扶贫商品销售专区135个，就近销售农副土特产品，销售额达1.5亿元；动员海南省旅游商品企业积极与贫困村进行产业对接，在省旅游扶贫示范村建设“一村一品”旅游商品原料供应和生产基地，通过旅游商品扶贫进一步带动贫困户脱贫。

重庆市2018年文化和旅游发展情况分析

2018年,全市文化旅游系统深入贯彻习近平新时代中国特色社会主义思想和党的十九大精神,全面落实习近平总书记对重庆提出的"两点"定位、"两地""两高"目标和"四个扎实"要求,扎实推进文化旅游融合发展,全市文化旅游业实现了持续快速健康发展。

一、主要指标稳步增长

截至2018年底,全市共有8923个文化文物机构(含文化市场),从业人员70644人。其中,行政事业机构1356个,从业人员12409人,全年行政事业机构实现总收入39.19亿元;企业机构7567个,从业人员58235人,营业收入88.25亿元。

全市现有群众艺术馆1个、文化馆40个,公共图书馆43个、文化站1027个(其中乡镇文化站817个),博物馆100个、区县文物保护管理机构39个。全市公共图书馆现有总藏量1807.94万册,另有电子图书1406.77万册,全市总藏品62.53万余件(套),其中三级以上珍贵文物31283件(套)。全市共有不可移动文物25908处;市级以上文物保护单位337处,其中:全国重点文物保护单位55处(包括世界文化遗产1处,列入中国世界文化遗产预备名单2处),市级文物保护单位282处;区县级文物保护单位1999处。全市共有旅行社581家,拥有星级旅游饭店197家,国家A级旅游景区239个。

(一)机构、从业人员稳中有升

2018年,全市共有各类文化文物机构8923个,比2017年的8641个增加3.26%,其中行政事业机构1356个,比2017年的1343个增加0.97%,企业机构7567个,比2017年的7298个增加3.69%;从业人员70644人,比2017年的65178人增加8.39%,其中行政事业机构从业人员12409人,比2017年的12171增长1.96%,企业机构从业人员58235人,比2017年的53007增长9.86%。从类型上看,机构数增长的主要是非公有制文化艺术表演团体和艺术表演场馆。

表1 2017、2018年重庆市文化文物机构及人员情况

单位	机构数(个)			从业人员数(人)		
	2017	2018	同比增幅(%)	2017	2018	同比增幅(%)
总计	8641	8923	3.26	65178	70644	8.39
艺术表演团体(含非公有制)	1283	1571	22.45	15300	17282	12.95
艺术表演场馆(含非公有制)	24	43	79.17	325	1393	428.62
图书馆	43	43	—	964	1002	3.94
文化馆	41	41	—	1000	1027	2.7
文化站	1025	1027	0.2	4564	4648	1.84
艺术创作展览机构	9	10	11.11	103	105	1.94

续表

单　　位	机构数(个)			从业人员数(人)		
	2017	2018	同比增幅(%)	2017	2018	同比增幅(%)
艺术教育业	2	2	—	537	538	0.19
文化市场经营机构	5994	5958	−0.6	37249	39482	5.99
文化科研	1	1	—	38	37	−2.63
文物业	140	145	3.57	3102	3157	1.77
行政主管部门	40	40	—	1055	1043	−1.14
其他文化机构	39	42	7.69	941	930	−1.17

(二)文化(文物)事业投入增长明显,增幅较大

2018 年,文化(文物)部门财政投入 28.86 亿元,财政对文化文物经费投入逐年提高。

1. 文化经费

全市文化部门 2018 年总收入 33.41 亿元,比 2017 年的 32.61 亿元增长 2.45%,其中财政拨款 21.28 亿元,比 2017 年的 20.77 亿元增长 2.46%。

从 2014 年到 2018 年的五年时间里,重庆市的文化事业费年平均增长 9.88%。

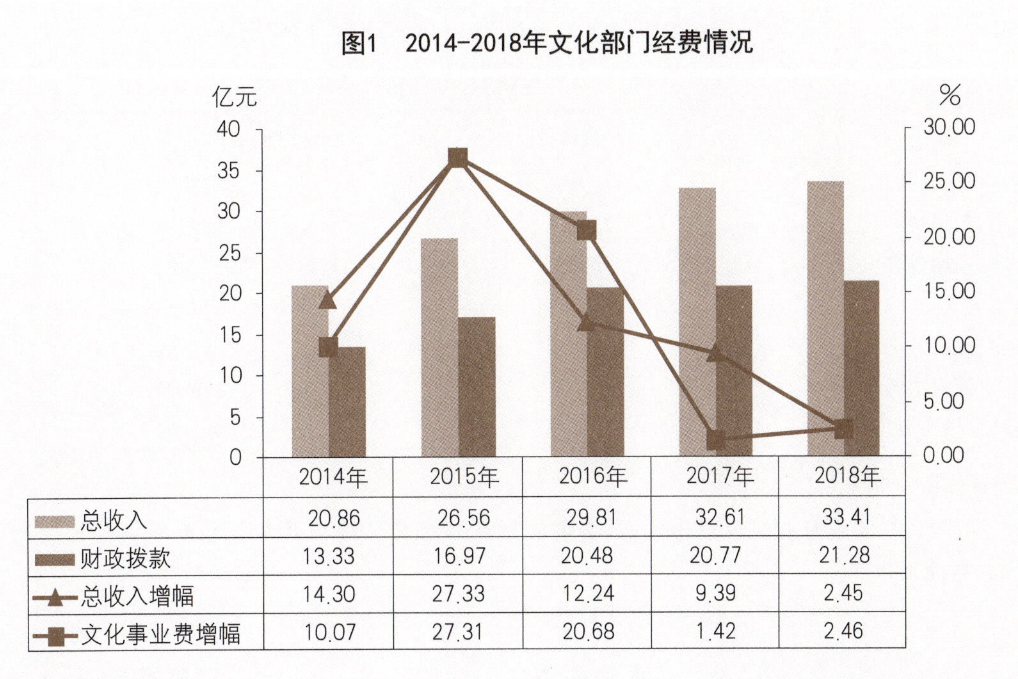

	2014年	2015年	2016年	2017年	2018年
总收入	20.86	26.56	29.81	32.61	33.41
财政拨款	13.33	16.97	20.48	20.77	21.28
总收入增幅	14.30	27.33	12.24	9.39	2.45
文化事业费增幅	10.07	27.31	20.68	1.42	2.46

2. 文物经费

2018 年全市文物业总收入 8.96 亿元,比 2017 年的 8.59 亿元增长 4.31%,其中财政拨款 7.58 亿元,比 2017 年的 7.31 亿元增长 3.56%。由于近年来各级政府对文物工作的重视,财政对文物事业发展在大幅增加后进入相对稳定状态。

从 2014 年到 2018 年的五年时间里,重庆市文物业财政拨款年平均增长 8.63%。

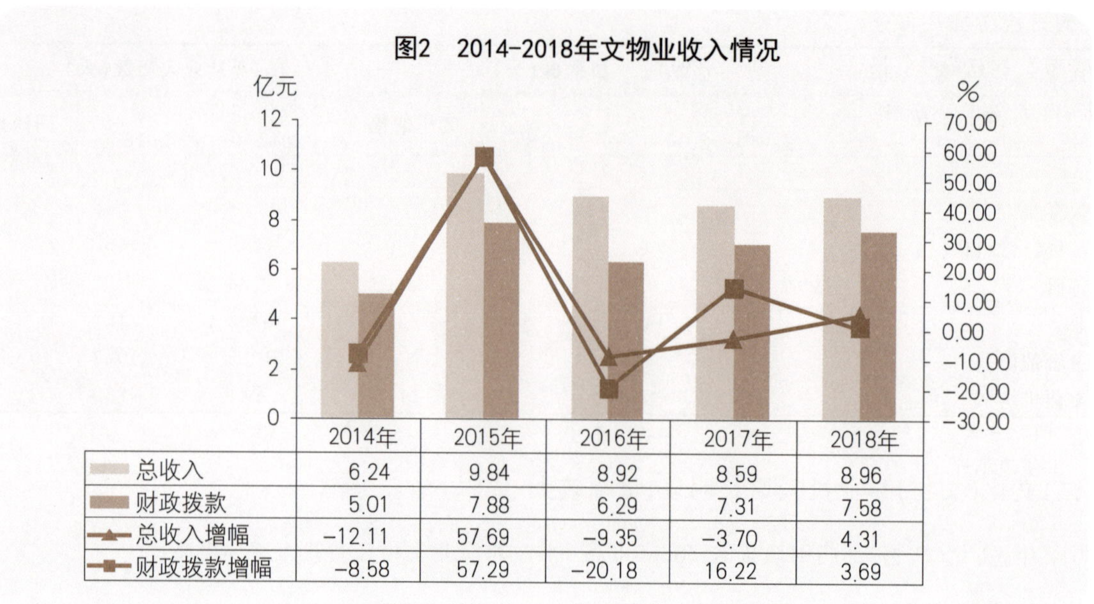

（三）旅游业实现了持续快速健康发展

据初步统计测算，2018 年全市接待境内外游客 5.97 亿人次，实现旅游总收入 4344.15 亿元，同比分别增长 10.1%和 31.3%。其中：接待入境游客 388.02 万人次，实现旅游外汇收入 21.90 亿美元，同比分别增长 8.3%和 12.4%。通过出境旅行社组织的出境游客 201.66 万人次，同比下降 2.3%。

表 2 2018 年重庆市旅游接待及收入情况表

指 标	计量单位	绝对值	比上年增长(%)
接待境内外游客总数	万人次	59723.71	10.1
其中：入境游客	万人次	388.02	8.3
国内游客	万人次	59335.69	10.1
旅游总收入	亿元	4344.15	31.3
其中：旅游外汇收入	亿美元	21.90	12.4
国内旅游收入	亿元	4199.24	32.2
出境社组织出境旅游人数	万人次	201.66	−2.3

1. 区域旅游竞相发展

2018 年，四大片区旅游业呈现竞相发展、协调发展良好态势。渝东北片区和渝东南片区增速明显高于主城片区和渝西片区。

表 3 四大片区旅游接待及收入情况表

区 域	接待人数		旅游收入	
	人数(万人次)	比上年增长(%)	金额(亿元)	比上年增长(%)
全 市	59723.71	10.1	4344.15	31.3
主城片区	25846.84	6.4	1941.40	27.5
渝西片区	13278.82	8.7	785.75	32.5
渝东北片区	10657.42	16.0	813.58	34.0
渝东南片区	9940.63	16.6	803.42	37.2

2.假日旅游如火如荼

“春节”“国庆”两个长假和“元旦”“清明”“五一”“端午”“中秋”五个小长假，全市共接待游客 13728.69 万人次，占全年接待游客总量的 23.0%；实现旅游收入 623.71 亿元，占全年旅游总收入的 14.4%。

表 4　2018 年节假日旅游接待及收入情况表

项　目	接待人数		旅游收入	
	人数(万人次)	比上年增长(%)	金额(亿元)	比上年增长(%)
合　计	13728.69	14.4	623.71	29.0
长假小计	7775.90	13.2	275.00	29.0
春　节	4286.21	12.7	133.73	29.6
国　庆	3489.69	13.8	141.27	28.4
小长假小计	5952.79	17.7	348.71	28.7
元　旦	1013.92	21.0	60.73	32.5
清　明	1207.19	13.7	74.62	24.3
五　一	1735.75	21.6	112.48	30.5
端　午	944.57	12.6	48.35	26.7
中　秋	1051.36	——	52.53	——

注：比上年增长按同口径统计测算。

图3　2018年长假和小长假旅游接待情况

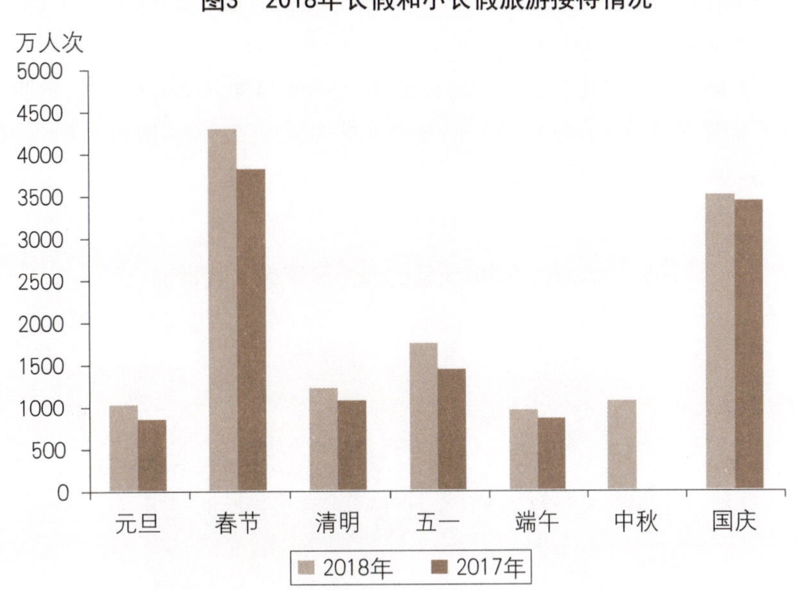

3. 入境旅游稳中有升

2018 年，全面唱响“山水之城·美丽之地”，积极开展对外旅游宣传推广，有力助推了重庆国际知名旅游目的地建设。在全国入境旅游小幅增长的大环境下，重庆市入境旅游呈现稳中有升的良好态势，高于全国平均水平。据统计，全年接待入境游客 388.02 万人次，比上年增长 8.3%。其中：港澳台游客 167.83 万人次，增长 19.1%，占入境旅游者的 43.3%；亚洲 124.64 万人次，增长 8.2%，占入境旅游者的 32.1%；美洲 34.6 万人次，下降 16.3%，占入境旅游者的 8.9%；欧洲 31.89 万人次，下降 0.2%，占入境旅游者的 8.2%；大洋洲 8.5 万人次，增长 5.2%，占入境旅游者的 2.2%；非洲 1.5 万人次，增长 13.8%，占入境旅游者的

0.4%；其他 19.06 万人次，下降 2.8%，占入境旅游者的 4.9%。

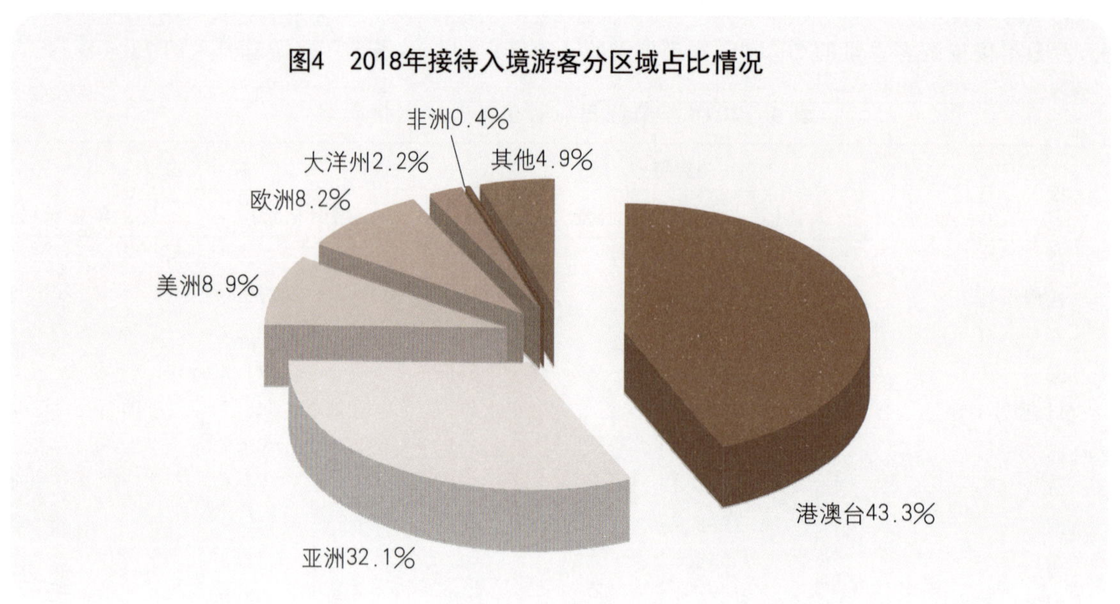

入境游客前 3 位的区域为：港澳台、亚洲、美洲；入境旅游人数前 5 位的国家为：韩国、美国、日本、泰国、马来西亚。

4. 出境旅游略有下降

2018 年，全市新增出境旅行社 6 家，年末出境旅行社达到 97 家。通过出境旅行社组织的出境旅游者 201.66 万人次，比上年下降 2.3%。其中赴台游增长最快，赴台游人数 6.66 万人次，增长 12.0%；出国游人数最多，出国游人数 173.07 万人次，下降 3.2%；港澳游人数 21.93 万人次，增长 2.0%。出境游目的地前 5 位国家为：泰国、越南、新加坡、日本、马来西亚。

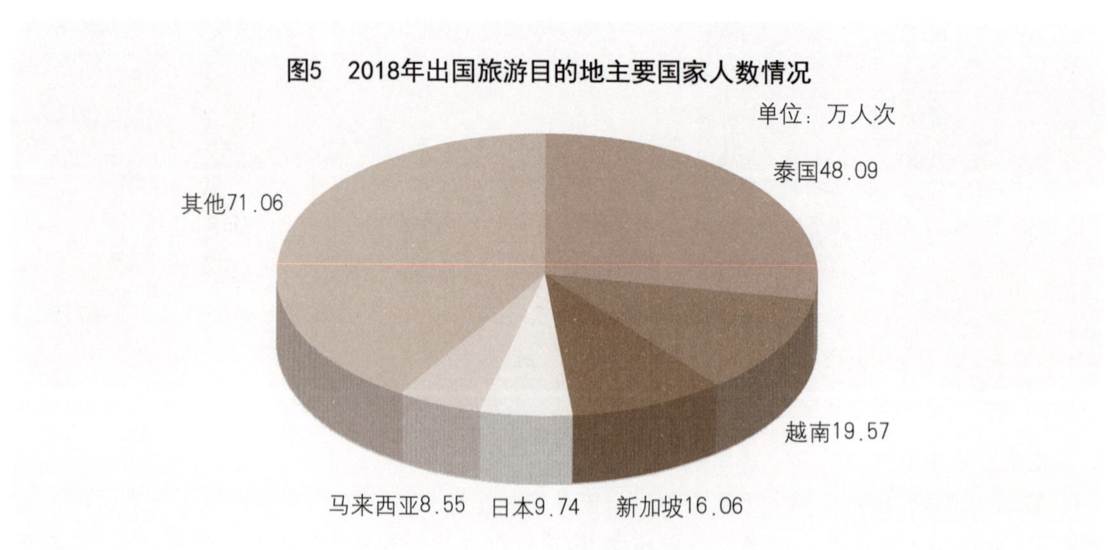

（四）公共文化服务不断提升

1. 公共图书馆服务能力进一步提高

全市公共图书馆现有总藏量1807.94万册，另有电子图书1406.27万册，全年总流通人次1604万人次，有效借书证173.82万个，阅览室坐席数30010个，本年新增藏量123.73万册，全市公共图书馆为读者组织各类讲座1556次，21.66万人次参加；举办展览1024个，190.31万人次参观；举办培训班1293个，9.4万人次参加。实际使用房屋建筑面积36.19万平方米。

文化馆图书馆总分馆制建设全面推进，实现全覆盖，40个区县投入资金2.1亿元，建成1433个图书馆分馆，其中民办公助、民营馆105个，全民阅读活动同比增加45%。

表5　2017、2018年公共图书馆基本情况

		2017年	2018年	同比(%)
总藏量	万册	1671.79	1807.94	8.14
电子图书	万册	1326.41	1406.77	6.06
总流通人次	万人次	1524.03	1604	5.25
阅览室座席数	个	27622	30010	8.65
建筑面积	万平方米	34	36.19	6.44

2.群众文化生活不断丰富

2018年，全市1068个群众文化机构，共举办展览6665个，组织文艺活动30435次，组织公益性讲座731次，举办各类训练班25831次，文化服务惠及人次达2052.36万人次。建成1038个文化馆分馆，其中民营馆38个，全民艺术普及活动同比增加65%。

表6　文化馆(站)活动场次

		2017年	2018年	同比(%)
文艺活动	场次	29578	30435	2.9
展览	场次	6277	6665	6.18
培训班	场次	20528	25831	25.83
讲座	场次	755	731	−3.18
总计	场次	57138	63662	11.42

坚持政府主导、社会参与、重心下移、共建共享，公共文化服务标准化均等化取得新进展，广大群众的文化获得感不断增强。2018年，提档升级了83个乡镇(街道)、2794个村(社区)综合文化服务中心，基层综合文化服务中心覆盖率分别达到89.9%、68.4%，全市共改造提升95个乡镇、30个街道、2213个村、628个社区综合文化服务中心，累计完成775个乡镇、204个街道、6840个村、2562个社区综合文化服务中心的改造提升工作，覆盖率分别达到95.67%、91.47%、84.03%、86.43%。

3.旅游公共服务不断提升

建成全方位全时段提供重庆旅游信息资讯服务的旅游公共信息服务体系，开行主城区常态化旅游观光巴士线路13条，建成市级旅游集散中心7个、区县旅游集散分中心23个，建成旅游厕所1315座。旅游人才培养不断加强，举办全市旅游类培训班27期次、组织培训及考试19819人次，累计培养旅游博士19名，9个项目、12人入选文化和旅游部“万名旅游英才计划”。截至2018年末，全市旅游从业人员291.6万人，其中：直接从业人员48.6万人。全市持有电子导游证导游11088人，其中：特级1人，高级40人，中级218人，初级10829人。全市旅游专业的院校、旅游职高及旅游职业培训机构118所，涉旅院校旅游专业在校学生4.3

万余人。

(五)文艺精品力作不断涌现

深入贯彻落实习近平总书记关于文艺工作的重要讲话、重要指示精神，深入挖掘巴渝文化、抗战文化、三峡文化等丰富资源，全力提升重庆文艺创作能力，实现数量上的飞跃、质量上的攀升。川剧《江姐》、京剧《天路彩虹》、话剧《红岩魂》《其香居茶馆》、歌剧《尘埃落定》、跨界融合舞台剧《大禹治水》成功首演，舞剧《杜甫》、群舞《丑角》入选第十二届全国舞蹈展演参演作品，梁山灯戏《好人邓平寿》入选2018年全国基层院团戏曲会演参演剧目，歌剧《尘埃落定》入选2018年“中国民族歌剧传承发展工程”重点扶持剧目，是西部地区唯一入选的作品；《大头小当家》《叽里呱啦我爱画画》《小小见闻家——科普基地巡礼季》获国家总局优秀少儿节目精品扶持，重庆美术馆“中国新兴木刻的先行者——朱宣咸艺术回顾展”、綦江区美术馆“情系乡土以画传承——綦江农民版画海内外普及培训”入选2017年度全国美术馆优秀项目；舞剧《杜甫》获中国舞蹈最高奖“荷花奖”；第十届中国曲艺牡丹奖揭晓，重庆摘得两朵“牡丹”，四川竹琴演员何菊芳荣获表演奖，四川评书演员袁国虎荣获新人奖；杂技节目《星空下的女孩——舞流星》获第17届莫斯科国际青少年马戏节银象奖，魔术《幻影飞鸽》获第十届中国杂技金菊奖魔术节目奖，魔术《伞丛扇影》荣膺IBM国际魔术大赛金牌、金奖和最受观众欢迎奖三项大奖，成为该项赛事第一个同时拿下金牌和金奖的节目并实现大满贯，实现了重庆市魔术节目在国际最顶级赛场上金奖零的突破。

(六)文博事业蓬勃发展

截至2018年年底，全市各类藏品数62万余件。2018年，博物馆基本陈列251个，举办临时展览335个，接纳观众3687.1万人次，其中免费开放接待观众3164.71万人次，免费开放观众人次占85.83%。非免费开放博物馆门票销售收入1.45亿元。

完善博物馆体系建设。新建成开放巴南、永川、重庆建川博物馆等12家博物馆，新增国家等级博物馆5家，全市博物馆总数达100家，其中等级博物馆16家，历史、革命、抗战、工业、自然五大博物馆群更加健全，主体多元、结构优化、层级合理的博物馆体系基本形成。

持续提升博物馆展览展示水平。坚持原创展览与引进市外文博大展特展相结合，加强展陈工作，推出主题鲜明的精品展览。策划推出“盛筵—见证《史记》中的大西南”特展、“回望归鸿—徐悲鸿抗战时期绘画作品展”“回望百一大足石刻历史影像展”“千人千面：馆藏古代人物画展”“重庆革命遗址掠影展”等原创展览；联合中国博协纪念馆专委会及全国24家革命类博物馆纪念馆推出“不忘初心牢记使命—中国革命精神联展(1921—1949)”；引进“风流清逸 萧疏奔放—吉林省博物院藏‘南张北溥’书画特展”“走进非洲—中非珍品雕像艺术展”“抗战的堡垒民主的模范—延安时期的中共中央西北局”等精品展览；赴市外举办“冰清玉洁：馆藏玉器展”“光辉历程不朽丰碑专题展”。重庆中国三峡博物馆积极探索博物馆新媒体传播之路，在新浪微博建立“重博文物会说话”讨论话题，阅读总量超2亿人次，获评“微博2018读城最具人气博物馆”；红岩革命历史博物馆开展“红岩精神耀巴渝教育活动之一红梅传递”等系列活动，大力弘扬红岩精神，文物工作的展示度和呈现度明显提升。成立全市流动博物馆展览联盟，送展览和教育活动到区县乡镇学校超过1000场次，让更多市民近距离感受到中华优秀传统文化的魅力。故宫学院落户重庆，重庆中国三峡博物馆重庆师范大学分馆、云阳博物馆分馆正式挂牌，重庆中国三峡博物馆获评仅有两个名额的“2018年全国最具创新力博物馆”，红岩干部党性教育基地入选中央国家机关党校首批12家党性教育基地，红岩革命历史博物馆入选全国关心下一代党史国史教育基地，白鹤梁水下博物馆获评“全国文物系统先进集体”。

逐步规范社会文物管理。国家文物进出境重庆审核管理处正式挂牌成立，为规范文物进出境提供重要保障。重庆中国三峡博物馆、市文化遗产研究院两家涉案文物鉴定机构开展文物鉴定14次，鉴定文物77件套、古墓葬13处。开展文物拍卖许可证年审，4家文物拍卖机构全部年审合格。审核文物艺术品拍卖会拍卖标的2701件(套)，撤拍2件。

(七)产业发展强筋壮骨、积聚动能，释放了市场活力

统筹市和区县两级文化资源，成立招商引资领导小组，组建招商引资办公室，进一步加大招商引资力度，一批重大文旅项目落户重庆，形成了顶尖企业扎堆重庆市发展文化旅游业的火热局面。扎实抓好旅游度假区项目、世界温泉谷项目、三峡后扶项目等重大签约落地项目建设，55个涉旅重点项目有序推进，北碚区温泉健康小镇、綦江区旅游特色小镇等6个重点旅游项目顺利落地；魁星楼艺术区、重庆旅游文化创意产业园、重庆广告产业园加快实施，鲁能胜地、重庆文化旅游装备制造产业园等大型拟建项目有序推进，成功举办重庆市文化产业发展协作推进签约仪式，达成文化产业发展合作项目161个；成功举办第十二期文化产业精品项目交流对接会，签约项目30个，签约总金额1699亿元；成功举办第二届文化惠民消费季，全市参与人数突破500万人次，直接拉动消费50亿元；成功举办全球旅行商大会、重庆国际旅游交易会，20多个国家和地区近400名全球旅行商来渝采购重庆旅游产品，搭建了新的重庆旅游展示交易平台；世界旅游业理事会(WTTC)发布《2018年城市旅游和旅游业影响》，重庆为全球旅游增长最快城市；预计全年文化产业实现增加值632亿元，同比增长6%；全市旅行社新增27家，总数达到581家，实现旅游总收入4344.15亿元，增速31.3%。

(八)文化旅游市场规范有序发展

截至2018年底，全市文化市场经营机构7533个，从业人员56580人，分别比2017年增长了3.71%和10.29%。其中非公有制艺术表演团体、非公有制艺术表演场馆和经营性互联网文化单位增长明显，增幅分别为22.84%、325%和207.59%。全市共有旅行社581家，其中：出境旅行社97家(含赴台社9家)，一般旅行社484家。全市拥有星级旅游饭店197家，其中：五星级28家，四星级52家，三星级89家，二星级28家。全市拥有国家A级旅游景区239个，其中：5A级景区8个，4A级景区92个，3A级景区81个，2A级景区57个，1A级景区1个。

表7 重庆市文化市场经营机构基本情况

	2017年		2018年	
	机构数(个)	从业人员(人)	机构数(个)	从业人员(人)
总计	7263	51303	7533	56580
娱乐场所	2029	15685	1998	17263
互联网上网服务营业场所(网吧)	3633	16132	3443	13979
非公有制艺术表演团体	1261	13812	1549	15862
非公有制艺术表演场馆	8	242	26	1236
经营性互联网文化单位	158	3655	328	5118
艺术品经营机构	124	551	122	409
演出经纪机构	50	1226	67	2713

1. 演出市场逐步规范,发展有序

非国有艺术表演团体 1549 个,比 2017 年的 1261 个增长 22.84%,国内演出 18.62 万场,国内演出观众人次 4874.51 万人次,其中农村演出 14.2 万场,观众 2767.61 万人次。在很大程度上地缓解了国有艺术表演团体因机构少,人手不够而造成的覆盖面不广的影响,有效地满足了广大农民群众看演出的需求。

2. 娱乐业结构型调整,向规模化、品牌化发展

娱乐业机构数量下降,但从业人员、资产和收益全面增长。小、散、差的经营场所被逐渐淘汰,娱乐业提档升级并向规模化品牌化方向发展。

表 8 娱乐场所两年对比情况

指　　标	2017 年度	2018 年度	变化幅度(%)
机构数(个)	2029	1998	-1.5%
从业人数(人)	15685	17263	10.1%
资产总计(亿元)	25.18	30.05	19.3%
营业收入(亿元)	15.85	18.92	19.4%

3. 上网服务营业场所

随着互联网的发展和移动终端产品大量普及,以及网络文化产品特别是大型游戏产品的不足,上网服务场所进一步转型升级,行业各主要指标大幅下降,市场投资和经营更趋理性。

表 9 上网服务营业场所两年对比情况

指　　标	2017 年度	2018 年度	变化幅度(%)
机构数(个)	3633	3443	-5.23
从业人数(人)	16132	13979	-13.35
资产总计(亿元)	24.76	22.36	-9.69
营业收入(亿元)	16.37	13.83	-15.52

4. 旅游市场环境持续向好

坚持以"扫黑除恶"专项斗争和"利剑行动"为依托,强力推进"不合理低价游""一日游""两江游""三峡游"等旅游市场专项整治行动,游客满意度大幅提升。全面推行 96111 旅游投诉咨询热线,全年共受理旅游投诉案件 348 件,同比减少 239 件,下降 40.7%。市旅游监察执法总队被文化和旅游部评为 2017—2018 年度全国文化市场十大办案单位之一。

(八)文化交流传播途径不断拓展

1. 提升文化交流传播水平。突出"一带一路"沿线城市、中新合作和重庆国际友城,推进"欢乐春节"、毛里求斯中国文化中心年度合作项目,办好"青年汉学家研修计划"培训班,开展"重庆文化周"、香港国际影视展等系列对外文化交流活动,引导市级媒体参与"一带一路"新闻合作联盟、丝绸之路影视桥工程。推动数字出版产品"走出去"。支持和鼓励大足石刻、钓鱼城、磁器口等申报国家级两岸文化交流基地。

2. 推进对外文化贸易发展。完善“一带一路”文化贸易重点项目征集和扶持机制。探索本地演展项目筹划包装、国际营销的规律和方式。支持文化企业、文博文创机构抱团参加美国演艺出品人年会、东京动漫展、法兰克福中国文创博览会等国际展会。

二、主要问题

(一)财政投入增幅有所提高但总量不足

虽然文化(文物)的总收入和财政投入在逐年有所提高,但基数太低、总量不足,重庆文化文物经费投入排在全国各省市中间偏后,在西部也仅处于中游水平。

表 10　2018 年直辖市及西部文化文物财政拨款情况

	文化财政拨款(万元)	位次	文物业财政拨款(万元)	位次
重　庆	212816	3	75757	3
北　京	366711	2	296971	1
天　津	179574	4	35736	4
上　海	548512	1	159243	2
重　庆	212816	6	75757	6
四川省	433627	1	193563	2
贵州省	178899	9	45766	10
云南省	302180	2	65450	7
西　藏	100910	10	109996	4
陕西省	227714	4	410923	1
甘肃省	180540	7	165641	3
青海省	91075	11	26403	12
宁　夏	70245	12	28230	11
新　疆	179604	8	54591	9
内蒙古	279196	3	86966	5
广　西	213041	5	57081	8

(二)专业技术人才匮乏,急需引进和培养高素质人才

目前,在重庆市 70644 名从业人员中,具有中高级专业技术职称的仅有 2149 人,所占比重仅占总人数的 3.04%。

表 11　2018 年机构从业人员表

	总　计					
	机构数（个）	从业人员（人）	专业技术人才	正高级职称	副高级职称	中级职称
总　　计	8923	70644	10424	177	589	1383
一、文化合计	8778	67487	9372	118	438	1012
艺术表演团体	1571	17282	6370	58	180	305
其中：公有制艺术表演团体	22	1420	982	58	180	305
艺术表演场馆	43	1393	139			
其中：公有制艺术表演场馆	17	157	33			
公共图书馆	43	1002	611	24	85	262
文化馆	41	1027	663	21	86	234
文化站	1027	4648	1119			
其中：乡镇综合文化站	817	3445	887			
艺术展览创作机构	10	105	72	5	18	30
其中：美术馆	9	82	63	4	16	25
艺术教育业	2	538	271	5	41	126
文化科研机构	1	37	30	2	9	13
文化市场经营机构（不包括非公有制院团和场馆）	5958	39482				
文化行政主管部门	40	1043				
其他文化机构	42	930	97	3	19	42
其中：文化市场执法机构	12	119	1			
二、文物合计	145	3157	1052	59	151	371
博物馆	100	2738	887	52	131	307
文物保护管理机构	39	219	95		13	41
文物科研机构	1	148	69	7	7	22
文物商店	2	15	1			1
其他文物机构	3	37				

专业技术人才匮乏，制约着重庆市文化文物事业的进一步发展。专业技术人才多为系统内人员，且主要集中在国有专业艺术表演团体、图书馆、文化馆和博物馆，而在 5958 个市场经营机构，39482 人员中，没有拥有中、高级职称的人员。文化市场经营队伍整体素质不高。国家相关法律法规在文化市场经营业主准入时没有对文化程度及业务素质提出要求，没有设明确的标准条件，导致我们在业主审核上无从把关，致使一些文化水平较低、业务素质较差的人员也开始从事文化市场经营活动，给文化市场发展带来消极影响。再者业主自身素质参差不齐，有的政治觉悟较差，利欲熏心，唯利是图，有的打政策查边球，甚至有的时不时从事一些违法乱纪经营活动，给社会造成不良影响，也严重败坏了行业形象。

三、下一步工作打算

（一）加大资金投入，建立和完善政策保障机制

积极争取国家资金对重庆市文化旅游投入，要进一步强化政府投入的主体责任，加大投入力度，提高文化旅游支出占财政支出比例。同时，要积极引导社会力量参与对文化旅游事业建设和活动，多渠道拓宽资金来源。推广政府和社会资本合作模式，探索拨改投方式，鼓励引导社会和民间投资进入。修订完善资金、资产、采购等政策。推进重点支出审计，深化第三方跟审，加强财政财务收支审计；加强事前事中事后绩效评价，探索制定重点专项绩效指标体系。加大资金整合力度，保障文旅大项目、大活动顺利实施。完善规范透明、标准科学、约束有力的预算制度，动态跟踪、分析和评价项目绩效，依据项目绩效目标、实施效果优化资金结构。

（二）强化人才保障建设

落实《重庆市科教兴市和人才强市行动计划（2018—2020 年）任务分工方案》，推进重点人才项目建设，继续实施领军人才项目、“三区”项目、处室业务培训项目、“青年人才”、川剧杂技“后备人才”等项目，提升项目实施成效。抓好高层次旅游人才培养、引进和保留工作，提升旅游人才队伍整体素质。与重庆大学合作培养旅游博士研究生，适时实施旅游青年专家和旅游英才培养计划，高质量推动双师型教师、旅游基础研究人才、技术技能大师工作室等人才项目开展。加强区县文物行政机构和队伍建设，鼓励区县通过政府购买服务方式，聘请专兼职文物保护巡查员，加强文物保护巡查管理。

（三）加强文化旅游融合发展

打好旅游发展“五张牌”。打造世界温泉谷项目集群，打造长江三峡国际旅游集散中心项目集群，打造都市旅游项目集群，打造主城大型实景旅游演艺等文旅项目，打造气候四季康养项目集群。推进文旅重点项目建设。抓好市级文化产业示范园区（基地）和文化创意产业园评选，举办第三届文化旅游惠民消费季，发动文化旅游企业组团参加各级重要文化旅游节会。加快对外文化贸易基地和数字文化产业园建设。探索文旅融合发展新机制。加强顶层设计、优化内部职责、健全发展机制，更加注重规划引导，打造一批区域性文化旅游走廊和线路。建立重大项目推进机制，扶持一批条件好、潜力大、带动强的重大文化旅游项目，做好城市提升行动文旅融合提升项目工作。着力加强文化旅游数据和统计工作，开展文化旅游统计创新和大数据应用，完善文化旅游消费、市场统计指标。

（重庆市文化和旅游发展委员会）

重庆：文艺创作持续发力成果丰硕

深入贯彻落实习近平总书记关于文艺工作的重要讲话、重要指示精神，深入挖掘巴渝文化、抗战文化、三峡文化等丰富资源，全力提升重庆文艺创作能力，实现数量上的飞跃、质量上的攀升。川剧《江姐》、京剧《天路彩虹》、话剧《红岩魂》《其香居茶馆》、歌剧《尘埃落定》、跨界融合舞台剧《大禹治水》成功首演，舞剧《杜甫》、群舞《丑角》入选第十二届全国舞蹈展演参演作品，梁山灯戏《好人邓平寿》入选2018年全国基层院团戏曲会演参演剧目，歌剧《尘埃落定》入选2018年"中国民族歌剧传承发展工程"重点扶持剧目，是西部地区唯一入选的作品；重庆美术馆"中国新兴木刻的先行者——朱宣咸艺术回顾展"、綦江区美术馆"情系乡土以画传承——綦江农民版画海内外普及培训"入选2017年度全国美术馆优秀项目；舞剧《杜甫》获中国舞蹈最高奖"荷花奖"；第十届中国曲艺牡丹奖揭晓，重庆摘得两朵"牡丹"，四川竹琴演员何菊芳荣获表演奖，四川评书演员袁国虎荣获新人奖；杂技节目《星空下的女孩——舞流星》获第17届莫斯科国际青少年马戏节银象奖，魔术《幻影飞鸽》获第十届中国杂技金菊奖魔术节目奖，魔术《伞丛扇影》荣膺IBM国际魔术大赛金牌、金奖和最受观众欢迎奖三项大奖，成为该项赛事第一个同时拿下金牌和金奖的节目并实现大满贯，实现了重庆市魔术节目在国际最顶级赛场上金奖零的突破。

四川省 2018 年文化和旅游发展情况分析

四川省总人口 8341 万，辖 21 个市州、有 183 个县(市、区)，4605 个街道办和乡镇，45683 个行政村，是全国第二大藏区，最大的彝族聚居区和唯一的羌族聚居区。

2018 年，四川省围绕中心、服务大局，繁荣发展文化和旅游事业、培育壮大文化和旅游产业，全省文化和旅游建设呈现出提质增效、跨越发展的良好局面。

一、主要指标平稳增长，基础保障能力有所增强

(一)机构人员数有所减少，人员结构逐步优化

1. 全省文化文物机构人员数有所减少。据统计，2018 年末，由文化部门主管和由文化部门审批管理的全省各类文化(文物)单位总计 22,754 个，比上年末减少 368 个，减少 1.59%；从业人员 125,347 人，比上年末减少 3915 人，减少 3.02%。其中：各级文化文物部门所属单位机构数 5,963 个，与上年末基本持平；从业人员 35,224 人，减少 299 人，主要原因是部分公共图书馆、文化馆、博物馆免费开放工作劳务派遣人员增加，而聘用人员减少。文化市场经营单位 16,720 个，比上年末减少 358 个，减少 2.09%；从业人员 88,269 人，比上年末减少 3532 人，减少 3.85%。

图1　2018年四川省文化产业机构情况

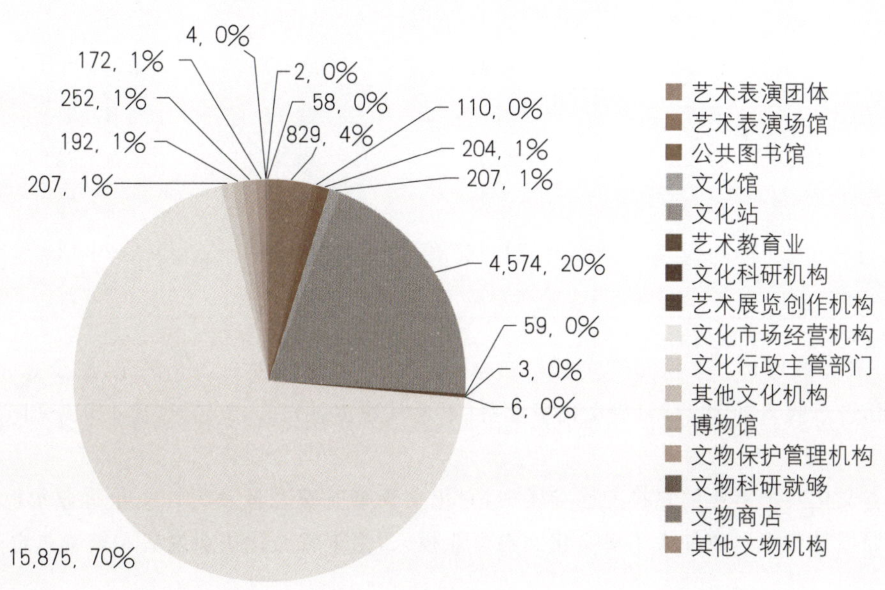

2. 公共文化机构人员素质有所提高。2018 年全省公共图书馆、文化馆、美术馆和博物馆公共文化机构从业人员 11,679 人，比上年减少 609 人，其中专业技术人员 5,164 人，比上年减少 309 人，所占比重 44.22%；具有高级职称人员 563 人，比上年增加 23 人，增长 4.26%；具有中级职称人员 1984 人，比上年增加 42 人，增长 2.16%。

表 1　2014—2018 年公共文化设施从业人员情况

年　份	从业人员数（人）			
		专业技术人才		
			高级职称	中级职称
2014 年	10,985	4,809	459	1,793
2015 年	11,426	5,072	528	1,853
2016 年	12,062	5,255	532	1,970
2017 年	12,288	5,478	540	1,942
2018 年	11,679	5,164	563	1,984

（二）财政支持力度加大，文化文物事业费逐年增长

1. 文化事业费持续增长。2018 年末，全省文化部门所属机构总收入 88.42 亿元，比上年增加 13.73 亿元，增长 18.38%，其中财政拨款 43.36 亿元，占总收入的 49.04%。文化事业费（不含基建拨款）43.02 亿元，比上年增加 1.7 亿元，增长 4.12%；人均文化事业费 51.58 元，比上年增加 1.81 元，增长 3.64%。

表 2　2012—2018 年四川省文化文物投入情况

年　份	文化部门			文物部门	
	总收入（亿元）	文化事业费（亿元）	人均文化事业费（元）	总收入（亿元）	文物事业经费（元）
2012 年	44.03	27.49	34.04	14.05	9.11
2013 年	53.33	30.46	37.58	15.59	11.89
2014 年	55.95	34.91	42.89	15.67	12.19
2015 年	69.29	39.58	48.24	17.58	12.68
2016 年	67.40	40.37	48.86	20.02	13.39
2017 年	74.69	41.32	49.77	20.41	14.02
2018 年	88.42	43.02	51.58	20.40	15.42

2. 文物事业费持续增长。文物部门总收入 20.40 亿元，比上年减少 0.006 亿元，减少 0.3%，其中财政拨款 16.48 亿元，占总收入的 80.78%。文物事业费（不含基建拨款）15.42 亿元，比上年增加 1.4 亿元，增长 10.04%。

近年来，全省文化文物事业的总投入逐步增加，文化文物事业费总量及人均文化事业费也逐年增加，呈上升趋势，主要原因是各级财政加大了对文化文物事业投入，为全省文化事业发展和繁荣奠定坚实基础。

二、文化建设提质增效，文化工作取得丰硕成果

（一）精品创作为引领，巴蜀文艺精品不断涌现

2018年，全省文艺系统树立以人民为中心的发展思想，实施艺术精品战略，狠抓现实题材创作，文艺作品生产能力大幅提升，艺术工作取得显著成效。

1. 地方特色艺术生产展演更加繁荣。2018年末，全省文化部门艺术表演团体原创首演剧目30个，参加全国重大赛事活动和获得奖项10余项。美术创作研究成果丰硕，各项展演展览20余项，举办“三月开门红”四川省直文艺院团现实题材重点剧目展演、当代艺术演出季等活动。

2. 艺术创作生产机构和人员持续增长。2018年末，全省有艺术表演团体829个，比上年增加132个，增长18.94%；从业人员14,327人，比上年增加1382人，增长10.67%；其中文化部门所属的艺术表演团体52个，占艺术表演团体总数6.27%。全省有艺术表演场馆110个，比上年增加9个，坐席数49,581个，比上年增加1925个，增长4.04%。其中各级文化部门所属艺术表演场所42个，与上年减少2个，减少4.55%，坐席数23,784个，比上年减少2318个，减少8.89%。艺术展览创作机构59个，比上年持平。

表3 2012—2018年四川省艺术表演团体基本情况

年份	机构数（个）	文化部门	所占比重%	从业人员数（万人）	文化部门	所占比重%	演出场次（万场次）	文化部门	所占比重%	国内演出观众人次（万人次）	文化部门	所占比重%
2012年	469	71	15%	1.2	0.4	32%	6.67	0.69	10%	3,963	676	17%
2013年	510	52	10%	1.1	0.3	27%	7.65	0.56	7%	2,541	467	18%
2014年	492	51	10%	1.2	0.3	25%	6.42	0.56	9%	1,887	434	23%
2015年	543	52	10%	1.2	0.3	26%	10.26	0.61	6%	2,012	481	24%
2016年	621	50	8%	1.2	0.3	24%	8.42	0.60	7%	2,304	443	19%
2017年	697	52	7%	1.3	0.3	25%	7.77	0.69	9%	2,541	477	19%
2018年	829	52	0.063	1.4	0.3	22%	10.93	0.6	5%	2,340	433	19%

3. 艺术表演团体演出市场平稳发展。2018年末，全省艺术表演团体演出10.934万场，比上年减少3.161万场，赴农村演出4.793万场，比上年增加0.967万场，赴农村演出场次占总演出场次的43.83%；国内观众人次2339.611万人次，减少7.93%，其中农村观众940.654万人次，比上年减少11.04%。文化部门所属艺术表演团体演出场次0.6万场，比上年减少0.091万场，减少13.16%；赴农村演出0.21万场，比上年减少0.025万场，减少10.63%。全省有艺术表演场馆演（映）出1.235万场，比上年增长3%，其中惠民演出0.09万场；艺术演出观众人次149.59万人，比上年增长83.64%。国有院团转体改制基本完成，部分地区艺术表演团体转制为文化馆馆办艺术表演团体，全省馆办文艺院团162个，演出场次0.387万场，观众人次289.67万人。演出市场中民营艺术表演团体继续发挥主导作用，演出市场平稳发展。全省各级艺术表演院团，通过政府采购服务、“送文化下乡”等方式，面向基层、面向农村演出明显增加，受到基层群众的欢迎，社会效益有力彰显。

4. 戏曲传承扶持成效明显。实施振兴川剧和曲艺重点工程，积极开展戏曲进校园、四川藏戏创新与发展系列活动等。据统计，2018年，全省52个戏曲院团演出0.808万场，比上年增长了31.8%，观众人次

321.01万人，比上年增长了28.18%。实施曲艺、木偶、皮影、杂技等扶持计划，推出杂技剧《东方有竹》、曲艺剧《望红台》等一批优秀剧（节）目。2018年末，全省24个曲艺、杂技、魔术、马戏类院团全年共演出0.411万场，比上年增长6.2%，观众人次272.6万人，比上年增长27.13%。

表4　2010—2018年四川省戏曲院团演出情况

	2012年	2013年	2014年	2015年	2016年	2017年	2018年
机构数（个）	55	48	41	43	42	47	52
演出场次（万场次）	0.65	0.77	0.56	0.68	0.56	0.61	0.81
国内演出观众人次（万人次）	266	259	158	210	426	250	321

（二）纳入民生工程项目，公共文化服务效能不断提升

探索公共文化服务的四川路径，制定《四川省县级文化馆图书馆总分馆制建设实施方案》，把公共文化服务标准化、规范化、均等化建设持续推进。

1.公共图书馆综合服务水平大幅提升。2018年末，全省公共图书馆机构数204个，与上年持平。全省公共图书馆实际使用房屋面积66.07万平方米，比上年增加3.27万平方米。总藏量3948.36万册，比上年增加155.48万册，增长4.09%；人均拥有图书馆图书藏量0.47册，比上年增加0.01册；电子图书3,700万册，比上年增加380.6万册，增长11.46%，电子阅览室终端数8,370台，比上年增加404台，增长5.07%；阅览室面积22.9万平方米，比上年增加0.967万平方米，增长4.41%；阅览室坐席数57,766个，比上年增加2,587个，增长4.69%；少儿阅览室坐席数13,602个，比上年增加590个，增长4.53%；盲人阅览室坐席数1,454，比上年略有减少。

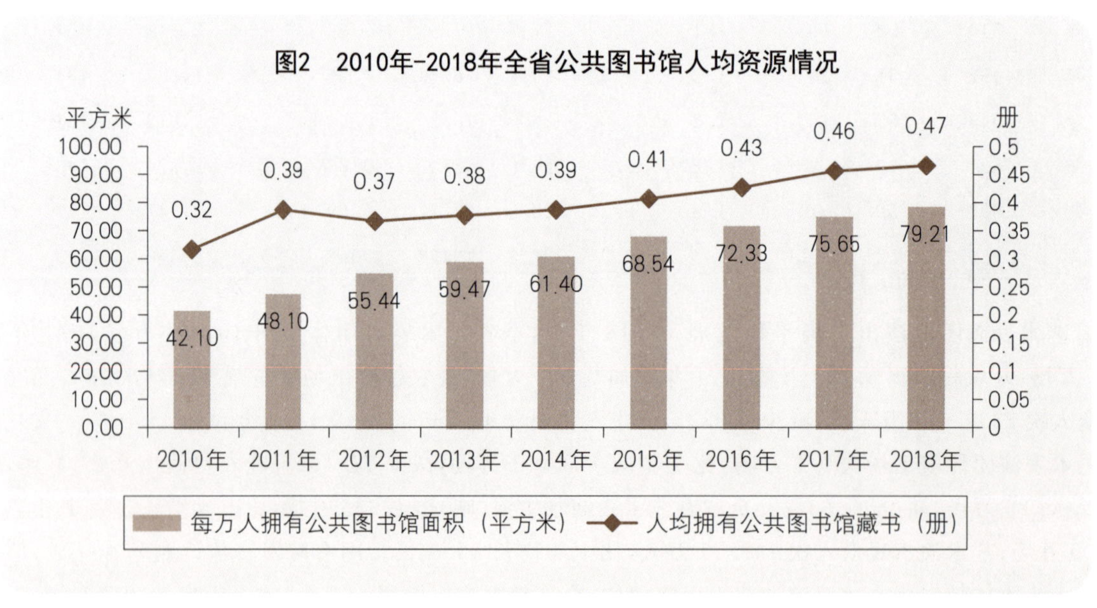

全省公共图书馆总流通人次达2,562.08万人，比上年减少39.03万人，减少1.5%；书刊文献外借册次1,784.912万册，比上年减少60.31万册，减少3.26%；外借人次975.307万人，比上年减少112.71万人，降低10.35%。为读者举办各种活动6,169次（个），比上年减少140次（个），减少2.22%，积极开展延伸服务，流动服务书刊借阅人次87.28万人，流动服务书刊借阅册次达136.11万册；图书馆网站访问量3100.67万页（次）。

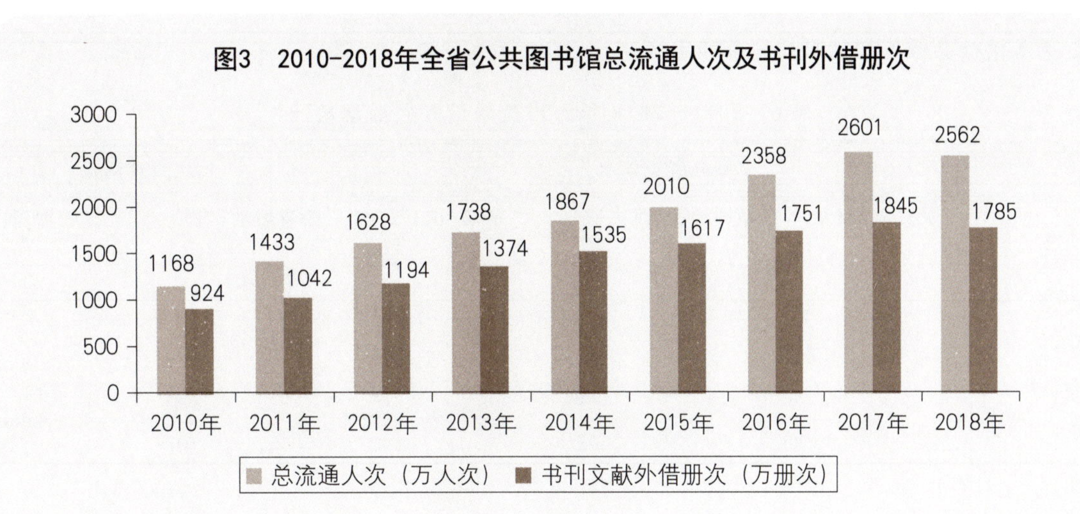

2. 群众文化活动丰富多彩。2018 年末，全省群众文化机构 4,781 个，比上年减少 4 个，因城镇化进程，导致部分地区撤乡并镇，乡镇综合文化站有所减少；从业人员 11,412，比上年增加 57 人，增长 0.5%。全省群众文化机构实际使用房屋面积 226.748 万平方米，比上年增加了 1.54 万平方米，增长 0.68%，其中业务用房 176 万平方米，比上年增加 3.59 万平方米，增长 2.08%；年末全省平均每万人群众文化设施建筑面积 271.85 平方米，比上年增加 0.58 平方米，增长 0.21%，全省群众文化设施状况有所改善。计算机 4.11 万台，比上年减少 0.11 万台，减少 2.6%；流动文化服务车（舞台车）148 台，比上年增加 21 台，增长 16.54%；全省社区文化服务中心 7406 个，村文化服务中心 40830 个。

2018 年末，全省群众文化机构组织开展各类文化活动 129,769 场次，文化服务惠及 4179.69 万人，比上年增加 195.89 万人，增长 4.92%。文化馆（站）组织品牌节庆活动 355 个，与上年基本持平。积极开展延伸服务，利用流动流动文化扯（舞台车）演出 2,536 场，比上年增加 189 场，增长 8.05%。

表 5 2011—2018 年四川省文化馆（站）提供文化服务情况

单位：次、个、万人次

年 份	组织讲座次数		举办展个数		举办培训班班次		组织文艺活动	
	次数	参加人次	个数	参观人次	班次	培训人次	次数	参加人次
2011 年	1261	23	7976	620	22212	165	39449	1939
2012 年	1393	25	8561	690	26129	211	52552	2964
2013 年	1327	25	9208	649	25350	190	56310	2646
2014 年	1373	26	10356	741	27787	174	58761	2426
2015 年	1475	31	11226	765	32833	224	66118	2811
2016 年	2033	25	11642	810	31736	172	68824	2802
2017 年	2033	31	12248	751	53473	207	73199	2995
2018 年	1794	24	12112	753	38642	204	77221	3198

3. 美术馆文化服务工作取得新成效。2018 年末，全省有美术馆 41 个。实际使用房屋面积 3.472 万平方米，比上年增加 0.26 万平方米，增长 8.19%；藏品数 12,406 件，比上年增加 962 件，增长 8.41%，全省美术馆建筑规模呈逐渐扩大趋势。全省美术馆举办展览 390 个，比上年增加 27 个，增长率为 7.43%；举办讲

座171次，比上年增长11.76%；举办教育活动177次，比上年减少30个；出版物（种）20个，比上年减少13个，全省美术馆社会服务功能日趋完善和丰富。

表6　2011—2018年四川美术馆开展活动情况

年　份	举办展览情况			公共教育活动	
	展览总量（个）	参观人次（万人次）	讲座（次）	教育活动（次）	出版物（种）
2011	125	24	8	5	
2012	222	160	41	24	2
2013	218	182	68	39	8
2014	286	171	114	65	35
2015	306	202	146	108	31
2016	311	347	141	177	26
2017	363	347	153	290	33
2018	390	315	171	177	20

（三）注重政策引导和服务，文化产业持续发展

1. 文化产业机构有所调整。2018年末，全省归口管理的文化产业机构数22,754个，与上年减少368个，减少1.59%；从业人员125,347人，与上年减少3,915人，减少3.03%。有三部委认定的动漫企业5个，国家级文化产业示范园区1个，国家级动漫游戏产业基地1个，国家文化出口基地1个，国家级文化和科技融合示范基地3个，国家级文化产业示范基地15个，省级文化产业试验园区5个，省级文化产业示范园区11个，省级文化产业示范基地59个（其中，省级音乐产业示范基地3个，对外文化贸易示范基地1个）。

2. 文化产业规模持续扩大。2018年，四川省有46个国家和省级文化产业示范（试验）园区和基地，比上年增长6.52%，辖区内单体企业数量1,284个，比上年增长3.3%，营业收入166.47亿元，比上年增长－6.59%；5个动漫企业营业总收入1.18亿元，比上年增加0.45亿元，增长62.27%。2017年全省文化及相关产业增加值1537.54亿元，站GDP比重4.16，比上年增加0.14个百分点，呈逐年提高态势。2018年，全省1811户规模以上文化企业实现营业收入3219.5亿元，比上年增长15.8%，占西部十二省（市、区）的比重达42.3%，比上年增长5%，占西部地区的比重持续加大，为建设文化强省打下了坚实基础。

（四）扶持和管理并重，文化市场健康稳步发展

加强文化市场管理，为四川文化发展提供更好的公共服务，创造更加健康有序的市场环境，文化市场活动进一步活跃，规模日益扩大。

1. 文化市场经营机构发展态势总体平稳。2018年末，四川省有文化市场经营单位16,720个，比上年减少358个，减少2.1%。从业人员88,269人，比上年减少3,532人，减少3.85%。其中娱乐场所5,079个，占文化市场经营单位总数的30.38%，比上年减少303个，减少5.63%；互联网上网服务营业场所（网吧）10250个，占文化市场经营单位总数的61.3%，比上年减少78个，减少0.75%；经营性互联网文化单位224个，占文化市场经营单位总数的1.34%，比上年减少108个，减少32.53%；演出经纪机构120个，占文化市场经营单位总数的0.72%，比上年减少7个，同比减少5.51%。

2. 营业性演出市场有增有降。2018年末，全省有非公有制艺术表演团体777个，占文化市场经营单位总数的4.65%，比上年增加132个，增加20.46%。从业人员11,191人，比上年增长15.47%，演出市场主

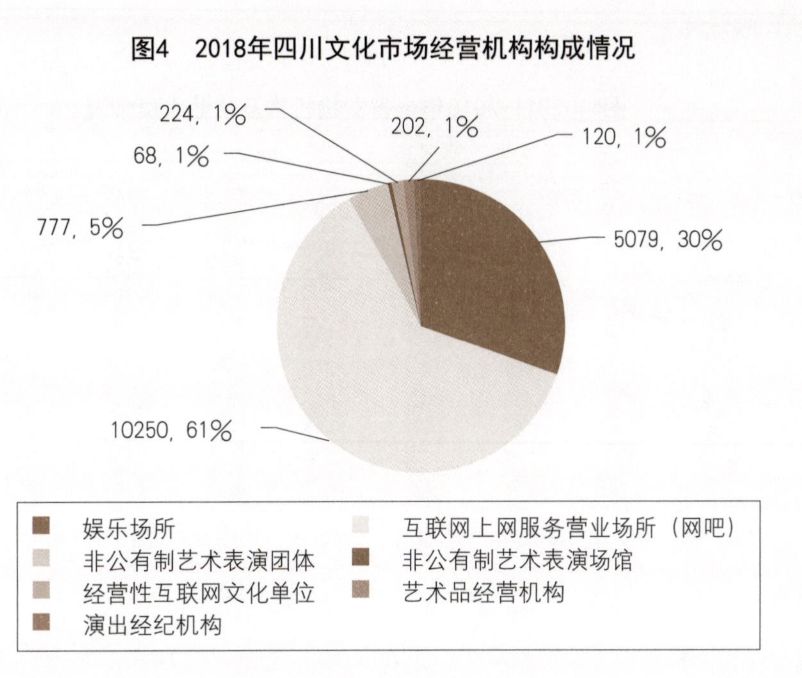

图4 2018年四川文化市场经营机构构成情况

体和从业人员呈增长趋势。全省举办国内演出 10.33 万场，比上年增加约 3.31 万场，增长 47.04%；国内演出观众约 1906.57 万人次，比上年减少 157.1 万人次，减少 7.61%；演出收入 3.61 亿元，比上年减少 1.48 亿元，减少 29%，全省商业演出场次增加幅度较大，但演出收入和观众人次略有下降。

表 7 2017—2018 年四川非公有制艺术表演团体基本情况

	机构数（个）	从业人员数（人）		国内演出场次（万场次）		国内演出观众人次（万人次）	营业收入（亿元）	
			演员		农村演出场次			演出收入
2017 年	645	9692	6568	7.08	3.59	2063.67	5.69	5.09
2018 年	777	11191	7903	10.33	4.58	1906.57	4.13	3.61
增长情况%	20.46%	15.47%	8.69%	47.04%	27.58%	−7.61%	−27.42%	−29%

2018 年成功举办“2018 年红原大草原夏季雅克音乐季”等活动 96 场，观众人数近 740 万人次。音乐季旅游综合收入 1.52 亿元。扩大四川音乐市场在全国影响力。

3. 文化市场转型升级健康发展。2018 年，全省营业性艺术表演团体赴农村演出 4.58 万场，比上年增长 27.58%，农村观众人次 785.03 万人，同比减少 11.49%，农村演出收入 1.51 亿元，比上年增长 10.38%；2018 年全省娱乐场所较上年减少 303 个，减少 5.63%，从业人员 30,519 人，增加 203 人，增长 0.67%，营业利润 99,071.5 万元，比上年增长 2,104.6 万元，同比增长 2.17%。2018 年，全省有艺术品经营机构 202 个，比上年减少 5 个，举办展览/预展 2088 次，比上年增加 1562 次，增长 296.96%，举办艺术活动 847 次，比上年增加 419 次，增长 97.90%。

（五）保护和利用并举，文化遗产传承力度不断增强

1. 文物业公共服务能力进一步提升。2018 年末，全省有文物机构 488 个，比上年减少 3 个，减少

0.6%，从业人员 8,464 人，比上年减少 462 人，减少 5.17%。其中文物保护管理机构 172 个，占 35.24%，博物馆 252 个，占 51.64%。

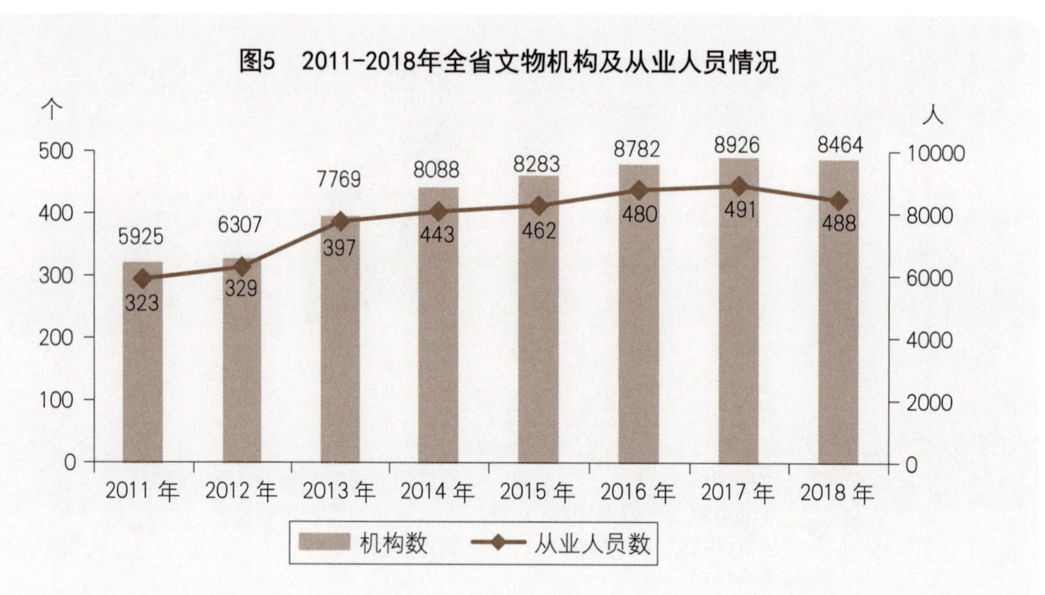

2018 年末，全省文物藏品 424.19 万件，比上年减少 5.96 万件，减少 1.38%，其中博物馆文物藏品 402.63 万件，占文物藏品总数的 94.91%。文物藏品中一级品 5,482 件，二级品 14,905 件，三级品 129,808 件。全省有文物点 65,231 处，其中国家级文物保护单位 229 处，省级文物保护单位 969 处，市县级文物保护单位 6,565 处。有世界自然和文化遗产 5 处，中国历史文化名城 8 座，225 个村落列入中国传统村落名录，国家考古遗址公园 2 处。全省文物业实际使用房屋面积 161 万平方米，比上年减少 5.56%，文物展览用房 72.94 万平方米，比上年减少 1.59%。

表 8　2018 年四川省文物藏品、文物点和实际使用房屋面积情况

单位：万件/套、件/套、个、平方米

年　份	文物藏品				文物点			使用房屋面积	
	合计	一级品	二级品	三级品	合计	国保单位	省保单位	合计	展览用房
2018 年	724.19	5482	14905	129808	65231	229	969	161	72.94

2. 文物保护利用力度进一步加强。2018 年，全省有 82 处国家级、74 处省级和 59 处市县级文物保护单位进行维修，其中文物保护资金支持项目 175 个；完成 160 个文物保护规划和方案设计。切实加强文物安全工作，审核出入境文物 606 件/套；审核文物拍卖标的 1,1364 个，其中禁止上拍文物标的数 38 个。

开展文物考古调查勘探发掘项目 170 余项，考古发掘面积 13.15 万平方米，出土器物 4,520 件。圆满完成江口沉银遗址二期考古发掘，江口沉银遗址考古发掘成果展在国家博物馆、四川博物院成功举办。

表 9　2018 年四川省文物保护维修和考古发掘情况

	文物保护规划和方案设计（个）	文物保护维修情况			进行考古发掘情况	
		国保单位保护维修项目数（个）	省保单位保护维修项目数（个）	市、县保单位保护维修项目数（个）	考古发掘面积（万平方米）	出土器物（件/套）
2018 年	160	82	74	59	13.15	4520

2018 年，全省文物机构门票销售 14.31 亿元，比上年增加 8.4 亿元，增长 142.24%。推出文化创意产品种类 5,047 个，销售收入 1,701 万元，实现销售利润 194.4 万元。

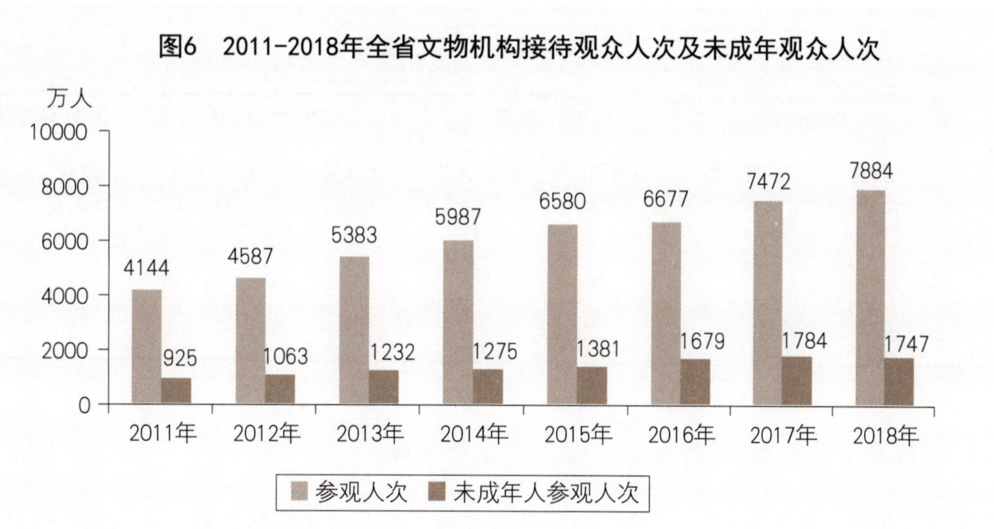

图6 2011-2018年全省文物机构接待观众人次及未成年观众人次

3. 文物机构服务水平进一步提高。2018 年，全省文物机构安排基本陈列 706 个，比上年增长 0.14%，临时展览 570 个，比上年增长 4.78%，接待观众 7,884.18 万人，比上年增长 5.52%，其中未成年人 1,746.73 万人，比上年减少 2.07%，占参观总人数的 22.15%。全省博物馆（纪念馆）基本陈列 667 个，比上年增长 1.06%，举办展览 549 个，比上年增长 8.71%，接待观众 7,189.09 万人次，比上年增长 6.48%，其中未成年人参观人次 1,687.18 万人次，比上年增长 0.32%。全省文物机构举办社会教育活动 11,630 次，参加人员 377.83 万人，其中未成年人 194.91 万人，占参加总人数的 51.58%。

4. 非物质文化遗产保护水平不断提高。2018 年，四川省 38 人入选第五批全国非遗代表性项目代表性传承人，新增 89 项省级非物质文化遗产代表性项目名录，年末全省共有国家级非遗项目 139 个，国家级非遗代表性传承人 107 人；省级非遗项目 611 个，省级非遗代表性传承人 764 人；市县级非遗项目 5,519 个，市县级非遗代表性传承人 5,762；国家级非遗生产性保护示范基地 7 个，省级非遗生产性保护示范基地 23 个。全省有非物质文化遗产保护中心 40 个，从业人员 387 人，其中独立核算非物质文化遗产保护中心 7 个。传习所 528 个，使用面积 16.47 万平方米，比上年增长 9.69%，非物质文化遗产博物馆 75 个，收藏实物数 30,911 件（套），增长 16.11%，演出和展示面积 5.55 万平方米，比上年减少 4.22%，非物质文化遗产保护和展示能力大幅提升。

表 10 2018 年四川省非物质文化遗产展示传习场所情况

年 份	非物质文化遗产博物馆				传习场所		
	数量（个）	收藏实物数（件/套）	展示及演出面积（万平方米）	培训学徒（人）	数量（个）	面积（万平方米）	培训学徒（人）
2018 年	75	30911	5.55	5887	528	16.47	17063

2018 年非物质文化遗产宣传展示培训活动异彩纷呈，全省各类非物质文化遗产保护管理机构举办展览 1,330 个，比上年减少 9.89%；接待观众 263.4 万人，比上年减少 21.85%；举办演出 3202 场，比上年增长 19.43%，观众人次 293.28 万人，比上年增长 7.9%；举办民俗活动 1,060 次，比上年增长 18.7%，观众人次

574.86万人，比上年增长148.72%；开展传承人培训班次785次，比上年增长7.24%，培训人员1.93万人，比上年减少29.8%。文化和自然遗产日，组织开展了“生如夏花—四川民间民俗舞台艺术精品荟萃演出”“首届南宝山羌族聚集区非遗保护成果展”等240余项非遗宣传展示活动，参与人数达70余万人。

表11　2017—2018年全省非物质文化遗产宣传展示活动情况

年　份	举办展览		举办演出		举办民俗活动		开展传承人培训班	
	数量（个）	参观人次（万人）	数量（场）	观众人次（万人）	数量（次）	参与人次（万人）	数量（次）	培训人次（万人）
2017年	1476	337.027	2681	271.81	893	231.131	732	2.742
2018年	1330	263.398	3202	293.281	1060	574.863	785	1.925
增长率%	−9.89%	−21.85%	19.43%	7.90%	18.7%	148.72%	7.24%	−29.80%

（六）抓项目和平台共建，对外文化交流助力文化繁荣

1. 对外文化交流活动深度拓展。2018年末，四川省出访和非商业性来访对外文化交流项目135个，减少8.78%，参与交流人员3,409人次，比上年增长10.97%，演出（展览）2,027场，比上年减少7.98%，观众（参观）人次达50.12万人。境外来川营业性演出项目484个，演出场次11,795场。

表12　2017—2018年四川省非商业对外文化交流基本情况

年　份	出访和非商业性来访对外交流项目（个）	参与交流人员（人）	演出（展览）场次（场）	演出观众（参观）人次（万人）
2017年	148	3072	2203	314.7
2018年	135	3409	2027	50.12
增长率%	−8.78%	10.97%	−7.98%	−84.07%

2. 对外文化贸易大力推进。组织14家企业参加“香港授权展”，四川文创机构对接品牌及项目授权70余个，现场洽谈授权业机构120余个，意向金额达5,479万元。推动灯展企业赴海外展览，自贡彩灯赴美国、英国、比利时、新加坡、加拿大等31个国家（地区）53个城市举办64场展会，实现展会收入19,968万元。“川港澳合作周”，在香港举办“文化巴蜀·魅力——四川2018年文化产业推介会”等系列活动19场，四川和香港文化企业成功签约18个合作项目，签约总金额约500亿元。

三、旅游产业稳健发展，持续拉动消费市场

（一）国内旅游市场持续快速发展

全省接待国内游客7.02亿人次，同比增长4.9%。实现国内旅游收入10012.72亿元，同比增长13.5%。

1. 一日游游客增速高于过夜游。全省接待过夜游游客3.26亿人次，同比增长3.4%；接待一日游游客3.76亿人次，同比增长6.2%。一日游游客增速高于过夜游增速2.8个百分点。

2. 省内游客增速和占比均高于省外游客。全省接待省内游客4.32亿人次，同比增长11.2%，占国内游

客总量 61.5%，比上年增加 3.3 个百分点。省外游客 2.7 亿人次，同比下降 3.9%。

3. 华东南地区游客增幅高于其他地区。从客源市场区域分布来看，华东地区游客增幅最高，达到 8%；其次是华中地区，增幅 3.1%。西南地区游客与上年相比，呈现减少趋势，同比下降 7.5%，华北地区减少幅度最大，达到-18.9%。从省份来看，重庆市(7.89%)、贵州省(2.85%)、云南省(2.55%)、陕西省(1.94%)和广东省(1.69%)为四川省前五位客源地。

4. 人均花费继续增长。2018 年国内游客在川人均花费达到 1426.35 元/人次，比 2017 年增加 107.63 元/人次。

5. 国内游客更加注重旅游品质。调查显示，在游客花费构成六要素中，从高到低依次为：住宿消费(21.4%)、购物消费(20.8%)、餐饮消费(20.3%)、交通消费(9.8%)、游览消费(9.7%)、娱乐消费(8.1%)、通讯消费(0.5%)、其他(7.8%)。与上年相比，游客在交通、游览和通讯上花费减少，在"吃、住、娱、购"上花费增加。在川游客在交通上的费用占比比上年减少 0.9 个百分点；在景区游览上的占比比上年减少 0.3 个百分点；游客在购物上花费占比上年增加 0.4 个百分点。游客旅游花费构成的变化显示了旅游品质的上升。

6. 通过自驾游出游的游客超过半数。从游客出游方式上看，通过自驾车出游的游客占比 58.1%，比上年增加 2.09 个百分点，其中通过自驾车出游来川的外省游客占比 38%，增加 1.45 个百分点；通过旅行社组织出游的游客占比 7.12%，比上年减少 0.71 个百分点，其中通过旅行社组织出游的外省游客占比 12.63%，比上年减少 1.53 个百分点。

7. 游客品质增加。从游客出游目的来看，各类游客占比情况如下：观光游览 35.4%(比上年增加 0.8 个百分点)、休闲度假 29.1%(比上年增加 3.1 个百分点)、探亲访友 12%(比上年增加 0.4 个百分点)、商务 8.1%(比上年减少 0.4 个百分点)、会议 4.4%(比上年减少 0.3 个百分点)、宗教朝拜 1.6%(比上年减少 0.5 个百分点)、文体科交流 2.5%(比上年减少 0.2 个百分点)、其他 7%(比上年减少 2.9 个百分点)。

(二)入境市场进入上升发展通道

全省接待入境游客 369.82 万人次，同比增长 10%；实现旅游外汇收入 15.12 亿美元，同比增长 4.5%。

1. 外国人市场快速增长。2018 年四川省接待外国人 276.47 万人次，同比增长 14.7%，市场份额达到 74.8%，比去年同期提升 3 个百分点。接待港澳台游客 93.35 万人次，与上年同期基本持平，市场份额占比 25.24%。

2. 欧洲、大洋洲游客快速增长，亚美市场减速。在四川省接待的外国人中，接待亚洲游客 104.64 万人次，同比增长 7.6%，比重达到 28.3%；接待欧洲 86.39 万人次，同比增长 21.6%，比重为 23.4%；接待美洲游客 48.34 万人次，同比下降 7.3%，比重为 13.1%；接待大洋洲游客 22.52 万人次，同比增长 51.8%。亚美市场增速低于外国人整体增速。

3. 主要客源国中泰澳新客源市场快速增长。美国为四川省第一客源国，共接待美国游客达到 33.02 万人次；受中美贸易战等因素影响，美国客源同比减少 12.98%。在主要客源国中，接待泰国游客 17.73 万人次，同比增长 118%；接待印度尼西亚游客 4.8 万人次，同比增长 67.8%；接待新加坡游客 15.89 万人次，同比增长 33.87%。

4. 入境游客人均天花费呈下降态势。2018 年入境游客在四川省人均天花费为 193.82 美元/人．天，同比下降 4%，低于全国平均水平(全国 232.22 美元/人．天，同比增长 2.9%)。在入境游客中，外国人花费水平最高，香港游客最低。与上年相比，除台湾游客人均天花费呈现增长状态，其他类别游客人均天花费下降。外国人在四川省人均天花费 200.44 美元/人．天，同比-4.1%；香港同胞 178.12 美元/人．天，同比-10.7%；澳门同胞 189.99 美元/人．天，同比-7.5%；台湾 187.66 美元/人．天，同比增长 1%。

(三)出境市场平稳发展

2018 年四川省旅行社共组织出境游客 170.48 万人次,同比增长 2.1%。

1. 从前往洲际情况来看,前往亚欧美洲际的游客呈现增长态势,前往非洲和大洋洲游客呈现大幅下降态势。前往亚洲地区游客(含港澳台)人数为 144.77 万人次,同比增长 2.6%;前往欧洲游客人数为 15.48 万人次,同比增长 11%;前往美洲游客人数为 3.65 万人次,同比增长 1.7%;前往大洋洲和非洲游客人数分别比去年同期下降 21.4%、34.1%。

2. 从前往主要目的地国别来看,前往印度尼西亚、俄罗斯和马来西亚的人数快速增长。2018 年前往印度尼西亚、俄罗斯和马来西亚的增速分别达到 68.5%、44.9%和 40.8%。泰国仍为游客出境主要目的地,前往泰国的游客人数累计 57.03 万人,同比增长 28.1%;其次为越南,前往越南的游客人数累计 22.51 万人,同比下降 29.7%,第三为日本,前往日本的游客人数累计 10.88 万人,同比下降 2.1%。

3. 从前往港澳台地区游客数量来看,前往人数大幅减少。2018 年出境前往港澳台游客人数为 14.73 万人次,同比下降 33%。其中前往台湾地区人数下降 34.1%;前往澳门地区人数下降 33.6%;前往香港人数下降 32.1%。

(四)涉旅企业发展稳中有升

1. 旅行社。2018 年,全省 475 家旅行社共接待国内游客 507.16 万人次,同比下降 5%;接待入境游客 34.05 万人次,同比下降 2.3%;组织出境人数 170.48 万人次,同比增长 2.1%;全省旅行社共实现主营业务收入 92.7 亿元,同增长 12.8%。

2. 星级宾馆。2018 年,全省 381 家星级饭店共接待游客 1120.26 万人次,同比下降 2.2%;实现主营业务收入 66.64 亿元,同比下降 0.04%;全省星级宾馆平均房价 327.66 元,同比增长 1.4%,出租率达到 59.32%,同比增长 1.86%。

3. A 级景区。2018 年,全省 532 家 A 级旅游景区共接待游客 5.05 亿人次,同比增长 15.2%;实现景区经营总收入 693.75 亿元,同比增长 18.3%;其中,门票收入 50.09 亿元,同比增长 2.8%。

(四川省文化和旅游厅)

四川：繁荣民族艺术　增进民族团结

为了弘扬巴蜀民族文化，繁荣民族艺术，增进民族团结，2018年10月，在四川省宜宾市举办四川省第八届少数民族艺术节，本届少数民族艺术节历时5天，以“最炫民族风·竹韵蜀乡情”为主题，举办了舞台艺术精品比赛、惠民巡演、乡村艺术大展、网络诗歌作品、摄影作品征集预热、“天籁之音·石海之约”第三届西部12省（区）民歌赛等系列活动。艺术节聚集了四川改革开放40年来民族地区文化工作取得的新成就，展示了四川省少数民族艺术创作新成果，展现了民族地区脱贫攻坚新面貌，推动了四川省民族文化繁荣兴盛，构筑各民族共有精神家园。

本届少数民族艺术节坚持融合发展理念。以纪念改革开放40周年为契机，以民族文化融合发展为主线，将“一带一路”、脱贫攻坚、乡村文化振兴、民族风情旅游和四川丰富的竹文化等融入到各项活动之中，使得艺术节竹文化主题突出，艺术节从单一竞演形式回归到内容丰富，形式多样的节庆活动，艺术节推动了四川少数民族文化与巴蜀传统文化的融合与发展，展示了甘孜、阿坝、凉山等地浓郁的民族风情和地域特色，以及四川竹文化的博大精深与竹产业的蓬勃发展，同时推动宜宾城市品牌形象以及旅游文化的发展，加快四川文旅融合进程，以文兴业。

本届少数民族艺术节规模大影响广。邀请“一带一路”国家立陶宛、波兰、泰国的艺术表演团体参加艺术节，提升少数民族艺术节的国际影响力，让其成为四川对话世界的一个窗口和平台。5场舞台艺术精品比赛，现场观众1万余人，上百万群众通过电视、新媒体直播观看文艺演出；8场惠民巡演深入基层，现场观众2万余人；乡村艺术大展评选出美术、书法、摄影、手工艺品各120件优秀作品参展，参观人数达3万余人；“天籁之音·石海之约”第三届西部民歌赛延展活动来自12省21市州的300余名选手展开角逐，现场观众5000余人，网络直播互动8万余人；网络预热活动共征集网络诗歌作品158首、摄影作品647幅。全国30余家各级媒体对艺术节各项活动进行采访报道和转载，腾讯大成网、新浪四川、国际在线等多个网络平台持续发布艺术节相关信息，新华社云平台直播，点击率短时间达到100万人次。推送广告覆盖俄罗斯、波兰、立陶宛等12个国家170万人的Facebook，关注覆盖15万余人。

贵州省2018年文化和旅游发展情况分析

2018年，贵州省文化和旅游厅深入贯彻落实党的十九大精神，大力推进相关供给侧结构性改革，不断增加中高端文化旅游产品供给，优化发展环境，文化建设取得新成效，旅游实现井喷发展。

一、文化工作情况

围绕贯彻中央和省委新发展理念，深入挖掘特色文化资源，为建设百姓富、生态美的多彩贵州，提供实质性支撑。

(一)机构和人员

2018年末，纳入统计范围的全省各类文化(文物)单位8888个，从业人员5.6万人。

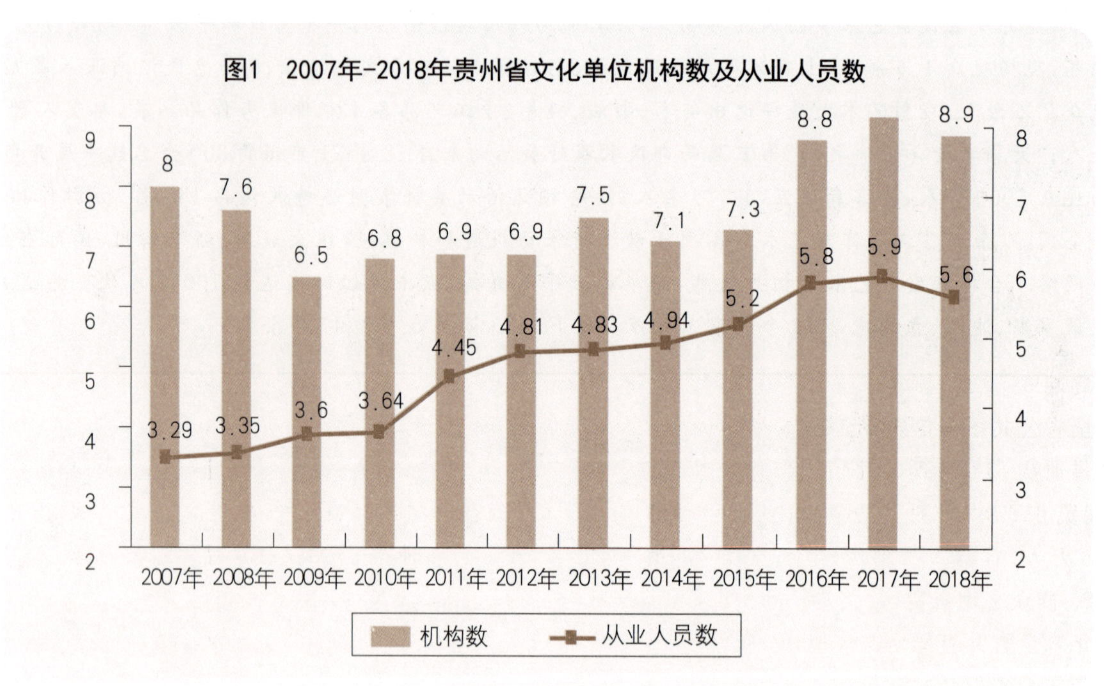

(二)艺术创作演出

省黔剧院改编的《天渠》对“讴歌人民 不忘初心”的剧本主题进行了深入挖掘和提炼，省花灯剧院创排的《云上红梅》展现坚守大山、奉献青春岁月的乡村医生舍己为人的高尚情怀，被列为本省“2017年度文艺创作资助重点项目”、获得“2018年度国家艺术基金”资助。“我们的中国梦·文化进万家——多彩贵州大舞台展演季”活动持续开展，2017年12月至2018年1月期间，引进国内外优秀舞台剧共计16部30余场演出，开展乌兰牧骑式小分队服务基层公益演出，派出文艺小分队赴晴隆县、桶井乡等贫困乡县开展文艺演出。配合文化和旅游部、中直院团艺术家慰问基层小分队分赴贵州省土城、黄平等地开展文艺慰问演出活动。黔剧《一路芬芳》等优秀现实题材剧目成功上演，音乐剧《吉他・吉他》启动创排。全省9个项目获国家艺术基金资助。2018多彩贵州文化艺术节推出8项主体活动、5项配套活动，开展演出及活动200场次，观众280万人次。贵州美术馆举办10多场大型展览，成为展示贵州文化的靓丽窗口。

年末全省共有艺术表演团体153个，比上年末增加16个，从业人员3776人。

全年全省艺术表演团体共演出13090场，其中农村演出6260场、占总演出场次的48%，与去年同比略有下降；全省艺术表演团体全年国内观众达1231.34万人次，其中农村观众387.84万人次；总收入5.44亿元，较上年增长32.04%，其中演出收入2.38亿元，较上年增长61%。

全省文化部门所属艺术表演团体全年共组织政府采购公益演出142场，观众101.32万人次，与去年同比均有小幅下降。利用流动舞台车演出280场次，较去年增加8%；观众30.36万人次。

年末全省共有艺术表演场馆15个。其中文化部门所属艺术表演场馆6个。

(三)公共文化服务体系建设

认真贯彻落实《公共文化服务保障法》《公共图书馆法》。毕节市创建国家公共文化服务体系示范区通过验收，六盘水市获得第四批示范区创建资格，省图书馆异地扩建项目动工建设。“多彩贵州文化云”实现全省覆盖上线运行，贵州成为全国第4个拥有“文化云”的省份。着力补齐贫困地区文化建设短板，配置了1000个村文化活动室设备及72个乡镇和158个村数字文化驿站公共数字文化设备。推进贵州省文化馆、贵阳市图书馆做好公共文化机构法人治理结构改革试点工作。全省已建成图书馆分馆80个，文化馆分馆76个。成功承办第九届中国少年儿童合唱节，圆满完成庆祝改革开放40周年全国广场舞展演(贵州)活动，展示了贵州人民决战脱贫攻坚的良好精神风貌。

1. 公共图书馆

年末全省共有公共图书馆99个，从业人员1089人，比上年末增加8人；其中高级职称122人，占11.20%；中级职称308人，占28.49%，中高级职称人员占比双双得到提升。

年末全省公共图书馆实际使用房屋建筑面积26.61万平方米；总藏量1467万册，增长5.92%，其中古籍17.92万册；电子图书1707.44万册，增长2%；阅览室座席数2.48万个，增长0.81%；供读者使用的电子阅览终端3557台，增长2.97%。

全省公共图书馆发放借书证85万个，比上年增长35.81%；总流通人次882万，增长12.53%。书刊文献外借册次614.5万，增长11.46%；外借人次386.77万，增长8.30%。全年共为读者举办各种讲座1343次，展览647次，培训班768次，较往年均有大幅增加；全省利用流动图书车开展流动图书服务，借阅达60.43万人次，78.9万册次；全省公共图书馆文化创意产品共15种类(个)，文创产品销售收入0.78亿元。

2. 群众文化机构

年末全省共有群众文化机构1688个，比上年末减少6个。其中乡镇综合文化站1589个，较上年增加6个。年末全省群众文化机构从业人员6467人，比上年末减少150人。其中高级职称180人，占2.78%；中级职称488人，占7.55%。

年末全省群众文化机构实际使用房屋建筑面积87.68万平方米，比上年末增加2.30万平方米；计算机1.62万台。年末全省平均每万人群众文化设施建筑面积262.89平方米，比上年末增加24.39平方米。全省群众文化机构文化创意产品共11种类(个)，比去年增加了8种(个)。志愿者服务队伍共1094个，比去年增加了506个，志愿者31508人。

年末全省群众文化机构共有馆办文艺团体346个，演出4140场，观众410万人次。由文化馆(站)指导的群众业余文艺团体1.2万个，馆办老年大学47个。

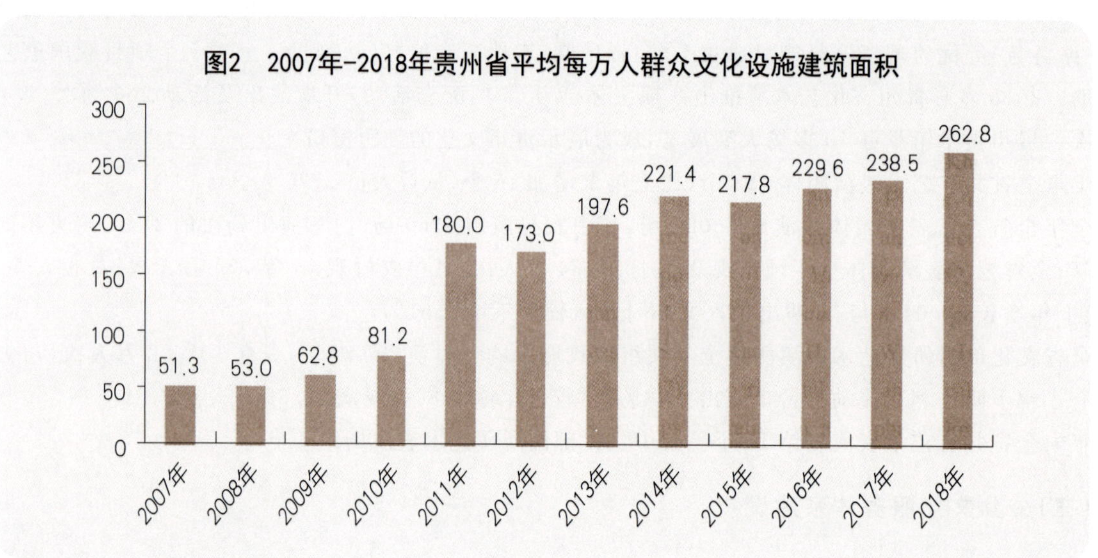

全年全省群众文化机构共组织开展各类文化活动 3.90 万场次，比上年上升 6.67%；服务人次 1735.89 万，增长 5.91%，服务人群范围不断扩大。

表 1 2017 年贵州省群众文化机构开展活动情况

	总量		比上年增长(%)	
	活动次数(次)	服务人数(万人次)	活动次数	服务人次
各项活动总计	39042	1735.89	6.67	5.91
其中：展览	3315	212.43	−5.71	−20.26
文艺活动	24698	1412.40	9.60	8.67
公益性讲座	741	47.75	55.35	446.51
训练班	10288	63.30	2.11	−1.24

(四)文化市场

进一步完善社会诚信体系建设，及时公开文化市场信用信息目录和行政许可、行政处罚信用信息，建立诚信体系建设工作机制。制定了《贵州省文化厅推广文化市场随机抽查规范文化市场事中事后监管工作实施方案》，全省随机抽查文化市场经营主体 3882 家次，随机抽取执法人员 3746 人次，发现违法违规行为，并依法责令改正 206 家。实施“净网 2018”“护苗 2018”等专项整治行动，办结各类文化市场违法经营行为案件 298 件，罚款 625190 元，责令停业整顿 26 家次，取缔(关停)违法违规经营场所 13 家。

年末全省文化市场经营单位 6689 个，比上年末减少 359 个；从业人员 3.8 万人，减少 0.35 万人。全年全省文化市场经营单位营业总收入 63.31 亿元，营业利润−7.49 亿元。

从分类数看，年末城市文化市场经营单位 1098 个，占文化市场经营单位总量的 16.42%；县城 3555 个，占 53.15%；县以下地区 2036 个，占 30.44%。

年末全省共有娱乐场所 2398 个，从业人员 20396 人，全年营业总收入 21.74 亿元，营业利润−7.4 亿元。

表 2　2018 年全省文化市场经营单位主要指标分类数

		机构数（个）	从业人员数（人）	营业总收入（万元）	营业利润（万元）
总量	总计	6689	38479	633147	−74909
	城市	1098	9900	343332	−172522
	县城	3555	24254	255794	85021
	县以下	2036	4325	34021	12592
比重（%）	总计				
	城市	16.42	25.73	54.23	230.31
	县城	53.15	63.03	40.40	−113.50
	县以下	30.43	11.24	5.37	−16.81

年末全省共有互联网上网服务营业场所 3979 个，从业人员 1.2 万人，全年营业总收入 11.25 亿元，营业利润 3.55 亿元。

(五)文化产业和文化科技

深入实施文化产业发展“三个一”工程，评选文化产业示范村 13 个、优秀演出团 8 家、特色文化产品 9 项。开展第五期贵州省文化创意人才培训班。“多彩贵州文化云”实现市（州）全覆盖并上线运行。建立完善“上网服务＋X”“娱乐场所＋X”的经营模式，推进文化娱乐场所转型升级。推进互联网上网服务营业场所监控平台改造，提升文化管理科技水平。

2018 年全省国家级文化产业示范基地共 6 个，其中单体企业 5 个，集聚类 1 个。国家级文化产业示范基地资产总额达到 60 亿元，共创造利润总额 0.8 亿元，向社会捐赠共计 68 万元。

年末经国家认定的动漫企业 4 个，其中漫画创作企业 1 个，动画创作、制作企业 3 个。拥有知识产权数量 10 个，其中自主知识产权动漫软件 3 个，原创漫画作品 2 部，动画作品 2 部，资产总额达 1463 万元。

(六)文化遗产保护

大力抓好革命遗址挖掘保护利用，完成全省革命遗址复核工作，报省政府核准公布第六批省级文物保护单位 220 处，其中革命遗址占 164 处。加强革命遗址保护维护和利用，争取省级文物保护专项补助资金 1.4 亿元，启动了 12 处维修方案编制、15 处修缮工程、8 处保养维护工程，以及 10 个革命遗址或博物馆展览提升工程和部分革命遗址“三防”工程，启动规划建设 9 个革命遗址专题博物馆（陈列馆）。国家文物局编制的《长征文化线路总体保护规划》，有 335 处红军长征在贵州的不可移动文物列入规划清单，启动了贵州省四大红色纪念体系建设。推进传统村落保护利用，承办了国家文物局传统村落保护利用工作现场会、第八届海峡两岸文化遗产保护论坛。加强博物馆建设，推进免费开放绩效评估管理，加快数字博物馆建设。

年末全省共有文物机构 204 个。其中，文物保护管理机构 69 个，占 34%，博物馆 91 个，占 45%。年末全省文物机构从业人员 2389 人。其中高级职称 102 人，占 4.27%，中级职称 194 人，占 8.12%。

年末全省文物机构拥有藏品 18.21 万件。其中，博物馆藏品 16.40 万件，占藏品总量的 90%；藏品中，一级文物 647 件，占 0.36%；二级文物 1964 件，占 1.08%；三级文物 7004 件，占 3.84%。

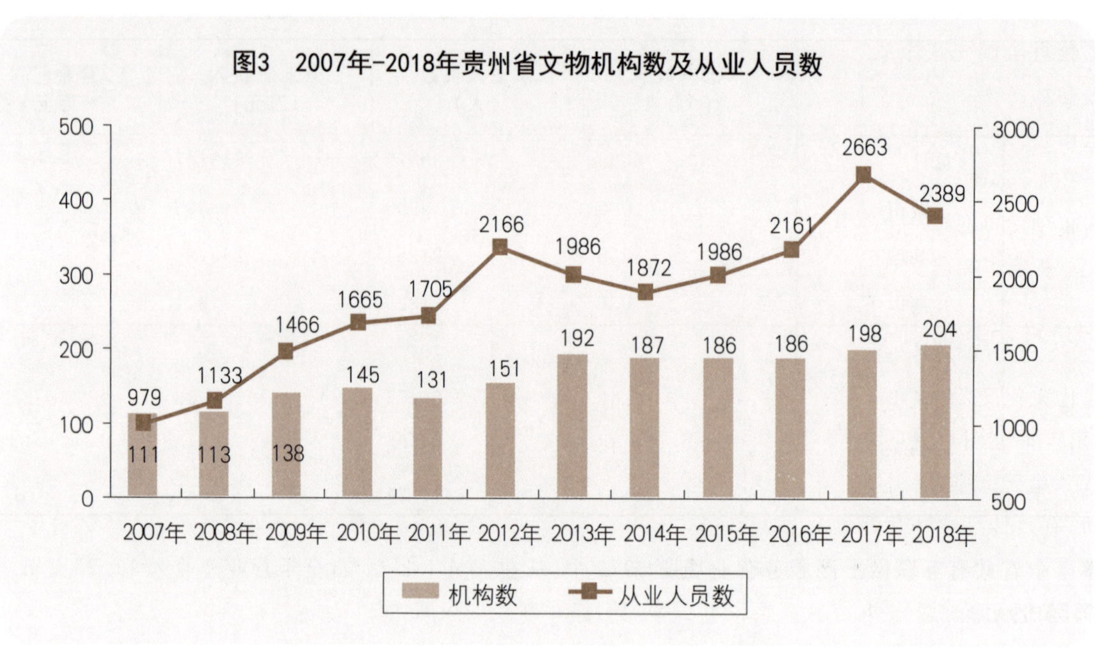

全年全省文物机构有基本陈列200个，举办临时展览104个，接待观众2070.39万人次，比上年增长3.18%。其中未成年人352.44万人次，减少29.02%，占观众总数的17.02%。博物馆接待观众1973.75万人次，增长6.62%，占文物机构接待观众的95%。

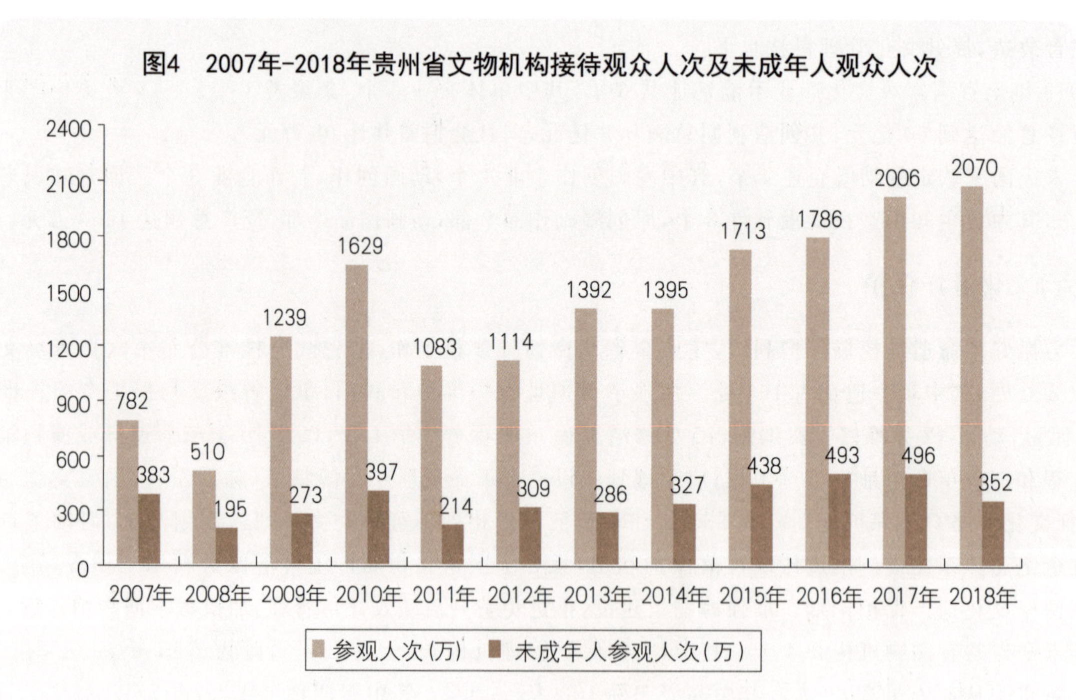

2018年，全面推进《贵州省非物质文化遗产保护发展规划》实施，申请国家非遗保护资金1.33亿元，用于非物质文化遗产的保护利用。按照《贵州省文化厅2018年非遗传统技艺类传承人群培训实施方案》要求，举办了45个培训班次，培训非遗传承学员2674人，68名学员赴省外高校参加研修研习培训。以扶贫攻坚为抓手，雷山县获得全国首批"非遗＋扶贫"试点地区。不断提升传承人的荣誉感，有4位非遗传承人和2家单位获得全国先进个人、先进集体荣誉，有3位传承人抢救性记录成果获得全国优秀奖。组织41名非遗传承人参加济南第五届中国非物质文化遗产博览会的传统工艺比赛。持续举办非遗周末聚活动，有22个县（区、市）参加，非物质文化遗产不断深入人心。

至2018年末，有人类非物质文化遗产代表作名录2项，国家级非物质文化遗产名录85项140处，省级名录561项709处。有国家级传承人96名。国家级文化生态保护实验区1处，省级文化生态保护试验区区2处。国家级非物质文化遗产生产性保护示范基地3处，省级非物质文化遗产生产性保护示范基地57处。

（七）对外文化交流

深化文化交流合作，多彩贵州文化影响力持续提升，派团赴马耳他、非洲三国、尼泊尔开展了"欢乐春节"演出。举办图片展、文创周、迎中秋国庆演出等活动。承办了"台湾青少年传统人才培训计划贵州舞蹈研习营""星云大师'一笔字'书法展""青年汉学家研修计划""驻外文化参赞、主任走进多彩贵州基层调研"等活动，有效传播中华优秀文化。赴苏、皖开展了旅游推介暨文化展演活动，力邀苏皖两省民众赴黔旅游。成功举办中外文化体育名人与生态文明建设讲演会，传播生态文明理念。参与举办第38届世界诗人大会、2018国际山地旅游暨户外运动大会。在西博会招商引资现场签约46.5亿元。成功举办第六届黔台经贸交流恳谈会、文创板块对接会、第二届彝族文化产业博览会、中国（贵州）民族民间文化产品博览会，促进文化创意开发和产品展示推介，助力脱贫攻坚。

（八）文化资金投入

2018年，国家继续加大对贵州省文化事业投入力度，进一步加强非物质文化遗产和国家重点文物保护，提升完善公共文化服务体系，中央财政安排各类文化文物专项资金8.42亿元。

图5　2010年-2018年中央转移支付贵州省文化文物项目资金

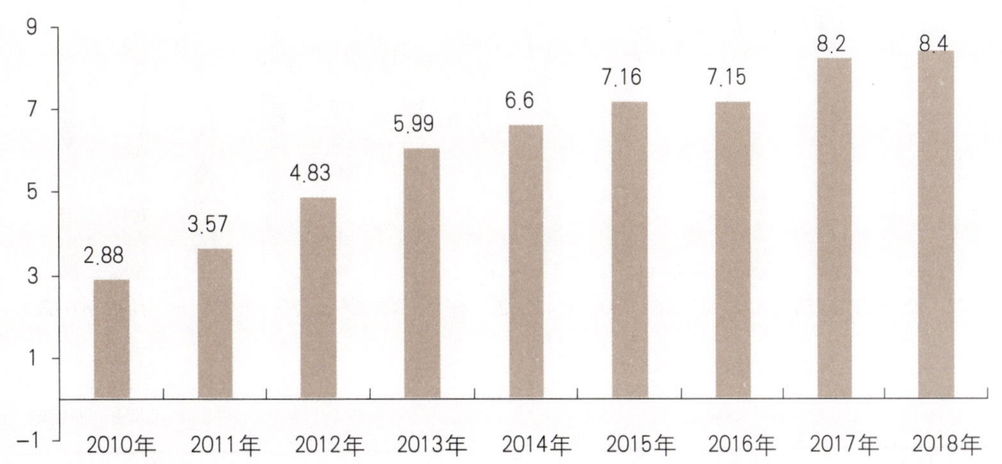

全年全省文化事业费17.89亿元，比上年减少1.44亿元，减少7.45%；全省人均文化事业费49.69元，比上年减少4.3元，减少7.96%。

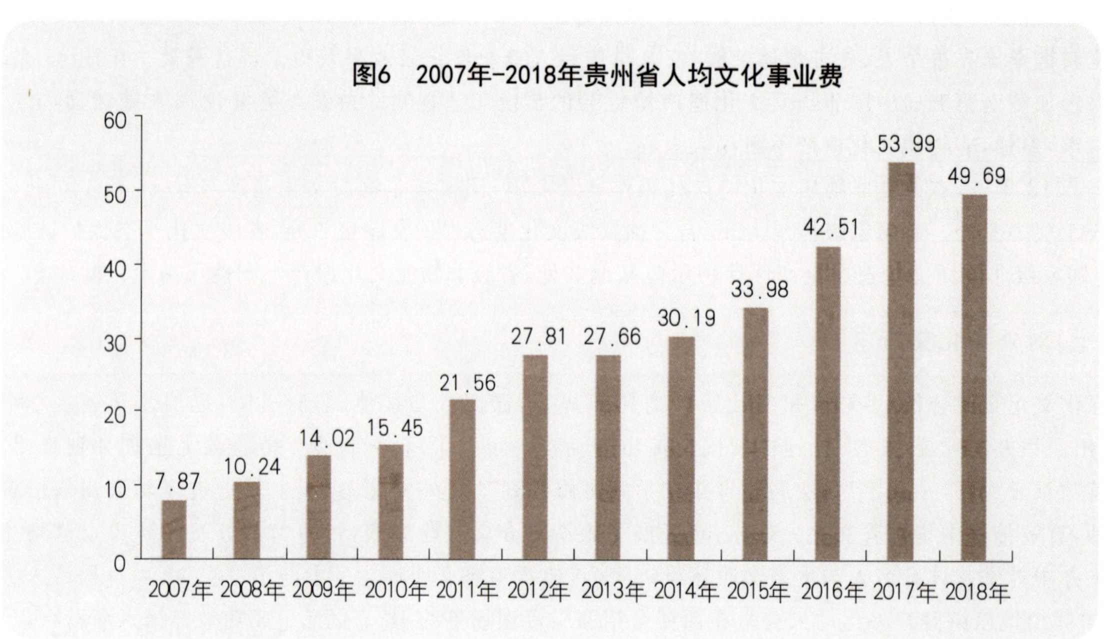

2018 年全省文化事业费占全省财政一般公共预算支出的比重为 0.36%，比重较上年减少 0.06%。2018 年全省财政支出中，文化体育传媒经费 60.81 亿元，比上年减少 5.73%，占财政支出的 1.21%，比重比上年减少 0.26 个百分点。

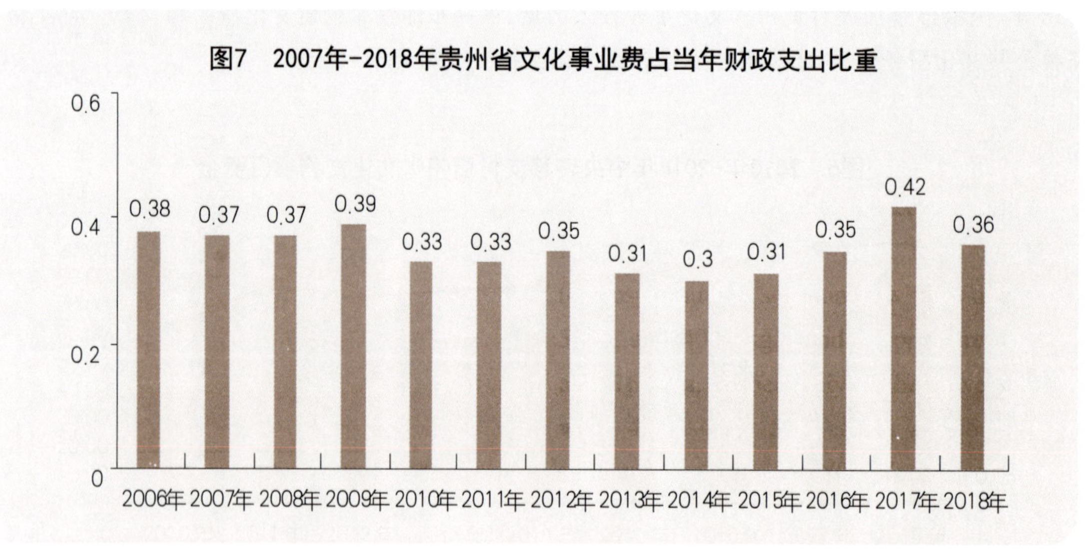

二、旅游工作情况

（一）抓实产业发展，奋力攻坚克难，迈出坚实步伐

2018 年全省旅游业接待游客增长 30.2%，旅游总收入增长 33.1%。不断增强旅游经济高质量发展的责任感，深耕旅游资源，发展特色产业，引导全域旅游创建向纵深发展。一是大旅游总体布局跃上新台阶，全面推进《贵州省全域山地旅游发展规划（2017－2025 年）》《贵州省温泉产业发展规划（2017－2025 年）》

《千里乌江休闲度假旅游带规划》《贵州省世界名酒文化旅游产业带规划》《贵州省苗疆走廊旅游发展规划》《贵州山地旅游开发利用导则》编制及实施工作，全域山地旅游发展总体布局进一步优化，旅游资源得到有序开发。二是产业投融资获得新进展，编制并推进《2018 年全省旅游产业大招商引资工作方案》实施，遴选 229 个项目纳入全省旅游招商项目库，总投资额达 3437.1 亿元。全省各地上门对接企业 2462 家，引资签约项目 296 个，资金 2928.40 亿元，占全年目标任务的 146%，到位资金 201.95 亿元，其中在第十三届贵州旅游产业发展大会上，有 23 个旅游扶贫项目与省外知名企业成功签约。全省在建涉旅项目 1214 个，完成投资 993.05 亿元，同比增长 18.3%。持续推进知名企业建设的文化旅游项目。与大旅游相关的批发和零售业、住宿和餐饮业投资比上年同期分别增长 25%和 26.9%，高于全省投资增速 8.9 个和 10.8 个百分点。生态环保产业投资增长 30.6%，增速高于全省投资增速 14.5 个百分点。三是编制并深入推进《贵州省 100 个精品旅游景区创建方案》实施，纳入“1+5 个 100”工程建设项目名录景区达 385 家，“1+5 个 100”工程建设完成投资 260 亿。推动实施“100 个温泉旅游项目”建设，将 53 个温泉景区纳入重点建设名单，完成投资 30 亿元。安排 500 万元省级旅游发展专项资金，支持赫章九龙谷、黄果树温泉养生谷等 10 个高端温泉项目建设。明确黄果树、荔波等 10 家景区为国际旅游目的地创建单位。全省 A 级旅游景区突破 300 家，达 359 家，其中 5A 级旅游景区 6 家、4A 级旅游景区 111 家，省级旅游度假区 33 个。四是乡村旅游建设取得新进展，安排 5000 万元旅游发展专项资金，支持乡村旅游示范村(寨)游客服务中心、停车场等基础设施建设。开阳县马头村、播州区花茂村等 20 个村(寨)列入全省 2018 年乡村旅游基地建设名单，完成投资 13.04 亿元。全年乡村旅游接待游客 4.62 亿人次，实现收入 2148.33 亿元，同比分别增长 33.61%、36.59%。五是统计数据质量有新提高，对 9 个市(州)、26 个县(市、区)旅游统计工作进行督查，根据《贵州省统计工作问责暂行管理办法》，对关岭县、麻江县、凤冈县、水城县旅游局涉嫌旅游统计数据造假问题，转交相关县政府调查、处理工作人员 6 名。

(二)抓实企业发展，注重质量效益，推动旅游消费提档升级

一是有组织接待呈现新面貌，全省 1253 家旅行社(包括营业门店)共接待团队 10.53 万个，同比增加 2.30 万个，有组织接待游客 462.08 万人次，同比增长 20.1%，实现营业收入 34.36 亿元，同比增长 23.22%。其中有组织接待入境团队 1.16 万个，接待入境游客 28.45 万人次，同比增长 41.2%。二是星级酒店经营状况稳中有进，全省 284 家星级饭店营业收入 20.84 亿元，同比增长 16.5%，客房平均出租率达 68%，其中 4 星、5 星级酒店平均房价 309 元，客房平均出租率达 70%以上。三是旅游景区效益持续提升，全省 1086 家旅游景区接待游客 6.12 亿人次，同比增长 33.1%，景区内旅游收入 3740.35 亿元，同比增长 38.6%，旅游直接就业人数突破 100 万人，带动旅游受益人数 360.50 余万人。其中 34 家温泉景区接待游客 1269.10 万人次，综合收入 53.82 亿元，同比分别增长 18.9%、20.5%，门票收入 9.80 亿元，同比增长 13.7%。四是会展经济爆发新活力，在黔举办涉及外省的主要会展(会议、培训)2857 场次，同比增加 352 场次。接待省外入黔参会人员 49.27 万人次，同比增长 16.7%，人均停留 3.3 天，实现直接经济效益 1.11 亿元，同比增长 23.4%。五是旅游客运企业蓬勃发展，投入运营的旅游车辆运营公司(集团)197 家，投放旅游客运车辆 6440 辆，座位 15.98 万座，较去年同期分别增加 24 家、954 辆、1.51 万座，同比分别增长 13.9%、17.4%、10.4%；营业收入 13.97 亿元，同比增长 18.1%。六是游客消费质提量升，全省过夜游客人均花费 1610 元，比上年同期提高 29 元。娱乐、购物及美食等需求价格弹性大的旅游消费比重达 31.8%，较上年同期提高 0.3 个百分点。七是自驾游占比显著提高，从在黔国内游客出游形式来看，自驾出行占 58.6%，比上年提高 4.3 个百分点，旅行社组织占 0.46%。从结伴形式来看，选择和家人一起出游的比例为 42.9%，选择朋友一起出游是为 39.1%，选择独自出游的比例为 9.3%，与公司同事一起出游的比例为 5.3%。八是过夜游客停留时间延长，接待国内过夜游客 1.81 亿人次，同比增长 7.9%，占全省接待总人数的 18.7%。过夜游

客人均停留时间达到1.59天，比上年同期提高1个百分点，外省入黔过夜游客人均停留时间达到2.47天。其中停留1夜占比达59.3%，停留2夜占17.5%，停留3夜的占6.8%，停留4—7夜的游客占7.5%，8夜及以上的占8.9%。停留3夜以上过夜游客比重较2017年增加11个百分点。

(三)抓实基础设施建设，破题服务配套，全力推动接待水平升级

食宿及购物保障能力明显提升，全省旅游住宿接待单位3.79万户，客房数79.21万间，床位数138.07万张，较上年同期分别增加0.19万户、4.00万间、6.29万张，同比分别增长2.6%、5.3%、4.8%。其中星级酒店284家：4星级67家，5星级饭店6家。全省住宿单位平均出租率达62.2%。组织开展“新派黔菜创新大赛”，培育了一批黔菜“名菜、名厨、名店”。批发和零售业、住宿和餐饮业联网直报调查单位分别达到3641个、1331个，同比分别增长18.5%和9.8%。景区配套设施加快完善，建成景区连接外部交通主干公路34条、景区主干道45条、生态旅游步道65条、游客服务中心38个、购物场所78家、停车场102个，新增车位1.07万个、旅游标识牌2189块。旅游厕所革命成效显著，安排7387万元国家旅游发展基金和省级旅游发展专项资金，用于旅游厕所建设补助，完成1178座旅游厕所新建和改建，占年度计划的147%。6月20日《中国旅游报》头版刊登题为《贵州“厕所革命”彰显人文关怀》文章，对贵州省旅游厕所工作予以充分肯定。旅游交通运力明显增强，民航旅客吞吐量达2799.60万人次，同比增长14.4%。高速公路收费站入口客车车流量2.90亿辆，同比增长16.9%；出口客车车流量2.92亿辆，同比增长17.4%。贵阳火车站辖区铁路旅客到达量3384.10万人次，同比增长19.9%，其中高铁旅客到达量达2296.90万人次，同比增长45.5%。智慧旅游建设取得突破，开发“行游贵州”预警提示系统，发布主要景区预警信息，为游客提供动态信息。以游客为中心，开通96972服务热线、旅游直播间。“云游贵州”APP上线运行，更加贴近游客需求。全省旅游公共服务智能化、特色化、多元化水平明显提升。

(四)抓实品牌推介，搭建客源桥梁，提升“四季旅游”影响力

宣传营销手段不断创新，一方面“请进来”步伐加快，开展“请进来”旅游宣传推介活动113批次，邀请主要客源地旅行社、媒体赴全省考察旅游线路产品、采风，进一步深化旅游品牌形象传播；另一方面“走出去”营销取得实效，开展境外营销和宣传推介活动14场次，“山地公园省·多彩贵州风”品牌的国际影响力和业界知名度得到进一步提升。在巩固原有国内客源市场基础上，与陕西、甘肃、湖北、江苏、安徽等市场联结更加紧密。针对8个对口帮扶城市所在的6个省(市)推出系列优惠政策，来黔游客占省外游客的43.53%。国际市场营销重点突出，省领导带队赴香港、澳门、德国、新加坡等地开展主题宣传推广活动，组织重点旅游企业到意大利、英国，举办了系列推广活动。海外媒体报道量达2000多条，米兰、罗马等地市民在推特、Facebook等社交媒体和自媒体发表信息4000多条，意大利国家电视台专门报道“贵州全球推介活动—走进意大利”。整合全省冬季优质旅游资源，主推温泉、滑雪、过年三大旅游产品，2017年12月1日至2018年2月28日，全省共接待游客1.59亿人次，旅游综合收入158.92亿元，同比分别增长32.4%、35.6%。全省纳入重点监测的33个温泉景区，接待游客296.42万人次，同比增长34.3%；门票收入7.32亿元，同比增长56.0%，减免门票4053.01万元。全省滑雪景区接待游客23.27万人次，同比增长31.5%，门票收入4368.65万元，同比增长33.7%，其中减免门票1001.88万元。花季带动乡村旅游发展，为村民增收致富提供了新路径。全省以杜鹃花、油菜花、樱花等为主要吸引物的54家景区，3月份共接待赏花游客754.82万人次，同比增长36.4%，旅游综合收入23.61亿元，同比增长46.9%。6月1日至7月15日，开展了专门针对江苏、安徽两地的“多彩贵州·寻亲之旅”旅游主题营销活动，接待江苏游客595.07万人次，同比增长45.7%；接待安徽游客83.05万人次，同比增长31.3%。入黔的江苏、安徽车辆达到24.42万车次，高速公路免通行费766.16万元，流量同比增加56.4%。暑期“清凉”盛宴助力井喷，对广东、广西、福建等10个省

(区、市)来黔避暑度假给予优惠。2018 年暑期(7 月 1 日至 8 月 31 日)全省共接待游客 2.14 亿人次,同比增长 30.4%,实现旅游总收入 2436.85 亿元,同比增长 33.5%。为 10 省(区、市)游客减免门票 3.18 亿元,减免高速公路通行费 2.34 亿元,10 省(区、市)游客在黔旅游花费 710.69 亿元,同比增长 49.6%。主要景区多日达到最大承载量,其中黄果树、荔波漳江、西江千户苗寨日均接待量均超 1 万人次。黄果树有 25 天、荔波漳江有 14 天、西江千户苗寨有 15 天,日接待量超 3 万人次。

(五)抓实市场监管,攻克痛点盲点,坚决打赢打好治理攻坚战

一是开启"满意旅游"新模式,有 1086 家旅游酒店、旅游景区等旅游企业参加满意旅游竞赛活动,"贵州旅游服务质量评价平台"评论突破 30 万条。建立完善旅游企业及从业人员信用"红黑榜",部分不诚信经营的旅游企业和导游人员被列为黑名单。二是深入开展旅游市场秩序综合整治,在工商、公安等部门的通力协助下,组织 6 个暗访组跟团督查欺客宰客、非法经营活动,依法严厉打击不合理低价游、消费陷阱、强买强卖等违法违规行为。针对服务质量问题,下发整改通报 6 期,重点针对各购物点、旅行社等经营主体存在欺客宰客、非法经营、旅游安全隐患等情况进行督查整改。三是切实筑牢旅游安全防线,委托第三方机构,分别于 1 月 24 日至 28 日、3 月 9 至 11 日及节假日期间,就"四大专项"行动、"电气火灾"消防安全治理、反恐怖防范应对、食品安全等开展专项检查。不断完善旅游安全应急预案,举办"山地旅游安全大讲堂"9 期,强化旅游从业人员的服务意识、质量意识、安全意识。四是强力推进旅游标准化建设,编制《贵州省山地旅游标准化三年行动计划》《贵州省山地旅游度假区(村)质量等级划分与评定》等 10 余项山地旅游地方标准。全面推进贵州省乡村旅游村寨、客栈、经营户(农家乐)"三个地方标准"实施,评定质量等级乡村旅游村寨、客栈和农家乐经营户 1089 家。加快推动全省乡村旅游经营单位厨房、卫生间达标全覆盖,有 3000 余家乡村旅游村寨、客栈、经营户申报开展"两间"质量等级创建和评定工作,评定达标厨房间、厕所间 790 余间。

(贵州省文化和旅游厅)

贵州：加快文化和旅游融合发展

2018 年，贵州省文化旅游行业以供给侧结构性改革为主线，全面推进文旅融合发展。黔剧《天渠》、花灯剧《云上红梅》《一路芬芳》、音乐剧《吉他·吉他》等为代表的优秀现实题材剧目成功上演，高质量完成 2018 央视春晚贵州分会场演出任务，成功举办第 3 届多彩贵州文化艺术节。不断提升完善公共文化服务体系，“多彩贵州文化云”实现市（州）全覆盖上线运行，实现由政府“端菜”向百姓“点菜”的转变。配齐了贫困县流动文化车，在扶贫县建成“春晖文化乡愁苑”，为贫困地区 1000 个村、72 个乡镇和 158 个村配置了文化设备。加快厕所革命，建成旅游厕所 1233 座。加大文化遗产保护传承力度，启动四大红色纪念体系建设。承办了全国传统村落保护利用工作现场会和第八届海峡两岸文化遗产保护论坛。雷山县被列为国家首批“非遗＋扶贫”试点地区；39 名传承人被列为第五批国家级非遗传承人；培训非遗技艺传承人 2600 多名；新评选公布了 22 项省级文物，224 项（312 处）省级非物质文化遗产代表性项目。文化产业和市场健康发展，文化消费试点、贵州彝族文化产业走廊建设有序推进，评选出县域文化产业发展“三个一”工程示范项目 30 个。

随着贵州立体交通网络的逐步形成，以建设山地旅游大省，打造世界一流山地旅游目的地为目标，推动旅游业持续井喷发展。2018 年全省接待游客、实现旅游总收入，分别增长 30.2％、33.1％。全面推进《贵州省全域山地旅游发展规划》实施，成功创建梵净山 5A 级景区，确定全省“1＋5 个 100”工程 385 个建设名录。旅游客源市场得到进一步拓展，开通或增加了赴日本、韩国、泰国、越南、俄罗斯、美国、米兰、巴黎航线航班；出台旅游优惠措施，加大宣传推介力度。成功举办了贵州省第十三届旅游产业发展大会、2018 国际山地旅游暨户外运动大会。举办了 2018 年中外文化体育名人对话生态文明建设讲演会、世界诗人大会和多项港澳台文化交流活动。以发展满意旅游为抓手，实施贵州省乡村旅游村寨、客栈等地方标准，推动乡村客栈厨房间、卫生间“两间达标”全覆盖。文化旅游市场综合执法改革取得新成效，建立旅游红黑榜，开通 96972 旅游公共服务热线，加强舆情管控，建立未投诉处理机制。旅游从业人员质量、安全意识日益增强，游客满意度大幅提升。聚焦深度贫困地区旅游扶贫，实施文化扶贫和旅游扶贫九大工程，带动 30.30 万贫困人口受益增收。

云南省2018年文化和旅游发展情况分析

2018年，全省文化和旅游系统在省委省政府的坚强领导下，坚持以习近平新时代中国特色社会主义思想为指导，深入学习贯彻党的十九大和十九届二中、三中全会精神，全面贯彻落实省委十届四次、五次全会和省人代会安排部署，改革创新、开拓进取、扎实工作，推动文化和旅游发展改革取得了新进展新成效，较好地完成了全年工作任务。

一、文化建设取得新进展

（一）文化机构和人员情况

2018年末，纳入统计范围的全省各类文化（文物）单位12160个，比上年末减少2197个，其中艺术表演团体减少48个，艺术表演场馆减少18个，文化站增加1个，博物馆增加12个，文化市场执法机构数量与上年末持平。从业人员65452人，比上年末减少12084人。

（二）艺术创作生产成果喜人

2018年成功举办第十二届全国舞蹈展演、云南省第十二届青年演员比赛、2018年花灯滇剧艺术周、全国现实题材舞台艺术作品云南展演活动、2019年云南省新年戏曲晚会、“水墨之上”—2018第四届昆明美术双年展。《独龙天路》等剧目入选国家有关奖项，《回家》等剧目入选省级文艺精品创作项目，20个项目获得2018年度国家艺术基金资助。云南省京剧院的刘秀荣入选京剧类“名家传戏—当代戏曲名家收徒传艺工程”，云南省花灯剧院的黄仁信、门兰芳、云南省滇剧院的李廉森入选地方戏曲类“名家传戏—当代戏曲名家收徒传艺工程”。《数西调》《西双版纳的黎明》《桂花表妹》《大喇叭小广场》《火红的梨园》入选全国基层院团戏曲会演进京顺利演出，《鼓滚刘封》《送京妹》《五台下发》《乔子口·数桩》入选全国梆子声腔优秀剧目展演，《望夫云·对歌定情》《巧调解》《安安送米·三孝记》《三战刘从》入选全国戏曲百戏（昆山）盛典并在昆山演出。圆满完成全国文化科技卫生“三下乡”云南分会场集中示范活动，全省开展“文化大篷车·千乡万里行”惠民演出活动13249场，观众人数达1594万多人次。

表1　2017年—2018年全省艺术表演团体基本情况

年　份	机构数（个）	从业人员数（人）	演出场次（万场）	国内演出观众（万人次）	总收入（亿元）	
						演出收入
2017年	316	10093	5.60	2854.58	17.09	8.01
2018年	268	8428	4.98	2569.95	13.68	5.88

全省共有艺术表演团体268个，其中公有制艺术表演团体86个，与上年末持平。演出收入5.88亿元，比上年末下降26.6%；组织政府采购公益演出0.41万场次，比上年末下降12.8%；演出观众484.68万人

次，比上年末下降3.3%；利用流动舞台车演出1890场次，比上年末下降6.9%，观众184.05万人次，比上年末下降13.6%，每名观众观看艺术表演团体演出成本39.46元，较上年末减少4.32元。年末全省共有艺术表演场馆27个，其中公有制艺术表演场馆16个，非公有制艺术表演场馆11个，艺术展览创作机构11个，与上年末持平；艺术表演剧场（企业）共演出290场次，比上年末增加40场次，艺术演出收入1267.1万元，比上年增加417.1万元，同比增长49.1%。

（三）公共文化服务体系建设稳步推进

新建和改扩建一批图书馆、文化馆及基层综合性文化服务中心；配合省委宣传部实施“覆盖工程”，为2861个村级综合文化服务中心配置了设备；指导永胜县做好公共文化服务补短板工作，积极推进高黎贡山移民安置点村级综合文化服务建设；建成“文化云南云”并正式上线运行，发布各类文化活动信息9000余条，注册用户8.4万多人，推广覆盖人群71万人次；顺利完成了曲靖市第三批国家公共文化服务体系示范区以及弥渡县“大喇叭小广场”建设、昭通市“西部贫困地区精神文化家园建设”示范项目验收工作，昆明市及红河州、昭通市2个项目获得第四批国家公共文化服务体系示范区（项目）创建资格。完成县级文化馆图书馆总分馆制试点工作并进行了检查验收；招募了109名“阳光工程”农村文化志愿者和“圆梦工程”乡村学校少年宫文化志愿者，举办了云南省2018年“阳光工程”文化志愿者培训班。成功举办云南省广场舞集中展演活动，全省82支广场舞参加了各州市展演、44支参加了集中展演；成功举办云南省第三届大家乐群众文化“彩云奖”评选活动，42个音乐、舞蹈、戏剧、曲艺、美术、书法、摄影作品获得了“彩云奖”。

表2　2018年云南图书馆发展情况

	2017年	2018年	增量	同比增长
机构个数	151	151	0	——
总藏书量（万册）	2110.63	2154.09	43.46	2.06%
图书（万册）	1618.42	1654.91	36.49	2.25%
开架书刊（万册）	1083.55	1161.06	77.51	7.15%
电子图书（万册）	2328.56	2794.02	465.46	19.99%
本年新增藏书量（万册）	97.43	73.38	−24.05	−24.68%
书架单层总长度（万米）	50.96	51.92	0.96	1.88%
有效借书证（万个）	50.91	56.43	5.52	10.84%
总流通人次（万次）	1261.25	1694.88	433.63	34.38%
外借册次（万次）	958.49	1142.38	183.89	19.19%
为读者举办各种活动（次）	4723	4211	−512	−10.84%
购书专项经费（亿元）	0.25	0.22	−0.03	−12.00%
人均藏书量（册）	0.43	0.45	0.02	4.65%
人均购书经费（元）	0.52	0.56	0.04	7.69%

1. 公共图书馆

年末全省共有公共图书馆151个，数量与上年末持平，其中少儿图书馆4个，公共图书馆从业人员1770人，较上年末减少44人。年末全省公共图书馆实际使用房屋建筑面积40.64万平方米，比上年末增长0.4%，图书总藏量2154.09万册，比上年末增长2.1%，共有电子图书2794.02万册，比上年末增长19.99%。全省平均每万人拥有公共图书馆建筑面积84.14平方米，基本与上年末持平；购书专项经费

2172.9 万元，与上年末相比下降 13.1%；全省人均拥有公共图书馆藏量 0.45 册，与上年末相比增长 2.27%，居全国第 28 位，较去年下降 1 位；全年全省人均购书费 0.56 元，与上年末相比增长 5.66%，居全国第 30 位。全省公共图书馆有效借书证 56.43 个，比上年增长 10.84%；总流通人次 1694.88 万次，比上年末增长 34.38%。书刊外借册次 1142.38 万，比上年末增长 19.19%。全年共为读者举办各种活动 4211 次，比上年末下降 10.84%；参加人次 258.33 万人次，比上年末增长 23.17%。

2. 群众文化机构

全年全省群众文化机构共提供文化服务次数 33272 次，比上年增长 0.2%；服务人次 2619.82 万人次，比上年增长 17.98%。年末全省群众文化机构共有馆办文艺团体 448 个，演出 5139 场，观众 296.67 万人次。由文化馆（站）指导的群众业余文艺团体 2.79 万个，指导的群众业余文艺团体人数 114.4 万人，馆办老年大学 43 个。

表 3　全省文化馆发展情况

	2017 年	2018 年	增量	增长幅度(%)
机构个数	149	149	0	——
提供文化服务次数(万次)	1.19	1.25	0.06	5.04
文化服务惠及人次(万人次)	970.68	1214.29	243.61	25.1
组织文艺活动次数(万次)	0.73	0.73	0	
举办训练班班次(万次)	0.33	0.38	0.05	15.15
举办展览个数(个)	763	853	90	11.80
本年收入合计(亿元)	4.45	5.07	0.62	13.93
本年支出合计(亿元)	4.46	5.25	0.79	17.71
接受服务人员人均成本(元)	45.95	43.26	−2.69	−5.85
指导群众业余文艺团队(万个)	0.85	0.81	−0.04	−4.71
指导群众业余文艺团队人数(万人)	34.13	114.4	80.27	235.19
志愿者服务队伍人数(万人)	1.28	0.98	−0.3	−23.44

表 4　全省文化站发展情况

	2017 年	2018 年	增量	增长比率(%)
机构个数	1444	1445	1	0.07
从业人员中专职人员	3679	3576	−103	−2.80
提供文化服务次数(万次)	4.24	4.2	−0.04	−0.94
文化服务惠及人次(万人次)	1250	1405.53	155.53	12.44
组织文艺活动次数(万次)	2.59	2.6	0.01	0.39
举办训练班班次(万次)	1.2	1.16	−0.04	−3.33
举办展览个数(万个)	0.46	0.44	−0.02	−4.35
本年收入合计(亿元)	5.34	106.32	100.98	1891.01
本年支出合计(亿元)	5.28	112.47	107.19	2030.11
接受服务人员人均成本(元)	42.27	80.02	37.75	89.31
指导群众业余文艺团队(万支)	2.03	1.98	−0.05	−2.46
志愿者服务队伍人数(万人)	10.09	11.19	1.1	10.90
村综合文化服务中心个数(个)	12522	13442	920	7.35%
村综合文化服务中心面积(万平方米)	487.94	616.57	128.63	26.36

2018年末全省共有文化馆149个，文化站1445个，全省群众文化机构实际使用房屋建筑面积93.41万平方米。年末全省群众文化机构从业人员7320人，其中具有高级职称的人员497人，占6.79%，较上年相比增加0.85个百分点，具有中级职称的人员1126人，占15.38%。年末全省平均每万人群众文化设施建筑面积222.8平方米，较上年相比增长0.7%，人均群众文化业务活动专项经费3.88元，下降6.28%。全省文化站年末藏书8536.97万册，比上年增长6.63%；计算机15570台，较比上年末下降0.5%；受服务人员人均成本80.02元，比上年增加37.85元，增长89.31%。村综合文化服务中心个数13442个。

(四)文化市场监管有力有序

全省持续深入开展"平安文化市场"创建，全面推行"双随机、一公开"市场监管机制，依法加强事中事后监管和案件查处。健全完善文化市场监管服务平台，完成"证照分离""多证合一"等改革任务，文化市场行政许可事项实现"一网通办"。2018年，全省文化市场行政审批1307件，出动文化执法人员18万余人(次)，检查经营单位9万余家(次)，责令改正2798家(次)，受理举报294件，移送案件24件，办结案件484件。维护了云南省文化市场的繁荣稳定和健康发展。截至2018年底，全省共有文化市场经营单位11901个，比上年减少2206个，其中，非公有制艺术表演团体167个，比上年减少48个，非公有制艺术表演场馆11个，比上年减少17个，网吧4564个，比上年减少891个，艺术品经营机构72个，比上年增加3个；演出经纪机构9个，比上年减少22个；从业人员4.49万人，比上年减少1.12万人，资产总计81.49亿元，比上年减少26.25亿元；营业收入37.81亿元，比上年减少16.8亿元；实现年营业利润总额11.4亿元，比上年减少2.66亿元。

表5　2018年文化市场经营机构发展情况

类别	机构个数(个)			营业收入(亿元)			营业利润(亿元)		
	2017年	2018年	增量	2017年	2018年	增量	2017年	2018年	增量
娱乐场所	6079	4872	−1207	23.29	20.86	−2.43	6.28	5.35	−0.93
互联网上网服务营业场所(网吧)	5455	4564	−891	14.33	8.62	−5.71	3.04	2.12	−0.92
非公有制艺术表演团体	215	167	−48	11.30	7.67	−3.63	4.26	3.38	−0.88
非公有制艺术表演场馆	28	11	−17	2.35	0.44	−1.91	0.04	0.12	0.08
经营性互联网文化单位	24		−24	1.04		−1.04	−0.33		0.33
艺术品经营机构	69	72	3	0.18	0.16	−0.02	0.05	0.06	0.01
演出经纪机构	31	9	−22	2.12	0.06	−2.06	0.36	0.01	−0.35

(五)文化产业蓬勃发展

2018年举办第5届中国—南亚博览会暨第25届中国昆明进出口商品交易会文化创意展。指导红河州制定《建水紫陶国家级文化产业示范园区创建工作三年行动计划》，举办2018中国·建水紫陶·世界艺术大赛，推动创建工作深入开展。推进国家藏羌彝文化产业走廊云南廊道建设和文化消费试点工作，召开文博创意产品开发促进会，加快文化文物单位文化创意产品开发，组织重点文化企业参加"首届中国自主品牌博览会""第九届中国西部文化产业博览会"等展览展示活动。完成"2018年度国家级文化产业园区服务能力提升计划""2018年度藏羌彝特色文化品牌培育项目"申报工作。年末全省共有文化产业示范基地10个，其中国家级8个，省级2个；经营性文化产业中文艺创作表演、艺术表演场馆以及文物商店总产出较上年末增长较快，分别增长15.79%、22.22%和9.09%，互联网上网服务营业场所较上年末增长0.21%，娱乐场

所、动漫企业服务较去年出现下降。

表 6 2018 年经营性文化产业发展情况

	总产出(亿元)				营业盈余(亿元)			
	2018 年	2017 年	增量	增长率	2018 年	2017 年	增量	增长率
文艺创作表演	0.22	0.19	0.03	15.79%	0.01	0.01	0	0.00%
艺术表演场馆	0.22	0.18	0.04	22.22%	0.00	0	0	—
娱乐场所	23.29	23.30	−0.01	−0.04%	6.58	6.58	0	—
互联网上网服务营业场所	14.33	14.30	0.03	0.21%	3.29	3.29	0	—
动漫企业服务	0.76	0.79	−0.03	−3.80%	0.15	0.15	0	—
文物商店	0.12	0.11	0.01	9.09%	—	0.01	—	—
其他	0.16	0.15	0.01	6.67%	0.01	0.02	−0.01	−50.00%

统计数据显示,2018 年,经营性文化产业营业盈余较多分别是昆明市、曲靖市和红河哈尼族彝族自治州,其中昆明市经营性文化产业营业盈余 27693 万元。经营性文化产业营业盈余较少的分别是迪庆藏族自治州、怒江傈僳族自治州和德宏傣族景颇族自治州。总体来看,2018 年全省经营性文化产业营业盈余基本与上年持平。

表 7 2017—2018 年地区经营性文化产业营业盈余情况表

	2017 年	2018 年	增加值	增长率%
云南省	1053604	1051697	−1907	−0.2
昆明市	277867	276931	−936	−0.3
曲靖市	113525	113575	50	0
玉溪市	43120	43313	193	0.4
保山市	40498	40514	16	0
昭通市	59803	59408	−395	−0.7
丽江市	25055	25055	0	0
普洱市	59248	59248	0	0
临沧市	43141	43125	−16	0
楚雄彝族自治州	74146	74124	−22	0
红河哈尼族彝族自治州	78012	78012	0	0
文山壮族苗族自治州	52321	52321	0	0
西双版纳傣族自治州	49356	49356	0	0
大理白族自治州	54002	54002	0	0
德宏傣族景颇族自治州	27970	27970	0	0
怒江傈僳族自治州	21985	21985	0	0
迪庆藏族自治州	14147	14147	0	0

(六)文物保护利用持续加强

深入开展全省文物安全大排查、全省博物馆和文物建筑消防安全大检查和“文物法人违法案件专项整治行动”,先后通报处理了八起文物违法案件,将文物安全工作纳入省委省政府对州市政府2018年度综合考评项目。完成了全省革命文物统计工作,云南省人民政府公布了100项第八批省级文物保护单位,完成第八批全国重点文物保护单位申报推荐,开展国保单位与省保单位保护范围和建设控制地带的划定工作。抓好水电站库区文物迁建和重大基本建设中的文物保护工作,继续实施大遗址考古工程,通海兴义遗址考古发掘获中国考古学会“2016—2017年度田野考古一等奖”。加强红河哈尼梯田、丽江古城世界文化遗产监管监测和保护整治,推进景迈山古茶林申遗,实施“拯救老屋”行动。举办景迈山茶文化景观国际研讨会,第二届“澜沧江—湄公河流域国家文化遗产保护与推广研讨会”。推进云南博物馆群建设项目、启动网上博物馆建设。开展云南一级博物馆运行评估,二、三级博物馆申报工作,完成2018年度全省博物馆纪念馆绩效评估和非国有博物馆藏品登记备案工作。2个单位、1名个人被分别表彰为全国文物工作先进集体和先进个人。

2018年末,全省共有文物机构277个,比上年增加11个。其中,文物保护管理机构130个,博物馆137个,比上年增加12个,增长率为9.6%。年末全省文物机构从业人员2580人。年末全省文物机构拥有藏品1518885件,比上年增加123999件,其中,博物馆藏品1412696件,占总藏品的93.01%;文物藏品中,一级文物1027件,占0.07%;二级文物2220件,占0.15%;三级文物19208件,占1.26%。全省文物机构基本陈列560个,比上年增加103个,举办临时展览389个,比上年增加65次,接待观众2873.25万人次,比上年增长1.9%。其中未成年人731.72万人次,比上年下降4.83%,占参观总人数的25.47%。其中博物馆接待观众2322.63万人次,比上年下降0.84%,占文物机构接待观众80.84%。

(七)非物质文化遗产保护传承成效明显

出台实施《云南省人民政府关于进一步加强非物质文化遗产保护工作的意见》和《云南省传统工艺振兴行动计划》。加强非遗传承人队伍建设,云南省56人入选第五批国家级非遗代表性传承人,3所院校获批成为2018年度新增的中国非遗传承人群研修研习培训院校。落实《中国传统工艺振兴计划》,14个项目入选第一批国家传统工艺振兴目录。开展2015、2016年度云南省20个国家级非遗代表性传承人抢救性记录验收通查工作,2015、2016年度各有1个项目被文化和旅游部评为优秀项目。成功举办云南省首届传统戏剧曲艺汇演,国家级非遗项目“傣族章哈”参加全国非遗曲艺周展演。对8个省级民族传统文化生态保护区保护规划进行了评审。组织开展第六批省级非遗代表性传承人申报和评审工作。开展丰富多彩的“文化和自然遗产日”非遗宣传展示系列活动。2个单位、2名传承人、1名非遗保护工作者被表彰为全国非遗保护工作先进集体和先进个人。

年末全省共有非物质文化遗产保护机构143个,从业人员574人。全年全省非物质文化遗产保护机构共举办展览672次,比上年增长2.75%,接待观众178.86万人次,比上年减少12.33万人次;举办演出2431场,比上年增加750场,观众201.18万人次,比上年增加0.22万人次;举办民俗活动532次,比上年增加7次,观众224.23万人次,比上年增加34.34万人次;开展非遗工作人员培训班334次,比上年减少109次,共培训1.53万人次,比上年减少1.42万人次;开展传承人培训班763次,比上年增加366次,共培训2.79万人次,比上年增加0.8万人次。

(八)文化交流合作不断拓展

全年共组织46个团组赴亚洲、欧洲、非洲、大洋洲的30个国家和地区开展文化交流合作,接待意大利、英国、德国、美国、法国、印度、越南、缅甸、贝宁、俄罗斯、日本、柬埔寨、老挝、香港、台湾等16个国家和地区的30个文化交流团组来访,正式启用仰光中国文化中心并举办“缅甸云南文化年”系列活动;积极组织开展“欢乐春节”活动,“七彩云南·相约台湾”文化月活动被文旅部评为国家级示范项目;实施“对非文化部省合

作项目”“海外中国文化中心交流项目”；举办“澜沧江·湄公河流域国家文化艺术节”“澜沧江·湄公河流域国家文化遗产保护与推广研讨会”“从学院到沙龙”法国美术珍藏展；赴德国、奥地利、法国、西班牙、意大利、匈牙利、日本、越南、缅甸等 22 个国家和港澳台地区开展文化交流与旅游推广营销；参加 GMS 商业峰会、东盟区域旅游标准研讨会、K2K、滇缅合作论坛、中柬中老旅游合作论坛、第 41 次 GMS 旅游工作组会议等活动；承办了跨境旅游合作论坛、第 65 届印度旅行商协会年会等大型国际活动；组织接待欧洲、台湾地区旅行商赴滇踩线考察，展示了美丽云南新形象。全年共派出和接待文化交流团组 76 个，比上年增加 22 个；参与交流人员 1411 人，比上年增长 47.59%；参加展演人员 764 人，比上年增长 42.19%；演出场次 415 场，比上年增长 31.33%；演出（参观）观众 300.67 万人次，比上年增长 649.99%。从统计数据上看，云南省文化交流合作工作有较大增长，云南文化传播力、影响力大幅度提升。

表 8　文化交流合作情况

	2017 年	2018 年	增加值	增减幅度（%）
演出团体个数	54	76	22	40.74
参与交流人员	956	1411	455	47.59
展演人员	538	764	226	42.01
演出（展览）天数	448	399	−49	−10.94
演出（展览）场次	316	415	99	31.33
演出（参观）观众人次（万人次）	40.1	300.67	260.57	649.80

（九）文化资金投入

全年全省文化（文物）事业费 35.28 亿元，比上年增加 6.44 亿元，增长 22.3%；其中：文化事业费 29.97 亿元，比上年增加 5.86 亿元，增长 24.31%；文物事业费 5.31 亿元，比上年增加 0.58 亿元，增长 12.26%。

表 9　2018 年各州市文化事业费用开展文化活动经费情况

	文化事业费（万元）	用于文化活动经费（万元）	用于开展文化活动经费占文化事业费比重（%）
合　计	299680	29404	9.81
昆明市	35045	6543	18.67
曲靖市	16213	1189	7.34
玉溪市	18257	641	3.51
保山市	9601	3217	33.51
昭通市	12196	770	6.31
丽江市	9145	1368	14.96
普洱市	13438	825	6.14
临沧市	8579	952	11.09
楚雄州	16503	2452	14.86
红河州	32772	2428	7.41
文山州	13421	715	5.33
西双版纳州	9458	1070	11.31
大理州	16810	2712	16.14
德宏州	9123	1114	12.21
怒江州	5381	0	
迪庆州	46563	472	1.01

统计数据显示，2018年昆明市、红河州、玉溪市、迪庆州、大理州等州市投入的文化事业费居全省前五位，其中昆明市用于开展文化活动经费占文化事业费比重达18.67%，居全省第二位。保山市用于开展文化活动经费占文化事业费比重达33.51%，居全省首位。此外，大理州、丽江市、楚雄州、德宏州、西双版纳州、临沧市等地用于开展文化活动经费占文化事业费比重超过10%。

二、旅游业发展持续向好

(一)入境旅游市场稳定增长

2018年，全省累计接待海外入境游客1416.46万人次，同比增长3.8%，其中接待海外旅游者(过夜)706.08万人次，同比增长5.75%，接待口岸入境一日游游客710.38万人次，同比增长1.92%。在海外旅游者(过夜)中接待外国游客549.94万人次，同比增长8.36%；香港游客65.68万人次，同比下降6.84%；澳门游客26.07万人次，同比增长12.85%；台湾游客64.39万人次，同比下降3.27%。

(二)国内旅游市场持续快速增长

2018年，全省共接待国内旅游者68141.72万人次，同比增长20.24%，其中过夜游客31670.11万人次，同比增长11.96%；一日游游客36471.61万人次，同比增长28.48%。从各月接待情况看，1至12月云南省月平均接待国内旅客达5678.48万人次，比去年月平均高出近956万人次。

(三)旅游产业地位进一步凸显

2018年全省旅游业总收入达8991.44亿元，同比增长29.9%。根据省统计局初步核算，2018年全省旅游产业增加值达1403.17亿元，增长(按现价)13.4%，占全省GDP的比重达到7.8%，比2017年提高0.3个百分点。

三、2019年发展目标

2019年，云南省文化和旅游系统将继续以习近平新时代中国特色社会主义思想为指导，深入贯彻落实党的十九大、十九届二中、三中全会及省委十届六次全会、省人代会精神，全面加强党的建设，以高质量发展为目标，以融合发展为主线，以改革创新为动力，以机构改革为契机，着眼提供优秀文化与优质旅游产品和服务，着力破除体制机制制约，整合文化旅游资源，推出文化旅游精品，打造文化旅游品牌，加快构建以文化提升旅游内涵、以旅游促进文化繁荣的工作格局，努力推进文化建设和旅游产业发展再上新台阶。

(云南省文化和旅游厅)

云南："一部手机游云南"

"一部手机游云南"是云南推动旅游产业与互联网、云计算、大数据、人工智能深度融合发展的具体措施，是云南发挥比较优势推动数字经济发展"先行先试"的具体行动，是"互联网＋旅游"发展的云南实践，在推动云南旅游转型升级中发挥了积极作用，成为了云南旅游转型升级的新引擎。

通过前期建设，目前"一部手机游云南"在6个方面的探索和实践已成为智慧旅游的标杆。一是最全面权威的云南旅游资讯。"游云南"APP汇集了云南省16个州市、129个县市区1分钟城市宣传片，339个景区的名片和官方旅游攻略、出行信息等，为游客提供了全方位了解当地民族风情、美食推荐以及精品旅游路线推荐以及景区详细介绍、门票、交通、路线、实时景区热度等服务信息。二是数量最多的实时景区直播。"游云南"APP接入了1401路直播流，对景区此时此刻的真实情景进行不间断直播，做到让游客"足不出户，尽览云南美景"。三是最便捷的在线导游导览服务。142家3A以上景点景区全面上线"游云南"APP，实现了手绘地图、在线导游、语音讲解、AI智能识景等服务，接入了2.3万座厕所（其中智慧厕所733座）和441个景区停车场点位信息，导游举着旗子导览的现象将很快一去不复返。四是最诚信的旅游服务保障。诚信体系是"一部手机游云南"建设的核心，构建了由政府部门、行业协会（或专业机构）、游客共同参与的诚信评价体系，对涉旅企业开展规范指数、品质指数、体验指数3个方面的打分评价，形成企业诚信指数并在平台上公布，为游客选择诚信旅游企业提供参考。五是最高效的旅游投诉处置体系。"一部手机游云南"构建了省、州市、县、涉旅企业"1＋16＋129＋X"的全域旅游投诉体系，游客可选择在线投诉、语音投诉和电话投诉等投诉渠道进行投诉，并在"游云南"APP上实时查看投诉办理进展情况。云南旅游投诉平均办结时间从原来的7天缩短到现在的6个半小时，99％的投诉做到了24小时内办结。六是最先进的互联网技术运用。"一部手机游云南"整合了物联网、云计算、大数据、人工智能、人脸识别、小程序、微信支付等多项技术，实现了刷脸入园、高速公路无感支付、AI识你所见等功能。识花识草目前已经覆盖了云南6000种以上植物，全省91个景区可以刷脸入园，省内15个机场可以刷脸登机，76条高速公路全部支持无感支付。

西藏自治区 2018 年文化和旅游发展情况分析

2018 年是全面贯彻党的十九大精神开局之年，是改革开放 40 周年，也是奋力推进新时代西藏文化建设极不平凡的一年。全区文化系统紧紧围绕“建设重要的中华民族特色文化保护地”战略目标，聚焦“举旗帜、聚民心、育新人、兴文化、展形象”的使命任务，以处理好“十三对关系”为根本方法，改革创新，奋进实干，积极构建“六大文化体系”，大力实施“八大文化工程”，推动了各项工作实现新突破、取得新成效，为在新时代实现文化强区目标奠定了坚实基础。现将 2018 年度统计分析报告如下：

一、机构和人员

2018 年末，西藏全区文化系统人员队伍建设有了较快发展，机构逐步健全，全区共有各类文化机构 1037 个，从业人员 9180 人；比上年增加人员 573 人，增长 6.24% 。增长的主要原因是：2018 年全区部分地(市)乡镇综合文化站增加了人员编制。

表 1　2016 年—2018 年机构人员情况

	艺术表演业		艺术表演场馆		图书馆		群众文化服务机构		文化行政管理部门		艺术科研机构		其他文化事业机构		合计	
	机构	人员	机构	人员	机构	人员	机构	人员	机构	人员	机构	人员	机构	人员	机构	人员
2016 年	85	2345	14	55	79	187	774	2824	82	802	1	15	1	35	1036	7924
2017 年	85	2322	14	26	81	216	774	5073	82	921	1	15	1	34	1038	8607
2018 年	85	2350	14	24	81	200	774	5706	82	882	1	18			1037	9180

二、投入增幅较大

2018 年文化事业经费财政总投入占财政支出的比重为 0.8%，较 2016 年的 0.6%，增加了 0.2%。投入比重逐年有所提高。

表 2　2016—2018 年文化经费投入占财政支出情况

年　份	财政支出(亿元)	文化事业费(亿元)	占财政支出(%)
2016 年	1730	10.98	0.6
2017 年	1681	12.79	0.7
2018 年	1732	14.05	0.8

从文化资金的投入情况可以看出，2018 年全区文化事业费 14,05 亿元，其中：财政拨款 14.05 亿元，事业收入 546 万元，其他收入 45 万元，财政拨款占全区文化事业费的 99.46%，以此可以看出西藏的文化投入基本是国家投入。(见下表)

表 3　2018 年财政投入情况表

单位：万元

	艺术表演业	艺术表演场馆	图书馆	群众文化服务机构		文化行政管理部门	艺术科研机构	其他文化事业单位	合计
				群艺馆\文化馆	乡镇文化站				
拉萨市	3007		239	861	809	6978			11888
林芝地区	1247		388	1086	1518	5844			10083
山南地区	2982	32	652	2042	3997	10862			20567
那曲地区	1945		372	1019	15559	4944			23839
阿里地区	726		244	569	2322	1716			5637
日喀则地区	2651	205	545	1669	11784	4603			21457
昌都地区	2121		559	992	8068	8395			20135
自治区本级	10905		3345	2536		9652	445		25916
合计	25578	237	6344	10774	44057	53054	445		140489
占全部投入的%	18.20	0.2	4.5	7.7	31.35	37.76	0.32		

	本年收入合计						本年支出合计	
	财政拨款	事业收入	演出收入	经营收入	其他收入	合计	基本支出	项目支出
艺术表演团体	25240	177			161	25578	20249	2062
艺术表演场馆	93	144				237	237	
图书馆	6374	10				6344	3305	2308
群众文化服务机构	54831					54831	39593	3171
文化行政管理部门	53054					53054	22384	16734
艺术科研机构	445					445	410	36
其他文化事业单位								
合计	140037	331			161	140489	86178	24311

从文化事业费支出结构情况看：基本支出 8.61 万元，占全区文化事业费财政投入 61.34%，文化专项支出 2.5 万元，占全区文化事业费财政投入的 17.30%，表明文化事业费主要用于支付人员费用，直接用于业务活动的经费仍然比较紧张。

三、重点项目全面推进

全年共计落实文化资金 7.3 亿元。投资 2.18 亿的 11 个地市级图书馆、群艺馆、民族艺术团公共文化设施和投资近 9000 万元的 8 个国家级文化保护利用项目相继竣工；投资 4934 万元的 31 个“4·25”地震灾后重建文化项目竣工，投资近 900 万元的 17 个“5·11”地震灾后重建文化项目加速推进。74 个县（区）流动文化车全部配发到位。810 个村综合性文化服务中心示范工程建设完成。西藏大剧院、自治区话剧团小剧场建设等项目扎实推进。

四、"藏医药浴法"成功申遗

在以习近平同志为核心的党中央对西藏文化工作的特殊关怀下，在中央统战部、文化和旅游部等部委的全力支持推动下，在西藏文化厅、卫健委的积极工作配合下，西藏非遗项目"藏医药浴法"成功列入联合国人类非遗代表作名录。西藏现有联合国人类非遗代表作达到3项。这是西藏非遗发展史上的一件大事、喜事，必将极大地推动西藏非遗工作上台阶上水平。申遗成功后，文化和旅游部高度重视，召开专题座谈会，就"藏医药浴法"的传承发展提出了明确要求。

五、突出民生需求，公共文化服务体系更加完善

（一）文化为民服务能力显著提升

全区现代公共文化服务体系建设迈上新台阶，文化为民服务保障能力得到大幅提升。拉萨、山南、林芝创建国家公共文化服务体系示范区带动作用不断增强，日喀则获第四批国家公共文化服务体系示范区创建资格，有效提升了全区公共文化服务整体水平。西藏图书馆由三级跃升为二级公共图书馆，被中央文明办授予"全国学雷锋活动示范点"荣誉称号；《西藏公共图书馆的设立与服务体系建设》作为西藏公共文化服务类第一部专著出版发行，《公共文化服务保障法》《公共图书馆法》完成藏译并印发，"西图讲坛""阿佳讲故事"等阅读活动品牌效益不断彰显，"书香西藏"建设稳步推进；《十八军进藏口述史（上）》等红色历史文化和《珞巴族文化专题片》等地方特色资源项目顺利完成，截至2018年西藏81个公共图书馆，从业人员216人。藏书总量221万册，较上年增加25.9万册，增长12.7%，人均拥有公共图书馆藏书籍0.69册。全区78个县配备流动图书车。

表4　2016—2018年公共图书馆事业情况

年　份	机构数	总藏书量（万册）	人均年购书费（元）	新购图书（册）	人均图书藏量（册）
2016年	81	177.3	0.7	70077	0.50
2017年	81	195.1	0.6	157075	0.50
2018年	81	221	0.6	262605	0.69

（二）开展丰富的群众文化活动

全区广场舞大赛等系列示范性群众文化活动成功举办，山南市率先实现市县图书通借通还；拉萨"雪顿节"、日喀则"珠峰文化节"等品牌节庆文化丰富多彩，开展"藏戏演出季"等大型演出活动40余场，有力提升了文化为民服务影响力。2018年全区774个群众文化服务业，从业人员5073人。其中：自治区级1个，地市级7个，县级文化活动中心74个，乡镇文化站692个。组织文艺活动8255次，举办展览1190个、举办各类训练班2238班次，培训8.9万人。

表 5 2018 年群众文化业情况主要指标

	举办展览个数（个）	组织文艺活动次数（次）	举办训练班班次（次）	培训人数（万次）
总　　计	1190	8255	2238	8.9
群众文化馆	219	1840	374	2.1
乡镇文化站	971	6415	1864	6.8

六、优秀传统文化传承保护成效显著

一年来，我们大力实施中华优秀传统文化保护工程，健全名录体系，实施传统工艺振兴计划，开展传承人群研培计划，西藏优秀传统文化创造性转化和创新性发展的步伐加快。2018 年西藏 28 人入选第五批国家级非遗代表性传承人名单，137 个项目列入第五批自治区级非遗代表性项目名录。10 名国家级非遗代表性传承人记录成果通过国验。出台了《西藏自治区传统工艺振兴计划》，16 个项目入选《第一批国家传统工艺振兴目录》。研究制定《西藏自治区非物质文化遗产传承人群创意工作平台创建计划》，开展三期非遗传承人群研修研习普及培训班和三场"传承人对话活动"。组织参加中国非遗博览会等国内大型活动。2018 年底，全区共有 460 项非物质文化遗产代表性名录，其中：国家级 89 项代表性名录。全区共有非物质文化遗产代表性传承人 350 人，其中：国家级非物质文化遗产项目代表性传承人 96 人。藏戏、格萨尔 2 项入选联合国教科文组织"人类非物质文化遗产代表作名录"。

七、市场综合执法与管理服务水平不断提高

我们围绕繁荣与管理双重任务，全面加强市场监管，积极营造良好营商环境，全区文化市场安全有序。全年全区共查办 47 起案件，其中 2 起被评为全国"十大重点案件"。配合宣传部门以及相关成员单位在文化市场领域积极开展"三个专项斗争"，游戏游艺场所整改工作取得积极成效。娱乐场所噪声污染得到有效整治。

八、艺术创排生机勃勃

创作生产优秀作品，是文化高质量发展的集中体现。一年来，全区各级艺术院团围绕党委政府中心，对照现实题材，新创歌舞、小品等文艺作品 723 个，推出了《藏香情》《脱贫致富》《青山绿水》等一批具有教育启迪意义的文艺精品，以文化人、以文育人以及"扶志""扶智"作用得到充分彰显；庆祝建国 70 周年、纪念西藏民主改革 60 周年剧目《国旗·国土》等一批献礼剧目创排工作有序推进。新年音乐会、"庆国庆·感党恩"专场演出和高雅艺术"五进"系列活动精彩纷呈。《西藏春天》《雅鲁藏布》等优秀剧目在区内外巡演深受欢迎，《我爱我家》登陆央视"首届中国相声小品"舞台，《协格尔甲谐》受邀参加央视《我要上春晚》和央视春节戏曲晚会，《嘎吉拉》《怀乡曲》《美丽的家园》入选全国少数民族优秀声乐作品。

表 6　2016 年—2018 年艺术业情况主要指标

项　目	机构数（个）	从业人员（人）	新剧目首演（个）	演出场次（万场）	其中：到农村演出场次	到农村演出场次比重（%）	观众人数（万人）
2016	85	2370	39	0.5	0.4	60	390.7
2017	85	2322	14	0.6	0.5	60	425.7
2018	85	2350	25	0.6	0.4	50	440

九、文化产业发展态势良好

一年来，我们认真贯彻自治区聚力发展“七大产业”的部署要求，重点在西藏高原特色文化产业上搭建平台、融合发展，加强创意、提能增效，取得了良好的经济和社会效益。组织文创企业参加北京文博会、义乌博览会、藏博会等大型展会，文化产品成交额近 3000 万元。西藏珠峰文化旅游创意园区、室内历史舞台剧《金城公主》等重大文化产业项目推进有力。《文成公主》大型实景剧演出场次突破 1000 场，首演以来接待观众超过 200 万人次，营业收入达 7.7 亿元。《吉祥日喀则》剧目商演试点取得较好效益。全区文化产业四级命名体系逐步建立，示范基地（园区）已达 234 家，实现产值 46 亿元。

十、文化交流活动精彩纷呈

我们坚持西藏文化“走出去”与“请进来”并重的原则，精选交流项目，拓宽交流渠道，提高交流效益，全年共组派 5 个团组 46 人次赴墨西哥、英国等国家进行了文化交流，邀请 1 个团组 4 人进藏开展了文化交流，进一步向外传递了中国好声音、西藏好故事。

十一、首批“订单式”文化援藏成效显著

按照第五次全国文化援藏工作会部署要求，经过多方协调，2018 年我们启动了首批 14 名“订单式”文化专家援藏项目。专家们分赴西藏自治区歌舞团、话剧团、群艺馆、图书馆和日喀则市民族艺术团，开展了为期 3 个月的援藏工作，订单所确定的项目保质保量如期圆满完成，取得积极援藏成效，各用人单位反响特别积极。

在新的一年里幸福靠奋斗，事业靠实干。让我们高举习近平新时代中国特色社会主义思想伟大旗帜，以更加坚定的信心、更加振奋的精神、更加有力的措施，在区党委、政府和区党委宣传部的坚强领导下，在文化和旅游部的大力支持下，不忘初心、一起奔跑，在推进“文化强区”建设的新征程上奋力拼搏，以优异成绩迎接中华人民共和国成立 70 周年！

（西藏自治区文化厅）

西藏:优秀传统文化传承保护成效显著

2018年是全面贯彻党的十九大精神开局之年,是改革开放40周年,也是奋力推进新时代西藏文化建设极不平凡的一年。全区文化系统紧紧围绕“建设重要的中华民族特色文化保护地”战略目标,聚焦“举旗帜、聚民心、育新人、兴文化、展形象”的使命任务,以处理好“十三对关系”为根本方法,改革创新,奋进实干,积极构建“六大文化体系”,大力实施“八大文化工程”,推动了各项工作实现新突破、取得新成效,为在新时代实现文化强区目标奠定了坚实基础。

一年来,我们大力实施中华优秀传统文化保护工程,健全名录体系,实施传统工艺振兴计划,开展传承人群研培计划,西藏优秀传统文化创造性转化和创新性发展的步伐加快。2017年,西藏28人入选第五批国家级非遗代表性传承人名单,137个项目列入第五批自治区级非遗代表性项目名录。10名国家级非遗代表性传承人记录成果通过国验。出台了《西藏自治区传统工艺振兴计划》,16个项目入选《第一批国家传统工艺振兴目录》。研究制定《西藏自治区非物质文化遗产传承人群创意工作平台创建计划》,确定拉萨市尼木县为全国“非遗+扶贫”试点单位、曲水县为西藏非遗保护传承观察点,认定并授牌143支民间藏戏传承点,授牌2个单位为卡尔传习基地。5部传统藏戏舞台剧完成数字化工作。开展三期非遗传承人群研修研习普及培训班和三场“传承人对话活动”。组织参加中国非遗博览会等国内大型活动。

陕西省2018年文化和旅游发展情况分析

2018年，在省委、省政府的坚强领导下，省文化和旅游厅以习近平新时代中国特色社会主义思想为指导，贯彻落实党的十九大精神，深刻把握新时代人民群众对文化旅游美好生活需求的新变化，坚持以人民为中心的发展思想，全面落实中央和省委关于文化和旅游工作的决策部署，着力推动全省文化和旅游深度融合、高质量发展，为助力陕西“三个经济”发展、实现追赶超越目标贡献力量。根据《陕西省机构改革方案》，组建陕西省文化和旅游厅。2018年11月12日，省文化和旅游厅正式挂牌成立，标志着陕西省文化和旅游深度融合发展的全新时代正式揭幕。紧紧抓住机构改革这个关键，不断增强“四个意识”，扎实践行“两个维护”，从政治和全局的高度，树立文化、旅游“一盘棋”的思想，用文化发展旅游，用旅游传播文化，努力实现1+1>2的融合效应，扎实推进陕西省文化和旅游工作再上新台阶。

一、基本情况

(一)人员情况

2018年末，纳入统计范围的全省各类文化单位7107个，比上年末减少1259个；从业人员5.8116万人，减少1.1613万人。其中，各级文化部门所属单位2058个，减少30个；从业人员2.1057万人，减少500人。

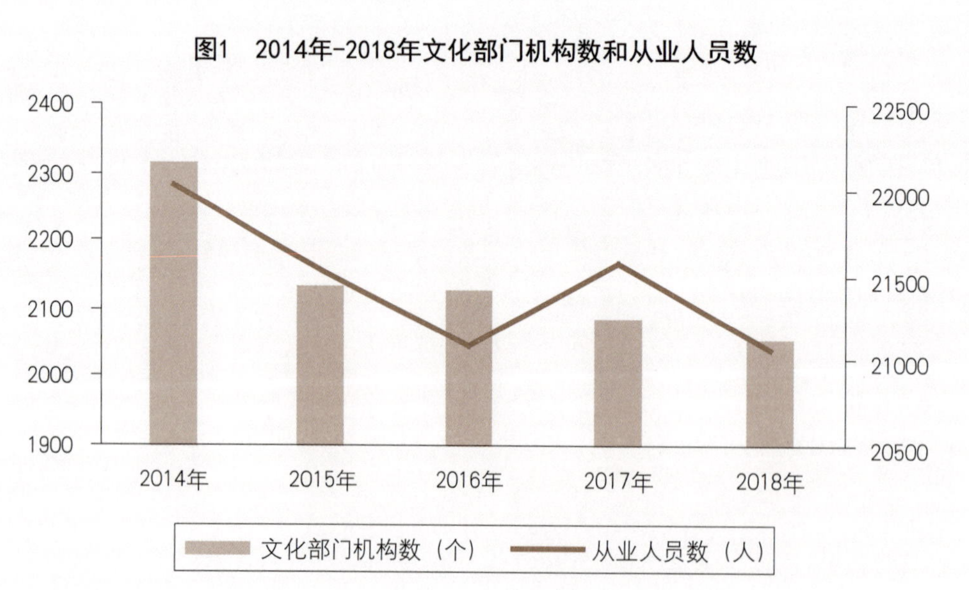

(二)机构、场馆情况

年末全省共有群众文化机构1507个,比上年末减少29个。其中乡镇综合文化站1205个,减少32个。年末全省群众文化机构从业人员7057人,比上年末减少105人。其中具有高级职称的人员157人,占2.2%;具有中级职称的人员744人,占10.5%。

年末全省共有公共图书馆111个。其中少儿图书馆3个。年末全省公共图书馆从业人员2085人,比上年末增加65人。其中具有高级职称的人员95人,占4.6%;具有中级职称的人员569人,占27.3%。

年末全省共有艺术表演场馆102个,观众坐席数5.5369万个。各级文化部门所属艺术表演场馆78个,观众坐席数4.9150万个,比上年减少0.1145万个;全年共举行艺术演出0.929万场次,比上年增长8.3%;艺术演出观众人次185万人次,增长27.6%。

年末全省共有国有美术馆4个,从业人员111人,减少9人。全年共举办展览62次,比上年减少12.9%,参观人次72.25万人次。

(三)文艺团体情况

年末全省共有艺术表演团体531个,比上年末增加69个,从业人员1.8567万人,增加0.0586万人。其中各级文化部门所属的艺术表演团体88个,占17%,从业人员0.5958万人,占32%。

(四)文化产业情况

年末全省共有1个国家级文化产业示范园区,11个国家级文化产业示范基地,9个国家动漫认定企业。

二、艺术创作与演出

文艺事业全面繁荣彰显新形象。第五届丝绸之路国际艺术节吸引118个国家和地区、2000多位艺术家参与,“文化陕西”品牌日益彰显。推出话剧《柳青》《平凡的世界》、秦腔《关中晓月》《李仪祉》、民族管弦乐《永远的山丹丹》等一批具有时代精神、陕西特色的艺术精品。文学艺术创作“百人计划”、庆祝改革开放40周年优秀剧目展演、2019年清明公祭黄帝典礼提升、艺术人才进修培养培训等工作扎实推进。陕西省35个项目入围国家艺术基金2019年资助项目名单,资助项数居全国前列,话剧《柳青》和秦腔历史剧《关中晓月》两部剧作入选人民日报海外版盘点2018年十大优秀戏剧作品。2018年度陕西省舞台艺术创作和传播交流推广资助项目立项24项,资助金额1535万元。旅游演艺专业化、品牌化、规模化不断提升。

为庆祝改革开放40周年,加强现实题材创作,推出一批讴歌党、讴歌祖国、讴歌人民、讴歌英雄的优秀舞台艺术作品,今年以来,陕西省文化和旅游厅在全省实行重点现实题材剧目督导制度,印发《2018年全省重点现实题材剧目创作计划》,对14部拟投排的现实题材剧目通过动态管理、定期指导、专家研讨、择优资助等举措,推出秦腔《项链》、话剧《柳青》《四叶草》、紫阳民歌剧《闹热村的热闹事》、线腔《金水弯弯》等一批优秀剧目。12月1日—23日,由文化和旅游部主办、文化和旅游部艺术司、陕西省文化和旅游厅承办的全国优秀现实题材舞台艺术作品展演(陕西片区)在西安隆重举行,话剧《平凡的世界》、豫剧《秦豫情》、商洛花鼓《情怀》等10部近年来新创作的优秀现实题材剧目集中亮相,献礼改革开放40周年。陕西省35个项目入围国家艺术基金2019年资助项目名单,资助项目数居全国前列,话剧《柳青》和秦腔历史剧《关中晓月》两部剧作入选人民日报海外版盘点2018年十大优秀戏剧作品。举办了“舞动新时代 畅游新三秦”——全省广场舞展演暨陕西省群众舞蹈大赛、陕西省群众美术书法摄影作品展、“文化陕西·精彩旅游”“跟着名人游陕西”等系列庆祝改革开放40周活动,展现陕西文化旅游发展成果,丰富人民群众文化旅游生活。

全年全省艺术表演团体共演出8.337万场,比上年增长39.9%,其中赴农村演出4.848万场,增长

11.9%，赴农村演出场次占总演出场次的58.2%，国内观众4938万人次，其中农村观众2633万人次，总收入13.7亿元，比上年增加53.9%，其中演出收入5.05亿元，增长59.3%。

表1 2014年—2018年全省艺术表演团体基本情况

年 份	机构数（个）	从业人员数（人）	演出场次（万场）	国内演出观众人次（万人次）	演出收入（万元）
2014年	143	7745	2.399	2110.1	11233.4
2015年	177	9411	3.363	4322.4	13926.8
2016年	281	12516	3.878	3241.3	29058.6
2017年	462	17981	5.957	4251.6	31724.7
2018年	531	18567	8.337	4937.7	50514.3

全年全省文化部门所属艺术表演团体共组织政府采购公益演出0.871万场，比上年减少2%；观众599.5万人次。利用流动舞台车演出0.534万场次，观众366万人次。

三、公共文化服务体系建设情况

文化和旅游公共服务迈上新台阶。《陕西省公共文化服务保障条例》立法进程有序推进，10月份获省人大常委会立法审议通过。2018年共向全省贫困县配发53辆流动文化车、向贫困县4421个村配送文化活动器材，启动贫困地区120个乡镇文化站提档升级和240个数字文化驿站建设。开展第六届陕西省阅读文化节、全省广场舞展演、第八届省艺术节群星奖获奖作品全省巡演、陕西首届冰雪旅游季和温泉旅游季等活动，开展“文化下乡”惠民巡演1346场，发售陕西文化惠民卡3万余张，推出100余项冰雪旅游优惠政策和特色活动，发放陕西滑雪惠民“一卡通”20万张、陕西温泉惠民“一卡通”1万张，不断提升人民群众幸福指数。以西安为重点加快旅游集散中心建设，推进“厕所革命”新三年行动计划和城乡环境卫生综合整治，去年新建改扩建旅游厕所1096座。推动智慧旅游建设，加快实现“一网知陕西、一机游三秦”。

（一）公共图书馆使用情况

年末全省公共图书馆实际使用房屋建筑面积32.227万平方米，比上年末增加3.868万平方米；图书总

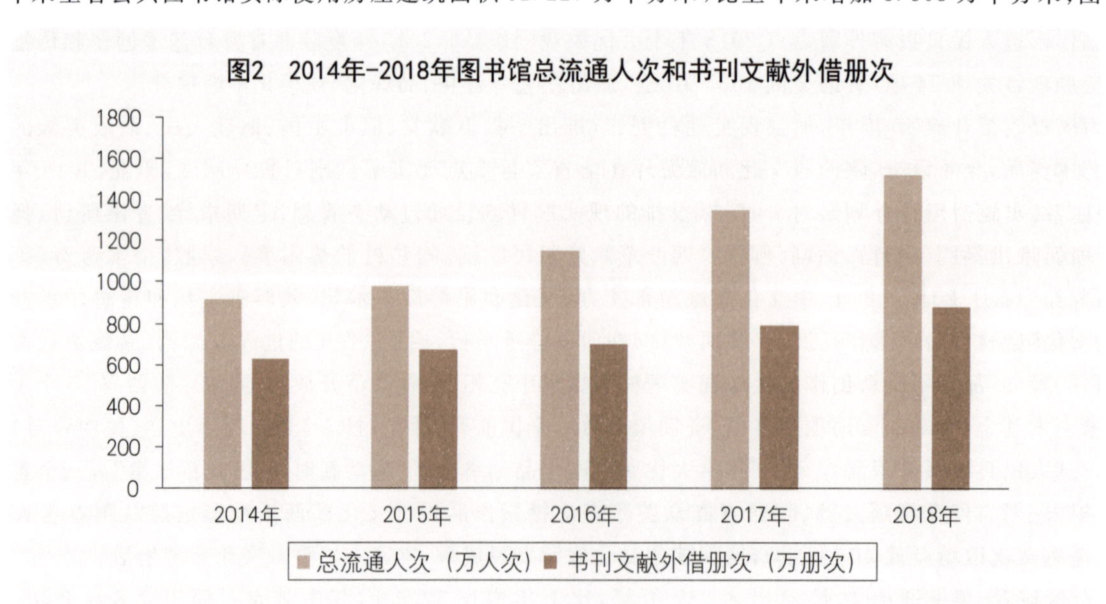

藏量1893万册，增加9%，其中古籍59万册；电子图书3859万册，增加10%；阅览室座席数2.6064万个，增长9.8%；计算机0.613万台，增长4.2%；供读者使用的电子阅览终端0.4262万台，增长1.4%。

年末全省平均每万人公共图书馆建筑面积83.4平方米，比上年末增加9.45平方米；全省人均图书藏量0.49册，增加0.04册；全年全省人均购书费1.22元，比上年增加0.17元。

全年全省公共图书馆发放借书证60.5755万个，比上年增长25.3%；总流通人次1524.886万人次，增长12.3%。书刊文献外借册次888万，增长11.7%；外借人次469.2万，增长3.4%。全年共为读者举办各种活动4832次，增长4.5%；参加人次178万，增长4.1%。

（二）文化机构活动开展情况

年末全省群众文化机构实际使用房屋建筑面积93.115万平方米，比上年末增加3.244万平方米；计算机1.377万台，减少6.7%；年末全省平均每万人群众文化设施建筑面积240.98平方米，比上年末增加6.64平方米。

全年全省群众文化机构共组织开展各类文化活动5.2485万场次，比上年增长15.4%；服务人次1761万，增长11%。

表2　2018年全省群众文化机构开展活动情况

	总　量		比上年增长(%)	
	活动次数（万次）	服务人数（万人次）	活动次数	服务人次
各项活动总计	5.2485	1760.592	15.4	11
其中：展览	0.5378	267.463	2.1	4.6
文艺活动	2.8988	1361.41	9	12.1
公益性讲座	0.084	15.015	6.9	－3.6
训练班	1.7279	116.704	34.1	15.3

年末全省群众文化机构共有馆办文艺团体289个，演出6099场，观众312万人次。由文化馆（站）指导的群众业余文艺团体1.3472万个，馆办老年大学29个。

四、文化市场

文化和旅游市场秩序整治取得新成效。持续推进“放管服”改革，不断健全文化市场和旅游市场的信用管理体系，实施信用联合奖惩。全面深化文化市场综合执法改革，围绕重大节点和重要节日强化执法检查和专项保障，加强文化和旅游领域突出问题的专项治理和重大案件督办。陕西省查处的两件案例入选文化和旅游部公布了2017—2018年度全国文化市场十大案件、重大案件名单。加强执法能力建设，参加第二届全国文化市场综合岗位练兵技能竞赛获得三等奖（全国第四名）的好成绩。截至2018年11月30日，全省各级文化市场综合执法机构共出动检查197846（人次），检查经营单位61563（家次），责令改正519（家次），受理举报49（件），办结案件1480（件），警告1104（家次），责令停业整顿98（家次），全省文化和旅游市场平稳健康有序。

年末全省文化市场经营单位5049家，比上年末减少1229家；从业人员3.7059万人，减少1.1113万人。全年全省文化市场经营单位营业总收入46.88亿元，营业利润9.87亿元。

分区域看，年末城市文化市场经营单位1753个，占文化市场经营单位总量的35%；县城2355个，占

46%；县以下地区 941 个，占 19%。

表 3 2018 年按区域全省文化市场经营单位主要指标

		机构数（个）	从业人员数（人）	营业总收入（万元）	营业利润（万元）
总量	总计	5049	37059	468759	98677
	城市	1753	12467	299450	48244
	县城	2355	22387	154548	46103
	县以下	941	2205	14760	4331
比重（%）	总计	100.0	100.0	100.0	100.0
	城市	35	34	64	49
	县城	46	60	33	47
	县以下	19	6	3	4

年末全省共有娱乐场所 1117 个，从业人员 0.9193 万人，全年营业总收入 6.02 亿元，营业利润 1.41 亿元。

年末全省共有互联网上网服务营业场所 3130 个，从业人员 1.0298 万人，全年营业总收入 6.72 亿元，营业利润 1.48 亿元。

五、文化产业与文化科技

文化和旅游产业提质增效打造新引擎。编制《陕西省文化产业重点项目招商手册》，15 个重点项目列入文化和旅游部文化产业重点项目库。组织参加第十四届深圳文博会、第九届西部文博会、第八届陕粤港澳经济合作活动周等展会，推出一批优势文化企业、重点文化产业项目和优质文化产品。全省投资超亿元旅游项目达到 200 多个，沣东华侨城大型文化旅游综合项目、丝路欢乐世界（丝路风情园）等重点项目启动建设。前三季度，在建旅游项目 859 个，完成投资 884 亿元。大力推进全域旅游深入发展，编制《陕西省全域旅游发展规划》，创新旅游业发展模式，坚持特色化发展。2018 年，全省旅游业发展态势良好，量质齐升。预计全年接待境内外游客 63025.32 万人次，同比增长 20.54%，旅游总收入 5994.66 亿元，同比增长 24.54%。其中，接待入境游客 437.14 万人次，同比增长 13.92%，国际旅游收入 31.26 亿美元，同比增长 15.61%。文化和旅游产业日益成为市场经济条件下保增长、扩内需、调结构的重要载体。

六、非物质文化遗产保护

非遗保护传承发展实现新突破。积极开展省级非物质文化遗产项目、非物质文化遗产代表性传承人的评审、命名公布工作，不断加强非遗名录体系及传承人队伍建设。评审公布华胥传说等 80 个项目列入陕西省第六批非物质文化遗产名录。安塞县文化文物馆获全国非物质文化遗产保护工作先进集体，3 名传承人获全国先进个人表彰。“西秦刺绣”等 6 类 12 项入选第一批国家传统工艺振兴目录，“北张村传统造纸技艺”等 51 个项目入选第一批省传统工艺振兴目录。国家级陕北文化生态保护实验区和国家级羌族文化生态保护实验区建设进展顺利。加强普及培训，扩大传承队伍，开展中国非遗传承人群研修研习培训计划，举办 6 期非遗传承人群普及培训班。

据初步统计，年末全省共有非物质文化遗产保护机构 108 个，从业人员 736 人。全年全省非物质文化遗

产保护机构共举办展览775次，比上年减少5.8%，接待观众97.761万人次，比上年增加8.6%；举办演出1448场，观众127.136万人次，分别比上年增加8.3%和减少5.9%；举办民俗活动552次，比上年减少4.2%，观众115万人次，比上年增加5.5%；

七、对外和对港澳台文化交流

对外交流合作深入开展产生新影响。持续加强“一带一路”文化旅游品牌建设，成功举办第五届丝绸之路国际艺术节和第五届西安丝绸之路国际旅游博览会。联合北京、上海建立国内首个入境旅游省际合作机制，巩固提升北上陕中国入境旅游的黄金三角地位。举办2018中欧旅游年闭幕式“文化陕西”旅游推介会，推动落实部省共建海外中国文化中心，参加文化旅游交流年等活动，积极向世界推介陕西文化艺术和文化旅游产品。依托国家海外“欢乐春节”平台，精心打造陕西“国风秦韵”对外文化品牌，组织演出团队赴德国、泰国、新加坡、巴基斯坦等国家开展形式多样的文化交流活动，彰显了中华文化魅力和陕西文化特色。在国家主席习近平对西班牙进行国事访问前夕，在巴塞罗那举办了“秦中美影——民间皮影艺术国际巡展”，为国家总体文化外交做出积极贡献。

全年经文化系统审批的对外文化交流项目10起，162人次参加。

八、旅游经济发展

按照旅游业高质量发展要求，攻坚克难，全省旅游经济发展呈现“增长强劲、质效提升”的良好发展态势。

（一）总体情况

2018年，全省接待境内外游客63025.32万人次，同比增长20.54%，旅游总收入5994.66亿元，同比增长24.54%。其中，接待入境游客437.14万人次，同比增长13.92%，国际旅游收入31.26亿美元，同比增长15.61%；接待国内旅游人数62588.18万人次，同比增长20.59%；国内旅游收入5788.75亿元，同比增长25.02%。

（二）入境旅游

1. 入境旅游者人数

2018年，全省接待入境游客437.14万人次，同比增长13.92%；其中：外国人307.30万人次，同比增长17.26%；香港同胞49.73万人次，同比增长13.39%；澳门同胞26.43万人次，同比增长1.59%；台湾同胞53.68万人次，同比增长3.61%。实现国际旅游收入31.26亿美元，同比增长15.61%。人均花费715.20美元，比上年同期增加10.46美元；人均天花费223.92美元，比去年同期增加18.45美元。

2. 入境旅游者人天数

2018年，全省接待入境游客人天数1396.31万人天，同比增长6.09%。其中：外国人1068.96万人天，同比增长2.33%；香港同胞124.45万人天，同比增长4.32%；澳门同胞68.85万人天，同比增长1.76%；台湾同胞134.05万人天，同比增长3.50%。入境游客在陕平均停留3.19天，比去年同期降低0.23天。

3. 主要客源市场

2018年，在全省接待的外国人中，前三位主要客源国依次为：韩国55.97万人次，占外国游客的18.21%，同比提高80.12%；美国39.15万人次，占外国游客的12.74%，同比下降2.48%；马来西亚16.26万人次，占外国人5.29%，同比增长30.76%；前三位客源国接待总人数达到111.38万人次，占到全部外国游客的36.24%。

2018年陕西省第四至第十位的客源国分别为，日本16.21万人次，同比增长6.08%；英国14.85万人次，同比下降3.56%；澳大利亚14.29万人次，同比下降6.01%；法国12.86万人次，同比增长9.02%；德国12.40万人次，同比下降4.95%；加拿大9.34万人次，同比下降27.81%；意大利7.62万人次，同比增长11.75%。前十位的客源国接待总量达198.95万人次，比上年同期增长13.89%，占外国人总人数的64.74%。

4. 国际旅游收入情况

2018年，入境游客在陕西省的花费水平显著提高，其中外国人人均天花费223.68美元，比上年提高16.76美元；香港同胞人均天花费221.35美元，比上年提高23.01美元；澳门同胞233.28美元，比上年提高17.91美元；台湾同胞人均天花费223.45美元，比上年提高27.8美元。入境游客花费水平的提高，带动陕西省国际旅游收入增幅高于人数。2018年全省实现国际旅游收入31.26亿美元，同比增长15.61%。其中来自外国人消费23.91亿美元，同比增长15.58%；来自香港同胞消费2.75亿美元，同比增长16.42%；来自澳门同胞消费1.60亿美元，同比增长10.22%；来自台湾同胞消费3.00亿美元，同比增长18.21%。入境游客花费水平的显著提高，表明陕西省着力培育的“品质旅游强旅”工程已见成效。

（三）国内旅游

2018年，全省接待国内旅游者62588.18万人次，同比增长20.59%。其中，过夜游客16119.78万人次，同比增长21.77%，平均停留天数为2.14天；一日游游客46468.40万人次，同比增长20.19%。国内旅游收入5788.75亿元，同比增长25.02%。其中过夜游客旅游收入2872.83亿元，同比增长18.57%，过夜游客人均天花费832.51元，比去年提高40.21元；一日游游客旅游收入2915.92亿元，同比增长32.10%，一日游人均天花费627.51元，比去年提高56.57元。

1. 国内旅游者花费构成

在全省游客花费构成中，长途交通费占30.93%，住宿占16.85%，餐饮占15.44%，景区游览占12.05%，购物占12.05%，娱乐占7.3%，市内交通占2.59%，其他服务占1.94%，邮电通讯占0.85%。其中，长途交通费比上年分别提高7.07和1.65个百分点。

在国内过夜游客花费构成中，长途交通费占33.68%，住宿占24.21%，餐饮占16.70%，景区游览占11.56%，购物占7.55%，娱乐占3.46%，市内交通占2.14%，其他服务占0.49%，邮电通讯占0.20%。其中，长途交通、住宿和餐饮花费比上年分别提高9.34、4.68和0.94个百分点。

在国内一日游游客花费构成中，长途交通费占43.83%，餐饮占19.52%，景区游览占25.04%，购物占4.47%，娱乐占4.16%，市内交通占2.24%，其他服务占0.36%，邮电通讯占0.36。其中，长途交通费、景区游览花费比上年分别提高18.09、6.51个百分点。

2. 旅游者客源分布

2018年，陕西省省内游客占全省接待总量的63.15%；接待省外游客23063.74万人次，同比增长27.70%，占比提高2.05个百分点。在省外游客中，山西、河南、甘肃和四川四省接待量达9873.59万人次，占比最高，达42.81%。陕西省前十位主要客源地依次为：山西3948.51万人次（占17.12%）、河南2133.40万人次（占9.25%）、甘肃1935.05万人次（占8.39%）、四川1856.63万人次（占8.05%）、山东1342.31万人次（占5.82%）、江苏1203.93万人次（占5.22%）、湖北887.95万人次（占3.85%）、河北788.78万人次（占3.42%）、湖南770.33万人次（占3.34%）、宁夏749.57万人次（占3.25%），上述10个省份的接待量占来陕游客的比重达67.71%，同比上升0.12%；其中，位次较上年提前的省份是江苏（由第9位提升到第6位）和宁夏（由第22位提升到第10位）。

3. 旅游者出游方式及目的

按旅游者出游方式划分，家庭或者亲朋结伴占比最多，为50.47%，其后依次为：个人旅行占39.79%，单位组织占4.71%，旅行社组织占4.62%，其他出游方式占0.42%。其中，个人旅行较上年提高10.28个百分点。按旅游目的划分，休闲度假占来陕游客总人数的33.94%，观光游览占51.15%，探亲访友占8.75%，商务占2.1%，会议占1.27%，文体科技占1.00%，健康疗养占0.76%，宗教朝拜占0.56%，其他占0.47%。其中，休闲度假、观光游览和探亲访友较上年分别提高3.37、2.06和0.94个百分点。

2018年，以休闲度假、观光游览为旅游目的的来陕游客所占比重最高，分别为33.94%和51.15%，人均天花费分别为667.70元/人天、729.13元/人天，在陕停留时间较长，分别为2.17天、2.09天。其中休闲度假所占比重，较上年提高了3.37个百分点，观光游览所占比重提高2.06个百分点。

4. 长假、小长假的旅游接待情况

2018年，全年七个假期共接待游客20289.70万人次，同比增长35.33%，旅游收入1013.70亿元，同比增长41.61%，其中，春节假日期间接待游客4096.90万人次，同比增长35.30%，旅游收入207.17亿元，同比增长40.50%。国庆假日期间接待游客7002.33万人次，同比增长24.22%，旅游收入393.93亿元，同比增长33.08%。

（陕西省文化和旅游厅）

陕西:构建全方位的对外文化旅游交流新格局

持续加强"一带一路"文化旅游品牌建设,第五届丝绸之路国际艺术节吸引 118 个国家和地区、2000 多位艺术家参与,第五届西安丝绸之路国际旅游博览会签约意向合作协议 3042 份、金额 16.5 亿元,成为"一带一路"共推文化和旅游建设、共享文化和旅游成果的重要交流合作平台。相继成功承办"2018 中国—欧盟旅游年"闭幕式,举办"丝绸之路起点·我的第二故乡"千名留学生体验陕西旅游系列交流活动,建立北京—上海—陕西中国首个入境旅游枢纽,先后赴 10 多个国家和四川、河南、甘肃等主要客源地举办旅游推介会 50 多场次,设立"陕西旅游之窗"境外推广点 5 个;依托国家海外"欢乐春节"活动框架和部省合作共建海外中国文化中心项目,以具有陕西符号和元素的传统文化为内容,精心打造陕西"国风秦韵"对外文化品牌,组织演出团队赴新加坡、以色列、巴基斯坦等十余个国家开展形式多样的文化旅游交流活动,通过"旅游引进来",实现"文化走出去",探索文化交流项目和旅游活动融合新途径。11 月 21 日—25 日,在国家主席习近平对西班牙进行国事访问前夕,根据中宣部安排,在巴塞罗那举办了"秦中美影——民间皮影艺术国际巡展",为国家总体外交做出积极贡献。西安丝绸之路国际旅游博览会已连续成功举办 5 届,逐渐成为国内有影响力的专业展会之一。2018 年丝路旅博会以区域合作、协同发展为指引,形成了平台共建、资源共享、信息共享、市场共享的大协作格局。旅博会展出面积 4 万平方米,来自 35 个国家和地区、国内 31 个省区市旅游机构、552 家国内外参展商、507 名买家参会参展,接待专业观众 7500 余人次,公众 9 万余人次。博览会共开展商务洽谈 6480 场、签订意向合作协议 3042 份、金额 16.5 亿元人民币;陕西省旅游重点项目签约 39 个、金额 360 亿元。旅博会加强旅游惠民,累计开展旅游促销活动 350 余场、惠民举措 3573 余项、价值约 5 亿元人民币。丝路旅博会让各方在共商共建中共享丝绸之路旅游合作成果,努力打造成重要的丝绸之路主题国际展会。

甘肃省2018年文化和旅游发展情况分析

2018年，全省文化旅游系统抢抓“一带一路”倡议和南向通道建设机遇，认真贯彻落实省委、省政府关于构建生态产业体系、推动绿色发展的一系列决策部署，推进文化事业、文化旅游产业高质量发展。文化博览会围绕“展现丝路风采、促进人文交流、让世界更加和谐美好”主题，多方位展示甘肃文化的独特魅力。全省文化产业增加值178.16亿元，增速为8.9%。全省旅游接待人数超过3亿人次，旅游综合收入达到2060亿元，分别同比增长26%和30%以上，全省旅游业增加值达本省GDP的7%。

一、文化文物单位机构和人员基本情况

2018年末，全省各类文化（文物）单位6332个，比上年末减少39个；从业人员48170人，减少2664人。其中，各级文化文物部门所属单位2254个，增加19个；从业人员24574人，减少1086人。

图1　2008年-2018年甘肃省文化单位机构数及从业人员数

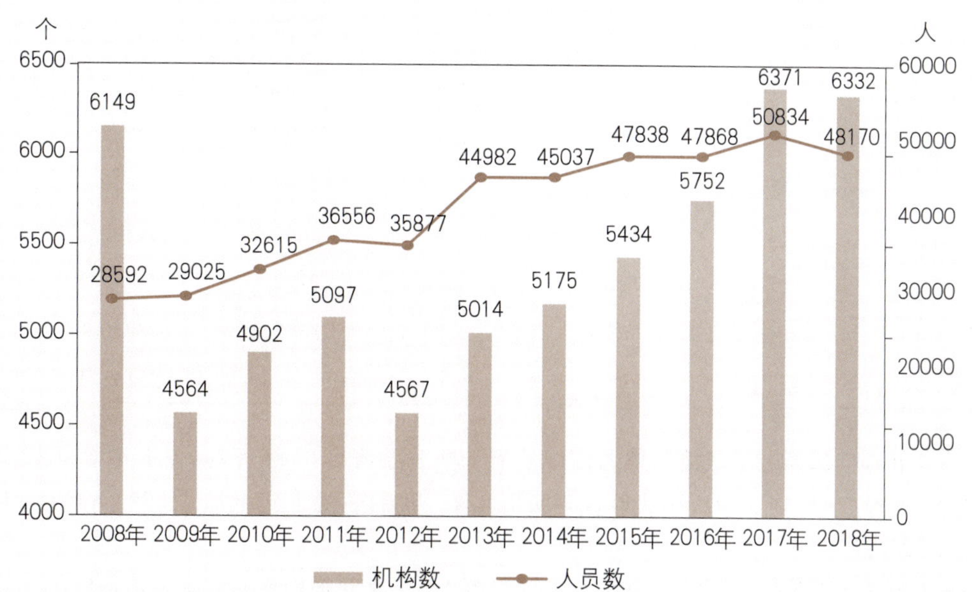

二、艺术创作演出

2018年，艺术创作展演丰富多彩。召开全省艺术创作工作会议，总结交流经验，部署艺术创作任务。在重点剧目创作生产方面，对《永远的绿洲》《李白》《苏若兰》《肝胆祁连》等剧本进行打磨提升，话剧《魂归何处》完成全省巡演，京剧《情系盘龙岭》成功上演，舞剧《彩虹之路》、杂技剧《九色鹿》进入剧目创排阶段。在

现实题材创作方面，8 台剧目入选全国优秀现实题材舞台艺术作品剧目，启动甘肃画院美术创作系列工程之二“传承启新·潜心践行”活动，举办“陇原气韵·故土情怀”甘肃画院首届优秀美术家作品特别邀请展等。

文化惠民演出方面，文化进万家、文化科技卫生“三下乡”、戏曲进乡村、高雅艺术进校园等活动深入开展，丰富和活跃了人民群众的精神文化生活。实施陇原“红色文艺轻骑兵”文化惠民演出，深入甘肃省 21 个县、2 个区 149 个村镇，为城乡老百姓带去 92 场文艺演出。

年末全省共有艺术表演团体 351 个，比上年末增加 65 个，从业人员 9434 人，增加 851 人。其中各级文化部门所属的艺术表演团体 65 个，占艺术表演团体总数的 18.52%，从业人员 3656 人，占从业人员总数的 38.75%。

艺术表演团体全年原创首演剧目 25 个，拥有知识产权剧目 20 个。全年演出 4.08 万场，比上年增加 39.47%，其中赴农村演出 2.74 万场，上升 29.04%，赴农村演出场次占总演出场次的 67.19%，比重比上年减少 5.51 个百分点；国内观众 3258.80 万人次，比上年减少 3.53%，其中农村观众 1975.82 万人次，比上年增加 8.85%。总收入 5.92 亿，比上年增长 11.11%，其中演出收入 2.31 亿元，增长 17.81%。

表 1　2008 年—2018 年全国艺术表演团体基本情况

年　份	机构数（个）	从业人员数（人）	演出场次（万场）	国内演出观众人次（万人次）	总收入（万元）	
						演出收入
2008 年	82	4401	1.54	2394.9	16979.2	2290.5
2009 年	81	4450	1.61	2043.2	19702.6	2707.2
2010 年	81	4421	1.65	2267.7	20200.6	4025.8
2011 年	84	4398	1.65	2019.8	25698.1	4808.3
2012 年	103	4788	1.97	1908.9	26860.2	5954.4
2013 年	124	5647	1.93	2190.1	38252.8	5727.8
2014 年	190	6211	2.23	2149.9	37430.6	7784.1
2015 年	191	6739	2.31	2034.2	41832.2	9258.2
2016 年	227	7227	3.14	2772.9	46945.1	11714.2
2017 年	286	8583	2.93	3378.1	53240.6	19635.8
2018 年	351	9434	4.08	3258.80	59158.1	23132.2

全年全省文化部门所属艺术表演团体共组织政府采购公益演出 0.44 万场，比上年增长 12.40%；观众 420.27 万人次，增长 15.29%。利用流动舞台车演出 0.26 万场次，比上年增加 34.72%；观众 240.85 万人次，比上年增加 20.39%。

年末全省共有艺术表演场馆 44 个，观众坐席数 17368 个。文化部门所属艺术表演场馆 23 个，观众坐席数 12703 个，比上年减少 880 个。全年艺术演出 0.41 万场次，比上年减少 0.216 万场次，其中惠民演出 0.071 万场次；艺术演出观众 40.30 万人次，比上年增加 9.40%。

三、公共文化服务体系建设

深入开展《公共文化服务保障法》《公共图书馆法》宣传贯彻工作，公共文化服务均等化发展增速加快。下拨 1.5 亿多元免费开放资金，有效保障了全省 113 个国有博物馆、103 个文化馆、103 个公共图书馆、47 个

美术馆、1229 个乡镇综合文化站和 125 个街道文化服务中心免费开放。按照“乡村舞台”三年建设规划，持续推进建设任务，在全省约 1.6 万多个行政村建成“乡村舞台”，基本实现了全覆盖。加大公共数字化建设，完成村级综合性文化服务中心、公共数字文化服务提档升级和盲人智能听书设备配送项目。组织完成了 2019 年公共数字文化项目申报工作，争取数字文化建设项目 5 个。组织实施图书馆、文化馆新建、扩建工程，截至目前，全省 24 个未达标文化馆、图书馆得到了新建或改扩建，635 个未达标乡镇综合文化站达到三级以上标准。白银市成功创建国家公共文化服务体系示范区。

组织实施贫困地区第一批流动文化车集中加装采暖设备和第二批 30 辆流动文化车、10 辆流动舞台车配送工程，实现了甘肃省 58 个国家级贫困县流动文化车配送全覆盖。实施“三区”人才支持计划，对 1300 个贫困县的县乡两级文化工作者进行培训，选派 1200 余名省、市、县三级专业文化人员，到市、县、乡文化部门服务。实施贫困地区村级综合性文化服务中心设备配备工程，为 1290 个贫困村，62 个乡镇、174 个行政村配备数字文化设备。组织实施贫困地区公共数字文化服务提档升级项目，为 62 个乡镇、174 个贫困村，配备基层数字文化服务硬件设备。

(一)公共图书馆

年末全省共有公共图书馆 103 个，其中少儿图书馆 6 个。公共图书馆从业人员 1434 人，比上年减少 39 人；其中高级职称 95 人，占从业人员总数的 6.62%；中级职称 394 人，比上年增加 22 人，占从业人员总数的 27.48%。

年末全省公共图书馆实际使用房屋建筑面积 30.20 万平方米，比上年末增长 6.27%。图书总藏量 1559.95 万册，比上年增长 4.27%，其中古籍 52.16 万册；电子图书 428.13 万册，比上年增长 35.38%；阅览室座席数 23372 个，比上年增长 7.58%。计算机 5339 台，比上年减少 19 台；其中供读者使用的电子阅览终端 3616 台，比上年增长 3.17%。

图2　2008年-2018年甘肃全省公共图书馆人均资源情况

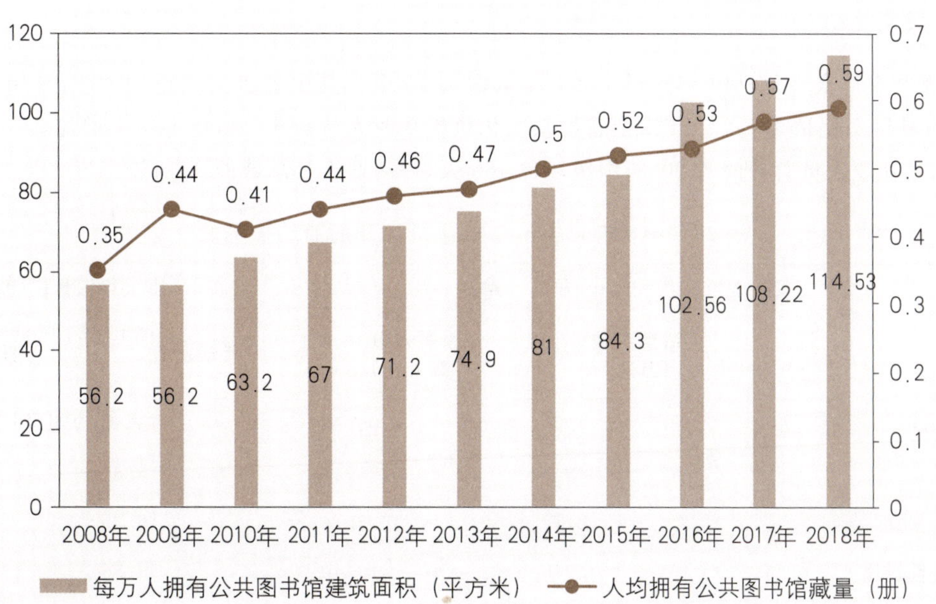

年末全省平均每万人拥有公共图书馆建筑面积 114.53 平方米，比上年末增加 6.31 平方米；全省人均拥

有公共图书藏量 0.59 册，增加 0.02 册；全省人均购书费 1.04 元，比上年减少 0.08 元。

全年全省公共图书馆有效借书证 45.99 万个，比上年增长 8.56%；总流通人次 834.21 万，比上年增长 7.66%。书刊文献外借册次 661.89 万，与上年基本持平；书刊文献外借人次 350.77 万，比上年减少 7.63%。全年共为读者举办各类讲座 1307 次，参加人次 20.27 万人；举办展览 537 次，参加人次 83.09 万人次；举办培训班 453 次，参加人次 4.26 万人次。

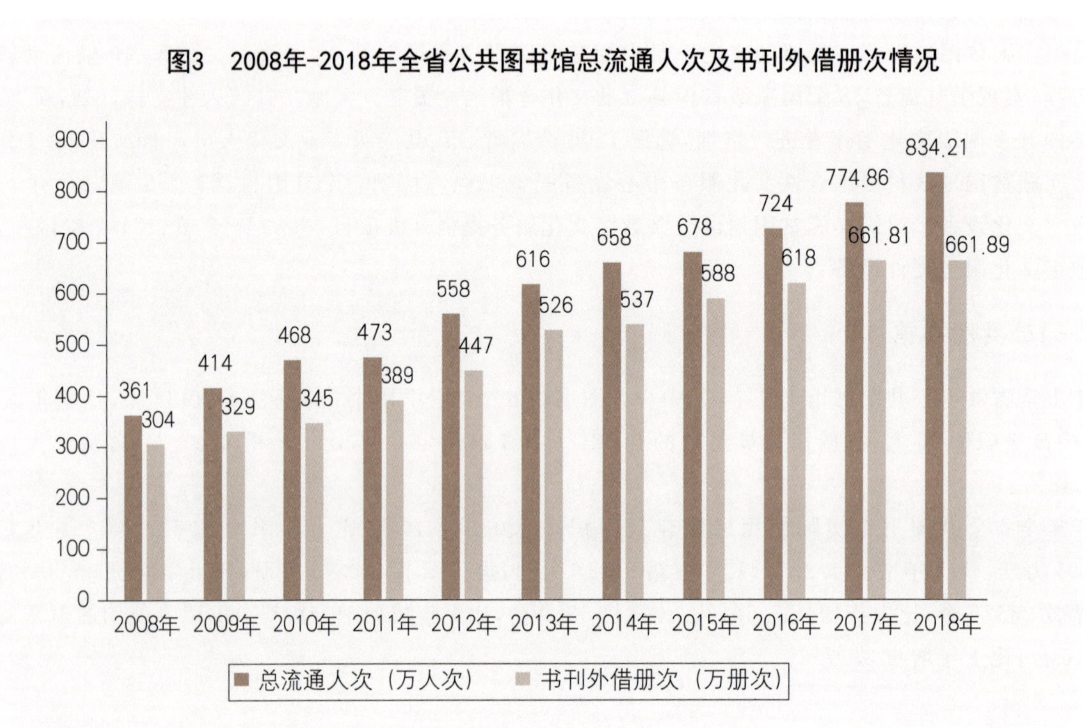

（二）群众文化机构

年末全省共有群众文化机构 1482 个，比上年末增加 19 个。其中各级文化馆 103 个，乡镇综合文化站 1233 个，城市社区文化站 146 个。年末全省群众文化机构从业人员 6555 人，比上年末增加 35 人；其中高级职称 144 人，占从业人员总数的 2.20%；中级职称 456 人，占从业人员总数的 6.96%。

表 2 2018 年全省群众文化机构开展活动情况表

	总量		比上年增长（%）	
	活动次数（万次）	服务人数（万人次）	活动次数	服务人次
各项活动总计	3.71	1295.58	15.35	20.94
其中：展览	0.49	275.44	6.80	10.53
文艺活动	2.12	929.74	16.25	24.93
公益性讲座	0.048	10.40	39.36	39.89
训练班	1.05	80.00	16.97	13.68

年末全省群众文化机构实际使用房屋建筑面积 77.94 万平方米，比上年末增长 2.92%。拥有计算机

11301 台，增长 4.27%。年末全省平均每万人群众文化设施建筑面积 295.57 平方米，比上年末提高 7.2 平方米。全年全省群众文化机构共组织开展各类文化活动 3.71 万场次，比上年增加 15.35%；文化服务惠及 1295.58 万人次，比上年增长 20.94%。

年末全省群众文化机构有馆办文艺团体 213 个，演出 7889 场，观众 149.89 万人次。由文化馆(站)指导的群众业余文艺团体 10623 个，参加人数 9.66 万人。馆办老年大学 21 个。

图4　2008-2018年全省平均每万人群众文化设施建筑面积情况

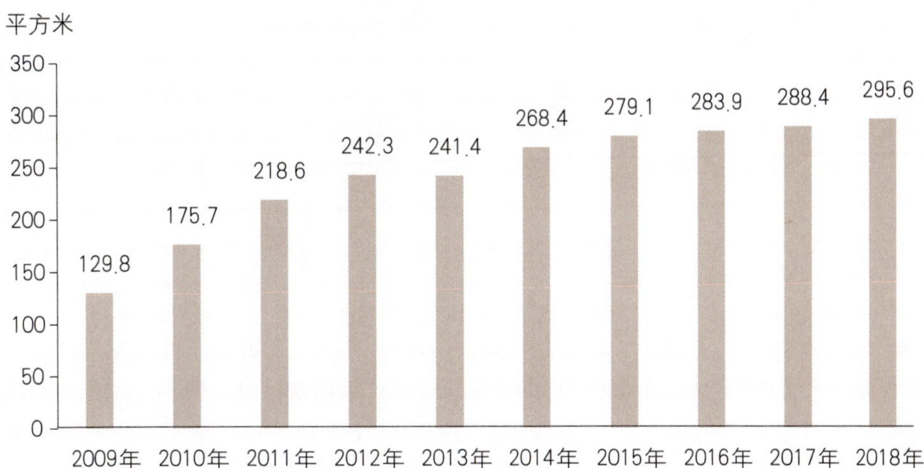

(三)美术馆

年末全省共有国有美术馆 52 个，从业人员 303 人，减少 21 人，高级职称 59 人，占从业人员总数的 19.47%，中级职称 76 人，占从业人员总数 25.08%。藏品 1.78 万件，其中文物藏品 800 件。全年共举办展览 649 次，比上年减少 2.99%，参观人次 128.62 万人次，与上年基本持平。

四、文化市场

2018 年，文化市场监管“放管服”政策得到落实。全面推行行政审批“两集中、两到位”，实行“一窗办一网办简化办马上办”和“最多跑一次”，进一步优化审批流程，压减审批时限，提高办事效率，为大众创业、万众创新营造良好的营商环境，全年共受理行政审批 1404 件，办结 1404 件。优化行政审批制度，加强文化市场执法监督，投入 400 多万元为市州、县区配发移动执法设备，举办 6 期、500 多人次执法人员能力提升、以案施训培训班。加强与公安、工商等部门的合作，严厉打击各类违法行为。截至目前，共出动执法人员 4.5325 万人，检查文化经营单位 1.5693 万家，处理投诉举报 76 起，责令整改 510 家，立案 336 起，结案 666 起，警告 395 家，罚款近 66.4140 万元，停业整顿 55 家，吊销许可证 4 家。

2018 年末全省文化市场经营单位 4006 家，比上年末减少 66 个；从业人员 2.23 万人，比上年减少 6.43%。全年全省文化市场经营单位营业总收入 18.30 亿元，营业利润 5.32 亿元。

按区域看，年末城市文化市场经营单位 1237 个，占文化市场经营单位总量的 30.88%；县城文化市场经营单位 2317 个，占 57.84%；县以下地区 452 个，占 11.28%。

表 3　2018 年按区域全省文化市场经营单位主要指标

		机构数（个）	从业人员数（人）	营业总收入（万元）	营业利润（万元）
总量	总计	4006	22319	182953.9	53188.3
	城市	1237	6251	65105.2	11048.7
	县城	2317	14924	109267.3	39087.7
	县以下	452	1144	8581.4	3051.9
比重	总计	100.0	100.0	100.0	100.0
	城市	30.88%	28.01%	35.59%	20.77%
	县城	57.84%	66.87%	59.72%	73.49%
	县以下	11.28%	5.13%	4.69%	5.74%

按经营范围来看，年末全省共有娱乐场所 1583 个，从业人员 8721 人，全年营业总收入 7.91 亿元，营业利润 2.26 亿元，比上年下降了 11.62%。共有互联网上网服务营业场所 1637 个，从业人员 4909 人，全年营业总收入 4.57 亿元，营业利润 1.39 亿元，比上年下降了 19.76%。共有艺术品经营机构 413 个，从业人员 1353 人，全年营业总收入 1.39 亿元，营业利润 0.42 亿元，比上年增加了 12.91%。共有演出经纪机构 24 个，从业人员 296 人，全年营业总收入 0.34 亿元，营业利润 129.4 万元。

图5　按经营范围全省文化市场分类情况

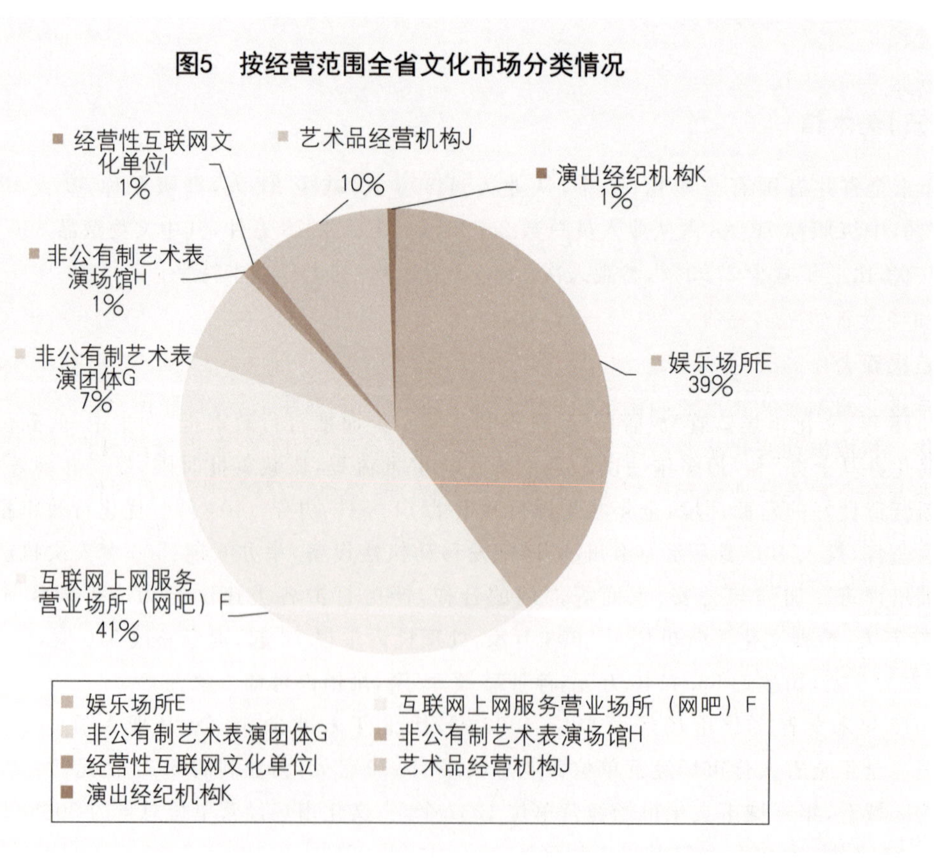

五、旅游市场

进一步完善省级旅游市场综合监管改革机制，兰州、天水、酒泉等8个市州相应建立旅游市场综合监管机制；敦煌市、永靖县初步建立“1＋3＋N”综合机制，16个景区成立警务室，设立公安派出所。在全省组织开展“利剑行动1”“利剑行动2”和“暑期整顿”等旅游市场秩序专项整治行动。全年共开展联合检查行动170余次、出动旅游执法人员1600余人次、检查旅行社1300余家。印发实施《全省旅游行业开展质量提升行动实施方案》，建立旅游经营单位诚信经营承诺标识制度。甘肃金龙国际旅行社有限责任公司、敦煌市鸣沙山月牙泉景区、定西市陇西县李家龙宫景区、和政松鸣岩景区、迭部腊子口红色旅游景区等5家企业成功创建为省级旅游标准化示范单位。“一部手机游甘肃”上线运行以来，基本实现“六化”，即：景区导览智能化、产品线上预订化、农特销售组团化、网络宣传精准化、旅游监管数据化、“一机”服务全程化。已完成90家4A级以上景区智能导游导览，90家景区VR全景拍摄，368家酒店基础数据采集，572家旅行社、569条线路预定和8817名注册导游在线预约服务，205个景区网上信息接入。至目前，“一机游”平台累计浏览量突破80万人次，一部手机游甘肃平台建设在全国居于领先水平。

2018年全省接待国内外游客3.02亿人次，实现旅游综合收入2060亿元，分别同比增长26%和30%，增速分别高于2018年全国国内旅游人数增速（10.8%）15.2个百分点、国内旅游收入增速（12.3%）17.7个百分点，收入增幅较人数增幅高4个百分点。全省旅游人均消费达到682元，较上年增加21元。2018年全省旅游接待人数和收入都取得了良好成绩，全省旅游产业发展的规模、质量和效益稳步提升。

2018年，全省接待入境旅游者累计达100125人次，同比增长27.02%；旅游外汇收入约为2740万美元，同比增长31.35%。其中：外国人56911人次，同比增长34.94%；香港同胞17085人次，同比增长37.13%；澳门同胞2543人次，同比增长13.02%；台湾同胞23586人次，同比增长7.48%。

六、文化旅游产业不断发展壮大

2018年文化产业融合发展趋势向好。全面推进文化文物单位创意产品开发展示活动，大力研发文创产品，召开全省文化创意产品开发工作推进会，积极筹划甘肃省赴香港开展甘肃省文化旅游项目推介暨文化产品和特色商品展览展示活动。扎实开展藏羌彝文化产业走廊建设。指导各地挖掘少数民族独特资源，精心打造民族文化品牌，举办藏羌彝文化产业走廊协同发展论坛和甘肃省藏羌彝文化产业走廊建设成果展。积极推进兰州创意文化产业园国家级文化产业示范园区的创建工作，督导国家级文化产业示范园区基地开展工作。积极推动文化旅游融合发展，向文化和旅游部推荐14个文化旅游项目，进入各类文化产业项目库。参与起草绿色产业崛起规划之文化旅游专项计划，推动《丝路花雨》优秀剧目在敦煌和兰州驻场演出。

2018年全省共征集旅游重大建设项目362个、总投资1361.5亿元。其中，大景区项目57个，已全部列入2018年重点推出的旅游招商储备项目库。编制6个系列的招商项目册，通过多种渠道进行宣传推介。第八届敦煌行·丝绸之路国际旅游节上，组织省内5家银行签订战略合作协议，组织6个市州的12个旅游招商项目进行签约，签约总金额达76.27亿元。

2018年末全省共有2个国家级文化产业示范园区和7个国家文化产业示范基地，5个省级文化产业示范园区，7个省级文化产业示范基地。从业人员1398人，其中具有技术研发岗位人员63人。利润总额4631万元，获得国家级文化奖项22项，辖区内单位企业数量593个。

2018年，全省共有7家国家认定的动漫企业，从业人员165人，主营业务收入339.5万元，其中自主开发生产动漫产品收入197.6万元，研发经费69.9万元，营业利润70.7万元，本单位拥有自主知识产权144个，其中自主知识产权动漫软件24个。原创漫画作品49部，比上年增长25.64%，原创动画作品53部，比上年增长 17.78%。

七、文物保护利用力度逐渐加大

2018 年，积极推动文物立法。持续加强文物保护单位“四有”工作，公布了全省 68 处全国重点文物保护单位和 465 处省级文物保护单位的建设控制地带。实施文物保护维修工程 46 项，申报全国重点文物保护单位保护项目工作计划 51 项。组织开展文物行政执法和安全监管工作，全力督办涉及长城、古遗址、革命旧址、博物馆等方面的 12 起文物案件事故，做好案件查处、整改和善后及重大舆情处置工作。新启动灵台桥村遗址等主动性考古发掘项目 10 项，阳关遗址考古调查及宁县石家遗址、遇村遗址等考古发掘项目取得重大发现。敦煌研究院高票入选“大国之旅——最具热度博物馆”，院长王旭东在土遗址及石窟壁画保护方面实现理论突破和技术创新，荣获何梁何利奖。敦煌研究院“基于价值完整性的平衡发展质量管理模式”荣获第三届中国质量奖，实现甘肃省乃至全国文化文物领域零的突破。全省各级文物部门在加强保护的同时，全省各级博物馆推出新的陈列展览或改造提升展览 14 个，举办临时展览 50 余个，全年赴境外举办文物展览 6 个，引进境外展览 3 个，累计接待观众 2600 万余人次。同时，组织开展文物创意产品的开发，取得了可喜成效。

2018 年全省共有文物机构 378 个，比上年末增加 11 个。其中，文物保护管理机构 57 个，占 15.08%，博物馆 215 个，占 56.88%。年末全省文物机构从业人员 7299 人，比上年末增加 390 人。其中高级职称 244 人，占从业人员总数的 3.34%，中级职称 657 人，占 9.00%。

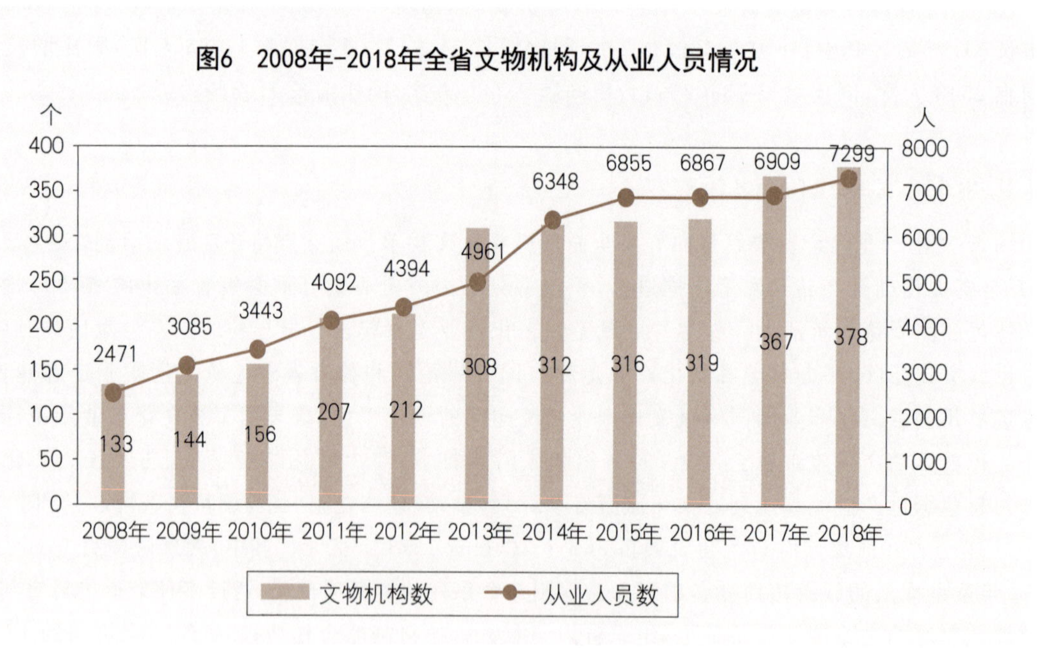

年末全省文物机构拥有藏品 556849 件，比上年末增加 19485 件，增长 3.63%。其中，文物科研机构藏品 37433 件，占藏品总量的 6.72%；博物馆藏品 509469 件，占藏品总量的 91.49%；文物商店藏品 6500 件，占藏品总量的 1.17%。文物藏品中，一级文物 4757 件，占 0.85%；二级文物 12439 件，占 2.23%；三级文物 105471 件，占 18.94%。本年新增藏品 8558 件。2018 年末全省不可移动文物共有 16895 处，其中世界文化遗产地 7 处，全国重点文物保护单位 131 处。

全年全省文物机构的基本陈列 504 个，比上年增加 9 个；举办临时展览 547 个，比上年增加 95 个。接待

观众3203.62万人次，比上年增长1.50%；其中未成年人840.91万人次，占观众总人数的26.25%，比上年增长1.07%。博物馆接待观众2915.33万人次，比上年增长2.75%，占文物机构观众总人次的91.00%。

图7 2008年-2018年全省文物机构接待观众人次及未成年人观众人次

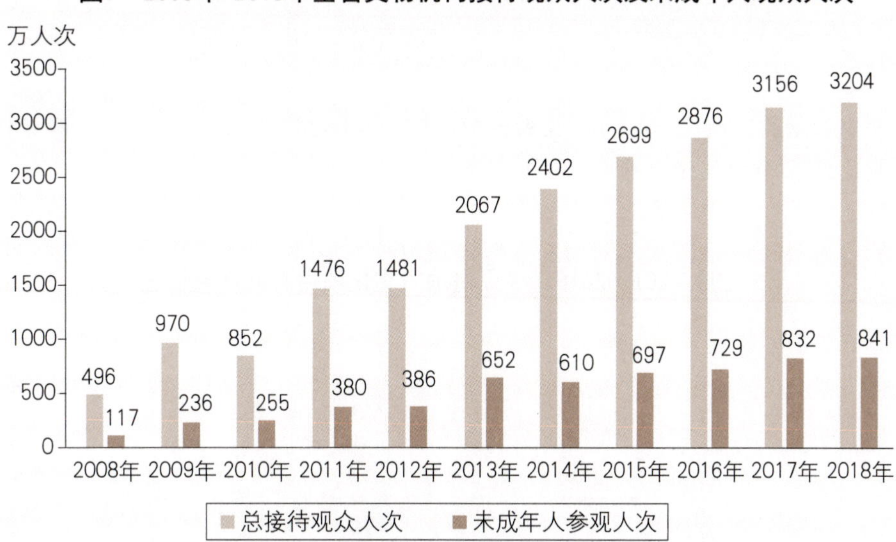

八、非物质文化遗产在保护中得到有效传承

持续推进非遗保护法规建设。实施整体性保护，启动文化生态保护区建设，起草并颁布《甘肃省文化生态保护区管理暂行办法》。推进传统工艺振兴，全省15个非遗代表性项目列入第一批国家传统工艺振兴目录。承办了6期中国非遗传承人群、2期省级非遗传承人研培活动。推进抢救性记录工作，22名国家级非遗代表性传承人抢救性记录工作基本完成。全省新增国家级代表性传承人27人。大力开展非遗传播活动，举办了“文化和自然遗产日”全省非物质文化遗产宣传展示，第五届两岸非物质文化遗产月系列活动。

2018年末全省共有非物质文化遗产保护机构94个，从业人员690人。全年全省非物质文化遗产保护机构共举办展览556次，比上年减少36场，接待观众95.37万人次，与上年基本持平；举办演出2770场，比上年增长61.14%，观众130.61万人次，比上年增长4.80%；举办民俗活动500次，比上年增加93次，参与人员138.84万人次，比上年增长119.50%；举办传承人培训班268次，比上年增长19.11%，培训人数1.76万人次，比上年增长21.94%；组织非遗研讨会72次，组织非遗讲座160次。

九、对外和对港澳台文化旅游交流

2018年深入开展与“一带一路”沿线国家的文化交流与合作，赴荷兰、德国、澳大利亚等8国进行文艺演出和艺术精品展演活动。积极参与举办文化和旅游部“欢乐春节”品牌交流活动，赴蒙古、卢旺达等7国举办了“欢乐春节”访演活动，演出20余场，观众达5万多人次。与乌兰巴托中国文化中心年度合作，在蒙古国举办了敦煌舞蹈、崆峒武术、中国书画培训和“甘肃文物和丝绸之路”专题讲座、中医药文化知识讲座等文化交流活动，开展了以非物质文化遗产展演和甘肃数字文物展为主要内容的“甘肃文化周”系列活动。在美国、奥地利、英国等国举办敦煌壁画精品展、敦煌佛教石窟展、数字敦煌展等展览；与土耳其等国开展人文领域学术交流等活动；与日本、俄罗斯等国文化机构加强洞窟复原复制、文物保护修复、博物馆管理等方面项目合作。赴香港参加第16届香港国际授权展并举办展览和学术交流相关活动，举办甘肃文化旅游项目推介暨文化产品和特色商品展览展示活动。参加首届“相约澳门——中葡文化艺术节”。在台湾成功举办“第五届两岸非物质文化遗产月”甘肃非物质文化遗产展览展演等活动。

全年全省组团的对外文化交流项目共20起，参与交流人员433人，比上年增加了80人，演出展览共计416天、93场(次)，观众人数达到12万人次，经费收入合计836.7万元。

十、文化资金投入

2018年，中央财政继续实施“三馆一站”免费开放、非物质文化遗产保护、公共文化服务体系建设、“三区”文化人才专项经费等，共落实中央补助地方专项资金2.2279亿元。

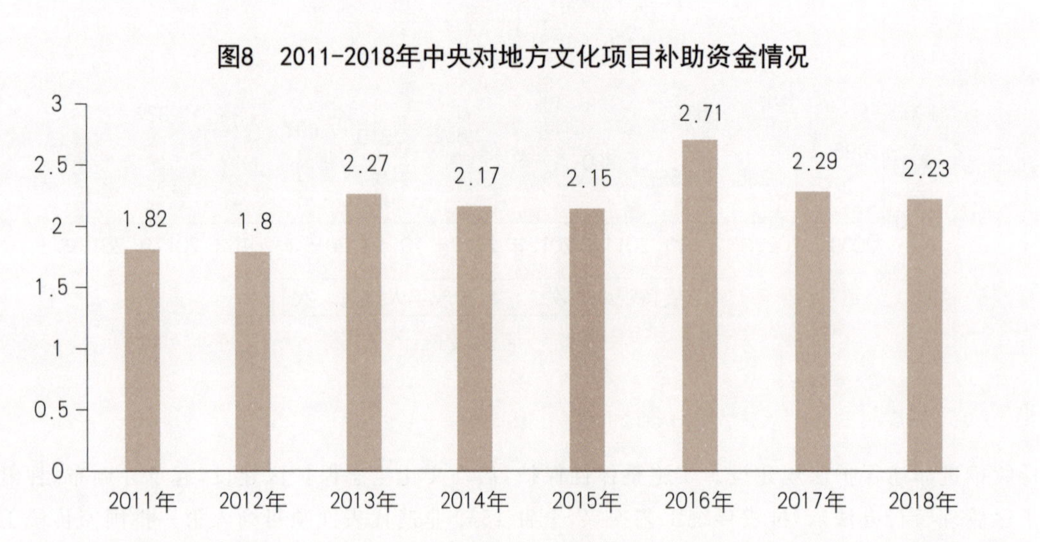

2018年全省文化事业费18.00亿元，比去年增加1.34亿元，增加8.04%；全省人均文化事业费68.26元，比上年增加4.81元，同比增长7.58%。

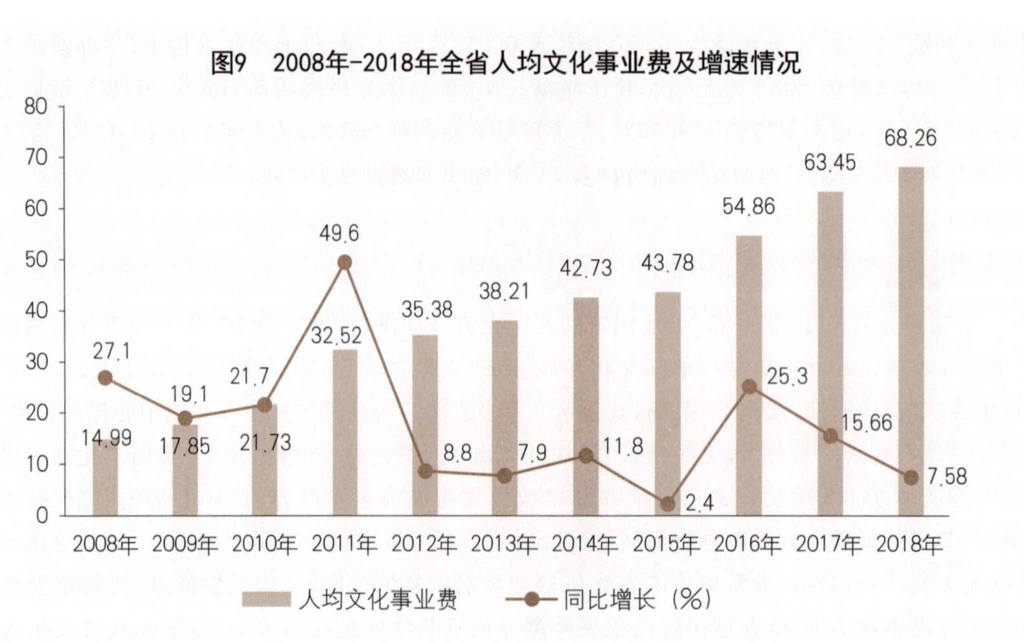

全省文物事业费16.56亿元，比上年增长3.17亿元，同比增长23.67%。

全省文化文物事业费34.56亿元，比上年增加4.51亿元，同比增长15.01%。

十一、旅游行业规模

截至2018年底，甘肃省共有旅行社618家，其中出境游组团社63家，赴台游组团社4家。旅游星级饭店402家，其中五星级3家，四星级84家；绿色旅游饭店96家；全省住宿床位58.3万张。A级旅游景区298家，其中5A级4家，4A级95家。旅游规划设计资质单位35家，其中甲级1家、乙级2家、丙级32家。全省旅游客运企业89家，共有（旅游）包车2496辆，其中省际旅游车2071辆、市际旅游车327辆，县际县内旅游车98辆。

（甘肃省文化和旅游厅）

甘肃:以节会为平台推动文化旅游融合发展

甘肃文化旅游系统紧抓机构改革契机,按照“宜融则融、能融尽融”的理念,全面推动文化旅游在理念、职能、产业、市场、服务等方面深度融合发展,持续提升文化旅游供给能力、综合效益和服务质量,并与体育、教育、农业等领域相辅相成。以文旅节会为平台,支持演艺、影视、出版、动漫等行业参与活动。举办第三届丝绸之路(敦煌)国际文化博览会,在第17届中国会展(会奖)产业年度颁奖中获“十大政府主导型展览会”大奖。“第八届敦煌行·丝绸之路国际旅游节”,在第三届博鳌国际旅游传播论坛获“年度节庆活动榜”等奖项。节会的成功举办是推动文化旅游融合发展的重要平台。

第一届“一带一路”高峰论坛在敦煌文博会上隆重举办。以“传承丝路精神、促进交流互鉴”为主题,设置专题文化展览32个、吸引国内外参展企业58家、展品7000余件。以“荟萃文艺经典、抒发丝路情怀”为主题,组织2项专场文艺演出、1项与主宾国联袂演出、10场配套演出,《绝色敦煌之夜》首次亮相,受到中外观众好评。文博会期间,在兰州、平凉、武威等地设立9个分会场,举办18项具有地方特色的系列活动,全方位、立体化展示了甘肃文化的独特魅力。国际文化博览会的聚合效益正在显现,全省开放开发、脱贫攻坚步伐加速,助推全面小康建设。

第八届敦煌行·丝绸之路国际旅游节,有52个国家和地区、国内20个省区市官员、知名商家和国内外媒体记者1200多人前来参加活动,旅行商投资商占邀请宾客的79%,参会规模、层次、人数均超历届。期间举办大型交响乐“丝路与长城对话”、丝绸之路国际旅行商大会、甘肃与白俄罗斯格罗德诺州旅游合作交流、丝绸之路旅游商品展览会、丝绸之路甘肃黄金段旅游考察踩线等10项系列活动,全省累计接待海内外游客3688.63万人次,实现旅游综合收入245.9亿元,与去年同期相比,分别增长31.09%和37.63%。展示了国际水准、甘肃特色,受到广泛赞誉。文化旅游相互交融、深度融合,节会活动内容丰富多彩,影响力巨大。成为坚定中国文化自信,共商“一带一路”建设,展示甘肃新形象,凝聚发展新动力的盛会。

青海省 2018 年文化和旅游发展情况分析

2018 年，是全省文化旅游系统在新起点上以崭新姿态砥砺前行的奋发之年，是推进改革开放坚定文化自信的奋进之年，是积极履职尽责担当作为的奋斗之年。全面落实省委省政府决策部署，在围绕中心服务大局中创新，在积极进取稳中向好中发展，在求真务实融合创新中见效。累计完成投资 208.47 亿元，全省共接待国内外游客 4204.38 万人次，同比增长 20.7%；旅游总收入 466.3 亿元，同比增长 22.2%。

一、机构和人员情况

2018 年末，全省纳入统计范围的文化（文物）部门机构共有 691 个，较上年同期增加 2 个，从业人员 4905 人，较上年同期增加 298 人，增幅 6.47%（机构、人员均不包括文化市场经营机构）。其中，文化机构 583 个，较上年增加 1 个，从业人员 4232 人，较上年增加 261 人。公有制艺术表演团体 27 个，从业人员 917 人；公有制艺术表演场馆 15 个、从业人员 49 人；公共图书馆 51 个，较上年同期增加 2 个，从业人员 520 人、较上年同期增加 37 人；群众艺术馆、文化馆 55 个、机构数与上年持平，从业人员 699 人，较上年同期增加 35 人；乡镇综合文化站 361 个、机构数较上年增加 1 个，从业人员 502 人、人员较上年同期减少 7 人。

表 1　2016—2018 年机构、人员情况

	机构数（个）			从业人员数（人）		
	2016 年	2017 年	2018 年	2016 年	2017 年	2018 年
总　　计	690	689	691	4719	4607	4905
一、文化合计	582	582	583	4028	3971	4232
公有制艺术表演团体	30	28	27	1000	928	917
公有制艺术表演场馆	15	16	15	60	53	49
公共图书馆	49	49	51	425	483	520
文化馆	55	55	55	668	664	699
文化站	359	360	361	489	509	502
其中：乡镇综合文化站	359	360	361	489	509	502
艺术教育业	1	1	1	93	145	145
文化科研机构	1	1	1	17	16	15
文化行政主管部门	55	55	55	700	728	887
其他文化机构	16	17	17	576	445	498
二、文物合计	108	107	108	691	636	673
博物馆	23	23	24	281	294	366
文物保护管理机构	29	28	28	65	62	72
文物科研机构	1	1	1	44	47	48
文物商店	1	1	1	10	10	12
其他文物机构	54	54	54	291	223	175

二、文艺创作日益繁荣

全省院团原创首演剧目5个、拥有知识产权数量10个;各专业艺术表演团体共演出5750场,观众人次424万人次;其中送戏下乡、下基层3870场,农村观众人数达291万人次。

全省艺术创作以突出青海民族特点和地方特色为主要思路,以打造精品与普遍繁荣相结合,依托特色文化资源,抓准题材开展艺术创作工作。打造舞剧《唐卡》提升版,创作京剧《生如夏花》、修改儿童剧《雪莲花开》、平弦戏《拉面哥变奏曲》及歌舞剧《音画玉树》等剧目创作艺术精品。少儿京剧《藏羚羊》创造了"十年千场"的新纪录。

一是加强剧目创作,实施精品战略,2018年青海省重点剧目和庆祝改革开放四十周年创作现实题材剧目平弦戏《拉面哥变奏曲》正在加紧创排,于9月底首演;环保题材的儿童剧《雪莲花开》已完成首演,歌颂献身祖国地质勘探事业八位女英雄的舞剧《南八仙》剧本创作已完成。二是结合市场需求,创作演出了《儿童动漫音乐会》、青海曲艺《喜看班彦新面貌》《幸福生活比蜜甜》、杂技《魅影》、歌舞晚会《情满柴达木》等剧(节)目,满足了不同层次观众群体的需求。三是省藏剧团、省平弦剧团代表青海省参加了由中宣部、原文化部举办的新年戏曲晚会;民族舞剧《唐卡》参加了第五届丝绸之路国际艺术节开幕式文艺演出;省演艺集团京剧团4位演员参加了第三届戏剧红梅奖大赛;省演艺集团滑稽节目参加第十六届中国吴桥国际杂技艺术节;海北州民族歌舞团舞蹈《华热·礼赞》参加第十二届全国舞蹈展演,并参加闭幕式演出。

三、公共文化服务发展情况

全省累计投入9869.88万元,省内19个县建设540个村级综合性文化服务中心,其中新建315个,改造提升118个,功能资源整合107个,项目完成率达99.4%。开展专题调研,形成了《全省基层综合性文化服务中心建设的实践与思考调研报告》。针对村级文化中心管理员缺失问题,积极争取财政部门支持,确定通过政府购买公益岗位方式为村级文化中心配备文化协管员,将于2019年在海东等地先行开展试点。

文化惠民工程稳步推进。一是投入贫困地区村文化活动室设备购置项目资金2624万元,为全省建档立卡的1312个贫困村文化活动室配备音响、乐器、演出服装等文娱设备。二是投资480万元,为玛沁县、囊谦县、乌兰县等20个贫困县(市)文化馆各配发了一辆流动文化车。三是争取中央专项补助2096万元,建设完成省图数字图书馆,并正式投入运行。

群众文化活动异彩纷呈。围绕重大节日节点,组织开展了系列群众文化活动。节日期间开展了"唱响党的十九大 欢天喜地过大年"主题群众文化活动,各地举办惠民、为民、乐民文化活动1330多项。争取中央专项补助资金1101万元,鼓励和支持全省各级各类民间文艺团队赴乡镇演出,全年演出2917场。举办"好戏大家看——青海地方戏曲展演""第十五届西北五省(区)花儿演唱会""西宁地区庆祝改革开放40周年群众合唱展演""全省农牧民歌手大赛""全省广场舞集中展演"等特色群众文化活动,并推荐互助县安昭歌舞队广场舞《幸福索啰啰》参加了全国广场舞北京集中展演活动。

(一)公共图书馆业发展情况

全省公共图书馆总藏量478.89万册件,当年新增藏量10.92万册件,人均拥有公共图书馆藏量0.79册,人均购书费1.09元。全年全省公共图书馆发放借书证19.27万个,比上年增长14.67%;总流通人次156.19万。书刊文献外借册次99.08万,比上年下降3.78%;外借人次58.54万,比上年下降16.54%。全年共为读者举办各类讲座242次,参加人次3.45万,举办展览176个,参加人次13.25万,举办培训班213个,参加人次1.24万。全年从业人员接收培训10.29万人次。

以学习贯彻《公共图书馆法》为契机，在浙江艺术职业学院举办了全省图书馆馆长学习《公共图书馆法》专题培训班；针对基层图书馆“专业技术人才缺乏、业务建设有待全面规范”的突出问题，采取送培训下基层的方式，依托省图书馆的业务力量，在黄南、玉树、果洛州各举办了一期以实训操作为主要内容的公共图书馆业务骨干培训班。新增西宁市图书馆等5处远程培训教学接收点。

表2　2014—2018年度公共图书馆主要指标

单位：个、人、万册件、米、个、千册次、次

年　份	机构数	从业人员	总藏量	当年新购藏量	书架单层总长度	累计发放有效借书证	外借册次	举办的各类培训班
2014年	49	370	394	18.12	77549	122632	105	157
2015年	49	411	414	19.08	75912	133899	91	149
2016年	49	425	451	16.43	85458	140020	81	142
2017年	49	483	459	16.65	85440	168037	103	118
2018年	51	520	479	10.92	86150	192691	99	213

（二）群众文化业发展情况

全省群众文化事业单位总收入2.06亿元，人均群众文化业务活动专项经费12.06元，共组织开展各类文化活动11557场次，比上年增长10.65%；服务人次538.35万，增长54.63%。其中：县市级文化馆组织文艺活动4068场次，文化服务群众惠及200.21万人次；乡镇综合文化站组织文艺活动5993次，文化服务群众惠及94万人次，以上数据表明县市级文化活动服务能力较强，乡镇基层文化服务覆盖面较广，全省公共文化服务能力进一步得到提升。

年末全省群众文化机构共有馆办文艺团体82个，演出2987场，观众848.54万人次。由文化馆（站）指导的群众业余文艺团体1638个，馆办老年大学2个。

实施“阳光工程”“圆梦工程”——农村文化志愿服务行动项目。在海南、黄南、西宁招募59名文化志愿者，赴农村和乡村学校少年宫开展文化志愿服务工作，进一步壮大了青海省农村文化工作队伍力量，有效缓解了村级文化中心管理员缺失、乡村学校少年宫辅导教师不足的矛盾，文化志愿者全年共计开展活动1131次，总服务时长达6359小时。以开展乡镇综合文化站专项治理工作为契机，在重庆文化艺术职业学院举办了两期文化共享工程“汉藏文化交流项目”全省乡镇综合文化站站长培训班。全年共选派77名文化骨干参加了43期各类国家级培训班；举办省级层面培训班17期，培训921人次；利用远程培训接收点培训达5342人次。通过各类培训，进一步提高了全省基层文化工作者的业务能力。

四、特色文化产业加快发展

加强顶层设计，推进文化产业健康有序发展，积极融入国家“一带一路”倡议，委托中国传媒大学编制《青海省丝绸之路文化产业带发展规划》，着力搞好文化产业发展的顶层设计。全年，全省文化及相关产业实现增加值44.57亿元，占全省地区生产总值（GDP）的比重为1.7%。

狠抓文化产业重点项目建设。加强“十三五”规划建设项目的督导和检查，每2个月对项目建设进展情况进行一次了解。目前，25个规划项目全部开工建设，累计完成投资47亿元（占总投资的53%）。其中，天地人缘文化产业基地、天境祁连文化产业园、达玉部落藏民俗文化旅游服务基地等12个项目已完成基础设施建设并投入运营。完成招商引资任务1000万元和青洽会文化产业项目招商引资3.05亿元。

积极推动藏羌彝文化产业走廊建设。先后组织文化企业和相关工作人员参加了贵州省藏羌彝文化产业走廊彝族文化产业览会、四川省新时代藏羌彝文化产业走廊发展高峰论坛等多项活动，组织71家走廊地区文化企业参加了各类文化产业博览会。积极推动各地文化企业与对口支援省份开展交流，联合黄南州、海南州政府分别在天津市和江苏省南京市开展了文化交流活动。向文化和旅游部推荐上报藏羌彝文化产业走廊重点项目、品牌推广建设项目及“百馆百企对接计划”扶持等7个项目，省博物馆、青海香巴拉文化发展有限责任公司等4家单位共获得70万元的资金支持。

五、旅游业发展稳步增长

2018年，全省累计接待国内外游客4204.38万人次，同比增长20.7%；国内旅游收入达到463.91亿元，同比增长22.4%；接待入境游客69154人次，同比减少1.6%；旅游外汇收入3613.08万美元，同比减少5.6%；实现旅游总收入466.3亿元，同比增长22.2%。

全省国家A级旅游景区110家，其中：5A级3家，4A级24家，3A级64家，2A级19家；星级饭店344家，其中：五星级饭店2家，四星级饭店49家，三星级饭店176家；旅行社437家，其中出境组团社25家；各类旅游车辆1899辆。

六、文化市场管理进一步加强

坚持一手抓繁荣、一手抓管理，突出专项整治，加快综合执法改革，推进文化市场繁荣发展。一是部署开展了4项专项整治行动，出动执法人员近3.2万人（次），检查文化市场经营单位近1.7万家（次），查处违规经营单位180多家（次），在全省营造了繁荣稳定的文化市场环境。二是不断提高综合执法水平，开展全省文化市场综合执法岗位练兵技能竞赛活动。开展文化市场业务培训10余期，200余人次受训。三是深化文化市场综合执法改革，青海省文化市场综合行政执法监督局挂牌成立。四是不断完善技术监管与服务平台建设。完成了全省8个市（州）本级和33个县（区）的平台上线工作，市（州）级上线率达到100%，县（区）级上线率达到76%。

七、文化遗产传承保护

年末全省共有各类文物机构108个。其中，文物保护管理机构28个，占25.9%，博物馆24个，占22.2%。年末全省文物机构从业人员673人。其中高级职称41人，占6.09%，中级职称89人，占13.22%。年末全省文物机构拥有文物藏品93724件/套。其中，博物馆文物藏品74491件/套，占文物藏品总量的79.48%；文物商店文物藏品7098件/套，占9.53%。

全省各类文物机构共举办陈列展览71个。其中，基本陈列39个，临时展览32个。接待观众189.03万人次，其中未成年人39.18万人次，占参观总人数的20.73%。

2018年，文物保护全面贯彻“保护为主、抢救第一、合理利用、加强管理”的工作方针，加大文物保护力度，推进文物合理利用。一是省政府召开全省文物安全工作专题会议，对文物安全工作进行总体部署。二是省文物局会同相关单位开展了为期半年的文物安全状况大排查回头看行动和打击文物犯罪专项行动。三是深刻汲取都兰热水“3.15”古墓盗掘案教训，严肃追究了相关单位和人员责任，建立和完善了文物保护机制、规章制度等。四是深入推进文物法人违法案件（2016—2018）专项整治行动，对近年来的法人违法案件整改情况持续关注。五是不断提升文物保护管理利用水平，争取2018年度国家文物保护经费近2.5亿元，涉及全国重点文物保护、基础设施建设、可移动文物预防性保护、博物馆免费开放补助、陈列展览布展补助等84个项目；争取2018年度省级专项补助资金2000万元，涉及19个项目。

坚持非遗保护工作十六字方针，紧密结合省情，落实传统工艺振兴计划和传承人群研培计划，“双创”实践稳步推进。一是数字化记录工程取得阶段性成果，国家级代表性传承人记录工作、青海文化记忆工程等数字化保护工作进展顺利。二是非遗传承人群“研培计划”进展顺利，在省内外高校举办非遗项目传承人群培训班 12 期，培训 450 人次。三是组织评审第四批省级非物质文化遗产代表性传承人 107 人。四是 6 个国家级、省级文化生态保护区建设成效显著。五是举办了“青海刺绣展暨刺绣大赛”，500 名民间绣娘参加比赛。“非遗＋”工作加快推进，600 件作品展出，“非遗工作坊”建设稳步推进。

八、对外文化交流情况

以“一带一路”倡议为指引，依托“部省合作”计划，突出大美青海、民族文化等主题宣传，为推动青海“一带一路”建设高质量发展贡献力量。一是积极融入“一带一路”国家战略，圆满完成青海省与坦桑尼亚中国文化中心“部省合作”计划。二是配合中央文化管理干部学院举办“2018 年非洲法语国家图书馆馆长研修班青海行”活动。三是与海牙中国文化中心共同主办庆祝改革开放四十周年系列活动——大美青海图片展。四是组织完成省委省政府分管领导带队赴北京、天津、浙江等地开展了展示青海独具特色的民族文化交流活动。

九、文化事业费投入

2018 年，文化部门总收入 16.93 亿元，总支出 19.59 亿元，具体情况如下表所示：

表 3　2018 年青海省文化部门经费收支情况

类　别	收入（亿元）	占总收入比重（%）	上年收入（亿元）	与上年比较	
				绝对值	增长率（%）
总收入	16.92	100.00	16.37	0.55	3.36
其中：财政补贴收入	9.11	53.84	8.84	0.27	3.05
上级补助收入	0.63	6.92	0.26		
事业收入	0.25	1.48	0.27	0.01	3.70
经营收入	0.00	0.01	0.00	0.00	
其他收入	6.93	40.96	7.00	－0.07	－1.00
类　别	支出（亿元）	占总支出比重（%）	上年支出（亿元）	与上年比较	
				绝对值	增长率（%）
总支出	19.59	100.00	15.52	4.07	26.22
其中：基本支出	6.77	34.56	5.55	1.22	21.98
项目支出	8.49	43.34	8.75	－0.26	－2.97
经营支出	0.04	0.20	0.01	0.03	300.00
费用中：工资福利支出	3.78	19.30	2.67	1.11	41.57

如上所示：财政拨款占总收入的 53.84%，表明全省文化事业特别是公益文化事业的发展主要依靠各级财政的投入；事业收入基本保持稳定，表明文化产业在适应市场发展规律、积极开拓市场方面取得了一定的

成效。在总支出中，基本支出占总支出的34.56%，较上年增加1.22亿元；项目支出占总支出的43.34%，较上年小幅下降，主要是省级“三馆”、城南文化产业集聚区、文化“进村入户”工程、基层综合性文化中心建设等项目的继续实施；人员工资福利支出占总支出的19.3%，全省人均文化事业费达到138.87元，全国排名第4位，排名与上年持平。全省文化事业费在各级政府的大力支持下，随着经济社会的发展不断的调整，为文化从业人员服务人民群众日益提高的文化需要及全省文化发展与繁荣打下了坚实的物质基础。

（青海省文化和旅游厅）

青海:艺术创作民族特点地方特色突出

2018年艺术创作工作以突出青海民族特点和地方特色为主要思路,依托特色文化资源,开展艺术创作工作。积极推荐全省艺术院团参加全国性艺术赛事和文化交流活动,展示了青海专业艺术院团的实力和风采。重点围绕舞台艺术精品创作、文旅演艺剧目生产、地方戏曲品牌打造、民族音乐发展等领域,以打造"西部京剧"和"黄南藏戏"品牌为引领,带动全省艺术剧目的繁荣发展。

2018年重点剧(节)目创演效果明显。一是加强剧目创作,实施精品战略。庆祝改革开放四十周年创作现实题材剧目平弦戏《拉面哥变奏曲》,环保题材的儿童剧《雪莲花开》完成首演,歌颂献身祖国地质勘探事业八位女英雄的舞剧《南八仙》完成剧本创作。二是结合市场需求,推出一批优秀作品。创作演出了《儿童动漫音乐会》、青海曲艺《喜看班彦新面貌》《幸福生活比蜜甜》、杂技《魅影》、歌舞晚会《情满柴达木》等剧(节)目,满足了不同层次观众群体的需求。三是优秀剧目参赛参展,拓展了交流范围。省藏剧团、省平弦剧团代表青海省参加了由中宣部、原文化部举办的新年戏曲晚会;民族舞剧《唐卡》参加了第五届丝绸之路国际艺术节开幕式文艺演出;省演艺集团京剧团4位演员参加了第三届戏剧红梅奖大赛;省演艺集团滑稽节目参加第十六届中国吴桥国际杂技艺术节;海北州民族歌舞团舞蹈《华热·礼赞》参加第十二届全国舞蹈展演,并参加闭幕式演出。

2018年省内国有专业艺术院团组织文艺小分队精心编排群众喜闻乐见的戏曲、舞蹈、杂技、魔术、声乐等节目,深入全省农村、牧区、学校及部队进行演出、开展讲座、举办培训,连续参与民族团结进步创建文艺演出、"不忘初心·以文化人"2018重大节庆系列文化活动、庆祝改革开放40周年文艺宣传等文化艺术活动;"不忘初心·以文化人"系列文化活动内容丰富、持续时间长、宣传效应好、影响范围广。系列文化活动宣传媒介多样,内容体现正能量,形式贴近百姓生活,既为广大人民群众喜闻乐见,又真正起到了"以文化人"的效果,受到各界群众的好评。截至2018年12月,全省各专业文艺院团累计下乡下基层演出1000余场,观众人数达50余万人次,进一步活跃了群众文化生活,极大地满足了人民群众日益旺盛的精神文化需求。

宁夏回族自治区 2018 年文化和旅游发展情况分析

2018 年，在自治区党委、政府强有力领导下，在文化和旅游部亲切关怀和大力支持下，宁夏文化和旅游系统坚持以习近平新时代中国特色社会主义思想为指导，深入贯彻落实党的十九大、习近平总书记来宁视察重要讲话精神，聚焦自治区第十二次党代会目标任务，坚持以“一工程四体系”为统揽，以“三演一节”和全域旅游优质发展为重点，积极作为、勇于担当，全力打好自治区成立 60 周年庆祝大会群众文艺表演、60 大庆文艺晚会和举办宁夏首届文化艺术节“三个攻坚战”，全力推进全域旅游“七大工程”，锐意进取、开拓创新，文化建设和旅游产业发展取得新的成绩。

一、自治区 60 大庆系列文化活动成功举办

自治区成立 60 周年庆祝大会群众文艺表演获得高度赞誉。庆祝大会群众文艺表演“塞上儿女心向党”由序曲、10 支仪仗队、6 个表演篇章组成，共有 1.2 万名青少年学生参加。整场表演主题突出、大气恢宏、形式新颖。群众文艺表演着力讲述精彩宁夏故事、展示昂扬时代风貌，得到了中央代表团的高度评价，赢得了广大群众的一致赞誉。

自治区成立 60 周年主题晚会圆满成功。文艺晚会《绽放新时代》4 个篇章，展现了以习近平同志为核心的党中央对宁夏的高度重视和亲切关怀，展示了党的民族区域自治制度和民族政策在宁夏的成功实践，讴歌了自治区成立 60 年、改革开放 40 年来特别是党的十八大以来宁夏经济社会发展取得的辉煌成就。文艺晚会突出政治性和思想性，彰显时代性和艺术性，表达了宁夏各族人民的心声，展现了新时代宁夏的新风貌，得到中央代表团和自治区领导的高度评价和充分肯定。

宁夏文化艺术节系列文化活动精彩纷呈。“塞上有戏”宁夏原创精品戏剧展演、“一带一路 · 美丽宁夏”第四届宁夏舞蹈艺术节暨“中传锦绣杯”WDC 国际标准舞世界锦标赛、“中国梦 · 宁夏情”美术书法精品展、“颂歌唱宁夏”新创歌曲音乐会、吴欢艺术世家展、中华民族颂—56 个民族诗书画展、第十六届中国西部民歌（花儿）歌会、“颂歌唱宁夏 共筑中国梦”全区群众合唱大赛等 4 大板块 15 项活动为自治区成立 60 周年营造了浓厚的氛围。

“天天有好戏、场场都精彩”精品文艺演出成为新亮点。着眼实施文化惠民工程、深化文化体制改革、推动改制文艺院团闯市场和文化旅游融合发展，开展“天天有好戏、场场都精彩”面向市民的商业演出。从 6 月至 10 月，利用 3 个小剧场推出秦腔、话剧和小综艺舞台演出共 127 场，受到广大观众的热烈欢迎和高度评价。

二、文化投入稳中有增

2018 年，宁夏文化文物财政投入总收入 16.98 亿元，总支出 16.82 亿元，分别比上年增长 3.92% 和 12.21%（见表 1）。

表 1 全区文化文物部门 2017 年与 2018 年经费情况对比

收入(亿元)	2017 年	2018 年	占总收入比重%(2018 年)	增长速度%
总收入	16.34	16.98	/	3.92
其中:财政拨款	8.71	9.65	56.83	10.79
上级补助收入	0.21	0.16	0.94	−23.81
事业收入	0.3	0.24	1.41	−20
经营收入	0.05	0.04	0.24	−20
其他收入	6.9	6.89	40.58	−0.14
支出(亿元)	2017 年	2018 年	占总支出比重%(2018 年)	增长速度%
总支出	14.99	16.82	/	12.21
其中:基本支出	4.38	4.45	26.46	1.6
项目支出	7.82	8.65	51.43	10.61
经营支出	0.04	0.03	0.18	−25
工资福利支出	2.86	3.16	18.79	10.49
对个人和家庭补助支出	0.63	0.29	1.72	−53.97

三、文艺创作生产成果丰硕

艺术精品不断涌现。围绕纪念改革开放 40 周年和庆祝自治区成立 60 周年,大力实施文艺精品创作工程,组织创演京剧《花漫一碗泉》等献礼剧目 8 部,《擎天一柱》和《花儿与号手》实现宁夏工业题材和音乐剧零的突破,秦腔《王贵与李香香》入选 2018 年度国家舞台艺术精品创作扶持工程十大重点扶持剧目,京剧《花漫一碗泉》入选文化和旅游部西部地区扶持计划。征集歌词 542 首,评选优秀歌词 19 首,推出《沙湖恋》等献礼歌曲 12 首。推出"中国梦 · 宁夏情"主题美术作品 200 余件。11 个项目入选 2018 年度国家艺术基金资助项目。

戏曲传承深入开展。加强对秦腔、京剧的保护抢救和传承发展,收集整理经典剧目剧本和影像资料,复排秦腔《龙凤呈祥》等传统剧目。广泛开展"戏曲进校园"活动,动员各类戏曲团体、戏曲名家到学校开展讲座、展演、互动活动 800 余次。举办梅花贺新春戏曲名家展演、秦腔艺术节、我在黄河边吼秦腔等活动,开展戏曲进乡村演出 500 余场次,进一步夯实了戏曲传承发展基础。

精品传播影响广泛。推动宁夏艺术精品走向全国,讲好宁夏故事。话剧《闽宁镇移民之歌》揭幕 2018 年全国舞台艺术优秀剧目展演,在北京、福建等 13 个省市区巡演。宁夏文艺精品首次应邀参加中国上海艺术节,秦腔《王贵与李香香》得到现场观众和专家一致好评,中央电视台、解放日报等媒体大篇幅专题报道。音乐剧《花儿与号手》赴京展演,得到首都观众和专家一致好评。开展了"花儿绽放 · 美丽中国"花儿剧黄河丝路行、秦腔《花儿声声》《狗儿爷涅槃》赴黄河流域九省市巡演,舞剧《花儿》赴湖南、广东、广西、北京等地巡演,宁夏文化影响力不断扩大。

四、公共服务体系不断完善

公共文化设施进一步完善。推动宁夏美术馆建设，完成宁夏文化馆场馆整体提升改造项目前期工作，积极推动宁夏人民剧院浮雕墙工程各项工作，以及宁夏博物馆、宁夏人民剧院外立面改造工程。建成市县级文化场馆 10 个、标准化乡镇综合文化站 10 个，完成贫困地区 555 个村综合文化服务中心活动设备器材配备和川区 240 个村综合文化服务中心功能提升，扶持村综合文化服务中心、农民文化大院、民间文艺团队 150 个。

公共文化服务水平进一步提升。县级图书馆、文化馆总分馆制建设深入推进，建成图书馆分馆 46 个、文化馆分馆 18 个。第六次全国县级以上公共图书馆评估定级宁夏有 8 个馆被评为国家一级馆，14 个馆被评为国家二级馆，3 个县区图书馆被评为三级馆。全区初步形成了省、市、县(区)、乡镇(街道)、村(社区)的服务网络架构。2018 年图书藏量增加 11.02 万册(见表 2)，主要增加开价书刊和少儿文献藏量；组织各类讲座 215 次，参加人次 2.72 万人次，举办展览 231 次，参加人次 22.90 万人次，举办培训班 173 个，培训人次 1.43 万人次；图书馆网站访问量 341.40 万页次，同比增长 225.62%，公共服务覆盖面进一步扩大。

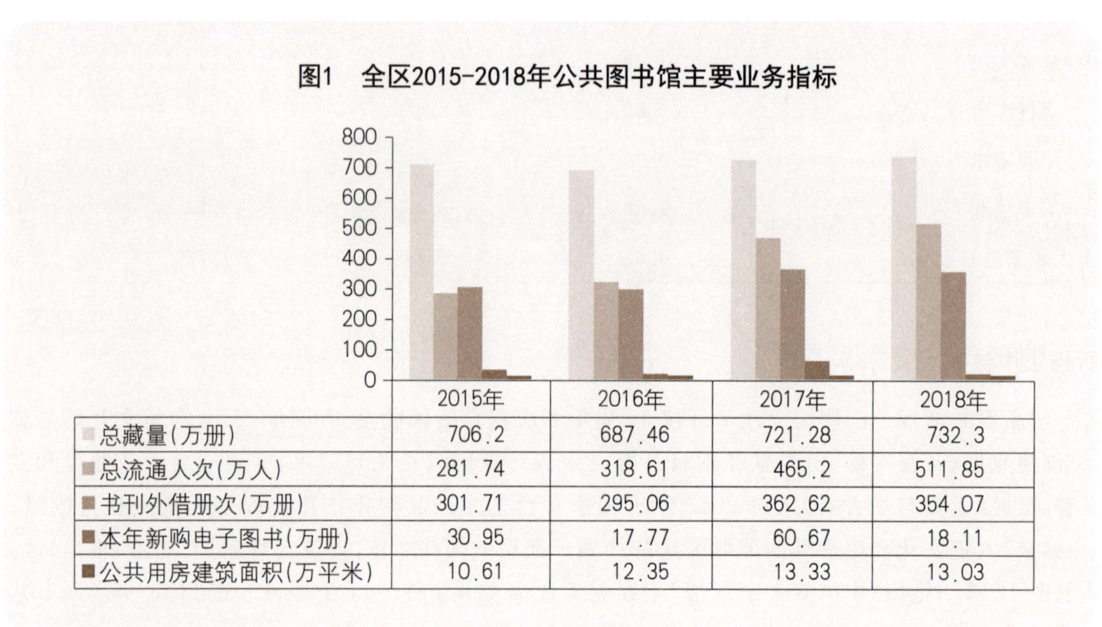

	2015年	2016年	2017年	2018年
总藏量(万册)	706.2	687.46	721.28	732.3
总流通人次(万人)	281.74	318.61	465.2	511.85
书刊外借册次(万册)	301.71	295.06	362.62	354.07
本年新购电子图书(万册)	30.95	17.77	60.67	18.11
公共用房建筑面积(万平米)	10.61	12.35	13.33	13.03

群众文化活动进一步丰富。2018，全区艺术表演团体共演出 0.76 万次，观众 279.89 万人次，其中，农村观众 137.73 万人次。政府采购公益性演出 0.16 万场次，观众 88.65 万人次。开展送戏下乡惠民演出 2186 场、广场文化演出 1996 场。公共文化场馆免费开放服务群众 120 万人次以上，群众性文化活动品牌影响力不断提升(见表 2)。

表 2　全区 2015 年—2018 年文化活动开展情况

年　份	组织文艺活动次数(次)	组织文艺活动参加人次(万人次)	组织训练班班次(次)	培训人次(万人次)	举办展览(个)	参观人次(万人次)	组织公益性讨座(次)	参加人次(万人次)
2015 年	12126	506.36	2478	19.15	665	48.13	263	6.16
2016 年	11785	436.50	3625	22.38	675	47.46	191	4.71
2017 年	12021	456.99	2587	17.60	702	47.44	149	2.69
2018 年	12456	477.47	6359	22.49	737	44.87	173	4.96

旅游服务体系进一步健全。旅游公共服务设施建设加快推进，持续完善旅游导向标识系统，引导24个A级景区建成面向游客免费服务的WIFI系统，全域旅游落地欢迎短信实现移动、联通、电信通信运营商网络全覆盖，全年发送9400万条落地欢迎短信方便游客来宁旅游。旅游服务系列工作3次被中央电视台《晚间新闻联播》《朝闻天下》报道播出。

旅游厕所建设进一步推进。认真贯彻落实习近平总书记关于"厕所革命"重要指示精神，深入推进"厕所革命"，制定新三年行动计划实施方案，修订《旅游厕所补助资金管理办法(试行)》，加强对厕所革命的政策引导、资金补助、标准规范，科学规划布局、精细建设管理，建成193座旅游厕所。完成旅游厕所A级标示牌更换，实现全区旅游厕所评定等级、标准和标识"三统一"。宁夏旅游厕所革命工作走在全国前列，3次作为全国典型被文化和旅游部指定作相关大会发言，并被《中国旅游报》专题报道。

精准扶贫工作进一步深入。推动贫困地区村综合文化服务中心建设，实现全覆盖全达标。安排资金1000万元，扶持20个建档立卡旅游扶贫重点村旅游基础设施"六小工程"建设。拓展贫困村文化阵地服务功能，开展定点帮扶工作，投入资金近50万元、协调贷款近2000万元，对三个定点帮扶村进行产业扶持、基础设施建设、壮大村集体收入等精准扶贫，助力群众早日脱贫致富。

五、文化遗产保护传承扎实有效

文物保护利用不断加强。推进西夏陵、丝绸之路宁夏段申遗工作，完成西夏陵40座陪葬墓加固、陵邑遗址回填、陵区安全防范、环境整治等工程，实施了固原古城加固修缮(二期)工程。完成战国秦长城固原长城梁段、明长城银川五虎墩段、石嘴山红果子段长城加固修缮工程，实施了将台堡革命旧址等文物保护利用建设项目，开展彭阳姚河塬商周遗址、隆德周家嘴头新石器时代遗址、水洞沟遗址考古发掘和重大建设工程考古项目23项。彭阳姚河塬遗址入列2017年度全国十大考古新发现，固原市原州区文物管理所、彭阳县文物管理所杨宁国被人力资源部和国家文物局分别评为全国文物工作先进集体和先进个人。

图2 2013-2018年全区文物收入情况

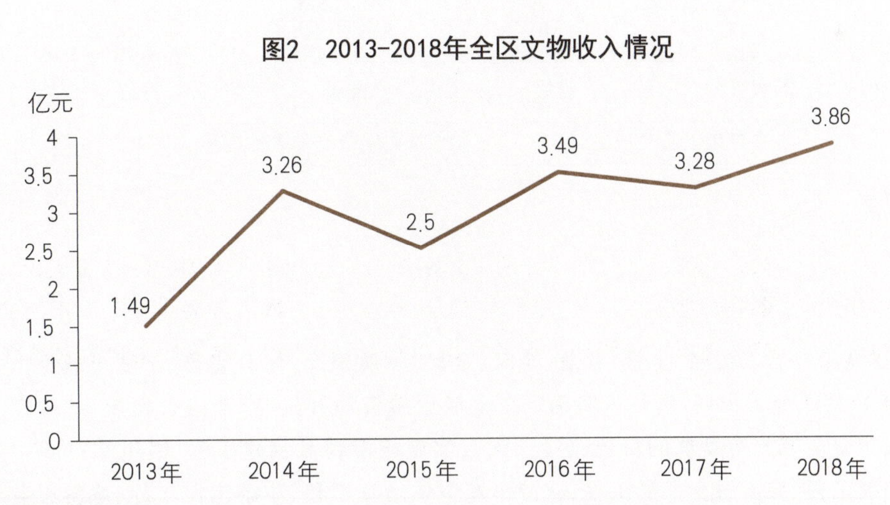

文物藏品及征集情况

2018年藏品总数395521件(套)，一级品367件(套)，二级品3846件(套)，三级品8798件(套)。本年新增藏品3307件。

展览陈列情况

2018年举办陈列151个、展览91个，参观人次1155.22万人次，其中未成年参观人次181.16万人次。

文物经费投入情况

2018 年文物业总收入合计 3.86 亿元(见表 4)、支出 3.82 亿元,分别比上年增长 17.7%、-9.7%。

博物馆展陈水平明显提升。完成自治区博物馆宁夏通史展览提升工程并在自治区 60 大庆前对公众开放,实施了自治区博物馆宁夏民俗展览提升工程,开展了固原博物馆改扩建工程前期调研工作。引进和推出《"书香塞上联墨情"艺术展》《生命的华彩—徐悲鸿画展》《丝绸之路上的神秘王国—西夏文物精品展》《朔地恋歌—宁夏岩画特展》等特色展览 40 多个,为自治区成立 60 周年营造了浓厚的文化氛围。

非遗传承体系不断健全。开展非遗濒危项目抢救性保护,固原砖雕、杨氏家庭泥塑、贺兰砚制作技艺和剪纸等 4 个项目入选第一批国家传统工艺振兴目录,13 名传承人被认定为国家第五批非物质文化传承人,获得全国非遗保护先进集体 1 个、先进个人 2 名。实施了固原魏氏砖雕、银川秦腔保护利用设施建设项目。举办了塞上工匠宁夏传统手工技艺展等系列宣传展示活动和中国非遗人群研培计划培训班。开展"文化和自然遗产日"集中宣传活动。

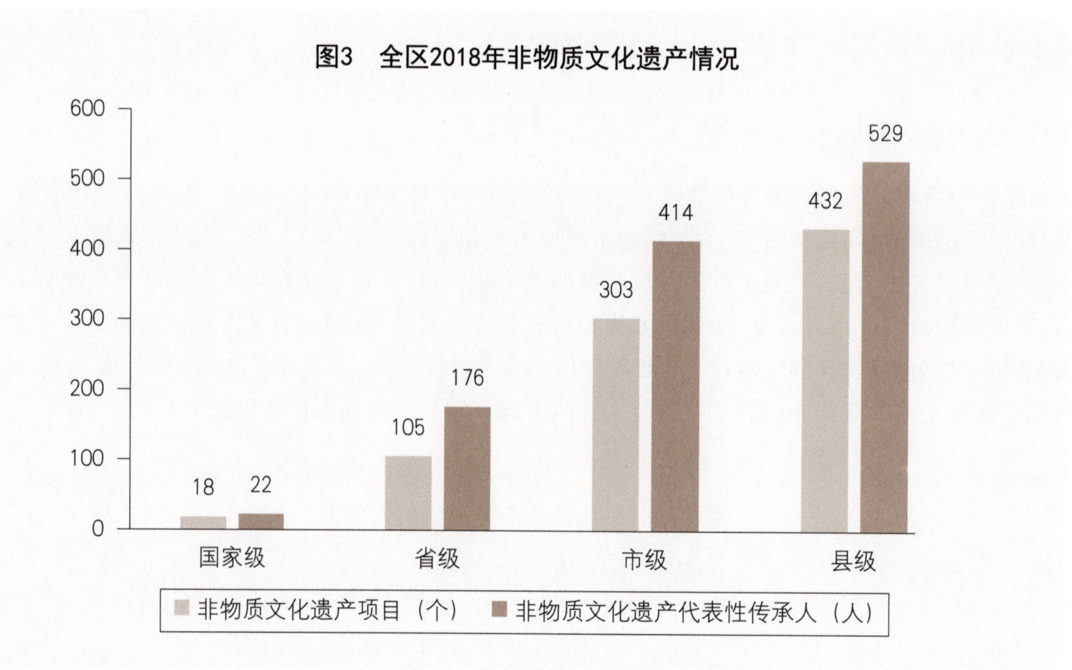

图3 全区2018年非物质文化遗产情况

六、全域旅游工作扎实推进

全域旅游创建纵深发展。按照"全景、全业、全时、全民"发展理念,修改完善《宁夏全域旅游发展总体规划(2017—2035 年)》及四个子规划,进一步明确宁夏全域旅游资源开发、产业融合发展、基础设施建设等方面发展思路,形成宁夏全域旅游发展的特色路径。深入实施旅游精品创建工程、银川都市圈旅游核心带动工程、旅游市场拓展工程、旅游融合发展工程、旅游市场主体培育工程、旅游惠民工程、旅游服务质量提升工程"七大工程"。全区旅游经济总体形势呈现高开稳走、快速发展的良好态势,全年接待国内外游客人数达 3344.72 万人次,同比增长 7.78%,实现旅游总收入 295.68 亿元,同比增长 6.47%。

精品景区建设力度加大。全力实施旅游精品创建工程,启动《宁夏精品景区提升规划》编制,梯次推进精品景区建设,积极推动 A 级景区提档升级,全域旅游发展层次进一步提升。全力做好六盘山长征景区、青铜峡黄河大峡谷旅游区国家 5A 级景区创建提升工作,大武口奇石山景区和盐池哈巴湖生态旅游区成功创建国家 4A 级景区,积极开展中国枸杞馆、西夏风情园、中卫寺口子、北武当生态旅游区等 4A 级景区创建工作，贺兰山东麓、黄河金岸、东部环线和六盘山旅游风景廊道建设扎实推进，盐州古城历史文化旅游区、灵州古城历史文化旅游区等开放型新景区建设初见成效，天山海世界、黄河明珠、沙坡头盛典等精品旅游项目开放运营。

乡村旅游提档升级。加强乡村旅游与乡村振兴战略、脱贫富民战略有效对接，持续推动十大特色产业示范村建设，召开全区乡村旅游工作推进会，联合14个部门印发《关于促进乡村旅游提质升级行动方案（2018年）》，落实乡村旅游发展政策措施，促进提质升级。积极支持举办乡村旅游节庆活动，着力打造原生态乡村休闲旅游品牌，六盘山山花节、庙庙湖桃花旅游节等一系列节事活动吸引区内外大批游客踏青赏花、休闲观光，促进当地文化旅游消费，让农民不出家门就能致富。组织开展“千名乡村旅游带头人”评选活动，评定五星级农家乐9家、四星级农家乐18家。

红色旅游品质不断提升。六盘山长征景区、同心红军西征纪念馆、盐池县革命烈士纪念馆等红色景区基础设施加快完善，将台堡会师纪念园、盐池革命历史纪念园展览提升工程有序推进，综合服务功能全面提升，红色旅游发展活力不断增强。加大红色旅游讲解员培训力度，全年举办培训班18次，培训红色旅游讲解从业人员89人次。精心选派4名优秀讲解员参加全国红色故事讲解员大赛，1人晋级全国20强，宣传推介宁夏红色文化旅游资源，全面展示宁夏文化旅游新形象。

旅游消费持续增长。针对不同游客特点和需求，推出多种旅游产品和精品旅游线路，红色游、乡村游、温泉游、生态游、研学游、养生游、自驾游等新业态集中发力，有效助推旅游消费提档升级。成功举办2018年全区导游（讲解员）大赛、全区饭店服务技能大赛，评选“十大旅游特色街区”“十大旅游特色农家乐”“十百千万”工程圆满收官。引入“上海小南国”“香港聪少”甜品知名餐饮品牌，满足不同层次旅游人群消费需求。旅游惠民举措激发消费热情，在全区持续推广199元省级旅游惠民卡，持续推出“八闽亲人宁夏游”、冬季景区半价游、“5·19中国旅游日”等系列旅游惠民措施。全面落实景区门票降价措施，水洞沟旅游景区等4家5A级景区全部下调门票价格，促进旅游消费。

旅游营销成效明显。主流媒体宣传全覆盖，在央视《朝闻天下》《新闻30分》黄金时段每天播放宁夏旅游形象宣传广告，受众11亿人次以上；开展“宁夏好神奇”大型网络直播活动，观看量达1.17亿人次。平面媒体宣传范围不断扩大，加大主要客源市场、机场、火车站、公交站亭等投放宁夏文化旅游形象广告力度，修订出台《2018年“引客入宁”以奖代补管理办法》，安排资金1000万元，加大对旅游包机、旅游专列和入宁旅游奖补力度，发挥“四两拨千斤”的杠杆撬动作用，共接待旅游专列179趟，旅游包机26架。积极探索宁夏旅游品牌线上线下整合营销新模式，精准聚焦市场，赴长三角、珠三角、京津冀等重点客源地持续开展区域化、本土化宣传促销活动，“湘约宁夏”宣传周系列活动斩获2018年IAI国际旅游奖“旅游营销创新类银奖”。举办“神奇宁夏”全国征文大赛，丰富宁夏文化旅游品牌内涵。

七、文化旅游产业加快发展

文化产业健康发展。扶持银川IBI育成中心、镇北堡特色葡萄文化小镇等一批文化产业园区；对128家国家级、自治区级文化产业示范园区、示范基地、示范户进行巡检，有效激发示范引领带动作用。与中国动漫集团有限公司签署战略合作框架协议，启动“中国动漫集团众创空间宁夏基地”建设，联合举办AFN中国（宁夏）“一带一路”动漫节等4个节会，成为带动宁夏文化产业加快发展的新引擎。推动银川市创出“政府主导、龙头带动、搭建平台、文化惠民”文化消费模式，获得文化和旅游部表彰奖励。大力培育发展演艺市场，宁夏人民剧院首次荣登中国演艺排行榜，跻身西北专业演出场馆最具活力前五强，成为宁夏靓丽的文化名片。

文旅融合持续深化。开展文旅精品舞台演出，组织创排《沙坡头盛典》等实景演艺剧目进景区，引进国际“丝路大马戏”入驻沙坡头景区，提升全域旅游内涵。推动文化旅游与一二三产业全面融合，引导农民既

“种农田”又“种风景”，稻渔空间等农业旅游项目备受青睐。努力提升旅游纪念品、旅游艺术品质量，支持文化文物单位开发文化创意产品45种1300多件，文化旅游纪念品在2018中国特色旅游商品大赛上荣获4金11银6铜好成绩。制作纪录片《心灵之旅》和微电影《寻爱》，集中展示宁夏特有的自然风光、人文情怀和特色美食，并获得第二届银川互联网电影节最佳长纪录片奖和微电影奖。

“放管服”改革继续深化。进一步梳理文化领域权力事项，增加3项、下放2项行政审批事项，精简一批申报材料；取消“互联网文化经营单位设立”从业人员数量限制，进一步放宽市场准入。《旅行社经营许可证》申请办理、设立分支机构程序不断简化，极大方便了旅游企业。不断强化事前防范和事中监管，通过严格动态管理，为文化旅游市场规范经营划定“红线”和“底线”。截至目前，新设立旅行社18家，比上年同期增长38.5%。

文化旅游执法改革深入推进。指导石嘴山、吴忠、中卫出台文化市场综合执法改革实施方案。深入推进全国文化市场技术监管与服务平台和全国旅游监管服务平台推广应用，建设宁夏文化市场智慧监管平台，建立全区旅游行业诚信“红黑名单”，升级改造互联网上网服务营业场所统一监管系统，研发、推行文化市场手机版现场移动执法系统。“双随机、一公开”随机抽查事项达到市场监管执法事项的80%。

文化旅游市场监管不断加强。持续开展文化市场及安全生产专项督查、校园周边文化市场专项整治行动、冬季热点旅游线路治理、“利剑行动—01”等专项整治行动，从严从实打击违法行为，促进全区文化旅游市场安全健康有序发展。全年文化和旅游执法机构共出动人员8.2万人次，检查经营单位2.9万家次，受理群众举报投诉184件，立案调查72件，结案136件，罚款51.8万元。3个案件入选2017—2018年度全国文化市场重大案件。全区文化和旅游市场秩序持续向好，未发生重大旅游投诉和安全生产事故。

八、对外文化旅游交流合作持续开展

文化对外交流日趋活跃。实施部省合作项目，组织文化团组赴斯里兰卡开展了“发现中国·中国戏曲之美”等系列展示展演为主要内容的“斯里兰卡宁夏文化旅游周”活动。参与对非合作计划，组织文化团组赴加纳、厄立特里亚、喀麦隆等国开展“文化聚焦·魅力中国”文化交流艺术演出活动。积极参与“欢乐春节”对外文化交流项目，组织文艺团组赴德国开展非遗展示和文艺表演活动，受到我驻外使领馆的高度评价和当地民众的热烈欢迎。开展“欢乐春节·宁夏文化演艺高雄之旅”，参加2018香港中秋彩灯节。

旅游对外推介成效显著。创新“形象宣传+渠道整合+内容整合”营销模式，首次在新加坡和印尼设立宁夏旅游形象店和营销中心，组团赴印度尼西亚、马来西亚、新加坡和台湾地区开展“美丽中国·神奇宁夏”深度精准宣传推广，多维度构建了重点客源市场宁夏旅游产品销售网络，宁夏入境游整合营销项目获得“中国旅游目的地最佳海外营销奖”。策划组织以“白云亲吻蓝天·黄河拥抱沙漠”为主题的2018宁夏(沙坡头)国际沙漠旅游牵手活动，吸引来自20多个国家和地区的1000余名境外游客热情参与。成功举办“华夏文明·薪火相传”台湾高校师生宁夏游学活动，全方位展示宁夏历史文化、旅游资源和风土人情。精准营销推动境外旅游包机专列入宁，借助文化和旅游部平台组织开展境外旅游宣传，在台湾、香港地区和东南亚等国家投放主题宣传广告，充分利用宁夏境外旅游营销中心、旅游同业媒体、参加旅展活动进行宣传，组织东南亚旅游包机团队、华运号“新东方快车”旅游专列等来宁旅游，实现了入境游客接待质的飞跃。

九、干部人才队伍建设不断加强

坚持党管干部原则，坚持德才兼备、以德为先，坚持五湖四海、任人唯贤，坚持事业为上、公道正派的新时代干部路线方针政策，落实新时代好干部标准，切实加强干部选拔任用、监督管理，着力打造忠诚干净担当的高素质干部队伍。

专业人才逐年增加。全区各级文化文物行政事业单位机构共423个，从业人员4214人（见表6）。其中，艺术教育业从业人员增加显著，比上年增长200%，文艺人才和基层服务人员队伍不断扩大。

图4 全区文化文物行政事业单位人员职称结构

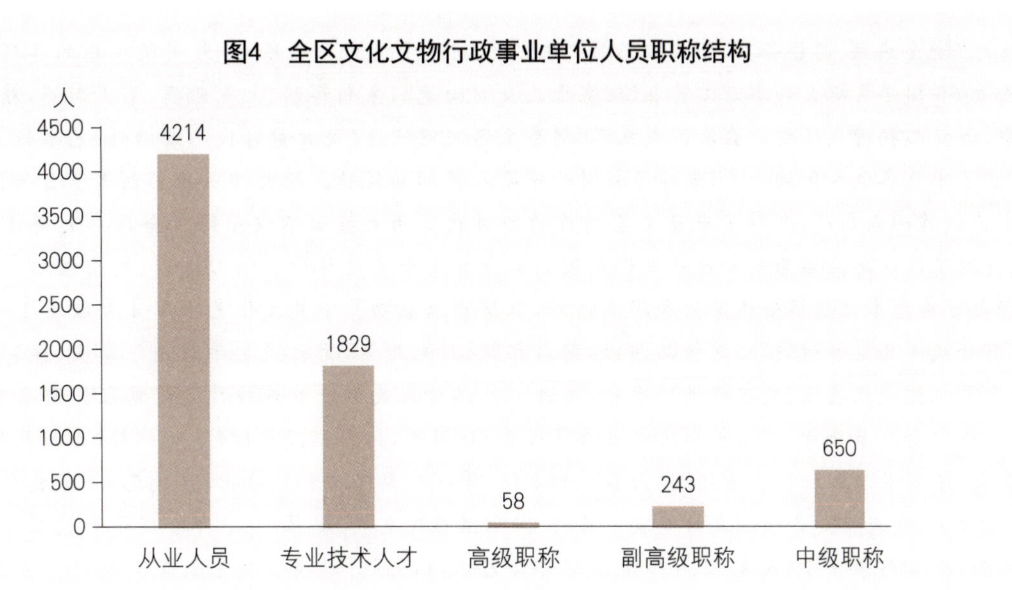

人才队伍不断壮大。大力培养文化旅游人才，做好职称评审、人事档案管理工作。加强文化旅游人才培养，以宁夏艺术职业学院、宁夏旅游学校为依托，采取校企合作方式，开展戏曲基础人才培养计划、万名旅游人才培训计划，培养一批本土专业人才。推进文化艺术高层次人才、急需紧缺人才的选拔引进，公开招聘引进紧缺人才和高层次人才16名，建立自治区文化名家工作室3个。大力开展基层文化旅游管理人员、专业人员、骨干培训，举办培训班124班（次），培训6750余人次，“宁夏推进全域旅游与经济社会融合发展培训班”项目被自治区党委组织部确定为9个重点班次之一。实施“三区”文化人才支持计划，选派186名优秀文化工作者和志愿者到中部干旱带和宁南山区9县开展文化志愿服务。1人获得国务院特殊津贴，1人获得自治区“西部之光”访问学者，2人获得自治区青年拔尖人才称号、5人入选自治区人才托举工程。

（宁夏回族自治区文化和旅游厅）

宁夏：高水平举办庆祝自治区成立60周年系列活动

按照“隆重热烈、简朴务实、突出政治性”的原则，高质量完成自治区60大庆所承担的各项任务。自治区成立60周年庆祝大会群众文艺表演《塞上儿女心向党》，主题鲜明、大气磅礴、形式新颖，精彩讲述宁夏故事，迸发昂扬时代风貌。自治区成立60周年主题文艺晚会《绽放新时代》，政治性、艺术性、时代性俱佳，表述了宁夏各族人民的心声，表现了新时代宁夏人民的新风貌。两大演出活动创造了自治区60年来宁夏文艺创作的新高度，开辟了宁夏文艺创作的新时代。两大演出不仅获得了全区广大群众的广泛赞誉，也得到了以汪洋主席为团长的中央代表团的充分肯定和高度评价。细心谋划、周密组织在宁夏博物馆举行习近平总书记题词贺匾安放和揭匾仪式，取得圆满成功。宁夏文化艺术节4大版块15项活动和“天天有好戏·场场都精彩”文艺精品演出，前后相接、精彩纷呈，为大庆之年营造了喜庆、祥和的良好氛围，为宁夏文化成果展示、交流提供了平台，为进一步满足人民群众美好精神文化需求开辟了新的路径。同时，围绕纪念改革开放40周年和庆祝自治区成立60周年，组织创演秦腔《擎天一柱》等献礼剧目8部，推出舞剧《不到长城非好汉》、杂技剧《岩石上的太阳》等一批新品力作。推出《沙湖恋》等献礼歌曲12首。《花儿与号手》实现宁夏音乐剧零的突破。话剧《闽宁镇移民之歌》揭幕2018年全国舞台艺术优秀剧目展演。秦腔《王贵与李香香》入选2018年度国家舞台艺术精品创作扶持工程十大重点剧目。京剧《花漫一碗泉》入选文化和旅游部西部地区扶持计划。推出“中国梦·宁夏情”主题美术作品200余件。11个项目入选2018年度国家艺术基金资助项目。一批获奖剧目在全国各地巡回展演，受到观众一致好评。

新疆维吾尔自治区 2018 年文化和旅游发展情况分析

2018 年，在自治区党委、政府坚强领导下，以习近平新时代中国特色社会主义思想为指导，深入贯彻落实党中央治疆方略。聚焦总目标，贯彻反恐维稳决策，打好“组合拳”。以党政机构改革，各级文化和旅游部门设立为契机，牢牢掌握文化意识形态工作领导权、管理权、话语权，文化工作守正创新，稳定红利持续释放，旅游强劲发展。

一、新疆文化文物事业、旅游产业基本情况分析

（一）服务阵地覆盖推进，现代公共文化服务体系日趋完善

截至 2018 年末，全疆已建成区、地（州、市）、县（市）级公共图书馆 107 个、文化馆 119 个、文化站 1187 个（其中乡镇文化站 1021 个、街道文化站 166 个）、各类艺术表演团体 134 个（含非公有制企业 24 家）、艺术展览创作机构 58 个（美术馆 56 个），全疆各地通过中央预算内投资（2009－2012 年）、地方自筹建设和整合资源、盘活存量等方式，累计建成 9314 个村级综合性文化服务中心和 5429 个社区文化服务中心，区、地、县、乡、村五级公共文化服务网络基本建成。

表 1 “十二五”末一“十三五”中后期新疆公共文化机构纵向情况分析

名　　称	2015 年	2016 年	2017 年	2018 年
图书馆	107	107	107	107
文化馆	118	119	119	119
文化站	1168	1170	1183	1187
其中：乡镇文化站/街道文化中心	1021/147	1020/150	1019/164	1021/166
艺术表演团体（含企业）	132	131	127	134
艺术展览创作机构（含美术馆）	50	55	57	58

“十三五”以来，新疆各级图书馆、文化馆等公共文化服务机构数总量保持稳定，公共图书馆 107 个（自治区级 1 个、地州级 14 个、县市级 92 个），实现区地县三级全覆盖；文化馆 119 个（自治区级 1 个、地州级 16 个、县市级 102 个），部分地县在已有文化馆的基础上设立有文体活动中心（文化中心）等公共文化服务窗口单位，实现服务能力提质增效和职能互补。文化站、艺术展览创作机构在群众对文化活动需求增长和“四馆一站”免费开放保障等多因素推动下，呈现机构数量逐年增加的发展态势，文化站由 2015 年末的 1168 个发展至 2018 年末的 1187 个，机构累计增加 19 个，乡镇文化站调整变化的重要原因是行政区划调整、整合拆分等，出现微量增减；城市街道架构完善、职能完整，街道文化中心由 147 个增加至 166 个，增加了 19 个；艺术展览创作机构（含美术馆）由 2015 年的 50 个增加至 2018 年的 58 个，增幅 16%，实现全疆 106 个地、县行政区划的 54.72% 覆盖，各级机构的馆藏、展陈、服务、保障能力均有大幅提升，新疆美术馆业呈现蓬勃发展态势。

(二)机构、人员优化精简,服务水平提质增效

表 2　2018 年新疆文化及相关产业机构基本情况

单　位	2018 年度		较上年增减变动	
	机构数	从业人员数	机构数	从业人员数
总　计	4999	33022	123	672
一、文化合计	1736	15229	5	−143
1.公有制艺术表演团体	110	5051	0	−223
2.公有制艺术表演场馆	15	229	0	−1
3.公共图书馆	107	1093	0	−9
4.群众文化服务	1306	4919	4	−43
文化馆	119	1318	0	−98
文化站	1187	3601	4	55
其中:乡镇综合文化站	1021	3209	2	58
5.艺术展览创作机构	58	217	1	0
其中:美术馆	56	191	1	3
6.艺术教育业	1	66	0	−2
7.文化科研机构	2	56	0	1
二、文化市场经营机构	3069	15390	117	690
1.非公有制艺术表演团体	24	433	7	311
2.非公有制艺术表演场馆	11	207	2	12
3.其他文化市场经营单位	3034	14750	108	367
三、文物业	194	2403	1	125
1.博物馆	91	1319	1	−9
2.文物保护管理机构	84	558	0	72
3.其他文物机构	19	526	0	62

截至 2018 年末,新疆维吾尔自治区共有文化及相关产业机构 4999 个,从业人员 33022 人,较上年机构增加 123 个,人员增加 672 人。其中:文化部门机构增加、人员减少;文物部门队伍稍有壮大,增幅 5.5%;文化市场经营机构中娱乐场所、演出经纪公司、互联网上网服务营业场所等经营单位增加 108 个,人员增加 367 人;乡镇综合文化站队伍保持稳定。

(三)文化、文物经费持续增长,保障能力稳步提升

2018 年,在自治区财政预算安排有限、县市资金统筹能力不强以及全面清理政府隐形债务的经济状况下,全区各级文化、文物部门积极克服预算资金有限、预算追加有难度、资金严格绩效考核等压力和困难,通过强化任务统筹部署、目标分解跟踪、促落实见成效等工作举措,实现全疆文化文物部门本年收入虽有下降,但各类支出均有保障,呈小幅增长。文化部门收入合计 29.47 亿元,较上年减少 9.6%,其原因为收入占比达 60.94%的财政补贴收入增加 2141 万元、增幅 1.2%为正向拉动,但占比 37.34%的其他收入却下降 31825 万元,降幅 22.4%的负面影响,故整体为下降趋势。这充分证明各级财政保障在文化部门经费保障

的重要性，呈现了财政资金占据文化部门经费主导地位的特点，说明新疆公益文化事业单位的发展主要依靠各级政府推动，其他收入则不具稳定性，增减变动幅度过大，其主要资金来源，如：援疆资金、捐赠收入等还没有形成保障常态；支出合计30.82亿元，较上年增加0.4%，其中项目支出10.9亿元，占总支出的35.43%，较上年减少1.67亿元，降幅达13.3%，成为拉低支出总计的关键因素，也说明用于文化事业项目建设方面的经费各级投入延续性不足，其渠道疏通、短板梳理、储备申报方面仍需加大力度。统计测算，全区文化事业费16.93亿元，全国排名第24位，较2017年提升1位次，在西北五省区排名第2，较陕西省21.91亿元相差4.98亿元，排在宁夏回族自治区6.92亿元、青海省8.37亿元、甘肃省18亿元之前；人均文化事业费68.07元，较上年下降1.11元，人均文化事业费全国排名第17位，较2017年下降5位次，高出全国人均文化事业费66.53元1.54元，在西北五省区排名第4，位列青海省138.87元、宁夏回族自治区100.54元、甘肃省68.26元之后，陕西省56.71元之前。由此可见，在人口密度相对稀疏的西北省区，文化事业费的总量投入是关键，人均文化事业费虽偏高，与内地发达省区实际差距依然明显，不宜作为衡量基准。按文化事业费占财政支出比重来看，新疆比重为0.34，位列全国第27位次，较全国比重0.42偏低19%，在西北五省区排名最后，与河北、河南、安徽、贵州、辽宁、江西等省相当。

表3　2018年新疆文化、文物部门经费收支情况比对

收/支 资金构成	2018年度 （万元）	2017年度 （万元）	增减额度（万元） /幅度（%）
一、文化部门	—	—	—
本年收入合计	294724	325926	−3250.2
财政补贴收入	179604	177463	2141/1.2
其中：基建拨款	10312	8299	2013/24.3
上级补助收入	2815	3224	−32.2
事业收入	983	1657	−16.6
经营收入	1252	1739	−17.4
其他收入	110016	141841	−1420.8
二、文物部门	—	—	—
本年收入合计	63400	72924	−727.0
财政补贴收入	54591	59441	−591.5
其中：基建拨款	616	15883	−158.9
上级补助收入	2683	2766	−27.7
事业收入	690	685	5/0.7
经营收入	309	7	302/4300
其他收入	5127	10025	−100.4
一、文化部门	—	—	—
本年支出合计	308284	306980	1304/0.4
基本支出	169124	165070	4054/2.5
项目支出	109215	125930	−1256.8
工资福利支出	119674	108858	10816/9.9
二、文物部门	—	—	—
本年支出合计	88344	55790	32554/58.4
基本支出	20765	20106	659/3.3
项目支出	37297	33040	4257/12.9
工资福利支出	14206	13183	1023/7.8

文物部门收入合计6.34亿元，降幅13.1%，基建拨款较上年减少1.53亿元，减幅96.1%有直接关系；支出合计8.83亿元，增幅58.4%，基本支出、项目支出和工资福利支出均有增长，源于2017年自治区财政启动实施了自治区级文物保护单位看护人员专项经费补助，说明文物业的机构运转和人员保障经费得到重视，运转逐步趋稳。

（四）公共文化服务提质增效

新疆维吾尔自治区紧密围绕《公共文化服务保障法》《公共图书馆法》，构建政府主导、社会力量参与的公共文化服务体系，统筹推进基本公共文化服务标准化、均等化。

1. 公共图书馆业发展情况

2018年，自治区各级公共图书馆总收入2.86亿元，较上年3.09亿元减少0.23亿元，减幅7.4%。其中财政补贴收入2.83亿元（基建拨款0.6亿元），比上年减少0.16亿元，减幅5.4%，财政补助收入占总收入的98.9%，财政补贴收入中免费开放资金0.276亿元，占比9.8%（免费开放的中央资金占比80%），按免费开放资金100%用于项目支出统计，占全年1.33亿元项目支出的20.75%，充分体现了中央补助地方转移支付专项资金以及地方专项配套资金在公共文化服务窗口单位建设方面和公共文化服务体系建设方面的核心和支柱作用。

图1　2018年新疆公共图书馆经费收支构成图示Ⅰ、Ⅱ

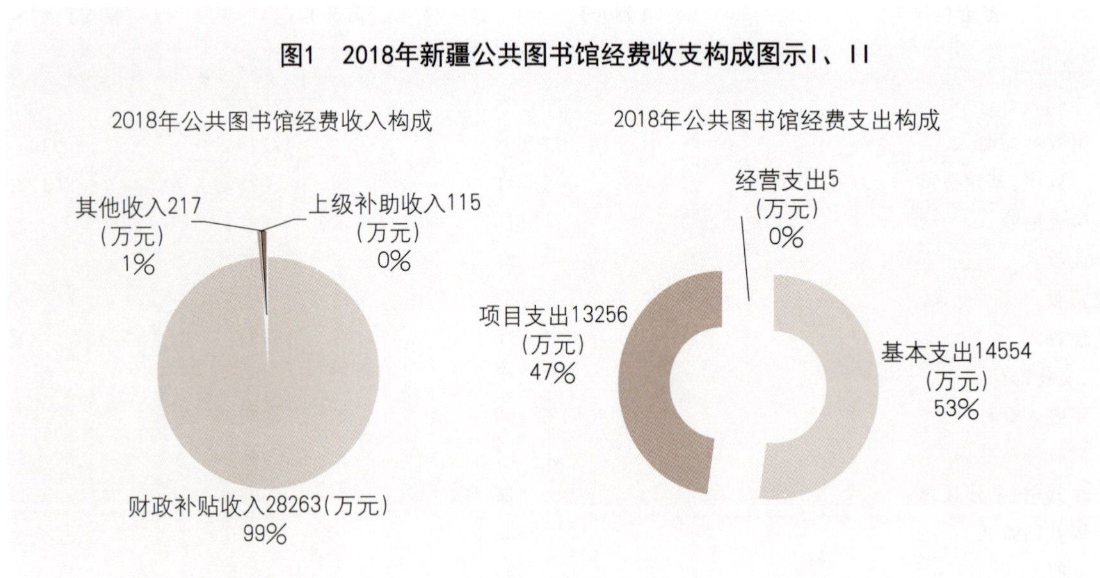

“十三五”以来，新疆公共图书馆基础业务工作增幅明显，2016—2018三年间，强化意识形态领域各项工作全面推进，加大图书刊物审读力度，全区各级图书刊物总藏量呈现先增后降走势，2016—2017年图书总藏量增加84.05万册、2017—2018年图书总藏量减少81.28万册，藏量稳步保持在1400万册左右；电子图书由696.54万册减少至644.02万册，降幅7.5%。借书证由376899个增加至384485个，增加7586个，年均增速2%；流通人次较上年增加14.3万人次，增速2.6%。同时，按2016年底文化部等五部委提出的县级图书馆总分馆制要求，强化公共文化服务的保基本，围绕新疆社会稳定和长治久安总目标，举办各类讲座、展览、培训等群众参与的活动，年均94.9万人次，占年均总流通人次的17.3%，2018年度较上年增加30万元人次，增幅达37.15%。

图2 2016-2018年公共图书馆业务比对图

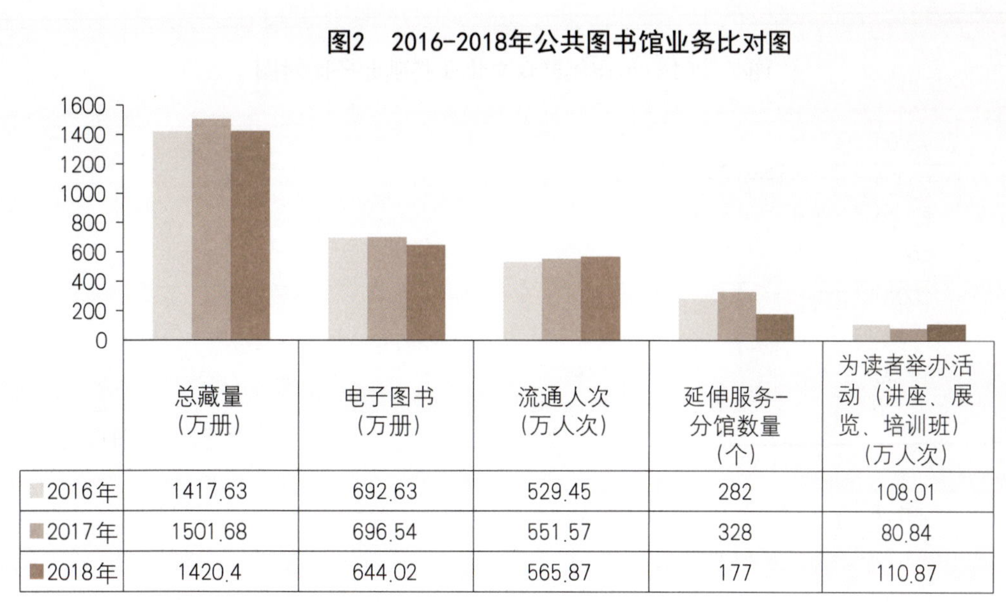

	总藏量（万册）	电子图书（万册）	流通人次（万人次）	延伸服务-分馆数量（个）	为读者举办活动（讲座、展览、培训班）（万人次）
2016年	1417.63	692.63	529.45	282	108.01
2017年	1501.68	696.54	551.57	328	80.84
2018年	1420.4	644.02	565.87	177	110.87

2. 群众文化业发展情况

2018 年，自治区各级文化馆（站）总收入 5.152 亿元，较上年 5.2889 亿元减少 1369 万元，减幅 2.58%，其中：财政补贴收入 4.985 亿元，占总收入的 96.8%，比上年减少 610 万元，减幅 1.2%，说明财政保障是群众文化业发展的内核推动力。乡镇（街道）文化站总收入 2.5688 亿元，较上年 2.8006 亿元增加 2318 万元，降幅 8.3%，通过数据比对显示，2018 年度各级财政对乡镇文化站的投入有小幅下降，但总体平稳。2018 年，全疆各级文化馆、站组织各类文艺活动、举办训练班、展览，组织公益性讲座等服务活动 8.17 万次，较上年增加 1700 人次，参与群众达 1760 万人次，基层群众文化活动与“访惠聚”、民族团结一家亲、深度贫困第一书记、支教等系列民生项目紧密结合，呈现形式丰富多样、活动频次贯穿全年，切实提升群众对美好文化产品、活动需求的供给率和覆盖面。

图3 2016-2018年群众文化业经费收支比对图

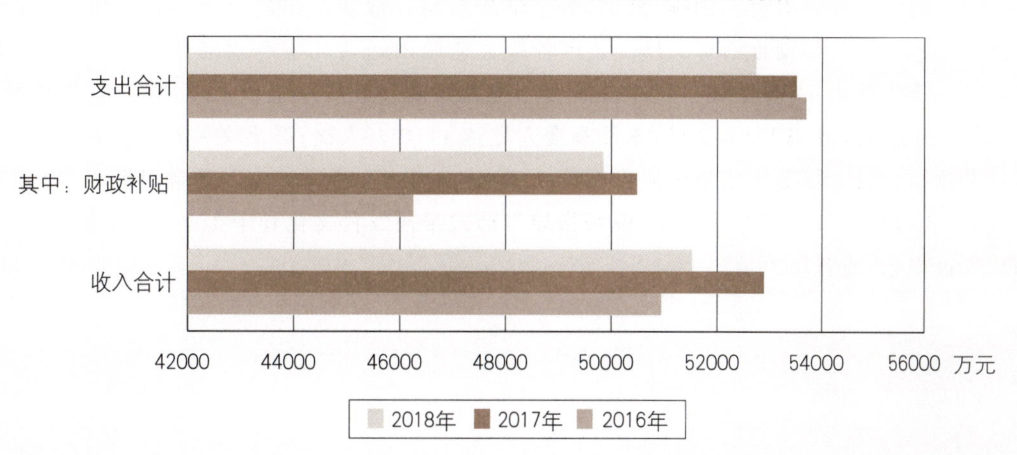

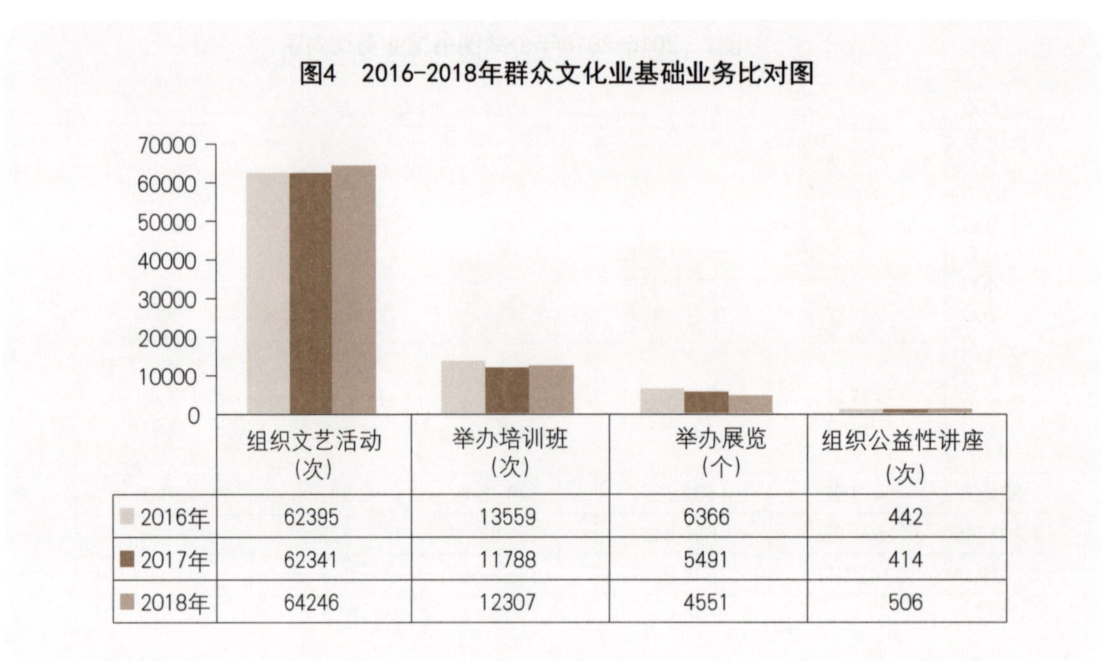

图4　2016-2018年群众文化业基础业务比对图

	组织文艺活动(次)	举办培训班(次)	举办展览(个)	组织公益性讲座(次)
2016年	62395	13559	6366	442
2017年	62341	11788	5491	414
2018年	64246	12307	4551	506

3. 艺术创作生产繁荣发展

2018 年，全区各级文艺院团坚持以人民为中心的创作导向，弘扬社会主义核心价值观，把推动优秀作品创作生产作为中心任务，着眼于出精品、攀“高峰”，召开全区艺术创作会议，围绕重要时间节点，部署 2018 年及今后五年艺术创作工作。落实自治区级艺术创作专项扶持资金 800 万元，制定下发了《文化厅关于常态化推进直属艺术单位深入生活、扎根人民工作的实施办法》，推动文艺工作者挖掘各民族文化的精神和价值，创作有筋骨、有道德、有温度的优秀作品。围绕改革开放 40 周年，创作了《丝绸之路》音乐会等 8 部反映改革开放和社会主义现代化建设伟大实践、反映“访惠聚”、脱贫攻坚、“民族团结一家亲”等现实题材优秀舞台艺术作品，组织开展优秀现实题材舞台艺术作品展演活动，实施文艺创作精品工程，集中展演 23 场。完成新疆地方戏曲剧种普查和美术馆普查工作。举办了“颂歌献给伟大的党——庆祝中国共产党成立 97 周年音乐演唱会”，创排《真情》等 2 部舞台剧并成功演出。有序推进音乐话剧《库尔班·吐鲁木与他的后辈》等 9 部剧目创排工作。全区各级文艺院团送文化下乡贯穿全年，区级院团围绕脱贫攻坚“扶志”“扶智”，派出 12 支文化惠民小分队深入南疆四地州开展以维护民族团结和“去极端化”为主题的文艺演出 1425 场，覆盖 1351 个村，累计观众人数达 44.6 万人次；派出文艺小分队在市区开展“送文化到基层、进校园、赴社区”等文化惠民演出活动 136 场；开展“流动图书馆”“流动博物馆”基层巡展 700 余场次，观众 200 余万人次；以结对帮扶、现场指导等形式帮扶农村文化骨干 1000 余人次，培养了一批群众身边的“去极端化”的有生力量。

图5　2017-2018年全区艺术表演团体（事业）演出情况分析

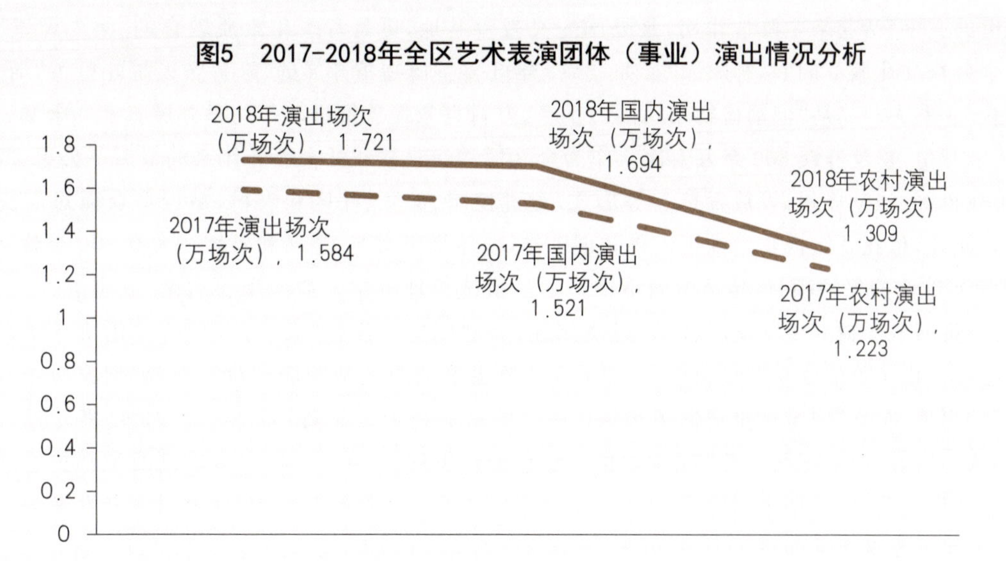

二、激发活力、创新驱动，促事业发展

（一）文化产业发展质量效益提升

积极推行“文化＋”模式，推动形成一批具有核心竞争力的文化产业、文化产品和文化品牌，完成《自治区文化产业发展专项规划（2016—2020）》中期评估。国家双创空间、文创项目申报实现新突破。文化创意产品试点工作卓有成效，自治区博物馆文创产品销售额达200余万元，同比增长300%。推动文化金融合作，10家文化企业参加了文化和旅游部文化产业债券及基金融资对接。11个项目获得2018年度自治区文化产业发展专项资金1170万元。组团参展第十四届深圳文博会，实现项目签约总额30多亿元，销售金额逾百万元，较2017年翻了一番，并荣获“优秀组织奖”和“优秀展示奖”。组团参展第十三届北京文博会。评选命名第六批自治区文化产业示范基地9家。

（二）自治区文物事业补短板、强弱项

1. 文物资源。通过2016－2018三年数据比对，文物资源基本保持稳定。有不可移动文物9542处，其中世界文化遗产地6处，全国重点文物保护单位113处，截至2018年自治区级642处，对外开放95处，成为各级爱国主义教育基地和旅游景点；现有博物馆91座（其中国家一级博物馆2个），馆藏文物45万件，包括国家一级文物733件，二级文物1446件，三级文物4700件。其中，五星出东方织锦是新疆唯一不出国门的珍贵文物。有5座国家级历史文化名城和3个历史文化名镇，4个历史文化名村和2个历史文化街区，17个历史文化传统村落。由于新疆地域广阔，数量繁多的文物遗址分布在天山南北，每个文物点平均距离200余公里，许多重要遗址都位于人迹罕至、交通不便的沙漠戈壁，距离城市最远的遗址达380公里。古“丝绸之路”分北、中、南三线贯穿新疆，有力推动了中原文化在这一地区的传播和东西方文化的交流，楼兰故城、小河墓地、尼雅遗址、北庭故城、交河故城、高昌古城等诸多遗址博大壮伟、文化丰富、历史厚重、不可复制，给世界人类繁衍史、社会变迁史和宗教演变史都留下丰富的课题，备受瞩目。

2. 博物馆纪念馆的爱国主义教育阵地作用发挥有力，“新疆四史”宣传有效。一是各级博物馆、纪念馆2016－2018三年，举办各类陈列展览近900个，累计接待观众达2300余万人次，其中青少年观众近600万

人次，参观人数呈逐年递增趋势。博物馆、纪念馆凸显“收藏在禁宫里的文物、陈列在广阔大地上的遗产、书写在古籍里的文字”活起来主阵地作用，是爱国主义教育基地，更是青少年素质教育的“第二课堂”，全区各族人民共享公众文化服务的“精神家园”。如，2018 年吐鲁番博物馆开展的“吐鲁番人游吐鲁番”活动累计接待各族群众 13 万人。二是“流动博物馆”百县、千乡、万村宣教覆盖推进。年均举办展览 600 余场，发放各类宣传品 50 余万份，惠及群众 300 余万人次。作为全区博物馆宣教和社会服务体系的最后一公里，“流动博物馆”采用车载投影、流动展板、发放宣传品等形式，走进校园、部队、社区和农村，贴近群众面对面交流服务，深受欢迎。此外，依托各级博物馆推进文物文创工作，全年推出文艺、生活和益智 3 大类 200 余款文创产品。

3. 启动实施文物保护项目，传承中国精神。一是系统梳理编制了遗产项目名录，制定近、中、长期实施方案，储备一批有利于树立中华文明标识、正确阐述“新疆四史”、强化“五个认同”的文化遗产项目，项目筛选过程中统筹考虑了价值联系和线路组合，兼顾文化旅游和研学基地功能定位。新疆“国家历史、红色两大记忆工程”项目库，包含“国家历史记忆工程”60 项，“国家红色记忆工程”12 项。2018 年累计投入 3387 万元，推进实施了“国家历史记忆工程”17 项，“国家红色记忆工程”3 项。二是大力推进西域都护府、北庭都护府等重点考古研究项目，挖掘中国价值。2018 年国家文物局核准新疆开展 12 项主动性考古发掘项目，创历年新高，全年累计发掘遗址面积 7410 平方米、墓葬 927 座，出土文物近 4500 件。出土了一批具有实证意义的陶器、铁器、瓦当等文物。三是全区现有对外开放文物遗址 95 处，其中 2018 年以来新增 15 处，增幅明显提速。四是按照集中连片、突出重点的原则，加强对革命文物的总体规划和宏观指导，重点加大对乌鲁木齐市红色革命资源的抢救性保护和预防性保护。近年来累计对革命文物投入保护资金 2300 万元。一批革命遗址得到有效保护，一批革命文物得到合理利用，革命文化得到传承、革命精神得到弘扬，成为新时代下激发爱国热情、振奋民族精神的深厚滋养。五是持续加大遗产地和文创产业投入力度，讲好中国故事。2018 年，争取国家资金 9876 万元，启动实施了克孜尔尕哈石窟、阿克苏地区烽燧遗址、苏巴什佛寺遗址等 12 项文化和自然遗产保户设施建设项目。中央投资 2095 万元，重点开展了 6 处世界文化遗产地基础设施建设、科技手段展示等工作。

从资金投入来看，呈现投入力度稳步递增的良好趋势。“十二五”期间文物累计投入 15.8 亿元，“十三五”实施三年以来累计投入 11 亿元。2017 年增设新疆野外文物保护单位看护人员专项补助经费每年 2280 万元，由本级财政拨付，到目前累计共拨付 4560 万元。

4. 文物机构现状及人才培养

截至 2018 年底，全疆有文物机构 194 个，从业人员 2403 人，其中在编人员 1002 人，专业技术人员 543 名。地州级以上文物行政机构 20 个，县市级文物行政管理机构 33 个，其他管理机构 48 个，博物馆 91 个。2018 年组织选送 21 名学员参加国家“金鼎工程”培训班；组织选送 68 名学员参加“丝绸之路”历史文化专题研修班、文物保护及策展培训班；举办文物安全、讲解员培训专班，参训人员 160 人。随着 2019 年党政机构改革的全面深入，文物行政机构全部并入文化和旅游部门，实行挂牌办公，文物专职人员将会剧减，预计不会超过 200 人。

通过数据分析，文物工作是培育社会主义核心价值观的载体，增强了意识形态领域话语权力量，初步实现了文化遗产创造性转化和创新性发展。文物保护“三个转变”初见成效，保护水平稳步提高，即由注重抢救性保护为主向抢救性与预防性保护并重转变，由注重文物本体保护向文物本体和周边环境的整体保护并重转变，由注重文物本体保护设施建设向文物本体和展示利用阵地建设并重转变。文物价值体现“三驾马车”齐头并进，文物价值不断彰显，即以汉唐中央政府管治新疆军政建制研究为代表的文物价值内涵挖掘梳理，以各级博物馆为代表的宣教阵地建设，以文创产业蓬勃发展为代表的社会服务能力。文物利用的“三张名片”深入人心，辐射能力显著提升，即以文物对外开放遗址为代表的文旅发展“金色名片”，以城市范围内文物遗址为代表的城市记忆“历史名片”，以各级博物馆、纪念馆为代表的中华民族“文化名片”。

(三)文化市场规范有序

2018 年,全区共有文化市场经营单位 3069 家,其中,娱乐场所经营单位 1384 家,较上年增加 314 家,增幅 29.35%;互联网上网服务营业场所 1509 家(其中:城市 792 家、县城 543 家、县以下 174 家),较上年度减少 181 家,减少幅度 10.71%;非公有制文艺表演团体 24 家、非公有制艺术表演场馆 11 家、演出经纪机构 88 家,经营性互联网文化单位 88 家。

2018 年末,全区文化市场经营单位从业人员 15390 人,较上年增加 690 人;资产总计 980759 万元,较上年增加 93111 万元,增幅 10.49%;营业收入 714859 万元,较上年增加 133014 万元,增幅 22.86%;营业利润总额 234903 万元,较上年增加 1109 万元,增幅 0.47%。

总体来看,新疆各类文化市场经营主体种类全覆盖,经营业态丰富,产品形式多样,服务质量进一步提升,文化市场活力增强。随着"放管服"工作深化,整体营商环境持续向好,文化市场平稳有序发展,市场主体总量、从业人员数量、营业收入和营业利润均取得一定增长。部分地州推进街区、巷道规范化升级改造,互联网上网服务营业场所受到影响,经营状态异常,未按时填写统计年报,致使统计口径上的数量有下滑;娱乐场所随着稳定红利不断释放、丝绸之路经济带核心区建设加速、经济社会发展以及新疆旅游人数的急剧攀升,增速发展明显。各地州推出优惠政策、吸引高质量企业前来落户,加大对企业的政策宣传和辅导力度,引导企业落实实体化经营措施,加强对文化市场经营秩序的规范,联合市场监管等部门,探索开展对僵尸企业、异常经营企业的清理和规范,建立健全退出机制,开展文化市场"双随机一公开",加强信用监管,推动文化市场事中事后监管取得实效。

三、文旅融合,旅游产业蓬勃发展

2017 年起,自治区党委从全局的高度,把加快发展旅游业放到更加突出重要的位置、作为先导产业,抓住用好社会大局持续稳定的机遇,实施旅游兴疆战略,充分发挥新疆独一无二的自然景观和人文资源优势,新疆旅游产业从高速增长阶段转向优质旅游发展阶段,确立了旅游产业"一业兴百业旺"的战略地位。大力推进绿色旅游,促进区域旅游平衡,推进"旅游+"融合发展,全面提升综合效益,把旅游业打造成新疆战略性支柱产业。

图6 2017年、2018年全区国内旅游接待情况一览

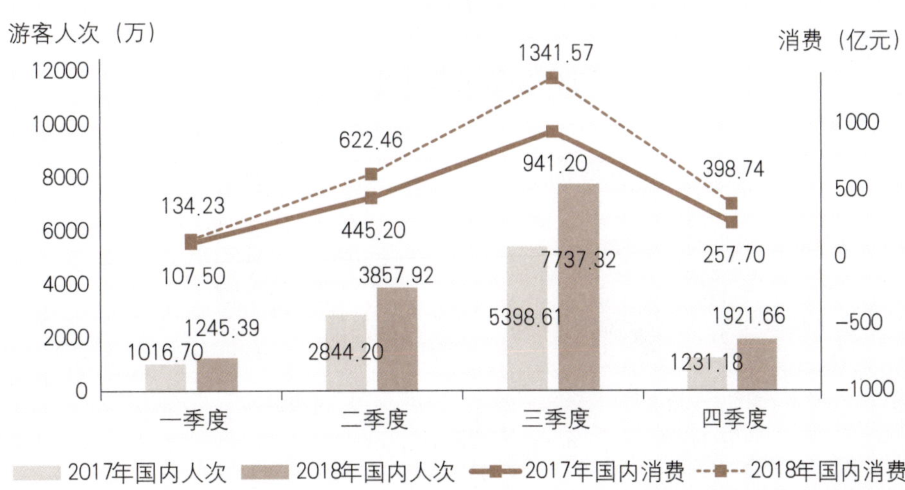

2018年，新疆全域旅游向纵深发展，旅游消费持续增长。全年接待游客15024.89万人次，同比增长40.09%；实现旅游消费2579.71亿元，同比增长41.59%。其中，国内旅游人数为14762.30万人次，同比增长40.72%；国内旅游消费2497.00亿元，同比增长42.56%；入境旅游人数262.60万人次，同比增长11.83%；入境旅游消费122272.14万美元；入境旅游消费增长15.96%。

国内旅游2017年、2018年分季度数据对比：

入境旅游2017年、2018年分季度数据对比：

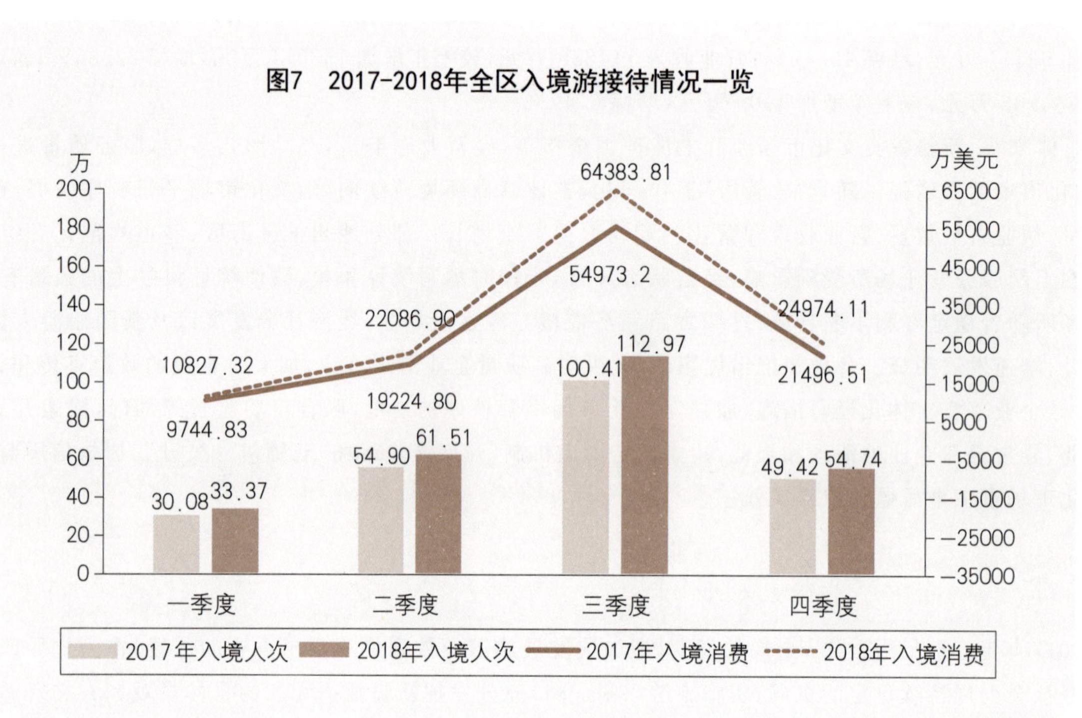

图7 2017-2018年全区入境游接待情况一览

(一)国内游客结构分析

1. 游客出游时间。2018年接待国内游客14762.3万人次中，一日游游客8449.64万人次，占比57.24%；接待过夜游游客6312.66万人次，占比42.76%。便利的交通环境、个性化定制的旅游产品是吸引一日游游客不断增加的重要因素，如图所示：

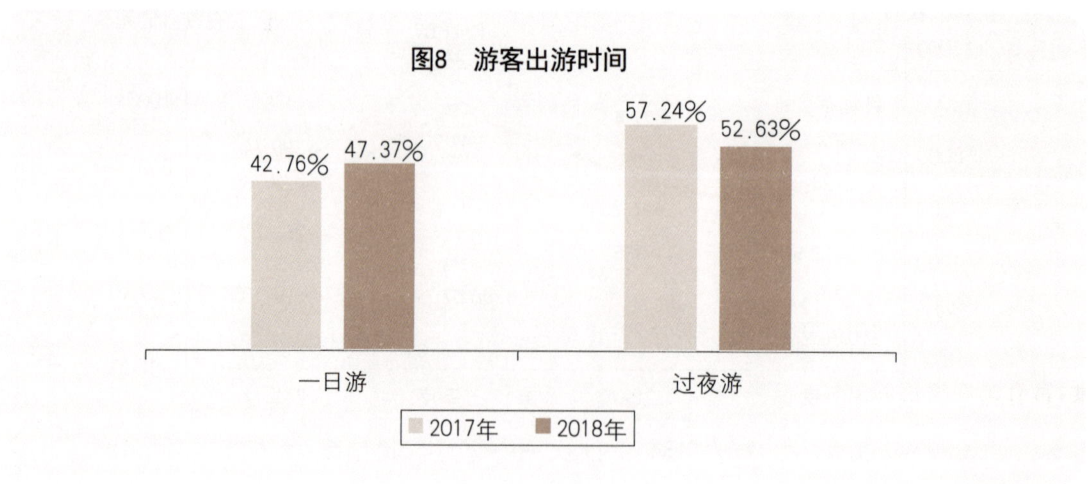

图8 游客出游时间

2. 游客客源地构成。新疆本地游客是主力军，疆内游客 10961.92 万人次，占比达到 74.26%；旅游消费 662.33 亿元，疆内人均消费 604.21 元。疆外游客 3800.38 万人次，占比 25.74%；旅游消费 1834.67 亿元，疆外游客每次出游时间平均 4.78 天，疆外人均消费 4827.60 元。如图所示：

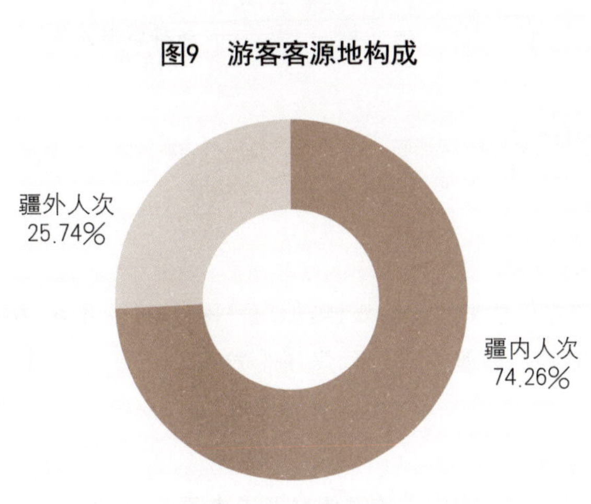

3. 游客出游方式。主要以自驾游为主，自驾游 10776.19 万人次，占比 73.00%；自助游 3442.542 万人次，占比 23.32%；团队游游客 543.57 万人次，占比 3.68%。如图所示：

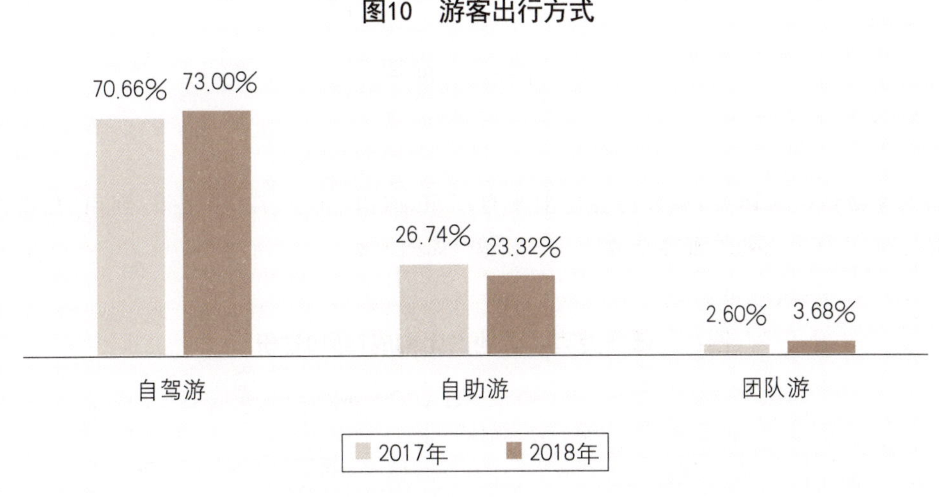

4. 吸引游客原因。41.42%的游客被新疆大美自然风光，雪山、草原、沙漠、盆地、河谷等丰富的自然景观吸引；24.80%的游客热爱独特人文民俗，古城和洞窟等宝贵人文资源令游客向往；18.20%的游客选择新疆美食，富有民族特色的美食使游客纷至沓来。如图所示：

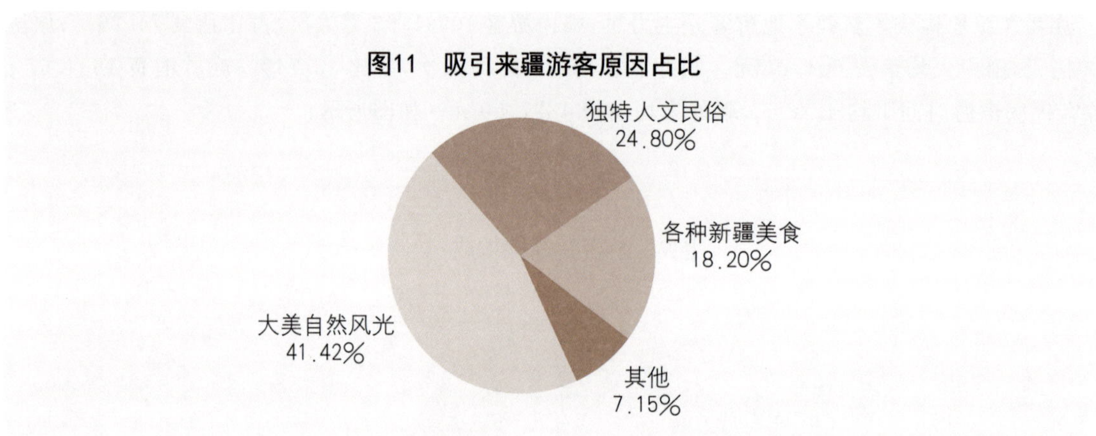

5. 旅游信息渠道。42.92%的游客信息来源于新媒体，如门户网站、社交论坛、微博、微信公众号等；22.83%的游客是亲朋好友强力推荐；19.93%的游客受传统媒体平台的广告宣传吸引（广播、电视、报纸、杂志等）。如图所示：

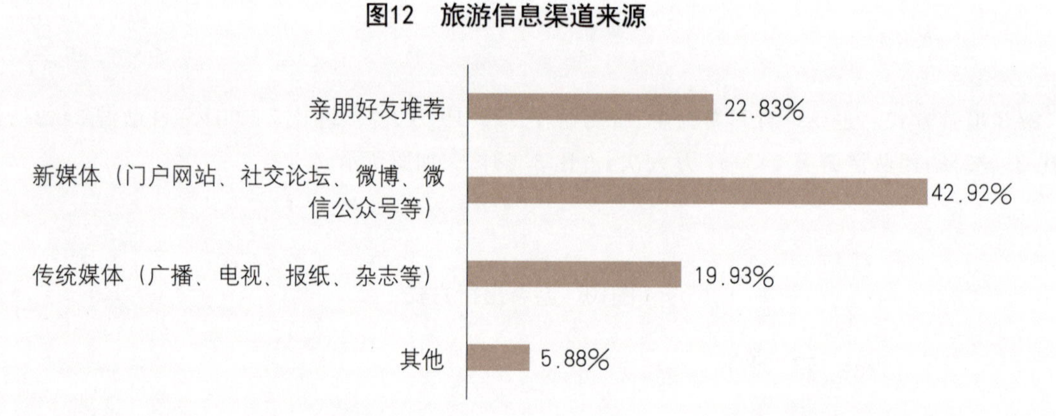

6. 疆外游客客源地。2018年，疆外游客主要来自广东、四川、北京、江苏、上海、河南、甘肃、浙江、山东及陕西等省市，Top10总量占疆外游客总数的63.84%。如图所示：

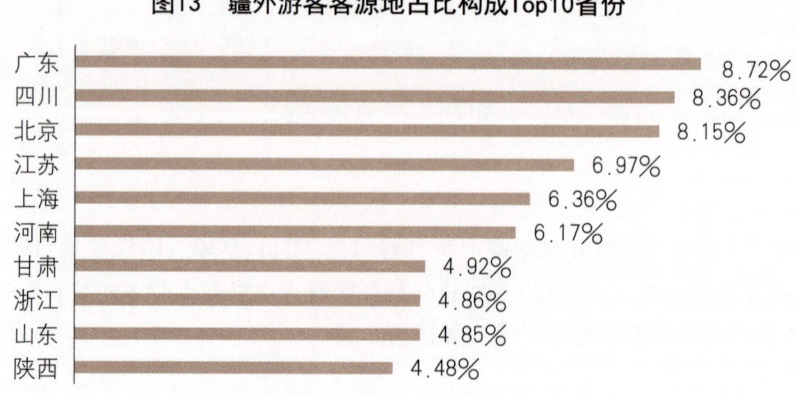

其他各省市来疆游客占比图示：

地　区	比重	地　区	比重
河　北	3.92%	黑龙江	1.41%
湖　北	3.52%	广　西	1.34%
湖　南	3.40%	贵　州	1.34%
辽　宁	2.86%	江　西	1.28%
重　庆	2.86%	吉　林	1.16%
安　徽	2.41%	云　南	1.10%
山　西	2.17%	宁　夏	1.10%
天　津	1.80%	青　海	0.71%
福　建	1.71%	海　南	0.46%
内蒙古	1.53%	西　藏	0.09%

(二)重点景区分析

与自治区统计局、通信管理局合作，在全区105家重点景区中部署监控，获取游客数据并分析接待情况。

1. 地州景区游客分布。乌鲁木齐、伊犁和吐鲁番居景区游客接待量前三名。其中，吐鲁番游客接待量增幅达181.42%，乌鲁木齐游客接待量增幅88.76%，喀什、克拉玛依游客接待量增幅分别为182.14%、168.82%。如图所示：

图14　分地州重点景区游客接待量示意图

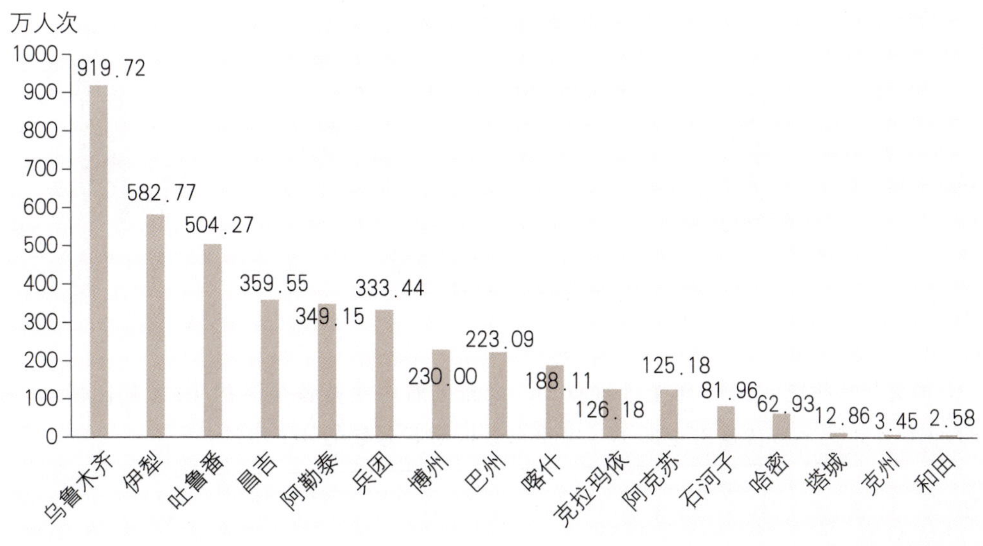

2. 景区接待量分析。2018年105家重点景区接待游客4105.23万人次，同比增长77.83%。景区全年四季的接待量，第三季度为高峰期、第四季度次之。

图15　2017年、2018年105家景区游客接待量

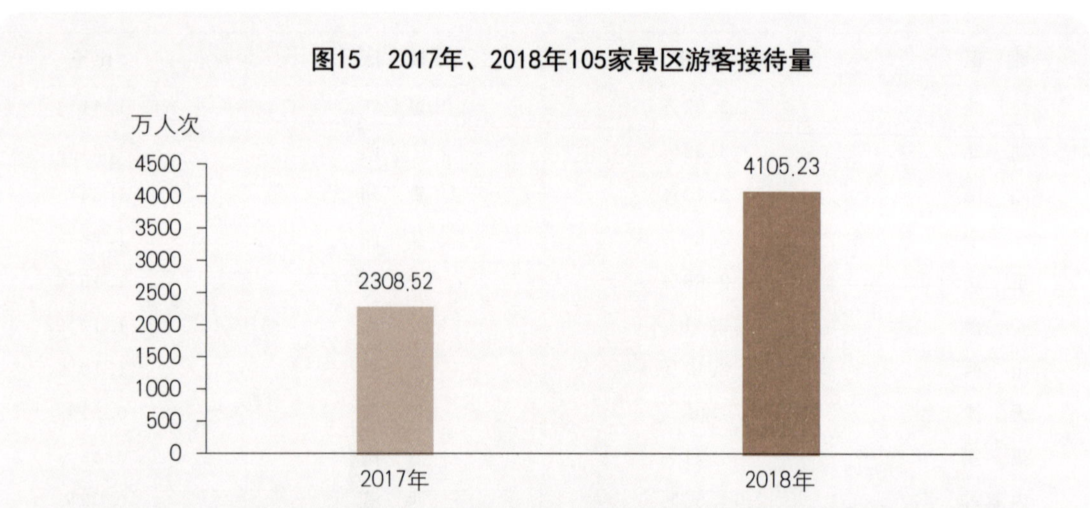

注：2017年1月统计了82家4/5A级景区，2月统计了95家4/5A级景区，3月统计97家4/5A级景区，4-5月每月统计98家4/5A级景区，2017年6月-2018年8月每月统计99家4/5A级景区，2018年9月起每月统计105家4/5A级景区。

图16　2017年、2018年105家景区游客接待情况一览

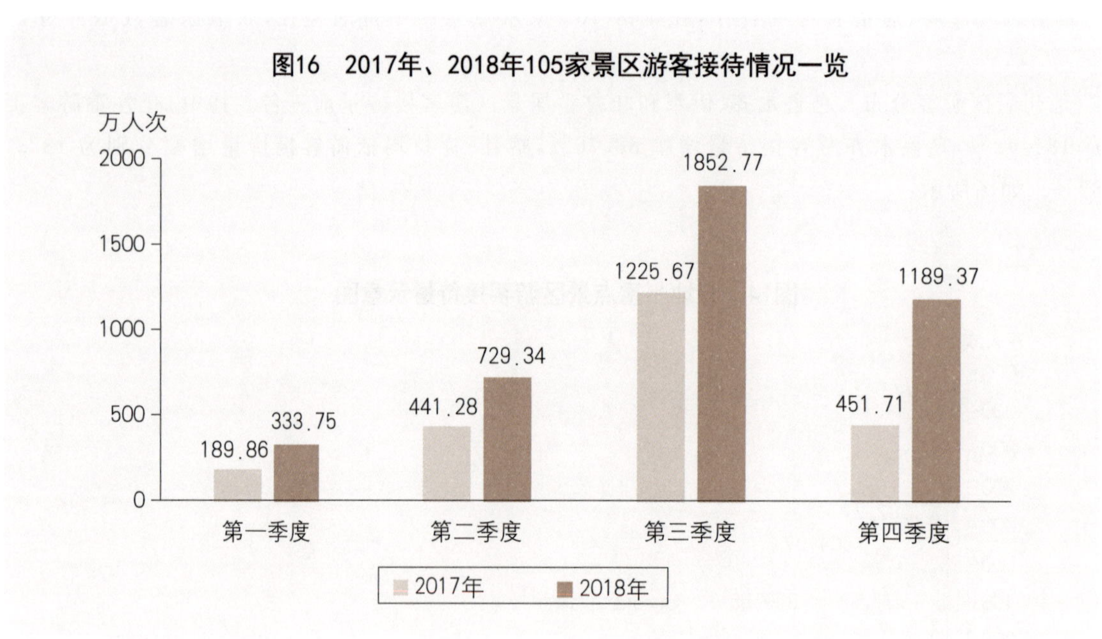

3. Top10 游客接待排名。2018 年全区重点 105 家景区游客接待量最多的 10 家如图所示，游客接待量均超百万，Top10 景区游客接待量占全部 105 家重点景区游客总数的 42.26%。

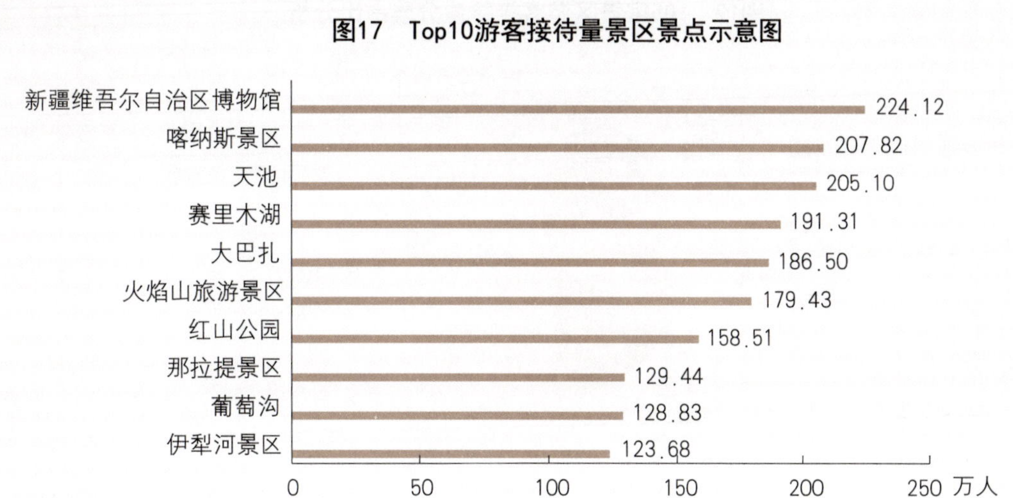

图17　Top10游客接待量景区景点示意图

4. 景区接待量分层分析。在重点监控的105家景区中，游客接待量超过百万的14家，其接待游客总量占比52.83%；50万—100万区间的8家，其接待游客总量占比14.23%；30万—50万的15家，其接待游客总量占14.40%；10万—30万的38家，其接待游客总量占15.27%；10万以下有30家，接待游客总量仅占3.28%。

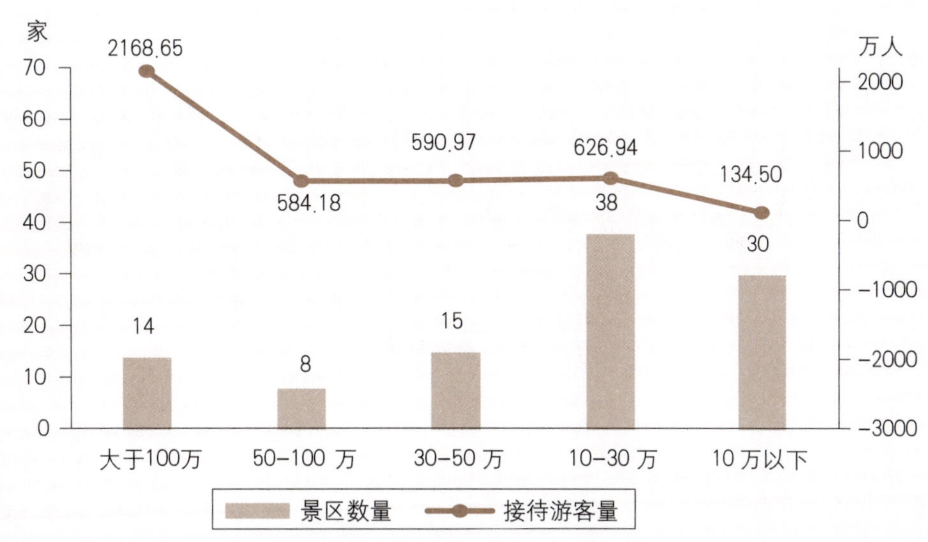

图18　105家景区游客接待量分层分析

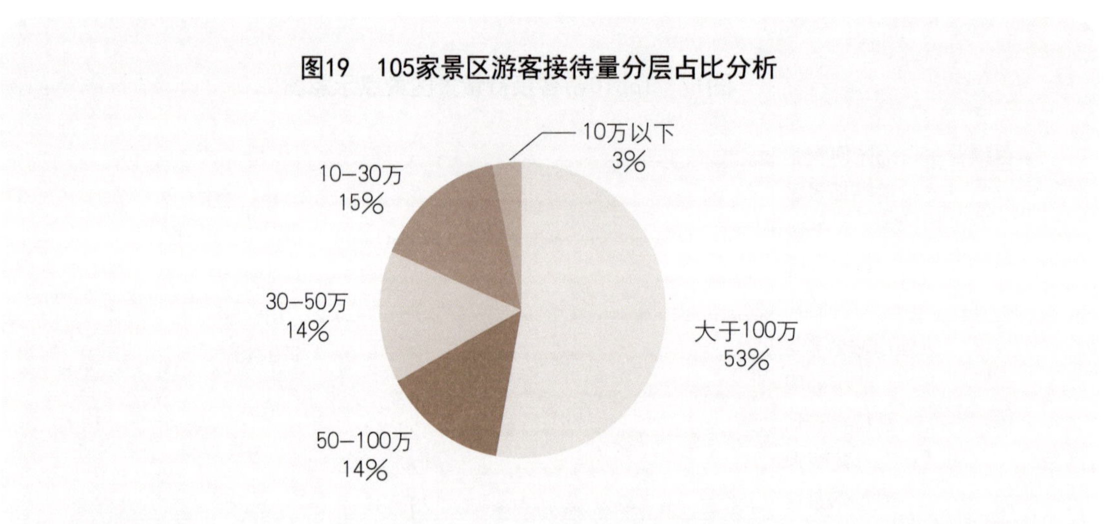

图19　105家景区游客接待量分层占比分析

5.5A景区游客接待情况。2018年全区12家5A景区中，游客接待量超过百万的有4家，接待游客总量占全部105家的16.35%。其中天池、喀什噶尔老城同比游客人数大幅增加，白沙湖景区游客人数有所下降。

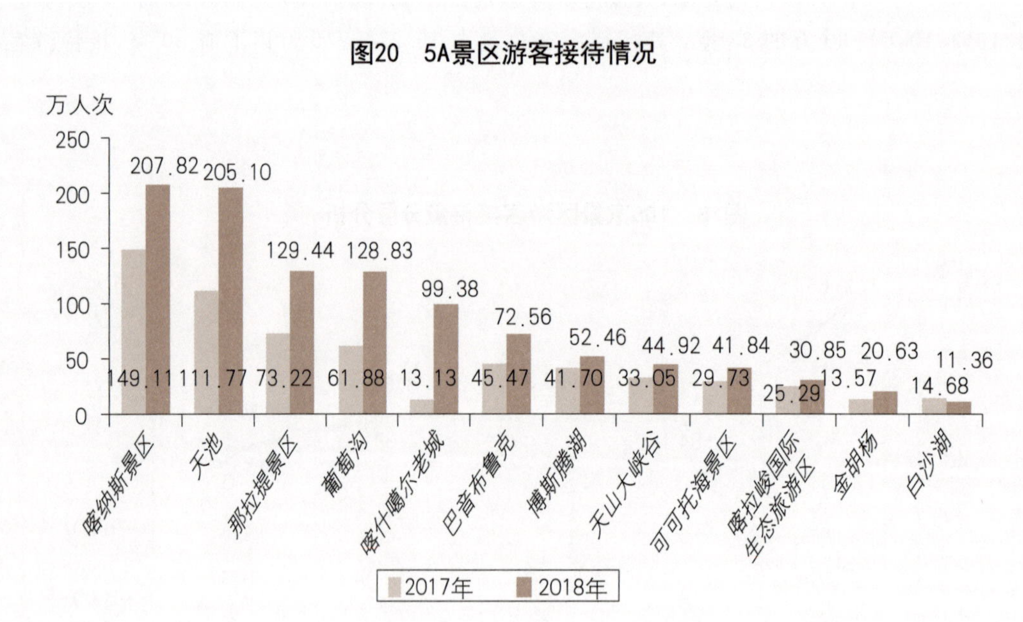

图20　5A景区游客接待情况

四、存在问题

2018年全区文化旅游工作成绩显著，但也要清醒地看到存在的问题和不足：文化旅游工作距离聚焦落实总目标的要求，距离自治区党委、人民政府的安排部署，距离人民群众对美好生活的需要还有一定的差距。中华文化的根植与传播力度不够，缺乏统一规划布局，政策扶持、创作安排、演出机制等还不完善，中华文化辐射力和影响力亟需加强。意识形态领域反分裂斗争还需持续深入，意识形态领域阵地风险隐患仍然存在。优秀文化产品的供给力不足，不能满足群众精神文化需求，创作手段单一，创作效率不高，文艺作品没有形成高原，更缺高峰。基层文化设施的“建、管、用”机制不健全，旅游产业的发展仍有发掘和探索空间，支柱产业带动作用仍需发力。以习近平新时代中国特色社会主义思想为指导，抓住机构改革的契机，自觉担负起兴文化和建设旅游强区的使命，贯彻落实自治区党委“1＋3＋3＋改革开放”工作部署，贯彻新发展理念，坚持以人民为中心的工作导向，坚持以社会主义核心价值观为引领，坚守中华文化立场、传承中华文化基因，增强“五个认同”，筑牢中华民族共同体意识，确保意识形态阵地绝对安全，推动文化事业全面繁荣发展和文化产业快速发展，促进文化和旅游深度融合，建设各民族共有精神家园，凝聚起建设美丽新疆、共圆祖国梦想的磅礴文化力量等，任务坚决而又使命光荣。

（新疆维吾尔自治区文化和旅游厅）

新疆：以人民为中心以基层为重点文化惠民演出扎根基层

2018 年，新疆在推进文艺作品创作生产的同时，各级文艺院团把以人民为中心作为工作的出发点和落脚点，积极开展面向基层特别是南疆四地州的文化惠民演出。自治区直属 7 个区级艺术表演团体派出 12 个演出小分队赴南疆深度贫困村开展脱贫攻坚扶贫演出，同时开展“我们的中国梦—文化进万家”“访惠聚”“四个一批”惠民演出，还开展了各类节庆文化惠民演出。截至 2018 年 12 月，共计 1818 场，惠及群众 127.2 万人次。2018 年开展了“庆祝改革开放四十周年暨全国优秀现实题材舞台艺术作品展演”活动，在乌鲁木齐、昌吉开展了 23 场惠民演出，观众达 1.1 万多人次。由文化和旅游厅主办的美术展览已形成常态化机制。据不完全统计，2018 年区、地、县三级艺术表演团体全年开展文化惠民演出、展览近 10000 场次。这些演出和展览，为城市乡村增添新色彩都证明了“诗与远方”让人民群众的生活更加美好。

2019 Statistical Analysis Report
on Cultural and Tourism Development

2019文化和旅游发展统计分析报告

背景篇

2018年国民经济运行情况分析

2018年,面对外部环境深刻变化、国内结构调整阵痛叠加、经济下行压力加大的复杂局面,在以习近平同志为核心的党中央坚强领导下,各地区各部门认真贯彻落实党中央国务院各项决策部署,坚持新发展理念,坚持以供给侧结构性改革为主线,按照推动高质量发展要求,凝心聚力,攻坚克难,国民经济运行保持在合理区间,总体平稳、稳中有进态势持续显现,经济社会发展的主要预期目标较好完成。同时也要看到,我国发展面临的内外环境发生深刻变化,经济运行稳中有变、变中有忧,下行压力加大。下阶段,要以习近平新时代中国特色社会主义思想为指导,坚持稳中求进工作总基调,统筹推进稳增长、促改革、调结构、惠民生、防风险、保稳定,奋力深化改革开放创新,着力激发市场活力、需求潜力和内生动力,努力保持经济持续健康稳定发展,为全面建成小康社会收官打下决定性基础。

一、经济运行保持在合理区间,主要预期目标较好实现

(一)经济总量再上新台阶,国际影响力进一步扩大

经济保持中高速增长。初步核算,2018年,国内生产总值比上年增长6.6%,高于预期增长目标,经济增速位居世界前五大经济体之首。分季度看,连续16个季度运行在6.4%—7.0%区间,经济运行稳定性和韧性明显增强。分产业看,2018年,第一产业增加值64734亿元,比上年增长3.5%;第二产业增加值366001亿元,增长5.8%;第三产业增加值469575亿元,增长7.6%。

经济总量大幅增加。2018年,国内生产总值900309亿元,超过90万亿元,比上年增加79555亿元。按年平均汇率折算,经济总量达到13.6万亿美元,稳居世界第二位,占世界经济比重继续提高;经济增量1.4万亿美元,相当于G20国家中澳大利亚2017年的经济总量(根据世界银行数据,2017年澳大利亚经济总量居世界第13位);对世界经济增长贡献率接近30%,仍是世界经济增长主动力。人均国内生产总值64644元,比上年增长6.1%。

(二)价格涨幅低于预期,市场供求形势稳定

居民消费价格温和上涨。2018年,居民消费价格比上年上涨2.1%,低于全年3%的预期涨幅。其中,食品价格上涨1.8%,非食品价格上涨2.2%,扣除食品和能源的核心CPI上涨1.9%。与民生相关的消费品和服务市场供应充足,价格涨幅较低,居民得到较多实惠。2018年,食品烟酒价格比上年上涨1.9%,衣着上涨1.2%,生活用品及服务上涨1.6%,均低于全部居民消费价格涨幅。

工业品价格涨幅回落。2018年,工业生产者出厂价格比上年上涨3.5%,涨幅比上年回落2.8个百分点。其中,生产资料价格上涨4.6%,涨幅比上年回落3.7个百分点;生活资料价格上涨0.5%,回落0.2个百分点。

(三)城镇就业规模继续扩大,就业比较充分

新增就业超过1300万人。2018年,城镇新增就业1361万人,比上年多增10万人,连续6年保持在

1300万人以上，完成全年目标的123.7%。城镇失业人员再就业551万人，就业困难人员实现就业181万人。全年农民工总量为28836万人，比上年增加184万人，增长0.6%。其中，本地农民工11570万人，增加103万人，增长0.9%；外出农民工17266万人，增加81万人，增长0.5%。

调查失业率保持在5%左右。2018年各月，全国城镇调查失业率保持在4.8%－5.1%之间，持续低于5.5%的预期目标。其中，31个大城市城镇调查失业率在4.7%－5.0%之间。2018年12月份，全国和31个大城市城镇调查失业率分别为4.9%和4.7%，分别比上年同期下降0.1和0.2个百分点。城镇登记失业率低于4%。2018年末，全国城镇登记失业率为3.8%，比上年末下降0.1个百分点，为近十多年以来的最低水平。

(四)居民收入和消费较快增长，人民生活持续改善

居民收入与经济增长基本同步。2018年，全国居民人均可支配收入28228元，比上年增长8.7%，扣除价格因素，实际增长6.5%，快于人均GDP增速。农村居民收入增长快于城镇居民。2018年，农村居民人均可支配收入14617元，比上年实际增长6.6%；城镇居民人均可支配收入39251元，实际增长5.6%。城乡居民收入倍差为2.69，比上年下降0.02。

居民消费增幅加快。2018年，全国居民人均消费支出19853元，比上年实际增长6.2%，增速比上年加快0.8个百分点。其中，城镇居民人均消费支出26112元，实际增长4.6%，加快0.5个百分点；农村居民人均消费支出12124元，实际增长8.4%，加快1.6个百分点。耐用消费品拥有量增加。2018年，全国居民每百户家用汽车拥有量为33辆，比上年增长11.0%；每百户移动电话拥有量为249部，增长3.8%。

(五)进出口稳中向好，国际收支平衡改善

货物贸易规模创历史新高。2018年，我国货物进出口总额305050亿元，首次突破30万亿元，比上年增长9.7%。其中，出口增长7.1%，进口增长12.9%。货物贸易顺差23303亿元，比上年收窄18.3%。贸易结构持续优化。2018年，一般贸易进出口176352亿元，比上年增长12.5%；占进出口总额的57.8%，比上年提高1.4个百分点。服务贸易较快发展。2018年1－11月份，服务贸易进出口总额47414亿元，同比增长11.5%。其中，出口增长14.7%，进口增长10.0%。服务贸易逆差为15808亿元。

外汇储备稳定在3万亿美元以上。利用外资规模大于对外投资。2018年，我国实际使用外资1350亿美元，比上年增长3.0%；非金融类对外直接投资1205亿美元，与上年基本持平。2018年末，外汇储备余额30727亿美元，连续2个月增加，持续保持在3万亿美元以上。2018年末，人民币兑美元汇率为6.86元/美元，比10月末升值1.48%。

(六)企业效益总体上升，发展质量不断提高

企业利润较快增长。2018年1－11月份，全国规模以上工业企业利润总额同比增长11.8%。企业利润率提高。1－11月份，规模以上工业企业主营业务收入利润率为6.48%，比上年同期提高0.16个百分点。规模以上服务业企业营业利润同比增长5.7%。其中，交通运输仓储和邮政业、卫生和社会工作、文化体育和娱乐业营业利润分别增长21.4%、21.0%和12.9%。

能耗强度继续下降。2018年，万元国内生产总值(2015年不变价)能耗比上年下降约3.1%，完成下降3%以上的目标任务；工业节能成效显著，规模以上工业单位增加值能耗下降3.7%。随着技术进步和企业主动调整，主要工业产品综合能耗继续下降。

2018年，我国经济社会发展目标较好完成，是以习近平同志为核心的党中央坚强领导的结果，是全国人民团结一心、共克时艰、努力奋斗的结果。这一年，我国发展的外部环境发生了深刻变化，尤其是中美经贸

摩擦复杂演变,给我国经济带来了巨大挑战。在党中央领导下,我们沉着应对,有理有利有节采取反制措施,坚定维护全球多边贸易体制,及时采取"六个稳"政策措施,以主动开放的姿态赢得国际社会广泛支持,中美经贸摩擦升级态势得到有效管控,把对外资外贸、物价就业等领域的负面冲击降到最低限度,较好地抵御了前所未有的外部风险挑战和经济下行压力,保持了经济社会大局稳定,成绩来之不易。

二、经济运行稳中有进,转型升级蹄疾步稳

各地区各部门按照党中央国务院决策部署,坚持推动高质量发展,扎实推进供给侧结构性改革,继续打好三大攻坚战,新动能快速成长,经济结构不断优化,改革开放步伐加快,转型升级取得新进展。

(一)供给侧结构性改革深入推进,供给质量不断提升

去产能任务提前完成。坚持市场化法治化手段去产能,提前超额完成全年去产能目标任务。全年共压减钢铁产能3000万吨以上,退出煤炭产能1.5亿吨以上。去杠杆去库存稳步推进。2018年11月末,规模以上工业企业资产负债率为56.8%,比上年同期下降0.4个百分点;其中国有控股企业资产负债率为59.1%,下降1.6个百分点。坚持"房住不炒",因城施策促进房地产健康发展,商品房库存继续下降。2018年末,商品房待售面积52414万平方米,比上年末减少6510万平方米,下降11.0%。

降成本继续显效。持续推进减税降费,企业成本有所下降。2018年1—11月份,规模以上工业企业每百元主营业务收入中的成本为84.19元,比上年同期降低0.21元。补短板力度加大。重点领域投资较快增长。2018年,生态保护和环境治理业、农业、社会领域投资分别比上年增长43.0%、15.4%和11.9%,增速分别快于全部投资37.1、9.5和6.0个百分点。

(二)三大攻坚战开局良好,薄弱环节明显加强

宏观杠杆率趋稳。2018年,M_2/GDP为202.9%,比上年下降3个百分点。打好防范化解重大风险攻坚战三年行动方案制定实施,主动防范化解金融风险。据银保监会统计,2018年末,全国银行业境内总资产261.4万亿元,不良贷款率1.89%,在可控范围之内。规范金融秩序力度加大,金融乱象治理效果明显。地方政府债务总体可控。2018年11月末,全国地方政府债务余额为182903亿元,控制在全国人大批准的限额之内。

脱贫攻坚成效显著。2018年,全国农村贫困人口继续减少,贫困人口较多的四川、贵州、云南农村居民人均可支配收入分别比上年名义增长9.0%、9.6%和9.2%,快于全国农村居民人均可支配收入增速。产业、就业、教育等扶贫效果显现。2018年,农村贫困人口较多的西部地区农民工比上年增加104万人,带动收入增加。惠民扶贫政策力度加大。280个左右贫困县脱贫摘帽,280万人易地扶贫搬迁顺利完成。

污染防治取得积极进展。2018年,清洁能源消费量占能源消费总量的比重比上年提高约1.3个百分点。全国338个地级及以上城市空气质量平均优良天数比例为79.3%,比上年提高1.3个百分点;$PM_{2.5}$浓度为39微克/立方米,下降9.3%;PM_{10}浓度为71微克/立方米,下降5.3%。坚决遏制洋垃圾入境,2018年全国固体废物进口量比上年下降48%。

(三)创新引领作用增强,发展新动能壮大

重大科技成果不断涌现。2018年,北斗三号基本系统星座部署圆满完成,首颗地震监测卫星"张衡"升空,港珠澳大桥正式通车,中国科技上天入地,通江达海,引领作用不断增强。市场主体大量增加。大力弘扬创新文化,积极打造高水平"双创",催生了大量市场主体。2018年,全国新登记企业670万户,比上年增长10.3%,日均新登记企业1.84万户。

新产业新产品不断成长。2018年，战略性新兴制造业增加值比上年增长8.9%，增速快于全部规模以上工业2.7个百分点。2018年1—11月份，战略性新兴服务业营业收入同比增长14.9%，增速快于全部规模以上服务业3.4个百分点；互联网和相关服务业、软件和信息技术服务业、租赁和商务服务业营业收入分别增长26.2%、17.9%和12.6%，增速均快于全部规模以上服务业。新产品快速增长。2018年，新能源汽车、光纤、智能电视产量分别比上年增长40.1%、23.0%和18.7%。

新业态新模式蓬勃发展。数字消费、电子商务、现代供应链、互联网金融等新技术相互融合，有效带动了平台经济、共享经济、智能经济发展。2018年，全国网上商品零售额比上年增长25.4%，增速快于社会消费品零售总额16.4个百分点；占社会消费品零售总额的比重达18.4%，比上年提高3.4个百分点。网上购物带动快递业务量大幅增长。2018年，完成快递业务量507亿件，比上年增长26.6%。信息消费快速增长。2018年1—11月份，移动互联网接入流量同比增长194.3%。

(四)需求结构调整优化，消费和投资转型升级

消费基础性作用进一步增强。2018年，最终消费支出对经济增长的贡献率为76.2%，比上年提高18.6个百分点，比资本形成总额高43.8个百分点。服务消费占比提高。2018年，国民核算的居民消费中，服务消费占比为49.5%，比上年提高0.3个百分点。消费结构继续升级。2018年，全国居民恩格尔系数为28.4%，比上年降低0.9个百分点。2018年，全国居民人均服务性消费支出8781元，比上年增长12.5%；占全国居民人均消费支出的比重为44.2%，比上年提高1.6个百分点。2018年，国内旅游人数预计达55.4亿人次，旅游收入约5.1万亿元，比上年分别增长10.8%和12.3%。全国电影总票房突破600亿元，比上年增长9%左右。

投资结构持续优化。民间投资增长较快。2018年，民间投资比上年增长8.7%，增速比上年加快2.7个百分点，年内持续保持在8%以上。制造业投资增长加快。2018年，制造业投资比上年增长9.5%，增速比上年加快4.7个百分点。其中，装备制造业投资增长11.1%，高技术制造业投资增长16.1%。此外，制造业技改投资增长14.9%，涉农领域投资增长19.8%，均保持高速增长。

(五)产业结构持续升级，三次产业协同发展

服务业“稳定器”功能更为突出。2018年，第三产业增加值增速比第二产业快1.8个百分点，对经济增长的贡献率为59.7%，比上年提高0.1个百分点，比第二产业高23.6个百分点。第三产业增加值占国内生产总值的比重为52.2%，比上年提高0.3个百分点。新兴服务业继续发挥引领作用。2018年1—11月份，科技服务业营业收入同比增长15.0%，增速快于规模以上服务业3.5个百分点；高技术服务业营业收入增长13.4%，快于规模以上服务业1.9个百分点。

工业加快向中高端迈进。高技术制造业生产保持两位数增长。2018年，高技术制造业增加值比上年增长11.7%，增速快于规模以上工业5.5个百分点；占规模以上工业增加值的比重为13.9%，比上年提高1.2个百分点。装备制造业较快增长。2018年，装备制造业增加值比上年增长8.1%，增速快于规模以上工业1.9个百分点；占规模以上工业增加值的比重为32.9%，比上年提高0.2个百分点。

农业生产结构调整优化。小麦、玉米播种面积继续调减，大豆种植面积增加。2018年，小麦和玉米播种面积分别比上年减少360万亩和404万亩，大豆播种面积增加232万亩。棉花生产向优势产区集中。2018年，棉花总产量610万吨，比上年增长7.8%；其中，新疆棉花产量511万吨，增长11.9%，占全国总产量的比重为83.8%，比上年提高3.0个百分点。因地制宜发展经济作物。2018年，中草药材作物种植面积增加，糖料产量增长。

(六)改革开放力度加大，发展空间有效拓展

重点领域改革纵深推进。隆重召开庆祝改革开放40周年大会，推出一系列重大改革举措。“放管服”改

革持续深入，市场准入负面清单全面实施，外资外企设立程序进一步简化，营商环境不断优化。世界银行《2019 年营商环境报告》显示，我国营商环境在 190 个经济体中位列 46 位，比上年上升 32 位。财税体制改革持续加力，增值税改革全面铺开，下调制造业等行业增值税税率，扩大享受税收优惠政策的小微企业范围，提高个人所得税起征点，推动实施个人所得税专项附加扣除。国企国资、价格、投融资等重点领域改革稳步推进，不断完善产权保护制度。

对外开放水平不断提升。成功举办首届中国国际进口博览会，博鳌亚洲论坛 2018 年年会、上海合作组织青岛峰会、中非合作论坛北京峰会等重大会议取得圆满成功。与“一带一路”沿线国家经贸往来扩大。2018 年，我国对“一带一路”沿线国家进出口额达 8.4 万亿元，比上年增长 13.3%，增速快于全部进出口总额 3.6 个百分点。我国企业对“一带一路”沿线国家非金融类直接投资 156.4 亿美元，比上年增长 8.9%；在“一带一路”沿线国家对外承包工程完成营业额 893.3 亿美元，占同期总额的 52%。制造业吸引外资势头良好。在全球跨境投资大幅下滑的背景下，2018 年，我国制造业实际使用外资比上年增长 20.1%，占全部利用外资的比重提高至 30.6%。

三、经济运行稳中有变、变中有忧，下行压力加大

在充分肯定成绩的同时，也要看到，当前外部环境复杂严峻，国内长短期问题交织叠加，周期性结构性矛盾突出，经济面临较大下行压力。

（一）国际环境变局丛生，经贸摩擦影响显现

2018 年是外部环境深刻变化的一年。这一年，美国强行推行“美国优先”战略，执意在全球范围内挑起贸易争端，尤其是针对我国的经贸摩擦持续升级，增加了世界经济复苏难度，经济金融市场大幅动荡，世界贸易增长放缓，全球化进程明显受阻，保护主义和民粹主义抬头。这一年，西方发达国家冷战思维沉渣泛起，将意识形态领域的对抗延续至经济、政治层面，通过控制油价、围剿高科技通讯技术企业发展，对新兴大国进行打压。这一年，地缘政治更趋紧张，美重启对伊制裁、俄罗斯乌克兰冲突、叙利亚局势复杂，国际局势动荡不宁，不稳定不确定性明显增加，尤其是下半年世界经济金融市场动荡加剧。

国际金融市场和大宗商品市场剧烈震荡。2018 年，全球主要股票指数集体重挫，美国道琼斯、标普 500 和纳斯达克三大股指全年分别下跌 5.6%、6.2% 和 3.9%，日本、德国和英国股指分别下跌 12.1%、18.7% 和 11.7%，新兴市场股指下跌 23.0%。国际大宗商品价格大幅波动。国际能源价格指数 10 月份达到年内峰值，但后两个月大幅下跌 25%；OPEC 一揽子原油价格 10 月份一度升至 79.39 美元/桶，12 月份跌至 56.94 美元/桶，较年内高点下跌 28.3%。国际金融市场和大宗商品价格大幅波动影响市场预期，对我国企业生产经营决策造成不利影响。

世界经济下行风险加大。2018 年三季度，美国 GDP 环比折年率为 3.4%，比二季度回落 0.8 个百分点，四季度预计回落到 3%以下；欧元区 GDP 环比增长 0.2%，仅为二季度环比增速的一半；日本 GDP 环比下降 0.6%，显现衰退迹象。印度、俄罗斯等新兴经济体下半年经济增速也出现回落。IMF 预计，2018 年世界货物贸易量增长 4.4%，比上年回落 1.0 个百分点；WTO 预计，2018 年世界货物贸易量增长 3.9%，回落 0.8 个百分点。主要国际组织纷纷下调 2019 年世界经济和贸易增长预期。按照最新预测结果，IMF、OECD、世界银行分别下调 2019 年世界经济增速 0.2、0.2 和 0.1 个百分点，WTO 和 IMF 分别下调 2019 年全球货物贸易量增速 0.3 和 0.7 个百分点。

中美经贸摩擦影响逐渐显现。2018 年，虽然中美经贸摩擦给国内经济带来的直接冲击得到有效管控，但一些市场主体信心不足，潜在影响逐步显现。2018 年 12 月份，我国进出口总额同比下降 1.2%，而 11 月份为增长 8.3%。12 月份，制造业 PMI 中，新出口订单指数降至 46.6%，低于上月 0.4 个百分点，连续 7 个

月在临界点以下。

(二)经济增长逐季放缓,下行压力持续加大

受外部环境复杂严峻,国内结构调整阵痛持续影响,我国经济增长有所放缓。2018年,国内生产总值比上年增长6.6%,增速比上年回落0.2个百分点。分季度看,一、二、三、四季度同比分别增长6.8%、6.7%、6.5%和6.4%,呈现逐季回落态势。

从生产看,2018年,规模以上工业增加值比上年增长6.2%,增速比上年回落0.4个百分点。一、二、三、四季度,同比分别增长6.8%、6.6%、6.0%和5.7%,其中四季度增速为2009年二季度以来最低。2018年,服务业生产指数比上年增长7.7%,增速比上年回落0.5个百分点。一、二、三、四季度,同比分别增长8.1%、8.0%、7.5%和7.2%,也呈逐季放缓态势。从需求看,2018年,固定资产投资比上年增长5.9%,增速比上年回落1.3个百分。其中,基础设施投资增长3.8%,回落15.2个百分点。2018年,社会消费品零售总额比上年增长9.0%,增速比上年回落1.2个百分点。一、二、三、四季度,社会消费品零售总额同比分别增长9.8%、9.0%、9.0%和8.3%,放缓态势明显。

(三)重点行业支撑作用减弱,高耗能行业有所回升

长期以来,汽车、电子、房地产等支柱行业快速发展,是经济增长的重要贡献力量,但2018年这些行业增长回落,拖累了整体经济增长。汽车生产下降。2018年,汽车产量比上年下降3.8%,为二十年来首次下降;汽车制造业增加值比上年增长4.9%,增速比上年回落7.3个百分点。部分电子产品产量由升转降。2018年,手机、微型计算机设备、光电子器件产量分别比上年下降4.1%、1.0%和1.1%,上年分别为增长1.6%、6.8%和16.9%。房地产市场降温。2018年,商品房销售面积比上年增长1.3%,增速比上年回落6.4个百分点。商品房销售放缓不仅制约房地产业发展,也对上下游相关产业带来不利影响。2018年,房地产业增加值比上年增长3.8%,增速比上年回落2.8个百分点。限额以上单位家具类、建筑及装潢材料类、家用电器和音像器材类商品零售额比上年分别增长10.1%、8.1%和8.9%,增速分别比上年回落2.7、2.2和0.4个百分点。

还要看到,2018年六大高耗能行业增加值比上年增长6.6%,增速比上年加快3.6个百分点。与此同时,代表转型升级方向的高技术制造业、装备制造业增加值增速分别比上年回落1.7和3.2个百分点。可见,高耗能行业增长加快,对2018年规模以上工业增加值保持6%以上的增长发挥了重要支撑作用,但高耗能行业增长加快必然会挤占更多资源,加大节能降耗难度,加剧能源紧缺局面,迟滞产业转型升级步伐,对此要高度重视。2018年,我国原油、煤及褐煤进口量比上年分别增长10.1%和3.9%。

(四)实体经济困难增多,中小企业生产经营压力加大

企业成本费用上升。虽然我国减税降费措施力度较大,但随着资源约束趋紧,企业劳动力、土地等要素成本刚性上涨,环保投入持续增加,反映生产经营成本压力加大的企业增多,发展信心不足。2018年,石油和天然气开采业、黑色金属冶炼和压延加工业、非金属矿物制品业出厂价格比上年分别上涨24.3%、9.3%和9.7%,上游原材料价格大幅上涨加大了下游行业的成本压力。企业利息支出增加。2018年1—11月份,规模以上工业企业利息支出同比增长9.7%,增速比上年同期加快4.7个百分点。

四季度企业盈利能力下降。2018年11月份,规模以上工业企业利润总额同比下降1.8%,利润增速连续7个月放缓;规模以上工业企业主营业务收入利润率同比下降0.55个百分点。2018年1—11月份,规模以上服务业企业营业利润同比增长5.7%,增速比1—10月份回落2.8个百分点。经营状况不佳导致企业开工减少,拖欠农民工工资现象增多。2018年,工业产能利用率为76.5%,比上年回落0.5个百分点。四季

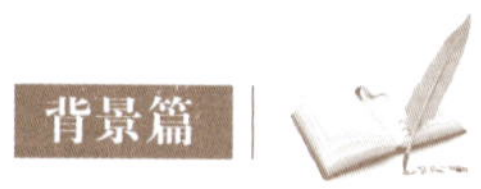

度，制造业产能利用率比上年同期和三季度分别回落2.0和0.4个百分点。2018年，被拖欠工资的农民工比重比上年上升0.19个百分点；人均被拖欠工资比上年增加1337元。

中小微企业和民营企业困难较多。2018年，全国规模以下工业增加值比上年增长5.1%，增速比规模以上工业增加值低1.1个百分点。2018年1—11月份，规模以上工业企业中，私营企业利润同比增长10%，增速比国有控股企业低6.1个百分点；私营企业主营业务收入利润率为5.4%，比国有控股企业低1.86个百分点。2018年，规模以上工业企业中，按产值规模分，5000万元以下的企业总产值比上年下降43.2%，而4亿元以上的企业总产值增长15.4%。

企业预期稳中有变。2018年12月份，制造业PMI为49.4%，比上月回落0.6个百分点，连续4个月回落，2016年8月以来首次跌至荣枯线以下。四季度，企业景气指数为120.2，比三季度回落2.5点。

（五）就业人员、劳动力资源、出生人口数量下降，人口老龄化加深

就业人员数量减少。2018年末，就业人员总量为77586万人，比上年末减少54万人，系首次减少。劳动力资源数量继续减少。2018年末，全国16—59岁（含不满60周岁）劳动年龄人口比上年末减少470万人，占总人口的比重为64.3%，比上年末下降0.6个百分点。自2012年劳动力资源数量首次下降以来，劳动力资源数量总共减少2674万人，这是劳动力成本刚性上涨的基础性原因。出生人口继续减少。2018年，全国出生人口1523万人，比上年减少200万人；人口出生率和自然增长率分别为10.94‰和3.81‰，比上年分别下降1.49和1.51个千分点。人口老龄化不断加深。2018年末，全国60周岁及以上人口比上年末增加859万人，占总人口的比重为17.9%，比上年末上升0.6个百分点；其中65周岁及以上人口增加827万人，占总人口的比重为11.9%，比上年末上升0.5个百分点。

（六）地区发展分化明显，一些省区市困难较多

从增长看，部分地区主要指标明显回落。2018年，重庆、新疆规模以上工业增加值比上年分别增长0.5%和4.1%，增速分别比上年回落9.1和2.3个百分点。西部地区固定资产投资比上年增长4.7%，增速比上年回落3.8个百分点。其中，内蒙古、新疆、宁夏投资分别下降28.3%、25.2%和18.2%。

从收入看，一些产业结构单一、转型发展步伐迟缓的地区财政收入状况不佳，保工资、保运转压力较大，财政收支矛盾突出。2018年11月份，14个地区地方本级一般公共预算收入同比下降，比上月增加3个。其中，贵州、青海分别下降25.6%和15.4%。1—11月份，天津地方本级一般公共预算收入同比下降14.6%，吉林和宁夏仅分别增长0.9%和2.4%。与此同时，部分地区居民收入增长较慢。

2019年是新中国成立70周年，是全面建成小康社会关键之年，做好经济工作至关重要。尽管外部环境严峻复杂，困难挑战有所增多，经济下行压力加大，但我国经济长期向好的基本面没有改变，经济发展韧性强、潜力足、空间大。我们要更加紧密团结在以习近平同志为核心的党中央周围，按照中央经济工作会议部署，坚持稳中求进工作总基调，坚持新发展理念和推动高质量发展，坚持以供给侧结构性改革为主线，继续打好三大攻坚战，充分调动各方面积极性，变压力为动力，深化市场化改革，扩大高水平开放，把稳增长与调结构防风险更好结合起来，狠抓“六个稳”政策落实，促进经济稳定运行，持续迈向高质量发展。一是狠抓逆周期调节政策落实，促进一季度经济起好步、开好局。二是加快形成强大国内市场，增强经济内生动力。三是着力深化创新驱动，推动制造业转型升级。四是大力降低成本费用，纾解企业发展困难。五是继续打好三大攻坚战，加强保障和改善民生。六是切实加快改革开放步伐，激发市场活力潜力。

（国家统计局国民经济综合统计司）

2019 Statistical Analysis Report
on Cultural and Tourism Development

2019文化和旅游发展统计分析报告

附　录

表 1　2018 年全国文化和旅游发展主要统计数据

指　　标	单位	总量指标		增长速度（%）
		2017 年	2018 年	
机构和人员				
机构数	个	326364	306252	－6.2
从业人员数	人	2482480	2407811	－3.0
经费投入				
文化事业费	亿元	855.80	928.33	8.5
人均文化事业费	元	61.57	66.53	8.1
公共图书馆				
机构数	个	3166	3176	0.3
总藏量	万册	96953	103716	7.0
总流通人次	万人次	74450	82032	10.2
群众文化				
机构数	个	44521	44464	－0.1
#文化站	个	41193	41138	－0.1
提供文化服务次数	万次	197.86	219.48	10.9
举办展览	万次	15.41	15.87	0.3
组织文艺活动	万次	111.43	123.13	10.5
组织公益性讲座	万次	3.44	3.58	4.1
举办训练班	万次	67.59	76.90	13.8
文化服务惠及人次	万人次	63951	70554	10.3
艺术表演团体				
机构数	个	15742	17123	8.8
演出场次	万场次	293.77	312.46	6.4
#农村演出场次	万场次	184.44	178.82	－3.0
国内演出观众人次	万人次	124863	117569	－5.8
#农村观众人次	万人次	83038	77898	－6.2
演出收入	万元	1478239	1522685	3.0
艺术表演场馆				
机构数	个	2455	2478	0.9
艺术演出场次	万场次	21.18	17.89	－15.5
艺术演出收入	万元	432754	374392	－13.5
文化市场				
机构数	个	257327	237055	－7.9
从业人员数	个	1733114	1667316	－3.8
旅游业				
国内旅游人数	亿人次	50.01	55.39	10.8
入境旅游人数	万人次	13948	14120	1.2
出境旅游人数	万人次	13051	14972	14.7
文物业				
机构数	个	9931	10160	2.3
总藏品	万件/套	4850.66	4960.61	2.3
参观人次	万人次	114773	122387	6.6

表 2　按年份全国主要文化和旅游机构数

单位：个

年　份	公共图书馆	文化馆	博物馆	旅行社	星级饭店	A 级景区
1949	55	896	21			
1952	83	2430	35			
1957	400	2748	72			
1962	541	2575	230			
1965	562	2660	214			
1970	323	2332	182			
1975	629	2670	242			
1978	1218	2840	349			
1980	1732	3130	365			
1985	2344	3295	711			
1986	2406	3330	777			
1987	2440	3321	827	1245		
1988	2485	3333	903	1573		
1989	2512	3321	967	1617		
1990	2527	3321	1013	1561		
1991	2535	3265	1075	1603	853	
1992	2558	3272	1106	2592	1029	
1993	2572	3256	1130	3238	1186	
1994	2589	3261	1161	4382	1556	
1995	2615	3259	1194	3826	1913	
1996	2620	3284	1219	4252	2349	
1997	2628	3286	1282	4986	2724	
1998	2662	3287	1339	6222	3248	
1999	2669	3294	1363	7326	3856	
2000	2675	3297	1392	8993	6029	
2001	2696	3241	1461	10532	7358	
2002	2697	3243	1511	11552	8880	
2003	2709	3228	1515	13361	9751	
2004	2720	3221	1548	14927	10888	
2005	2762	3226	1581	16245	11828	
2006	2778	3214	1617	17957	12751	
2007	2799	3217	1722	18943	13583	
2008	2820	3218	1893	20110	14099	
2009	2850	3223	2252	20399	14237	
2010	2884	3264	2435	22691	11779	4521
2011	2952	3285	2650	23690	11676	5573
2012	3076	3301	3069	24944	11367	6042
2013	3112	3315	3473	26054	11687	7104
2014	3117	3313	3658	26650	11180	8026
2015	3139	3315	3852	27621	10550	8954
2016	3153	3322	4109	27939	9861	9845
2017	3166	3328	4721	29717	9566	10496
2018	3176	3326	4918	37878	10390	11924

表 3 按年份全国文化事业费基本情况

单位:亿元、%

年 份	文化事业费	国家财政总支出	文化事业费总支出占国家财政比重
1978 年	4.44	1122.09	0.40
1979 年	5.84	1281.79	0.46
1980 年	5.61	1228.83	0.46
六五时期	36.03	7483.18	0.48
1985 年	9.32	2004.25	0.47
七五时期	62.45	12865.67	0.49
1986 年	10.74	2204.91	0.49
1987 年	10.77	2262.18	0.48
1988 年	12.18	2491.21	0.49
1989 年	13.57	2823.78	0.48
1990 年	15.19	3083.59	0.49
八五时期	121.33	24387.46	0.50
1991 年	17.28	3386.62	0.51
1992 年	19.46	3742.20	0.52
1993 年	22.37	4642.30	0.48
1994 年	28.83	5792.62	0.50
1995 年	33.39	6823.72	0.49
九五时期	254.51	57043.46	0.45
1996 年	38.77	7937.55	0.49
1997 年	46.19	9233.56	0.50
1998 年	50.78	10798.18	0.47
1999 年	55.61	13187.67	0.42
2000 年	63.16	15886.50	0.40
十五时期	496.13	128022.85	0.39
2001 年	70.99	18902.58	0.38
2002 年	83.66	22053.15	0.38
2003 年	94.03	24649.95	0.38
2004 年	113.63	28486.89	0.40
2005 年	133.82	33930.28	0.39
十一五时期	1220.40	318970.83	0.38
2006 年	158.03	40422.73	0.39
2007 年	198.96	49781.35	0.40
2008 年	248.04	62592.66	0.40
2009 年	292.31	76299.93	0.38
2010 年	323.06	89874.16	0.36
十二五时期	2669.62	703076.19	0.38
2011 年	392.62	109247.79	0.36
2012 年	480.10	125952.97	0.38
2013 年	530.49	140212.10	0.38
2014 年	583.44	151785.56	0.38
2015 年	682.97	175877.77	0.39
2016 年	770.69	187755.21	0.41
2017 年	855.80	203085.50	0.42
2018 年	928.33	220906.38	0.42

注:①国家财政总支出系国家财政决算数。

②文化事业费:1953 年～1980 年系国家财政决算数("一五"至"四五"时期含文物、出版经费,"五五"时期不含文物、出版经费);1981 年以后系文化事业统计年报数(不含文物、出版及科学研究费;不含基本建设的财政拨款和行政运行经费,以下各表同)。

表 4 按年份各地区文化事业费

单位:万元

地 区	1995 年	2000 年	2005 年	2010 年	2017 年	2018 年
全 国	**333853**	**631591**	**1338193**	**3230646**	**8558022**	**9283338**
中 央	20973	55498	113028	152787	300954	364487
北 京	8427	24008	64587	161693	361972	348420
天 津	5098	9796	31592	56348	186858	179249
河 北	11393	18984	39626	70307	251894	270383
山 西	9215	12347	29832	78000	222493	233500
内蒙古	8624	14515	30543	112982	276846	278556
辽 宁	17525	26790	47578	113430	212426	168389
吉 林	10613	15711	26566	90327	177986	216221
黑龙江	10722	16598	33742	74631	180777	165654
上 海	15431	42608	79201	186266	438826	478666
江 苏	18234	38527	77658	163123	578084	620416
浙 江	14764	35334	110397	242002	593470	668737
安 徽	8836	15849	30541	76813	183018	198574
福 建	11023	22174	42949	101855	242920	280744
江 西	7404	10696	23398	73401	152603	159461
山 东	16315	30944	61687	138876	388222	423072
河 南	12447	20948	37708	95143	251487	277635
湖 北	11268	19367	43585	114389	343992	421351
湖 南	10525	16564	34771	86133	277967	313189
广 东	27486	58321	128095	269940	814334	994681
广 西	8617	14608	28089	80097	194955	209235
海 南	2965	3468	6007	27356	90745	71151
重 庆		9151	17505	77350	207405	212048
四 川	16905	20500	44523	143902	413220	430246
贵 州	4785	9131	18731	53676	193288	177391
云 南	14563	23945	42036	86881	241003	299680
西 藏	2124	4264	8003	21050	83889	100867
陕 西	8583	13976	23462	89457	208454	219126
甘 肃	6935	9130	20882	55563	166608	180010
青 海	2574	3696	7349	41114	88383	83738
宁 夏	2108	3625	9646	24483	63793	69172
新 疆	7371	10518	24877	71273	169152	169293

表 5　按年份各地区人均文化事业费及位次

单位：元

地区	1995 年		2000 年		2005 年		2010 年		2017 年		2018 年	
	人均经费	位次	人均经费	位次	人均经费	位次	人均经费	位次	人均经费	位次	人均经费	位次
全　国	**2.75**		**4.99**		**10.23**		**24.11**		**61.56**		**66.53**	
北　京	8.74	2	17.37	2	41.99	2	82.44	1	166.73	3	161.75	3
天　津	7.56	3	9.79	4	30.29	3	43.55	7	120.01	5	114.90	6
河　北	1.78	25	2.81	25	5.78	25	9.78	31	33.50	28	35.78	28
山　西	3.12	15	3.74	19	8.89	16	21.84	17	60.10	17	62.80	18
内蒙古	4.13	9	6.11	11	12.80	9	45.73	5	109.47	6	109.93	7
辽　宁	4.31	6	6.32	10	11.27	12	25.93	14	48.62	23	38.63	27
吉　林	4.21	8	5.76	12	9.78	14	32.89	9	65.51	14	79.96	10
黑龙江	2.95	16	4.50	16	8.83	17	19.48	21	47.71	24	43.91	24
上　海	13.10	1	25.45	1	44.54	1	80.92	2	181.48	2	197.47	2
江　苏	2.62	8	5.18	15	10.39	13	20.74	19	72.00	11	77.06	11
浙　江	3.26	13	7.55	5	22.54	5	44.46	6	104.91	7	116.57	5
安　徽	1.48	28	2.65	26	4.99	30	12.91	29	29.26	30	31.40	30
福　建	3.27	12	6.39	9	12.15	11	27.61	12	62.11	16	71.24	13
江　西	1.94	22	2.58	28	5.43	27	16.47	25	33.02	29	34.31	29
山　东	1.93	23	3.41	21	6.67	21	14.50	27	38.80	27	42.11	26
河　南	1.34	30	2.26	31	4.02	31	10.12	30	26.31	31	28.91	31
湖　北	2.04	21	3.21	23	7.63	19	19.98	20	58.28	18	71.21	14
湖　南	1.67	26	2.57	29	5.50	26	13.11	28	40.52	25	45.40	23
广　东	3.93	10	6.75	7	13.93	7	25.88	15	72.91	10	87.67	9
广　西	1.93	24	3.25	22	6.03	24	17.40	24	39.91	26	42.48	25
海　南	2.50	19	4.41	17	7.25	20	31.55	11	98.00	8	76.18	12
重　庆			2.96	24	6.09	23	26.81	13	67.45	13	68.36	15
四　川	1.56	27	2.46	30	5.42	28	17.89	23	49.77	22	51.58	21
贵　州	1.36	29	2.59	27	5.02	29	15.45	26	53.99	20	49.28	22
云　南	3.47	11	5.58	13	9.45	15	18.90	22	50.20	21	62.05	19
西　藏	3.22	14	16.27	3	28.89	4	70.12	4	248.93	1	293.22	1
陕　西	2.42	20	3.88	18	6.31	22	23.97	16	54.36	19	56.71	20
甘　肃	2.93	17	3.56	20	8.05	18	21.73	18	63.45	15	68.26	16
青　海	5.30	5	7.14	6	13.53	8	73.07	3	147.80	4	138.87	4
宁　夏	4.23	7	6.45	8	16.18	6	38.85	8	93.54	9	100.54	8
新　疆	5.39	4	5.46	14	12.38	10	32.67	10	69.18	12	68.07	17

表 6　按年份各地区文化事业费占财政支出比重

单位：%

地 区	1995 年		2000 年		2005 年		2010 年		2017 年		2018 年	
	比重	位次	比重	位次	比重	位次	比重	位次	比重	位次	比重	位次
全　国	**0.49**		**0.40**		**0.39**		**0.36**		**0.42**		**0.42**	
北　京	0.55	28	0.54	14	0.61	4	0.60	2	0.53	10	0.47	16
天　津	0.55	28	0.53	15	0.71	3	0.41	14	0.57	7	0.58	6
河　北	0.60	23	0.46	28	0.40	24	0.25	31	0.38	27	0.35	26
山　西	0.82	7	0.55	11	0.44	14	0.40	15	0.59	4	0.54	9
内蒙古	0.84	5	0.59	8	0.44	15	0.50	7	0.61	3	0.58	4
辽　宁	0.64	15	0.52	17	0.39	25	0.35	22	0.44	19	0.32	28
吉　林	0.88	3	0.90	1	0.42	18	0.51	6	0.48	15	0.57	8
黑龙江	0.61	18	0.45	30	0.42	19	0.33	25	0.39	26	0.35	24
上　海	0.59	25	0.68	5	0.48	9	0.56	4	0.58	5	0.57	7
江　苏	0.72	10	0.61	6	0.46	12	0.33	26	0.54	8	0.53	10
浙　江	0.82	7	0.82	2	0.87	1	0.75	1	0.79	1	0.78	1
安　徽	0.65	14	0.49	23	0.42	20	0.30	29	0.29	31	0.30	29
福　建	0.64	15	0.69	4	0.72	2	0.60	3	0.52	11	0.58	5
江　西	0.67	13	0.48	26	0.41	22	0.38	18	0.30	30	0.28	31
山　东	0.59	25	0.51	18	0.42	21	0.34	23	0.42	21	0.42	20
河　南	0.60	23	0.47	27	0.33	31	0.28	30	0.31	29	0.30	30
湖　北	0.69	12	0.53	15	0.55	6	0.46	10	0.51	12	0.58	3
湖　南	0.61	18	0.49	23	0.39	26	0.32	28	0.40	24	0.42	21
广　东	0.52	30	0.55	11	0.55	7	0.50	8	0.54	9	0.63	2
广　西	0.61	18	0.57	10	0.45	13	0.40	16	0.40	25	0.39	23
海　南	0.70	11	0.51	18	0.39	27	0.47	9	0.63	2	0.42	19
重　庆			0.49	23	0.35	29	0.45	11	0.48	16	0.47	17
四　川	0.61	18	0.45	30	0.41	23	0.34	24	0.48	17	0.44	18
贵　州	0.56	27	0.46	28	0.35	30	0.33	27	0.42	22	0.35	25
云　南	0.62	17	0.58	9	0.54	8	0.38	19	0.42	23	0.49	13
西　藏	0.61	18	0.71	3	0.43	16	0.38	20	0.50	13	0.51	11
陕　西	0.84	5	0.51	18	0.36	28	0.40	17	0.43	20	0.41	22
甘　肃	0.85	4	0.50	22	0.48	10	0.38	21	0.50	14	0.48	15
青　海	0.89	2	0.55	11	0.43	17	0.55	5	0.58	6	0.51	12
宁　夏	0.92	1	0.60	7	0.60	5	0.44	12	0.46	18	0.48	14
新　疆	0.76	9	0.51	18	0.47	11	0.42	13	0.36	28	0.34	27

表7　历年全国公共图书馆主要指标

年　份	机构数（个）	从业人员（人）	总藏量（万册、件）	总流通人次（万人次）	书刊、文献外借册次（万册次）	本年新购藏量（万册）	实际使用房屋建筑面积（万平方米）	阅览座席数（万个）
1979	1651		18353	7787	9625		86.6	
1980	1732		19904	9045	11830		92.0	
1985	2344	29350	25573	11614	18942	1343	172.0	23.1
1986	2406	31849	26133	11722	16205	1359	210.2	33.7
1990	2527	40247	29064	12435	20242	895	326.0	32.1
1991	2535	42037	30614	20496	13325	771	349.1	34.0
1992	2558	43051	31175	18495	12625	740	363.6	34.4
1993	2572	44656	31410	16973	11685	631	368.0	34.3
1994	2589	44367	32332	14451	11852	556	409.1	34.8
1995	2615	45323	32850	14142	11814	551	415.5	35.2
1996	2620	46457	33686	14793	13544	577	441.4	35.6
1997	2628	47882	37549	16114	15685	680	471.5	37.4
1998	2662	48313	38514	17058	15422	700	492.5	39.9
1999	2669	48792	39539	18040	16290	678	506.0	41.6
2000	2675	51342	40953	18854	16913	692	598.2	41.6
2001	2696	48579	42130	20757	17559	819	561.8	43.7
2002	2697	48447	42683	21950	20021	946	582.8	43.9
2003	2709	49646	43776	21440	18775	1049	588.6	46.1
2004	2720	49069	46152	22095	18536	1228	625.1	47.2
2005	2762	50423	48056	23332	20269	1535	677.0	48.0
2006	2778	51311	50024	25218	21039	1686	718.9	50.0
2007	2799	51650	52053	26103	21319	1871	741.4	52.7
2008	2820	52021	55064	28141	23129	2071	780.0	55.4
2009	2850	52688	58521	32167	25857	2939	850.3	60.2
2010	2884	53564	61726	32823	26392	2956	900.4	63.1
2011	2952	54475	63896	37423	28452	3985	994.8	68.1
2012	3076	54997	68827	43437	33191	5826	1058.4	73.5
2013	3112	56320	74896	49232	40868	4865	1158.5	81.0
2014	3117	56071	79092	53036	46734	4742	1231.6	85.6
2015	3139	56422	83844	58892	50896	5151	1301.5	91.1
2016	3153	57208	90163	66037	54725	6275	1424.3	98.6
2017	3166	57567	96953	74450	55091	7022	1515.3	106.4
2018	3176	57602	103716	82032	58010	6894	1596.0	111.7

表 8　2018 年各地区公共图书馆主要指标

地区	机构数（个）	从业人员（人）	总藏量（万册、件）	总流通人次（万人次）	有效借书证数（万个）	阅览室坐席数（个）	本年新购藏量（万册）	实际使用房屋建筑面积（万平方米）
全国	**3176**	**57602**	**103716**	**82032**	**7263**	**1116769**	**6894**	**1595.98**
北京	23	1229	2876	1903	170	16433	192	29.85
天津	29	1047	1867	1226	90	19038	223	40.52
河北	173	1921	2717	2371	164	42995	182	54.04
山西	128	1652	1860	1620	134	37112	127	52.00
内蒙古	117	1873	1904	1252	72	30735	129	42.60
辽宁	130	2588	4175	2850	151	39674	164	59.83
吉林	66	1556	2052	812	117	21943	85	28.80
黑龙江	109	1659	2233	1131	75	29202	91	33.60
上海	23	2110	7894	3036	248	23099	184	43.79
江苏	116	3529	9323	8114	1423	70332	622	134.41
浙江	103	3849	8608	11875	957	78012	673	119.82
安徽	126	1504	2910	3341	199	42573	289	51.06
福建	91	1599	3745	3355	259	40262	384	56.37
江西	113	1408	2522	1754	163	36961	104	41.43
山东	154	2843	6213	4578	364	63532	652	117.00
河南	160	2914	3169	3360	182	54392	251	67.46
湖北	115	2128	3910	2577	212	43952	359	69.13
湖南	140	2110	3305	2478	203	39726	209	49.65
广东	143	4542	9548	10518	747	100006	848	137.07
广西	116	1675	2750	2385	114	33182	173	44.03
海南	24	319	551	578	29	6706	52	8.84
重庆	43	1002	1808	1604	174	30010	124	36.19
四川	204	2313	3948	2562	241	57766	191	66.07
贵州	98	1089	1467	882	85	24820	87	26.61
云南	151	1770	2154	1695	56	31618	73	40.64
西藏	81	200	221	35	1	3745	26	5.85
陕西	111	2085	1893	1525	61	26064	111	32.23
甘肃	103	1434	1560	834	46	23372	47	30.20
青海	51	520	479	156	19	4884	11	7.96
宁夏	27	597	732	512	27	12266	55	13.03
新疆	107	1093	1420	566	38	26930	45	28.13

表 9 按年份各地区人均拥有公共图书馆藏量

单位:册/件

地 区	1995 年	2000 年	2005 年	2010 年	2017 年	2018 年
全 国	**0.27**	**0.32**	**0.37**	**0.46**	**0.70**	**0.74**
北 京	0.54	0.55	0.73	0.87	1.27	1.34
天 津	0.72	0.79	0.83	0.97	1.07	1.20
河 北	0.13	0.16	0.19	0.22	0.34	0.36
山 西	0.25	0.26	0.29	0.34	0.47	0.50
内蒙古	0.27	0.29	0.31	0.38	0.71	0.75
辽 宁	0.44	0.46	0.55	0.68	0.91	0.96
吉 林	0.36	0.38	0.44	0.50	0.73	0.76
黑龙江	0.30	0.32	0.34	0.43	0.57	0.59
上 海	1.12	3.29	3.40	2.96	3.21	3.26
江 苏	0.34	0.36	0.43	0.56	1.07	1.16
浙 江	0.35	0.37	0.47	0.69	1.38	1.50
安 徽	0.13	0.13	0.14	0.21	0.41	0.46
福 建	0.28	0.28	0.36	0.46	0.85	0.95
江 西	0.26	0.27	0.30	0.34	0.53	0.54
山 东	0.20	0.22	0.30	0.38	0.55	0.62
河 南	0.12	0.13	0.15	0.20	0.30	0.33
湖 北	0.25	0.28	0.34	0.41	0.61	0.66
湖 南	0.21	0.24	0.26	0.30	0.44	0.48
广 东	0.24	0.27	0.34	0.44	0.78	0.84
广 西	0.27	0.29	0.32	0.41	0.57	0.56
海 南	0.19	0.20	0.22	0.33	0.53	0.59
重 庆		0.26	0.27	0.36	0.54	0.58
四 川	0.21	0.21	0.24	0.32	0.46	0.47
贵 州	0.18	0.19	0.20	0.23	0.39	0.41
云 南	0.28	0.29	0.31	0.34	0.44	0.45
西 藏	0.21	0.23	0.15	0.18	0.58	0.64
陕 西	0.21	0.23	0.24	0.30	0.45	0.49
甘 肃	0.27	0.29	0.33	0.41	0.57	0.59
青 海	0.58	0.55	0.60	0.64	0.77	0.79
宁 夏	0.66	0.68	0.63	0.73	1.06	1.06
新 疆	0.29	0.30	0.41	0.51	0.61	0.57

表 10　按年份各地区公共图书馆人均购书费

单位:元

地　区	1995 年	2000 年	2005 年	2010 年	2017 年	2018 年
全　国	**0.139**	**0.293**	**0.457**	**0.828**	**1.697**	**1.766**
北　京	0.201	0.661	2.219	2.286	3.392	5.062
天　津	0.338	0.562	1.464	2.525	7.964	6.045
河　北	0.047	0.063	0.099	0.212	0.677	0.629
山　西	0.043	0.089	0.115	0.415	0.838	0.985
内蒙古	0.039	0.070	0.071	0.380	1.380	2.915
辽　宁	0.188	0.224	0.480	1.181	1.604	1.317
吉　林	0.096	0.168	0.286	0.478	1.254	1.302
黑龙江	0.063	0.107	0.107	0.414	0.517	0.587
上　海	1.558	6.697	5.817	6.494	6.782	6.943
江　苏	0.104	0.239	0.500	1.052	2.345	2.182
浙　江	0.134	0.337	0.815	2.004	3.831	4.057
安　徽	0.044	0.050	0.101	0.244	0.608	0.855
福　建	0.096	0.206	0.452	0.759	2.143	2.551
江　西	0.024	0.073	0.150	0.291	0.902	0.856
山　东	0.058	0.108	0.202	0.418	1.202	1.031
河　南	0.028	0.045	0.070	0.154	0.608	0.573
湖　北	0.052	0.116	0.227	0.323	1.792	1.885
湖　南	0.032	0.064	0.142	0.254	0.784	0.931
广　东	0.173	0.328	0.804	1.199	2.943	2.916
广　西	0.064	0.116	0.145	0.405	1.120	1.039
海　南	0.081	0.052	0.111	1.008	1.515	1.479
重　庆		0.107	0.203	0.564	1.351	1.224
四　川	0.038	0.058	0.133	0.265	0.793	0.688
贵　州	0.029	0.047	0.081	0.196	1.053	0.804
云　南	0.111	0.125	0.162	0.370	0.535	0.558
西　藏	0.058	0.061	0.155	0.369	1.097	1.375
陕　西	0.030	0.032	0.188	0.409	1.050	1.224
甘　肃	0.070	0.113	0.229	0.460	1.115	1.038
青　海	0.069	0.104	0.133	0.271	0.909	1.095
宁　夏	0.080	0.121	0.228	0.796	2.381	2.320
新　疆	0.055	0.071	0.173	0.424	0.678	0.529

表 11 按年份各地区公共图书馆总流通人次

单位:万人次

地 区	1995 年	2000 年	2005 年	2010 年	2017 年	2018 年
全 国	**14142**	**18854**	**23332**	**32823**	**74450**	**82032**
北 京	272	320	715	775	1555	1903
天 津	265	461	483	606	1403	1226
河 北	473	736	635	736	2308	2371
山 西	227	261	256	374	1190	1620
内蒙古	282	270	380	312	1003	1252
辽 宁	829	1184	1133	1457	2580	2850
吉 林	385	409	505	503	867	812
黑龙江	631	608	505	622	1072	1131
上 海	687	1225	1249	1853	2993	3036
江 苏	883	1227	1735	3006	7975	8114
浙 江	555	1140	1398	3454	10847	11875
安 徽	372	561	461	760	2376	3341
福 建	466	647	734	1193	2970	3355
江 西	413	485	534	639	1722	1754
山 东	509	795	1422	1717	3972	4578
河 南	650	713	828	1026	2951	3360
湖 北	559	714	1145	1516	2388	2577
湖 南	618	808	787	1028	2177	2478
广 东	1447	2235	3543	4540	9147	10518
广 西	809	927	896	1343	2344	2385
海 南	94	121	115	172	524	578
重 庆		266	595	621	1524	1604
四 川	776	554	766	1168	2601	2562
贵 州	462	228	187	369	784	882
云 南	559	654	735	907	1261	1695
西 藏		2	2	3	25	35
陕 西	242	275	365	519	1357	1525
甘 肃	225	185	317	468	775	834
青 海	39	58	68	89	159	156
宁 夏	140	142	167	163	465	512
新 疆	140	263	212	350	552	566

表 12　按年份各地区平均每万人公共图书馆建筑面积

单位:平方米

地　区	1995 年	2000 年	2005 年	2010 年	2017 年	2018 年
全　国	**34.3**	**47.3**	**51.8**	**67.1**	**109.0**	**114.4**
北　京	56.7	75.3	99.5	86.6	138.3	138.6
天　津	81.6	99.9	162.0	103.1	209.1	259.7
河　北	26.9	33.5	38.5	34.6	65.5	71.5
山　西	27.6	34.3	45.0	67.8	138.5	139.9
内蒙古	46.0	53.0	65.8	90.4	160.7	168.1
辽　宁	53.8	61.6	81.3	100.8	132.8	137.3
吉　林	35.5	39.6	50.1	53.3	105.9	106.5
黑龙江	33.6	36.6	48.2	65.0	86.2	89.0
上　海	85.8	132.6	137.2	160.9	177.4	180.7
江　苏	30.3	35.5	57.9	83.1	152.4	167.0
浙　江	34.8	57.7	83.7	106.7	190.4	208.8
安　徽	14.6	15.9	23.9	37.0	76.6	80.7
福　建	42.2	47.5	65.9	117.1	130.2	143.0
江　西	38.6	39.9	47.6	61.1	87.0	89.1
山　东	22.6	26.9	42.3	49.7	110.7	116.5
河　南	21.6	25.9	27.2	34.5	64.2	70.2
湖　北	35.1	39.3	49.9	57.3	125.8	116.8
湖　南	33.6	38.7	39.7	54.9	68.8	72.0
广　东	43.2	132.1	57.8	80.6	120.0	120.8
广　西	38.1	46.8	45.1	55.8	86.5	89.4
海　南	36.0	41.9	53.1	98.2	90.7	94.6
重　庆		37.5	47.2	70.8	110.6	116.7
四　川	22.6	27.3	34.2	42.1	75.6	79.2
贵　州	23.9	39.7	35.7	44.5	71.8	73.9
云　南	44.6	48.5	78.4	65.5	84.3	84.1
西　藏	52.1	61.1	104.7	89.6	165.2	170.0
陕　西	32.8	33.8	52.7	53.5	73.9	83.4
甘　肃	34.5	43.7	41.6	63.2	108.2	114.5
青　海	60.5	73.4	68.1	78.9	127.9	132.0
宁　夏	78.2	78.3	68.8	133.9	195.5	189.4
新　疆	43.1	44.7	54.7	82.0	113.3	113.1

表 13 按年份全国群众文化机构基本情况

年 份	机构数（个）	从业人员（人）	举办展览个数（个）	组织文艺活动次数（次）	举办训练班次（次）	实际使用房屋建筑面积（万平方米）
1979	3965		13001	114307		
1980	7723		23553	202828	20359	
1985	8746	59599	30998	118888	31842	308.5
1986	8906	67501	32803	106726	30576	354.8
1990	9087	67817	34292	99068	37017	457.8
1991	10507	70319	35498	116618	39568	484.5
1992	9564	66938	32095	96481	40707	496.1
1993	10155	68097	29636	86680	34279	538.6
1994	11276	70489	30224	92167	39296	560.3
1995	13487	75263	31070	110509	46023	614.1
1996	45253	127742	76397	247357	130592	1110.0
1997	43738	129194	87795	278782	119873	1176.0
1998	45834	129842	86960	267351	125872	1195.3
1999	45837	128216	94270	280373	138195	1195.2
2000	45321	128420	91670	276574	143370	1229.9
2001	43397	120156	89392	284316	156089	1213.8
2002	42516	119072	92917	301792	137350	1203.6
2003	41816	123458	93514	327306	154502	1431.3
2004	41402	121441	116639	401818	165823	1408.4
2005	41588	122500	111300	391439	190194	1507.0
2006	40088	123465	141150	497779	218696	1622.8
2007	40601	128096	90900	546477	242055	1667.4
2008	41156	131142	100877	473613	299791	1931.0
2009	41959	137484	110251	555052	304955	2193.6
2010	43382	141002	117353	576799	358719	2526.7
2011	43675	147732	107785	620586	339883	2982.6
2012	43876	156228	114774	688482	387201	3171.7
2013	44260	164355	138225	740611	390758	3389.4
2014	44423	170299	131728	845421	469300	3686.4
2015	44291	173499	139792	959901	536328	3848.3
2016	44497	182030	150128	1065287	590516	3991.0
2017	44521	180911	154106	1114261	675852	4106.8
2018	44464	185637	158726	1231256	769014	4283.1

注：1996 年以前数据未包括其他部门所属乡镇综合文化站，1996—1998 年包括其他部门所属乡镇文化站，1999 年以后，其他部门所属乡镇文化站划归文化部门管理（以下各表同）。

表 14　2018 年各地区群众文化事业主要指标

地　区	机构数（个）	从业人员（人）	组织开展各类活动次数（次）					文化服务人次（万人次）	实际使用房屋建筑面积（万平方米）
				组织文艺活动次数	举办训练班班次	举办展览个数	组织公益性讲座次数		
全　国	**44464**	**185637**	**2194777**	**1231256**	**769014**	**158726**	**35781**	**70554**	**4283**
北　京	350	3134	95692	44864	48353	1875	600	1371	92
天　津	261	1455	31336	17547	11298	1265	1226	488	43
河　北	2433	7542	78578	47920	23537	5367	1754	2027	132
山　西	1539	4454	44555	25036	14829	3772	918	1443	103
内蒙古	1213	4984	41431	21349	16391	2867	824	1269	85
辽　宁	1585	5488	60334	31879	23604	2652	2199	1242	118
吉　林	980	4405	34174	15267	16055	1873	979	1274	58
黑龙江	1635	5685	44734	28197	11860	3211	1466	1254	93
上　海	239	4990	140887	71659	63526	4768	934	2624	143
江　苏	1379	7498	117172	67509	38214	9104	2345	3512	500
浙　江	1475	7759	215544	115327	81366	14903	3948	7842	450
安　徽	1559	5979	84767	47403	29214	6968	1182	2907	113
福　建	1223	4122	49045	20947	23032	4337	729	1405	124
江　西	1873	9287	44162	23706	15343	4247	866	1531	115
山　东	1976	8279	181992	110089	57341	11749	2813	5320	270
河　南	2616	10933	96643	60063	25021	9950	1609	3472	157
湖　北	1406	5099	66659	39093	20099	6309	1158	2621	154
湖　南	2540	8595	62230	32319	23328	5588	995	2324	158
广　东	1755	12259	143340	62742	69550	8879	2169	6664	399
广　西	1297	5179	54230	36041	13921	3406	862	2860	78
海　南	242	794	6014	3498	2047	390	79	312	13
重　庆	1068	5675	63662	30435	25831	6665	731	2052	94
四　川	4781	11412	129769	77221	38642	12112	1794	4180	227
贵　州	1688	6467	39042	24698	10288	3315	741	1736	88
云　南	1594	7320	54492	33272	15401	5249	570	2620	108
西　藏	774	5706	11763	8255	2238	1190	80	299	38
陕　西	1507	7057	52485	28988	17279	5378	840	1761	93
甘　肃	1482	6555	37053	21219	10472	4884	478	1296	78
青　海	416	1201	11557	7911	2268	1165	213	538	19
宁　夏	272	1405	19725	12456	6359	737	173	550	29
新　疆	1306	4919	81710	64346	12307	4551	506	1760	112

表 15 按年份各地区群众文化机构开展各类活动次数

单位：次

地 区	2011 年	2013 年	2015 年	2017 年	2018 年
全 国	**1085844**	**1293231**	**1663881**	**1978609**	**2194777**
北 京	42490	54782	67486	75720	95692
天 津	11448	13201	20032	29249	31336
河 北	47228	56075	64623	70626	78578
山 西	26961	34200	39012	41602	44555
内蒙古	15738	21306	28730	33818	41431
辽 宁	53009	53073	56786	60441	60334
吉 林	14708	20812	25665	32607	34174
黑龙江	27061	29205	32766	42002	44734
上 海	58955	68267	119820	117811	140887
江 苏	54074	70494	88399	106419	117172
浙 江	62956	82106	122803	177085	215544
安 徽	35102	48009	61974	72990	84767
福 建	20274	25559	34627	41476	49045
江 西	22556	37821	37535	40964	44162
山 东	86226	78553	115435	150419	181992
河 南	57759	71142	83360	96432	96643
湖 北	29951	35388	40892	64418	66659
湖 南	41941	46948	51920	55967	62230
广 东	76218	81835	105576	129374	143340
广 西	31354	41287	45217	49212	54230
海 南	4503	5586	4776	5491	6014
重 庆	27531	29624	45813	57138	63662
四 川	70898	92195	111652	140953	129769
贵 州	27414	25582	30976	36602	39042
云 南	35783	44433	52071	54348	54492
西 藏	2445	2951	8231	11905	11763
陕 西	30685	35272	39431	45480	52485
甘 肃	19011	21865	26732	32122	37053
青 海	4697	7420	7897	10445	11557
宁 夏	6661	11571	15532	15459	19725
新 疆	40207	46669	78112	80034	81710

表 16　按年份各地区群众文化机构文化服务人次

单位：万人次

地　区	2011 年	2013 年	2015 年	2017 年	2018 年
全　国	**38760**	**44171**	**54826**	**63951**	**70554**
北　京	769	1282	875	1121	1371
天　津	300	274	360	422	488
河　北	1037	1155	1409	1687	2027
山　西	934	821	1054	1099	1443
内蒙古	707	736	888	1119	1269
辽　宁	1395	1562	1374	1391	1242
吉　林	720	980	705	755	1274
黑龙江	630	859	900	1150	1254
上　海	1985	1962	2363	2427	2624
江　苏	1497	2148	2635	3378	3512
浙　江	2369	2991	5169	8663	7842
安　徽	974	1428	1816	2247	2907
福　建	790	1013	1036	1288	1405
江　西	756	997	1249	1321	1531
山　东	2442	2516	3433	4301	5320
河　南	1782	2244	2522	3019	3472
湖　北	1781	1639	1695	2785	2621
湖　南	1748	1616	2122	2314	2324
广　东	4627	4528	6726	5356	6664
广　西	1376	1718	1970	2178	2860
海　南	187	268	255	264	312
重　庆	1316	1133	1782	2139	2052
四　川	2748	3509	3831	3984	4180
贵　州	812	802	1308	1639	1736
云　南	1676	1820	2110	2220	2620
西　藏	65	96	217	268	299
陕　西	954	1068	1312	1587	1761
甘　肃	600	746	919	1071	1296
青　海	144	208	347	348	538
宁　夏	401	731	580	525	550
新　疆	1238	1324	1864	1883	1760

表 17 按年份各地区平均每万人群众文化机构建筑面积

单位:平方米

地区	1995 年	2000 年	2005 年	2010 年	2017 年	2018 年
全 国	**50.7**	**97.2**	**115.3**	**188.6**	**295.4**	**306.9**
北 京	44.2	80.3	224.3	217.8	396.1	429.3
天 津	61.6	138.9	130.4	174.1	248.8	273.1
河 北	23.6	62.6	67.7	105.4	166.5	174.6
山 西	45.4	53.4	58.1	210.6	276.8	277.4
内蒙古	98.0	144.4	132.4	182.6	327.9	337.1
辽 宁	84.1	79.0	102.6	201.2	271.7	269.9
吉 林	38.2	42.2	38.3	81.5	211.3	215.3
黑龙江	26.2	38.5	43.2	140.2	242.5	245.3
上 海	71.9	216.2	379.1	485.0	587.8	588.0
江 苏	97.8	168.6	181.3	302.8	504.0	620.8
浙 江	135.2	190.7	276.0	432.5	744.0	785.1
安 徽	17.1	23.6	44.4	93.2	175.3	178.6
福 建	61.3	98.8	117.4	240.9	339.6	313.7
江 西	38.0	79.5	98.4	131.2	248.5	247.9
山 东	22.1	41.7	71.8	218.3	266.0	269.2
河 南	21.9	39.0	52.2	94.7	151.5	163.6
湖 北	80.5	149.5	140.6	180.6	257.3	259.5
湖 南	29.8	63.7	80.6	125.2	227.4	228.5
广 东	52.1	222.4	258.2	258.5	353.7	351.9
广 西	33.5	76.4	100.9	122.9	162.7	159.3
海 南	13.8	86.4	71.3	121.3	135.5	138.1
重 庆		99.4	96.5	201.4	309.2	304.1
四 川	43.7	107.9	83.9	166.3	271.3	271.8
贵 州	26.1	28.7	40.5	81.2	238.5	243.6
云 南	126.7	126.2	137.1	163.2	221.3	222.8
西 藏	145.4	164.1	238.3	437.9	1135.5	1108.9
陕 西	52.4	79.1	110.5	150.2	234.3	241.0
甘 肃	62.8	103.0	148.8	175.7	288.4	295.6
青 海	118.1	96.5	90.2	153.4	310.3	312.2
宁 夏	156.5	170.8	179.5	188.9	414.4	424.3
新 疆	60.7	116.4	149.3	288.4	450.0	449.4

表 18　按年份全国文化部门执行事业会计制度的艺术表演团体基本情况

年份	机构数（个）	演出场次（万场次）		国内演出观众人次（万人）	平均每团演出场次（场）	总收入（万元）			总支出（万元）	经费自给率（%）
			农村演出				财政拨款	演出收入		
1949	1000	30			300					
1952	2084	66		2312	317					
1957	2884	137		79245	474					
1958	3181	205		120290	644					
1964	3302	171	82	84293	518	19030	5290		19817	69.3
1978	3143	65	22	79395	206	32086	19644	11079	30049	41.4
1980	2183	54	20	61519	245	34687	22503	10685	29524	41.3
1985	3295	74	49	72322	226	48568	30942	13091	47292	37.3
1990	2788	49	32	51012	176	71535	43759	18041	67514	41.1
1991	2760	45	29	46411	162	71756	42638	17798	76065	38.3
1992	2744	43	28	46338	155	80959	46617	19559	87797	39.1
1993	2698	41	26	42530	151	92770	51093	21756	100106	41.6
1994	2691	40	26	40935	149	127628	75583	27276	134508	38.7
1995	2676	41	26	43166	154	151388	86620	34382	160654	40.3
1996	2656	42	27	47934	158	184240	109781	39870	183534	40.6
1997	2651	42	26	46361	157	206794	125300	40716	202789	40.2
1998	2640	42	26	53486	161	218546	139913	41730	223877	35.1
1999	2622	42	26	46904	161	242645	155609	48967	242797	35.8
2000	2619	41	26	46168	157	263664	172864	51650	268886	33.8
2001	2590	42	24	47385	163	311852	210018	57448	312601	32.6
2002	2577	42	24	45980	161	365331	246661	64884	363312	32.7
2003	2601	38	22	39163	147	400867	269640	71781	397890	33.0
2004	2512	41	24	37907	165	459183	313068	86125	459369	31.8
2005	2472	40	23	35752	159	500262	342807	92603	488472	32.2
2006	2456	41	24	40766	167	565018	387812	103431	558540	31.7
2007	2455	42	25	45404	170	691050	487842	120396	670009	30.3
2008	2465	41	25	41272	167	803030	573623	133077	777735	29.5
2009	2481	42	25	43127	169	889046	631197	142227	860603	30.0
2010	2421	42	24	44290	175	946742	654258	155743	917143	31.9
2011	2249	40	24	38209	176	1058959	777590	162684	1029564	27.3
2012	1804	32	20	29796	179	1076060	824265	132713	1043740	24.1
2013	1588	29	18	26067	183	998200	773381	123340	969206	23.2
2014	1568	29	18	24293.619	183	1074246	843859	116572	1059017	21.8
2015	1548	28	19	24261	178	1209547	969692	127431	1183497	20.3
2016	1520	27	18	24004	181	1285603	1016972	132320	1220720	22.0
2017	1530	28	19	25619	186	1363606	1087389	138645	1387283	19.9
2018	1527	29	20	23306.085	190	1495504	1185661	154131	1475031	21.0

表 19　按年份全国文化部门执行事业会计制度的艺术表演场馆基本情况

年 份	机构数（个）	演出场次（万场次）	观众人次（万人）	收入合计（万元）			总支出（万元）
					财政拨款	艺术演出收入	
1985	1377	99		11630	1506	1776	9519
1986	1928	203	88670	19547	2233	2488	16786
1990	1995	302	89157	43491	2865	3375	37402
1991	2009	367	77613	47406	5505	3760	44260
1992	1987	288	53188	51123	4037	4487	48185
1993	1972	245	43278	60204	4688	4635	56846
1994	1947	221	27552	68000	5359	5268	66234
1995	1918	205	24252	79507	5723	6481	77136
1996	1892	256	59057	86147	5034	7611	87204
1997	1898	231	16572	88540	6559	8387	89732
1998	1882	206	15368	84956	6800	8869	88735
1999	1864	168	11581	75675	7588	10187	80731
2000	1863	136	12982	81081	8643	10735	82040
2001	1840	115	20544	83431	13112	11601	89815
2002	1819	74	11421	83643	12033	13186	89374
2003	1900	56	8087	103274	15703	21425	104384
2004	1552	44	11286	99402	15467	21477	101157
2005	1427	41	6328	94363	16792	29958	89301
2006	1390	38	6528	117975	19603	37552	117871
2007	1330	39	5906	115036	24067	38414	117321
2008	1355	40	5596	123572	28116	28649	111036
2009	1248	27	5045	113851	32074	23954	112603
2010	1176	31	6003	132109	45333	25935	130900
2011	1119	30	3945	159185	65871	22004	154849
2012	1004	27	3525	136324	60356	11652	171124
2013	964	26	3489	181302	71838	12812	146031
2014	917	27	2922	167387	81671	10333	169466
2015	928	30	3522	196280	102043	18302	195679
2016	925	32	3299	167208	76847	19418	163172
2017	909	49	3319	208839	104787	24259	194983
2018	888	35	3370	211422	101084	20885	197802

表 20 2018 年各地区艺术表演团体主要指标

地 区	机构数（个）	演出场次（万场次）	观众人次（万人）	国内演出观众人次（万人次）	总收入（万元）		实际使用房屋建筑面积（万平方米）
						演出收入	
全 国	**17123**	**416374**	**312.46**	**117569**	**3667258**	**1522685**	**907.95**
中 央	16	4798	0.71	300	201680	25486	30.28
北 京	414	23872	2.55	915	138413	43164	21.94
天 津	121	3270	1.11	364	54058	10943	9.26
河 北	450	9758	9.92	3316	74191	29086	27.21
山 西	795	23758	9.57	4848	98792	39145	35.23
内蒙古	226	7993	3.13	1611	106009	7984	30.54
辽 宁	192	4651	1.34	819	53604	7748	18.73
吉 林	82	3690	1.23	367	49314	12964	14.88
黑龙江	90	4317	1.37	587	55730	3347	17.18
上 海	254	9130	3.57	1097	191901	58877	16.78
江 苏	662	14069	10.04	3546	168454	74798	40.71
浙 江	1573	45485	37.87	20788	572211	441873	84.45
安 徽	2859	43000	50.52	19960	183297	140537	51.57
福 建	454	13375	8.15	3404	114206	47535	40.88
江 西	379	9616	7.70	2326	57788	24965	19.15
山 东	828	17902	22.33	5256	152648	33830	38.39
河 南	2017	48338	39.23	15349	174046	100336	72.98
湖 北	489	11853	36.69	4426	115773	32936	29.51
湖 南	510	12018	5.77	2248	137283	40970	42.39
广 东	436	12335	4.63	2522	136030	39677	31.47
广 西	112	4727	1.71	1118	74169	34602	14.11
海 南	82	3839	0.94	716	43425	13116	6.37
重 庆	1571	17282	18.95	5143	73278	44151	22.13
四 川	829	14327	10.93	2340	109141	45639	35.02
贵 州	153	3776	1.31	1231	54356	23816	14.55
云 南	268	8428	4.98	2570	136753	58759	33.72
西 藏	86	2389	0.65	440	25697	177	10.81
陕 西	531	18567	8.34	4938	137465	50514	37.62
甘 肃	351	9434	4.08	3259	59158	23132	21.38
青 海	84	2089	0.58	424	22521	3895	6.01
宁 夏	75	2804	0.76	280	19730	6585	8.37
新 疆	134	5484	1.85	1062	76138	2095	24.36

表 21　按年份各地区艺术表演团体机构数

单位:个

地　区	1995 年	2000 年	2005 年	2010 年	2017 年	2018 年
全　国	**2682**	**2619**	**2805**	**6864**	**15742**	**17123**
北　京	22	20	20	18	451	414
天　津	19	16	16	36	103	121
河　北	138	138	126	284	735	450
山　西	162	159	156	342	665	795
内蒙古	118	116	109	123	206	226
辽　宁	89	77	66	239	187	192
吉　林	68	65	61	68	68	82
黑龙江	92	89	84	89	71	90
上　海	31	29	85	89	199	254
江　苏	136	133	129	408	628	662
浙　江	83	79	273	471	1410	1573
安　徽	92	92	92	1255	2639	2859
福　建	91	96	91	449	426	454
江　西	81	79	79	99	425	379
山　东	118	118	117	119	772	828
河　南	216	205	199	371	1671	2017
湖　北	105	100	99	204	473	489
湖　南	89	90	91	201	534	510
广　东	134	138	139	397	390	436
广　西	117	118	118	141	108	112
海　南	23	21	22	67	77	82
重　庆		38	29	381	1283	1571
四　川	140	98	84	348	697	829
贵　州	30	28	26	52	137	153
云　南	134	129	135	142	316	268
西　藏	25	26	27	37	87	86
陕　西	117	118	113	127	462	531
甘　肃	78	76	76	82	286	351
青　海	14	14	12	32	48	84
宁　夏	15	15	23	45	45	75
新　疆	87	88	91	132	127	134

注:2007 年以后数据为全口径数据。

表 22　2018 年各地区公有制艺术表演场馆主要指标

地　区	机构数（个）	从业人员（人）	坐席数（座）	演（映）出场次（万场次）	艺术演出场　次	观众人次（万人次）	艺术演出观众人次	总收入（万元）	艺术演出收　入
全　国	**1317**	**24013**	**1098703**	**78.24**	**7.68**	**6061**	**2970**	**525699**	**120745**
中　央	7	204	6670	0.14	0.14	88	82	3242	1568
北　京	14	1002	13595	1.62	0.24	278	164	98693	31546
天　津	28	343	15770	1.62	0.19	137	80	6253	466
河　北	76	1212	43635	3.97	0.15	148	62	12101	1216
山　西	93	1269	71251	7.22	0.24	359	163	16796	3005
内蒙古	21	315	143287	1.96	0.14	81	38	4592	34
辽　宁	32	529	17025	0.40	0.16	121	66	10035	3153
吉　林	26	486	15310	1.84	0.13	127	37	9003	284
黑龙江	30	298	17322	0.11	0.07	43	31	5243	286
上　海	24	936	19219	1.02	0.42	289	251	43695	13861
江　苏	101	2120	88545	25.98	1.63	847	236	54271	12323
浙　江	79	1528	95075	5.21	0.48	566	284	58590	14577
安　徽	48	962	36738	1.04	0.22	185	87	12977	3793
福　建	50	742	31630	5.37	0.17	211	61	14203	1638
江　西	46	698	29328	2.61	0.23	282	98	10136	405
山　东	93	1655	66565	1.22	0.27	524	170	24885	5509
河　南	136	2659	77625	0.40	0.22	210	123	15736	897
湖　北	51	1011	44282	5.15	0.24	234	132	17398	5877
湖　南	63	1079	74457	1.18	0.34	311	195	7839	632
广　东	47	1465	51722	0.60	0.31	300	183	49626	8452
广　西	13	89	5777	1.54	0.01	29	6	1095	38
海　南	8	231	8201	0.09	0.04	40	37	978	590
重　庆	17	157	8184	0.06	0.05	22	18	2729	539
四　川	42	588	23784	0.17	0.14	88	67	6597	1397
贵　州	6	52		0.00	0.00			1254	
云　南	16	91	8441	0.07	0.05	43	31	2803	1267
西　藏	14	24	3268	0.01	0.01	4	2	236	
陕　西	80	1447	49650	1.42	0.94	265	187	23840	6433
甘　肃	23	520	12703	0.98	0.41	77	42	6761	786
青　海	15	49	5849	0.17	0.04	78	8	467	174
宁　夏	3	23	2596	0.08	0.02	21	19	548	
新　疆	15	229	11199	5.00	0.02	53	9	3079	

表 23　历年入境旅游人数

单位：万人次

年　份	总　计	过夜人数	外国人	港澳台侨胞	#港澳同胞	#台湾同胞
1978	180.92	71.60	22.96	157.96	156.15	—
1979	420.39	152.90	36.24	384.15	382.06	—
1980	570.25	350.00	52.91	517.34	513.90	—
1981	776.71	376.70	67.52	709.19	705.31	—
1982	792.43	392.40	76.45	715.98	711.70	—
1983	947.70	379.10	87.25	860.45	856.41	—
1984	1285.22	514.10	113.43	1171.79	1167.04	—
1985	1783.31	713.30	137.05	1646.26	1637.78	—
1986	2281.95	900.10	148.23	2133.72	2126.90	—
1987	2690.23	1076.00	172.78	2517.44	2508.74	—
1988	3169.48	1236.10	184.22	2985.26	2933.56	43.77
1989	2450.14	936.10	146.10	2304.04	2243.09	54.10
1990	2746.18	1048.40	174.73	2571.45	2467.54	94.80
1991	3334.98	1246.40	271.01	3063.97	2955.96	94.66
1992	3811.49	1651.20	400.64	3410.85	3262.57	131.78
1993	4152.69	1898.20	465.59	3687.11	3517.79	152.70
1994	4368.45	2107.00	518.21	3850.24	3699.69	139.02
1995	4638.65	2003.40	588.67	4049.98	3885.17	153.23
1996	5112.75	2276.50	674.43	4438.32	4249.47	173.39
1997	5758.79	2377.00	742.80	5015.99	4794.33	211.76
1998	6347.84	2507.29	710.77	5637.07	5407.53	217.46
1999	7279.56	2704.66	843.23	6436.33	6167.05	258.46
2000	8344.39	3122.88	1016.04	7328.34	7009.93	310.86
2001	8901.29	3316.67	1122.64	7778.65	7434.46	344.20
2002	9790.83	3680.26	1343.95	8446.88	8080.82	366.06
2003	9166.21	3297.05	1140.29	8025.92	7752.73	273.19
2004	10903.82	4176.14	1693.25	9210.57	8842.05	368.53
2005	12029.23	4680.90	2025.51	10003.71	9592.79	410.92
2006	12494.21	4991.34	2221.03	10273.19	9831.84	441.35
2007	13187.33	5471.98	2610.97	10576.36	10113.57	462.79
2008	13002.74	5304.92	2432.53	10570.21	10131.65	438.56
2009	12647.59	5087.52	2193.75	10453.84	10005.44	448.40
2010	13376.22	5566.45	2612.69	10763.53	10249.48	514.06
2011	13542.35	5758.07	2711.20	10831.15	10304.85	526.30
2012	13240.53	5772.49	2719.16	10521.37	9987.35	534.02
2013	12907.78	5568.59	2629.03	10278.75	9762.50	516.25
2014	12849.83	5562.20	2636.08	10213.75	9677.16	536.59
2015	13382.04	5688.57	2598.54	10783.50	10233.64	549.86
2016	13844.38	5926.73	2815.12	11029.26	10456.26	573.00
2017	13948.24	6073.84	2916.53	11031.71	10444.59	587.13
2018	14119.83	6289.57	3054.29	11065.53	10451.93	613.61

注：港澳台侨胞是指香港、澳门、台湾同胞和海外华人。

表 24 历年国际旅游收入

单位：万人次

年 份	国际旅游收入（亿美元）	比上年增长（%）	世界排名
1978	2.63	—	—
1979	4.49	70.9	—
1980	6.17	37.3	34
1981	7.85	27.3	34
1982	8.43	7.4	29
1983	9.41	11.6	26
1984	11.31	20.2	21
1985	12.50	10.5	21
1986	15.31	22.5	22
1987	18.62	21.6	26
1988	22.47	20.7	26
1989	18.60	−17.2	27
1990	22.18	19.2	25
1991	28.45	28.3	21
1992	39.47	38.7	17
1993	46.83	18.7	15
1994	73.23	—	10
1995	87.33	19.3	10
1996	102.00	16.8	9
1997	120.74	18.4	8
1998	126.02	4.4	7
1999	140.99	11.9	7
2000	162.24	15.1	7
2001	177.92	9.7	5
2002	203.85	14.6	5
2003	174.06	−14.6	7
2004	257.39	47.9	7
2005	292.96	13.8	6
2006	339.49	15.9	5
2007	419.19	23.5	5
2008	408.43	−2.6	5
2009	396.75	−2.9	5
2010	458.14	15.5	4
2011	484.64	5.8	4
2012	500.28	3.2	4
2013	516.64	3.3	4
2014	1053.80	—	*
2015	1136.50	7.8	2
2016	1200.00	5.6	2
2017	1234.17	2.9	2
2018	1271.03	3.0	2

注：从 2014 年起补充完善了停留时间为 3—12 个月的入境游客花费和游客在华短期旅居（纯粹旅游之外）的花费。

表 25 历年出境旅游人数

年 份	出境旅游人数（万人次）	比上年增长（%）
1998	842.56	—
1999	923.24	9.6
2000	1065.06	15.4
2001	1213.31	13.9
2002	1660.23	36.8
2003	2022.19	21.8
2004	2885.29	42.7
2005	3102.63	7.5
2006	3452.36	11.3
2007	4095.40	18.6
2008	4584.44	11.9
2009	4765.63	4.0
2010	5738.65	20.4
2011	7025.00	22.4
2012	8318.27	18.4
2013	9818.52	18.0
2014	10727.55	19.5
2015	11688.58	9.0
2016	12202.79	4.3
2017	13050.71	7.0
2018	14971.84	14.7

注：2014 年起统计口径由出境人数调整为出境旅游人数。

表 26 历年国内旅游人数和国内旅游收入

年 份	国内旅游人数(亿人次)	比上年增长(%)	国内旅游收入(亿元)	比上年增长(%)
1993	4.10	—	864.00	—
1994	5.24	27.8	1023.51	18.5
1995	6.29	20.0	1375.70	34.4
1996	6.39	1.6	1638.38	19.1
1997	6.44	0.8	2112.70	29.0
1998	6.94	7.8	2391.18	13.2
1999	7.19	3.6	2831.92	18.4
2000	7.44	3.5	3175.54	12.1
2001	7.84	5.4	3522.37	10.9
2002	8.78	12.0	3878.36	10.1
2003	8.70	−0.9	3442.27	−11.2
2004	11.02	26.7	4710.71	36.8
2005	12.12	10.0	5285.86	12.2
2006	13.94	15.0	6229.74	17.9
2007	16.10	15.5	7770.62	24.7
2008	17.12	6.3	8749.30	12.6
2009	19.02	11.1	10183.69	16.4
2010	21.03	10.6	12579.77	23.5
2011	26.41	13.2	19305.39	23.6
2012	29.57	12.0	22706.22	17.6
2013	32.62	10.3	26276.12	15.7
2014	36.11	10.7	30311.86	15.4
2015	39.90	10.5	34195.05	12.8
2016	44.35	11.0	39389.82	15.2
2017	50.01	12.8	45660.77	15.9
2018	55.39	10.8	51278.29	12.3

* 注:2011 年起,国内旅游抽样调查方法发生变化,不能与往年数据进行简单比较。

表 27 2018 年各地区接待入境过夜游客情况

地 区	接待人数（万人次）	#外国人	接待人天数（万人天）	#外国人	国际旅游收入（万美元）	比上年增长（%）
北 京	400.41	339.77	1721.75	1461.00	551639	2.0
天 津	58.96	55.93	378.61	373.16	110985	—
河 北	98.86	74.50	366.65	288.50	64667	11.8
山 西	71.35	46.60	187.15	125.78	37798	8.0
内蒙古	188.08	178.82	592.40	550.88	127210	2.1
辽 宁	287.70	229.84	779.06	640.05	173958	−2.2
吉 林	143.75	123.84	409.79	361.23	68585	−10.4
黑龙江	109.16	104.13	261.97	252.37	53706	12.0
上 海	742.04	601.99	2741.47	2227.36	726139	8.4
江 苏	400.85	264.69	1523.91	926.00	464836	10.8
浙 江	456.76	323.41	1134.77	850.91	259579	−0.7
安 徽	370.75	218.79	939.24	548.30	318757	10.7
福 建	513.55	218.29	1324.59	639.44	282821	18.3
江 西	191.78	57.25	396.63	120.33	74538	18.3
山 东	422.00	306.20	1383.03	1017.57	329282	5.4
河 南	167.25	105.02	390.01	250.89	72323	9.3
湖 北	405.11	307.03	1020.90	793.19	237969	13.1
湖 南	365.08	178.74	781.01	402.90	152041	17.4
广 东	3748.06	862.37	9496.44	2602.70	2051174	4.3
广 西	562.33	270.19	1245.89	610.40	277773	16.0
海 南	126.36	89.68	338.94	273.48	77052	13.1
重 庆	279.98	159.00	1357.89	771.15	218989	12.4
四 川	369.82	276.47	675.77	509.37	151165	4.5
贵 州	39.69	17.53	87.65	40.33	31763	12.1
云 南	706.08	549.94	1451.27	1137.34	441800	24.4
西 藏	47.62	24.16	135.79	78.06	24709	25.1
陕 西	437.14	307.30	1396.31	1068.96	312666	15.6
甘 肃	10.01	5.69	15.80	9.11	2830	35.6
青 海	6.92	5.36	21.44	17.37	3613	−5.6
宁 夏	8.82	3.43	32.71	9.61	5587	44.7
新 疆	99.30	85.63	421.20	361.47	94637	16.7

表 28 历年全国文物业主要指标

年份	机构数（个）	从业人员（人）	文物藏品（件/套）	参观人次（万人次）	未成年人参观人次	本年收入合计（万元）	实际使用房屋建筑面积（万平方米）
2001	3717	64890	9979118	11316	2383	338767	1459
2002	3847	63435	13553824	11991	2634	395556	649
2003	3882	64214	15460345	9446	2023	400344	863
2004	3965	77101	23879724	14527	3454	631645	937
2005	4030	82988	23042098	17657	3979	758393	1142
2006	4092	80894	18453447	18444	4005	882854	1080
2007	4277	84886	25677354	45382	13855	1036917	1191
2008	4437	92060	25738228	35436	9075	1246751	1025
2009	4842	101986	26802714	43248	12203	1528467	1344
2010	5207	102471	28642200	52098	13541	1870728	1621
2011	5728	111338	30185365	56687	14021	2363064	2208
2012	6124	125155	35054763	67059	17326	2959894	2411
2013	7737	137173	38408146	74706	20237	3645841	2115
2014	8418	148095	40635827	84256	22403	3926216	2435
2015	8676	146133	41391946	92508	24653	4246960	2661
2016	8954	151542	44559083	101269	26298	4715968	3722
2017	9931	161577	48506647	114773	28909	5594199	4332
2018	10160	162643	49606100	122387	29665	5622381	4335

表 29　分地区行政区划(一)

(2018 年)

单位:个

区划名称	地级	#地级市	县级	#市辖区	#县级市	#县	#自治县
全　国	**333**	**293**	**2851**	**970**	**375**	**1335**	**117**
北京市	0	0	16	16	0		0
天津市	0	0	16	16	0		0
河北省	11	11	168	47	21	94	6
山西省	11	11	119	25	11	81	0
内蒙古自治区	12	9	103	23	11	17	0
辽宁省	14	14	100	59	16	17	8
吉林省	9	8	60	21	20	16	3
黑龙江省	13	12	128	65	20	42	1
上海市	0	0	16	16	0		0
江苏省	13	13	96	55	22	19	0
浙江省	11	11	89	37	19	32	1
安徽省	16	16	105	44	7	54	0
福建省	9	9	85	29	12	44	0
江西省	11	11	100	26	11	63	0
山东省	16	16	137	56	27	54	0
河南省	17	17	158	52	21	85	0
湖北省	13	12	103	39	25	36	2
湖南省	14	13	122	36	17	62	7
广东省	21	21	121	65	20	34	3
广西壮族自治区	14	14	111	40	8	51	12
海南省	4	4	23	8	5	4	6
重庆市	0	0	38	26	0	8	4
四川省	21	18	183	54	17	108	4
贵州省	9	6	88	15	9	52	11
云南省	16	8	129	17	16	67	29
西藏自治区	7	6	74	8	0	66	0
陕西省	10	10	107	30	5	72	0
甘肃省	14	12	86	17	5	57	7
青海省	8	2	43	6	4	27	7
宁夏回族自治区	5	5	22	9	2	11	0
新疆维吾尔自治区	14	4	105	13	24	62	6
香港特别行政区							
澳门特别行政区							
台湾省							

表 30 分地区行政区划(二)

(2018 年)

单位:个

区划名称	乡镇级	#镇数	#乡数	#民族乡	#街道办事处
全国	**39945**	**21297**	**10253**	**981**	**8393**
北京市	333	143	38	5	152
天津市	249	126	3	1	120
河北省	2254	1156	790	46	308
山西省	1398	564	632	0	202
内蒙古自治区	1024	508	270	17	246
辽宁省	1531	640	201	54	690
吉林省	933	426	182	28	325
黑龙江省	1196	541	347	52	308
上海市	214	107	2	0	105
江苏省	1258	723	44	1	491
浙江省	1375	639	269	14	467
安徽省	1488	968	271	9	249
福建省	1106	651	272	19	183
江西省	1567	827	578	8	162
山东省	1824	1092	68	0	664
河南省	2451	1173	618	12	660
湖北省	1235	762	163	10	310
湖南省	1933	1138	392	83	403
广东省	1601	1123	11	7	467
广西壮族自治区	1251	806	312	59	133
海南省	218	175	21	0	22
重庆市	1030	627	177	14	226
四川省	4612	2232	2027	98	353
贵州省	1381	837	317	193	227
云南省	1400	682	543	140	175
西藏自治区	697	138	539	9	20
陕西省	1311	975	21	0	315
甘肃省	1355	886	343	32	126
青海省	403	143	223	28	37
宁夏回族自治区	240	103	90	0	47
新疆维吾尔自治区	1075	386	489	42	200
香港特别行政区					
澳门特别行政区					
台湾省					

注:乡镇级总数包含河北省、新疆维吾尔自治区的各一个区公所。

表 31 分地区年末常住人口

单位：万人

地 区	2011 年	2012 年	2013 年	2014 年	2015 年	2016 年	2017 年	2018 年
全 国	**134735**	**135404**	**136072**	**136782**	**137462**	**138271**	**139008**	**139538**
北 京	2019	2069	2115	2152	2171	2173	2171	2154
天 津	1355	1413	1472	1517	1547	1562	1557	1560
河 北	7241	7288	7333	7384	7425	7470	7520	7556
山 西	3593	3611	3630	3648	3664	3682	3702	3718
内蒙古	2482	2490	2498	2505	2511	2520	2529	2534
辽 宁	4383	4389	4390	4391	4382	4378	4369	4359
吉 林	2749	2750	2751	2752	2753	2733	2717	2704
黑龙江	3834	3834	3835	3833	3812	3799	3789	3773
上 海	2347	2380	2415	2426	2415	2420	2418	2424
江 苏	7899	7920	7939	7960	7976	7999	8029	8051
浙 江	5463	5477	5498	5508	5539	5590	5657	5737
安 徽	5968	5988	6030	6083	6144	6196	6255	6324
福 建	3720	3748	3774	3806	3839	3874	3911	3941
江 西	4488	4504	4522	4542	4566	4592	4622	4648
山 东	9637	9685	9733	9789	9847	9947	10006	10047
河 南	9388	9406	9413	9436	9480	9532	9559	9605
湖 北	5758	5779	5799	5816	5852	5885	5902	5917
湖 南	6596	6639	6691	6737	6783	6822	6860	6899
广 东	10505	10594	10644	10724	10849	10999	11169	11346
广 西	4645	4682	4719	4754	4796	4838	4885	4926
海 南	877	887	895	903	911	917	926	934
重 庆	2919	2945	2970	2991	3017	3048	3075	3102
四 川	8050	8076	8107	8140	8204	8262	8302	8341
贵 州	3469	3484	3502	3508	3530	3555	3580	3600
云 南	4631	4659	4687	4714	4742	4771	4801	4830
西 藏	303	308	312	318	324	331	337	344
陕 西	3743	3753	3764	3775	3793	3813	3835	3864
甘 肃	2564	2578	2582	2591	2600	2610	2626	2637
青 海	568	573	578	583	588	593	598	603
宁 夏	639	647	654	662	668	675	682	688
新 疆	2209	2233	2264	2298	2360	2398	2445	2487

注：本表数据根据年度人口抽样调查推算。全国数据包括中国人民解放军现役军人数，但不包括香港、澳门特别行政区和台湾地区数据；分省数据中未包括中国人民解放军现役军人数。